Artur-Axel Wandtke (Hrsg.)

Rechtsprechung zum Urheberrecht

Rechtsprechung zum Urheberrecht

Kurzkommentierung der wichtigsten BGH-Entscheidungen

Herausgegeben von
Professor Dr. Artur-Axel Wandtke

Redaktionelle Bearbeitung:
Dr. Kirsten-Inger Wöhrn

De Gruyter

Herausgeber:
Dr. *Artur-Axel Wandtke*, em. o. Professor der Humboldt-Universität zu Berlin

Bearbeiter:
Rechtsanwalt Dr. ***Michael Kauert***, Heither & von Morgen – Partnerschaft von Rechtsanwälten, Berlin
Studentische Mitarbeiterin ***Caroline Leinemann***, Humboldt-Universität zu Berlin
Professor Dr. ***Sebastian Schunke***, Professor für privates Wirtschaftsrecht, Hochschule für Wirtschaft und Recht, Berlin
Professor Dr. ***Artur-Axel Wandtke***, em. o. Professor der Humboldt-Universität zu Berlin
Rechtsanwältin Dr. ***Kirsten-Inger Wöhrn***, Dierks + Bohle Rechtsanwälte, Berlin
Studentischer Mitarbeiter ***Till Völger***, Humboldt-Universität zu Berlin

ISBN 978-3-11-026606-1
e-ISBN 978-3-11-026738-9

Bibliografische Information der Deutschen Nationalbibliothek

Die Deutsche Nationalbibliothek verzeichnet diese Publikation in der Deutschen Nationalbibliografie; detaillierte bibliografische Daten sind im Internet über http://dnb.d-nb.de abrufbar.

Druck: Hubert & Co. GmbH & Co. KG, Göttingen

♾ Gedruckt auf säurefreiem Papier

Printed in Germany

www.degruyter.com

Vorwort

Mit der vorliegenden Publikation wird der Versuch unternommen, die Entwicklung des Urheberrechts und dessen Grundsätze anhand der Rechtsprechung des BGH und dessen Entscheidungsbegründungen für die praktische und theoretische Arbeit darzustellen. Denn der BGH hat einen wesentlichen Anteil an der Durchsetzung des Urheberrechts in Deutschland geleistet. Da nicht alle urheberrechtlichen Entscheidungen des BGH in dieser Publikation aufgenommen werden konnten, musste eine Auswahl derselben erfolgen. Diese hat sich sowohl aus der historischen Bedeutung als auch aus den aktuellen Fragestellungen im Urheberrecht und der Struktur des Urheberrechtsgesetzes ergeben. Die Publikation enthält ca. 100 Urteile des BGH, die einen Einblick in das Urheberrecht der Vergangenheit und der Gegenwart geben. Da sich die Entscheidungssammlung vor allem an Richter, Rechtsanwälte und Staatsanwälte wendet, sind die Begründungen des BGH von besonderem Interesse. Sie bilden den Schwerpunkt in der Publikation. Darüber hinaus werden die Entscheidungen mit Kurzkommentierungen versehen. Sie weisen auf die rechtspolitischen und dogmatischen Probleme der Rechtsanwendung hin. Soweit erforderlich wird die jeweilige Entscheidung einer kritischen Würdigung unterzogen. Weder die Entscheidungen noch die Kurzkommentierungen erfassen das gesamte Spektrum des Urheberrechts. Die vom BGH zitierten Quellen befinden sich nunmehr in den Fußnoten, um dem Leser eine angenehmere Lesbarkeit der Entscheidungsauszüge zu ermöglichen. Die auf das wesentliche gekürzten Begründungen des BGH und die Kurzkommentierungen sollen dem Leser Anregungen geben und für die eigene konzeptionelle und dogmatische Arbeit zum Urheberrecht in der analogen und digitalen Welt hilfreich sein.

Wer sich mit dem Urheberrecht beschäftigt, weiß, dass kein Rechtsgebiet so an kultureller und wirtschaftlicher Bedeutung gewonnen hat, wie das Urheberrecht als Teil des geistigen Eigentums. In den Kurzkommentierungen wird nur die Rechtsprechung des BGH, des BVerfG und des EuGH berücksichtigt. Am Ende der Kurzkommentierung erfolgt ein einziger Literaturhinweis. Mein Lehrbuch „Urheberrecht" soll dem Leser die Möglichkeit geben, sich vertiefend mit den Auffassungen in der Literatur vertraut zu machen.

Der Praktiker kann gleichsam aus einem Paket wesentliche für das nationale Urheberrecht aufgestellte Rechtsgrundsätze und Rechtsinstitute nachlesen. Die Herausgabe der Entscheidungssammlung kann und will kein Surrogat der Kommentare und Handbücher zum Urheberrecht sein. Sie kann nur als eine Ergänzung zur gegenwärtigen urheberrechtlich relevanten Literatur gelten. Sie soll insbesondere den Rechtsanwälten, aber auch den Studenten und künftigen Fachanwälten für Urheberrecht, einen Einblick in die höchstrichterliche Rechtsprechung und Anregungen für die Durchsetzung des Urheberrechts geben. Die Entscheidungssammlung ist ein gemeinsames Projekt zwischen der Hochschule „Wirtschaft und Recht Berlin" und meinem Lehrstuhl an der Humboldt-Universität zu Berlin.

Mein Dank gilt vor allem Frau Dr. Kirsten-Inger Wöhrn, die die redaktionelle Bearbeitung übernahm, und meinen ehemaligen Mitarbeitern Frau Caroline Leinemann und Herrn Till Völger. Den Lesern bin ich für kritische Hinweise und Anregungen dankbar.

Berlin, im Juni 2011

Prof. Dr. Artur-Axel Wandtke

Inhaltsverzeichnis

I. Einleitung

1. Bedeutung des Urheberrechts im digitalen Zeitalter

Das Urheberrecht gehört zu den für die Kultur und Wirtschaft bedeutenden Immaterialgüterechten, die die gewerblichen Schutzrechte, z.B. das Patent- und Geschmacksmusterrecht oder Markenrecht, einschließen. Im allgemeinen Sprachgebrauch und im nationalen und internationalen Rechtsverkehr wird das Immaterialgüterrecht auch als „Geistiges Eigentum“ (Intellectual Property) bezeichnet. Für die Durchsetzung des Urheberrechts sind sowohl die materiell-rechtlichen als auch die prozessrechtlichen Regelungen von praktischer Relevanz. Der materiell-rechtliche Regelungsinhalt des Urheberrechts ist die Gesamtheit der Rechtsbeziehungen, in denen künstlerische, literarische sowie wissenschaftliche Werke (§ 2 Abs. 1 UrhG) und Leistungen der ausübenden Künstler (§§ 73ff. UrhG) bzw. Produzenten (§§ 85ff. UrhG) geschaffen und der Verwertung bzw. Nutzung zur Verfügung gestellt werden. Das Urheberrecht hat sowohl einen subjektiven als auch einen objektiven Inhalt. Der subjektive Inhalt bezeichnet die Rechte und Befugnisse, die dem Rechtsinhaber zugewiesen sind und die ideellen und materiellen Interessen zum Ausdruck bringen. Der objektive Inhalt umfasst die Gesamtheit der Rechtsnormen auf diesem Gebiet.[1] Der Regelungsinhalt des Urheberrechts beschreibt die Wirkung und den Einfluss des Urheberrechts im Bereich der **Literatur**, **Kunst** und **Wissenschaft** (§ 1 UrhG). Aufgrund der technologischen Revolution und eines global operierenden Kapitalmarktes ist nicht nur ein virtueller neben dem traditionellen Markt entstanden, sondern mit den neuen Technologien, wie dem **Internet** und der **Digitalisierung**, sind neue Anforderungen im Prozess der Herstellung und Verwertung der Werke und Leistungen der ausübenden Künstler und Produzenten entstanden. Durch die Digitalisierung und das Internet entstehen nicht nur neue Märkte, sondern die Informations- bzw. Kommunikationsindustrie bietet den Medienunternehmen völlig neue Möglichkeiten der Vermarktung immaterieller Güter. Eine Besonderheit geistiger Güter ist die **Ubiquität der Schöpfungen geistiger Arbeit**, d.h. anders als im Sachenrecht sind die Immaterialgüter immer wiederholbar und nutzbar, ohne dass die Qualität darunter leidet.[2] Die Besonderheiten der Immaterialgüter sind für den Inhalt neuer Geschäftsmodelle und für die Struktur des Gesetzes von Bedeutung. Es besteht infolgedessen ein fortwährendes Interesse an seinem Regelungsinhalt. Die Beschäftigung mit den Entwicklungstendenzen, der Struktur und dem Inhalt des Urheberrechts ist für die Rechtsgestaltung ebenso bedeutsam wie für die Wirksamkeit des Urheberrechts. Denn je genauer das Urheberrecht die Entwicklungstendenzen der Vergesellschaftungsprozesse reflektiert, desto größer ist sein Einfluss auf die ökonomische Gestaltung der geistigen Produktion in der **Informationsgesellschaft**. Da die Literatur-, Kunst- und Wissenschaftsproduktion keine nationalen Grenzen kennen und vor allem seit dem 19. Jahrhundert, ein Wechselspiel zwischen dem nationalen, europäischen und internationalen Urheberrecht stattfindet,[3] ist der Regelungsinhalt des Urheberrechts nicht nur von theoretisch-rechtssystematischer Bedeutung für den Prozess der **Rechtsgestaltung**, sondern auch für die Rechtsverwirklichung und für den **Wirkungsprozess des Urheberrechts**. Entscheidend ist nicht nur, was und wie etwas geregelt wurde, sondern auch warum. Die kapitalorientierte geistige Produktion hat sich durch das Internet und durch die Digitalisierung radikal verändert, deren Folgen für das Urheberrecht noch nicht abzusehen sind. Mit der technologischen Revolution sind neue Anforderungen an die urheberrechtliche Ausgestaltung des Schutzes und der Vermarktung sowie an die Durchsetzung des Urheberrechts entstanden. Neben dem Gesetzgeber ist vor allem die Rechtsprechung

1 Loewenheim/*Loewenheim* Handbuch des Urheberrechts, 2. Aufl. 2010, § 1 Rn. 1; *Schack* Urheber- und Urhebervertragsrecht, 5. Aufl. 2010, Rn. 2.

2 *Schack* aaO Rn. 20.

3 *Schack* aaO Rn. 120.

des **BGH** aufgefordert, auf diese neue Entwicklung zu reagieren. Denn sie hat in der Vergangenheit wesentlich zur Ausgestaltung und Durchsetzung des nationalen Urheberrechts beigetragen

2. Urheberrecht und Grundrechte

Die Gerichte haben in ihren urheberrechtlichen Entscheidungen die nationalen und europäischen Grundrechte zu beachten. Für das nationale Urheberrecht sind Art. 14 Abs. 1 GG und Art. 17 Abs. 2 der Charta der Grundrechte der europäischen Union bedeutende Normen, die das **„geistige Eigentum"** als naturrechtlich geprägten Begriff erfassen. Mit dem Lissabonner Vertrag, der am 1.12.2009 in Kraft getreten ist, ist die alte Dreiteilung beibehalten worden. Der Lissabon-Vetrag enthält den Vertrag über die Europäische Union (EUV), den Vertrag über die Arbeitsweise der Europäischen Union (AEUV)[4] und die Grundrechtecharta.[5] Alle drei Vertragswerke enthalten wichtige Regelungen zum geistigen Eigentum. So verweist Art. 6 Abs. 1 des EUV auf die Grundrechtecharta, die wiederum in Art. 17 Abs. 2 den Schutz des geistigen Eigentums postuliert, ohne dass ein Hinweis auf die ideellen und materiellen Interessen der Schöpfer erfolgt. Es wird nur eine wortkarge Formel verwandt: „Geistiges Eigentum wird geschützt".[6] In Art. 118 AEUV wurde ausdrücklich ein einheitlicher Schutz der Rechte des geistigen Eigentums festgelegt, um zum Funktionieren des Binnenmarktes beizutragen. Hierzu zählt auch der Schutz des Urheberrechts, wie das bereits in der deutschen Rechtsordnung verankert ist.[7] Entscheidend ist, dass mit dem Begriff des geistigen Eigentums nicht lediglich eine Zuordnung der vermögenswerten Seite erfolgt,[8] sondern auch das Urheberpersönlichkeitsrecht erfasst wird. Die **vermögenswerte Seite** des Urheberrechts schließt die Verwertungsrechte des Urhebers[9] und die verwandten Schutzrechte, einschließlich die Leistungsschutzrechte der ausübenden Künstler ein.[10] Der Gesetzgeber und die Gerichte sind aufgefordert, den Grundsatz durchzusetzen, dass der Urheber „tunlichst an dem wirtschaftlichen Nutzen zu beteiligen ist, der aus seinem Werk gezogen wird".[11] „Der Urheber hat nach dem Inhalt der verfassungsrechtlichen Garantie des geistigen Eigentums einen grundsätzlichen Anspruch auf Zuordnung des wirtschaftlichen Nutzens seiner geistig-schöpferischen Leistung. Zu den konstituierenden Merkmalen des Urheberrechts als Eigentum gehört ferner die Freiheit des Urhebers in eigener Verantwortung darüber verfügen zu können. Der in § 97 UrhG geregelte Schadensersatzanspruch bei Urheberrechtsverletzungen dient daher auch dem Schutz des Art. 14 GG. Dies muss bei seiner Anwendung und Auslegung zum Ausdruck kommen."[12] Dabei ist hinsichtlich des **Vergütungsanspruchs** des Urhebers der Rechtsgedanke von Bedeutung, dass die **neuen Nutzungsmöglichkeiten**, die durch die technische Ent-

---

4 Der ursprüngliche EG-Vertrag ist in den Vertrag über die Arbeitsweise der Europäischen Union umgewandelt worden (AEUV).

5 Die Grundrechtecharta der Europäischen Union vom 7.12.2000 ist in der angepassten Fassung vom 12.12.2007 verbindliche Grundlage der Europäischen Union. Außerdem ist die Europäische Konvention zum Schutz der Menschenrechte Teil des Unionsrechts (Art. 6 Abs. 3 EUV).

6 *Schack* aaO Rn. 86.

7 BVerfG GRUR 2010, 332, 334 – Filmurheberrecht; BVerfG GRUR 2005, 410 – Laufendes Auge; BVerfG GRUR 1990, 183 – Vermietungsvorbehalt; BVerfG GRUR 1989, 193 – Vollzugsanstalten; BVerfG GRUR 1980, 44, 48 – Kirchenmusik; BVerfG GRUR1972, 481 – Schulgebrauch; BGHZ 17, 266 – Grundig Reporter.

8 BVerfG GRUR 2001, 149, 151 – Germania 3.

9 BVerfG GRUR 1980, 44, 48 – Kirchenmusik.

10 BVerfG GRUR 1990, 438, 440 – Bob Dylan.

11 BVerfG GRUR 2011, 223 – Drucker und Ploter II; BVerfG GRUR 2010, 999, 1003 – Drucker und Plotter I; BGHZ 11, 135, 143 – Lautsprecherübertragung.

12 BVerfG GRUR 2010, 332, 334 – Filmurheberrecht; BVerfG NJW 2003, 1655, 1656.

wicklung entstehen, zu berücksichtigen sind.[13] Leider ist dieser Grundsatz gegenüber den ausübenden Künstlern vom Gesetzgeber (§ 79 Abs. 2 S. 2 UrhG) und von der Rechtsprechung nicht berücksichtigt worden.[14] Denn der **schuldrechtliche Anspruch auf Vergütung** im Urheberrecht fällt unter Art. 14 Abs. 1 GG.[15] Der Urheber hat nach dem Inhalt des Art. 14 Abs. 1 GG die verfassungsrechtliche Garantie auf einen grundsätzlichen Anspruch auf Zuordnung des wirtschaftlichen Nutzens seiner geistig-schöpferischen Leistung und der Achtung seiner **wirtschaftlichen Dispositionsbefugnis**.[16] Ob ein Eigriff in die Dispositionsfreiheit durch die Gesetzgebung im Einzelfall vorliegt, sollen nach Auffassung des BVerfG zunächst die Fachgerichte entscheiden. Inwieweit die naturrechtlich geprägte **europäische Werteordnung** ein Umdenken in der Gesetzgebung auslöst, bleibt abzuwarten. Denn es geht nicht allein um die **freie Warenzirkulation** urheberrechtlich relevanter Werke und Leistungen, sondern um den Schutz der Kreativität und der Persönlichkeitsrechte der Urheber und Künstler. Letztlich ist die kulturelle und sozialbindende Aufgabe des Urheberrechts in Europa zu erfüllen.

3. Europäische Harmonisierung des nationalen Urheberrechts

Das deutsche Urheberrecht wurzelt in der kontinentaleuropäischen Entwicklung des „droit d'auteur" und wird zunehmend durch die Richtlinienpolitik der EU geprägt. Anliegen der Harmonisierung des nationalen Urheberrechts war und ist es, im Rahmen eines gemeinsamen Marktes **Hindernisse und Rechtsunterschiede**, die das Funktionieren des Marktes durch Einschränkungen oder Verzerrung des grenzüberschreitenden Handels mit Gütern und Dienstleistungen behindern, zu beseitigen. Dieser Auftrag wird nunmehr durch Art. 118 AEUV formuliert, der sich auf einen einheitlichen Schutz der Rechte des geistigen Eigentums orientiert. Dazu war und ist es notwendig, Rechtsgrundlagen für Investitionen in neuen technologischen Bereichen zu schaffen. Dazu dienen auch die acht Richtlinien, die erlassen worden sind:

- Richtlinie 91/250/EWG vom 14.5.1991 über den Rechtsschutz von Computerprogrammen, in der kodifizierten Fassung vom 23.4.2009, RL 2009/24/EG – sog. **Software-RL**;
- Richtlinie 92/100/EWG vom 19.11.1992 zum Vermiet- und Verleihrecht sowie zu bestimmten dem Urheberrecht verwandten Schutzrechte im Bereich des geistigen Eigentums in der kodifizierten Fassung vom 27.12.2006, RL 2006/115/EG – sog. **Vermiet- und Verleih-RL;**
- Richtlinie 93/83/EWG vom 27.9.1993 zur Koordinierung bestimmter urheber- und leistungsschutzrechtlicher Vorschriften betreffend Satellitenrundfunk und Kabelweiterverbreitung – sog. **Satelliten- und Kabel-RL;**
- Richtlinie 93/98/EWG vom 29.10.1993 zur Harmonisierung der Schutzdauer des Urheberrechts und bestimmter verwandter Schutzrechte in der kodifizierten Fassung vom 27.12.2006, RL 2006/116/EG – sog. **Schutzdauer-RL;**
- Richtlinie 96/9/EG des Europäischen Parlaments und des Rates vom 11.3.1996 über den rechtlichen Schutz von Datenbanken – sog. **Datenbank-RL;**
- Richtlinie 2001/29/EG vom 22.5.2001 zur Harmonisierung bestimmter Aspekte des Urheberrechts und der verwandten Schutzrechte in der Informationsgesellschaft – sog. **Informationsgesellschafts-RL bzw. Multimedia-RL;**
- Richtlinie 2001/84/EG vom 27.9.2001 über das Folgerecht des Urhebers des Originals eines Kunstwerkes – **sog. Folgerechts-RL;**

13 BVerfG GRUR 2011, 223, 225 – Drucker und Plotter II; BVerfG GRUR 2010, 332, 334 – Filmurheberrecht; BGHZ 17, 266, 278 – Grundig Reporter.
14 BGH GRUR 2003, 234 – EROC III.
15 BVerfG NJW 2004, 1233.
16 BVerfG NJW 2003, 1656.

– Richtlinie 2004/48/EG des Europäischen Parlaments und des Rates vom 29.4.2004 zur Durchsetzung der Rechte am geistigen Eigentum – sog. **Durchsetzungs-RL** (häufig auch als **Enforcement-RL** bezeichnet).

Der Kern des acquis communautaire im Urheberrecht besteht aus diesen 8 Richtlinien,[17] die Deutschland in das deutsche Recht transformiert hat.Ziel der auf Art. 114 AEUV gestützten Richtlinien ist es, die in den Mitgliedstaaten hinsichtlich der Durchsetzung der Rechte des geistigen Eigentums bestehenden Unterschiede zu beseitigen und dadurch zum einen die Rechte des geistigen Eigentums zu stärken und zum anderen das reibungslose Funktionieren des Binnenmarktes zu gewährleisten.[18] Dabei spielt der Kampf gegen die **Produktpiraterie** eine besondere Rolle im Immaterialgüterrecht.[19] Trotz der acht Richtlinien kann wegen vorhandener Schutzlücken noch nicht von einer einheitlichen **Rechtsangleichung** ausgegangen werden. Das betrifft zum Teil die unterschiedlichen Schutzvoraussetzungen des Werkbegriffs, die nicht harmonisiert sind. Beim gegenwärtigen Stand des nichtharmonisierten Gemeinschaftsrechts sind die unterschiedlichen Schutzvoraussetzungen hinzunehmen. Ihrer Rechtsnatur nach begründen die Richtlinien kein Recht, das sich unmittelbar an die EU-Bürger richtet, sondern sie wenden sich an die Gesetzgeber der Mitgliedstaaten. Im Gegensatz zu den Richtlinien sind die Empfehlungen nicht mit zwingenden Verpflichtungen ausgestaltet. Eine Harmonisierung des Urheberrechts ist langfristig anzustreben, um mögliche Beschränkungen der Warenverkehrsfreiheit aufzuheben. Erforderlich wären außerdem noch Richtlinien über den Schutz von Urheberpersönlichkeitsrechten und über die Rechtsstellung und Aufgaben der **Verwertungsgesellschaften** sowie über ein Urhebervertragsrecht. Ein aktueller Handlungsbedarf besteht hinsichtlich der verwaisten Werke, um eine europäische digitale Bibliothek aufzubauen. Mit dem Grünbuch über die „Urheberrechte in der wissensbestimmten Wirtschaft" von 2008 ist die Diskussion über die **Schrankenregelungen** eingeleitet worden, vor allem die Ausnahmeregelungen für Bibliotheken und Archive sowie für Unterrichts- und Forschungszwecke.[20] Die bislang verabschiedeten Richtlinien der EU zum Urheberrecht stellen aber wichtige Eckpfeiler für die Gerichte der Mitgliedstaaten dar. Sie bilden gleichsam den Rahmen des **sekundären Gemeinschaftsrechts**, innerhalb dessen eine richtlinien- und **gemeinschaftsrechtskonforme Auslegung** des nationalen Urheberrechts durch die Gerichte der Mitgliedstaaten zu erfolgen hat, wenn eine Streitfrage durch das nationale Urheberrecht nicht gelöst werden kann. Denn die Pflicht zur gemeinschaftsrechtskonformen Auslegung betrifft das gesamte nationale Recht, unabhängig davon, ob es vor oder nach der Richtlinie, um die es geht, erlassen wurde.[21] Die **richtlinienkonforme Auslegung** im Sinne der Übereinstimmung mit Wortlaut, Sinn und Zweck der Richtlinie berücksichtigt auch deren Begründungserwägungen,[22] wobei das nationale Recht richtlinienkonform fortgebildet werden kann.[23] Die Erwägungsgründe sind die Richtschnur für jede teleologische Interpretation. Die „erwägungsgrundkonforme" Auslegung des Richtlinientextes ist striktes Gebot für den Anwender. Das gilt sowohl für jedes Mitgliedsland als auch für den EuGH und für den nationalen Richter. Die Begründungserwägungen spielen im Urheberrecht eine bedeutende Rolle. Der Richter ist nicht gezwungen, erst ab Ablauf der **Umsetzungsfrist** das nationale Recht richtlinienkonform auszulegen. Er kann dies im Rahmen der Wahrung der Grenzen der richterlichen **Rechtsfort-**

---

17 *Schack* ZFG 2009, 275.

18 BGH GRUR 2011, 227, 230 – Italienische Bauhausmöbel; BT-Drucks. 16/5048, 60.

19 BT-Drucks. 16/5048, 62.

20 Siehe Stellungnahme der GRUR durch den Fachausschuss für Urheber- und Verlagsrecht zum Grünbuch „Urheberrechte in der wissensbestimmten Wirtschaft KOM (2008) 466/3 endg.", GRUR 2009, 128 ff.

21 EuGH GRUR 2011, 50, 52 – Padawan/SGAE; EuGH GRUR 2009, 572, 574 – Apis/Lakorda; EuGH GRUR 2007, 225, 226 – SGAE/Rafael; BGH ZUM 2007, 646, 650.

22 EuGH ZUM 2011, 488, 492 – Universaldienstrichtlinie; EuGH GRUR 2007, 225, 226; BGH GRUR 2007, 871, 874 – Wagenfeld Leuchte.

23 BGH NJW 2009, 427, 429.

bildung bereits vor Erlass von Umsetzungsakten tun.[24] Die Richtlinien bedürfen der **Transformation in das nationale Recht** eines jeden Mitgliedstaates, aber dennoch entfalten sie bereits mittelbare Wirkung vor der Transformation. Die Pflicht zur richtlinienkonformen Auslegung besteht aber erst mit Ablauf der Umsetzungsfrist, wobei eine richtlinienkonforme Auslegung contra legem ausgeschlossen ist.[25] Bei verspäteter oder keiner Umsetzung einer Richtlinie besteht die allgemeine Verpflichtung der nationalen Gerichte, das europäische Recht richtlinienkonform auszulegen, also erst ab Ablauf der Umsetzungsfrist.[26] Wird die Transformation nicht rechtzeitig nach dem vorgegebenen Termin der Richtlinien vorgenommen, besteht die Möglichkeit der **Haftung des Mitgliedstaates**.[27]

Mit den Richtlinien ist bisher kein einheitliches europäisches Urheberrecht geschaffen worden. Dennoch ist nicht zu übersehen, dass teilweise ein Stand erreicht worden ist, der, trotz berechtigter Kritik bezüglich der Richtlinien, zunehmend einem einheitlichen Urheberrecht entspricht. Im Interesse einer effektiven Harmonisierung des Urheberrechts hat auch der EuGH in ständiger Rechtsprechung die Bestimmungen einer Richtlinie, die von einem allgemeinen Grundsatz abweichen, eng auszulegen, damit die normale Verwertung des Werkes oder eines sonstigen Schutzgegenstandes nicht beeinträchtigt wird und die berechtigten Interessen des Rechtsinhabers nicht ungebührlich verletzt werden.[28] So geht z. B. der EuGH davon aus, dass der Begriff „gerechter Ausgleich" der Richtlinie 2001/29/EG ein autonomer Begriff des Unionsrecht ist, der in allen Mitgliedstaaten einheitlich auszulegen ist.[29] Im Wege der teleologischen Auslegung der Richtlinienvorgaben ist das Gebot der größtmöglichen Wirksamkeit zu beachten, damit die fortschreitende Integration gefördert wird („effet utile"). Nach dem geltenden Effektivitätsgrundsatz oder auch Effizienzgebot ist die Auslegungsmethode zu wählen, die die praktische Wirksamkeit am ehesten wahren kann. Der EuGH spielt für die europäische Urheberrechtsentwicklung eine bedeutende Rolle. Sein Anteil an der Entwicklung eines europäischen Urheberrechts ist nicht zu unterschätzen. Der EuGH hat im Rahmen der Rechtsfortbildung einen wesentlichen Beitrag geleistet. So können die Gerichte der Mitgliedstaaten hinsichtlich der Vereinbarkeit einer nationalen Rechtsnorm mit dem **primären oder sekundären Gemeinschaftsrecht** die Frage dem EuGH vorlegen.[30] Dabei sind mächtige Impulse für die nationale Gesetzgebung ausgelöst worden. Mit den Entscheidungen des EuGH und den Richtlinien auf dem Gebiet des Urheberrechts wird ein Grundkonflikt zwischen den Ausschließlichkeitsrechten der Rechtsinhaber und der **Freiheit des Waren- und Dienstleistungsverkehrs** zu lösen versucht. Während Beschränkungen im Waren- und Dienstleistungsverkehr zwischen den Mitgliedstaaten verboten sind, besteht dennoch die Möglichkeit das Verbot einzuschränken. Aber es würde ein Verstoß gegen die Warenverkehrsfreiheit vorliegen, wenn das Urheberrecht zur Abschottung nationaler Märkte führen würde.[31] Die urheberrechtlichen Ausschließlichkeitsrechte sind grundsätzlich geeignet, den Handel in der EG unmittelbar oder mittelbar, tatsächlich oder potentiell zu behindern. Mit dem Ziel der Schaffung eines Gemeinsamen Marktes nach Art. 114 AEUV und dem Schutz des geistigen Eigentums als Teil der Charta der Grundrechte der Europäischen Union sind Aufgaben formuliert worden, die auf die Ausarbeitung eines **Europäischen Urheberrechts** gerichtet sind.Die Richtlinien als Sekundärrecht sind gleichsam die Vorstufen eines derartigen Vorhabens. Dabei sind die **Grundrech-**

24 BGH ZUM 2007, 646, 650; BGH GRUR 1998, 824, 826 – Testpreis-Angebot; BGH WRP 1998, 1065, 1067 – Preisvergleichsliste II

25 EuGH NJW 2006, 2465, 2467; EuGH NJW 2006, 2839.

26 EuGH NJW 2006, 2465, 2468.

27 Walter/*v. Lewinski* Europäisches Urheberrecht, Kommentar, 2001, Einl. Rn. 55.

28 EuGH GRUR 2011, 220, 223 – BSA/Kulturministerium; EuGH GRUR 2009, 1041, 1045 – Infopaq/DDF.

29 EuGH GRUR 2011, 50, 53 – Padawan/SGAE.

30 EuGH GRUR 2009, 572, 574 – Apis/Lakorda.

31 BGH GRUR 2011, 227, 230 – Italienische Bauhausmöbel; EuGH GRUR Int. 1989, 319 – EMI-Electrola/Patricia; EuGH GRUR Int. 1971, 450, 453 f.

te der **Europäischen Union** zu berücksichtigen, die als höherangiges Recht bei der Umsetzung der Richtlinien zu beachten sind. Das Fundament des Urheberrechts in der Europäischen Union, das durch die Richtlinien entscheidend geprägt ist, beruht auf dem **„Acquis Communautaire"**, das das primäre und sekundäre Gemeinschaftsrecht in seiner näheren Ausformung durch die europäischen Gerichte, einschließlich die ungeschriebenen Rechtsgrundsätze und die internationalen Abkommen, umfasst. Für die Zukunft wird die Forderung bestehen bleiben, dass nur ein einheitliches europäisches Urheberrecht die Rechtssicherheit der grenzüberschreitenden Verwertung von Schutzgegenständen entspricht.[32]

---

32 *Schack* ZFG 2009, 290.

II. Schutzgegenstand des Urheberrechts

1. Monistische Konzeption im Urheberrecht

BGH Urteil vom 26.11.1954, I ZR 266/52 – Cosima Wagner
BGHZ 15, 249
BGH GRUR 1955, 201

§ 8 Abs. 3 LitUrhG a.F.
§ 11 Abs. 1 S. 2 LitUrhG a.F.

Leitsätze

1. Das Recht des Urhebers, zu bestimmen, ob, wann und in welcher Weise sein Werk zu veröffentlichen ist, ist vermögensrechtlicher und persönlichkeitsrechtlicher Natur. Dieses sog. Veröffentlichungsrecht ist in den Nutzungsrechten am Werk in der Regel mit enthalten und kann mit diesen unter Lebenden übertragen werden.
2. Der Urheber kann mit der Übertragung von Nutzungsrechten einem Dritten zugleich auch die Wahrnehmung seiner persönlichkeitsrechtlichen Interessen an seiner Geistesschöpfung anvertrauen.
3. Hat der Urheber durch Verfügung unter Lebenden seinen geistigen Nachlass in die Obhut eines Dritten gegeben, so sind die Erben des Urhebers, soweit ihnen urheberrechtliche Nutzungsbefugnisse nicht zustehen, an die Bestimmungen des Dritten über Art und Umfang der Auswertung der nachgelassenen Werke gebunden. Die Erben des Urhebers können aus den unveräußerlichen Bestandteilen des Urheberpersönlichkeitsrechtes gegen den Dritten nur Ansprüche herleiten, wenn durch die Art der Ausübung der übertragenen Befugnisse die ideellen Interessen des Urhebers an seinem Werk verletzt werden.

Sachverhalt

Der Bekl. ist Testamentsvollstrecker für den Nachlass von Eva Freiin von Bülow verheiratete Chamberlain. Sie war eine Tochter von Cosima Wagner und verstarb am 26.05.1942 in Bayreuth.

Cosima Wagner verfasste während des Zusammenlebens mit dem Komponisten Richard Wagner einige Tagebücher. Diese hinterließ sie zusammen mit einer Sammlung von Briefen bei ihrer Tochter Eva Chamberlain.

Die Kl. Winifried Wagner das Urheberrecht an den Tagebüchern nun aufgrund des Erbganges in Anspruch.

Sie bezweifelt, dass die Tagebücher con Eva Chamberlain war und sieht das letztwillige Verbot, die Tagebücher erst 30 Jahre nach dem Tod von Eva Chamberlain als unwirksam an. Selbst wenn Eva Chamberlain das Urheberrecht an den Schriften übertragen bekommen hätte, so wäre doch das Urheberpersönlichkeitsrecht unveräußerlich gewesen und diese könne nun von der Kl. geltend gemacht werden.

Entscheidungsgründe

Das Berufungsgericht hat ein rechtliches Interesse der Klägerin an der mit der Klage begehrten Feststellung bejaht, weil der Beklagte, der die Tagebücher in Besitz habe, das von der Klägerin in Anspruch genommene Urheberrecht bestreite. Es hat jedoch die Klage als unbegründet erachtet, weil der Klägerin weder das Eigentum noch das Urheberrecht an den Tagebüchern zustehe.

[...]

Nach der in Rechtsprechung und Rechtslehre herrschenden Auffassung verbleiben aber dem Urheber bei Verfügungen über das Urheberrecht regelmäßig auch andere

persönlichkeitsrechtliche Befugnisse, wie der Anspruch auf Anerkennung seiner Urheberschaft und das Recht – auch bei Übertragung der Änderungsbefugnis – gegen Verstümmelungen oder sinnentstellende Wiedergaben seines Werkes vorzugehen.

Das ausschließliche Recht des Urhebers, darüber zu bestimmen, ob, wann und in welcher Form sein Werk der Öffentlichkeit zugänglich gemacht werden soll, ist in den geltenden Urheberrechtsgesetzen nicht ausdrücklich geregelt. Es folgt aber für Schriftwerke schon aus § 11 Abs. 1 S. 2 LitUrhG, wonach der Urheber, solange der wesentliche Inhalt des Werkes nicht öffentlich mitgeteilt worden ist, allein zu einer solchen Mitteilung befugt ist. Der Senat hat darüber hinaus bereits in seiner Entscheidung vom 25. Mai 1954[1] anerkannt, dass auch Aufzeichnungen vertraulichen Charakters, die nicht unter Urheberrechtsschutz stehen, grundsätzlich nur mit Zustimmung des Verfassers und nur in der von ihm gebilligten Weise veröffentlicht werden dürfen. Es folgt dies aus dem durch Art. 1 und Art. 2 des Grundgesetzes verfassungsmäßig gewährleisteten Grundrecht des Schutzes der Persönlichkeit, der einer ungenehmigten Offenlegung der jedem Menschen geschützten Geheimsphäre entgegensteht, soweit nicht private oder öffentliche Belange das Interesse an der Unantastbarkeit der Eigensphäre der Persönlichkeit überwiegen.

Bei Werken, die unter Urheberrechtsschutz stehen, entspringt das sog. Veröffentlichungsrecht des Verfassers, soweit es nicht bereits aus dem allgemeinen Persönlichkeitsrecht erwächst, auch ohne ausdrückliche gesetzliche Regelung aus den persönlichkeitsrechtlichen Bestandteilen des Urheberrechts. Seinem Inhalt nach hat es sowohl personenrechtlichen wie vermögensrechtlichen Charakter. Trotz des starken persönlichkeitsrechtlichen Einschlages des Veröffentlichungsrechtes ist jedoch seine Übertragung unter Lebenden nicht ausgeschlossen. Das Veröffentlichungsrecht ist vielmehr in den urheberrechtlichen Nutzungsrechten an dem Werk, die übertragbar sind, in der Regel mit enthalten. Die Verfügung über ein Benutzungsrecht schließt im allgemeinen zwangsläufig eine Verfügung über das Veröffentlichungsrecht ein, da andernfalls die meisten am Urheberrechtsgut eingeräumten Verwertungsrechte nicht ausgeübt werden könnten.[2]

[...] **Das Persönlichkeitsrecht wirkt über den Tod des ursprünglichen Rechtsträgers fort. Das wird für das Urheberpersönlichkeitsrecht in Rechtsprechung und Schrifttum einmütig anerkannt. Dies gilt in gleicher Weise auch für das allgemeine Persönlichkeitsrecht; denn die schutzwürdigen Werte der Persönlichkeit überdauern die Rechtsfähigkeit ihres Subjektes, die mit dessen Tode erlischt.** Der Wille des Verstorbenen, wer zur Wahrung seiner einzelnen persönlichkeitsrechtlichen Befugnisse berufen sein soll, ist grundsätzlich auch dann zu achten, wenn er nicht in einer letztwilligen Verfügung niedergelegt worden ist.[3] Das Erbrecht betrifft vorwiegend Vermögensrechte, die sich ihrer Natur nach von den Persönlichkeitsrechten unterscheiden. Die Interessenlage bei der Auswahl einer Vertrauensperson für die Obhut über den geistigen Nachlass kann aber eine völlig andere sein als bei der Wahl eines Nachfolgers für das hinterlassene Vermögen. Es kann deshalb dem Schöpfer eines Geisteswerkes nicht verwehrt sein, unabhängig von der erbrechtlichen Regelung über seinen sonstigen Nachlass bereits zu Lebzeiten in einer auch seine Erben bindenden Weise einen Treuhänder für sein geistiges Erbe einzusetzen.[4]

Das Reichsgericht hat bereits in einer Entscheidung aus dem Jahre 1884[5] anerkannt, dass **die aus dem Urheberrecht fließenden persönlichkeitsrechtlichen Befugnisse nicht in jedem Fall auf die Erben des Werkschöpfers übergehen, sondern urheberrechtliche Ver-**

---

1 I ZR 211/53.

2 *Ulmer* Urheber- und Verlagsrecht, S. 189; *de Boor* Vom Wesen des Urheberrechts, S. 48.

3 Vgl RGZ 100, 173; *Hubmann* Das Persönlichkeitsrecht, Beiträge zum Handels-, Wirtschafts- und Steuerrecht Heft 4 S. 245 ff.

4 *De Boor* aaO S. 39 ff.

5 RGZ 12, 50 (53).

fügungen unter Lebenden die Übertragung der Sorge für die persönlichkeitsrechtlichen Interessen des Verfassers einschließen können. Auch im Schrifttum wird überwiegend davon ausgegangen, dass eine Verfügung unter Lebenden über persönlichkeitsrechtliche Bestandteile des Urheberrechts möglich ist.[6] Die Grenze bildet der unverzichtbare Kernbestandteil des Urheberpersönlichkeitsrechtes, der lediglich dann angetastet wird, wenn durch die Art der Ausübung der übertragenen Befugnisse die geistigen und persönlichen Beziehungen des Urhebers zu seinem Werk schwerwiegend gefährdet oder verletzt werden.

[...] Das Urheberpersönlichkeitsrecht, aus dem die Klägerin als Erbeserbin C W im vorliegenden Fall allein Rechte herleiten könnte, dient aber weder dem Interessenschutz der Allgemeinheit noch dem Schutz eigener ideeller oder wirtschaftlicher Interessen der Erben des Werkschöpfers an einer Auswertung des Werkes, sondern ist ein Individualrecht, das ausschließlich die persönlichen Beziehungen des Urhebers selbst zu seinem Werk unter Schutz stellt. Persönlichkeitsrechtliche Interessen des Verfassers oder seiner Angehörigen an einer Nichtveröffentlichung vertraulicher Aufzeichnungen müssen zwar unter Umständen einem klar überwiegenden allgemeinen oder privaten Interesse an einer Veröffentlichung weichen. Es folgt dies aus der Interessenabwägung, der Persönlichkeitsrechte bei der Abgrenzung ihres Schutzbereiches in besonderem Maße unterliegen. Die Entscheidung liegt hier jedoch grundsätzlich bei demjenigen, dem die rechtmäßige Herrschaftsmacht über die Aufzeichnungen zusteht. Das ist bei nicht unter Urheberschutz stehenden Niederschriften deren Eigentümer, bei schutzfähigen Werken der Inhaber der urheberrechtlichen Nutzungsbefugnisse. Jedenfalls kann der Erbe des Werkschöpfers, auf den nur der oben bezeichnete unverzichtbare Kern des Persönlichkeitsrechtes des Urhebers übergegangen ist, in der Regel nicht unter bloßer Berufung auf allgemeine Kulturinteressen eine Veröffentlichung gegen den Willen desjenigen erzwingen, der das Eigentum wie auch das Urheberrecht an den Aufzeichnungen erworben hat und der nach den Erklärungen des Verfassers allein darüber entscheiden soll, ob und in welchem Umfang seine nachgelassenen Tagebücher Dritten zugänglich gemacht werden sollen. [...].

Kurzkommentierung

Es wird zwar vom BGH die alte Rechtslage erläutert, aber dessen Begründung ist von grundlegender Bedeutung. Es betrifft die das deutsche Urheberrecht prägende monistische Theorie, wonach zwischen ideellen und materiellen Interessen der Urheber, die in den Urheberpersönlichkeits- und Vermögensrechten zum Ausdruck gebracht werden, eine notwendige Einheit besteht.

Die **monistische Theorie** hat in der Rechtsprechung früh Eingang gefunden. Bereits das Reichsgericht hatte sich zur Einheit von Urheberpersönlichkeits- und Verwertungsrechten bekannt.[7]

Mit der vorliegenden Entscheidung des BGH wurde dieser Gedanke der Einheit von ideellen und materiellen Interessen betont. Die Einheit der ideellen und materiellen Interessen findet seinen Niederschlag im geltenden § 11 UrhG. Das Urheberrecht schützt den Urheber in seinen geistigen und persönlichen Beziehungen zum Werk und in der Nutzung des Werkes. Außerdem dient es zugleich der Sicherung einer angemessenen Vergütung für die Nutzung des Werkes. Da das Werk des Urhebers und die Leistung der ausübenden Künstler das Ergebnis der geistigen Arbeit sind, ist im Grunde dieses Rechtsgebiet vor allem ein durch die Persönlichkeit geprägtes Recht. Die Einteilung in Verwertungs- und Urheberpersönlichkeitsrechte ist nur eine dogmatische Konstruktion, die die unterschiedlichen Interessen der Urheber

6 *Allfeld* § 8 LitUrhG Anm 13; *Marwitz-Möhring* § 8 LitUrhG Anm 7; *Büchler* „Die Übertragung des Urheberrechts 1925, S. 30, 39; *Ulmer* aaO S. 231.

7 RGZ 69, 401, 403 – Nietzsche Briefe; RGZ 97, 397, 399 – Felseneiland mit Sirenen; RGZ 102, 134, 141 – Strindberg-Übersetzung; RGZ 123, 312, 320 – Wilhelm Busch.

und Künstler widerspiegeln. Die monistische Konzeption knüpft an das Wesen der geistigen Arbeit in der Literatur-, Kunst- und Wissenschaftsproduktion an. Das Werk oder die Leistung der ausübenden Künstler ist das aufgeschlagene Buch der körperlichen und geistigen Fähigkeiten eines Menschen. § 11 UrhG hat gleichsam eine Leitbildfunktion, die in den Rechtsverhältnissen, einschließlich in den Arbeits- und Dienstverhältnisse, durch das Urheberrecht durchzusetzen gilt. Weder die Urheberpersönlichkeitsrechte noch die Verwertungsrechte des Urhebers können voneinander getrennt werden. Sie sind das notwendige Band, das auch nach dem Tod des Urhebers 70 Jahre zu wirken in der Lage ist. Deutlich wird dies, wie der BGH hervorhebt, wenn es sich um die Veröffentlichung eines Werkes handelt. Denn ohne **Veröffentlichung** des Werkes ist die Realisierung der Verwertungsrechte ein Unding. Werden also Tagebücher oder Briefe als urheberrechtliche Werke verbreitet, setzt die Verbreitung das Veröffentlichungsrecht voraus.

Insofern – so der BGH – müssen auch beide Rechte übertragen werden. Der **Kern des Urheberpersönlichkeitsrechts** bleibt aber beim Urheber. Mit der monistischen Konzeption wird zum Ausdruck gebracht, dass das Urheberrecht zu Lebzeiten unübertragbar ist (§ 29 UrhG) und im Wesentlichen nur eine Einräumung der Nutzungsrechte möglich macht, §§ 31 ff. UrhG). Soweit es sich um die Sicherung der angemessenen Vergütung nach § 11 S. 2 UrhG handelt, soll der verfassungsrechtliche Grundsatz in Art. 14 GG durchgesetzt werden, dass der Urheber an der wirtschaftlichen Verwertung seines Werkes tunlichst angemessen zu beteiligen ist.[8]

Der BGH hat aber auch deutlich gemacht, dass es einen Unterschied zwischen dem allgemeinen Persönlichkeitsrecht und dem Urheberpersönlichkeitsrecht gibt. So stellt der BGH fest, dass das Persönlichkeitsrecht über den Tod des ursprünglichen Rechtsträgers fortwirkt. Das gilt auch für das Urheberpersönlichkeitsrecht. Der BGH begründet dies zutreffend damit, dass die schutzwürdigen Werte der Persönlichkeit die Rechtsfähigkeit ihres Subjektes, die mit dessen Tode erlischt, überdauern. So ist der Wille des Verstorbenen, wer zur Wahrung seiner einzelnen persönlichkeitsrechtlichen Befugnisse berufen sein soll, grundsätzlich auch dann zu achten ist, wenn er nicht in einer letztwilligen Verfügung niedergelegt worden ist. Der Hinweis des BGH, dass das Erbrecht vorwiegend Vermögensrechte betrifft, die sich ihrer Natur nach von den Persönlichkeitsrechten unterscheiden, zielt auf eine unterschiedliche Interessenlage. Bei der Auswahl einer Vertrauensperson für die Obhut über den geistigen Nachlass kann eine völlig andere Interessenlage sein als bei der Wahl eines Nachfolgers für das hinterlassene Vermögen. Nach der Auffassung des BGH kann deshalb dem Schöpfer eines Geisteswerkes nicht verwehrt sein, unabhängig von der erbrechtlichen Regelung über seinen sonstigen Nachlass bereits zu Lebzeiten in einer auch seine Erben bindenden Weise einen Treuhänder für sein geistiges Erbe einzusetzen. Interessant ist die Argumentation des BGH, dass die aus dem Urheberrecht fließenden persönlichkeitsrechtlichen Befugnisse nicht in jedem Fall auf die Erben des Werkschöpfers übergehen, sondern urheberrechtliche Verfügungen unter Lebenden die Übertragung der Sorge für die persönlichkeitsrechtlichen Interessen des Verfassers einschließen können. Es kann also eine Verfügung unter Lebenden über persönlichkeitsrechtliche Bestandteile des Urheberrechts möglich sein. Die Grenze bildet der unverzichtbare Kernbestandteil des Urheberpersönlichkeitsrechtes, der lediglich dann angetastet wird, wenn durch die Art der Ausübung der übertragenen Befugnisse die geistigen und persönlichen Beziehungen des Urhebers zu seinem Werk schwerwiegend gefährdet oder verletzt werden, so der BGH. Das bedeutet aber in der Konsequenz, dass das Urheberpersönlichkeitsrecht nach dem Tod des Urhebers unterschiedliche Rechtsträger haben kann. Die Erben und der Treuhänder können Inhaber des Urheberpersönlichkeitsrechts sein. Die Erben sind zwar Inhaber des Kerns des Urheberpersönlichkeitsrechts. Sie können hinsichtlich des Tagebuchs aber nicht

---

[8] BVerfG GRUR Int. 2011, 72 – Drucker und Plotter II; BVerfG GRUR 2010, 332 – Filmurheberrecht.

bestimmen, ob es veröffentlicht werden kann oder nicht, wenn der Treuhänder vom Urheber für dieses Werk bestimmt worden ist. Ist der Brief oder das Tagebuch. kein urheberrechtliche geschütztes Sprachwerk, so hat der BGH festgestellt, dass auch Aufzeichnungen vertraulichen Charakters, die nicht unter Urheberrechtsschutz stehen, grundsätzlich nur mit Zustimmung des Verfassers und nur in der von ihm gebilligten Weise veröffentlicht werden dürfen. Es folgt dies aus dem durch Art. 1 und Art. 2 GG verfassungsmäßig gewährleisteten Grundrecht des Schutzes der Persönlichkeit.

Im Ergebnis geht das Urheberpersönlichkeitsrecht dem allgemeinen Persönlichkeitsrecht vor, wenn das geistige Gebilde ein urheberrechtliches Werk darstellt.

Literatur

Wandtke/*Dietz* Urheberrecht 3. Kap. Rn. 17 f.
Wandtke/*Wandtke* Urheberrecht 1. Kap. Rn. 33 und 77.

2. Werkbegriff – Schutzvoraussetzungen

2.1. Gestaltungshöhe

BGH Urteil vom 6.5.1999, I ZR 199/96 – Tele-Info-CD
BGHZ 141, 329
GRUR 1999, 923

§ 2 UrhG
§ 4 UrhG a. F.
§ 5 Abs. 2 UrhG a. F.
§ 87 a UrhG
§ 87 b UrhG
§ 1 UWG a. F.
§ 12 TKG a. F.

Leitsätze

1. Telefonbüchern kommt ungeachtet des komplexen Regelwerks, das ihrer Erstellung zugrunde liegt, im Allgemeinen kein urheberrechtlicher Schutz nach § 2 UrhG zu.
2. Ein Telefonbuch ist eine Datenbank i. S. d. § 87 a Abs. 1 UrhG.
3. Telefonbücher sind keine amtlichen Werke i. S. d. § 5 Abs. 2 UrhG.
4. Das Inverkehrbringen von elektronischen Telefonteilnehmerverzeichnissen auf CD-ROM stellt eine wettbewerbswidrige Leistungsübernahme dar, wenn die dort gespeicherten Daten unmittelbar aus den „amtlichen“ Telefonbüchern übernommen worden sind.

Sachverhalt

Die Kl. zu 2) ist die Deutsche Telekom AG. Sie ist die alleinige Gesellschafterin der Kl. zu 1), die mit der Herausgabe von Telefonbüchern und sonstigen Kundenverzeichnissen, auch in elektronischer Form betraut ist.

Die Bekl. zu 1) und zu 2) sind Unternehmen, die Telefonverzeichnisse auf CD-ROM anbieten; der Bekl. zu 3) ist Geschäftsführer der Bekl. zu 1). Die angebotenen Telefonverzeichnisse beruhen auf den Telefonbüchern der Bekl. zu 1). Auch die Kl. zu 1) bietet ein solches elektronisches Verzeichnis auf drei CDs an. Die Kl. vertreten die Ansicht, dass die von den Bekl. angebotenen CDs ausschließlich durch Abscannen der von der Kl. zu 1) herausgegebenen Telefonbücher erstellt worden sind

Entscheidungsgründe

[...]

a) Soweit für die Entscheidung des Streitfalls maßgeblich, kommt den Telefon- und Telefaxbüchern der Klägerinnen kein urheberrechtlicher Schutz zu. Es handelt sich zwar insoweit um Sprachwerke i.S. von § 2 Abs. 1 Nr. 1 UrhG, nicht jedoch um persönliche geistige Schöpfungen nach § 2 Abs. 2 UrhG. Auch ein Schutz als Sammelwerk i.S. von § 4 UrhG a.F. kommt nicht in Betracht, da es an der erforderlichen Gestaltungshöhe fehlt.

[...]

Die für die Annahme eines geschützten Sprachwerks erforderliche persönliche geistige Schöpfung kann in der Gedankenformung und -führung des dargestellten Inhalts oder in der besonders geistvollen Form und Art der Sammlung, Einteilung und Anordnung des dargebotenen Stoffes liegen. Bei einem Fernsprechverzeichnis handelt es sich um ein Nachschlagewerk, bei dem die darin enthaltenen Angaben – urheberrechtlich betrachtet – freies Gemeingut sind, so daß ein geistig-schöpferischer Gehalt in der Gedankenformung und -führung des wiedergegebenen Inhalts im Hinblick auf den geringen Spielraum für eine individuelle Gestaltung von vornherein ausscheidet.[1] Bei Nachschlagewerken dieser Art kann sich indessen die Schutzfähigkeit aus der Art und Weise ergeben, in der das vorhandene (gemeinfreie) Material ausgewählt, eingeteilt und angeordnet worden ist. Auch wenn die insoweit zugrundeliegenden Ordnungsprinzipien für sich genommen, also losgelöst von der konkreten Werkgestaltung, als abstrakte Gedanken und Ideen einem Urheberrechtsschutz nicht zugänglich sind, können sie doch in dem Nachschlagewerk eine konkrete Ausformung erfahren und ihren schöpferischen Niederschlag gefunden haben.[2]...

Kurzkommentierung

Die Entscheidung behandelt neben der Datenbank (§ 87a UrhG) als Leistungsschutzrecht, dem amtlichen Werk (§ 5 UrhG) und dem wettbewerbsrechtlichen Leistungsschutz eines Telefonbuches (§ 1 UrhG a.F.; §§ 3, 4 Nr. 9 UrhG), eines der grundlegendsten Kriterien für die Beurteilung der urheberrechtlichen Schutzfähigkeit: die **Gestaltungshöhe**. Für die Schutzfähigkeit eines Werkes i.S.d. § 2 Abs. 2 UrhG ist ein Mindestmaß an schöpferischer Leistung des Individuums erforderlich. Mit der Gestaltungs- bzw. Schöpfungshöhe wird ein Maßstab angewandt, der die Schutzuntergrenze des möglichen Werkschutzes bestimmt.[3] Diese unterschiedliche Höhe der wissenschaftlichen, künstlerischen und literarischen Formgestaltung wird als Gestaltungshöhe bezeichnet. Mit dem Begriff der **„kleinen Münze"** wird der urheberrechtliche Schutz eines Werkes gerade noch angenommen. Es ist die urheberrechtliche Schutzuntergrenze. Die gestalterische Eigenart und die Gestaltungshöhe hängen dabei von der unterschiedlichen Werkkategorie i.S.d. § 2 Abs. 1 UrhG ab (z.B. Sprachwerk oder Filmwerk). Die Individualität der Persönlichkeit kann insofern in der einzelnen Werkkategorie unterschiedlich zum Ausdruck gebracht werden. Das geschaffene Werk soll sich vom Alltäglichen abheben. Nicht die rein handwerkliche oder routinemäßige Leistung soll den Schutz begründen.[4] Das grundsätzliche Problem der Urheberrechtsschutzfähigkeit besteht darin, ob die **Schutzuntergrenze** („kleine Münze") weiter abgesenkt werden kann oder nicht. Nach dem EuGH reicht es aus, wenn es sich um ein Original im Sinne einer eigenen geistigen Schöpfung handelt. Danach können bspw. einzelne Sätze oder sogar einzelne Satzteile des betreffenden Textes dazu geeig-

---

1 Vgl. BGH Urt. v. 29.3.1984 – I ZR 32/82, GRUR 1984, 659, 660f. – Ausschreibungsunterlagen; Urt. v. 12.3.1987 – I ZR 71/85, GRUR 1987, 704, 705 – Warenzeichenlexika; ferner BGH GRUR 1961, 631, 633 – Fernsprechbuch; BGHZ 94, 276, 285 – Inkassoprogramm; Schricker/*Loewenheim* Urheberrecht, 2. Aufl., § 2 UrhG Rn. 96; *v. Gamm* Urheberrechtsgesetz, § 2 Rn. 18; *Ulmer* Urheber- und Verlagsrecht, 3. Aufl., S. 123.

2 BGH GRUR 1987, 704, 706 – Warenzeichenlexika; vgl. auch BGH, Urt. v. 7.12.1979 – I ZR 157/77, GRUR 1980, 227, 231 – Monumenta Germaniae Historica.

3 BGH I ZR 140/09 – Lernspiele; BGH GRUR 1999, 923, 924 – Tele-Info-CD.

4 BGH GRUR 1993, 34, 36 – Bedienungsanweisung.

net sein, dem Leser die Originalität einer Publikation wie etwa eines Zeitungsartikels zu vermitteln.[5] Die Schutzuntergrenzen werden niedrig angesetzt (z. B. bei Computerprogramme, Datenbanken oder Fotografien). Interessant kann dies für die urheberrechtliche Bewertung von **Snippets** sein. Ob für alle Werkkategorien aber eine einheitliche Schutzuntergrenze festgelegt werden kann, ist dann fraglich, wenn der Maßstab für die Schutzuntergrenze unklar ist.[6]

Da eine Vergleichbarkeit von unterschiedlichen Werken in der Regel schwer gelingen dürfte, bleibt letztlich nur die konkrete objektiv wahrnehmbare Formgestaltung, die über die Individualität des Urhebers i. S. d. § 2 Abs.2 UrhG Auskunft gibt. Der Gesamteindruck des Ergebnisses der geistigen Arbeit entscheidet im Einzelfall über die Schutzfähigkeit. Es kommt nicht darauf an, was, sondern wie etwas dargestellt wird. Nur die Form der Darstellung kann den Urheberrechtsschutz begründen.[7] Insofern ist die Ablehnung des Telefonbuchs im vorliegenden Fall zutreffend.

Literatur

Wandtke/*Wöhrn* Urheberrecht 2. Kap. Rn. 7.
Wandtke/*Kauert* Urheberrecht 7. Kap. Rn. 117ff.

2.2. Ideenschutz

BGH, Urteil vom 26.6.2003, I ZR 176/01 – Sendeformat
BGHZ 155, 257
GRUR 2003, 876

§ 2 UrhG

Leitsatz

Das Format für eine Fernsehshowreihe, in dem die Konzeption für eine Unterhaltungssendung mit Studiopublikum ausgearbeitet ist (hier: Gesangsauftritte von kleinen Kindern und Gaststars), ist im Allgemeinen nicht urheberrechtlich schutzfähig.

Sachverhalt

Die Kl. ist eine Fernsehproduktionsgesellschaft, die die Rechte an der Sendereihe „L'école des fans" inne hat. Sie hat dieses Sendeformat im Jahr 1990 der Rechtsvorgängerin der Beklagten angeboten („S"), diese hat das Angebot jedoch abgelehnt. Ab März 1993 strahlte „S" im Fernsehen die Sendereihe „Kinderquatsch mit Michael" aus. Das Konzept dieser Sendereihe entsprach dabei weitestgehend dem der Sendereihe der Kl.

Die Kl. hat die Ansicht vertreten, das Format ihrer erfolgreichen Sendereihe sei urheberrechtlich schutzfähig, die Sendereihe „Kinderquatsch mit Michael" sei dagegen ein Plagiat. Übernommen worden sei der Ablauf der Sendung, die Kameraführung, die Spannungsverläufe sowie die Positionierung der einzelnen Akteure. Die Bekl. stellt die urheberrechtliche Schutzfähigkeit des Sendeformats und eine Nachahmung in Abrede.

Entscheidungsgründe

a) **Der Begriff des Formats entstammt nicht der Gesetzessprache, sondern hat aus dem Sprachgebrauch der Medienbranche Eingang in die urheberrechtliche Diskussion über den Schutz von Fernsehsendungen gefunden.**[1]

---

5 EuGH GRUR 2009, 1041, 1045 – Infopaq/DDF.

6 So auch BVerfG GRUR 2005, 410 – Laufendes Auge; BGH GRUR 2008, 984, 986 – St. Gottfried; BGH GRUR 2008, 693, 694f. – TV Total; BGH GRUR 2003, 876 – Sendeformat.

7 BGH I ZR 140/09 – Lernspiele; BGH GRUR 1993, 34, 36 – Bedienungsanweisung.

1 Vgl. dazu z. B. von *Have/Eickmeier*, ZUM 1994, 269f.; *Lausen*, Der Rechtsschutz von Sendeformaten, 1998, S. 14f.; *Litten*, Der Schutz von Fernsehshow- und Fernsehserienformaten, 1997, S. 3f.; *ders.*, MMR 1998, 412;

II. Schutzgegenstand des Urheberrechts

Bei Fernsehshows bezeichnet der Begriff des Formats das als Grundlage für eine solche Sendung entwickelte oder darin verwirklichte Konzept. Das Format einer Fernsehshow kann definiert werden als die Gesamtheit aller ihrer charakteristischen Merkmale, die geeignet sind, auch Folgen der Show ungeachtet ihres jeweils unterschiedlichen Inhalts als Grundstruktur zu prägen und damit zugleich dem Publikum zu ermöglichen, sie ohne weiteres als Teil einer Sendereihe zu erkennen. Von Fall zu Fall kann ein Format durch ganz verschiedene Gestaltungselemente gebildet werden. Neben dem Titel und dem Logo einer Sendung können etwa dazu gehören ein den Gesamtablauf bestimmender Grundgedanke, bestimmte Mitwirkende, die Art und Weise einer Moderation, die Benutzung bestimmter auffallender Sprachwendungen oder Sätze, bestimmte Sendeabläufe, der Einsatz von Erkennungsmelodien oder Signalfarben, die Bühnendekoration und sonstige Ausstattung, die Dauer von Sendung und Beiträgen sowie ein bestimmter Stil der Kameraführung, der Beleuchtung und des Schnitts. Das Format einer Fernsehshow, in dem Gestaltungselemente dieser Art miteinander verknüpft und verwoben werden, bildet insofern **eine gestaltete Einheit**, als damit die Grundlage für immer neue Folgen dieser Show gelegt wird. Es ist in aller Regel nicht selbst Gestaltung eines bestimmten Stoffs, sondern **ähnlich einem Plan, einem Bündel von Regieanweisungen oder einem Gestaltungsrahmen darauf angelegt, der Entwicklung jeweils neuer gleichartiger Folgen zu dienen**. Die einzelne Fernsehshow, die das Format verwirklicht, kann Muster für weitere Folgen sein.

b) [...]

aa) **Die Frage, ob das Format einer Fernsehshow im allgemeinen urheberrechtlich schutzfähig sein kann, ist in der Literatur umstritten.**[2] **Sie ist von der Frage des urheberrechtlichen Schutzes von Fernsehserien zu unterscheiden.**[3] **Fernsehserien sind durch ihren fiktiven Inhalt gekennzeichnet.** Sie erzählen typischerweise in einzelnen Folgen eine sich fortlaufend entwickelnde Handlung, die maßgeblich von dem Beziehungsgeflecht der auftretenden Personen und dem Milieu, dem diese zugeordnet werden, geprägt ist. Bei der Frage, ob derartige Fernsehserien urheberrechtlich gegen Nachahmungen geschützt sind, geht es regelmäßig darum, ob für Elemente der Serie – wie insbesondere die Fabel – urheberrechtlicher Werkschutz geltend gemacht werden kann. **Fernsehshowformate entwerfen dagegen im allgemeinen keine fiktive Welt, aus der heraus die einzelnen Sendungen als Folgen geschaffen werden.** Nicht derartige inhaltliche Elemente verbinden die Sendungen einer entsprechenden Fernsehshowreihe, sondern das übereinstimmende Format.

bb) [...]

cc) **Ein solches Sendeformat ist unabhängig von der schöpferischen Leistung, auf der es beruht, nicht urheberrechtlich schutzfähig. Das Urheberrecht schützt nicht alle Ergebnisse individueller geistiger Tätigkeit, sondern nur Werke im Sinne des § 2 UrhG.** Das Format von „ L'école des fans „ hat zwar die ihm zugrunde liegende Idee bereits zu einer Konzeption weiterentwickelt und ist mit seinen einzelnen Elementen eine Einheit, die mehr als die Summe seiner Bestandteile darstellt. **Ein Werk im Sinne des § 2 UrhG und damit Gegenstand des Urheberrechtsschutzes kann aber nur sein das Ergebnis der schöpferischen Formung eines bestimmten Stoffs. Daran fehlt es bei einer vom Inhalt losgelösten bloßen Anleitung zur Formgestaltung gleichartiger anderer Stoffe, mag diese auch ein**

Holzporz, Der rechtliche Schutz des Fernsehshowkonzepts, 2001, S. 22; *Pühringer*, Der urheberrechtliche Schutz von Werbung, 2002, S. 73; *Berking*, Die Unterscheidung von Inhalt und Form im Urheberrecht, 2002, S. 213 f.; *Degmair*, GRUR Int. 2003, 204, 205.

2 Bejahend *Schwarz*, Festschrift Reichardt, 1990, S. 203, 220 f.; von *Have/Eickmeier*, ZUM 1994, 269, 272 f.; *Litten* aaO S. 11 ff.; *Lausen* aaO S. 24 ff.; a. A. *Pühringer* aaO S. 72 ff.; *Berking* aaO S. 213 ff.; *Holzporz* aaO S. 16 ff.; vgl. auch Wandtke/Bullinger/*Manegold* aaO § 88 Rdn. 34 ff.; *Degmair* GRUR Int. 2003, 204.

3 Vgl. *Degmair* GRUR Int. 2003, 204, 205 f.

individuell erarbeitetes, ins einzelne gehendes und eigenartiges Leistungsergebnis sein.[4] **Das Urheberrecht schützt selbst Werke nur gegen ihre unbefugte Verwertung als solche in unveränderter oder unfrei benutzter Form, nicht gegen ihre bloße Benutzung als Vorbild zur Formung anderer Stoffe.**[5] Ein Format wie das Sendeformat von „ L'école des fans „ enthält aber nicht einmal etwas vom Kern der nach seinen Anleitungen geschaffenen einzelnen Sendungen, **sondern ist in seiner Gesamtheit nur ein vorgegebener Rahmen zur Gestaltung gleichartiger Sendungen als Teil einer Sendereihe. Ein Schutz eines solchen Formats durch das Urheberrecht gegen die Verwendung als Vorbild für ähnliche Sendeveranstaltungen scheidet danach aus.**

II. [...]

Kurzkommentierung

Der BGH hat zur grundlegenden Frage des Ideenschutzes im Urheberrecht Stellung bezogen. Dazu gehört auch der Schutz von Konzepten, die eine Idee verkörpern.

Der BGH verneint im Ergebnis die Schutzfähigkeit von **Sendeformaten**, weil das dem Sendeformat zugrunde liegende Konzept nicht dem Urheberrechtsschutz zugänglich sein kann. Dies ist fraglich. Zunächst ist anerkannt, dass die **Idee** oder das **Motiv für die Gestaltung eines Werkes** an sich nicht schutzfähig sein kann. Historische und tagespolitische Ereignisse aus der Politik, des Sports, der Wirtschaft, der Kunst und Wissenschaft können Gegenstand unterschiedlicher Ideen und Motive für die Formgestaltung eines Werkes sein. Eine technische Idee oder ein technisches Konzept als solches ist vom Urheberrechtsschutz ausgeschlossen. Die technische Idee zur Lösung eines technischen Problems wird durch das Patentrecht geschützt.[6] Im Urheberrecht kann nicht alles geschützt sein. Dies entspricht dem Freihaltebedürfnis in der Gesellschaft sowie dem Grundgedanken, dass abstrakte Ideen nicht durch das Urheberrechtsgesetz monopolisiert werden dürfen. Im Interesse der Allgemeinheit müssen Ideen frei bleiben.[7] Solange eine Idee nicht eine bestimmte objektiv erkennbare Formgestaltung i.S.d. § 2 Abs. 2 UrhG angenommen hat und sich außerdem auf einen schutzfähigen Gegenstand im Bereich der Literatur, Wissenschaft und Kunst bezieht, ist die urheberrechtliche Schutzfähigkeit zu verneinen. Die Begründung des BGH ist aber nicht überzeugend. Einer Idee, die gleichsam in der Konzeption für das Format von „L'école des fans“ (frz. TV-Show) zum Ausdruck gebracht wird und mit ihren einzelnen Elementen eine Einheit bildet, die mehr als die Summe seiner Bestandteile darstellt, ist der Urheberrechtsschutz nicht zu versagen. Diese Idee kann verschiedene Formgestaltungen annehmen. Auch eine Konzeption, die nur auf die vom Inhalt losgelöste bloße Anleitung zur Formgestaltung gleichartiger anderer Stoffe zielt, ist dem Urheberrechtsschutz zugänglich. Die Anleitung zur Formgestaltung bedeutet, dass ein Format wie das Sendeformat von „L'école des fans“ in seiner Gesamtheit ein urheberrechtlich relevanter vorgegebener Rahmen zur Gestaltung gleichartiger Sendungen als Teil einer Sendereihe ist. Die Frage nach dem Ideenschutz wirft die Frage nach dem Inhalts- und dem Formenschutz auf. Diese ist nicht einfach zu beantworten. Wird die Idee mit dem Inhalt gleichgesetzt, kann dieser Inhalt unterschiedliche Formgestaltungen annehmen. So wollte Schostakowitsch mit der Leningrader Sinfonie der Leningrader Bevölkerung ein Denkmal setzen, die der Belagerung im II. Weltkrieg durch die deutsche Armee widerstand. In einigen kompositorischen Motiven hört man den Marsch von Soldaten. Dort, wo der Inhalt mit der Formgestaltung so eng miteinander verbunden ist, dass beides im Werk verkörpert wird, ist eine Trennung von In-

4 Vgl. BGHZ 18, 175, 178 – Werbe-Idee; RGZ 116, 292, 298 – Adreßbuch; vgl. weiter österr. OGH ÖBl. 1954, 18 – Kindercreme; OGH ÖBl. 1997, 199, 203 – AIDS-Kampagne; v. Gamm, Urheberrechtsgesetz, 1968, § 2 Rn. 10; *Hertin* GRUR 1997, 799, 804.

5 Vgl. dazu auch BGH Urt. v. 14.1.1958 – I ZR 40/57, GRUR 1958, 351, 352 – Deutschlanddecke.

6 BGH GRUR 2010, 992 – Ziehmaschinenzugeinheit II.

7 Ebenso BGH GRUR 2003, 231, 233 – Staatsbibliothek; BGH GRUR 1999, 923, 924 – Tele-Info-CD.

halt und Form ausgeschlossen. Der BGH geht bei Sprachwerken davon aus, dass die persönliche geistige Schöpfung sowohl in der Gedankenformung und -führung des dargestellten Inhalts als auch in der Form und Art der Sammlung, Einteilung und Anordnung des dargebotenen Stoffs liegen kann.[8] Der Inhalt eines Romans hat die entsprechende Formgebung, die allein durch die individuelle Gestaltung des Autors bestimmt wird. Die Fabel von „Dr. Schiwago" und der dramaturgische Aufbau sowie die literarische Konfliktgestaltung der handelnden Personen sind Ausdruck einer persönlichen geistigen Schöpfung, in der Inhalt und Form ineinander fließen.[9] In dem vorliegenden Fall ist die Konzeption zur Anleitung eines Fernsehformats als Werk von der **konkreten Gestaltung des Werkes im Fernsehen** zu unterscheiden. Vergleichbar ist dies mit dem konkreten Architektenentwurf eines Bauwerkes und dem Bauwerk als solches. Ist die Idee indes nicht konkretisiert bzw. realisiert, so ist sie urheberrechtlich nicht schutzfähig.

Literatur
Wandtke/*Wöhrn* Urheberrecht 2. Kap. Rn. 71.

2.3. Formgestaltung

BGH Urteil vom 27.5.1981, I ZR 102/79 – Stahlrohrstuhl II
BGH GRUR 1981, 820

§ 2 Abs. 1 Nr. 4 UrhG
§ 2 Abs. 2 UrhG
§ 97 UrhG a.F.
§ 286 ZPO

Leitsatz[1]
1. Die Urheberrechtsschutzfähigkeit eines Stahlrohrstuhles kann nach § 2 Abs.2 UrhG bejaht werden. Das künstlerische Hauptmerkmal besteht darin, dass der für diesen Stuhl charakteristische ästhetische Gehalt bestimmend ist und ihm seine ausgeprägte individuelle Gestalt durch die auf die Einhaltung der geometrischen Grundform des Würfels bedachte, strenge und einheitliche Linienführung des in einem Zuge verlaufenden, geschlossenen Rohrstrangs, verleiht.
2. Der Urheber als Verletzter hat nach allgemeinen Grundsätzen die klagebegründenden Tatsachen zu beweisen, wozu in einem Verletzungsprozess unter anderem die Schutzfähigkeit und der Schutzumfang des Werkes gehören, aus dem er seine Rechte herleitet. Verteidigt sich der Verletzer demgegenüber mit dem Einwand, die Schutzfähigkeit entfalle oder der Schutzumfang sei eingeschränkt, weil der Urheber auf vorbekanntes Formengut zurückgegriffen habe, so ist es seine Sache, das Aussehen des älteren Werkes darzulegen und zu beweisen.

Sachverhalt
Die Kl. macht gegen den Bekl. Ansprüche wegen Urheberrechtsverletzungen an hinterbeinlosen Stahlrohrstühlen geltend. Der Kl. nimmt die Bekl. auf Unterlassung und Schadensersatz in Anspruch. Bei dem von dem Bekl. entworfenen Stuhl handelt es sich um eine unfreie Nachbildung des von der Kl. entworfenen Stuhles.

---

8 BGH GRUR 2002, 958, 959 – Technische Lieferbedingungen m.w.N.
9 BGH GRUR 1999, 984, 987 – Laras Tochter.
1 Leitsätze verfasst von Prof. Artur-Axel Wandtke.

Entscheidungsgründe

[...]

III. Die Urheberrechtsschutzfähigkeit des Sta.-Stuhles wird vom BerG bejaht. Es stützt sich dabei im wesentlichen auf die Entscheidung des RG vom 1. Juni 1932[2] und die des Senats vom 27. Februar 1961,[3] die beide den Sta.-Stuhl zum Gegenstand haben. Das BerG führt in Anlehnung an diese Rechtsprechung aus, dass es sich bei dem Sta. -Stuhl um eine **starke künstlerische Leistung mit einem dementsprechend weit zu ziehenden Schutzbereich handele. Das künstlerische Hauptmerkmal, das den für diesen Stuhl charakteristischen ästhetischen Gehalt entscheidend bestimme und ihm seine ausgeprägte individuelle Gestalt verleihe, sei die auf die Einhaltung der geometrischen Grundform des Würfels bedachte, strenge und einheitliche Linienführung des in einem Zuge verlaufenden, geschlossenen Rohrstrangs. Hinzu trete der Umstand, dass aufgrund der gewählten Linienführung die Hinterbeine des Stuhles entfielen.**

[...]

IV. [...] Das BerG ist zutreffend davon ausgegangen, dass ein Werk in seiner jeweiligen Individualität, also in seiner jeweiligen charakteristischen Ausprägung geschützt ist; unzulässig ist die Nachahmung derjenigen künstlerischen Züge, die dem Werk insgesamt seine schutzfähige eigenpersönliche Prägung verleihen.[4] Ohne Rechtsverstoß geht das BerG dabei davon aus, dass die Frage, wie weit die Abweichung von dem Werk gehen darf, ohne den Schutzbereich des Urheberrechts zu verlassen, davon abhängt, wie stark die im Werk zum Ausdruck gekommene künstlerische Schöpfung ist.[5] Das BerG hat rechtsfehlerfrei festgestellt, dass es sich bei dem Sta. -Stuhl um eine künstlerische Leistung von hohem Rang handelt. Von diesem Ausgangspunkt aus kommt es, nachdem es sich eingehend mit den Abweichungen auseinandergesetzt hat, zu dem Ergebnis, dass die angegriffenen Stühle in den charakteristischen, dem Sta.-Stuhl seinen besonderen ästhetischen Gehalt verleihenden Merkmalen, nämlich der besonderen Linienführung des Rohrstrangs mit seinen kubischen Grundformen, weitgehend übereinstimmen. Diese auf tatsächlichem Gebiet liegenden Feststellungen lassen einen Rechtsfehler nicht erkennen. Die Ausführungen der Revision, die sich in erster Linie mit einem Vergleich des insoweit nicht zu berücksichtigenden Stü. Stuhles befassen, zeigen ebenfalls keine relevanten Mängel auf.

V. [...]

Kurzkommentierung

Der BGH musste die Urheberrechtsschutzfähigkeit eines Stahlrohrstuhls beurteilen. Die Entscheidung ist von wirtschaftlicher Bedeutung, weil sich Hersteller von Waren, die zugleich Werke der angewandten Kunst darstellen, einem doppelten Rechtsschutz, nämlich urheberrechtlich und geschmacksmusterrechtlich, zugänglich sein können.

Die Formgestaltung ist ein wesentliches Kriterium für den urheberrechtlichen Werkbegriff i. S. d. § 2 Abs. 2 UrhG. Sie muss für die menschlichen Sinne zugänglich sein.[6] Da das urheberrechtliche Werk das aufgeschlagene Buch körperlicher und geistiger Fähigkeiten ist und vor allem in der **Formgestaltung** des Stoffs erkennbar wird, steht die Frage im Raum, ob dieselbe neu sein muss. Das Urheberrecht schützt nicht die **Neuheit** eines Werkes, sondern sein Anknüpfungsgrund ist die schöpferische Leistung des Urhebers im Bereich der Literatur, Kunst und Wissenschaft. In der unterschiedlichen persönlichen individuellen Leistung, die objektiv wahrnehmbar sein muss, liegt der eigentliche Schutzgedanke des Urheberrechts. Das geschütz-

---

2 GRUR 1932, 892 ff.
3 GRUR 1961, 635 ff. – Stahlrohrstuhl.
4 BGHZ 5, 1, 3 – Hummelfiguren.
5 BGH GRUR 1958, 500, 502 Mecki-Igel I.
6 BGH GRUR 1985, 1041, 1046 – Inkasso-Programm.

te Werk kann **originell** und subjektiv neu in der Gestaltungsform, nicht aber unbedingt neu in dem Inhalt sein.

Die Stahlrohrstuhlentscheidung des BGH ist deshalb von besonderem Interesse, weil die Schutzfähigkeit von vorher bekannten Gegenständen (hier Stuhl) oder Naturerscheinungen möglich ist, wenn diese einem Gebrauchszweck dienen und außerdem künstlerisch über eine Formgebung verfügen. Das Urheberrecht ist in seinem Rechtscharakter **zweckneutral**, d. h., dass es urheberrechtlich nicht relevant ist, ob das Werk einem künstlerischen oder einem Gebrauchszweck dient. Eine Formgebung, die durch **technische Erfordernisse** bedingt ist, lässt einen Spielraum für eine individuelle schöpferische Gestaltung kaum zu. Vor allem bei Werken der angewandten Kunst sind regelmäßig technische Parameter von Bedeutung. Nur dort, wo ein schöpferischer Spielraum möglich ist, kann der Schutz gewährt werden.

Nach Auffassung des BGH befriedigt der **Freischwinger** einerseits funktionell das Bedürfnis des Nutzers, ihn als Sitzgelegenheit zu benutzen. Andererseits lässt der Gebrauchszweck einer Sitzgelegenheit einen genügenden Spielraum für eine schöpferische Leistung i. S. d. § 2 Abs. 2 UrhG zu.

Grundsätzlich besteht das Problem aber darin, dass unklar ist, was Kunst inhaltlich, strukturell und wertend bedeutet. Nach Auffassung des BVerfG ist der **Kunstbegriff** weit auszulegen, d. h., von einem Kunstwerk ist dann auszugehen, wenn es in freier schöpferischer Gestaltung, in der Eindrücke, Erfahrungen und Erlebnisse des Künstlers durch das Medium einer bestimmten Formsprache zur Anschauung gebracht wird.[7] Für den BGH reicht es aus, wenn nach der im Leben herrschenden Anschauungen von Kunst gesprochen werden kann.[8] Ob ein Kunstwerk vorliegt oder nicht, ist für die Schutzfähigkeit eines Werkes zunächst nicht relevant. Denn nicht jedes Kunstwerk kann urheberrechtlich geschützt sein.

Zur Frage der Beweislast führt der BGH vorliegend aus, dass in einem Verletzungsprozess lediglich der Urheber bzw. der Rechteinhaber für die anspruchsbegründenden Tatsachen darlegungs- und beweispflichtig ist, hier also die Schutzfähigkeit des Werkes in Form des Stahlrohrstuhls, ggf. auch der Schutzumfang, aus dem Rechte hergeleitet werden. Aufgrund dessen, dass das Urheberrecht nicht die Voraussetzung der objektiven Neuheit bedingt – anders bspw. das Geschmacksmusterrecht –, muss der Rechteinhaber nicht beweisen, dass das Werk neu ist. Lediglich, dass ein gebotener Abstand zum vorbekannten Formengut erfolgte ist ggf. darzulegen. Der Verletzer. ist vielmehr verpflichtet, der Schutzfähigkeit entgegenzutreten und einzuwenden, dass auf vorbekanntes Formengut zurückgegriffen wurde. Handelt es sich um eine sog. – eher seltene – Doppelschöpfung, so trifft wiederum den Urheber die Darlegungs- und Beweislast, dass er ohne Kenntnis das bereits existierende Werk geschaffen hat.

Literatur

Wandtke/*Wöhrn* Urheberrecht 2. Kap. Rn. 50 f.

2.4. Qualität

BGH Urteil vom 26.9.1980, I ZR 17/78 – Dirlada
RzU BGHZ Nr. 338
BGH GRUR 1981, 267

§ 2 Abs. 1 UrhG
§ 23 UrhG
§ 24 Abs. 2 UrhG

---

7 BVerfG NJW 2008, 39, 40 – Esra; BVerfG NJW 1971, 1645 – Mephisto.
8 BGH GRUR 1987, 903, 905 – Le Corbusier Möbel.

Leitsatz

1. Die Schutzfähigkeit der Komposition „Dirlada" ist in der Gesamtwirkung aller Einzelelemente urheberrechtsschutzfähig. Selbst die Einarbeitung allgemein bekannten, gemeinfreien Geistesgutes kann urheberschutzfähig sein. Die Komposition weist eine schöpferische Eigentümlichkeit auf. Die schöpferische Eigentümlichkeit liegt bei Musikwerken in ihrer individuellen ästhetischen Ausdruckskraft. Es reicht für die Schutzfähigkeit nach § 2 Abs. 2 UrhG aus, dass die formgebende Tätigkeit des Komponisten nur einen geringen Schöpfungsgrad aufweist. Auf den künstlerischen Wert kommt es dabei nicht an.
2. Bei der Beurteilung der Frage, ob eine freie Benutzung nach § 24 UrhG vorliegt, darf im Interesse eines ausreichenden Urheberschutzes grundsätzlich kein zu großzügiger Maßstab angelegt werden. Welche Anforderungen im Einzelnen zu stellen sind, hängt von der Gestaltungshöhe des als Vorlage benutzten Werkes ab.

Sachverhalt

Für den Bereich der Bundesrepublik Deutschland hat die Kl. die ausschließlichen Nutzungsrechte, des vom griechischen Künstlers P. G. komponierten Liedes „Dirlada" inne.

In dem Verlag der Bekl. zu 1 erschien der Schlager „Loop di Love", der von dem Bekl. zu 3 komponiert wurde und dessen Text von D. D. verfasst wurde. Im Auftrag der Bekl. zu 1 hat die Bekl. zu 2 eine Klavierbearbeitung vorgenommen.

Beide Musikstücke weisen wesentliche musikalische und stilistische Übereinstimmungen auf, was den Gesamteindruck der beiden Werke sehr ähnlich erscheinen lässt.

Die Kl. ist deshalb der Ansicht, dass die Bekl. das Lied „Dirlada" in unzulässiger Weise benutzt haben, da die prägenden Elemente der Musikstücke weitgehend übereinstimmen.

Sie verlangt von den Bekl. nun Auskunft und Rechnungslegung über den durch die Verwertung des Titels „Loop di Love" erzielten Gewinn und Feststellung, dass die Bekl. verpflichtet sei auch jeden zukünftigen Gewinn an sie herauszugeben.

Entscheidungsgründe

[...] **Die schöpferische Eigentümlichkeit liegt bei Musikwerken in ihrer individuellen ästhetischen Ausdruckskraft. An den individuellen ästhetischen Gehalt dürfen allerdings nicht zu hohe Anforderungen gestellt werden. Es reicht aus, dass die formgebende Tätigkeit des Komponisten – wie bei der Schlagermusik regelmäßig – nur einen geringen Schöpfungsgrad aufweist.**[1] **Auf den künstlerischen Wert kommt es dabei nicht an. Im Urheberrecht ist seit langem anerkannt, dass es hier die sog kleine Münze gibt, d.h. einfache, aber gerade noch geschützte geistige Schöpfungen.** Diese Vorstellung bestand auch bei Erlass des geltenden Urheberrechtsgesetzes. In der Begründung zu § 2 des Regierungsentwurfs wird ausdrücklich hervorgehoben, dass nach wie vor auch Werke von geringem schöpferischen Wert, die sog kleine Münze, Schutz genießen.[2] Das Berufungsgericht hat im Grundsatz jedenfalls auch nicht verkannt, dass die rein handwerkliche Tätigkeit, die kein geistiges Schaffen ist, und alle gemeinfreien Elemente außerhalb des Schutzbereichs liegen; so die formalen Gestaltungselemente, die auf den Lehren von der Harmonik, Rhythmik und Melodik beruhen oder sich im Wechselgesang zwischen Solist und Chor ausdrücken.

Rechtlichen Bedenken unterliegt jedoch die Auffassung des Berufungsgerichts, dass ganz allgemein die Verarbeitungsweise dem gemeinfreien handwerklichen Können eines Komponisten zuzurechnen sei. Damit setzt sich das Berufungsgericht in Widerspruch zu der Entscheidung des Senats vom 3. November 1967.[3] Dort ist die schutzfähige Leistung vor allem in der Durchführung der Instrumentierung und Orchestrierung erblickt worden. Das Berufungs-

---

1 Vgl. BGH GRUR 1968, 321, 324 – Haselnuß.

2 BT-Drucks IV/270 S. 38.

3 GRUR 1968, 321 ff. – Haselnuß.

gericht hat insoweit übersehen, dass die konkrete Formgestaltung auch durch die Verarbeitungsweise mitgeprägt wird und dass sich die schöpferische Eigenart eines Werkes auch nach dem in dieser Formgebung zum Ausdruck gelangten individuell-ästhetischen Gesamteindruck bestimmt. **Die formgebende Leistung einer musikalischen Darbietung wird schutzfähig, wenn sie über die handwerksmäßige Anwendung musikalischer Lehren hinausgeht.**

[...] Auch die Erwägungen der Klägerin, dass der Schlager der Beklagten zu einem Erfolgshit geworden sei, und dass verschiedene Evergreens wie z. B. „tea for two" eine Melodie nur aus wenigen Noten besäßen, reiche nicht zur **Begründung einer eigenschöpferischen Leistung. Denn hierfür sei Voraussetzung, dass der ästhetische Gehalt des Werkes einen solchen Grad erreicht haben müsse, dass nach der im Leben herrschenden Anschauung der für Kunst empfänglichen und mit Kunstanschauung einigermaßen vertrauten Kreise von einer „künstlerischen" Leistung gesprochen werden könne. Bei einfachen, aus wenigen Noten bestehenden Melodien könne eine eigenschöpferische Leistung allein mit der Tonfolge in der Regel nicht gerechtfertigt werden**, zumal die hier fragliche Tonfolge „h – cis – a" bereits Gegenstand zahlloser Melodien des musikalischen Gemeingutes sei. Wenn der Sachverständige F. gleichwohl die Schutzfähigkeit der klägerischen Melodie unterstellt habe, so sei dies lediglich zugunsten der Klägerin geschehen.

[...]

Kurzkommentierung

Die Entscheidung beschäftigt sich mit der Frage der Schutzfähigkeit von Kompositionen. Der BGH stellt zutreffend darauf ab, dass die Komposition eine schöpferische Eigentümlichkeit aufweisen müsse, um als persönliche geistige Schöpfung i. S. v. § 2 Abs. 2 UrhG und damit als schutzfähiges Musikwerk anerkannt zu werden. Die schöpferische Eigentümlichkeit liegt bei Musikwerken in ihrer individuellen ästhetischen Ausdruckskraft. An den individuellen ästhetischen Gehalt dürfen allerdings nicht zu hohe Anforderungen gestellt werden. Für den BGH reicht es aus, dass die formgebende Tätigkeit des Komponisten – wie bei der Schlagermusik regelmäßig – nur einen geringen Schöpfungsgrad aufweist. Entscheidend ist die Feststellung des BGH, dass es auf den künstlerischen Wert im Urheberrecht nicht ankommt. Denn Fragen der Qualität eines Werkes spielen für die Schutzfähigkeit keine Rolle. Es ist anerkannt, dass es die sog. kleine Münze gibt, d. h. einfache, aber gerade noch geschützte geistige Schöpfungen vom urheberrechtlichen Schutz noch erfasst werden.

Weiterhin weist der BGH darauf hin, dass die rein handwerkliche Tätigkeit, die kein geistiges Schaffen ist, und alle gemeinfreien Elemente außerhalb des Schutzbereichs liegen. Für die Schutzfähigkeit sind solche formale Gestaltungselemente, wie die Lehren von der Harmonik, Rhythmik und Melodik nicht urheberrechtlich relevant.

Literatur

Wandtke/*Wöhrn* Urheberrecht 2. Kap. Rn. 20 f.

3. Werkarten

3.1. Technisches Regelwerk

BGH Urteil vom 11.4.2002, I ZR 231/99 – Technische Lieferbedingung
RzU BGHZ Nr. 510
BGH GRUR 2002, 958

§ 2 Abs. 1 Nr. 1 und 7, Abs. 2 UrhG
§ 97 ZPO
§ 286 ZPO

Leitsätze

1. Bei einem technischen Regelwerk kann die schöpferische Leistung nicht nur in der Art der Sammlung, Auswahl, Einteilung und Anordnung des Stoffes, sondern auch in der sprachlichen Vermittlung eines komplexen technischen Sachverhalts liegen.
2. Der Beklagte, der sich gegenüber dem Vorwurf der Urheberrechtsverletzung mit dem Einwand verteidigt, die Schutzfähigkeit entfalle, weil der Urheber auf vorbekanntes Formengut zurückgegriffen habe, muss die Entgegenhaltungen im Einzelnen bezeichnen und darlegen, inwieweit der Urheber auf frühere Gestaltungen zurückgegriffen hat.

Sachverhalt

Der Kl. ist eine Forschungseinrichtung, die in der Rechtsform des eingetragenen Vereins betrieben wird. Ihr Aufgabenbereich umfasst auch das Erstellen von technischen Regelwerken für das Straßen- und Verkehrswesen. Die Kl. erstellte u.a. die „Technischen Lieferbedingungen für gebrauchsfertige polymodifizierte Bindemittel für Oberflächenbehandlungen“ (TL-PmOB) und die „Technischen Lieferbedingungen für Betonschutzwand-Fertigteile“ (TL BSWF 96). Diese Regelwerke wurden mit einem Allgemeinen Rundschreiben vom Juli 1992 und vom April 1996 für den Bereich des Bundesfernstraßenbaus eingeführt und zur Einführung in den Zuständigkeitsbereich der obersten Straßenbaubehörden der Länder zur Einführung empfohlen.

Der Kl. sieht in dieser Art der Veröffentlichung eine Verletzung seiner Urheberrechte, genauer an dem ihn an den Lieferbedingungen zustehenden ausschließlichen Nutzungsrecht.

Aus diesem Grund beantragt der Kl. den Bekl. unter Androhung von Ordnungsmitteln zu verurteilen, es zu unterlassen, die beiden in Rede stehenden Werke herzustellen und zu vertreiben und Auskunft darüber zu erteilen, wie viele Exemplare von den beiden Werken er in seinem Verlag bisher gedruckt und verkauft hat und die bisher gedruckten Exemplare, die der Bekl. noch in Besitz hat, zu vernichten.

Entscheidungsgründe

[…]

II. 2. […]

c) Bei der sprachlichen und zeichnerischen Darstellung eines technischen Regelwerks kann die urheberrechtlich geschützte Leistung in erster Linie in der Art der Sammlung, Auswahl, Einteilung und Anordnung des Stoffes liegen. **Regelwerke** der streitigen Art **zeichnen sich** – wenn sie den Ansprüchen genügen – **darüber hinaus dadurch aus, dass sie technische Vorgaben nicht nur als solche wiedergeben, sondern im einzelnen verständlich beschreiben; es können daher hier auch Ausdrucksvermögen und Klarheit der sprachlichen Form ins Gewicht fallen. Sie sind in dieser auf eine verständliche sprachliche Umsetzung gerichteten Leistung am ehesten mit Betriebsanleitungen vergleichbar, bei denen es ebenfalls darum geht, ein – häufig komplexes – technisches Regelwerk nicht nur in übersichtlicher Auswahl und Anordnung, sondern vor allem in gut verständlicher, klarer Sprache auszudrücken.**[1] Zudem enthalten die in Rede stehenden Regelwerke Tabellen und Zeichnungen, also Darstellungen technischer Art im Sinne von § 2 Abs. 1 Nr. 7 UrhG, an deren Individualität nach gefestigter Rechtsprechung keine hohen Anforderungen gestellt werden.[2] **Insofern unterscheiden sich diese Regelwerke grundlegend von bloßen Verzeichnissen, bei denen die darin enthaltenen Angaben – urheberrechtlich betrachtet – Gemeingut sind und die individuelle schöpferische Leistung lediglich in der Auswahl und Ordnung des**

---

1 Vgl. BGH Urt. v. 10.10.1991 – I ZR 147/89, GRUR 1993, 34, 36 = WRP 1992, 160 – Bedienungsanweisung; ferner Urt. v. 17.4.1986 – I ZR 213/83, GRUR 1986, 739, 740 – Anwaltsschriftsatz.

2 Vgl. BGH Urt. v. 10.5.1984 – I ZR 85/82, GRUR 1985, 129, 130 – Elektrodenfabrik; Urt. v. 28.2.1991 – I ZR 88/89, GRUR 1991, 529, 530 – Explosionszeichnungen; BGHZ 134, 250, 255 – CB-infobank I.

Stoffes liegen kann,[3] oder von Ausschreibungsunterlagen, die sich häufig darin erschöpfen, die – dem Urheberrechtsschutz unzugänglichen – technischen Vorgaben aufzulisten, ohne sie verbal zu umschreiben.[4]

[...]

Kurzkommentierung

Der BGH hat zur Frage der Schutzfähigkeit von technischen Lieferbedingungen nach § 2 Abs. 1 Nr. 7 UrhG Stellung bezogen. Der BGH bringt zum Ausdruck, dass bei der sprachlichen und zeichnerischen Darstellung eines technischen Regelwerks die urheberrechtlich geschützte Leistung in erster Linie in der Art der Sammlung, Auswahl, Einteilung und Anordnung des Stoffes liegen kann. Die Regelwerke zeichnen sich dadurch aus, dass sie technische Vorgaben nicht nur als solche wiedergeben, sondern im Einzelnen verständlich beschreiben. Für den BGH ist rechtlich relevant, dass beim Regelwerk auch Ausdrucksvermögen und Klarheit der sprachlichen Form ins Gewicht fallen können. Sie sind in dieser auf eine verständliche sprachliche Umsetzung gerichteten Leistung am ehesten mit Betriebsanleitungen vergleichbar, bei denen es ebenfalls darum geht, ein – häufig komplexes – technisches Regelwerk nicht nur in übersichtlicher Auswahl und Anordnung, sondern vor allem in gut verständlicher, klarer Sprache auszudrücken, so der BGH. Außerdem enthalten die Regelwerke neben der sprachlichen Ausdrucksweise Tabellen und Zeichnungen, also Darstellungen technischer Art im Sinne von § 2 Abs. 1 Nr. 7 UrhG, an deren Individualität keine hohen Anforderungen gestellt werden. Insofern unterscheiden sich diese Regelwerke grundlegend von bloßen Verzeichnissen, bei denen die darin enthaltenen Angaben – urheberrechtlich betrachtet – Gemeingut sind und die individuelle schöpferische Leistung lediglich in der Auswahl und Ordnung des Stoffes liegen kann oder von Ausschreibungsunterlagen, die sich häufig darin erschöpfen, die – dem Urheberrechtsschutz unzugänglichen – technischen Vorgaben aufzulisten, ohne sie verbal zu umschreiben, wie sich der BGH auszudrücken pflegt.

Ob der dargestellte Gegenstand technischer oder wissenschaftlicher Art ist, ist für den urheberrechtlichen Schutz im Vergleich mit anderen Schutzrechten unbeachtlich.

Der BGH betont vor allem, dass das Ausdrucksvermögen und die Klarheit der sprachlichen Form ins Gewicht fallen, weil es um die Schutzfähigkeit i. S. d. § 2 Abs. 2 UrhG geht. Insofern transportiert die Form den Inhalt des Sprachwerkes. Da neben der sprachlichen Darstellung auch Tabellen und Zeichnungen im technischen Regelwerk vorhanden sind, sind diese nach § 2 Abs. 1 Nr. 7 UrhG geschützt. In eine ähnliche Richtung argumentiert der BGH, wenn es sich um die Urheberrechtsschutzfähigkeit von Lernspielen handelt. Nach seiner Auffassung können Lernspiele als Darstellungen wissenschaftlicher Art nach § 2 Abs. 1 Nr. 7 UrhG geschützt sein. Für den Urheberrechtsschutz einer Darstellung wissenschaftlicher Art ist der Inhalt ohne Bedeutung. Nicht was, sondern wie etwas dargestellt wird, ist urheberrechtlich relevant.[5]

Literatur

Wandtke/*Wöhrn* Urheberrecht Kap. 2 Rn. 73 ff.

3.2. Choreografisches Werk

BGH Urteil vom 6.2.1985, I ZR 179/82 – Happening
BGH GRUR 1985, 529

§ 2 Abs. 1 UrhG

3 Vgl. BGH Urt. v. 12.3.1987 – I ZR 71/85, GRUR 1987, 704, 705 – Warenzeichenlexika; Urt. v. 12.7.1990 – I ZR 16/89, GRUR 1991, 130, 132 f. – Themenkatalog; BGHZ 141, 329, 333 f. – Tele-Info-CD.
4 Vgl. BGH Urt. v. 29.3.1984 – I ZR 32/82, GRUR 1984, 659, 660 f. – Ausschreibungsunterlagen.
5 BGH I ZR 140/09 – Lernspiele.

§ 2 Abs. 2 UrhG
§ 23 S. 2 UrhG
§ 88 Abs. 1 UrhG
§ 31 Abs. 5 UrhG

Leitsatz

1. Die der Universität erteilte Einwilligung, ein zu Lehrzwecken veranstaltetes Happening auf Video-Band aufzuzeichnen, umfasst im Zweifel nicht die Verwertung der Video-Aufzeichnung.
2. Ein Happening kann – als Werk der bildenden Künste oder als Bühnenwerk oder als besondere eigentümliche Gestaltung – eine persönliche geistige Schöpfung im Sinne von § 2 Abs. 2 UrhG sein.

Sachverhalt

Der Kl. war als Gastprofessor für ein Wintersemester an dem Medienzentrum der Bekl. tätig. Im Rahmen dieser Tätigkeit übte er ein Happening nach dem Gemälde „Der Heuwagen" von Hieronymos Bosch ein, das er am 25. Januar 1978 mit seinen Studenten aufführte. Von dieser Aufführung machte die Bekl. mit Einwilligung des Kl. ein Video-Band.

Eine Kopie dieses Video-Bands verkaufte die Bekl. im Sommer 1979 an den NBK für 830 DM.

Der Kl. fühlt sich nun in seinen Urheberrechten an dem Happening verletzt, da er einer Videoaufnahme nur unter der Bedingung zugestimmt habe, diese nicht kommerziell zu verwerten, sondern nur für interne pädagogische Zwecke zu nutzen. Der Kl. beantragt nun die Bekl. auf Unterlassung der Vervielfältigung und Verbreitung des Videos zu verurteilen.

Entscheidungsgründe

II. […]

1. […] Dabei kann offenbleiben, ob das Happening als eine Art lebendes Bild eindeutig den Werken der bildenden Künste im Sinne von § 2 Abs. 1 Nr. 4 UrhG zuzurechnen ist oder ob es mit Rücksicht auf die Erfindung und Choreografie von Handlungsabläufen zumindest auch als eine Art Bühnenwerk anzusehen ist. **Die Urheberrechtsschutzfähigkeit eines Werkes hängt nämlich nicht von seiner klaren Einordnung in die in § 2 Abs. 1 UrhG aufgezählten Arten künstlerischer Werke ab. Dies ergibt sich schon daraus, dass die Aufzählung in § 2 Abs. 1 UrhG nur beispielhaft ist. Es reicht aus, dass, wie das Berufungsgericht rechtsfehlerfrei angenommen hat, das Happening eine persönliche geistige Schöpfung auf dem Gebiete der Kunst im Sinne von § 2 Abs. 2 UrhG ist.**

Das Berufungsgericht hat auch ohne Rechtsfehler angenommen, dass der Kläger der alleinige Urheber dieses Werkes ist. Nach den unangegriffenen Feststellungen stammten die Idee, die Choreografie und die Ausführungsanweisungen für das Happening allein von dem Kläger; die übrigen Mitwirkenden waren seinen Vorstellungen untergeordnet und blieben auch bei der Vornahme der einzelnen Handlungen lediglich seine Gehilfen. Anhaltspunkte dafür, dass sie eigene schöpferische Beiträge geleistet hätten, sind nicht dargetan.

2. […]

Kurzkommentierung

Der BGH hat sich in der Happening-Entscheidung nicht mit der Frage auseinandergesetzt, ob das „Happening" ein Werk der bildenden Kunst oder ein Bühnenwerk ist.

Der BGH ließ die Frage offen und argumentierte, dass die Urheberrechtsschutzfähigkeit eines Werkes nicht von seiner klaren Einordnung in die § 2 Abs. 1 UrhG aufgezählten Arten künstlerischer Werke abhängt. Es würde ausreichen, dass das Happening eine persönlich geistige Schöpfung auf dem Gebiet der Kunst i. S. d. § 2 Abs. 2 UrhG ist.

Die Argumentation ist nicht überzeugend, weil nicht jedes Kunstwerk die Schutzanforderungen i. S. d. § 2 Abs. 2 UrhG erfüllen kann. Abgesehen davon, dass § 2 Abs. 2 UrhG keinen Hinweis auf den Kunstbegriff gibt, ist es sehr wohl von Bedeutung, welche Werkkategorie im Einzelfall vorliegt. Denn die Gestaltungshöhe ist von Werk zu Werk, z. B. zwischen Kunstwerk und wissenschaftlichem Artikel, sehr verschieden. Bisher hat der BGH nur in zwei Fällen zum Eistanz Stellung bezogen. Der BGH hat vor allem bei der Abgrenzung zwischen sportlicher Leistung und einem choreografischem Werk Fragen des Schutzes aufgeworfen.[1]

In dem vorliegenden Rechtsstreit spricht vieles dafür, dass es sich um eine Inszenierung (Bühnenwerk) handelte, deren Kern ein **choreografisches Werk** war. Für solche Werke ist typisch, dass der Choreograf als Urheber aus mehreren künstlerischen Leistungen in Raum und Zeit einen Bewegungsablauf konzipiert und künstlerisch mit Hilfe verschiedener Personen umsetzt.

Die Tatsache, dass der Urheber gleichsam als Regisseur und Choreograph aufgetreten ist und die Durchführung des Happening vorbereitet und mit den Mitwirkenden eingeübt hat, weist auf eine Kombination von urheber- und leistungsschutzrechtlichen Elementen der Inszenierung hin. Die mitwirkenden Studenten sind offensichtlich als Laientänzer in das Happening eingebunden gewesen. Für das Happening als Inszenierung, wozu überwiegend die Choreografie gehörte, benötigt man keine Berufstänzer und keine Theaterbühne. Die Studenten hätten nicht als Gehilfen, sondern als Mitwirkende i. S. d. §§ 73 ff. UrhG angesehen werden müssen. Denn § 73 UrhG verlangt nur, dass der ausübende Künstler ein Werk aufführt, singt oder auf andere Weise darbietet. Das ist in dem Rechtsstreit geschehen. Ob die Einbindung der Studenten in die Bewegungsabläufe tänzerischer Natur sind oder nicht, ist nur anhand der konkreten Gestaltung feststellbar. Im Übrigen ist nicht nur die objektiv wahrnehmbare tänzerische Gestaltung in Form des klassischen und modernen Tanzes sowie der Folklore dem Leistungsschutzrecht und dem Urheberrechtsschutz zugänglich, sondern ebenso die schriftliche (Kinetografie) und bildliche Aufzeichnung (z. B. Videomitschnitte) des choreografischen Werkes als solches. Das choreografische Werk kann dann Bestandteil eines Bühnenwerkes oder eines Sprachwerkes oder innerhalb eines Filmwerkes geschützt sein. Die Verwendung des pantomimischen Werkes als Oberbegriff in § 2 Abs. 1 Ziff. 3 UrhG ist nicht zutreffend, weil die wesentlichen Unterschiede zwischen einem choreografischen Werk und einem pantomimischen Werk verwischt werden. Während es sich bei einem choreografischen Werk um eine tänzerische Komposition handelt, die innerhalb eines geschlossenen oder öffentlichen Raumes rhythmisch, metrisch und tempogebend den Bewegungsablauf der Tänzerinnen und Tänzer prägt, liegt beim pantomimischen Werk der Schwerpunkt auf der Körpersprache, wie Gebärden, Mimik und Gestik.

Literatur

Wandtke/*Wöhrn* Urheberrecht 2. Kap. Rn. 41 f.
Wandtke/*Wandtke* Urheberrecht 7. Kap. Rn. 13

3.3. Filmwerk

BGH, Urteil vom 21.4.1953 – I ZR 110/52 – Lied der Wildbahn I
BGHZ 9, 262
GRUR 1953, 299

§ 1 LitUrhG a. F.
§ 8 LitUrhG a. F.
§ 41 LitUrhG a. F.
§ 1 KunstUrhG a. F.
§ 15a KunstUrhG a. F.

[1] BGH GRUR 1960, 604 – Eisrevue I; BGH GRUR 1960, 606 – Eisrevue II.

Leitsätze

1. Der Erwerb des ausschließlichen Vorführungsrechtes an einem Filmwerk schließt im Zweifel nicht den Erwerb des fotografischen Urheberrechtes an den einzelnen Lichtbildern des Films ein.
2. Der Inhaber der ausschließlichen Vorführungsrechte an einem Filmwerk, dem das fotografische Urheberrecht an den Einzelbildern des Films nicht zusteht, kann die öffentliche Vorführung einzelner Bildfolgen aus dem Filmstreifen durch einen Dritten nur untersagen, wenn dieser Teilausschnitt aus dem Film als solcher eine für die Entstehung des Filmurheberrechts erforderliche individuelle Prägung aufweist.

Sachverhalt

Die Bekl. hat vom Hersteller des Films „Lied der Wildbahn" die ausschließlichen und uneingeschränkten Aufführungs- und Verwertungsrechte erhalten. Dabei hat sich der Hersteller einen bestimmten Umfang an Rechten an dem Werk vorbehalten.

Die Kl. ist die Herstellerin des Films „Unsterbliche Geliebte". Sie hat sich von dem Hersteller des Kulturfilms „Lied der Wildbahn" Bildstreifen mit fliegenden Schwänen aus dem Film schicken lassen und diese Sequenzen in ihren Spielfilm übernommen.

Die Bekl. verlangt von der Kl. Unterlassung, Vernichtung des noch vorhandenen Materials sowie Schadensersatz. Die Kl. ist dem Begehren der Bekl. mit einer Feststellungsklage entgegen getreten.

Entscheidungsgründe

[...]

II.

[...] **Auch die Entlehnung kleinster Teile eines Werkes, die für seinen gedanklichen Inhalt bedeutungslos sind, stellt – soweit sie das Gesetz nicht ausdrücklich gestattet – eine Verletzung des Urheberrechtes am Werk dar, wenn sie eine schutzfähige individuelle Prägung aufweisen, die auch auf der reinen Formgestaltung beruhen kann.**[1] Es kann nicht darauf ankommen, ob quantitativ oder qualitativ ein erheblicher Teil des fremden Werkes unbefugt benutzt wird,[2] sondern ausschließlich darauf, ob der entlehnte Teil eines Werkes als solcher den urheberrechtlichen Schutzvoraussetzungen genügt, also eine eigentümliche Schöpfung darstellt, wobei sich die besondere Eigenart des Werkes als Ganzen in diesem Teil nicht zu offenbaren braucht.

Bei Schriftwerken wird der wortgetreue Nachdruck auch kleinster Ausschnitte in der Regel eine Urheberrechtsverletzung darstellen, weil die Möglichkeiten, einen Gedankeninhalt in eine sprachliche Form zu bringen, so mannigfaltig sind, daß die gewählte Formgebung zumeist eine dem geistigen Schaffen entspringende individuelle Prägung aufweisen wird. Das Gleiche gilt für Spielfilme, bei denen der Gedankeninhalt durch gestellte Bilder geformt wird, was in der Wahl der Darsteller, deren Ausdrucksmittel und gelenktem Zusammenspiel eine Vielfalt abweichender Möglichkeiten der Formgebung eröffnet. Anders liegt es bei einem reinen Naturfilm, der sich auf die Wiedergabe in der Wirklichkeit vorgegebener Gegenstände und Naturereignisse beschränkt. Hier ist die Formgebung weitgehend durch den Geschehnisablauf in der Natur festgelegt. Einem Film, der auf das Einfangen der naturgegebenen Wirklichkeit, nicht gestellter Bilder, abzielt, kann – neben dem fotografischen Urheberrecht an den Einzelaufnahmen – ein Urheberrechtsschutz als Filmwerk nur zugebilligt werden, wenn er sich nicht in der bloß schematischen Aneinanderreihung von Lichtbildern erschöpft, sondern sich durch die Auswahl, Anordnung und Sammlung des Stoffes sowie durch die Art der Zu-

---

1 RGSt 93, 152.

2 So noch RGSt 8, 34; RGZ 12, 117; 116, 303.

sammenstellung der einzelnen Bildfolgen als das Ergebnis individuellen geistigen Schaffens darstellt (§ 15a KunstSchG).

[...]

Kurzkommentierung

Die BGH-Entscheidung beruht zwar noch auf der alten Rechtslage, hat aber inhaltlich nicht an Bedeutung verloren .Der BGH geht auf die Unterschiede zwischen einem Filmwerk und dessen Teile sowie Laufbildern näher ein. So ist der BGH der zutreffenden Auffassung, dass bei Schriftwerken der wortgetreue Nachdruck auch kleinster Ausschnitte in der Regel eine Urheberrechtsverletzung darstellen kann, weil die Möglichkeiten, einen Gedankeninhalt in eine sprachliche Form zu bringen, so mannigfaltig sind, dass die gewählte Formgebung zumeist eine dem geistigen Schaffen entspringende individuelle Prägung aufweisen wird. Die gleiche Schlussfolgerung zieht der BGH für den Spielfilm, bei denen der Gedankeninhalt durch gestellte Bilder geformt wird, was in der Wahl der Darsteller, deren Ausdrucksmittel und gelenktem Zusammenspiel eine Vielfalt abweichender Möglichkeiten der Formgebung eröffnet. Dagegen sieht der BGH hinsichtlich der Einordnung eines reinen Naturfilms, weil der reine Naturfilm sich auf die Wiedergabe in der Wirklichkeit vorgegebener Gegenstände und Naturereignisse beschränkt. Die Formgebung soll weitgehend durch den Geschehnisablauf in der Natur festgelegt sein. Sicherlich fällt die urheberrechtliche die Bewertung bei einem Film, der auf das Einfangen der naturgegebenen Wirklichkeit und nicht gestellter Bilder abzielt, anders aus als ein Naturfilm, der durch den Geschehensablauf geprägt ist und damit der Spielraum für eine persönliche geistige Schöpfung weniger oder gar nicht gegeben ist. Dem Naturfilm kann aber, so der BGH – neben dem fotografischen Urheberrecht an den Einzelaufnahmen – ein Urheberrechtsschutz als Filmwerk nur zugebilligt werden, wenn er sich nicht in der bloß schematischen Aneinanderreihung von Lichtbildern erschöpft, sondern sich durch die Auswahl, Anordnung und Sammlung des Stoffes sowie durch die Art der Zusammenstellung der einzelnen Bildfolgen als das Ergebnis individuellen geistigen Schaffens darstellt. Die Eigenart eines Kulturfilmes wie „Das Lied der Wildbahn", der sich zur Aufgabe gesetzt hat, die Lebensweise von Tieren in der freien Wildbahn nach einer bestimmten Gestaltungsidee wiederzugeben, kann insbesondere in der Auswahl der besonders charakteristischen Lebensformen des Wildes aus der Fülle der sich bietenden Beobachtungen liegen wie auch in der Wahl des Hintergrundes sowie des gesamten Bildrahmens und der zeitlichen Folge der einzelnen Bildmotive. Die Entnahme der Schwanenaufnahmen aus dieser eigentümlichen Bilderfolge verletzt nach Ansicht des BGH nur dann urheberrechtliche Befugnisse des Filmregisseurs an diesem Filmwerk, wenn auch dieser Teilausschnitt die angeführten Merkmale einer individuellen Gestaltung erkennen lässt.

Fehlt den Teilausschnitten der urheberrechtliche Werkcharakter bleibt die Möglichkeit des Schutzes nach § 95 UrhG als Laufbilder, die nicht die entsprechende Schöpfungshöhe nach § 2 Abs. 2 UrhG haben. Ein Beispiel für **Laufbilder** nach der heutigen Rechtslage ist die vorliegende Entscheidung des BGH. Er hat zutreffend darauf abgestellt, dass bei Naturfilmen – anders als bei Spielfilmen – die Widergabe vorgegebener Gegenstände und Naturereignisse erfolgt. In solchen Fällen kann ein Filmwerk ausgeschlossen sein, weil ein Mindestmaß an schöpferischer Leistung fehlt. Das ist vor allem der Fall, wenn die **Formgebung** durch den Geschehensablauf in der Natur vorgegeben wird. In dem vorliegenden Rechtsstreit ist der BGH zum Ergebnis gekommen, dass die Bildausschnitte des Filmwerkes nicht die Werkqualität erreicht haben, weil die Formgebung durch die Wiedergabe der fliegenden Schwäne erfolgt. Die Bildfolge ist damit ohne Werkqualität. Die Kameraführung wird durch den Flug der Schwäne bestimmt. Wenn also die Schwäne die Reihenfolge des Geschehens für den Kameramann vorgeben, bleibt kein Raum für eine persönliche geistige Schöpfung i.S.d. § 2 Abs. 2 UrhG.

Literatur
Wandtke/*Schunke* Urheberrecht 7. Kap. Rn. 103.

4. Bearbeitung

BGH, Urteil vom 15.9.1999 – I ZR 57/97 – Comic-Übersetzungen II
RzU BGHZ Nr. 473
BGH GRUR 2000, 144 – Comic-Übersetzungen II

§ 2 Abs. 1 Nr. 1 UrhG, § 2 Abs. 2 UrhG, § 3 S. 1 UrhG, § 242 BGB

Leitsätze
1. Die Übersetzung eines Sprachwerkes nach § 2 Abs. 1 Nr. 1, Abs. 2 UrhG stellt im Allgemeinen eine persönliche geistige Schöpfung des Übersetzers dar.
2. Muss der Schuldner davon ausgehen, dass der Berechtigte keine Kenntnis von dem ihm zustehenden Anspruch hat, fehlt es an dem für die Verwirkung erforderlichen Vertrauenstatbestand.

Sachverhalt
Die Kl. ist Übersetzerin und hat im Auftrag des beklagten Verlages siebzig Bände der Comic-Reihe „Disneys Lustige Taschenbücher“ (LTB-Reihe) aus dem Italienischen ins Deutsche übersetzt. Der Bekl. druckte die übersetzten Bände bei Bedarf bis zu zwölf Mal nach, ohne es mit der Kl. abzusprechen. Die übersetzten Geschichten wurden zudem auch in anderen Comic-Taschenbüchern abgedruckt.

Die Kl. sieht in dem ohne ihre Zustimmung erfolgten Nachdruck der von ihr übersetzten Comic-Bände und Geschichten eine Verletzung des ihr, durch die Übersetzungen zustehenden Urheberrechts. Die Klage wurde insgesamt abgewiesen.

Entscheidungsgründe
[…]

II. […]

1. […] Das Urheberrechtsgesetz geht – indem es in § 3 die Übersetzung als Beispiel einer urheberrechtlich geschützten Bearbeitung nennt – davon aus, dass Übersetzungen geschützter Sprachwerke in der Regel eine eigenschöpferische Leistung des Übersetzers darstellen und daher auch ihrerseits Gegenstand des urheberrechtlichen Schutzes sein können. Denn die neue Sprachform erfordert im Allgemeinen ein besonderes Einfühlungsvermögen und eine gewisse sprachliche Ausdrucksfähigkeit.[1] Sie lässt sich nicht allein durch eine mechanische Übertragung der einzelnen Begriffe bewerkstelligen, sondern muss den Sinngehalt vollständig erfassen und auch Zwischentöne des Originals wiederzugeben versuchen.

Dass es sich im Streitfall um die Übertragung von Bildgeschichten handelt, bei denen der Sprachanteil meist aus einfachen Dialogen besteht, vermag daran nichts zu ändern. Mit Recht hat das LG auf die Besonderheiten derartiger Übersetzungen hingewiesen: Wegen der räumlichen Beschränkung auf Sprechblasen muss der Übersetzer die Situation in wenigen Worten erfassen und muss sich dabei an die für solche Bildgeschichten typische Diktion halten. Darüber hinaus müssen die übersetzten Geschichten für Kinder, die in erster Linie die Adressaten dieser Bildgeschichten sind, verständlich sein.

Ohne Erfolg wendet die Revisionserwiderung demgegenüber ein, es müsse danach unterschieden werden, ob die Übersetzung dem individuellen Geist des Übersetzers Ausdruck ver-

---

1 Vgl. Schricker/*Loewenheim* Urheberrecht, 2. Aufl., § 3 UrhG Rn. 21; OLG Zweibrücken GRUR 1997, 363.

leihe; es sei daher anerkannt, dass die Übersetzung eines Geschäftsbriefes oder einer Speisekarte keinen urheberrechtlichen Schutz genießen könne. Die Revisionserwiderung verkennt jedoch, dass **Übersetzungen literarischer Schriftwerke ebenso wie das übertragene Original Werke der „reinen" (zweckfreien) Kunst darstellen, bei denen hinsichtlich des urheberrechtlichen Schutzes ein großzügigerer Maßstab gilt**. Das Urheberrecht schützt bei literarischen Schriftwerken auch die sogenannte **kleine Münze**, bei der bereits ein **geringer Grad individuellen Schaffens und eine geringe Gestaltungshöhe als ausreichend angesehen wird.**[2] Bei der Übersetzung derartiger Werke dürfen an die Schöpfungshöhe keine höheren Anforderungen gestellt werden.

[...]

3. a) [...]

aa) Die Frage, in welchem Umfang ein Urheber Nutzungsrechte eingeräumt hat, bestimmt sich nach dem Vertragsinhalt. Fehlt – wie im Streitfall – eine ausdrückliche Regelung, so ist von dem nach dem gesamten Vertragsinhalt von den Parteien übereinstimmend verfolgten Vertragszweck und den danach vorausgesetzten Bedürfnissen der Vertragspartner auszugehen und zu fragen, ob und gegebenenfalls in welchem Umfang die Einräumung von Nutzungsrechten zur Erreichung des Vertragszwecks erforderlich ist.[3] **Denn nach dem Zweckübertragungsgedanken des § 31 Abs. 5 UrhG räumt der Urheber im Zweifel Nutzungsrechte nur in dem Umfang ein, den der Vertragszweck unbedingt erfordert.** In dieser Auslegungsregel kommt zum Ausdruck, dass **die urheberrechtlichen Befugnisse die Tendenz haben, soweit wie möglich beim Urheber zu verbleiben, damit dieser in angemessener Weise an den Erträgnissen seines Werkes beteiligt wird.**[4] Dies bedeutet, **dass im Allgemeinen nur die Nutzungsrechte stillschweigend eingeräumt sind, durch die die Erreichung des Vertragszwecks ermöglicht wird. Dagegen kann die Einräumung von über den Vertragszweck hinausgehenden Nutzungsrechten nur angenommen werden, wenn ein dahingehender Parteiwille – und sei es nur aufgrund der Begleitumstände und des schlüssigen Verhaltens der Beteiligten – unzweideutig zum Ausdruck gekommen ist.**[5]

[...]

Kurzkommentierung

Der BGH hat sich im Zusammenhang mit der urheberrechtlichen Einordnung der Übersetzung mit anderen Rechtsfragen auseinandergesetzt. Die BGH- Entscheidung ist von grundlegender Bedeutung für die Übersetzer. Zunächst musste der BGH die Frage beantworten, ob die Übersetzung eine urheberrechtlich geschützte Bearbeitung i. S. d. § 3 UrhG darstellt. Da in § 3 UrhG die Übersetzung als Beispiel einer urheberrechtlich geschützten Bearbeitung genannt wird, war für den BGH nur noch zu entscheiden, ob in dem konkreten Fall § 3 UrhG anwendbar ist. Zunächst geht der BGH zutreffend davon aus, dass Übersetzungen geschützter Sprachwerke in der Regel eine eigenschöpferische Leistung des Übersetzers darstellen und daher auch ihrerseits Gegenstand des urheberrechtlichen Schutzes sein können. Denn die Anforderungen an die Schutzvoraussetzungen einer Bearbeitung nach § 3 UrhG sind grundsätzlich die gleichen wie bei einem Originalwerk nach § 2 Abs. 2 UrhG.[6]

---

2 BGHZ 38, 356, 358 f. = GRUR 1963, 213 – Fernsehwiedergabe bei Sprachwerken; 79, 362, 367 u. 370 – Quizmaster; BGH GRUR 1991, 531 – Brown Girl I; GRUR 1995, 581, 582 – Silberdistel; Schricker/*Loewenheim* a. a. O., § 2 UrhG Rn. 38 ff. u. 88.

3 Vgl. BGHZ 24, 55, 70 = GRUR 1957, 391 – Ledigenheim; 137, 387, 392 f. = GRUR 1998, 680 – Comic-Übersetzungen I.

4 Vgl. BGHZ 131, 8, 12 = GRUR 1996, 121 – Pauschale Rechtseinräumung.

5 Vgl. BGH GRUR 1974, 480, 483 – Hummelrechte; GRUR 1984, 656, 657, – Vorentwurf; GRUR 1984, 528, 529 – Bestellvertrag; GRUR 1985, 378, 379 – Illustrationsvertrag; BGHZ 137, 387, 392 f. = GRUR 1998, 680 – Comic-Übersetzungen I.

6 BGH GRUR 1991, 533 – Brown Girl II; BGH GRUR 1968, 321 – Haselnuß.

Im Wesentlichen werden Züge des Originalwerkes übernommen, sofern allerdings Kürzungen[7] oder Änderungen der Größenverhältnisse[8] vorliegen, wird die Bearbeitung ausgeschlossen. Das bearbeitete Originalwerk muss nicht mehr geschützt sein. Gemeinfreie Werke können ebenso bearbeitet werden.[9] Ist das Originalwerk noch geschützt, hat das zur Folge, dass nicht nur der Bearbeiter Urheberrechtsschutz beanspruchen kann, wenn das Werk verwertet werden soll, sondern zuallererst natürlich der Urheber. Ist dagegen das Werk gemeinfrei, hat nur der Bearbeiter des gemeinfreien Werkes einen Urheberrechtsschutz nach § 3 UrhG.

Neben der Übersetzung sind auch andere Bearbeitungen möglich, z. B. Musikwerke,[10] Werke der bildenden und angewandten Kunst,[11] Filmwerke,[12] Darstellungen wissenschaftlicher und technischer Art.[13] Nach Ansicht des BGH erfordert die neue Sprachform im Allgemeinen ein besonderes Einfühlungsvermögen und eine gewisse sprachliche Ausdrucksfähigkeit. Die Übersetzung lässt sich nicht allein durch eine mechanische Übertragung der einzelnen Begriffe bewerkstelligen, sondern muss den Sinngehalt vollständig erfassen und auch Zwischentöne des Originals wiederzugeben versuchen, so der BGH.

Im vorliegenden Rechtsstreit handelt es sich um die Übertragung von Bildgeschichten, bei denen der Sprachanteil meist aus einfachen Dialogen besteht. Der BGH bejaht auch in diesem Fall die Anwendung des § 3 UrhG. Der Übersetzer ist insofern ein Bearbeiterurheber. Die Besonderheiten vermögen daran nichts ändern. Mit Recht hat der BGH darauf hingewiesen, dass die räumliche Beschränkung auf Sprechblasen und die Verständlichkeit der Sprache für Kinder als Adressaten der Bildergeschichten nicht gegen eine geschützte Bearbeitung sprechen. Er stellt zu Recht fest, dass bei Übersetzungen literarischer Schriftwerke ein großzügiger Maßstab gelten muss. Es wird bei literarischen Schriftwerken auch die sogenannte kleine Münze, bei der bereits ein geringer Grad individuellen Schaffens und eine geringe Gestaltungshöhe als ausreichend angesehen wird, anerkannt.

Neben der Frage, ob die Rechtseinräumung auch die Nachauflagen der Übersetzung betrifft, hat der BGH zum Zweckübertragungsgrundsatz und zur stillschweigenden Einwilligung Stellung bezogen. Der BGH ist der zutreffenden Ansicht, dass der Umfang der Nutzungsrechte nach dem Vertragsinhalt festzustellen ist. Dazu gehört nach Auffassung des BGH, dass zu fragen ist, ob und gegebenenfalls in welchem Umfang die Einräumung von Nutzungsrechten zur Erreichung des Vertragszwecks erforderlich ist. Für diesen Feststellungsvorgang wird der Zweckübertragungsgrundsatz – besser Vertragszwecktheorie – des § 31 Abs. 5 UrhG angewandt. Danach räumt der Urheber im Zweifel Nutzungsrechte nur in dem Umfang ein, den der Vertragszweck unbedingt erfordert, so der BGH. Der BGH sieht darin eine Auslegungsregel, wonach die urheberrechtlichen Befugnisse die Tendenz haben, soweit wie möglich beim Urheber zu verbleiben, damit dieser in angemessener Weise an den Erträgnissen seines Werkes beteiligt wird. Im Allgemeinen bedeutet dies, dass nur die Nutzungsrechte stillschweigend eingeräumt sind, durch die die Erreichung des Vertragszwecks ermöglicht wird. Dagegen kann die Einräumung von über den Vertragszweck hinausgehenden Nutzungsrechten nur angenommen werden, wenn ein dahingehender Parteiwille – und sei es nur aufgrund der Begleitumstände und des schlüssigen Verhaltens der Beteiligten – unzweideutig zum Ausdruck gekommen ist. Im vorliegenden Rechtsstreit lag der eindeutige Parteiwille nicht vor.

---

7 BGH GRUR 1992, 382, 384 – Leitsätze.
8 BGH GRUR 2002, 532, 534 – Unikatrahmen.
9 Vgl. z. B. BGH GRUR 1991, 533 – Brown Girl II; BGH GRUR 1991, 456, 457 – Goggolore.
10 BGH GRUR 1991, 533 – Brown Girl II.
11 BGH GRUR 2002, 532, 534 – Unikatrahmen.
12 BGHZ 26, 52, 53 – Sherlock Holmes.
13 BGH GRUR 1988, 33, 35 – Topografische Landkarten; BGH GRUR 1998, 916, 917 – Stadtplan – Werk.

Literatur

Wandtke/*Wöhrn* Urheberrecht 2. Kap. Rn. 82
Wandtke/*Wandtke* Urheberrecht 4. Kap. Rn. 45

5. Sammelwerk/Datenbankwerk

BGH, Urteil vom 24.5.2007 – I ZR 130/04 – Gedichttitelliste I
BGHZ 172, 268–278
GRUR 2007, 685

§ 4 UrhG
§ 87 a UrhG

Leitsätze

1. Für den Schutz einer Sammlung (hier: einer Gedichttitelliste) als Datenbankwerk reicht es aus, dass die Sammlung in ihrer Struktur, die durch Auswahl oder Anordnung des Inhalts der Datenbank geschaffen worden ist, einen individuellen Charakter hat.
2. Die Verkörperung der auf persönlicher geistiger Schöpfung beruhenden Konzeption in einer Datenbank ist zwar Voraussetzung für den urheberrechtlichen Schutz als Datenbankwerk; der Urheber muss die dafür notwendigen nichtschöpferischen Arbeiten aber nicht selbst erbracht haben.
3. Das Recht des Urhebers an einem Datenbankwerk und das Leistungsschutzrecht des Datenbankherstellers bestehen unabhängig voneinander mit verschiedenem Schutzgegenstand.

Sachverhalt

Die Kl. haben im Rahmen eines Projekts eine Sammlung von Gedichten aus der Zeit zwischen 1720 und 1933 veröffentlicht (Projekt: „Klassikerwortschatz"). Auf dieser Grundlage wurde im Folgenden eine Liste von Gedichttiteln im Internet veröffentlicht, die Autor, Titel, Anfangszeile und Erscheinungsjahr jedes Gedichts enthielt.

Die Beklagte vertreibt eine CD-ROM „1000 Gedichte, die jeder haben muss". Bei der Zusammenstellung hat sich die Beklagte an der Gedichttitelliste des Projekts der Kl. orientiert. Die Gedichttexte selbst hat die Bekl. eigenem digitalem Material entnommen.

Die Kl. haben die Ansicht vertreten, die Bekl. verletze durch die Vervielfältigung und Verbreitung der CD-ROM Urheberrechte bzgl. der Schöpfung eines Sammelwerks und das Leistungsschutzrecht eines Datenbankherstellers.

Die Bekl. hat vorgebracht, die Gedichttitelliste sei schon kein schutzfähiges Werk. Auch die Anforderungen an eine Datenbank i. S. d. § 87 a UrhG seien nicht erfüllt; schließlich fehle es an einer unmittelbaren Leistungsübernahme. Letztlich sei die Liste der Beklagten lediglich als Referenz herangezogen worden.

Entscheidungsgründe

II. […]

1. […]

a) Die im Internet veröffentlichte Gedichttitelliste des Klägers ist ein urheberrechtlich schutzfähiges Datenbankwerk im Sinne des § 4 Abs. 2 UrhG. **Gegenstand des Schutzrechts an einem Datenbankwerk, einem Unterfall des Sammelwerkes (§ 4 Abs. 1 UrhG), ist die Struktur der Datenbank als persönliche geistige Schöpfung, die auch in der Auswahl oder**

Anordnung der in der Datenbank enthaltenen Elemente bestehen kann. Diese Elemente sind als solche urheberrechtsfrei.[1]

aa) Die Gedichttitelliste ist eine Sammlung, deren Elemente systematisch angeordnet und einzeln zugänglich sind (§ 4 Abs. 2 UrhG). Die voneinander unabhängigen Elemente der Liste (wie Urheber, Titel, Anfangszeile und Erscheinungsdatum der Gedichte) sind systematisch in Gruppen nach der Zahl der Nennungen in den Sammlungen, die der Auswahl zugrunde liegen, und in sich nach den Anfangsbuchstaben der Namen der Dichter geordnet. Die Elemente der Liste (wie Dichter, Gedichttitel oder Erscheinungsjahr) können jeweils für sich – auch elektronisch – angesteuert werden.

bb) [...]

(2) Die Gedichttitelliste erreicht den für den Schutz als Datenbankwerk notwendigen Grad an Eigentümlichkeit.

Der erforderliche Grad an Eigentümlichkeit ist im Hinblick auf die Vorschrift des Art. 3 Abs. 1 der Richtlinie 96/9/EG des Europäischen Parlaments und des Rates vom 11. März 1996 über den rechtlichen Schutz von Datenbanken[2] zu bestimmen, da § 4 Abs. 2 UrhG durch Art. 7 Nr. 1 des Informations- und Kommunikationsdienstegesetzes (IuKDG) vom 22. Juli 1997[3] in das Gesetz eingefügt worden ist. **Danach genügt es, dass die Auswahl oder Anordnung des Inhalts der Datenbank eine eigene geistige Schöpfung des Urhebers ist. Auf andere Kriterien, insbesondere die Qualität oder den ästhetischen Wert der Datenbank, kommt es nicht an** (Art. 3 Abs. 1 der Datenbankrichtlinie; vgl. auch Erwgrde 15 und 16 der Richtlinie). **Eine bestimmte Gestaltungshöhe ist nicht erforderlich; ein bescheidenes Maß an geistiger Leistung genügt. Es reicht aus, dass die Sammlung in ihrer Struktur, die durch Auswahl oder Anordnung des Inhalts der Datenbank geschaffen worden ist** (vgl. Erwgrd 15 der Datenbankrichtlinie), **einen individuellen Charakter hat.**[4] Dies ist hier der Fall. [...]

b) Urheber des Datenbankwerkes ist der Kläger, auch wenn er nach den getroffenen Feststellungen die Gedichttitelliste, die nach seiner Konzeption ausgearbeitet wurde, nicht selbst erstellt hat. Die Umsetzung seiner Konzeption durch Hilfskräfte, die das Material gesammelt und für die statistische Auswertung vereinheitlicht haben, war nicht schöpferischer Art und begründete keine Miturheberschaft.[5] Die Verkörperung der auf persönlicher geistiger Schöpfung beruhenden Konzeption in einer Datenbank ist zwar Voraussetzung für den urheberrechtlichen Schutz als Datenbankwerk; der Urheber muss die dafür notwendigen nichtschöpferischen Arbeiten aber nicht selbst erbracht haben.[6]

c) [...]

aa) Eine Verletzung des Urheberrechts an einem Sammelwerk kann nur angenommen werden, wenn das beanstandete Werk diejenigen Strukturen hinsichtlich der Auslese und Anordnung des Stoffs enthält, die das Sammelwerk als eine persönliche geistige Schöpfung im Sinne des § 4 UrhG ausweisen. **Nur wenn die Kombination der übernommenen Elemente besondere Strukturen in deren Auslese und Anordnung aufweist und darin das Gewebe**

1 Vgl. – zu § 4 UrhG a. F. – BGHZ 116, 136, 142 – Leitsätze; vgl. weiter Schricker/*Loewenheim* Urheberrecht, 3. Aufl., § 4 UrhG Rn. 39.

2 ABl. Nr. L 77 vom 27. März 1996, S. 20; im Folgenden: Datenbankrichtlinie.

3 BGBl. I S. 1870.

4 Vgl. weiter *von Lewinski* in Walter [Hrsg.], Europäisches Urheberrecht, 2001, Datenbank-RL Art. 3 Rn. 8 f.; Schricker/*Loewenheim* aaO § 4 UrhG Rn. 33 ff.; *Dreier* in Dreier/Schulze, UrhG, 2. Aufl., § 4 Rn. 12, 19; Wandtke/Bullinger/*Marquardt* Urheberrecht, 2. Aufl., § 4 UrhG Rn. 11; Möhring/Nicolini/*Ahlberg* UrhG, 2. Aufl., § 4 Rn. 21 f.; *Schack* Urheber- und Urhebervertragsrecht, 3. Aufl., Rn. 259; *Haberstumpf* GRUR 2003, 14, 20; vgl. auch – zu § 6 öUrhG – österr. OGH MR 2000, 373, 374 – Schüssels Dornenkrone.

5 Vgl. dazu Schricker/*Loewenheim* aaO § 7 UrhG Rn. 8; Wandtke/Bullinger/*Thum* aaO § 7 UrhG Rn. 12; *Schulze* in Dreier/Schulze aaO § 7 UrhG Rn. 9; Loewenheim/*Hoeren* Handbuch des Urheberrechts, § 11 Rn. 7.

6 Vgl. dazu auch *Leistner* Der Schutz von Datenbanken im deutschen und europäischen Recht, 2000, S. 78; *Barta/Markiewicz* Festgabe Beier, 1996, S. 343, 346 f.; *Kilches* RdW 1997, 710, 712.

der persönlichen geistigen Schöpfung des Sammelwerkes erkennen lässt (vgl. Erwgrd 15 Satz 2 der Datenbankrichtlinie), **kann eine Beeinträchtigung des Urheberrechts an dem Sammelwerk im Sinne des § 4 UrhG angenommen werden.**[7] **Eine Urheberrechtsverletzung kommt, wenn keine vollständige Übernahme vorliegt, nur in Betracht, wenn auch der entlehnte Teil den Schutzvoraussetzungen für ein Sammelwerk genügt.**[8] Das ist hier der Fall.

bb) [...]

2. [...] Entgegen der Ansicht des Berufungsgerichts hat der Kläger jedoch keinen Anspruch darauf, dass die Beklagte ihm als Gesamtgläubiger auch Ersatz leistet für den Schaden, den die Klägerin als Datenbankherstellerin durch die Vervielfältigung und Verbreitung der CD-ROM erlitten hat. Den Klageparteien stehen – jeweils allein – unterschiedliche Rechte zu. Der Kläger ist als Urheber Inhaber des Rechts an der Gedichttitelliste als einem Datenbankwerk (§ 4 Abs. 2 UrhG), die Klägerin Inhaberin des Leistungsschutzrechts an der Gedichttitelliste als einer Datenbank im Sinne des § 87 a UrhG. **Beide Rechte bestehen unabhängig voneinander mit verschiedenem Schutzgegenstand.**[9] **Während sich das Urheberrecht** des Klägers **auf das Datenbankwerk (§ 4 Abs. 2 UrhG) als Ergebnis einer persönlichen geistigen Schöpfung durch Auswahl und Anordnung der Gedichttitel bezieht, hat das unternehmensbezogene Datenbankherstellerrecht** der Klägerin **die Datenbank im Sinne des § 87 a UrhG als Ergebnis ihrer Investitionsleistung zum Gegenstand.** Falls die Beklagte durch die Vervielfältigung und Verbreitung ihrer CD-ROM in die Rechte der Klägerin als Datenbankherstellerin (§ 87 b UrhG) eingegriffen haben sollte, würde dies lediglich Ansprüche der Klägerin begründen. Umgekehrt kann auch die Klägerin von der Beklagten nicht Ersatz des Schadens verlangen, der dem Kläger als Urheber des Datenbankwerkes entstanden ist.

[...]

Kurzkommentierung

Die Entscheidung des BGH betrifft einen wichtigen Bereich des Urheberrechts, der durch die Richtlinienpolitik der EU bestimmt wird. Der BGH musste auch in späteren Entscheidungen die Frage beantworten, ob bei einer Gedichttitelliste eine Datenbank oder ein Datenbankwerk vorliegt.[10] Der BGH bejaht in dem vorliegenden Rechtsstreit den urheberrechtlichen Schutz der Gedichttitelliste als Datenbankwerk im Sinne des § 4 Abs. 2 UrhG. Er ist der Auffassung, dass sich ein Datenbankwerk nicht auf eine abstrakte wissenschaftliche Idee bezieht, sondern auf die besondere Konzeption bei der Auswahl der Gedichttitel. Dieses Datenbankwerk ist durch die Entscheidung des Urhebers gekennzeichnet,, die „wichtigsten" Gedichte der Zeit zwischen 1730 und 1900 anhand weniger Anthologien, ausgesucht unter Tausenden solcher Sammlungen, sowie anhand der Bibliographie von Dühmert zu ermitteln und dabei ein statistisches Kriterium anzuwenden. Mit der vorliegenden Entscheidung bejaht der BGH ein Datenbankwerk i. S. d. § 4 Abs. 2 UrhG, weil ein bescheidenes Maß an geistiger Leistung genügt, d. h. es reicht aus, dass die Sammlung in ihrer Struktur durch **Auswahl oder Anordnung der Datenbank** geschaffen worden ist. Maßgeblich ist mithin der schöpferische Gehalt der Darstellung, die eine gewisse Struktur und inhaltliches Konzept erkennen lässt und auch eine andersartige Gestaltung der Gedichttitelliste zugelassen hätte. Bei Auslegung des § 4 Abs. 2 UrhG ist Art. 3 Abs. 1 der RL 96/9/EG über den rechtlichen Schutz von Datenbanken zu berücksichtigen.[11] Es ist offensichtlich kein zu hoher Maßstab bei Datenbankwerken anzulegen. Der BGH hat auch

---

7 Vgl. – zu § 4 UrhG a. F. – BGHZ 116, 136, 142 f. – Leitsätze.

8 Vgl. BGHZ 141, 329, 333 – Tele-Info-CD, m. w. N.

9 Vgl. Schricker/*Loewenheim* aaO § 4 UrhG Rn. 28; Schricker/*Vogel* aaO Vor §§ 87 a ff. UrhG Rn. 7; Wandtke/Bullinger/*Thum* aaO Vor § 87 a ff. UrhG Rn. 17, 25; *Dreier* in Dreier/Schulze aaO § 4 UrhG Rn. 3.

10 BGH GRUR 2007, 688 – Gedichttitelliste II; BGH NJW 2010, 778 – Gedichttitelliste III.

11 BGH MMR 2011, 104, 106 – Markenheftchen.

die Unterschiede zwischen einem Datenbankwerk und einer Datenbank begründet. Während der Urheber Inhaber des Rechts an der Gedichttitelliste als einem Datenbankwerk nach § 4 Abs. 2 UrhG ist, ist die Herstellerin Inhaberin des Leistungsschutzrechts an der Gedichttitelliste als Datenbank i. S. d. § 87a UrhG. Wichtig ist die Feststellung des BGH, dass beide Rechte unabhängig voneinander mit verschiedenem Schutzgegenstand bestehen. Während sich das Urheberrecht des Urhebers auf das Datenbankwerk als Ergebnis einer persönlichen geistigen Schöpfung durch Auswahl und Anordnung der Gedichttitel i. S. d. § 4 Abs. 2 UrhG bezieht, hat das unternehmensbezogene Datenbankherstellerrecht des Herstellers die Datenbank i. S. d. § 87a UrhG als Ergebnis ihrer Investitionsleistung zum Gegenstand.

Im Grunde wird damit die Tendenz in der europäischen Urheberrechtsentwicklung sichtbar, dass für die Schutzfähigkeit von Datenbankwerken geringere Schutzanforderungen erfüllt sein müssen. Das gilt auch für Sprachwerke, wenn z.B. 11 Wörter geschützt sein können.[12]

Das Datenbankwerk als Sammelwerk ist eine besondere Werkkategorie. Die Auswahl und Anordnung der einzelnen Elemente impliziert die persönliche geistige Schöpfung. Die einzelnen Elemente können geschützte und nicht geschützte Gestaltungen umfassen.[13] Während bspw. die Sammlung von Gedichten dem § 4 Abs. 2 UrhG unterliegt, trifft das auf **einheitliche Werke** (z.B. den Roman, den Spielfilm etc.) nicht zu.

Literatur

Wandtke/*Kauert* Urheberrecht 7. Kap. Rn. 118.

---

12 EuGH GRUR 2009, 1041, 1044 – Infopaq/DDF.

13 BGH GRUR 1992, 382, 384 – Leitsätze.

III. Urheber des Werkes

1. Miturheberschaft/Vermutung

BGH Urteil vom 26.2.2009, I ZR 142/06 – Kranhäuser
BGH GRUR 2009, 1046

§ 8 Abs. 1 UrhG
§ 10 Abs. 1 UrhG

Leitsätze

1. Sind auf den Vervielfältigungsstücken eines erschienen Werkes oder auf dem Original eines Werkes der bildenden Künste mehrere Personen in der üblichen Weise als Urheber bezeichnet, werden sie gemäß § 10 Abs. 1 UrhG – auch im Verhältnis zueinander – bis zum Beweis des Gegenteils als Miturheber des Werkes angesehen.
2. Bereits ein geringfügiger eigenschöpferischer Beitrag zu einem gemeinsam geschaffenen Werk, der sich nicht gesondert verwerten lässt, begründet nach § 8 Abs. 1 UrhG die Miturheberschaft.

Sachverhalt

Der Kl., der Bekl. und weitere Teilnehmer schlossen sich zu einer Arbeitsgemeinschaft zusammen, um an einem städtebaulichen Wettbewerb teilzunehmen. In einem Workshop erarbeiteten sie einen gemeinsamen Entwurf. Da diese Entwürfe zunächst erfolglos zu sein schienen, löste sich die Arbeitsgemeinschaft wieder auf. Der Kl. und der Drittwiderbekl. verfolgten das Projekt daraufhin allein weiter und stellten der Stadt ein in das abweichende städtebauliche Konzept eingebettete „Kranhäuser" des Workshop-Entwurfs als eigenen Entwurf vor. Die „Kranhäuser" wurden daraufhin in der sich anschließenden öffentlichen Diskussion und Presseberichterstattung ausschließlich dem Architektenbüro des Kl. und der Drittwiderbkl. zugeschrieben.

Die Parteien streiten nun darüber, ob der Bekl. als Miturheber der Darstellung der „Kranhäuser" im Workshop-Entwurf anzusehen ist.

Entscheidungsgründe

[…]

B. […]

2. Der Bekl. ist nach § 10 I UrhG als Miturheber der „Kranhäuser" des „Workshop-Entwurfs" anzusehen. **Wer auf den Vervielfältigungsstücken eines erschienenen Werkes oder auf dem Original eines Werkes der bildenden Künste in der üblichen Weise als Urheber bezeichnet ist, wird nach dieser Bestimmung bis zum Beweis des Gegenteils als Urheber des Werkes angesehen**. Die Urhebervermutung des § 10 UrhG gilt gemäß dem Wortlaut und dem Zweck der Vorschrift, dem Urheber den Nachweis seiner Berechtigung zu erleichtern, für alle Werke der bildenden Künste i. S. d. § 2 Abs. 1 Nr. 4 UrhG und damit auch für Entwürfe zu Werken der Baukunst.[1] Sie gilt ferner, wie das BerGer. zutreffend angenommen hat, auch zwischen Miturhebern.[2] Sind auf den Vervielfältigungsstücken eines erschienenen Werkes oder auf dem Original eines Werkes der bildenden Künste mehrere Personen in der üblichen Weise als Urheber bezeichnet, werden sie demnach – auch im Verhältnis zueinander – bis zum Beweis des Gegenteils (§ 292 ZPO) als Miturheber des Werkes angesehen.

---

1 BGH GRUR 2003, 231, 233 = WRP 2003, 279 – Staatsbibliothek.

2 BGH GRUR 1959, 335, 336 – Wenn wir alle Engel wären; BGHZ 123, 208, 212 f. = GRUR 1994, 39 – Buchhaltungsprogramm; OLG München ZUM 1990, 186, 188.

Behauptet eine dieser Personen, eine der anderen Personen sei nicht Miturheber, muss sie dafür den vollen Beweis erbringen.[3]

a) Der Bekl. kann sich gegenüber dem Kl. auf die Vermutung der Miturheberschaft an den „Kranhäusern“ des Workshop-Entwurfs berufen.

aa) Bei der Darstellung der „Kranhäuser“ im Workshop-Entwurf handelt es sich um den Entwurf eines Werkes der Baukunst und damit um ein Werk der bildenden Künste (§ 2 Abs. 1 Nr. 4 UrhG). Das als Anlage B 12 vorgelegte Nutzungskonzept und die aus Anlage B 13 ersichtlichen Computerzeichnungen lassen nach den Feststellungen des BerGer. die gestalterische Eigenart und die schöpferischen Besonderheiten der „Kranhäuser“ erkennen, die diesen die Qualität eines Werkes der Baukunst verleihen. Soweit die Revision sich gegen diese Beurteilung wendet, ersetzt sie lediglich die Bewertung des Tatrichters durch ihre eigene, ohne dabei einen Rechtsfehler des BerGer. aufzuzeigen.

bb) Der Bekl. ist in dem Workshop-Entwurf in der üblichen Weise als Urheber bezeichnet. Der Begriff der Üblichkeit ist im Interesse des Urheberrechtsschutzes weit auszulegen; es genügt, wenn sich die Bezeichnung an einer nicht ganz versteckten oder völlig außergewöhnlichen Stelle der Vervielfältigungsstücke oder des Originals befindet.[4] Das Nutzungskonzept (Anlage B 12) und der Workshop-Bericht (Anlage B 13) stellen nach den Feststellungen des BerGer. erkennbar die Ergebnisse eines gemeinsamen Schaffens der Arbeitsgemeinschaft dar. Der Bekl. ist auf dem Deckblatt und in der Einleitung des Workshop-Berichts namentlich als Mitglied der Arbeitsgemeinschaft aufgeführt. Er ist damit an einer üblichen Stelle als Mitverfasser des Workshop-Entwurfs genannt [...].

dd) [...] **Die Reichweite der Urhebervermutung des § 10 Abs. 1 UrhG ist allerdings unter Berücksichtigung der Besonderheiten des Einzelfalls zu bestimmen. Insbesondere ist es möglich, dass sich die Vermutung nach dem Charakter des Werkes ausnahmsweise nicht auf dessen Inhalt erstreckt.** So besagt die Urheberbezeichnung bei einem Sammelwerk (§ 4 UrhG) lediglich, dass der angegebene Urheber die Auswahl oder Anordnung der einzelnen Beiträge vorgenommen hat, nicht aber, dass die einzelnen Beiträge auch von ihm stammen. Ebenso erstreckt sich bei einer schöpferischen Bearbeitung (§ 3 UrhG) einer gemeinfreien Fabel die Verfasserangabe nicht auf die ihrem Sinngehalt nach gemeinfreie Geschichte, sondern auf die eigenschöpferische Sprachgestaltung. Die Urhebervermutung besagt in solchen Fällen nur, dass die angegebene Person als Urheber der konkreten Sammlung oder Bearbeitung anzusehen ist. Sie besagt dagegen nichts darüber, wer die einzelnen Beiträge und Vorlagen verfasst hat.[5]

Im Streitfall lässt sich dem Charakter des Werkes nicht entnehmen, dass die Vermutung der Urheberschaft an der Darstellung der „Kranhäuser“ nicht zu Gunsten sämtlicher auf dem Deckblatt und in der Einleitung des Workshop-Berichts angegebenen Mitglieder der Arbeitsgemeinschaft wirkt. Der von der Revision hervorgehobene Umstand, dass in einem Werk unterschiedliche Werkarten miteinander verbunden sind, führt für sich allein genommen regelmäßig noch nicht zu einer Einschränkung der Urhebervermutung. Sind beispielsweise bei einem Lied, also einer Werkverbindung aus Melodie und Text, zwei Personen in der üblichen Weise zwischen der Überschrift und dem Notenbild genannt, ohne dass klargestellt ist, welchen Beitrag jede dieser Personen zu der Melodie und dem Text des Liedes geleistet hat, sind beide als gleichberechtigte Miturheber sowohl der Melodie als auch des Textes anzusehen.[6] In derartigen Fällen geht die Urhebervermutung dahin, dass alle Genannten gleichermaßen Urheber der verbundenen Werke sind.

---

3 Vgl. *Schulze* in: Dreier/Schulze, UrhG, 3. Aufl., § 8 Rn. 10; Schricker/*Loewenheim* UrheberR, 3. Aufl., § 10 UrhG Rn. 2; Wandtke/Bullinger/*Thum*, UrhR, 3. Aufl., § 10 UrhG Rn. 29.

4 *Schulze* in: Dreier/Schulze, § 10 Rn. 10; Schricker/*Loewenheim*, § 10 UrhG Rn. 7 m.w. Nachw.

5 BGH GRUR 1991, 456, 457 – Goggolore.

6 Vgl. BGH GRUR 1986, 887, 888 – BORA BORA.

Eine Einschränkung der Urhebervermutung kann sich zwar aus zusätzlichen Angaben zu der als Urheber bezeichneten Person im Werkstück ergeben; ist beispielsweise neben dem Namen nur ein bestimmter Teil des Werkes oder eine bestimmte Funktion der Person bei dessen Herstellung angegeben, so beschränkt sich die Vermutung darauf, dass diese Person diesen Teil des Werkes verfasst oder in dieser Funktion bei dessen Herstellung tätig geworden ist.[7] [...]

(2) Ein gemeinsames Werk mehrerer Schöpfer (§ 8 Abs. 1 UrhG) liegt allerdings auch dann vor, wenn mehrere Personen zunächst ein Werk gemeinsam entworfen und zu diesem sodann in gegenseitiger Unterordnung unter die gemeinsame Gestaltungsidee für sich genommen selbstständige und voneinander unabhängige schöpferische Einzelbeiträge geleistet haben.[8] Damit ist allerdings nur eine notwendige, nicht aber eine für die Begründung einer Miturheberschaft schon hinreichende Bedingung erfüllt. **Haben mehrere Personen ein Werk gemeinsam geschaffen, so sind sie nach § 8 Abs. 1 UrhG nur dann Miturheber dieses Werkes, wenn sich ihre Anteile nicht gesondert verwerten lassen. Ist eine gesonderte Verwertung der Anteile möglich, werden mehrere Urheber selbst dann nicht zu Miturhebern, wenn sie diese Anteile zur gemeinsamen Verwertung miteinander verbinden (§ 9 UrhG).**

Der Anteil eines beteiligten Urhebers ist gesondert verwertbar, wenn er selbstständig verkehrsfähig ist; dies setzt voraus, dass er sich aus dem gemeinschaftlichen Werk herauslösen lässt, ohne dadurch unvollständig oder ergänzungsbedürftig zu werden.[9] Nicht die subjektive Vorstellung mehrerer Schöpfer von der Einheitlichkeit des gemeinsam geschaffenen Werkes und der Untrennbarkeit der hierzu geleisteten Beiträge, sondern allein die objektive Möglichkeit einer gesonderten Verwertung der jeweiligen Anteile entscheidet darüber, inwieweit mehrere Schöpfer eines gemeinsamen Werkes als Miturheber dieses Werkes und seiner Bestandteile anzusehen sind [...].

b) [...]

bb) [...]

(1) **Die sich aus § 10 Abs. 1 UrhG ergebende Vermutung der Urheberschaft kann nur durch den Beweis des Gegenteils widerlegt werden.** Wer die zu vermutende Urheberschaft bestreitet, trägt daher, wie das BerGer. zutreffend angenommen hat, die Darlegungs- und Beweislast für das Fehlen der Urheberschaft. Es kann dahinstehen, ob den Schwierigkeiten, denen sich die mit dem Beweis der Nichturheberschaft belastete Partei gegenübersieht, im Rahmen des Zumutbaren dadurch zu begegnen ist, dass den Prozessgegner eine sekundäre Darlegungslast hinsichtlich der für seine Urheberschaft sprechenden Umstände trifft.[10] [...]

(2) Das BerGer. hat mit Recht angenommen, dass auch Teile eines Werkes – wie etwa die Gestaltung der Fassade eines Bauwerkes – Urheberrechtsschutz genießen, sofern sie für sich genommen eine persönliche geistige Schöpfung i. S. d. § 2 Abs. 2 UrhG darstellen.[11] **Bereits ein geringfügiger eigenschöpferischer Beitrag zu einem gemeinsamen Werk begründet daher die Miturheberschaft.**[12] [...]

---

7 *Schulze* in: Dreier/Schulze § 8 Rn. 9 und § 10 Rn. 22 und 24; Schricker/*Loewenheim* § 10 UrhG Rn. 8; Wandtke/Bullinger/*Thum* § 10 UrhG Rn. 16; OLG München ZUM 1990, 186, 188; AfP 1995, 503, 504.

8 Vgl. RGZ 82, 333, 336; BGHZ 123, 208, 212 = GRUR 1994, 39 – Buchhaltungsprogramm; *v. Gamm* UrhG, § 8 Rn. 10; Möhring/Nicolini/*Ahlberg* UrhG, 2. Aufl., § 8 Rn. 4 f.; Schricker/*Loewenheim* § 8 UrhG Rn. 9; *Wandtke/Bullinger/*Thum § 8 UrhG Rn. 16 f.

9 *V. Gamm* § 10 Rn. 11; Schricker/*Loewenheim* § 8 UrhG Rn. 5; vgl. auch BGH GRUR 1959, 335, 336 – Wenn wir alle Engel wären; vgl. ferner Wandtke/Bullinger/*Thum* § 8 Rn. 7.

10 Vgl. allg. zu den Anforderungen an den Beweis negativer Tatsachen BGH NJW 1958, 1189; GRUR 1993, 572, 573 f. – Fehlende Lieferfähigkeit; GRUR 2008, 625 Rn. 19 = WRP 2008, 924 – Fruchtextrakt, m. w. Nachw.

11 RGZ 82, 333, 336; BGHZ 61, 88, 94 = GRUR 1973, 663 – Wählamt; BGH GRUR 1988, 533, 534 – Vorentwurf II; GRUR 1989, 416 – Bauaußenkante; BGHZ 151, 15, 21 = GRUR 2002, 799 – Stadtbahnfahrzeug; Schricker/*Loewenheim* § 2 UrhG Rn. 66 f. und 151.

12 Vgl. BGHZ 123, 208, 213 = GRUR 1994, 39 – Buchhaltungsprogramm; Schricker/*Loewenheim* § 8 UrhG Rn. 4.

2. […]

a) Die Bearbeitung und Verwertung der in dem Workshop-Entwurf enthaltenen Darstellung der „Kranhäuser" ist allerdings nur mit Zustimmung des Bekl. zulässig, da dieser nach § 10 Abs. 1 UrhG – wie ausgeführt – als deren Miturheber anzusehen ist. **Änderungen des Werkes sind nach § 8 Abs. 2 S. 1 Halbs. 2 UrhG nur mit Einwilligung – also vorheriger Zustimmung (§ 183 S. 1 BGB) – der Miturheber zulässig. Das Recht zur Verwertung des Werkes steht den Miturhebern nach § 8 Abs. 2 S. 1 Halbs. 1 UrhG zur gesamten Hand zu und kann daher gleichfalls grundsätzlich nur im allseitigen Einvernehmen aller Miturheber ausgeübt werden.**[13]

[…]

Kurzkommentierung

Der BGH nimmt zur Frage der **Miturheberschaft** und der Vermutung Stellung. Das Rechtsinstitut der Miturheberschaft nach § 8 UrhG spielt in der Praxis eine große Rolle. Die Miturheberschaft entsteht durch eine persönliche geistige Schöpfung jedes einzelnen Miturhebers. Voraussetzung der Miturheberschaft ist, dass jeder Miturheber mit seinem Beitrag ein gemeinschaftliches Werk schafft.

Ein gemeinsames Werk mehrerer Schöpfer (§ 8 Abs. 1 UrhG) liegt allerdings auch dann vor, wie sich der BGH auszudrücken pflegt, wenn mehrere Personen zunächst ein Werk gemeinsam entworfen und zu diesem sodann in gegenseitiger Unterordnung unter die gemeinsame Gestaltungsidee für sich genommen selbstständige und voneinander unabhängige schöpferische Einzelbeiträge geleistet haben. Damit ist allerdings nur eine notwendige, nicht aber eine für die Begründung einer Miturheberschaft schon hinreichende Bedingung erfüllt. Haben mehrere Personen ein Werk gemeinsam geschaffen, so sind sie nach § 8 Abs. 1 UrhG nur dann Miturheber dieses Werkes, wenn sich ihre **Anteile** nicht gesondert verwerten lassen. Ist eine gesonderte Verwertung der Anteile möglich, werden mehrere Urheber selbst dann nicht zu Miturhebern, wenn sie diese Anteile zur gemeinsamen Verwertung miteinander verbinden. Denn dann handelt es sich, vorausgesetzt es liegt eine ausdrückliche oder stillschweigende Vereinbarung vor, um eine Werkverbindung i. S. v. § 9 UrhG.

Der Anteil eines beteiligten Urhebers ist gesondert verwertbar, wenn er selbstständig **verkehrsfähig** ist; dies bedingt, dass er sich aus dem gemeinschaftlichen Werk herauslösen lässt, ohne dadurch unvollständig oder ergänzungsbedürftig zu werden. Wichtig ist, dass nicht die subjektive Vorstellung mehrerer Schöpfer von der Einheitlichkeit des gemeinsam geschaffenen Werkes und der Untrennbarkeit der hierzu geleisteten Beiträge entscheidet, sondern allein die objektive Möglichkeit einer gesonderten Verwertung der jeweiligen Anteile d. h., inwieweit mehrere Schöpfer eines gemeinsamen Werkes als Miturheber dieses Werkes und seiner Bestandteile anzusehen sind. Dabei ist unbeachtlich, ob der Beitrag in horizontaler oder vertikaler Arbeitsteilung entstanden ist, d. h. in einem nebeneinander erfolgenden Schaffensprozess (horizontal) oder in einem aufeinander aufbauenden erfolgenden Arbeitsschritt (vertikal). Im Ergebnis liegt dann eine **Gesamthandsgemeinschaft** vor, wobei mit Ausnahme des Veröffentlichungsrechts die sonstigen Urheberpersönlichkeitsrechte nicht der gesamthänderischen Bindung unterliegen. Dagegen sind die Verwertungsrechte i. S. d. § 8 Abs. 2 S. 1 UrhG **Gesamthandsgut**. Der Miturheber ist nach § 8 Abs. 2 S. 2 UrhG grundsätzlich berechtigt, Auskunftserteilung und Rechnungslegung wegen Verletzung des gemeinsamen Urheberrechts allein an sich selbst zu verlangen. Um eine Übervorteilung der anderen Miturheber zu verhindern, soll ein Miturheber bei Ansprüchen auf Leistung, wie z. B. auf Schadensersatz, nach § 8 Abs. 2 S. 3 HS 2 UrhG nur Leistung an alle Miturheber verlangen können.[14]

---

13 Vgl. Schricker/*Loewenheim*, § 8 UrhG Rn. 13.

14 BGH I ZR 18/09 Rn. 44/45 – Der Frosch mit der Maske.

III. Urheber des Werkes

Der BGH geht zu Recht davon aus, dass derjenige, der auf einem Vervielfältigungsstück (hier Entwurf) eines erschienen Werkes oder auf dem Original eines Werkes in üblicher Weise als Urheber bezeichnet wird i.S.d. § 10 UrhG auch als Urheber des Werkes in Frage kommt. Das Gleiche gilt, wenn mehrere Personen in der üblichen Weise als Urheber genannt werden.

Sie sind im Verhältnis zueinander Miturheber i.S.d. § 8 UrhG. Lässt sicht nicht klären, welchen Anteil jeder Miturheber geleistet hat, gilt die **Vermutung**, dass jeder zu gleichen Anteilen Miturheber ist. Die Feststellung der Anteile der einzelnen Miturheber zum gemeinschaftlichen Werk hat auch Auswirkungen für die Verteilung der Erträgnisse.[15] Die Vermutung ist durch Beweis des Gegenteils widerlegbar.

Auch Teile eines Werkes, wie der BGH ausführt, können Urheberrechtsschutz genießen.

Literatur

Wandtke/*Wöhrn* Urheberrecht 2. Kap. Rn. 154.

2. Verbundene Werke

BGH Urteil vom 9.6.1982, I ZR 5/80 – Verbundene Werke
GRUR 1982, 743

§ 709 BGB
§ 9 UrhG

Leitsatz

Zu den Voraussetzungen, wann einer von mehreren Urhebern eines verbundenen Werkes (UrhG § 9) verpflichtet ist, in die vom anderen Urheber ausgesprochene fristlose Kündigung des gemeinsamen Verlagsvertrages über das verbundene Werk einzuwilligen (hier: Textdichter gegenüber dem Komponisten).

Sachverhalt

Der Kl. ist ein bekannter Sänger auf dem Gebiet der Unterhaltungsmusik. Die Bekl. sind Textdichter zahlreicher vom Kl. vertonter und teilweise auch von ihm gesungener Liedtexte.

Die Parteien streiten darüber, ob die Bekl. verpflichtet sind, der vom Kl. ausgesprochenen Kündigung der gemeinsamen Verlagsverträge zuzustimmen.

Entscheidungsgründe

[...]

II. [...]

2. a) **Das Berufungsgericht geht in seiner Hilfsbegründung in Übereinstimmung mit dem Landgericht zu Recht davon aus, daß der Anspruch des Klägers auf Einwilligung der Beklagten sich nach § 9 UrhG beurteilt.** Die Vorinstanzen haben die Lieder, bei denen die musikalische Komposition vom Kläger stammt, während der Text von den Beklagten verfaßt wurde, zutreffend als verbundene Werke im Sinne des § 9 UrhG angesehen und zwischen Komponist und Textdichter eine Verwertungsgemeinschaft in der Form einer Gesellschaft bürgerlichen Rechts angenommen.[1] Maßgebend für die Beurteilung der Rechtsverhältnisse der Urheber sind daher grundsätzlich die Vorschriften der §§ 705 ff BGB, soweit nicht die Sonderregelung des § 9 UrhG vorgeht. Bei einer BGB-Gesellschaft steht die Führung der Ge-

---

15 BGH GRUR 2003, 231, 232 – Architektenvermerk.

1 So auch BGH GRUR 1973, 328, 329 – Musikverleger II; GRUR 1982, 41, 42 – Musikverleger III.

schäfte und damit das Recht der Kündigung von Verträgen nach § 709 Abs. 1 BGB grundsätzlich allen Gesellschaftern gemeinschaftlich zu. Anhaltspunkte für eine abweichende gesellschaftsrechtliche Regelung sind von den Vorinstanzen nicht festgestellt worden und auch nicht ersichtlich. Der Senat hat bereits in dem eingangs angeführten Urteil vom 2. Oktober 1981[2] entschieden, daß für die Kündigung der Verlagsverträge auch nicht ausnahmsweise eine alleinige Geschäftsführungsbefugnis des Klägers anzuerkennen ist. Sie läßt sich weder daraus herleiten, daß der Kläger zugleich Komponist und Interpret der verbundenen Musikwerke ist, noch läßt sie sich über ein sogenanntes Notverwaltungsrecht nach § 744 Abs. 2 BGB begründen;[3] ebensowenig ist entgegen der Ansicht der Revision eine Einwilligung des Beklagten zu 1) in den Fällen entbehrlich, in denen andere bei den Textschöpfungen des Beklagten zu 1) beteiligte Textdichter ihre Einwilligung gegeben haben; denn die Anwendung des Mehrheitsgrundsatzes nach § 709 Abs. 2 BGB setzt eine gesellschaftsvertragliche Vereinbarung voraus, an der es hier fehlt. Die Revision verkennt in diesem Zusammenhang nicht, daß die Klage bei Anerkennung einer alleinigen Geschäftsführungsbefugnis des Klägers bereits deshalb keinen Erfolg haben würde, weil die Einwilligung zur Kündigung in diesem Falle entbehrlich wäre.

Ist im Streitfall eine Ausnahme vom Grundsatz der Gesamtvertretung nicht anzuerkennen, so kommt gesellschaftsrechtlich nur ein Mitwirkungsanspruch des Klägers in Betracht, der am Prinzip der Förderlichkeit für den zugrundegelegten Gesellschaftszweck (§ 705 BGB) zu messen ist. Diesem Mitwirkungsanspruch geht jedoch der Anspruch auf Einwilligung nach § 9 UrhG vor, da es sich insoweit um eine Spezialregelung für die Urheber verbundener Werke handelt. Diese Bestimmung gilt auch für den Fall der Kündigung eines Verwertungsvertrages; denn diese Gestaltungserklärung zielt ebenso wie der Vertragsabschluß auf die „Verwertung" des verbundenen Werkes im Sinne des § 9 UrhG ab.[4]

[…]

Kurzkommentierung

Nach § 9 UrhG sind verbundene Werke, wie in dem vorliegenden Fall, keine Seltenheit. Sehr häufig arbeiten Komponisten und Texter zusammen. Durch die tatsächliche Verbindung entsteht die Werkverbindung i. S. v. § 9 UrhG indes nicht von allein. Erst durch ausdrückliche oder stillschweigende Vereinbarung über eine **gemeinsame** Verwertung entsteht – in der Regel zwischen unterschiedlichen und damit gesondert verwertbaren – Werkarten ein verbundenes Werk. Aber auch bei gleichen Werkarten ist eine gesonderte Verwertbarkeit und damit eine Werkverbindung nach § 9 UrhG möglich. Vertragliche Grundlage ist hierbei die gemeinsame Verwertung durch die beteiligten Urheber.

Dogmatisch handelt es sich nach Ansicht des BGH um eine Verwertungsgemeinschaft in Form einer **Gesellschaft bürgerlichen Rechts**.[5] Die Rechtsverhältnisse zwischen den Urhebern werden nach den Vorschriften der §§ 705 ff. UrhG bewertet. Nach den §§ 709, 714 BGB steht den beteiligten Urhebern die Geschäftsführung und Vertretung gemeinschaftlich zu. Zur Geschäftsführung und Vertretung zählen auch der Abschluss von Verwertungsverträgen mit **Dritten**. Die von den beteiligten Urhebern eingebrachten Nutzungsrechte bilden das Gesellschaftsvermögen, deren Verwaltung nur unter Zustimmung jedes beteiligten Urhebers zu erfolgen hat (sog. **Grundsatz der Gesamtvertretung**, § 709 Abs. 1 BGB), wobei nur die Nutzungsrechte eingebracht werden, die zur Realisierung des gemeinsamen Zweckes erforderlich sind. Abweichend von dem Gesamtvertretungsgrundsatz können andere gesellschaftsrechtliche Regelungen getroffen werden (vgl. bspw. § 709 Abs. 2 BGB, Mehrheitsstimmrecht), die vorlie-

2 GRUR 1982, 41, 43.
3 BGH aaO.
4 Ebenso *Möhring/Nicolini* Urhebergesetz, 1970, § 9 Anm. 7.
5 BGH GRUR 1962, 256 – Im weißen Rößle.

gend indes nicht vereinbart waren. Auch kam ein Notverwaltungsrecht nach § 744 Abs. 2 BGB analog nicht in Betracht, da kein Fall einer Werterhaltung der verbundenen Werke betroffen war.

Der BGH kommt zu dem Ergebnis, dass gesellschaftsrechtlich (§ 705 BGB) grundsätzlich bei verweigerter Mitwirkung ein sog. Mitwirkungsanspruch besteht. Dieser gilt indes nicht für Urheber verbundener Werke. Denn für sie ergibt sich der Mitwirkungsanspruch, der nach § 894 ZPO vollstreckbar ist, bereits aus dem gegenüber dem Gesellschaftsrecht spezielleren § 9 UrhG. Es handelt sich dabei um eine **Spezialregelung** für die Urheber verbundener Werke. Diese ist auch anwendbar auf die **Kündigung** von Verwertungsverträgen. So kann der Urheber des verbundenen Werks die Einwilligung zur Kündigung verlangen, soweit es nach **Treu und Glauben** (§ 242 BGB) zumutbar ist. Hierzu ist eine **Interessenabwägung** anzustellen, wobei zu ermitteln ist, ob die Zweckförderung – die gemeinsame Werkverbindung sowie deren Verwertung – beeinträchtigt ist bzw. Gründe für eine Verweigerung der Einwilligung vorliegen, die ggf. auch im urheberpersönlichkeitsrechtlichen Bereich liegen können. Im Rahmen dieser Abwägung wurde im vorliegenden Fall anerkannt, dass die Textdichter durch die Einwilligung zur Kündigung ein beachtlicher wirtschaftlicher Einnahmeausfall erwarten sowie der Verleger die Verwertung weiterer Lieder untersagen könnten. Dass das Vertrauensverhältnis zwischen den Textdichtern und dem Sänger zerrüttet sei, fand in der Interessenabwägung Berücksichtigung. Dies konnte indes nicht für den Mitwirkungsanspruch in Form der Einwilligung ausschlaggebende Wirkung entfalten. Denn vorliegend stünden berechtigte Interessen Dritter entgegen wie auch moralische Gründe, die in der Loyalität der Textdichter zu dem Verleger gesehen wurden.

Literatur

Wandtke/*Wöhrn* Urheberrecht 2. Kap. Rn. 179 f.

IV. Rechte des Urhebers

1. Urheberpersönlichkeitsrechte

1.1. Namensnennungsrecht

BGH Urteil vom 16.6.1994, I ZR 3/92 – Namensnennungsrecht des Architekten
BGHZ 126, 245
GRUR 1995, 671

§ 13 S. 2 UrhG

Leitsätze

1. Das Recht auf Anbringung der Urheberbezeichnung am Werk nach § 13 S. 2 UrhG steht grundsätzlich jedem Urheber zu.
2. Es kann jedoch aufgrund von Verkehrsgewohnheiten oder allgemeiner Branchenübung eingeschränkt werden, wenn diese – ausdrücklich oder stillschweigend – Vertragsinhalt geworden sind.

Sachverhalt

Der Kl. ist Architekt und fertigte aufgrund eines Architektenvertrages zwischen ihm und der beklagten Bauherrin bis zum Zeitpunkt seiner Kündigung, die Entwurfs- und Ausführungsplanung eines Weiterbildungszentrums an. Zum Zeitpunkt der Kündigung befand sich das genannte Bauvorhaben im Rohbau und wurde nun nach den Plänen des Kl. fertig gestellt. Die Parteien streiten nun darüber, ob der Kl. berechtigt ist, das Bauwerk mit seiner Urheberbezeichnung zu versehen. Diese sollte im „Eingangsbereich oder an anderer geeigneter, vom öffentlichen Verkehrsraum zugänglicher und sichtbarer Stelle" bestehend aus einer Sandsteinplatte 35 cm x 70 cm mit der Bezeichnung „Architekt Dipl. Ing. Ingo S." erfolgen. Die Klage wurde abgewiesen.

Entscheidungsgründe

[…]

II. […] 2. […]

a) Das BerG hat in Zweifel gezogen, ob dieses Recht auch bei Werken entstehen kann, die – wie hier – in erster Linie praktischen Zwecken dienen und ihren künstlerischen Wert erst in der Gesamtwirkung mit anderen Faktoren, zum Beispiel der Umgebung, erhalten. Die Revisionserwiderung ist ebenfalls der Ansicht, dass das Namensnennungsrecht jedenfalls bei reinen Zweckbauten entfalle. Auch in der Literatur wird teilweise die Auffassung vertreten, dass die Natur des Werkes und die Verkehrsgewohnheiten dieses Recht ausschließen können.[1] Dem kann nicht beigetreten werden. **Verkehrsgewohnheiten oder allgemeine Branchenübungen sind nicht geeignet, das nach dem Gesetz grundsätzlich bestehende Namensnennungsrecht als solches einzuschränken; allerdings können sie** ebenso wie der von der Revisionserwiderung angeführte Gedanke der reinen Zweckschöpfung **im Rahmen vertraglicher Abreden aufgrund stillschweigender Unterwerfung Bedeutung erlangen** […].

Die Vorschrift des § 13 S. 2 UrhG gewährt das Recht auf Anbringung der Urheberbezeichnung dem Wortlaut nach uneingeschränkt. Auch aus der Entstehungsgeschichte lässt sich keine Einschränkung des Rechts entnehmen. Zwar heißt es in der amtlichen Begründung zu dieser Bestimmung, ein allgemeines Recht des Urhebers, die Angabe seines Namens bei jeder Nutzung seines Werkes zu verlangen, sei nicht vorgesehen; der Urheber bedürfe eines solchen Rechts nicht, da bei der Einräumung von Nutzungsrechten vertraglich vereinbart werden kön-

---

1 Vgl. *E. Ulmer* Urheber- und Verlagsrecht, 3. Aufl. 1980, S. 214, 215 ; ihm folgend Schricker/*Dietz* Urheberrecht, 1987, § 13 Rn. 24 ; *Rehbinder* ZUM 1991, 220, 224 ff.

ne, ob und in welcher Form bei der Werknutzung sein Name genannt werden solle.[2] Damit wird das Recht, die Urheberbezeichnung auf der Werkverkörperung (Original und Vervielfältigungsstücke) anzubringen, als solches nicht in Frage gestellt. **§ 13 S. 2 UrhG erfasst nur die Urheberbezeichnung auf dem Werk selbst** und besagt daher noch nichts über die Urheberbenennung bei der Werkvertretung, insbesondere einer hierauf bezogenen Werbung.[3] Die amtliche Begründung wird allerdings im Schrifttum teilweise dahin verstanden, dass das Namensnennungsrecht sich nicht auf die Anbringung der Urheberbezeichnung auf Vervielfältigungsstücken beziehen solle.[4] Dies dürfte indessen auf einem Missverständnis beruhen; denn die Fassung des Gesetzes, „das Werk mit einer Urheberbezeichnung zu versehen", bezieht sich – soweit es um die Wiedergabe in körperlicher Form geht – eindeutig auf Werkverkörperungen jeder Art, Original und Vervielfältigungsstücke.[5]

Auch mit dem Wesen und der Natur des Rechts auf Anbringung der Urheberbezeichnung ließe es sich nur schwer vereinbaren, das seinem Wortlaut nach uneingeschränkt gewährte Recht aufgrund von Verkehrsgewohnheiten oder Branchenübung von vornherein entfallen zu lassen. **Das Namensnennungsrecht ist Ausfluss und besondere Erscheinungsform des Rechts auf Anerkennung der Urheberschaft im Sinne des § 13 S. 1 UrhG. Dieses Recht umfasst die Anerkennung der Rechtsposition als Werkschöpfer und deren Dokumentation in der Außenwelt.[6] Es gehört zu den wesentlichen urheberpersönlichkeitsrechtlichen Berechtigungen, die ihre Grundlage in den geistigen und persönlichen Beziehungen des Urhebers zu seinem Werk haben.[7] Sie haben aufgrund ihrer engen persönlichen Verbundenheit zum Werk die Tendenz, soweit wie möglich beim Urheber zu bleiben und sollten, soweit sie außerhalb ihres unverzichtbaren Kerns vertraglichen Einschränkungen zugänglich sind, grundsätzlich dem Bestimmungsrecht des Urhebers vorbehalten bleiben. Dies entspricht dem umfassenden Verständnis des Urheberpersönlichkeitsrechts wie es in § 11 UrhG in der Art einer Generalklausel und in den daraus abgeleiteten Einzelregelungen seinen Niederschlag gefunden hat.** [...]

3. Das Recht auf Anbringung der Urheberbezeichnung kann jedoch außerhalb seines unverzichtbaren Kerns durch Vertrag zwischen Urheber und Werkverwerter eingeschränkt werden. Soweit sich Verkehrsgewohnheiten oder allgemeine Branchenübungen gebildet haben, ist davon auszugehen, dass diese beim Abschluss von Verwertungsverträgen mangels abweichender Abreden stillschweigend zugrunde gelegt werden.[8] [...]

5. [...] Bei der Prüfung der Frage, ob eine – stillschweigend erfolgte – vertragliche Einschränkung des Namensnennungsrechts aufgrund von Branchenübungen anzuerkennen ist, sind keine zu geringen Anforderungen zu stellen.[9] Im Streitfall hat sich die Feststellung einer Branchenübung nicht mit dem Bereich des Architektenschaffens schlechthin, sondern nur mit dem urheberrechtlich geschützten Bereich zu befassen. Zudem ist für die stillschweigende Einbeziehung der Branchenübung in den Architektenvertrag deren Erkennbarkeit Voraussetzung. In die Auslegung ist auch die bei urheberpersönlichkeitsrechtlichen Befugnissen gebotene Inte-

---

2 Vgl. amtl. Begr. zu § 13 UrhG in BT-Drucks. IV/270, 44.

3 *v. Gamm* UrhG, § 13 Rn. 8 und 11.

4 Von einem solchen Verständnis der amtlichen Begründung gehen *Möhring/Nicolini* UrhG, § 13 Anm. 3c aus; kritisch auch Schricker/*Dietz* a. a. O., § 13 Rn. 5.

5 Vgl. Fromm/Nordemann/*Hertin* Urheberrecht, 8. Aufl. 1994, § 13 Rn. 5; Schricker/*Dietz* a. a. O., § 13 Rn. 12.

6 *V. Gamm* UrhG, § 13 Rn. 2.

7 § 11 UrhG; so auch schon vorher RGZ 110, 393, 397 – Innenausstattung Riviera ; BGH GRUR 1963, 40, 42 – Straßen – gestern und morgen.

8 Vgl. BGH GRUR 1963, 40, 42, 43 – Straßen – gestern und morgen; Fromm/Nordemann/*Hertin* Urheberrecht, 8. Aufl. 1994, § 13 Rn. 9; *v. Gamm* UrhG, § 13 Rn. 11 ; *Möhring/Nicolini* UrhG, § 13 Anm. 3 c; auch Schricker/*Dietz* a. a. O., § 13 Rn. 25 ; *Hesse* BauR 1971, 209, 218; *Walchshöfer* FS Hubmann, 469, 473.

9 Vgl. RGZ 110, 393, 397 – Innenausstattung Riviera ; Fromm/Nordemann/*Hertin* a. a. O., § 13 Rn. 9; Schricker/*Dietz* a. a. O., § 13 Rn. 25; *E. Ulmer* a. a. O., S. 215.

ressenabwägung einzubeziehen. Insoweit wird vor allem die Werkart, die zum Beispiel die Anbringung der Urheberbezeichnung aus technischen Gründen erschweren oder unmöglich machen kann, die Zweckbestimmung des Werkes und die aus der Höhe der eigenschöpferischen Werkgestaltung folgende Intensität der urheberpersönlichkeitsrechtlichen Interessen zu berücksichtigen sein.[10] [...]

Kurzkommentierung

Die Entscheidung des BGH behandelt das Urheberpersönlichkeitsrecht, nämlich das Namensnennungsrecht nach § 13 S. 2 UrhG, der einen wichtigen Anwendungsfall des § 13 S. 1 UrhG darstellt. Das **Namensnennungsrecht** ist auch anwendbar, wenn zunächst die Namensnennung nicht erfolgt, jedoch später auf dem Werk erscheint.[11]

Der Urheber bestimmt grundsätzlich, ob das Werk mit einer Urheberbezeichnung versehen wird. Das **Bestimmungsrecht** des Urhebers kann in unterschiedlicher Weise zum Ausdruck kommen. Das hängt in der Regel vom Werkcharakter ab. So spielt z.B. im Film- und Fernsehbereich die Urheberbezeichnung eine große Rolle.

Der BGH geht zu Recht davon aus, dass Verkehrsgewohnheiten oder allgemeine Branchenübungen nicht geeignet sind, das Namensnennungsrecht einzuschränken. Eine Einschränkung kann sich allerdings ergeben, wenn vertragliche Abreden vorliegen. Insoweit können auch **Verkehrsgewohnheiten** stillschweigend einen **Verzicht der Namensnennung** einschließen, wobei hier keine geringen Anforderungen gestellt werden dürfen. Dabei ist laut BGH nicht auf den gesamten in Betracht kommenden Bereich des Architektenschaffens abzustellen, sondern nur auf den urheberrechtlich geschützten Bereich. Für die Einbeziehung der Verkehrgewohnheit bzw. Branchenübung ist ferner deren Erkennbarkeit für die Parteien Bedingung. Ob eine Einbeziehung vorliegt, ist Auslegungsfrage, wobei bei urheberpersönlichkeitsrechtlichen Bezügen auch eine Interessenabwägung erfolgen muss. Darin sind Werkart, Zweckbestimmung des Werkes und das Maß der urheberpersönlichkeitsrechtlichen Befugnisse zu berücksichtigen. Auch die bloß technische Schwierigkeit einer Anbringung der Urheberbezeichnung kann das Recht aus § 13 S. 2 UrhG insbesondere bei zweckgebundenen Werken in diesem Rahmen erschweren oder gänzlich ausschließen.

Vorliegend hat der BGH darauf hingewiesen, dass dem Bestimmungsrecht des Urhebers Grenzen gesetzt sind. § 13 S. 2 UrhG bezwecke den Schutz des Urhebers vor Missbrauch des von ihm geschaffenen Werkes. Der Bauherr braucht hingegen keine unverkennbar reklamehafte Ausgestaltung der Urheberbezeichnung zu dulden. Insbesondere vor dem Hintergrund, dass es sich im vorliegenden Fall um ein **praktischen Zwecken** dienendes Werk handele, sei ein Namensnennungsrecht zu bezweifeln. Der BGH spricht aber dem Urheber in solchen Fällen zumindest, und sofern technisch möglich, einen „dezenten Hinweis“ nicht ab.

Literatur

Wandtke/*Dietz* Urheberrecht 3. Kap. 27f.

1.2. Plagiat/Urheberschaft

BGH Urteil vom 12.1.1960, I ZR 30/58 – Plagiatsvorwurf
GRUR 1960, 500

§ 1004 BGB
§ 193 StGB
§ 256 ZPO

---

10 Vgl. *v. Gamm* UrhG, § 13 Rn. 8 und 11 sowie NJW 1959, 318, 319 ; auch RGZ 110, 393, 397 – Innenausstattung Riviera; Schricker/*Dietz* a.a.O., § 13 Rn. 24.

11 A.A. BGH GRUR 2007, 691, 693 – Staatsgeschenk.

Leitsatz

1. Die fortdauernde Beeinträchtigung durch eine ehrenkränkende Behauptung ist von dem Beleidiger auch dann im Rahmen des Notwendigen und Zumutbaren zu beseitigen, wenn er in Wahrnehmung berechtigter Interessen gehandelt hat, dieser Rechtfertigungsgrund aber entfallen ist, weil sich die Unwahrheit der Behauptung herausgestellt hat. Diese Beseitigungspflicht folgt aus den gleichen Rechtsgedanken, aus denen das Gesetz in anderen Fällen, um gewissen Notstandslagen gerecht zu werden, zwar eine Duldungspflicht gegenüber Beeinträchtigungen auferlegt, gleichwohl aber an die an sich rechtmäßige Beeinträchtigungshandlung Haftungsfolgen knüpft (BGB § 904, BGB § 962, GewO § 26). Je nach Lage des Einzelfalles kann statt eines eigentlichen Widerrufs eine Erklärung dahin, daß die Behauptung nach der inzwischen erfolgten Klärung des Sachverhalts nicht mehr aufrechterhalten werde, genügen und allein zumutbar sein.
2. Eine Feststellungsklage dahin, der Kläger sei berechtigt, künftig in bestimmt bezeichneten Fällen eine ehrenkränkende Behauptung „in Wahrnehmung berechtigter Interessen" aufzustellen, ist nicht zulässig, da damit ein künftiges Rechtsverhältnis zum Gegenstand der Klage gemacht wird, das infolge der gegenwärtigen Ungewißheit über die entscheidungserheblichen Umstände derzeit nicht festgestellt werden kann.

Sachverhalt

Der Bekl. war im letzten Weltkrieg einige Zeit als Hauptmann in Paris tätig und als solcher bei der Ende 1941 beginnenden Aufdeckung eines umfangreichen Spionagefalles beteiligt. Im Jahre 1950 verfasste der Beklagte ein Buch über die vorgenannten Ereignisse, insbesondere im Hinblick auf eine der Hauptakteurinnen einer französischen Widerstandstruppe (bekannt unter dem Namen „La Chatte").

Der Kl. verfasste 1955 für eine illustrierte eine denselben Stoff behandelnde Fortsetzungsserie unter dem Titel „Die Katze". Beide Parteien übertrugen im Laufe des Jahres 1955 die Verfilmungsrechte an unterschiedliche Dritte.

Der Kl. beantragt festzustellen, dass der Titel „Die Katze" ausschließlich ihm zustehe. Der Bekl. ist der Klage entgegen getreten und hat seinerseits beantragt festzustellen, dass der Kl. an verschiedenen Stellen wörtlich oder fast wörtlich aus dem Buch des Bekl. entlehnt oder abgeschrieben hat. Der Vorwurf eines Vollplagiats wurde dagegen nicht erhoben.

Entscheidungsgründe

[...]

A. [...]

Es bedarf keiner Erörterung der vom Berufungsgericht angeschnittenen Frage, ob der gegen einen Schriftsteller erhobene **Vorwurf des Plagiats** einen Eingriff in das allgemeine Persönlichkeitsrecht darstellt, denn jedenfalls **handelt es sich dabei nicht lediglich um eine bloße Meinungsäußerung als persönlich gefärbte Schlußfolgerung aus Tatsachen, sondern um eine Behauptung tatsächlicher Art, die geeignet ist, den Betroffenen in der öffentlichen Meinung herabzuwürdigen; der Plagiatsvorwurf erfüllt daher, wie das Berufungsgericht mit Recht angenommen hat, den Tatbestand einer üblen Nachrede im Sinne des § 186 StGB.** [...]

I. [...]

2. Die Frage, ob der gegen den Kläger erhobene Plagiatsvorwurf unrichtig war, hat das Berufungsgericht mit Recht danach beurteilt, wie er in Kreisen der Schriftsteller und Verleger, zu denen die Empfänger der Briefe gehören, verstanden wurde, denn diese bilden für den Schutz der Ehre des Schriftstellers in erster Linie die öffentliche Meinung, auf die § 186 StGB abstellt. Wenn das Berufungsgericht als Auffassung dieser Kreise feststellt, sie verständen unter einem Plagiat den „Diebstahl" eines geistigen oder künstlerischen Werkes, so sind auch gegen diese, im übrigen wesentlich tatsächliche Würdigung keine Bedenken zu erheben. Sie entspricht der Lebenserfahrung, nach der man mit dem Begriff des Plagiats die Vorstellung von einem geisti-

gen Diebstahl verbindet, bei dem fremdes Geistesgut als eigenes ausgegeben wird.[1] Davon geht ersichtlich auch die Revision aus. Versteht man aber unter einem Plagiat einen geistigen Diebstahl, so ist der Vorwurf auch dann unrichtig, wenn eine nur **unbewußte Entlehnung** vorliegt oder der Beleidigte sich auf Grund besonderer Umstände für berechtigt halten konnte, Bestandteile eines anderen Werkes seinem eigenen Werk einzufügen. Beides hat das Berufungsgericht hier festgestellt. Dabei hat es die besonderen Umstände darin gesehen, daß der Verlag M & Co sich von dem Beklagten B die Erlaubnis zur Benutzung seines Buches als Quellenmaterial hatte geben lassen und daß der Kläger seine Informationen von Angestellten jenes Verlages und sonstigen Personen bezogen hat, die eigenes Erlebniswissen von dem behandelten Stoff hatten.

Da es hiernach nur darauf ankommt, ob eine **bewußte Entlehnung** fremden Geistesgutes gegeben ist, sind allerdings die weiteren Ausführungen des Berufungsgerichts mißverständlich, der Plagiatsvorwurf sei nur dann wahr, wenn der davon Betroffene das fremde Gedankengut „in Kenntnis des fremden Urheberrechts" übernommen habe, um es als eigenes zu verwenden. Erkennbar hat das Berufungsgericht damit aber nur den im vorliegenden Rechtsstreit in den Vordergrund gestellten Gegensatz zwischen der erlaubten Übernahme historischer und der unzulässigen Übernahme frei erfundener Werkbestandteile zum Ausdruck bringen wollen.

[…]

4. **Der Anspruch auf Abgabe einer die fortwirkende Beeinträchtigung beseitigenden Erklärung muß sich jedoch in den Grenzen des Zumutbaren halten, die unter Abwägung der beiderseitigen Interessen zu ziehen sind. Wie die Rechtsprechung für den bei widerrechtlicher Ehrverletzung gegebenen Widerrufsanspruch ausgesprochen hat, darf unter mehreren ausreichenden Mitteln der Abwehr nur das schonendste gewählt werden.**[2] Dieser Grundsatz muß erst recht für den hier gegebenen Beseitigungsanspruch gelten. Dem Berufungsgericht kann nun aber nicht darin beigetreten werden, hier sei die geforderte Zurücknahmeerklärung notwendig und zumutbar. Den Interessen des Klägers genügt vielmehr eine Erklärung, die zum Ausdruck bringt, daß der gegen ihn erhobene Vorwurf nach dem Ergebnis einer inzwischen erfolgten Klärung des Sachverhalts nicht mehr aufrechterhalten wird. Der Anspruch auf eine derartige Erklärung wird zwar von der Rechtsprechung im Falle voraufgegangener rechtswidriger Ehrenkränkung schon dann gewährt, wenn weder die Wahrheit noch die Unwahrheit der Behauptung feststeht. Der danach an sich denkbare Eindruck bei mit dieser Rechtsprechung vertrauten Kreisen, daß sich auch im vorliegenden Falle die Unwahrheit nicht habe feststellen lassen, wird jedoch durch die wiedergegebene Formulierung im wesentlichen verhindert. Entscheidend kommt es jedenfalls darauf an, daß den Beklagten eine inhaltlich weitergehende Erklärung nicht zugemutet werden kann, denn ihnen muß zugute gehalten werden, daß sie auf Grund der gegebenen Ähnlichkeiten beider Werke, insbesondere Übernahme zweier unhistorischer Szenenbestandteile zunächst durchaus Anlaß hatten, ein Plagiat als gegeben anzunehmen, haben doch auch später noch zwei Kollegialgerichte den Vorwurf des Plagiats für begründet erachtet.

[…]

Kurzkommentierung

Die Entscheidung des BGH von 1960 hat für die Durchsetzung des Urheberpersönlichkeitsrechts unter den neuen Bedingungen der Vermarktung von Werken im Internet eine große Bedeutung. Dogmatisch geht es im Kern um die Anerkennung der Urheberschaft. Der urheberrechtliche Plagiatsbegriff ist im Rahmen des § 13 S. 1 UrhG zu prüfen. Es geht um die Abwehr fremder Angriffe auf die **Urheberschaft**. Mit dem **Plagiatsvorwurf**, wie sich der BGH auszudrücken pflegt, ist die Vorstellung von einem Diebstahl geistigen Eigentums verbunden, d. h., es wird fremdes Geistesgut als eigenes Geistesgut ausgegeben. Der **Plagiator** schmückt sich

1 Vgl. *Ulmer* Urheber- und Verlagsrecht, 1951 S. 160; RG JW 1933, 1400, 1402.
2 BGH GRUR 1957, 278, 279 – Evidur; GRUR 1958, 448, 449.

gleichsam mit fremden Federn. Es ist die Anmaßung fremder Urheberschaft. Der BGH hat auf zwei Voraussetzungen hingewiesen, die den Plagiatsvorwurf bejahen würden. Zum einen muss die objektive Voraussetzung festgestellt werden, ob fremde geschützte Teile eines Werkes oder das ganze Werk übernommen worden sind. Die Übernahme vermittelt den Eindruck, dass der Verwendende der Urheber sei. Zum anderen muss die subjektive Voraussetzung geprüft werden. Die **bewusste Entlehnung** fremden Geistesgutes bedeutet, dass der Plagiator in Kenntnis des fremden Urheberrechts handelt. In der Konsequenz bedeutet dies, dass nur der **Vorsatz** gelten kann, wozu auch der **dolus eventualis** gehört. Der Verwender weiß und will das fremde Geistesgut als solches als eigenes ausgeben. Die subjektive Seite ist in einer **Gesamtwürdigung** – so der BGH – mit der besonderen Sorgfalt zu prüfen. Eine unbewusste Entlehnung fremden Geistesgutes kann nicht den Plagiatsvorwurf begründen. Die wörtliche Übernahme eines Textes wirft natürlich Abgrenzungsfragen zu anderen Rechtsinstituten des Urheberrechts auf. Dazu gehören die **freie Benutzung** (§ 24 UrhG), das **Zitatrecht** (§ 51 UrhG) und die **Quellenangabe** (§ 63 UrhG).

Insbesondere für Schriftwerke bedarf es bei der Feststellung eines Plagiatvorwurfs eines **dreistufigen Prüfungsverfahrens**: 1. Hat der ursprüngliche Urheber eine eigene geistige schöpferische Leistung erbracht? Konkret bedeutet dies, dass er historischen Handlungsabläufen eigene schöpferische Komponenten hinzugefügt bzw. einen frei erfundenen Ablauf erschaffen haben muss. 2. Sofern davon auszugehen ist, ist zu prüfen, inwieweit diese prägenden Bestandteile in dem neuen Werk vom Plagiator übernommen wurden? 3. Schließlich ist zu ermitteln, ob in dem neu geschaffenen Werk die prägenden Züge des ursprünglichen Werkes verblasst sind. Trifft letzteres zu, so liegt lediglich eine freie Benutzung i. S. d. § 24 UrhG vor. Ebenso ist das Verhältnis zwischen der fremden Leistung und der Eigenleistung im Rahmen eines Zitats zu prüfen. Wer den fremden Text für sein eigenes Werk benutzt, muss dies i. S. d § 51 UrhG kenntlich machen, in dem in der Fußnote oder in anderer Weise eine Zuordnung des Urhebers der fremden Leistung für den Leser erkennbar wird. Nicht jedes falsche Zitieren, muss ein Plagiat sein. Die gesamten Umstände sind im Einzelfall zu prüfen. Besonders in wissenschaftlichen Werken ist die Einhaltung des Zitatrechts relevant. Da die Reputation des Wissenschaftlers und möglicherweise sein Lebenswerk auf dem Spiel stehen, ist vor allem in den Fällen, in denen ein Plagiatsvorwurf öffentlich gemacht wird, das Persönlichkeitsrecht des angeblichen Plagiators zu beachten. Da es sich bei dem Vorwurf des Diebstahls geistigen Eigentums um einen schwerwiegenden Angriff auf Ruf und Ehre des Betroffenen handelt, ist i. d. R. ein Widerrufsanspruch gerechtfertigt. Ob dies im Einzelfall zutrifft, bedarf allerdings einer sorgfältigen Abwägung der Interessen beider Parteien.[3] Hilfreich sind hierbei die Regelungen des wissenschaftlichen Arbeitens an Universitäten und anderen Bildungseinrichtungen, die gleichsam einem Kodex die Folgen des Fehlverhaltens (z. B. Aberkennung eines Doktortitels) beschreiben. Dritte, die falsche Tatsachenbehauptungen aufstellen, sind darlegungs- und beweispflichtig, dass ein Plagiat vorliegt. Falsche oder ehrverletzende Tatsachenbehauptungen sind nicht vom Grundrecht auf Meinungsfreiheit gedeckt. Wahre Aussagen müssen, auch wenn sie für den Betroffenen nachteilig sind, hingenommen werden. Das gilt nicht für unwahre Aussagen.[4] Problematisch ist auch die inhaltliche Wiedergabe einer Fremdleistung mit eigenen Worten, indem die Sätze umformuliert werden, aber der Sinngehalt und die Wertung im eigenen Sprachwerk übernommen werden. In juristischen Texten werden Begriffe verwandt, die immer wieder benutzt werden müssen. Auch hier gilt der Grundsatz der Einzelfallbeurteilung und keine öffentliche Vorverurteilung durch die Medien.

Zu unterscheiden ist das Plagiat von der unbewussten Entlehnung und der Doppelschöpfung. Die Doppelschöpfung bedeutet, dass mehrere Urheber von einander unabhängig übereinstimmende Werke geschaffen haben, was nach menschlicher Erfahrung nahezu ausgeschlossen erscheint. Zufällige übereinstimmende Gestaltungsformen sind bei Mustern und Modellen im

3 BGH NJW-RR 1992, 937 – Plagiatsvorwurf II.

4 BVerfG ZUM-RD 2003, 114, 116; BVerfGE 99, 185, 186.

Geschmacksmusterrecht viel näherliegend als bei Kunstwerken.[5] Es spricht daher mehr dafür, dass der Urheber des jüngeren Werkes das ältere Werk entweder vorsätzlich oder durch unbewußte Entlehnung benutzt hat. Sollte ein bewusster Rückgriff auf das ältere Werk und damit ein Plagiat nicht vorliegen, stellt die Doppelschöpfung keine Urheberrechtsverletzung dar.[6]

Literatur

Wandtke/*Dietz* Urheberrecht 3. Kap. Rn. 28.
Wandtke/Wöhrn Urheberrecht 2. Kap. Rn. 6.

1.3. Entstellung des Werkes

1.3.1. Entstellung/Klingeltöne

BGH Urteil vom 11.3.2010, I ZR 18/08, Klingeltöne für Mobiltelefone II
GRUR 2010, 920

§ 14 UrhG
§ 23 S. 1 UrhG

Leitsatz

Berechtigte sind aus Rechtsgründen nicht gehindert, der GEMA das Recht zur Nutzung bearbeiteter oder anders umgestalteter Musikwerke als Klingeltöne oder Freizeichenuntermalungsmelodien nur unter der aufschiebenden Bedingung einzuräumen, dass der Lizenznehmer der GEMA in jedem Einzelfall vor Beginn der Nutzung eine ihm von den Berechtigten zur Wahrung der Urheberpersönlichkeitsrechte der Komponisten erteilte Benutzungsbewilligung vorgelegt hat.

Sachverhalt

Die Kl. ist ein Musikverlag. Sie ist Inhaberin ausschließlicher urheberrechtlicher Nutzungsrechte an Kompositionen. Die Bekl. bietet auf ihrer Internetseite Klingeltöne und Freizeichenuntermalungsmelodien zum Abruf an. Die Klingeltöne stellen unveränderte Ausschnitte des Originaltonträgers dar, die in einer Endlosschleife ständig wiederholt werden („geloopte Realtones"). Die Kl. ist der Ansicht, dass dieses Angebot die von ihr wahrgenommenen Urheberrechte der Komponisten verletze, da ein solches Angebot nicht von der Rechtseinräumung durch die GEMA umfasst sei.

Entscheidungsgründe

[…]

II. […]

b) […]

aa) In der Verwendung eines – nicht für diesen Verwendungszweck geschaffenen – Musikwerkes als Klingelton ist eine Entstellung oder eine andere Beeinträchtigung des Werkes i. S. d. § 14 UrhG zu sehen, die geeignet ist, die berechtigten geistigen oder persönlichen Interessen des Urhebers am Werk zu gefährden.[1] **Ein Eingriff in das Urheberpersönlichkeitsrecht liegt bereits darin, dass das Musikwerk bei einer Verwendung als Klingelton nicht als sinnlich-klangliches Erlebnis, sondern als – oft störender – Signalton wahrgenommen wird und ein in der Komposition angelegter Spannungsbogen durch das Annehmen des Gesprächs zerstört wird.** Auch das Angebot „mastergestützter" Klingeltöne und Freizeichenuntermalungsmelodien, bei denen einem – ansonsten unveränderten – Musikstück ein

---

5 BGHZ 50, 340, 350 – Rüschenhaube; BGH GRUR 1988, 812, 814 – Ein bisschen Frieden.
6 BGH GRUR 1988, 810, 811 – Fantasy.
1 BGH GRUR 2009, 395 Rn. 14 = NJW 2009, 774 = WRP 2009, 313 – Klingeltöne für Mobiltelefone I.

Ausschnitt entnommen worden ist, der in einer Endlosschleife ständig wiederholt wird, berührt daher die berechtigten geistigen oder persönlichen Interessen des Urhebers an seinem Werk. Bei Freizeichenuntermalungsmelodien ergibt sich eine Beeinträchtigung der Urheberinteressen, wie das BerGer. mit Recht angenommen hat, ferner daraus, dass das asynchron wiederholte Freizeichen das Musikstück störend überlagert.

bb) Das Angebot der auf einen Ausschnitt aus dem Original verkürzten und in dieser verkürzten Form ständig wiederholten Musikstücke als Klingeltöne und Freizeichenuntermalungsmelodien zum Abruf auf einer Internetseite stellt nach den zutreffenden Feststellungen des *LG*, auf die das BerGer. auch insoweit Bezug genommen hat, zudem eine gem. § 23 S. 1 UrhG nur mit Einwilligung des Urhebers erlaubte Verwertung der bearbeiteten oder umgestalteten Werke durch Vervielfältigung (§ 16 UrhG) und öffentliche Zugänglichmachung (§ 19a UrhG) dar.

[...]

6. [...]

Der *Senat* hat in der Entscheidung „Klingeltöne für Mobiltelefone I" offengelassen, ob Einschränkungen oder Vorbehalte, mit denen sich der Berechtigte bei der Einräumung des Rechts zur Nutzung von Werken der Tonkunst als Klingeltöne für Mobiltelefone das Recht vorbehält, stets in eine Nutzung des bearbeiteten oder umgestalteten Werkes als Klingelton einzuwilligen, zulässig oder wegen Verstoßes gegen das Verbot widersprüchlichen Verhaltens unbeachtlich sind.[2] Diese Frage ist nunmehr dahin zu beantworten, dass der Berechtigte aus Rechtsgründen nicht gehindert ist, der GEMA das Recht zur Nutzung bearbeiteter oder anders umgestalteter Musikwerke als Klingeltöne oder Freizeichenuntermalungsmelodien – wie im Streitfall – nur unter der aufschiebenden Bedingung einzuräumen, dass der Lizenznehmer der GEMA in jedem Einzelfall vor Beginn der Nutzung eine ihm von den Berechtigten zur Wahrung der Urheberpersönlichkeitsrechte der Komponisten erteilte Benutzungsbewilligung vorgelegt hat.

[34] Hat der Urheber der GEMA das Recht zur Nutzung seiner Werke ausdrücklich nur unter einer aufschiebenden Bedingung eingeräumt, verhält er sich nicht widersprüchlich, wenn er gegen eine mangels Eintritts der aufschiebenden Bedingung unberechtigte Nutzung dieses Rechts durch die GEMA oder deren Lizenznehmer vorgeht.

Die aufschiebende Bedingung führt auch nicht zu einer unzulässigen Abspaltung der urheberpersönlichkeitsrechtlichen Befugnisse der Urheber von den der GEMA anvertrauten Verwertungsrechten. Die sich aus dem umfassenden Urheberrecht ergebenden persönlichkeitsrechtlichen und vermögensrechtlichen Befugnisse müssen nicht in einer Hand liegen. Der Urheber kann einem anderen ein ausschließliches Nutzungsrecht an seinem Werk einräumen, ohne ihm zugleich die Befugnis zur Geltendmachung urheberpersönlichkeitsrechtlicher Ansprüche zu erteilen.[3] Es ist rechtlich auch nicht zu beanstanden, wenn die Berechtigten der GEMA, die nach § 11 Abs. 1 WahrnG einem Abschlusszwang unterliegt, Nutzungsrechte, deren Ausübung das Urheberpersönlichkeitsrecht in besonderer Weise berühren kann, nur unter einer Bedingung zur Wahrnehmung einräumen, die ihnen die Zustimmung vorbehält.[4]

Der vereinbarte Vorbehalt hat entgegen der Ansicht der Revision nicht etwa schuldrechtliche, sondern dingliche Wirkung. Die GEMA hat sich nicht lediglich im Innenverhältnis zur Kl. verpflichtet, die Einwilligung der Berechtigten zur Vergabe des Rechts zur Nutzung ihrer Werke als Klingeltöne oder Freizeichenuntermalungsmelodien einzuholen. Vielmehr hat die Kl. der GEMA diese Rechte mit dinglicher Wirkung nur unter der aufschiebenden Bedingung eingeräumt, dass eine Bewilligung der jeweils Berechtigten vorliegt. **Es wäre mit dem Sinn und Zweck eines Wahrnehmungsvertrags, der der GEMA eine verwaltungstechnisch einfache treuhänderische Wahrnehmung von Nutzungsrechten ermöglichen soll,**

---

2 BGH GRUR 2009, 395 Rn. 24 = NJW 2009, 774 – Klingeltöne für Mobiltelefone I.

3 Vgl. BGH GRUR 1999, 230 [231] = NJW 1999, 790 – Treppenhausgestaltung, m.w. Nachw.

4 Vgl. zum nach § 1 lit. i Abs. 1 des Berechtigungsvertrags nur unter einer auflösenden Bedingung eingeräumten Filmherstellungsrecht *Staudt* in: Kreile/Becker/Riesenhuber, Recht und Praxis der GEMA, 2. Aufl., Kap. 10 Rn. 259.

auch unvereinbar, wenn die GEMA, die nach § 11 WahrnG dem Abschlusszwang unterliegt, das Nutzungsrecht zwar erwerben würde, es aber auf Grund schuldrechtlicher Verpflichtung nur nach Einwilligung der Berechtigten vergeben dürfte.[5] [...]

Kurzkommentierung

Der BGH hat erneut über Klingeltöne entscheiden müssen.[6] In beiden Fällen bejaht der BGH die Frage, dass durch Klingeltöne für Mobiltelefone und Freizeichenuntermalungsmelodien in das Bearbeitungsrecht der Urheber nach § 23 UrhG und das Urheberpersönlichkeitsrecht nach § 14 UrhG eingegriffen wird.

Der BGH kommt in dem jüngsten Urteil zu dem Ergebnis, dass der Musikverlag sehr wohl wegen Verletzungen des Urheberpersönlichkeitsrechts nach § 14 UrhG und § 23 S. 1 UrhG auf Unterlassung klagen kann. Damit bestätigt der BGH die grundsätzliche Zulässigkeit eines **zweistufigen Lizenzierungsverfahrens**, wonach die GEMA nur unter der **aufschiebenden Bedingung** die Nutzungsrechte an Musikwerken, die in Klingeltönen oder Freizeichenuntermalungsmelodien umgestaltet worden sind, durch den Berechtigungsvertrag eingeräumt bekommen hat. Dieser Vorbehalt hat dingliche und nicht schuldrechtliche Wirkung. Ein solcher Vorbehalt muss aber eindeutig formuliert sein. In der Vereinbarung, die die GEMA mit der Kl. getroffen hat, war dies nach Auffassung des BGH der Fall, anders aber in den GEMA-Berechtigungsverträgen der Jahre 1996, 2002 und 2005. Die GEMA und die Verlage gingen von einem wirksamen doppelten Lizenzierungsverfahren aus. Dem ist der BGH bzgl. der Berechtigungsverträge in den Fassungen von 1996, 2002 und 2005 entgegengetreten.[7] Eine Einbeziehung bei den Verträgen in der Fassung von 1996 scheiterte daran, dass es sich bei der Klingeltonnutzung um eine im Jahr 1996 unbekannte Nutzungsart handelte, die wegen § 31 Abs. 4 a. F. UrhG nicht eingeräumt werden konnte. Bei den Berechtigungsverträgen von 2002 und 2005 wurden hingegen der GEMA alle erforderlichen Nutzungsrechte bzgl. der Klingeltonherstellung nach Auffassung des BGH eingeräumt. Dazu zählt auch das Bearbeitungsrecht nach § 23 UrhG und die damit verbundenen urheberpersönlichkeitsrechtlichen Änderungsbefugnisse. Der in den Berechtigungsverträgen formulierte Vorbehalt war nach Auffassung des BGH wegen §§ 133, 157 BGB unbeachtlich.[8] In der neuen Fassung des Berechtigungsvertrages von 12.3.2010 versucht die GEMA erneut ein zweistufiges Lizenzsystem herzustellen. Der BGH lässt in der vorliegenden Entscheidung erkennen, dass er die neue Formulierung des GEMA-Berechtigungsvertrages für rechtlich zulässig hält. Man wird also davon ausgehen müssen, dass bei Urhebern, die die neue Version unterzeichnet haben, ein zweistufiges System gegeben ist. Die vorliegende Entscheidung des BGH ist unglücklich, da das zweistufige Lizenzierungssystem aus rechtlichen und praktischen Gründen abzulehnen ist. Denn mit der Einräumung des Herstellungsrechts in dem Berechtigungsvertrag der GEMA sind notwendigerweise immer auch urheberpersönlichkeitsrechtliche Aspekte des Bearbeitungsrechts verbunden. Bevorzugt wird daher ein einstufiges Lizenzierungsverfahren. Als Folge aus den Klingeltonentscheidungen des BGH ist es für die Lizenzierungspraxis sehr erheblich zu wissen, welcher Berechtigungsvertrag für das betreffende Werk gilt, um zu wissen, ob ein zweistufiges oder ein einstufiges Lizenzierungssystem anzuwenden ist. Der neue Berechtigungsvertrag erfasst nicht automatisch alle bisherigen von der GEMA wahrgenommenen Werke. Ein in der Praxis ernstzunehmendes Problem.

Literatur

Wandtke/*Dietz* Urheberrecht 3. Kap. Rn. 50f.
Wandtke/*Schunke* Medienrecht 2. Aufl. Rn. 63.

5 Vgl. BGH GRUR 2006, 319 Rn. 34 = NJW 2007, 679 – Alpensinfonie.
6 BGH GRUR 2009 395 – Klingeltöne für Mobiltelefone I.
7 BGH GRUR 2009, 395 ff. – Klingeltöne für Mobiltelefone I.
8 BGH GRUR 2009, 395, 398 f. – Klingeltöne für Mobiltelefone I.

1.3.2. Entstellung/Änderungsverbot

BGH Urteil vom 13.10.1988, I ZR 15/87 – Oberammergauer Passionsspiele II
RzU BGHZ Nr. 392
GRUR 1989, 106

§ 14 UrhG
§ 23 UrhG
§ 30 UrhG

Leitsätze

1. Zu den Voraussetzungen eines Unterlassungsanspruchs wegen Entstellung eines urheberrechtlich geschützten Werkes.
2. Bei Prüfung der Frage, ob die im Rahmen einer Bearbeitung nach § 23 UrhG erfolgten Veränderungen das Werk im Sinne von § 14 UrhG entstellen, sind Art und Umfang der gestatteten Werknutzung bei der Interessenabwägung zu berücksichtigen.
3. Zur Geltendmachung urheberpersönlichkeitsrechtlicher Ansprüche durch den Rechtsnachfolger des Urhebers.

Zum Sachverhalt

Die Klägerin ist Erbin ihres Vaters, der ab dem Jahre 1922 bis zum Jahre 1960 Spielleiter der Oberammergauer Passionsspiele der beklagten Gemeinde. Im Rahmen seiner Tätigkeit entwarf er 1930 neue Bühnenbilder, die im Wesentlichen die Grundlage der Aufführungen bis 1970 waren. 1980 wurden an diesen Bühnenbildern Änderungen vorgenommen.

Mit der Klage wendet sich die Klägerin gegen vorgenannte Änderungen, in denen sie einen unzumutbaren Eingriff in das Urheberrecht ihres Vaters sieht.

In einem ersten Revisionsurteil hatte der Senat eine stillschweigende Einwilligung des Vaters der Klägerin, in spätere Änderungen, d. h. die Einräumung eines Bearbeitungsrechts nach § 23 UrhG, bejaht. Nach Zurückweisung an das Berufungsgericht hat die Beklagte erneut Revision eingelegt.

Entscheidungsgründe

[…]

II. […]

2. […]

a) Mit Recht ist das Berufungsgericht allerdings davon ausgegangen, **daß es sich bei den in Rede stehenden Änderungen der Bühnenbilder zumindest um eine Werkbeeinträchtigung im Sinne von § 14 UrhG handelt.** In einem Fall wie dem vorliegenden, in dem es um die Bewertung der Veränderungen am Werk geht, die ein zur Bearbeitung nach § 23 UrhG Berechtigter vorgenommen hat, kommt diesem Tatbestandsmerkmal indessen keine entscheidende Bedeutung zu. **Denn anders als der Begriff der Entstellung setzt der der anderen Beeinträchtigung keine negative Bewertung der vorgenommenen Veränderungen voraus.** Grundlage der Beurteilung ist vielmehr das Werk in der ihm vom Urheber gegebenen Gestalt. Auch eine Veränderung, die nach objektiven Maßstäben keine abwertende Beurteilung verdient, kann die Interessen des Urhebers, deren Schutz § 14 UrhG bezweckt, gefährden und ist als Werkbeeinträchtigung anzusehen.[1] Dies bedeutet, daß bei der Bewertung der im Zuge einer genehmigten Bearbeitung auftretenden Werkveränderungen nach § 14 UrhG entscheidend darauf abzustellen ist, ob im Einzelfall die berechtigten Interessen des Urhebers gefährdet werden können. Eine Veränderung, die im Rahmen der vereinbarten Bearbeitung geboten ist oder der

---

1 Vgl. *v. Gamm* UrhG, § 14 Rn. 8; Schricker/*Dietz* Urheberrecht, § 14 Rn. 21.

der Urheber ausdrücklich zugestimmt hat, wird dabei regelmäßig keine Urheberinteressen verletzen können; bei darüber hinausgehenden Veränderungen sind die Interessen des Urhebers auf der einen sowie die des nutzungsberechtigten Bearbeiters auf der anderen Seite gegenüberzustellen und gegeneinander abzuwägen.[2]

b) […] **Dabei ist auch zu beachten, daß die maßgeblichen Urheberinteressen Jahre oder Jahrzehnte nach dem Tod des Urhebers nicht notwendig dasselbe Gewicht haben wie zu seinen Lebzeiten.**[3]

[…]

Das BerG hat auch bei der Bewertung der Interessen der beklagten Gemeinde im Verhältnis zu den beschriebenen Urheberinteressen maßgebliche Gesichtspunkte unberücksichtigt gelassen. Es hat zunächst nicht hinreichend beachtet, daß sich die Frage der Entstellung bei Veränderungen, die im Zuge einer genehmigten Bearbeitung erfolgen, naturgemäß in anderer Weise stellt als bei anderen Eingriffen in die Werksubstanz; denn je nach Art der Bearbeitung stimmt der Urheber mit der Einräumung des Nutzungsrechts unter Umständen auch einschneidenden, das künstlerische Konzept berührenden Veränderungen seines Werkes zu. Für die Verfilmung, also eine Form der Bearbeitung, die regelmäßig besonders weitreichende Umgestaltungen des Originalwerks erforderlich macht, sieht das Gesetz dementsprechend vor, daß nur gröbliche Werkbeeinträchtigungen untersagt werden können (§ 93 UrhG). **Darin kommt der allgemeine Rechtsgedanke zum Ausdruck, daß je nach Art der gestatteten Werknutzung die im Rahmen des § 14 UrhG anzustellende Interessenabwägung unterschiedlich ausfallen muß.**[4] Im Streitfall war der Beklagten hinsichtlich der Bühnenbilder stillschweigend ein Bearbeitungsrecht eingeräumt worden, das es ihr ermöglichen sollte, die vom Vater der Kläger entworfenen Bühnenbilder entsprechend den gewandelten Vorstellungen abzuändern und weiterzuentwickeln. Der mit dieser Rechtseinräumung verfolgte Zweck, die Kontinuität der Weiterentwicklung über Generationen hinweg zu gewährleisten, ließ von vornherein auch verhältnismäßig weitgehende Eingriffe möglich erscheinen, um die Bühnenbilder der Konzeption eines neuen Spielleiters und eines neuen Bühnenbildners anzupassen. Dabei ist zu beachten, daß den Bühnenbildern für die Aufführung insgesamt eine dienende Funktion zukommt. Sie sind vom Vater der Kläger auf eine bestimmte Komposition der dargestellten Szene – es handelt sich um sogenannte „Lebende Bilder", bei denen die Darsteller für die Dauer der betreffenden Szene bewegungslos verharren – abgestimmt worden. Jede Änderung der Bildregie, die der Beklagten ohnehin unbenommen ist, kann daher auch den Eindruck, den der Betrachter von der künstlerischen Geschlossenheit der gezeigten Szene gewinnt, verändern. Dies läßt erkennen, daß die Verwendung der Bühnenbilder im Rahmen einer von einem neuen Spielleiter und einem neuen Bühnenbildner gestalteten Aufführung auch Veränderungen umfassen muß, wie sie vorliegend vom Berufungsgericht irrig bereits als Entstellung nach § 14 UrhG bewertet worden sind. Denn insgesamt halten sich die fraglichen Szenen, wie sich den Feststellungen des Berufungsgerichts entnehmen läßt, ganz in der durch die Tradition der Passionsspiele überlieferten Form; durch die in Rede stehenden Veränderungen – etwa durch das überdimensionierte Kruzifix in der Gelübdeszene – werden nur Akzentverschiebungen bewirkt, ohne daß die Grundaussage des gezeigten Bildes dadurch in Frage gestellt oder auch nur davon betroffen wäre.

[…]

2 Vgl. BGHZ 62, 331, 334 – Schulerweiterung; BGH Urt. v. 2.10.1981 – I ZR 137/79, GRUR 1982, 107, 110 – Kirchen-Innenraumgestaltung.

3 *V. Gamm* UrhG, § 30 Rn. 4 und § 11 Rn. 7; Schricker/*Dietz* Urheberrecht, vor §§ 12 ff. Rn. 31; *E. Ulmer* Urheber- und Verlagsrecht, 3. Aufl., S. 357.

4 Vgl. *E. Ulmer* aaO, S. 204; *v. Gamm* aaO, § 93 Rn. 4.

Kurzkommentierung

Die Entscheidung behandelt das schwer zu fassende und für die Praxis sehr erhebliche Verhältnis von § 23 UrhG zu § 14 UrhG. Dabei werden vom BGH einige wesentliche Fragen angesprochen:

Zunächst geht der BGH davon aus, dass das Bearbeitungsrecht Dritten eingeräumt werden kann. Er beantwortet jedoch die dogmatisch sehr umstrittene Frage nicht eindeutig, ob § 23 UrhG als Verwertungsrecht aufgefasst wird und die Rechtseinräumung demnach nach den §§ 31 ff. UrhG erfolgen soll oder möglicherweise nach den Regeln des § 183 BGB. Da der BGH jedoch das „Nutzungsrecht" im Zusammenhang mit der Einräumung des Bearbeitungsrechts erwähnt, spricht vieles dafür, dass sich der BGH der vorzuziehenden Ansicht anschließt, die die Regeln der §§ 31 ff. UrhG auf die Einräumung des Bearbeitungsrechts anwenden.

Weiter lässt der BGH zwar grundsätzlich erkennen, dass trotz einer Einwilligung im Sinne des § 23 S. 1 UrhG eine Verletzung des Urheberpersönlichkeitsrechts möglich sei und damit Schadensersatzansprüche aus §§ 97, 14 UrhG u. U. greifen können. Er zeigt aber durch das Urteil gleichzeitig auf, dass der Urheber *„mit der Einräumung des Nutzungsrechts unter Umständen auch einschneidenden, das künstlerische Konzept berührenden Veränderungen seines Werkes"* zustimmt. Damit spricht sich der BGH zwar gegen ein Spezialitätsverhältnis von § 23 S. 1 UrhG aus. Er zeigt aber klar auf, dass Einwilligungen in gebotene Änderungen letztlich zu einer Verneinung eines Anspruchs aus §§ 97, 14 UrhG führen müssen. Eine nicht nur für die Theaterwelt wesentliche Entscheidung. Eine darüber hinausgehende Veränderung kann nur nach § 14 UrhG verboten werden, wenn im Einzelfall die berechtigten Interessen des Urhebers gefährdet sind. Es kommt dann auf eine Interessenabwägung zwischen dem Urheber und dem Nutzer an. Die Entscheidung wirft bei der Prüfung der Interessen des Urhebers ein Problem auf, das vor allem die Erben des verstorbenen Urhebers betrifft. Dass die urheberpersönlichkeitsrechtlichen Interessen am Werk Jahre und Jahrzehnte nach dem Tod nicht notwendig dasselbe Gewicht haben wie zu Lebzeiten, so der BGH, ist in bestimmten Fällen sicherlich angebracht, wenn man an die „kleine Münze" denkt. Ob aber die Aussage des BGH generell gelten soll, ist fraglich. Da die Vermögensrechte mit den Urheberpersönlichkeitsrechten eng verbunden sind, kann es durchaus sein, dass gerade die persönlichkeitsrechtlichen Interessen ein größeres Gewicht haben können als die Vermögensrechte. Das gilt vor allem für solche Werke der Literatur und Kunst, die eine hohe Gestaltungshöhe aufweisen und besonders die Persönlichkeit des Künstlers oder Schriftstellers zum Ausdruck bringen.

Insgesamt bleibt der BGH der dogmatisch wichtigen Begründung seiner Ergebnisse zu § 14 UrhG schuldig. Geht der BGH von einer teilweisen Übertragbarkeit urheberpersönlichkeitsrechtlicher Änderungsbefugnisse aus oder sieht er in der Einräumung eines Bearbeitungsrechts einen teilweisen Verzicht der Geltendmachung von Ansprüchen aus dem Urheberpersönlichkeitsrecht? Durch die Entscheidung wird das Spannungsverhältnis von § 23 S. 1 UrhG und § 14 UrhG nur teilweise gelöst, da der BGH diese grundsätzlichen Fragen nicht erörtert. Im Wesentlichen zeigt der BGH aber den Weg auf, dass in der Regel durch die vertragliche Einräumung eines Bearbeitungsrechts gleichzeitig eine Einwilligung in die „Verletzung" von urheberpersönlichkeitsrechtlichen Änderungsbefugnissen vorliegt – der Kernbereich des Rechtes aus § 14 UrhG aber unangetastet bleiben muss, da er unübertragbar ist. Im Ergebnis spricht sich der BGH damit zu recht für einen Mischcharakter des Bearbeitungsrechtes als Verwertungsrecht mit urheberpersönlichkeitsrechtlichen Elementen aus. Für die Praxis folgt daraus: trotz der umfänglichen Einräumung eines weitreichenden Bearbeitungsrechtes im Sinne von § 23 S. 1 UrhG muss man als Lizenznehmer mit möglichen Ansprüchen des Urhebers aus §§ 97, 14 UrhG rechnen, sofern der „Kernbereich" des Urheberpersönlichkeitsrechts berührt ist.

Neben dieser Kernproblematik hat der BGH noch eine weitere wichtige Entscheidung getroffen: Das Bühnenbild ist als Werk i. S. d. § 2 Abs. 1 Ziff. 4 UrhG anerkannt worden.

Literatur

Wandtke/*Dietz* Urheberrecht 3. Kap. Rn. 10.

1.3.3. Entstellung/Eigentumsrecht

BGH Urteil vom 19.3.2008, I ZR 166/05 – St. Gottfried
GRUR 2008, 984

§ 2 Abs. 1 Nr. 4 UrhG
§ 14 UrhG
§ 39 UrhG

Leitsätze

1. Genießt die Gestaltung eines Kircheninnenraums als Werk der Baukunst Urheberrechtsschutz, hängt die Zulässigkeit in die Bausubstanz eingreifender Umgestaltungen von einer Abwägung der Interessen des Urhebers einerseits und des Eigentümers andererseits ab.
2. Ist dem Architekten als Gestalter eines Kircheninnenraums bewusst, dass die Kirchengemeinde als Eigentümerin das Gotteshaus für ihre Gottesdienste nutzen möchte, ist dieser Umstand bei der Interessenabwägung zu berücksichtigen; der Architekt muss dann damit rechnen, dass sich wandelnde Überzeugungen hinsichtlich der Gestaltung des Gottesdienstes das Bedürfnis nach einer entsprechenden Umgestaltung des Kircheninnenraums entstehen lassen.
3. Für die Beurteilung, ob und inwieweit liturgische Gründe für eine Umgestaltung eines Kircheninnenraums bestehen, kommt es auf das Selbstverständnis der Kirchengemeinde an. Insoweit reicht es aus, dass die Kirchengemeinde ihre Glaubensüberzeugung substantiiert und nachvollziehbar darlegt; ist eine solche Darlegung erfolgt, haben sich der Staat und seine Gerichte einer Bewertung dieser Glaubenserkenntnis zu enthalten.

Sachverhalt

Die Klägerin ist die Erbin des Kirchenkünstlers D. Die Beklagte ist Eigentümerin der in den Jahren 1952 und 1953 erbauten St.-Gottfried-Kirche, deren Innenraum der Vater der Klägerin, der Kirchenkünstler D., entworfen haben soll. Die entsprechende ursprüngliche Gestaltung des Altarraumes zeigt folgende Abbildung:

Ende des Jahres 2002 gestaltete die Beklagte den Altarraum um. Dabei wurden unter Anderem einige Bankreihen entfernt, eine neue Altarinsel errichtet und der Altar von seinem ursprünglichen Platz entfernt und verkleinert. Nachfolgende Abbildung zeigt das Ergebnis der Umgestaltung:

Die Klägerin sieht in dieser Umgestaltung eine Urheberrechtsverletzung. Die Beklagte ist der Klage entgegen getreten.

Entscheidungsgründe

[...]

II. [...]

3. [...]

a) Das BerG ist zutreffend davon ausgegangen, dass **im Urheberrecht ein grundsätzliches Änderungsverbot besteht. Es wird vom Gesetz stillschweigend als selbstverständlich vorausgesetzt und hat seine Grundlage im Wesen und Inhalt des Urheberrechts. Es besagt, dass auch der Eigentümer des Werkoriginals grundsätzlich keine in das fremde Urheberrecht eingreifenden Änderungen an dem ihm gehörenden Original vornehmen darf.**[1] **Der Urheber hat grundsätzlich ein Recht darauf, dass das von ihm geschaffene Werk, in dem seine individuelle künstlerische Schöpferkraft ihren Ausdruck gefunden hat, der Mit- und Nachwelt in seiner unveränderten Gestalt zugänglich gemacht wird.**[2] Das Berufungsgericht hat weiter rechtsfehlerfrei angenommen, dass das Änderungsverbot sich gegen eine Verletzung des Bestands und der Unversehrtheit des Werkes selbst in seiner konkret geschaffenen Gestaltung richtet und der Begriff der Werkänderung daher grundsätzlich einen Eingriff in die Substanz erfordert.[3]

---

1 BGHZ 55, 1, 2 f. – Maske in Blau; 62, 331, 332 f. – Schulerweiterung; BGH GRUR 1982, 107, 109 – Kirchen-Innenraumgestaltung.

2 RGZ 79, 397, 399 – Felseneiland mit Sirenen; BGHZ 62, 331, 332 f. – Schulerweiterung; BGH, Urt. v. 1.10.1998 – I ZR 104/96, GRUR 1999, 230, 231 – Treppenhausgestaltung.

3 RGZ 79, 397, 399 – Felseneiland mit Sirenen; BGHZ 62, 331, 332 f. – Schulerweiterung; BGH, Urt. v. 1.10.1998 – I ZR 104/96, GRUR 1999, 230, 231 – Treppenhausgestaltung.

b) […]

4. Das Berufungsgericht ist zwar zutreffend davon ausgegangen, dass ein sich aus dem Zusammentreffen der Belange des Urhebers einerseits und des Eigentümers andererseits ergebender Konflikt nur durch eine Abwägung der jeweils betroffenen Interessen gelöst werden kann.[4] Bei dieser Abwägung hat das Berufungsgericht jedoch, wie die Revision mit Erfolg rügt, die Interessen der Beklagten als Eigentümerin zu Unrecht hinter dem Interesse des Vaters der Klägerin als Urheber zurückstehen lassen. Werden die Interessen der Parteien in der rechtlich gebotenen Weise bewertet, wiegt das liturgische Interesse der Beklagten an dem Umbau schwerer als das Erhaltungsinteresse des Vaters der Klägerin. […]

a) […]

aa) **Zu Recht ist das Berufungsgericht davon ausgegangen, dass das Interesse des Urhebers an der unveränderten Erhaltung seines Werkes von der Schöpfungshöhe des Werkes beeinflusst wird.**[5] **Je größer die Gestaltungshöhe, desto stärker sind die persönlichen Bindungen des Urhebers an sein Werk und desto eher ist eine Gefährdung der urheberpersönlichkeitsrechtlichen Interessen anzunehmen.**[6] […]

bb) Das Berufungsgericht hat, anders als die Revision meint, nicht unberücksichtigt gelassen, dass das Erhaltungsinteresse des Urhebers auch von dem Ausmaß des Eingriffs abhängt. […]

b) […]

aa) […]

(1) **Das kirchliche Selbstbestimmungsrecht garantiert den Religionsgesellschaften, also auch den Kirchen, die Freiheit, ihre Angelegenheiten selbständig innerhalb der Schranken des für alle geltenden Gesetzes zu ordnen und zu verwalten.**[7] Die Garantie freier Ordnung und Verwaltung der eigenen Angelegenheiten ist eine notwendige, rechtlich selbständige Gewährleistung, die der Freiheit des religiösen Lebens und Wirkens der Religionsgemeinschaften und Kirchen die zur Wahrnehmung dieser Aufgaben unerlässliche Freiheit der Bestimmung über Organisation, Normsetzung und Verwaltung hinzufügt.[8] Zu den eigenen Angelegenheiten der Kirchen gehören die Errichtung und Ausstattung der Kirchengebäude[9] und damit auch die Gestaltung der Kircheninnenräume.

(2) Soweit bei der Gestaltung der Kircheninnenräume theologische oder liturgische Erwägungen bestimmend sind, wird die Garantie des kirchlichen Selbstbestimmungsrechts durch die Gewährleistung des Grundrechts der Religionsfreiheit aus Art. 4 Abs. 1 und 2 GG verstärkt. […]

bb) Das kirchliche Selbstbestimmungsrecht gilt allerdings nicht schrankenlos, sondern unterliegt dem Vorbehalt der allgemeinen Gesetze. Hierzu zählt auch das Urheberrecht, dem nach Art. 14 GG gleichfalls Verfassungsrang zukommt.[10] Insoweit besteht eine Wechselwirkung von Kirchenfreiheit und Schrankenzweck, der durch eine Abwägung der entsprechenden Güter Rechnung zu tragen ist. Dabei ist dem Selbstverständnis der Kirchen, soweit es – wie im Streitfall – in dem Bereich der durch Art. 4 Abs. 1 GG als unverletzlich gewährleisteten Glaubens- und Bekenntnisfreiheit wurzelt und sich in der durch Art. 4 Abs. 2 GG geschützten Religionsausübung verwirklicht, ein besonderes Gewicht zuzumessen.[11]

---

4 BGHZ 62, 331, 334 – Schulerweiterung; BGH GRUR 1999, 230, 231 – Treppenhausgestaltung.
5 Vgl. BGHZ 62, 331, 334 – Schulerweiterung.
6 *Erdmann* in Festschrift für Piper, 1996, S. 655, 672.
7 BVerfGE 53, 366, 391; 70, 138, 162.
8 BVerfGE 53, 366, 401; 70, 138, 164.
9 Vgl. *v. Campenhausen/de Wall* Staatskirchenrecht, 4. Aufl., S. 106 und 189.
10 BVerfGE 31, 229, 238 ff.; 49, 382, 392.
11 BVerfGE 53, 366, 400 f.; 70, 138, 167; 83, 341, 356.

IV. Rechte des Urhebers

Auf Seiten des Urhebers ist im Rahmen der Interessenabwägung bei einem Werk der Baukunst insbesondere dessen Gebrauchszweck zu berücksichtigen.[12] **Der Urheber eines Bauwerks weiß, dass der Eigentümer das Bauwerk für einen bestimmten Zweck verwenden möchte; er muss daher damit rechnen, dass sich aus wechselnden Bedürfnissen des Eigentümers ein Bedarf nach Veränderungen des Bauwerks ergeben kann.**[13] [...]

Kurzkommentierung

Der BGH setzt sich grundsätzlich mit dem Änderungsverbot auseinander, das Bestandteil des § 14 UrhG als zentrale änderungsrechtliche Vorschrift ist. Für die praktische Anwendung dieser Vorschrift wird ein **dreistufiger Prüfungsaufbau** bevorzugt. Zunächst wird festgestellt, ob eine Beeinträchtigung oder Entstellung des Werkes vorliegt. Dann wird geprüft, ob die Beeinträchtigung oder Entstellung des Werkes geeignet ist, die geistigen und persönlichen Interessen des Urhebers an seinem Werk objektiv zu gefährden. Im dritten Prüfungsschritt erfolgt eine Interessenabwägung, d. h., zwischen dem Integritäts- bzw. Erhaltungsinteresse des Urhebers und dem Veränderungsinteresse des Eigentümers ist der mögliche Konfliktfall zu lösen.[14]

Die Entscheidung des BGH berührt die Frage, inwieweit im Rahmen der Abwägung zwischen den Interessen des Urhebers und den Interessen des Sacheigentümers (hier Kirchengemeinde) der Kircheninnenraum umgestaltet werden kann. Nachdem der BGH auf das Werk der Baukunst näher eingegangen ist, hat es zunächst zutreffend darauf hingewiesen, dass die Umbaumaßnahmen gegen das urheberrechtliche **Änderungsverbot** verstoßen haben, welches im Wesen und Inhalt des Urhebers wurzelt. Dabei hat er darauf hingewiesen, dass das Änderungsverbot auf den Bestand und auf die **Unversehrtheit** des Werkes selbst in seiner konkret geschaffenen Gestaltung gerichtet ist. Der Begriff der Werkänderung bedeutet dann grundsätzlich einen Eingriff in die Werksubstanz, so der BGH. Dies überzeugt sicherlich hinsichtlich der Bauwerke, nicht aber generell. Vielmehr liegt auch dann eine Änderung vor, wenn das Werk in einer Umgebung der Öffentlichkeit gezeigt wird, in der dasselbe nicht körperlich, aber geistig ein Substanzverlust bedeutet. Im Grunde geht es um den Inhalt und Umfang des **Integritätsschutzes**. Der BGH ist davon ausgegangen, dass das Erhaltungsinteresse des Urhebers von der Schöpfungshöhe des Werkes beeinflusst wird. Mit der Auffassung, dass im vorliegenden Fall nur eine durchschnittliche Schöpfungshöhe und damit nur ein durchschnittliches Erhaltungsinteresse des Urhebers vorliegt, wird im Grunde eine Abwertung der ideellen Interessen des Urhebers vorgenommen.

Folgerichtig hat der BGH bestätigt, dass die Urheberinteressen Jahre oder Jahrzehnte nach dem Tod des Urhebers nicht notwendigerweise dasselbe Gewicht haben wie zu seinen Lebzeiten. Im Gegensatz zum BGH ist nicht von einem geringeren Gewicht der Urheberpersönlichkeitsrechte nach dem Tod des Urhebers auszugehen. Die Frage, wann der Urheber verstorben ist, spielt keine Rolle. Denn auch zu Lebzeiten sind die Integritätsinteressen des Urhebers und die Änderungsinteressen des Sacheigentümers objektiv zu beurteilen. Wie will man das nachlassende Gewicht des Urheberpersönlichkeitsrechts p.m.a. messen? Gerade nach dem Tod des Urhebers sind gleiche Maßstäbe anzusetzen. Ob im Konfliktfall das ideelle Interesse der Erben und damit das Urheberpersönlichkeitsrecht vor dem Änderungsinteresse des Sacheigentümers zurücktreten muss, ist bei der Abwägung nicht aus dem Urheberpersönlichkeitsrecht selbst abzuleiten, sondern aus objektiven Umständen, die im Bereich der Interessen des Sacheigentümers liegen. Ein Bühnenbild, das nicht mehr den Arbeitsschutz- und Sicherheitsbestimmungen des Theaters zu Lebzeiten oder nach dem Tod des Bühnenbildners entspricht, muss objektiv

---

12 *Dreier/Schulze* UrhG, 2. Aufl., § 39 Rn. 25; Schricker/*Dietz* Urheberrecht, 3. Aufl., § 14 Rn. 36; *Wandtke/Grunert* in Wandtke/Bullinger, UrhR, § 39 UrhG Rn. 36; *v. Ungern-Sternberg* in Weller/Kemle/Lynen (Hrsg.), Des Künstlers Rechte – die Kunst des Rechts, S. 47, 59 f.

13 Vgl. BGHZ 62, 331, 335 – Schulerweiterung.

14 Vgl. RGZ 79, 397, 400 – Felseneiland mit Sirenen.

geändert werden können. Ein geschütztes Bauwerk, dass alt ist, wird nicht deshalb verändert, weil der Urheber noch lebt oder schon lange tot ist. Es müssen schwerwiegende Gründe vorliegen, dass das Änderungsinteresse stärker wirkt als das Urheberpersönlichkeitsrecht des Urhebers. Sonst bleibt die Interessensabwägung und die Schutzfrist eine Farce. Entscheidend ist, ob das Urheberpersönlichkeitsrecht einem stärker wirkenden Rechtsgut gegenübersteht oder nicht. Soweit bei der Gestaltung der Kircheninnenräume das kirchliche Selbstbestimmungsrecht als Grundrecht dem Änderungsverbot des Rechteinhabers gegenübersteht, sind die wichtigen Argumente zugunsten der Kirchengemeinde zu berücksichtigen.

Literatur

Wandtke/*Dietz* Urheberrecht 3.Kap. Rn.59.

2. Verwertungsrechte

2.1. Vervielfältigungsrecht

BGH Urteil vom 17.7.2003, I ZR 259/00 – Paperboy
BGHZ 156, 1
GRUR 2003, 958

§ 1 UWG,
§ 15 UrhG (Fassung vom 9.9.1965)
§ 16 Abs. 1 UrhG
§ 87b Abs. 1 S. 2 UrhG
§ 253 Abs. 2 Nr. 2 ZPO

Leitsätze

1. Werden mit einer Klage Verbote verschiedener Handlungen begehrt, deren Ausspruch jeweils von unterschiedlichen tatsächlichen und rechtlichen Voraussetzungen abhängt, erfordert es das Gebot, einen bestimmten Klageantrag zu stellen, dass die einzelnen Handlungen in gesonderten Anträgen als konkrete Verletzungsformen umschrieben werden.
2. Wird ein Hyperlink zu einer Datei auf einer fremden Webseite mit einem urheberrechtlich geschützten Werk gesetzt, wird dadurch nicht in das Vervielfältigungsrecht an diesem Werk eingegriffen.
3. Ein Berechtigter, der ein urheberrechtlich geschütztes Werk ohne technische Schutzmaßnahmen im Internet öffentlich zugänglich macht, ermöglicht dadurch bereits selbst die Nutzungen, die ein Abrufender vornehmen kann. Es wird deshalb grundsätzlich kein urheberrechtlicher Störungszustand geschaffen, wenn der Zugang zu dem Werk durch das Setzen von Hyperlinks (auch in der Form von Deep-Links) erleichtert wird.
4. Nach § 15 UrhG (i.d.F. vom 9. September 1965) steht dem Urheber das ausschließliche Recht zu, die öffentliche Zugänglichmachung seines Werkes zu erlauben oder zu verbieten. Dieses Recht ist als unbenanntes Recht in dem umfassenden Verwertungsrecht des Urhebers aus § 15 UrhG enthalten.
5. Durch das Setzen eines Hyperlinks auf eine vom Berechtigten öffentlich zugänglich gemachte Webseite mit einem urheberrechtlich geschützten Werk, wird in das Recht der öffentlichen Zugänglichmachung des Werkes nicht eingegriffen.
6. Das Setzen von Hyperlinks auf Artikel, die vom Berechtigten im Internet als Bestandteile einer Datenbank öffentlich zugänglich gemacht worden sind, ist keine dem Datenbankhersteller vorbehaltene Nutzungshandlung.
7. Das Datenbankherstellerrecht aus § 87b Abs. 1 S. 2 UrhG wird nicht verletzt, wenn aus Zeitungs- und Zeitschriftenartikeln, die in einer Datenbank gespeichert sind, durch einen

Internet-Suchdienst einzelne kleinere Bestandteile auf Suchwortanfrage an Nutzer übermittelt werden, um diesen einen Anhalt dafür zu geben, ob der Abruf des Volltextes für sie sinnvoll wäre.

Dies gilt auch dann, wenn der Suchdienst dabei wiederholt und systematisch i.S.d. § 87b Abs. 1 S. 2 UrhG auf die Datenbank zugreift.

8. Ein Internet-Suchdienst, der Informationsangebote, insbesondere Presseartikel, auswertet, die vom Berechtigten öffentlich zugänglich gemacht worden sind, handelt grundsätzlich nicht wettbewerbswidrig, wenn er Nutzern unter Angabe von Kurzinformationen über die einzelnen Angebote durch Deep-Links den unmittelbaren Zugriff auf die nachgewiesenen Angebote ermöglicht und die Nutzer so an den Startseiten der Internetauftritte, unter denen diese zugänglich gemacht sind, vorbeiführt. Dies gilt auch dann, wenn dies dem Interesse des Informationsanbieters widerspricht, dadurch Werbeeinnahmen zu erzielen, dass Nutzer, die Artikel über die Startseiten aufrufen, zunächst der dort aufgezeigten Werbung begegnen. Die Tätigkeit von Suchdiensten und deren Einsatz von Hyperlinks ist wettbewerbsrechtlich zumindest dann grundsätzlich hinzunehmen, wenn diese lediglich den Abruf vom Berechtigten öffentlich zugänglich gemachter Informationsangebote ohne Umgehung technischer Schutzmaßnahmen für Nutzer erleichtern.

Sachverhalt

Die Kl. veröffentlicht in ihrem Verlag u.a. die Zeitung „Handelsblatt“ und die Zeitschrift „DM“, aus denen sie einzelne Artikel auch auf ihrem Internet-Informationsangebot anbietet.

Die Bekl. bietet einen Internet-Suchdienst mit dem Namen „Paperboy“ an. Dieser Suchdienst fasst tagesaktuelle Nachrichten zusammen, indem er zahlreiche Websites von Nachrichtenanbietern, sowie Veröffentlichungen von Unternehmen und Organisationen, Staatsorganen, Behörden und politischen Parteien auswertet. Dabei handelt es sich ausschließlich um tagesaktuelle Informationen. Auf Anfrage eines Nutzers weist der Suchdienst die Veröffentlichungen in Form einer Auflistung nach, die vom jeweiligen Nutzer als Suchkriterien vorgegeben werden. Mit dem Suchergebnis angezeigt werden auch Stichworte sowie teilweise Satzteile oder Sätze, die den Inhalt des Artikels näher kennzeichnen.

Diese Angaben sind dann als Hyperlinks[1] ausgestaltet, so dass der Nutzer die angegebene Datei unmittelbar abrufen kann. Durch das Anklicken des Links wird mittels eines Webbrowsers, der sich im Computer des Nutzers befindet, die Datei auf den PC geladen und auf dem Bildschirm dargestellt.

Die Kl. sieht sich durch den Internetsuchdienst „Paperboy“ in ihren Rechten an dem Online-Angebot „Handelsblatt“ und „DM“, die gemäß § 87a UrhG geschützt sind, verletzt.

Entscheidungsgründe

[...]

III. [...]

1. [...]

b) Die Beklagten greifen durch das Setzen von Hyperlinks auch dann nicht in Vervielfältigungsrechte ein, wenn die Datei, zu der eine Verknüpfung hergestellt wird, ein geschütztes Werk enthält. **Durch einen Hyperlink wird das Werk nicht im Sinne des § 16 UrhG vervielfältigt.**[2] **Ein Link ist lediglich eine elektronische Verknüpfung der den Link enthaltenden Datei mit einer anderen in das Internet eingestellten Datei. Erst wenn der Nutzer den Link anklickt, um diese Datei abzurufen, kann es zu einer urheberrechtlich relevanten Vervielfältigung – im Bereich des Nutzers – kommen.**

---

1 Bei einem Hyperlink handelt es sich um einen elektronischen Verweis.

2 Vgl. Schricker/*Loewenheim* Urheberrecht, 2. Aufl., § 16 Rn. 22; *Wiebe* in Ernst/Vassilaki/Wiebe, Hyperlinks, 2002, Rn. 29; *Sosnitza* CR 2001, 693, 698; *Plaß* WRP 2001, 195, 202.

c) […] **Ein Berechtigter, der ein urheberrechtlich geschütztes Werk ohne technische Schutzmaßnahmen im Internet öffentlich zugänglich macht, ermöglicht dadurch bereits selbst die Nutzungen, die ein Abrufender vornehmen kann. Es ist seine Entscheidung, ob er das Werk trotz der Möglichkeit, dass nach Abruf auch rechtswidrige Nutzungen vorgenommen werden, weiter zum Abruf bereithält. Es wird deshalb grundsätzlich kein urheberrechtlicher Störungszustand geschaffen, wenn der Zugang zu dem Werk durch das Setzen von Hyperlinks (auch in der Form von Deep-Links) erleichtert wird.**[3] Die Gefahr rechtswidriger Nutzungen eines vom Berechtigten selbst im Internet öffentlich bereitgehaltenen Werkes wird durch Hyperlinks Dritter nicht qualitativ verändert, sondern nur insofern erhöht, als dadurch einer größeren Zahl von Nutzern der Zugang zum Werk eröffnet wird. Auch ohne Hyperlink kann ein Nutzer unmittelbar auf eine im Internet öffentlich zugängliche Datei zugreifen, wenn ihm deren URL (Uniform Resource Locator), die Bezeichnung ihres Fundorts im World Wide Web, genannt wird. **Ein Hyperlink verbindet mit einem solchen Hinweis auf die Datei, zu der die Verknüpfung gesetzt wird, lediglich eine technische Erleichterung für ihren Abruf. Er ersetzt die sonst vorzunehmende Eingabe der URL im Adressfeld des Webbrowsers und das Betätigen der Eingabetaste.**

Bei dieser Sachlage kommt es nicht darauf an, inwieweit sich Nutzer hinsichtlich der Vervielfältigung abgerufener Werke auf die Privilegierung von Vervielfältigungen zum privaten und sonstigen eigenen Gebrauch berufen können (§ 53 UrhG). Ebenso kann offen bleiben, ob ein Berechtigter, der ein Werk im Rahmen seines Internetauftritts allgemein zugänglich gemacht hat, stillschweigend sein Einverständnis mit Vervielfältigungen erklärt, die mit dem Abruf des Werkes notwendig verbunden sind.[4]

[…]

2. […]

a) Nach § 15 UrhG steht dem Urheber das ausschließliche Recht zu, die öffentliche Zugänglichmachung seines Werkes zu erlauben oder zu verbieten. Dieses Recht ist als unbenanntes Recht der Verwertung des Werkes in unkörperlicher Form in dem umfassenden Verwertungsrecht aus § 15 UrhG enthalten. Dabei wird allerdings die Frage, welche konkreten Nutzungshandlungen durch dieses Recht erfasst werden, unterschiedlich beurteilt. Nach der einen Ansicht ist das Recht der öffentlichen Zugänglichmachung nur als Recht an dem öffentlichen Bereithalten von Werken zur Abrufübertragung zu verstehen, nach anderer Ansicht nur als Recht an der Abrufübertragung selbst, nach einer dritten Ansicht als ein Verwertungsrecht, das sowohl ein Bereithaltungsrecht als auch ein Abrufübertragungsrecht umfasst und sich damit – ähnlich wie das Verbreitungsrecht (§ 17 UrhG) – auf zwei verschiedene Verwertungshandlungen bezieht.[5] […]

b) **Wer einen Hyperlink auf eine vom Berechtigten öffentlich zugänglich gemachte Webseite mit einem urheberrechtlich geschützten Werk setzt, begeht damit keine urheberrechtliche Nutzungshandlung, sondern verweist lediglich auf das Werk in einer Weise, die Nutzern den bereits eröffneten Zugang erleichtert.**[6] **Er hält weder das geschützte**

---

3 Vgl. dazu auch *Stadler* Haftung für Informationen im Internet, 2002, S. 172 ff.; *Ernst* NJW-CoR 1997, 224; *Plaß* WRP 2001, 195, 202.

4 Vgl. zu dieser Frage *Leistner* in Bettinger/Leistner, Werbung und Vertrieb im Internet, 2003, S. 109 ff. m. w. N.

5 Vgl. dazu *Nordemann* in Fromm/Nordemann, Urheberrecht, 9. Aufl., § 15 Rn. 2; Wandtke/Bullinger/*Heerma* Urheberrecht, § 15 Rn. 12 ff.; Schricker/*v. Ungern-Sternberg* aaO § 15 Rn. 22 ff.; *Schack* Urheber- und Urhebervertragsrecht, 2. Aufl., Rn. 415 ff.; *Haberstumpf* Handbuch des Urheberrechts, 2. Aufl., Rn. 286 ff.; *Völker* in Ensthaler/Bosch/Völker, Handbuch Urheberrecht und Internet, 2002, S. 177 ff., jeweils m. w. N.

6 Vgl. *Dustmann* Die privilegierten Provider, 2001, S. 188 f.; *Manz* Die Haftung für Urheberrechtsverletzungen im Internet nach deutschem und amerikanischem Recht, 1999, S. 53 f.; *Börsch* Sind Hyperlinks rechtmäßig?, 2003, S. 148 f.; *Plaß* WRP 2000, 599, 602; *dies.* WRP 2001, 195, 202; *Schack* MMR 2001, 9, 14 Fn. 77; *Nolte* ZUM 2003, 540, 541 f.; ebenso österr. OGH MR 2003, 35 f. – METEO-data, mit zustimmender Anmerkung *Burgstaller/Krüger*; a. A. *Marwitz* K&R 1998, 363, 373.

Werk selbst öffentlich zum Abruf bereit, noch übermittelt er dieses selbst auf Abruf an Dritte. Nicht er, sondern derjenige, der das Werk in das Internet gestellt hat, entscheidet darüber, ob das Werk der Öffentlichkeit zugänglich bleibt. Wird die Webseite mit dem geschützten Werk nach dem Setzen des Hyperlinks gelöscht, geht dieser ins Leere. Einem Nutzer, der die URL als genaue Bezeichnung des Fundorts der Webseite im Internet noch nicht kennt, wird der Zugang zu dem Werk durch den Hyperlink zwar erst ermöglicht und damit das Werk im Wortsinn zugänglich gemacht; dies ist aber auch bei einem Hinweis auf ein Druckwerk oder eine Webseite in der Fußnote einer Veröffentlichung nicht anders.

[…]

3. […]

b) […]

a) […]

aa) Das Setzen von Deep-Links, die den Nutzern von „Paperboy" ermöglichen, unmittelbar den Volltext der Artikel abzurufen, ist als solches keine unter § 87b UrhG fallende Nutzungshandlung.[7] […]

bb) Ebenso wird ein Datenbankherstellerrecht aus § 87b Abs. 1 S. 2 UrhG nicht verletzt, wenn – wie hier – aus Zeitungs- und Zeitschriftenartikeln, die in einer Datenbank gespeichert sind, einzelne kleinere Bestandteile an Nutzer übermittelt werden, um diesen einen Anhalt dafür zu geben, ob der Abruf des Volltextes für sie sinnvoll wäre. Darin liegt keine unter § 87b Abs. 1 S. 2 UrhG fallende Nutzungshandlung. […]

4. […] Ohne die Inanspruchnahme von Suchdiensten und deren Einsatz von Hyperlinks (gerade in der Form von Deep-Links) wäre die sinnvolle Nutzung der unübersehbaren Informationsfülle im World Wide Web praktisch ausgeschlossen. Ein Berechtigter, der die Vorteile des World Wide Web, die gerade auch auf der Hyperlinktechnik beruhen, für seine Angebote in Anspruch nimmt, kann es deshalb nicht als unlautere Behinderung beanstanden, wenn andere die Hyperlinktechnik zur Erschließung seines eigenen Webangebots für die Öffentlichkeit nutzen. Die Tätigkeit von Suchdiensten und deren Einsatz von Hyperlinks ist wettbewerbsrechtlich zumindest dann grundsätzlich hinzunehmen, wenn diese lediglich den Abruf vom Berechtigten öffentlich zugänglich gemachter Informationsangebote ohne Umgehung technischer Schutzmaßnahmen für Nutzer erleichtern.[8] […]

Kurzkommentierung

Die Entscheidung ist im Lichte des Internets und der globalen Vermarktung urheberrechtlicher Werke durch Suchdienste von besonderem Interesse. In der Entscheidung des BGH werden viele Fragen im Zusammenhang mit einem Internet-Suchdienst aufgeworfen. Eine Frage betrifft das Vervielfältigungsrecht gem. § 16 UrhG. Da die Vervielfältigung jede körperliche Festlegung eines Werkes ist, welches den menschlichen Sinnen auf irgendeine Weise unmittelbar oder mittelbar wahrnehmbar zu machen geeignet sein muss,[9] erhebt sich die Frage, wann der Tatbestand der Vervielfältigung im Internet (digitale Vervielfältigung) erfüllt ist. Das Speichern auf einem Datenträger führt in der Regel zu einer digitalen Vervielfältigung nach § 16 UrhG. Zwar ist eine unmittelbare Wahrnehmung des Werks dadurch nicht möglich. Dennoch handelt es sich um eine Vervielfältigungshandlung, da das Werk bspw. am Bildschirm sichtbar und damit mittelbar wahrnehmbar gemacht werden kann.

Unter diese Thematik gehört auch, ob das Setzen von **Hyperlinks** ein Eingriff in das Vervielfältigungsrecht des Urhebers oder des Rechtsinhabers nach § 16 UrhG bedeutet. Der BGH verneint diese Frage mit dem Hinweis, dass selbst dann, wenn die Datei, zu der eine Verknüp-

7 A.A. *Wiebe* in Ernst/Vassilaki/Wiebe aaO Rn. 68.

8 Vgl. dazu auch *Stadler* aaO S. 199f., 208.

9 BGH GRUR Int. 2011, 439, 441 – UsedSoft; BGH WRP 2010, 922, 926 – marions-kochbuch.de; BGH GRUR 1991, 449, 453 – Betriebssystem.

fung hergestellt wird, ein geschütztes Werk enthält, keine Vervielfältigung stattfindet. Denn ein Link ist lediglich eine **elektronische Verknüpfung** der den Link enthaltenden Datei mit einer anderen in das Internet eingestellten Datei. Mit einem solchen Link wird gleichsam auf eine Fundstelle hingewiesen. Nur wenn der Nutzer den Link anklickt, um diese Datei abzurufen, kann es zu einer urheberrechtlich relevanten Vervielfältigung im Bereich des Nutzers kommen. Denn durch das Anklicken wird in der Regel eine Datei vom Serverrechner auf den Rechner des Nutzers heruntergeladen und vorübergehend im Arbeitsspeicher auf der Festplatte abgelegt. In diesem Vorgang (**Download**) besteht dann die Vervielfältigungshandlung. Die urheberrechtlich relevante Vervielfältigungshandlung kann auch darin bestehen, dass die Dateien vom eigenen Rechner auf den Serverrechner heraufgeladen werden (**Uploading**). Interessant ist die Auffassung des BGH, dass ein Hyperlink nur eine technische Erleichterung für den Abruf der Presseartikel des Handelsblattes ermöglicht. Denn dem Nutzer wird die Suche nach der durch den Link gesetzten Website vereinfacht bzw. wird diese Suche gänzlich ersetzt.

Der BGH ist auch der Ansicht, dass ein Berechtigter, der ein urheberrechtlich geschütztes Werk ohne technische Schutzmaßnahmen im Internet öffentlich zugänglich macht, die Nutzungen ermöglicht, die ein Abrufender vornehmen kann. Er lässt aber die Frage offen, ob der Berechtigte, der sein Werk allgemein im Internet zur Verfügung stellt, damit auch das Einverständnis zur Vervielfältigung gibt. Soweit der Abruf im Internet eine solche Vervielfältigungshandlung verlangt, um das Werk zu nutzen, wird man davon ausgehen können, z. B. Vervielfältigung zum privaten Gebrauch. Jedenfalls führt der BGH aus, dass derjenige, der einen Hyperlink auf eine vom Berechtigten öffentlich zugänglich gemachte Webseite mit einem urheberrechtlich geschützten Werk setzt, keine urheberrechtliche Nutzungshandlung begeht. Ein Hyperlink erleichtert den Nutzern lediglich den bereits eröffneten Zugang. Denn mit dem Hyperlink wird lediglich auf das Werk verwiesen, ohne eine eigene Vervielfältigungshandlung damit zu begehen. Er hält weder das geschützte Werk selbst öffentlich zum Abruf bereit, noch übermittelt er diese zum Abruf an Dritte. Eine Urheberrechtsverletzung liegt dann konsequenterweise nicht vor.

Wer sein eigenes Werk in das Internet stellt, willigt in die übliche Nutzung seines Werkes im Internet ein. Der Nutzer kann das Werk anschauen oder anhören. **Vorschaubilder**, die verkleinerte Kunstwerke zeigen, sind dagegen vom Vervielfältigungsrecht nach § 16 Abs. 2 UrhG erfasst.[10]

Dagegen besteht eine Urheberrechtsverletzung, wenn sich der Berechtigte technischer Schutzmaßnahmen bedient, um den Zugang zu dem geschützten Werk nur bestimmten Nutzern zu eröffnen oder nur auf einem bestimmten Weg zu gewähren (bspw. über die Startseite) und das Setzen eines Hyperlinks genau diese Schutzmaßnahmen umgeht, um einen unmittelbaren Zugriff zu ermöglichen.[11]

Die in der Entscheidung ebenfalls aufgeworfene Frage zur Übernahme einzelner Sätze, Satzteile oder Stichworte und einer damit einhergehenden Urheberrechtsverletzung ist durch den BGH abgelehnt worden. Es seien keine urheberrechtlich schutzfähigen Werkteile übernommen worden.[12] Zwar kann auch sehr kleinen Teilen eines Sprachwerkes wie etwa einzelnen Wörtern oder knappen Wortfolgen urheberrechtlicher Schutz zukommen. Dieser scheitert indes in der Regel an der mangelnden Individualität.[13]

Literatur

Wandtke/*Wöhrn* Urheberrecht 3. Kap. Rn. 82 f., 129.

---

10 BGH GRUR 2010, 628, 629 – Vorschaubilder.
11 BGH GRUR 2011, 56 – Session-ID.
12 Vgl. hierzu auch BGH GRUR 2011, 134 – Perlentaucher.
13 BGH GRUR 2011, 134, 139 – Perlentaucher; siehe dagegen EuGH GRUR 2009, 1041 ff. – Infopaq/DDF.

2.2. Verbreitungsrecht/Eigentumsübertragung

BGH Urteil vom 22.1.2009, I ZR 247/03 – Le-Corbusier-Möbel II
GRUR 2009, 840

§ 15 Abs. 1 Nr. 2
§ 17 Abs. 1 UrhG
§ 96 Abs. 1 UrhG
§ 97 Abs. 1 u. 2 UrhG
RL 2001/29/EG Art. 4 Abs. 1

Leitsätze

1. Die Vorschrift des Art. 4 Abs. 1 der Informationsgesellschafts-Richtlinie über das Verbreitungsrecht begründet nicht nur ein Mindestrecht, hinter dem die Mitgliedstaaten bei der Bestimmung ihres Schutzniveaus nicht zurückbleiben dürfen, sondern stellt eine verbindliche Regelung des Verbreitungsrechts auch im Sinne eines Maximalschutzes dar.
2. Ein Dritter greift nicht in das ausschließlich dem Urheber zustehende Verbreitungsrecht nach § 15 Abs. 1 Nr. 2, § 17 UrhG ein, wenn er Nachbildungen urheberrechtlich geschützter Modelle von Möbeln öffentlich aufstellt oder der Öffentlichkeit zum Gebrauch zugänglich macht.

Sachverhalt

Die Kl. produziert Polstermöbel, unter anderem nach den Modellen „LC 2“, „LC 3“ sowie das Tischsystem „LC 10-P“. Die Bekl. vertreibt bundesweit in Filialen Damen- und Herrenoberbekleidung. In einem ihrer Geschäfte richtete die Bekl. mit Sesseln und Sofas der Modelle „LC 2“ und „LC 3“ und einem Tisch aus dem Tischsystem „LC 10-P“ eine Ruhezone für Kunden ein. Außerdem verwendete sie das Modell „LC 2“ im Schaufenster zu Präsentationszwecken. Die Möbel stammten dabei nicht von der Kl., sondern aus der Produktion der Firma D.

Entscheidungsgründe

[...]

II. [...]

2. **Das Verbreitungsrecht ist das Recht, das Original oder Vervielfältigungsstücke des Werks in der Öffentlichkeit anzubieten oder in Verkehr zu bringen** (§ 17 Abs. 1 UrhG). **Da es sich bei dem Verbreitungsrecht nach Art. 4 Abs. 1 der Informationsgesellschafts-Richtlinie um harmonisiertes Recht handelt, ist die Bestimmung des § 17 UrhG richtlinienkonform auszulegen.**[1] Nach der Bestimmung der Richtlinie sehen die Mitgliedstaaten vor, „dass den Urhebern in Bezug auf das Original ihrer Werke oder auf Vervielfältigungsstücke davon das ausschließliche Recht zusteht, die Verbreitung an die Öffentlichkeit in beliebiger Form durch Verkauf oder auf sonstige Weise zu erlauben oder zu verbieten“.

Die Vorschrift des Art. 4 Abs. 1 der Informationsgesellschafts-Richtlinie über das Verbreitungsrecht begründet nicht nur einen Mindestschutz, hinter dem die Mitgliedstaaten bei der Bestimmung ihres Schutzniveaus nicht zurückbleiben dürfen, sondern stellt eine verbindliche Regelung des Verbreitungsrechts auch im Sinne eines Maximalschutzes dar.[2] Dies folgt aus dem Zweck der Richtlinie, unterschiedliche einzelstaatliche Rechtsvorschriften über das Urhe-

---

1 Vgl. BGHZ 171, 151 Tz. 32 f. – Wagenfeld-Leuchte; *Loewenheim* in Loewenheim, Handbuch des Urheberrechts, 2003, § 20 Rn. 19; *Hermann* ELR 2008, 212, 215; *Haberstumpf* in Büscher/Dittmer/Schiwy, Gewerblicher Rechtsschutz, Urheberrecht, Medienrecht, § 17 UrhG Rn. 2.

2 A. A. *Schulze* in Dreier/Schulze, Urheberrechtsgesetz, 3. Aufl., § 17 Rn. 4 a; *Heerma* in Wandtke/Bullinger, Urheberrecht, 3. Aufl., § 17 Rn. 11; *v. Welser* GRUR Int. 2008, 596, 597; *Walter* Medien und Recht 2008, 246, 248.

berrecht und verwandte Schutzrechte im Interesse der Rechtssicherheit und der Funktionsfähigkeit des Binnenmarkts anzupassen und ein uneinheitliches Vorgehen der Mitgliedstaaten zu vermeiden (Erwägungsgründe 1, 4 und insbesondere 6 und 7 der Richtlinie). Dementsprechend wird in den Erwägungsgründen verschiedentlich die Zielsetzung der Informationsgesellschafts-Richtlinie hervorgehoben, ein harmonisiertes Urheberrecht zu schaffen (Erwägungsgründe 1, 4, 6, 7, 9, 23 und 31), und betont, durch die Rechtsharmonisierung zur Verwirklichung der Freiheiten des Binnenmarkts beizutragen (Erwägungsgrund 3). Daraus wird zu Recht die Konsequenz gezogen, dass Art. 4 der Informationsgesellschafts-Richtlinie das Verbreitungsrecht allgemeingültig regelt.[3] Damit ist die Annahme nicht vereinbar, die Richtlinie bestimme nur einen Mindestschutz und räume den Mitgliedstaaten die Möglichkeit ein, ein weiterreichendes Schutzniveau zu begründen oder aufrechtzuerhalten. Abweichendes ist, soweit ersichtlich, vor der im vorliegenden Rechtsstreit ergangenen Entscheidung des Gerichtshofs der Europäischen Gemeinschaften auch nicht vertreten worden.[4]

[...]

3. **Der Gerichtshof der Europäischen Gemeinschaften hat die Frage, ob von einer Verbreitung ausgegangen werden kann, wenn der Öffentlichkeit nur der Gebrauch von Werkstücken eines urheberrechtlich geschützten Werks überlassen wird oder Werkstücke öffentlich gezeigt werden, verneint. Er hat angenommen, dass eine Verbreitung auf andere Weise als durch Verkauf i.S. des Art. 4 Abs. 1 der Informationsgesellschafts-Richtlinie nur vorliegt, wenn eine Übertragung des Eigentums an dem Gegenstand erfolgt.**[5] Ein Dritter greift daher nicht in das ausschließlich dem Urheber nach § 15 Abs. 1 Nr. 2, § 17 UrhG zustehende Verbreitungsrecht ein, wenn er Nachbildungen urheberrechtlich geschützter Modelle von Möbeln der Öffentlichkeit zum Gebrauch zugänglich macht. **Von einer Verbreitung ist nach der Rechtsprechung des Gerichtshofs der Europäischen Gemeinschaften auch nicht auszugehen, wenn einem Dritten der Besitz des Originals oder eines Vervielfältigungsstücks übertragen wird.**[6] [...]

Kurzkommentierung

Die Entscheidung des BGH, die in Übereinstimmung mit dem EuGH erfolgte,[7] hat zu einem grundsätzlichen dogmatischen Wandel hinsichtlich des Verbreitungsrechts nach § 17 Abs. 1 UrhG geführt. Eine der Kernaussage ist, dass eine Verbreitung i. S. d. § 17 Abs. 1 UrhG nicht vorliegt, wenn der Öffentlichkeit nur der Gebrauch von Werkstücken eines geschützten Werkes überlassen wird oder Werkstücke öffentlich gezeigt werden. Nur wenn eine Übertragung des Eigentums an dem Gegenstand erfolgt, kann von einer Verbreitung i. S. d. § 17 Abs. 1 UrhG ausgegangen werden.

Der BGH begründet dies mit der Antwort des EuGH zu der vorgelegten Frage, wie Art. 4 Abs. 1 der Info-RL auszulegen sei. Art 4. Abs. 1 der Info-RL regelt das Verbreitungsrecht sowie dass die Mitgliedstaaten den Urhebern in Bezug auf das Original ihrer Werke oder auf Vervielfältigungsstücke davon das ausschließliche Recht zugestehen sollen, die Verbreitung an die Öffentlichkeit in beliebiger Form durch „Verkauf" oder „auf sonstige Weise" zu erlauben oder zu verbieten.

Der EuGH legt Art. 4 Abs. 1 der Info-RL im Lichte von Art. 6 WCT aus, womit er dem Art. 4 Abs. 1 der Info-RL über das Verbreitungsrecht nur einen **Mindestschutz** zukommen lässt.

---

3 *Dustmann* in Fromm/Nordemann, Urheberrecht, 10. Aufl., § 17 Rdn. 5; Schricker/*Loewenheim* Urheberrecht, 3. Aufl., § 17 Rn. 1; *Dreyer* in HK-UrhR, 2. Aufl., § 17 Rn. 5 und 12.

4 Vgl. *Walter* in Europäisches Urheberrecht, 2001, S. 1044 f.; Schricker/*Loewenheim* aaO § 17 Rn. 1; Loewenheim/*Lehmann* aaO § 54 Rn. 41; *Wandtke* EWiR 2007, 189 f.

5 EuGH GRUR 2008, 604 Tz. 41 – Peek & Cloppenburg/Cassina.

6 EuGH GRUR 2008, 604 Tz. 36 und 41 – Peek & Cloppenburg/Cassina.

7 EuGH GRUR 2008, 604 – Le Corbusier Möbel.

Denn Art. 6 WCT erfasst bzgl. des Verbreitungsrechts nur den „Verkauf" oder die „sonstige Eigentumsübertragung" von Originalen oder Vervielfältigungsstücken. Der BGH ist wie der EuGH der Auffassung, dass von einer Verbreitung an die Öffentlichkeit durch Verkauf nur ausgegangen werden kann, wenn Dritten nicht nur das Eigentum, sondern auch die tatsächliche Verfügungsgewalt an dem urheberrechtlich geschützten Werkstück übertragen wird.[8] Diese Argumentation überzeugt nicht. Wenn das Angebot zur Überlassung des Besitzes für einen vorübergehenden Zeitraum nicht mehr genügt,[9] wird das Verbreitungsrecht in unzulässiger Weise ausgelegt. § 17 Abs. 1 UrhG nur dahingehend auszulegen, dass nur die **Eigentumsübertragung** erfasst wird, bedeutet im Grunde einen Eingriff in **die vermögensrechtliche Dispositionsbefugnis** des Urhebers, was verfassungsrechtlich bedenklich ist. Der hohe Schutzumfang des Verbreitungsrechts soll gerade den Urheber an der wirtschaftlichen Verwertung seines Werkes beteiligen.

Selbst wenn nur noch ein einheitliches Schutzniveau durch den EuGH vorgegeben worden ist, entbindet dies nicht die einzelnen Gerichte, den Spielraum zwischen dem Minimal- und dem Maximalschutz im Interesse der Urheber auszuloten, zumal Art. 4 Abs. 1 der Info-RL den Begriff der Verbreitung an die „Öffentlichkeit" in beliebiger Form durch Verkauf oder auf „sonstige Weise" inhaltlich erfasst.[10] In sonstiger Weise heißt eben eine weitergehende Verbreitungsart, wozu auch der Besitz gehört. Im Übrigen regelt Art. 6 WCT hinsichtlich der Verbreitung nur einen Minimalschutz, nicht aber einen Maximalschutz.

Außerdem wird mit der Beschränkung des Verbreitungsrechts eine **Schutzlücke** hinsichtlich der Werke der angewandten Kunst sichtbar, weil § 17 Abs. 3 S. 2 Nr. 1 UrhG gerade nicht das **Vermietrecht** erfasst.

Literatur

Wandtke/*Wandtke* Urheberrecht 1. Kap. Rn. 62.
Wandtke/*Wöhrn* Urheberrecht 3. Kap. Rn. 94f., 107f.

2.3. Erschöpfung

BGH Urteil vom 11.2.2010, I ZR 178/08 – Half Life 2
GRUR 2010, 822
Wandtke/Kanert
§ 17 Abs. 2 UrhG
§ 69c Nr. 3 S. 2 UrhG
§ 307 BGB
§§ 307ff. BGB

Leitsatz

Der urheberrechtliche Grundsatz der Erschöpfung des Verbreitungsrechts wird nicht berührt, wenn der Berechtigte das von ihm geschaffene, auf DVD vertriebene Computerspiel so programmiert, dass erst nach der online erfolgten Zuweisung einer individuellen Kennung nicht an Dritte weitergeben werden darf. Dies gilt auch dann, wenn die DVD mit dem Computerspiel wegen der ohne Kennung eingeschränkten Spielmöglichkeiten vom Ersterwerber praktisch nicht mehr weiterveräußert werden kann.

---

8 BGH GRUR 2011, 227, 228 – Italienische Bauhausmöbel.

9 So noch BGH GRUR 2007, 50, 51 – Le-Corbusier-Möbel I; BGH GRUR 2007, 691, 692 – Staatsgeschenk I.

10 BGH GRUR 2007, 871, 874 – Wagenfeld-Leuchte.

Sachverhalt

Die Bekl. ist Entwicklerin für Computerspiele und entwickelte unter anderem auch das Spiel „Half-Life 2“.

Die Kl. ist die Verbraucherzentrale Bundesverband e. V.

Sie rügt, dass die Klausel Nr. 1 Abs. 6 SSA dazu führe, dass das Spiel faktisch nicht veräußert werden kann, da es nicht ohne die Übertragung des bei der Bekl. eingerichteten Kontos weiterveräußert werden kann. Darin sei ein Verstoß gegen den Erschöpfungsgrundsatz gemäß § 17 Abs. 2, § 69c Nr. 3 S. 3 UrhG und folglich ein Verstoß gegen die gesetzliche Regelung des § 307 Abs. 2 Nr.1 BGB zu sehen. Die Kl. nimmt die Bekl. gemäß § 1 UKLaG auf Unterlassung in Anspruch.

Entscheidungsgründe

[...]

II. [...]

2. [...]

a) [...]

bb) Der in § 17 Abs. 2, § 69c Nr. 3 S. 2 UrhG geregelte Erschöpfungsgrundsatz führt nicht zur Unwirksamkeit der angegriffenen Klausel nach § 307 Abs. 1 S. 1, Abs. 2 Nr. 1 BGB.

(1) **Nach § 17 Abs. 2 UrhG ist – mit Ausnahme der Vermietung – die Weiterverbreitung des Originals oder eines Vervielfältigungsstücks eines Werkes zulässig, wenn dieses mit Zustimmung des zur Verbreitung Berechtigten im Europäischen Wirtschaftsraum im Wege der Veräußerung in Verkehr gebracht worden ist. Für Vervielfältigungsstücke eines Computerprogramms enthält § 69 Nr. 3 S. 2 UrhG eine entsprechende Regelung der Erschöpfung des Verbreitungsrechts. Der Eintritt der Erschöpfung hat zur Folge, dass die weitere Verbreitung des körperlichen Werkstücks (mit Ausnahme des Vermietens) das ausschließlich dem Urheber zustehende Verbreitungsrecht (§ 15 Abs. 1, § 17 Abs. 1, § 69c Nr. 3 S. 1 UrhG) nicht verletzt und daher von ihm auch nicht nach § 97 Abs. 1 UrhG untersagt werden kann.**

(2) Der Käufer einer DVD-Rom der Bekl. ist weder rechtlich noch tatsächlich gehindert, diese an einen Dritten weiterzuveräußern. Die Allgemeinen Geschäftsbedingungen der Bekl. verbieten dem Erwerber eine solche Weiterveräußerung nicht. Die beanstandete Klausel untersagt lediglich die Weitergabe des Benutzerkontos. Der Umstand, dass Dritte an dem Erwerb der DVD-Rom kein Interesse haben mögen, wenn sie das auf der DVD-Rom enthaltene Computerprogramm nicht zum Betrieb des Spieles über die Server der Bekl. nutzen können, berührt entgegen der Auffassung des BerG weder das Verbreitungsrecht an der DVD-Rom noch die Erschöpfung der darin verkörperten urheberrechtlichen Befugnisse. Das Verbreitungsrecht soll dem Urheber die Verwertung des Werks in körperlicher Form ermöglichen (§ 15 Abs. 1 Halbs. 1 UrhG). Der Urheber kann aufgrund des ihm ausschließlich zustehenden Verbreitungsrechts bestimmen, ob und in welcher Weise er körperliche Werkstücke der Öffentlichkeit zugänglich machen will. Die Begrenzung des Verbreitungsrechts durch den Erschöpfungsgrundsatz dient dagegen dem allgemeinen Interesse an einem freien Warenverkehr. Innerhalb eines einheitlichen Wirtschaftsraums soll das mit Zustimmung des Berechtigten durch Veräußerung in Verkehr gebrachte Werkstück ungeachtet des urheberrechtlichen Schutzes frei zirkulieren dürfen.[1]

Die Rechtsfolge der Erschöpfung soll demnach nur Behinderungen des Warenverkehrs infolge der Ausübung des Verbreitungsrechts begrenzen. Einschränkungen der rechtlichen oder tatsächlichen Verkehrsfähigkeit eines Werkstücks, die sich nicht aus dem Verbreitungsrecht des Urhebers als solchem ergeben, sondern auf anderen Umständen beruhen wie beispielsweise auf der spezifischen Gestaltung des betreffenden Werkes oder Werkstücks, berühren den Grundsatz der Erschöpfung des urheberrechtlichen Verbreitungsrechts nicht. Es ist urheber-

1 Vgl. BGHZ 144, 232, 238 – Parfumflakon.

rechtlich unbedenklich, wenn der Urheber sein Werk oder Werkstücke, die sein Werk verkörpern, so gestaltet, dass diese nur auf bestimmte Art und Weise genutzt werden können, und die Weiterveräußerung des Originals des Werks oder von ihm in Verkehr gebrachter Werkstücke durch den Ersterwerber infolge ihrer konkreten Ausgestaltung eingeschränkt ist oder faktisch ganz ausscheidet, weil wegen der beschränkten Nutzungsmöglichkeiten ein nennenswertes Interesse nachfolgender Erwerber nicht besteht. [...]

b) [...]

c) Die beanstandete Klausel ist auch nicht deshalb unangemessen, weil sie wesentliche Pflichten oder Rechte, die sich aus der Natur des mit der Bekl. unter Zugrundelegung dieser Allgemeinen Geschäftsbestimmung geschlossenen Vertrags ergeben, so einschränkt, dass die Erreichung des Vertragszwecks gefährdet ist (§ 307 Abs. 2 Nr. 2 BGB). Ungeachtet seiner rechtlichen Einordnung ist Zweck des in Rede stehenden Vertragsverhältnisses, dem Vertragspartner der Bekl. die Teilnahme an dem von ihr über ihre Server angebotenen Spiel zu ermöglichen. Das in der beanstandeten Klausel enthaltene Verbot, die Rechte aus diesem Vertragsverhältnis auf Dritte zu übertragen, gefährdet diesen Vertragszweck nicht. Zweck des zwischen dem Anmelder des Benutzerkontos und der Bekl. begründeten Vertragsverhältnisses ist es nicht – wovon das BerG mit Recht ausgegangen ist – irgendeiner Person die Teilnahme an dem Spiel zu ermöglichen; vielmehr sollen die Rechte und Pflichten aus dem Vertragsverhältnis allein zwischen den Vertragsparteien begründet werden. Die Übertragung des Benutzerkontos auf einen Dritten stellt dann aber eine Änderung des Vertragsverhältnisses dar, die nur mit Zustimmung der Bekl. erfolgen kann (vgl. § 311 Abs. 1 BGB). [...]

Kurzkommentierung

Der BGH nahm zur Frage Stellung, inwieweit eine AGB-Klausel nach § 307 Abs. 1 S. 1, Abs. 2 Nr. 1 BGB Auswirkungen auf die Erschöpfung des Verbreitungsrechts hat.

Zunächst hat der BGH die Frage offen gelassen, ob § 17 Abs. 2, § 69c Nr. 3 S. 2 UrhG auch von § 307 Abs. 2 Nr. 1 BGB erfasst sind. Dies wird man wohl annehmen müssen. Jedenfalls hat der BGH keinen Widerspruch zu den wesentlichen Grundsätzen der Erschöpfungsregeln gesehen. Nach Auffassung des BGH führt der Erschöpfungsgrundsatz i. S. d. § 17 Abs. 2, § 69c Nr. 3 S. 2 UrhG nicht zur Unwirksamkeit der angegriffenen Klausel nach § 307 Abs. 1 S. 1, Abs. 2 Nr. 1 BGB.

Eine gekaufte DVD-Rom mit einem Computerspiel kann wieder weiter veräußert werden. Der jeweilige Erwerber kann an dem Online-Betrieb des Spiels über die Server des Berechtigten teilnehmen, wenn mit der auf der DVD-Rom vertriebenen Zugangsnummer noch kein früherer Erwerber ein Konto beim Berechtigten eröffnet hat. Die beanstandete Klausel untersagt lediglich die Weitergabe des Benutzerkontos.

Dies berührt nach geltendem Recht – wie der BGH betont – weder das Verbreitungsrecht noch die Erschöpfung desselben. Allerdings ist der Kauf eines gebrauchten Onlinespiels nach der Entscheidung des BGH für den Zweiterwerber wirtschaftlich wertlos, wenn der Ersterwerber das Spiel bestimmungsgemäß in Benutzung genommen hat, da dies nur unter Verwendung der Zugangsnummer möglich ist. Der Ersterwerber darf das Spiel also weiterverkaufen, der Zweiterwerber aber i. d. R. nicht (mehr) nutzen.

Literatur

Wandtke/*Wöhrn* Urheberrecht 3. Kap. Rn. 97.
Wandtke/*Kauert* Urheberrecht 8. Kap. Rn. 16 ff.

2.4. Beschränkte Erschöpfung des Verbreitungsrechts

BGH, Urteil vom 6.7.2000, I ZR 244/97 – OEM-Version
BGHZ 145, 7–16
GRUR 2001, 153

§ 17 Abs. 2 UrhG
§ 32 UrhG
§ 69c Nr. 3 S. 2 UrhG

Leitsatz

Ein Softwarehersteller kann sein Interesse daran, dass eine zu einem günstigen Preis angebotene Programmversion nur zusammen mit einem neuen PC veräußert wird, nicht in der Weise durchsetzen, dass er von vornherein nur ein auf diesen Vertriebsweg beschränktes Nutzungsrecht einräumt. Ist die Programmversion durch den Hersteller oder mit seiner Zustimmung in Verkehr gesetzt worden, ist die Weiterverbreitung auf Grund der eingetretenen Erschöpfung des urheberrechtlichen Verbreitungsrechts ungeachtet einer inhaltlichen Beschränkung des eingeräumten Nutzungsrechts frei.

Sachverhalt

Die Kl. ist Microsoft Corporation. Bei der Bekl. handelt es sich um einer Herstellerin von Computerhardware, welche sie zusammen mit Software auch vertreibt. Die Kl. entwickelt und vertreibt unter anderem Betriebssysteme für die Erstausrüstung neuer Computer (sog. OEM-Versionen). Diese werden von autorisierten Unternehmen („authorized replicators") unmittelbar oder über Zwischenhändler an die an die Hardwarehersteller geliefert. Die Kl. schließt mit den jeweiligen Hardwareherstellern und Zwischenhändlern Lizenzverträge für die Weiterverbreitung der OEM-Versionen ab.

Nach den Vertragsbedingungen dürfen diese Versionen ausschließlich zusammen mit der Hardware veräußert werden. Des Weiteren verpflichten sich die jeweiligen Abnehmer auch ihren späteren Vertragspartnern diese Verpflichtung aufzuerlegen.

Die Bekl. veräußerte die zuvor von einem Zwischenhändler erworbene OEM-Version isoliert von einem PC an einen Endverbraucher.

Die Kl. nimmt die Bekl. nun auf Unterlassung, Auskunftserteilung und Feststellung der Schadensersatzverpflichtung in Anspruch.

Entscheidungsgründe

I. [...]

II. Entgegen der Auffassung des BerGer., steht der Kl. kein urheberrechtlicher Unterlassungsanspruch aus § 97 Abs. 1 i.V.m. § 69c Nr. 3 S. 1 UrhG gegen die Bekl. zu.
Die isolierte Veräußerung der OEM-Version des Betriebsprogramms an einen Abnehmer ohne gleichzeitige Veräußerung eines neuen PC stellt keine Urheberrechtsverletzung dar. Denn das der Kl. zustehende Verbreitungsrecht an dem fraglichen Werkstück ist dadurch erschöpft, dass es von dem von der Kl. autorisierten Hersteller (authorized replicator) durch die bestimmungsgemäße Veräußerung an einen Zwischenhändler mit Zustimmung der Kl. in Verkehr gesetzt worden ist.

1. [...]

2. [...]

a) Das BerGer. ist zutreffend davon ausgegangen, dass – soweit es im Streitfall um die **Erschöpfung des Verbreitungsrechts an Computerprogrammen geht – dieselben Grundsätze maßgeblich sind, die nach § 17 Abs. 2 UrhG für andere urheberrechtlich geschützte Werke gelten.** Zwar beruht die Regelung in § 69c Nr. 3 S. 2 UrhG auf der entsprechenden Bestimmung in Art. 4 lit.c S. 2 der RL 91/250/EWG des Rats vom 14.5.1991 über den Rechtsschutz von Computerprogrammen.[1] Was die Möglichkeit einer dinglichen Beschränkung des Verbreitungsrechts und der entsprechenden Einschränkung der Erschöpfungswirkung angeht, enthält die Richtlinie jedoch keine Regelung. **Insofern ist nach § 69a Abs. 4 UrhG auf die für**

---

1 ABlEG Nr. L 122, S. 42 = GRUR Int. 1991, 545.

Sprachwerke geltende Regelung abzustellen, hier insbesondere auf die Bestimmungen der § 17 Abs. 2 und § 32 UrhG sowie auf die dazu entwickelten Grundsätze.[2]

b) Danach sind im Streitfall die folgenden – zu §§ 32, 17 Abs. 2 UrhG aufgestellten – Grundsätze heranzuziehen:

Zunächst ergibt sich aus § 32 UrhG, dass Nutzungsrechte räumlich, zeitlich oder inhaltlich beschränkt eingeräumt werden können. **Eine nicht nur schuldrechtlich, sondern dinglich wirkende Aufspaltung des Verbreitungsrechts (§ 17 Abs. 2 UrhG) kommt dabei – wegen der damit verbundenen möglichen Einschränkung der Verkehrsfähigkeit der betreffenden Werkstücke – nur in Betracht, wenn es sich um übliche, technisch und wirtschaftlich eigenständige und damit klar abgrenzbare Nutzungsformen handelt.**[3]

Die dinglich wirkende Begrenzung des Nutzungsrechts hat auch eine Beschränkung der Erschöpfung nach § 17 Abs. 2 UrhG zur Folge. Denn bringt der Lizenznehmer Werkstücke auf einem anderen als auf dem zugelassenen Absatzweg in Verkehr, so ist diese Nutzung nicht mehr von der Zustimmung des zur Verbreitung Berechtigten gedeckt mit der Folge, dass insoweit mangels Zustimmung keine Erschöpfung des Verbreitungsrechts eintreten kann.[4]

[...] Nach **dem Erschöpfungsgrundsatz hängt der urheberrechtliche Verbrauch des Verbreitungsrechts allein davon ab, ob der Rechtsinhaber dem (ersten) Inverkehrbringen durch Veräußerung zugestimmt hat. Auf die Art und Weise der weiteren Nutzung braucht sich die Zustimmung nicht zu erstrecken. Denn bereits mit der (ersten) durch ihn oder mit seiner Zustimmung erfolgten Veräußerung gibt der Berechtigte die Herrschaft über das Werkexemplar auf; es wird damit für jede Weiterverbreitung frei.** Diese Freigabe dient dem Interesse der Verwerter und der Allgemeinheit, die in Verkehr gebrachten Werkstücke verkehrsfähig zu halten.[5] Könnte der Rechtsinhaber, wenn er das Werkstück verkauft oder seine Zustimmung zur Veräußerung gegeben hat, noch in den weiteren Vertrieb des Werkstücks eingreifen, ihn untersagen oder von Bedingungen abhängig machen, so wäre dadurch der freie Warenverkehr in unerträglicher Weise behindert.[6]

Die Möglichkeit, ein Nutzungsrecht nach § 32 UrhG räumlich, zeitlich oder inhaltlich beschränkt einzuräumen, führt danach nicht zu einer entsprechenden Einschränkung der Erschöpfung in der Weise, dass der Berechtigte – ist das Werkstück erst einmal durch ihn oder mit seiner Zustimmung durch Veräußerung in Verkehr gesetzt worden – auf den weiteren Absatzweg Einfluss nehmen könnte. [...]

c) [...]

cc) Auf Grund dieses mit Zustimmung der Kl. erfolgten Inverkehrbringens hat sich das Verbreitungsrecht der Kl. erschöpft. Die nachfolgenden Veräußerungshandlungen – die Veräußerung der Programmkopie durch den Zwischenhändler an die Bekl. sowie die streitgegenständliche Weiterveräußerung durch die Bekl. an einen Kunden – bedurften nicht mehr der Zustimmung der Kl. Sie ist daher auch daran gehindert, diese Weiterverbreitungshandlungen

---

2 Vgl. nur Schricker/*Loewenheim* UrheberR, 2.Aufl., § 69a UrhG Rn. 24, und § 69a UrhG Rn. 20 und 28.

3 BGH GRUR 1959, 200, 202 = LM § 8 LitUrhG Nr. 8 – Der Heiligenhof; GRUR 1986, 736, 737 = NJW-RR 1986, 1183 = LM § 17 UrhG Nr. 8 – Schallplattenvermietung; GRUR 1990, 669, 671 = NJW-RR 1990, 1061 = LM § 3 UrhG Nr. 4 – Bibelreproduktion; GRUR 1992, 310, 311 = NJW 1992, 1320 = LM H. 6/1992 § 31 UrhG Nr. 25 – Taschenbuch-Lizenz; Schricker/*Schricker* §§ 31/32 UrhG Rn. 8; *Ulmer* Urheber- und VerlagsR, 2.Aufl., S. 362 f.u. 444; *Schack* Urheber- und UrhebervertragsR, Rn. 544.

4 BGH GRUR 1959, 200, 202 = LM § 8 LitUhrG Nr. 8 – Der Heiligenhof; GRUR 1986, 736, 737 = NJW-RR 1986, 1183 = LM § 17 UrhG Nr. 8 – Schallplattenvermietung; Schricker/*Loewenheim* § 17 UrhG Rn. 49; *Schack* Rn. 391.

5 Vgl. BGHZ 80, 101, 106 = GRUR 1981, 587 = NJW 1981, 1906 = LM § 85 UrhG Nr. 1 – Schallplattenimport I; *BGH,* GRUR 1986, 736, 737 = NJW-RR 1986, 1183 = LM § 17 UrhG Nr. 8 – Schallplattenvermietung.

6 Vgl. bereits *RGZ* 63, 394, 397 ff. – Koenigs Kursbuch.

davon abhängig zu machen, dass sie den von ihr aufgestellten Bedingungen für den OEM-Vertrieb entsprechen.[7]

Eine beschränkte Erschöpfungswirkung auf Grund einer beschränkten Nutzungsrechtsänderung ist danach nicht ausgeschlossen [...].

d) [...] **Die von der Kl. erstrebte Beschränkung der Erschöpfungswirkung liefe demgegenüber darauf hinaus, dass die vertraglich eingegangenen Bindungen nicht nur inter partes, sondern gegenüber jedermann Wirkung entfalten könnten. Eine derartige Verdinglichung schuldrechtlicher Verpflichtungen ist dem deutschen Recht fremd; sie ist auch im Interesse der Verkehrsfähigkeit nicht erwünscht.**[8] [...]

Kurzkommentierung

In der ersten Entscheidung des BGH zur Erschöpfung von Software nach § 69c UrhG hat er klar gestellt, dass auch auf Computerprogramme die Grundsätze des § 17 Abs. 2 UrhG Anwendung finden und dabei insbesondere noch einmal betont, dass die **Erschöpfung** des Verbreitungsrechts nach § 17 Abs. 2 UrhG allein davon abhängt, ob der Rechtsinhaber dem ersten **Inverkehrbringen** durch Veräußerung zugestimmt hat.

Damit gibt der Berechtigte die Herrschaft über das Werkexemplar auf. Es wird damit zur Weiterverbreitung frei. Dies entspricht auch dem Interesse der Beteiligten, um den **freien Warenverkehr** nicht zu behindern. Dogmatisch wurde die Frage beantwortet, ob auch eine Beschränkung der Nutzungsrechte Auswirkung auf den Erschöpfungsgrundsatz haben könnte. Das gilt auch – wie in diesem Fall – für Computerprogramme nach § 69c Nr. 3 S. 2 UrhG.

Der BGH bejaht dies.

Wird das Verbreitungsrecht mit **dinglicher Wirkung** aufgespalten, führt dies dazu, dass die Erschöpfung nur hinsichtlich des beschränkt eingeräumten Verbreitungsrechts eintreten kann.

Eine Absage hat der BGH gegenüber der Auffassung erteilt, wonach auch ein vertraglich nicht gebundener Händler in das Verbreitungsrecht eingreifen könnte. Der BGH betonte, dass sonst die erstrebte Beschränkung der Erschöpfungswirkung nicht nur **inter partes,** sondern gegenüber jedermann Wirkung entfalten würde.

Eine derartige Verdinglichung schuldrechtlicher Verpflichtungen ist dem deutschen Recht fremd und dient nicht der Verkehrsfähigkeit.

Umstritten ist die Interpretation des Urteils hinsichtlich der Auswirkung des Erschöpfungsgrundsatzes auf das bei Software für die bestimmungsgemäße Nutzung immer erforderliche Vervielfältigungsrecht. Nach der jüngsten Rechtsprechung der Instanzgerichte betrifft der Grundsatz der Erschöpfung in enger Auslegung der §§ 17 Abs. 2, 69c Nr. 3 S. 2 UrhG ausschließlich das Verbreitungsrecht. Der Ersterwerber sei deshalb zwar zur (Weiter-)Verbreitung und der Zweiterwerber zum Erwerb befugt, jedoch könne der Ersterwerber das ihm eingeräumte Vervielfältigungsrecht nicht wirksam übertragen. Der BGH[9] hatte im Rahmen seiner Entscheidung über den Fall UsedSoft Zweifel hinsichtlich der Reichweite der Sondervorschrift des § 69d Abs. 1 UrhG und legte dem EuGH verschiedene Fragen zur Auslegung der auf der Richtlinie basierenden Vorschrift vor. Die Beschränkung der Verkehrsfähigkeit von Computersoft-

---

7 Vgl. auch Schricker/*Loewenheim* § 69c UrhG Rn. 30; *Haberstumpf* in: Lehmann (Hrsg.), Rechtsschutz und Verwertung von Computerprogrammen, 2.Aufl. [1991], II Rn. 129; *Marly* Softwareüberlassungsverträge, 3.Aufl. [2000], Rn. 922; im Ergebnis ebenso OLG München NJW 1998, 1649, 1650; OLG Frankfurt a.M. [11.Zivilsenat] NJW-RR 1997, 494; CR 1999, 7, f.; *Berger* NJW 1997, 300, 301; *Witte* CR 1996, 533, 534; *Lehmann* NJW 1993, 1822, 1825; *Redeker* Der EDV-Prozess, Rn. 107; a. A. KG GRUR 1996, 974, 975 = NJW 1997, 330; OLG Frankfurt a.M. [6.Zivilsenat] Urt. v. 18.5.2000 – 6 U 63/99, Umdr. S. 7f.; *Nordemann/Vinck* in: Fromm/Nordemann, UrheberR, 9.Aufl., § 69c UrhG Rn. 6; Erben/*Zahrnt* CR 1996, 535; *dies.* CR 1998, 267, 268.

8 Vgl. BGH GRUR 2000, 724 = NJW 2000, 54 = LM H. 10/2000 § 1 UWG Nr. 817 = WRP 2000, 734, 737 – Außenseiteranspruch II.

9 BGH GRUR Int. 2011, 439f.– UsedSoft.

ware durch die schuldrechtliche Bindung des Ersterwerbers an einen Account (z.B. bei Computerspielen) hat der BGH dagegen für zulässig erachtet.[10]

Literatur

Wandtke/*Wöhrn* Urheberrecht 3. Kap. Rn. 89f.
Wandtke/*Kauert* Urheberrecht 8. Kap. Rn. 16ff.

2.5. Öffentliche Zugänglichmachung des Werkes

BGH Urteil vom 12.11.2009, I ZR 166/07 – marions-kochbuch.de
GRUR 2010, 616

§ 72 UrhG
§ 19a UrhG
§§ 8 bis 10 TMG

Leitsatz

Der Betreiber eines Internetportals, in das Dritte für die Öffentlichkeit bestimmte Inhalte (hier: Rezepte) stellen können, haftet für diese Inhalte nach den allgemeinen Vorschriften, wenn er die eingestellten Inhalte vor ihrer Freischaltung auf Vollständigkeit und Richtigkeit überprüft und sie sich damit zu Eigen macht.

Dies gilt auch dann, wenn für die Nutzer des Internetportals erkennbar ist, dass die Inhalte (ursprünglich) nicht vom Betreiber, sondern von Dritten stammen. Ein Hinweis darauf, dass sich der Portalbetreiber die Inhalte zu eigen macht, liegt auch darin, dass er sich umfassende Nutzungsrechte an den fremden Inhalten einräumen lässt und Dritten anbietet, diese Inhalte kommerziell zu nutzen.

Sachverhalt

Der Kl. betreibt mit seiner Ehefrau zusammen eine Internetseite unter der Adresse www.marions-kochbuch.de. Auf dieser Internetseite können die vom Kl. zusammengestellten Fotografien von Speisen und deren Rezepte, kostenlos abgerufen werden.

Die Bekl. bietet unter der Internetadresse www.chefkoch.de ebenfalls Rezepte an, welche kostenfrei abgerufen werden können (Download). Die Rezepte stammen allerdings größtenteils von Privatpersonen, die nach Eingabe ihrer persönlichen Daten selbstständig Rezepttexte und Bilder auf die Internetseite hoch laden können. Nachdem die hochgeladenen Rezepte von der Redaktion der Bekl. sorgfältig auf ihre Richtigkeit und Vollständigkeit geprüft wurden, schaltet sie die Rezepte frei zum Download. Insbesondere achtet die Redaktion bei Bildern darauf, ob sie Merkmale aufweisen, die auf eine professionelle Anfertigung schließen lassen.

Die Bekl. bietet die von den Nutzern hoch geladenen Rezepte und Bilder Dritten auch zur weiteren kommerziellen Verwertung an. Es kam in der Vergangenheit bereits mehrfach dazu, dass Dritte vom Kl. angefertigte Fotografien auf der Internetseite der Bekl. einstellten.

Der Kl. sieht darin eine Verletzung seines Rechts an den Fotografien und verlangt von der Bekl. Unterlassung und Schadensersatz.

Entscheidungsgründe

[...]

II. [...]

---

[10] Vgl. BGH GRUR 2010, 822 – Half Life 2.

2. […]

a) […]

bb) […] Nach § 19a UrhG ist das Recht der öffentlichen Zugänglichmachung das Recht, das Werk drahtgebunden oder drahtlos der Öffentlichkeit in einer Weise zugänglich zu machen, dass es Mitgliedern der Öffentlichkeit von Orten und zu Zeiten ihrer Wahl zugänglich ist. Entgegen der Ansicht der Revision ist ein Eingriff in das Verwertungsrecht nach § 19a UrhG nicht deshalb ausgeschlossen, weil die beanstandeten Fotografien auf der Internetseite des Klägers bereits zuvor öffentlich zugänglich gemacht worden waren. Etwas anderes wird auch im Schrifttum nicht vertreten. Die Literaturstelle, auf die sich die Revision insofern beruft, betrifft allein die Frage, **ob im Setzen einer elektronischen Verweisung (Link) ein öffentliches Zugänglichmachen nach § 19a UrhG liegt.**[1] **Diese Frage ist dort im Einklang mit der Senatsrechtsprechung**[2] **mit der Begründung verneint worden, der Link verweise lediglich auf ein Werk – richtigerweise müsste es heißen: auf ein Vervielfältigungsstück eines Werkes –, das bereits zuvor öffentlich zugänglich gemacht worden sei; darin liege kein erneutes Zugänglichmachen.** Die Beklagte zu 1 hat indessen nicht lediglich mit Hilfe eines Links auf einen fremden Internetauftritt verwiesen, sondern das fragliche Lichtbild in den eigenen Internetauftritt integriert. Hierin liegt unzweifelhaft ein Eingriff in das Verwertungsrecht des § 19 a UrhG.

b) Die Verantwortlichkeit der Beklagten zu 1 für die Zugänglichmachung der Lichtbilder des Klägers entfällt nicht deshalb, weil sie nach den §§ 8 bis 10 TMG bzw. den bis zum 28. Februar 2007 geltenden §§ 8, 11 TDG für fremde Inhalte grundsätzlich nur eingeschränkt haftet. Das gilt unabhängig davon, dass diese Bestimmungen urheberrechtliche Unterlassungsansprüche nicht vollständig ausschließen.[3] Denn die Beklagte zu 1 hat sich die von ihren Nutzern hochgeladenen Inhalte zu Eigen gemacht.

aa) **Eigene Inhalte sind nicht nur selbst geschaffene, sondern auch solche Inhalte, die sich der Anbieter zu Eigen gemacht hat. Maßgeblich ist dafür eine objektive Sicht auf der Grundlage einer Gesamtbetrachtung aller relevanten Umstände.**[4]

c) […] **Die Veröffentlichung urheberrechtlich geschützter Inhalte im Internet ist eine Werknutzung durch denjenigen, dem die Veröffentlichung als eigener Inhalt zuzurechnen ist. Insbesondere ist Werknutzer, wer** wie die Beklagte zu 1 **von Internetnutzern hochgeladene Inhalte erst nach einer Kontrolle freischaltet und dann zum Abruf bereithält.**[5] […]

3. Ohne Rechtsfehler hat das Berufungsgericht den Beklagten unter dem Gesichtspunkt der Erstbegehungsgefahr auch gemäß dem zweiten Teil des Unterlassungsantrags verboten, durch Bezugnahme auf die Anlage K 13 (Lichtbilder „Schinkenkrustenbraten", „Amerikaner" und „Sigara Börek mit Hack") als Verletzungsform konkretisierte Fotografien durch das Aufspielen oder Aufspielenlassen der Inhalte auf andere Server oder Speichermedien Dritter zu vervielfältigen und/oder vervielfältigen zu lassen. Es droht eine konkrete Verletzung von Urheber-

1 *Bullinger* in Wandtke/Bullinger, Urheberrecht, 3. Aufl., § 19a UrhG Rn. 29.

2 Vgl. BGHZ 156, 1, 12 – Paperboy.

3 Vgl. BGHZ 158, 236, 245 – Internet-Versteigerung I; BGHZ 172, 119 Tz. 17 – Internet-Versteigerung II [jeweils zum Markenrecht]; BGHZ 173, 188 Tz. 20 – Jugendgefährdende Medien bei eBay [zum Wettbewerbsrecht]; BGH Urt. v. 27.3.2007 – VI ZR 101/06, GRUR 2007, 724 Tz. 7 = WRP 2007, 795 – Meinungsforum [zum allgemeinen Persönlichkeitsrecht].

4 Vgl. Begründung des Regierungsentwurfs zum Informations- und Kommunikationsdienste-Gesetz, BT-Drucks. 13/7385, S. 19f.; OLG Köln NJW-RR 2002, 1700, 1701; *Köhler/Arndt/Fetzer* Recht des Internet, 6. Aufl., Rn. 748 vgl. BGHZ 158, 236, 245 – Internet-Versteigerung I; BGHZ 172, 119 Tz. 17 – Internet-Versteigerung II [jeweils zum Markenrecht]; BGHZ 173, 188 Tz. 20 – Jugendgefährdende Medien bei eBay [zum Wettbewerbsrecht]; BGH, Urt. v. 27.3.2007 – VI ZR 101/06, GRUR 2007, 724 Tz. 7 = WRP 2007, 795 – Meinungsforum [zum allgemeinen Persönlichkeitsrecht].

5 Vgl. *Hoeren* in Loewenheim/Koch, Praxis des Online-Rechts, 2001, S. 435; *Dustmann* Die privilegierten Provider, 2001, S. 158.

rechten des Klägers in Form der im zweiten Teil des Unterlassungsantrags allgemein umschriebenen Vervielfältigungshandlungen.

a) Nach § 16 Abs. 1, § 15 Abs. 1 Nr. 1 UrhG steht dem Urheber das ausschließliche Recht zu, Vervielfältigungsstücke des Werkes herzustellen. **Das Aufspielen auf einen Server oder ein anderes Speichermedium ist eine dem Urheber vorbehaltene Vervielfältigung. Eine Vervielfältigung liegt auch vor bei einer Festlegung auf einen Datenträger, die geeignet ist, das Werk den menschlichen Sinnen mittelbar wahrnehmbar zu machen.**[6]

a) Die Annahme des Berufungsgerichts, die Beklagte zu 1 habe bei der Verletzung der Rechte des Klägers schuldhaft gehandelt, hält der rechtlichen Nachprüfung stand. **Im Urheberrecht gelten – wie generell im Immaterialgüterrecht – hohe Sorgfaltsanforderungen. Wer ein fremdes Werk nutzen will, muss sich sorgfältig Gewissheit über seine Befugnis dazu verschaffen.**[7] [...]

Kurzkommentierung

Die Vorschrift des § 19a UrhG dient der Umsetzung des Art. 3 der Informations-RL und schließt eine Lücke in den traditionellen Verwertungsrechten, die durch die Nutzungsformen von Werken im Internet entstanden. Das Anbieten zum Download konnte mit den bis dahin bestehenden Verwertungsrechten des Urhebers (§ 15 UrhG) nur unvollständig erfasst werden.

Der BGH hat in Auslegung dieser Richtlinie in der vorliegenden Entscheidung den Rechtsbegriff der öffentlichen **Zugänglichmachung** erläutert. Das Zugänglichmachen i.S.d. § 19 a UrhG ist das tatsächliche Bereitstellen des Werkes zum Abruf. Das benutzte Vervielfältigungsstück des Werkes befindet sich in der Zugriffsphäre des Bereithaltenden.[8]

Der BGH hebt hervor, dass es dabei unerheblich ist, ob das Werk im Internet auch an anderer Stelle (zuvor oder gleichzeitig) von anderen (z.B. dem Verletzten) für die **Öffentlichkeit** bereitgehalten wird. Nach dem BVerfG kann auch der Werknutzer selbst derjenige sein, der die technischen Mittel zum Bereithalten zur Ermöglichung des Abrufs benutzt, um das Werk der Öffentlichkeit mitzuteilen.[9]

Für die Praxis bedeutsam ist die Bestätigung, dass das Setzen eines **Hyperlinks** die öffentliche Zugänglichmachung des Vervielfältigungsstückes eines Werkes erschließt, aber selbst kein Zugänglichmachen als urheberrechtlich relevante Nutzungshandlung nach § 19a UrhG bedeutet.[10]

Dagegen liegt aber eine öffentliche Zugänglichmachung nach § 19a UrhG vor, wenn **Suchmaschinen** verkleinerte Bilddarstellungen (sog. **Thumbnails**) bereithalten.[11]

Das gilt auch für Textschnipsel (**Snippets**). § 19a UrhG bezieht sich insofern nicht auf technische Vorgänge, sondern auf Nutzungshandlungen, d.h. wer sich der Technik bedient, um das Werk der Öffentlichkeit mitzuteilen, ist Werknutzer i.S.d. § 19a UrhG. Dazu gehört auch derjenige, der von Internetnutzern geschützte Fotos als eigene Fotos zum Abruf bereithält, wie dies im vorliegenden Rechtsstreit entschieden wurde.

Ein weiterer Schwerpunkt der Entscheidung ist die Abgrenzung des Haftungsprivilegs nach den §§ 8 bis 10 TMG, welche gerade für Plattformbetreiber im Zusammenhang mit Urheberrechtsverletzungen Dritter relevant werden. Der BGH stellt fest, dass die teilweise Haftungsfreistellung nicht dann gilt, wenn sich der Plattformbetreiber die von Dritten eingestellten Inhalte zu Eigen macht. Dies sei hier der Fall, da der Plattformanbieter tatsächlich und nach außen

---

6 BGHZ 112, 264, 278 – Betriebssystem; Schricker/*Loewenheim* aaO § 16 Rn. 23, 25; *Schulze* in Dreier/Schulze aaO § 16 Rn. 7; *Dustmann* in Fromm/Nordemann, Urheberrecht, 10. Aufl., § 16 UrhG Rn. 22, 26ff.

7 Vgl. BGH Urt. v. 10.10.1991 – I ZR 147/89, GRUR 1993, 34, 36 = WRP 1992, 160 – Bedienungsanweisung; Urt. v. 20.5.2009 – I ZR 239/06, GRUR 2009, 864 Tz. 22 = WRP 2009, 1143 – CAD-Software.

8 BGH GRUR 2009, 845, 847 – Internet-Videorekorder.

9 BVerfG MMR 2010, 581.

10 So bereits BGH GRUR 2003, 958 – Paperboy.

11 BGH GRUR 2010, 628 – Vorschaubilder.

sichtbar die inhaltliche Verantwortung für die auf seiner Internetseite veröffentlichten Inhalte übernommen hatte. Es ist demnach für die Beurteilung der Haftung eines Plattformbetreibers entscheidend, ob die Übernahme eigener Verantwortung erfolgt ist. Dann haftet der Plattformbetreiber ohne Privilegierung nach den allgemeinen Vorschriften. Da die Speicherung das Problem der Urheberrechtsverletzungen nicht lösen wird, sollten die Provider stärker eingebunden werden. Denkbar ist eine Lizenzierung der Provider an die Verwertungsgesellschaften.

Literatur

Wandtke/*Wöhrn* Urheberrecht 3. Kap. Rn. 129.

2.6. Aufführungsrecht

BGH Urteil vom 14.10.1999, I ZR 117/97 – Musical-Gala
BGHZ 142, 388
GRUR 2000, 228

§ 253 Abs. 2 Nr. 2 ZPO
§ 313 Abs. 1 Nr. 4 ZPO
§ 19 Abs. 2 UrhG

Leitsatz

1. Ein nach mündlicher Verhandlung durch Urteil ausgesprochenes Gebot, die bühnenmäßige Aufführung eines Werkes zu unterlassen, ist nicht deshalb unbestimmt, weil es zur Konkretisierung seines Inhalts auf einen zu den Akten gereichten Videomitschnitt der konkret beanstandeten Aufführung Bezug nimmt. Dies gilt auch dann, wenn der Bild- und Tonträger mit der Urschrift der Entscheidung nicht körperlich verbunden wird.
2. Die GEMA erwirbt nach § 1 Buchst a des Berechtigungsvertrages bei Werken, die ihrer Art nach dramatisch-musikalische Werke sind, keine Rechte an der bühnenmäßigen Aufführung, auch wenn die Werke nicht als Bühnenwerke geschaffen worden sind.
3. Eine bühnenmäßige Aufführung im Sinne des UrhG § 19 Abs 2 liegt jedenfalls in allen Fällen vor, in denen das Werk durch ein für das Auge oder für Auge und Ohr bestimmtes bewegtes Spiel im Raum dargeboten wird.

Sachverhalt

Die Beklagte veranstaltet Aufführungen mit Musik und Texten aus Musicals des Komponisten Webber. Hierzu zählt auch das Werk „Joseph and the amazing technicolor dreamcoat", das die Beklagte 1994 in Hamburg ausschnittweise aufführte.

Die Klägerin ist der Ansicht, dass derartige Aufführungen urheberrechtliche Nutzungsrechte verletzten, die sie erworben habe.

Entscheidungsgründe

[…]

II. […]

1. […]

b) […]

(1) […]

aa) […] **Für die Auslegung des Umfangs einer Rechtseinräumung ist auch bei Wahrnehmungsverträgen mit Verwertungsgesellschaften der Zweckübertragungsgedanke maßgeblich.**[1]

---

1 Vgl. BGH Urt. v. 5.6.1985 – I ZR 53/83, GRUR 1986, 62, 66 – GEMA-Vermutung I, insoweit nicht in BGHZ 95, 274; Urt. v. 15.10.1987 – I ZR 96/85, GRUR 1988, 296, 299 – GEMA-Vermutung IV; Schricker/

IV. Rechte des Urhebers

Dem Berechtigungsvertrag liegt maßgeblich der Zweck zugrunde, der GEMA als Verwertungsgesellschaft zur kollektiven Wahrnehmung Rechte einzuräumen, deren individuelle Wahrnehmung dem einzelnen Urheberberechtigten nicht möglich ist, während Rechte, die der Urheberberechtigte individuell verwerten kann, diesem verbleiben sollen.[2] Eine individuelle Wahrnehmung des Rechts der bühnenmäßigen Aufführung, das herkömmlich meist in der Hand von Bühnenverlagen liegt,[3] bietet sich – unabhängig von der ursprünglichen Bestimmung für die bühnenmäßige Aufführung – bei allen Werken an, die in der Weise „dramatisch-musikalischer" Art sind, daß sie als solche „in Szene" gesetzt werden können. Dies ist insbesondere dann der Fall, wenn schon im Ablauf der Wiedergabe des Werkes ein geschlossenes, dramatisch angelegtes Geschehen vermittelt wird.

Eine individuelle Rechtswahrnehmung ist jedoch nicht in allen Fällen der bühnenmäßigen Aufführung von Werken sinnvoll. Gerade Musikwerke können in Bühnenaufführungen in verschiedenster Weise so integriert werden, daß sie bei diesen Aufführungen auch selbst als bühnenmäßig aufgeführt anzusehen sind, ohne selbst als dramatisch-musikalische Werke angelegt zu sein (z. B. die Wiedergabe eines Schlagers in einer Art und Weise, in der er integrierender Bestandteil einer Bühnenaufführung ist). Eine individuelle Rechtswahrnehmung ist den Urheberberechtigten in solchen Fällen aber kaum möglich. Es entspricht daher nicht dem Sinn und Zweck der Rechtseinräumung in § 1 Buchst. a des Berechtigungsvertrages, dieser Bestimmung auch einen Vorbehalt hinsichtlich der Einräumung von Rechten an solchen Werknutzungen zu entnehmen.

bb) Das Berufungsgericht hat zutreffend angenommen, daß der Begriff der bühnenmäßigen Aufführung in § 1 Buchst. a des Berechtigungsvertrages der GEMA denselben Inhalt hat wie der in § 19 Abs. 2 UrhG bei der Definition des Aufführungsrechts verwendete Begriff der bühnenmäßigen Darstellung. Danach liegt eine bühnenmäßige Aufführung jedenfalls in allen Fällen vor, in denen das Werk durch ein für das Auge oder für Auge und Ohr bestimmtes bewegtes Spiel im Raum dargeboten wird.[4] [...]

Kurzkommentierung

Die Entscheidung des BGH behandelt im Kern die praxisrelevante Frage, wann die GEMA zuständiger Lizenzpartner von Musiknutzern ist und wann der Urheber selbst, bzw. sein Verlag ausschließlicher Inhaber der notwendigen Nutzungsrechte ist, wenn Musik im Zusammenhang mit schauspielerischen Elementen dargeboten wird. Die Antwort ist insbesondere für Veranstalter, Theater und Opernhäusern von großer wirtschaftlicher Bedeutung. Sie müssen wissen, ob die betroffenen Musikrechte bei Musical- und Theateraufführungen bspw. durch einen möglicherweise bestehenden Pauschalvertrag mit der GEMA abgegolten sind oder ob die Lizenzen direkt an den Komponisten zu zahlen sind. Die GEMA verwendet für die Abgrenzungsfragen die wenig hilfreichen Begriffe „großes" und „kleines" Recht. Letztlich kommt es auf die Auslegung des GEMA-Berechtigungsvertrages an, in dem die Urheber der GEMA ausschließlich wesentliche Nutzungsrechte an ihren Werken einräumen. Mit der Auslegung der Bestimmung des Berechtigungsvertrages, nämlich des § 1 a GEMA-BV, der das Aufführungsrecht an Werken der Tonkunst zum Gegenstand hat, befasst sich der BGH in der vorliegenden Entscheidung. § 1 a GEMA-BV schließt den Wahrnehmungsumfang für die **bühnenmäßige Aufführung dramatisch musikalischer** Werke in § 1 a GEMA-BV aus. Dem Begriff der **bühnenmä-**

Reinbothe Urheberrecht, 2. Aufl., § 6 WahrnG Rn. 5; *Hertin* in Fromm/Nordemann, Urheberrecht, 9. Aufl., §§ 31/32 Rn. 40.

2 Vgl. *Kreile/Becker* in Moser/Scheuermann (Hrsg.), Handbuch der Musikwirtschaft, 4. Aufl., S. 663, 664.

3 Vgl. *Schack* Urheber- und Urhebervertragsrecht, Rn. 1068.

4 Vgl. – zu § 11 Abs. 2 LUG – BGH Urt. v. 18.3.1960 – I ZR 75/58, GRUR 1960, 606, 608 – Eisrevue II; *Ulmer* Urheber- und Verlagsrecht, 3. Aufl., S. 248; vgl. weiter *Nordemann* in Fromm/Nordemann aaO § 19 Rn. 3; Schricker/*v. Ungern-Sternberg* aaO § 19 Rn. 18 ff.

ßigen Aufführung kommt nach Auffassung des BGH dieselbe Bedeutung zu, wie dem der bühnenmäßigen Darstellung des **§ 19 Abs. 2, 2. Var. UrhG**. Danach liegt eine bühnenmäßige Aufführung jedenfalls in den Fällen vor, in denen das (Musik)-Werk **durch ein für das Auge oder Ohr bewegtes Spiel im Raum** dargeboten wird. In diesen Fällen wäre die GEMA also nicht zuständig. Der BGH führt aber weiter aus, dass sich aus § 1a Abs. 1 GEMA-BV kein gänzlicher Ausschluss des bühnenmäßigen Aufführungsrechtes i.S.d. § 19 Abs. 2 UrhG aus dem Anwendungsbereich des GEMA-BV schließen lässt. Musikwerke können nach Auffassung des BGH bühnenmäßig integriert werden, ohne selbst als dramatisch-musikalische Werke angelegt zu sein. Dies sei dann der Fall, wenn die verwendeten Musikwerke nicht geeignet seien **„in Szene gesetzt zu werden"**. Eine Eignung entfalle, wenn durch die verwendeten Musikwerke kein geschlossenes, dramatisch angelegtes Geschehen vermittelt werde könne. Eine Rechtswahrnehmung durch die GEMA sei in diesen Fällen trotz einer bühnenmäßigen Integration des Musikwerkes zu bejahen. Als Beispiel nennt der BGH die Verwendung von Schlagern. Zu diesem Ergebnis kommt der BGH, indem er sich im Rahmen der Auslegung der Bestimmung auf § 31 Abs. 5 UrhG stützt und nach dem Sinn und Zweck der Rechtseinräumung fragt und deshalb entscheidend darauf abstellt, ob eine Individualwahrnehmung im konkreten Einzelfall möglich und zweckvoll wäre.

Was bedeutet diese Definition des BGH wendet man sie auf die Praxis an? Ist nunmehr die Frage geklärt, wann die GEMA zuständig ist und wann der Urheber selbst?

Das vom BGH entwickelte Kriterium der **Eignung des in Szene gesetzt werdens** hilft nicht wirklich weiter. Warum sollte ein Schlager nicht geeignet sein schauspielerisch in Szene gesetzt zu werden? Woran bemisst sich die Frage, ob ein Musikwerk sich dafür eignet in Szene gesetzt zu werden und wann ist dieses der Fall? An der vorliegenden Entscheidung offenbart sich vielmehr ein tieferliegendes Problem: Die Aufspaltung der Zuständigkeit der GEMA sorgt für erhebliche Abgrenzungsschwierigkeiten und Rechtsunsicherheit in der Praxis, der der BGH nicht begegnen kann. Dies liegt vor allem an der schwer greifbaren Formulierung des § 1a GEMA-BV. Eine generell einheitliche Lizenzierung durch die GEMA, die das „kleine" und „große" Recht umfasst, wäre eine vorzuziehende Lösung. Der Ausschlusstatbestand des § 1a GEMA-BV, der Gegenstand der Entscheidung ist, sollte gestrichen werden.

Literatur

Wandtke/*Wöhrn* 3. Kap. Rn. 121.
Wandtke/*Schunke* 6. Kap. Rn. 36.

2.7. Senderecht/Internet

BGH Urteil vom 22.4.2009, I ZR 215/06 – Shift.TV
ZUM-RD 2009, 508

§ 15 Abs. 3 UrhG
§ 16 UrhG
§ 19a UrhG
§ 20 UrhG
§ 87 Abs. 1 Nr. 1 Alt 2 UrhG
§ 5 Abs. 1 JMStVtr,
§ 5 Abs. 3 Nr. 1 JMStVtr,
§ 3 UWG

Leitsätze[1]

1. Für die Frage, wer Hersteller einer Vervielfältigung ist, kommt es allein auf eine technische Betrachtung an. Die Vervielfältigung ist als körperliche Festlegung eines Werkes ein rein technisch-mechanischer Vorgang.
   Hersteller der Vervielfältigung ist daher derjenige, der diese körperliche Festlegung technisch bewerkstelligt. Dabei ist es ohne Bedeutung, ob er sich dabei technischer Hilfsmittel bedient, selbst wenn diese von Dritten zur Verfügung gestellt werden. Nicht der Automatenaufsteller, sondern der Kunde als Hersteller der Vervielfältigungsstücke anzusehen.
2. Unter einer Weitersendung i. S. d. § 87 Abs. 1 Nr. 1 Fall 1 UrhG ist nur eine gleichzeitige Weitersendung zu verstehen.
   Die Weiterleitung des Sendesignals von der Satellitenantenne als Empfangsgerät zum PVR als Aufnahmegerät ist eine Sendung i. S. d. § 20 UrhG.
3. Beschränkt sich ein Empfänger nicht darauf, die Sendungen mit Satellitenantennen zu empfangen und dann weiterzuleiten, sondern stellt seinen Kunden mit den „Persönlichen Videorekordern" auch Empfangsvorrichtungen zur Verfügung, mit denen diese letztlich die vom Rundfunk übertragenen Werkdarbietungen – nach eigener Entscheidung – für sich wahrnehmbar machen können, unterscheidet dieser Umstand diese Tätigkeit von der Tätigkeit des bloßen Empfang durch Gemeinschaftsantennenanlagen und macht diese zugleich in ihrer Bedeutung als Werknutzung vergleichbar mit den anderen vom Gesetz dem Urheber vorbehaltenen Werknutzungen durch öffentliche Wiedergabe, also dem Vortragsrecht, dem Aufführungsrecht, dem Vorführungsrecht, dem Recht der Wiedergabe durch Bild- und Tonträger und dem Recht der Wiedergabe von Funksendungen.
4. Das Recht aus § 20 UrhG greift vielmehr nur ein, wenn die mit funktechnischen Mitteln durchgeführte Werkübermittlung als öffentliche Wiedergabe bezeichnet werden kann. Ob dies der Fall ist, kann nicht nach technischen Kriterien beurteilt werden, sondern nur aufgrund einer wertenden Betrachtung.

Sachverhalt

Bei der Kl. handelt es sich um ein Sendeunternehmen, welches das Fernsehprogramm „Sat 1" ausstrahlt.

Die Bekl. zu 1, deren Geschäftsführer der Bekl. zu 2 ist, bietet auf ihrer Internetseite „www.shift.tv." einen „internetbasierten Persönlichen Videorekorder" zur Aufzeichnung von Fernsehsendungen an.

Dazu empfängt die Bekl. zu 1 über Satellitenantennen die in Deutschland frei empfangbaren Sendesignale mehrer Sendeanstalten, um es einem registrierten Kunden zu ermöglichen, aus diesen Programmen über eine elektronische Programmzeitschrift Sendungen auszuwählen. Diese Sendungen werden dann auf dem „Persönlichen Videorekorder" des Kunden gespeichert und können dann über das Internet beliebig von jedem Ort der auf der Welt und zu jeder Zeit angesehen werden. Unter diesen wählbaren Programmen befindet sich auch das Programm der Kl.

Die Kl. ist der Ansicht, dass das Angebot der Bekl. zu 1 eine Verletzung des ihr als Sendeunternehmen zustehenden urheberrechtlichen Leistungsschutzrechts nach § 87 Abs. 1 UrhG.

Außerdem sei das Internet-Angebot wettbewerbswidrig, weil es gegen den Jugendmedienschutz-Staatsvertrag (JMStV) verstoße.

Entscheidungsgründe

[…]

II. […]

1. […]

---

1 Leitsätze verfasst von Caroline Leinemann.

c) Mit der vom Berufungsgericht gegebenen Begründung kann ein Eingriff der Beklagten zu 1 in das ausschließliche Recht der Klägerin, ihre Funksendungen auf Bild- oder Tonträger aufzunehmen (§ 87 Abs. 1 Nr. 2 Fall 1, § 15 Abs. 1 Nr. 1, § 16 UrhG), nicht bejaht werden. Die auf dieser Annahme beruhende Verurteilung nach den Klageanträgen zu 1a, 1b und 1c sowie den hierauf bezogenen Klageanträgen zu 2, 3 und 4 kann daher nicht aufrechterhalten bleiben.

aa) Das Berufungsgericht ist allerdings zutreffend und von der Revision unbeanstandet davon ausgegangen, dass das Aufzeichnen von Sendungen der Klägerin auf den „Persönlichen Videorecordern", die die Beklagte zu 1 ihren Kunden zur Verfügung stellt, in das der Klägerin als Sendeunternehmen zustehende ausschließliche Recht eingreift, ihre Funksendungen auf Bild- und Tonträger aufzunehmen (§ 87 Abs. 1 Nr. 2 Fall 1 UrhG) und damit zu vervielfältigen (§ 16 UrhG). Ein „PVR" ermöglicht die wiederholbare Wiedergabe von Bild- oder Tonfolgen und ist nach der Legaldefinition des § 16 Abs. 2 UrhG daher ein Bild- oder Tonträger.

bb) Das Berufungsgericht hat angenommen, Hersteller dieser Aufzeichnungen sei die Beklagte zu 1 und nicht der Nutzer des Videorecorders. Maßgebend sei nicht der technische Vorgang der Vervielfältigung, sondern eine – am Schutzzweck der Privilegierung des Privatgebrauchs nach § 53 Abs. 1 UrhG auszurichtende – normative Bewertung. [...]

(1) **Für die Frage, wer Hersteller einer Vervielfältigung ist, kommt es entgegen der Ansicht des Berufungsgerichts zunächst allein auf eine technische Betrachtung an.**[2] **Die Vervielfältigung ist als körperliche Festlegung eines Werkes ein rein technisch-mechanischer Vorgang.**[3] **Hersteller der Vervielfältigung ist daher derjenige, der diese körperliche Festlegung technisch bewerkstelligt. Dabei ist es ohne Bedeutung, ob er sich dabei technischer Hilfsmittel bedient, selbst wenn diese von Dritten zur Verfügung gestellt werden.** [...]

Hat der Hersteller die Vervielfältigungen allerdings im Auftrag eines Dritten für dessen privaten Gebrauch angefertigt, ist die Herstellung der Vervielfältigungsstücke unter den Voraussetzungen des § 53 Abs. 1 S. 2 UrhG dem Auftraggeber als Vervielfältigungshandlung zuzurechnen.[4]**Eine solche Zurechnung erfordert, wie das Berufungsgericht insoweit zutreffend angenommen hat, eine – am Schutzzweck der Privilegierung des Privatgebrauchs nach § 53 Abs. 1 Satz 2 UrhG ausgerichtete – normative Bewertung.**[5] Dabei ist maßgeblich darauf abzustellen, ob der Hersteller sich darauf beschränkt, gleichsam „an die Stelle des Vervielfältigungsgeräts" zu treten und als „notwendiges Werkzeug" des anderen tätig zu werden – dann ist die Vervielfältigung dem Besteller zuzurechnen[6] – oder ob er eine urheberrechtlich relevante Nutzung in einem Ausmaß und einer Intensität erschließt, die sich mit den Erwägungen, die eine Privilegierung des Privatgebrauchs rechtfertigen, nicht mehr vereinbaren lässt – dann ist die Vervielfältigung dem Hersteller zuzuordnen.[7]

Hat derjenige, der die Vervielfältigung selbst vorgenommen hat, die Vervielfältigungsstücke für den eigenen Gebrauch angefertigt, kann dieser Vervielfältigungsvorgang nicht einem Dritten als Vervielfältigungshandlung zugerechnet werden. Für urheberrechtswidrige Vervielfältigungen haftet dann allein der Hersteller als Täter. Soweit ein Dritter hierzu einen

---

2 *Dreier* in Dreier/Schulze, UrhG, 3. Aufl., § 53 Rn. 14; Wandtke/Bullinger/*Lüft* Urheberrecht, 3. Aufl., § 53 UrhG Rn. 17; *Lüghausen* Die Auslegung von § 53 Abs. 1 S. 1 UrhG anhand des urheberrechtlichen Dreistufentests [2008], S. 132 ff.; a. A. LG Braunschweig AfP 2006, 489, 491.

3 Vgl. BGHZ 134, 250, 261 – CB-Infobank I; 141, 13, 21 – Kopienversanddienst.

4 BGHZ 141, 13, 26 – Kopienversanddienst.

5 Vgl. BGHZ 134, 250, 260 ff. – CB-Infobank I.

6 Vgl. BGHZ 141, 13, 22 – Kopienversanddienst.

7 Vgl. BGHZ 134, 250, 264 f. – CB-Infobank I.

Beitrag geleistet hat, kommt lediglich dessen Haftung als Teilnehmer oder Störer in Betracht.[8] […]

d) […]

bb) […]

(1) **Das Berufungsgericht ist zutreffend davon ausgegangen, dass unter einer Weitersendung im Sinne des § 87 Abs. 1 Nr. 1 Fall 1 UrhG nur eine gleichzeitige Weitersendung zu verstehen ist.**[9] Entgegen der Ansicht des Berufungsgerichts scheidet eine Weitersendung im Sinne dieser Bestimmung danach aber nicht deshalb aus, weil die Abgabe des Datenstroms „aus dem Bereich der Beklagten zu 1" an ihre Kunden wegen der erforderlichen Aufbereitung des Sendesignals für die Weiterleitung im Internet nicht zeitgleich, sondern zeitversetzt erfolgt. […]

(2) […] **Das Recht aus § 20 UrhG greift vielmehr nur ein, wenn die mit funktechnischen Mitteln durchgeführte Werkübermittlung als öffentliche Wiedergabe bezeichnet werden kann. Ob dies der Fall ist, kann nicht nach technischen Kriterien beurteilt werden, sondern nur aufgrund einer wertenden Betrachtung.**[10]

Danach fällt die hier zu beurteilende Übermittlung der Sendesignale unter das Senderecht des § 20 UrhG. Die Beklagte zu 1 beschränkt sich nicht darauf, die Sendungen mit Satelliten-Antennen zu empfangen und dann weiterzuleiten, sondern stellt ihren Kunden mit den „Persönlichen Videorecordern" auch die Empfangsvorrichtungen zur Verfügung, mit denen diese letztlich die vom Rundfunk übertragenen Werkdarbietungen – nach eigener Entscheidung – für sich wahrnehmbar machen können. Dieser Umstand unterscheidet ihre Tätigkeit vom bloßen Empfang durch Gemeinschaftsantennenanlagen und macht diese zugleich in ihrer Bedeutung als Werknutzung vergleichbar mit den anderen vom Gesetz dem Urheber vorbehaltenen Werknutzungen durch öffentliche Wiedergabe, also dem Vortragsrecht, dem Aufführungsrecht, dem Vorführungsrecht, dem Recht der Wiedergabe durch Bild- oder Tonträger und dem Recht der Wiedergabe von Funksendungen.[11]

[…]

Kurzkommentierung

Neue Geschäftsmodelle im Internet schießen wie Pilze aus dem Boden. Der internetbasierte Persönliche Videorekorder (PVR) gehört zu diesen Geschäftsmodellen.

Mit dem vorliegenden Urteil hat der BGH einen sehr engen Rahmen vorgegeben, in denen Online-Videorekorder zulässig sein können, ohne dass der Betreiber Lizenzen von den Sendeunternehmen erworben hat. Im Grunde ergibt sich eine Lizenzpflicht. Durch das Modell des Online-Videorekorders können das Senderecht nach § 87 Abs. 1 Nr. 1 Fall 1 UrhG, das Recht der öffentlichen Zugänglichmachung nach § 87 Abs. 1 Nr. 1 Fall 2 UrhG oder das Vervielfältigungsrecht nach § 87 Abs. 1 Nr. 2 UrhG betroffen sein. Ein Online-Videorekorder verletzt dann zumindest nicht das Recht der öffentlichen Zugänglichmachung, wenn die Kunden über separate nur ihnen zugängliche Speicherplätze verfügen.

Der BGH bejaht dagegen die Frage, dass mit der Weiterleitung des Sendesignals von der Satellitenantenne als Empfangsgerät zum PVR als Aufnahmevorrichtung eine Sendung i. S. d. § 20 UrhG und damit grundsätzlich eine Verletzung des Rechts des Sendeunternehmens nach § 87 Abs. 1 Nr. 1 Fall 1 UrhG durch den PVR-Betreiber vorliegt. Nach Auffassung des BGH sind Gegenstand des Senderechts Werknutzungen, bei denen das Werk einer Öffentlichkeit durch funktechnische Mittel zugänglich gemacht wird. § 20 UrhG greift nur ein, wenn die mit

8 Vgl. dazu BGH, Urt. v. 15.1.2009 – I ZR 57/07, Tz. 13 – Cybersky.

9 Schricker/*v. Ungern-Sternberg* aaO § 87 UrhG Rn. 31 m. w. N.

10 Vgl. BGHZ 123, 149, 153 f. – Verteileranlagen.

11 Vgl. BGHZ 123, 149, 154 – Verteileranlagen; Schricker/*v. Ungern-Sternberg* aaO § 20 UrhG Rdn. 41; vgl. auch EuGH Urt. v. 7.12.2006 – C-306/05, Slg. 2006, I-11519 = GRUR 2007, 225 Tz. 42 – SGAE/Rafael.

funktechnischen Mitteln durchgeführte Werkübermittlung als öffentliche Wiedergabe i. S. d. § 15 Abs. 3 UrhG bezeichnet werden kann. Mit dem PVR werden den Kunden auch die Empfangsvorrichtungen zur Verfügung gestellt, mit denen sie nach eigener Entscheidung die vom Rundfunk übertragenen Werkdarbietungen für sich wahrnehmbar machen können. Bedeutsam ist, dass sich die Sendung nicht an eine breite Öffentlichkeit wenden muss,[12] sondern es reicht eine Mehrzahl von Mitgliedern der Öffentlichkeit aus. Es ist auch nicht erheblich, zu welchem Zeitpunkt die Empfänger das Werk wahrnehmen können. Das Senderecht wird damit vom Betreiber verletzt, wenn mehreren Nutzern dieselbe Sendung wahrnehmbar gemacht wird. Dabei ist es unerheblich, ob die Wahrnehmbarmachung in technischer Hinsicht letztlich durch den Nutzer oder den Online-Betreiber ausgelöst wird.

Der Herstellereigenschaft kommt wesentliche Bedeutung bei der Frage zu, ob das Vervielfältigungsrecht durch die Betreiber des Online-Videorekorders verletzt wird oder durch die Nutzer und ob u. U. eine Rechtfertigung nach § 53 UrhG in Betracht kommt. Hersteller der Vervielfältigung einer Funksendung durch Aufnahme auf Bild- oder Tonträger (§ 87 Abs. 1 Nr. 2 Fall 1 UrhG) ist allein derjenige, der die körperliche Festlegung der Funksendung technisch bewerkstelligt, selbst wenn er sich technischer Hilfsmittel bedient, die Dritte zur Verfügung stellen. Anders als beim Senderecht soll nach Auffassung des BGH insofern keine wertende Betrachtung vorgenommen werden. Wann bewerkstelligt der Nutzer bei Online-Videorekordern die körperliche Festlegung? Diese rechtlich erhebliche Abgrenzung ist schwer zu treffen und oft eher zufällig. Wird der Nutzer aber als Hersteller der Vervielfältigung angesehen, so ist seine Vervielfältigung nach § 53 Abs. 1 S. 1 UrhG gerechtfertigt. Ist der Betreiber des Online-Videorekorders allerdings Hersteller, ist seine Vervielfältigung nicht nach § 53 Abs. 1 S. 1 UrhG gedeckt, da die Vervielfältigung nicht zum privaten Gebrauch erfolgt. Eine Rechtfertigung des Betreibers ergibt sich auch nicht aus § 53 Abs. 1 S. 2 UrhG, da das Kriterium der Unentgeltlichkeit wegen Werbeeinnahmen in der Regel nicht erfüllt sein wird.

Zusammenfassend lässt sich sagen, dass das Modell lizenzfrei zulässig ist, wenn der Kunde einen eigenen abgetrennten Speicherplatz hat und selbstständig die Sendungen aufzeichnet. Es darf dann aber dieselbe Sendung nur einem kleinen Kreis von Nutzern zur Verfügung gestellt werden, da ansonsten das Senderecht aus § 20 UrhG betroffen ist. Damit kann ein seriöses und funktionierendes PVR-Angebot nicht mehr ohne Lizenzen stattfinden.[13]

Literatur

Wandtke/*Wöhrn* Urheberrecht 3. Kap. Rn. 141 ff.

2.8. Abgrenzung Sendung/Satellitensendung/Ausstrahlungsgebiet

BGH Urteil vom 7.11.2002, I ZR 175/00 – Sender Felsberg
BGHZ 152, 317
GRUR 2003, 328

§ 20 UrhG
§ 76 UrhG
§ 86 UrhG

Leitsätze

1. Erdgebundene Rundfunksendungen, die über einen inländischen Sender an die Öffentlichkeit ausgestrahlt werden, unterliegen auch dann dem Tatbestand des Senderechts (§ 20 UrhG), auf den die §§ 76 und 86 UrhG Bezug nehmen, wenn sie von einem grenznahen

12 EuGH GRUR 2007, 225, 227 – SGHE/Rafael.
13 EuGH ZUM 2011,236 ff.

Senderstandort aus gezielt für die Öffentlichkeit im benachbarten Ausland abgestrahlt werden und im Inland nur in sehr geringem Umfang empfangen werden können.
2. Es ist bei solchen Rundfunksendungen Sache des Bestimmungslandes als Schutzland zu entscheiden, ob es die Sendungen den nach seiner Rechtsordnung gewährten Schutzrechten unterwirft. Geschieht dies, ist bei der Bemessung der Höhe von Vergütungsansprüchen, die eine Gesellschaft zur Verwertung von Leistungsschutzrechten nach inländischem Recht wegen solcher für das Ausland bestimmter Rundfunksendungen geltend machen kann, zu berücksichtigen, daß die Rundfunksendungen auch im Bestimmungsland mit entsprechenden Vergütungsansprüchen belastet sind.

Sachverhalt

Die Bekl. ist ein selbstständiges Unternehmen und strahlt vom Inland aus über den Sender Felsberg ein Hörprogramm auf Langwelle in Richtung Frankreich aus. Hierbei werden in Frankreich produzierte Musiktonträger verwendet. Die Kl. ist eine Verwertungsgesellschaft (GVL), die als einzige Verwertungsgesellschaft in Deutschland Ansprüche ausübender Künstler und Tonträgerhersteller aus §§ 76 Abs. 2, 86 UrhG wahrnimmt.

Die Kl. trägt vor, dass durch die Ausstrahlung des Senders Felsberg in die nach deutschem Recht bestehenden Leistungsschutzrechte ausübender Künstler eingegriffen werde.

Die Bekl. hält dem entgegen, dass für das ausgestrahlte Programm fast ausschließlich Darbietungen französischer Künstler sowie in Frankreich erschienene Tonträger Verwendung finden würden. Die Kl. sei zur Wahrnehmung der Rechte nicht befugt. Die Programmausstrahlung sei weiterhin nur für Frankreich bestimmt, womit nur französisches Recht anwendbar wäre.

Entscheidungsgründe

[...]

II. [...]

1. [...]

a) Das Berufungsgericht ist zutreffend davon ausgegangen, daß die Frage, ob bei grenzüberschreitenden Rundfunksendungen Ansprüche aus Urheberrechten oder Leistungsschutzrechten bestehen, gemäß dem deutschen internationalen Privatrecht grundsätzlich nach dem Recht des Schutzlandes zu beurteilen ist, d.h. nach dem Recht desjenigen Staates, für dessen Gebiet der Immaterialgüterschutz in Anspruch genommen wird.[1] **Das Recht des Schutzlandes bestimmt, welche Handlungen als Verwertungshandlungen unter ein von ihm anerkanntes Schutzrecht fallen. Urhebern, ausübenden Künstlern und Tonträgerherstellern stehen – auch aus der Sicht der zu ihrem Schutz geschlossenen internationalen Abkommen – keine einheitlichen Schutzrechte zu, die einem einzigen Statut unterliegen, sondern jeweils ein Bündel nationaler Schutzrechte.** [...]

c) [...] Die Sonderregelungen der Satelliten- und Kabelrichtlinie und des § 20a UrhG, der in Umsetzung der Richtlinie in das Urheberrechtsgesetz eingefügt worden ist, sprechen nicht für die Rechtsansicht der Beklagten. **Die Satelliten- und Kabelrichtlinie hat hinsichtlich drahtloser Rundfunksendungen nur die Rechtslage bei direkten Satellitensendungen vereinheitlicht.**[2] Diese Regelungen haben zudem zur Grundlage, daß zugleich mit der Vereinheitlichung der Rechtsanknüpfung, die durch das einheitliche Abstellen auf den Ort der Eingabehandlung erreicht wird, auch das Schutzniveau in den Staaten, in denen die Richtlinie Geltung

---

1 Vgl. BGHZ 118, 394, 397 f. – ALF; 126, 252, 255 – Folgerecht bei Auslandsbezug; 136, 380, 385 f. – Spielbankaffaire; Staudinger/*v. Hoffmann* BGB, 2001, Art. 40 EGBGB Rn. 370 ff.; MünchKommBGB/*Kreuzer* 3. Aufl., Nach Art. 38 EGBGB Anh. II Rn. 7 ff., jeweils m. w. N.

2 Vgl. Erwägungsgrund 33 f. der Satelliten- und Kabelrichtlinie; vgl. weiter Schricker/*v. Ungern-Sternberg* aaO Vor §§ 20 ff. Rn. 60 m. w. N.

hat, harmonisiert worden ist[3] und bei einer Verlagerung der maßgeblichen Verwertungshandlung in Drittstaaten mit unzureichendem Schutzniveau das Recht anderer Staaten für anwendbar erklärt wird, indem unter bestimmten Voraussetzungen die Vornahme der Verwertungshandlung in deren Gebiet fingiert wird. Solche Rahmenbedingungen sind bei erdgebundenen Rundfunksendungen nicht gegeben. Die Hinnahme von Schutzlücken, die bei einer ganzheitlichen Betrachtung des gesamten zur Ausstrahlung an die Öffentlichkeit führenden Sendevorgangs unvermeidbar wären, stünde zudem in Widerspruch zu den Verpflichtungen der Verbandsländer aus Art. 11 bis RBÜ, bei Rundfunksendungen an eine Öffentlichkeit Urheberrechtsschutz zu gewährleisten.[4]

2. […] **Der Geltungsbereich des Senderechts aus § 20 UrhG (und der darauf bezogenen Rechte der ausübenden Künstler und der Tonträgerhersteller) ist zwar räumlich durch den sachlich-rechtlichen Territorialitätsgrundsatz auf das Inland beschränkt,**[5] **der Territorialitätsgrundsatz gebietet jedoch nicht, bei der Anwendung der Vorschriften des Urheberrechtsgesetzes nur inländische Sachverhalte zu berücksichtigen.**[6] **Für das Eingreifen des Senderechts des § 20 UrhG genügt es, daß durch die im Inland durchgeführte drahtlose Ausstrahlung eine Öffentlichkeit erreicht werden kann. Ob sich diese Öffentlichkeit im Inland oder im Ausland befindet, ist dabei unerheblich. Das Senderecht des § 20 UrhG hat jedenfalls den Zweck, dem Urheber die Kontrolle über alle Rundfunksendungen zu geben, bei denen die für die Nutzung maßgebliche Handlung im Inland stattfindet.** Auf die Frage, ob die Ausstrahlungen des Senders Felsberg das gesendete Programm auch im Inland einer Öffentlichkeit zugänglich machen, kommt es danach nicht an.[7] **Eine Sendung an eine Öffentlichkeit im Inland ist im übrigen auch schon dann gegeben, wenn dort Sendungen** – wie im vorliegenden Fall unstreitig – **durch einen unbestimmten Personenkreis empfangen werden können, auch wenn dies nur in äußerst geringem Umfang der Fall ist. Schon dies genügt für die Erfüllung des Tatbestands des Senderechts; eine breitere Öffentlichkeit muß durch die Ausstrahlung nicht angesprochen werden.**[8]

[…]

Kurzkommentierung

Die Entscheidung des BGH ist deshalb von besonderer dogmatischer Bedeutung, weil sie ausführlich die unterschiedlichen rechtlichen Anknüpfungspunkte für das Senderecht nach § 20 UrhG und § 20a UrhG darlegt. Der BGH hat im Ergebnis bestätigt, dass die Vorschriften des deutschen Urheberrechtsgesetzes bei Rundfunksendungen, die an die Öffentlichkeit über Sendeanlagen ausgestrahlt werden, die auf deutschem Gebiet (hier im Saarland) stehen, anwendbar sind. Der BGH hat zunächst seine Ansicht mit dem Schutzlandprinzip begründet. Dabei stellt er fest, dass die für das Deliktsrecht geltenden Anknüpfungsregeln bei der immaterialgüterrechtlichen Beurteilung grenzüberschreitender Rundfunksendungen nicht anzuwenden sind. Er bestätigt den Grundsatz, dass die Anwendbarkeit des Ausstrahlungsortes auf drahtlose Rundfunksendungen allgemein anerkannt wird. Der BGH setzt sich mit den verschiedenen Auffassungen über die Anwendbarkeit des Rechts bei grenzüberschreitenden Rundfunksendungen auseinander. Der BGH differenziert seine Auffassung dahingehend, dass eine aus-

---

3 Vgl. Erwägungsgrund 24 der Satelliten- und Kabelrichtlinie; *Dreier* in Walter [Hrsg.], Europäisches Urheberrecht, 2001, S. 420 f.

4 Vgl. dazu auch Schricker/*v. Ungern-Sternberg* aaO § 20 a Rn. 5.

5 Vgl. dazu BGHZ 126, 252, 255 – Folgerecht bei Auslandsbezug; MünchKommBGB/*Kreuzer* aaO Nach Art. 38 EGBGB Anh. II Rn. 13 f.; Schricker/*Katzenberger* aaO Vor §§ 120 ff. Rn. 120.

6 Vgl. BGHZ 126, 252, 255 f. – Folgerecht bei Auslandsbezug; Schricker/*Katzenberger* aaO Vor §§ 120 ff. Rn. 123; MünchKommBGB/*Kreuzer* aaO Nach Art. 38 EGBGB Anh. II Rn. 17.

7 Vgl. dazu auch *v. Ungern-Sternberg* Die Rechte der Urheber an Rundfunk- und Drahtfunksendungen, 1973, S. 113 ff.

8 Vgl. BGHZ 123, 149, 151 – Verteileranlagen, m. w. N.

schließliche Anknüpfung an das Recht des Staates, auf dessen Gebiet die Programmsignale (hier Frankreich) in eine ununterbrochenen Übertragungskette eingegeben werden, abgelehnt wird. Die Gründe sind überzeugend. Der Schutz des Urhebers wäre in vollem Umfang von der Rechtslage in dem Staat abhängig, von dem die Sendung ihren Ausgangspunkt genommen hat. Dagegen sprechen auch nicht die Sonderregelungen der Satelliten- und Kabelrichtlinie 93/83/EG und der § 20a UrhG, so der BGH. Für die Anwendung des § 20 UrhG genügt es, dass durch die im Inland durchgeführte drahtlose Ausstrahlung eine Öffentlichkeit erreicht. Eine Sendung an eine Öffentlichkeit im Inland ist auch dann gegeben, wenn dort die Sendungen von einem unbestimmten Personenkreis empfangen werden können, auch wenn dies nur in äußerst geringem Umfang der Fall ist.§ 20 UrhG ist ebenso anzuwenden, wenn die Programmsignale an den Sender über einen Satelliten zugeleitet werden. Soweit der BGH das Senderecht nach § 20 UrhG in Abgrenzung zum § 20a UrhG bejaht hat, sind seine Ausführungen überzeugend. Die Harmonisierung des materiellen Rechts durch die Satelliten- und Kabelrichtlinie hat dazu geführt hat, dass das **Sendelandprinzip** (Herkunftslandprinzip) Vorrang vor der **Empfangslandtheorie (Bogsch-Theorie)** hat. Wird ein geschütztes Werk über Satellit gesendet, dessen Sendungen in mehreren Staaten empfangen werden können, ist es nicht mehr erforderlich, dass die Senderechte in jedem Empfangsland eingeräumt werden müssen. Es sind dann die Rechte im Sendeland zu erwerben. Es spricht aber nichts gegen die Bogsch-Theorie, auch nicht das EG-Recht.[9] Eine vertragliche Folge der Harmonisierung ist, dass die Satellitensenderechte innerhalb der EU und des EWR nicht mehr mit dinglicher Wirkung territorial getrennt werden können. Der BGH hat die Frage, ob eine Vereinbarung im Kooperationsvertrag eine dingliche oder schuldrechtliche Wirkung hat, offen gelassen.[10]

Literatur

Wandtke/*Wöhrn* Urheberrecht 3. Kap. Rn. 151.

2.9. Gebrauchte Software

BGH Beschluss vom 3.2.2011, I ZR 129/08 – UsedSoft
GRUR Int. 2011, 439 – UsedSoft

§ 69c Nr. 1 UrhG

Leitsatz

Dem Gerichtshof der Europäischen Union werden zur Auslegung der Richtlinie 2009/24/EG des Europäischen Parlaments und des Rates vom 23. April 2009 über den Rechtsschutz von Computerprogrammen (ABl. L 111 vom 5.5.2009, S. 16) folgende Fragen zur Vorabentscheidung vorgelegt:

1. Ist derjenige, der sich auf eine Erschöpfung des Rechts zur Verbreitung der Kopie eines Computerprogramms berufen kann, „rechtmäßiger Erwerber" im Sinne von Art. 5 Abs. 1 der Richtlinie 2009/24/EG?
2. Für den Fall, dass die erste Frage bejaht wird: Erschöpft sich das Recht zur Verbreitung der Kopie eines Computerprogramms nach Art. 4 Abs. 2 Halbsatz 1 der Richtlinie 2009/24/EG, wenn der Erwerber die Kopie mit Zustimmung des Rechtsinhabers durch Herunterladen des Programms aus dem Internet auf einen Datenträger angefertigt hat?
3. Für den Fall, dass auch die zweite Frage bejaht wird: Kann sich auch derjenige, der eine „gebrauchte" Softwarelizenz erworben hat, für das Erstellen einer Programmkopie als „rechtmäßiger Erwerber" nach Art. 5 Abs. 1 und Art. 4 Abs. 2 Halbsatz 1 der Richtlinie 2009/24/EG auf eine Erschöpfung des Rechts zur Verbreitung der vom Ersterwerber mit Zustim-

9 EuGH GRUR 2006, 50 – Lagardere/SPRE.
10 GRUR 2005, 48, 49 – man spricht deutsch.

mung des Rechtsinhabers durch Herunterladen des Programms aus dem Internet auf einen Datenträger angefertigten Kopie des Computerprogramms berufen, wenn der Ersterwerber seine Programmkopie gelöscht hat oder nicht mehr verwendet?

Sachverhalt

Die Kl. entwickelt Computersoftware, die sich ganz überwiegend in der Weise vertreibt, dass die Kunden keinen Datenträger erhalten, sondern die Software von der Internetseite der Kl. auf ihren Computer herunterladen. in den Lizenzverträgen der Kl- ist bestimmt, dass das Nutzungsrecht, das die Kl- ihren Kunden an den Computerprogrammen einräumt, nicht abtretbar ist.

Die Bekl. handelt mit „gebrauchten" Softwarelizenzen. Im Oktober 2005 bot sie „bereits benutzte" Lizenzen für Programm der Kl- an. Dabei verwies sie auf ein Notartestat, in dem auf eine Bestätigung des ursprünglichen Lizenznehmers verwiesen wird, wonach er rechtmäßiger Inhaber der Lizenzen gewesen sei, diese nicht mehr benutze und den Kaufpreis vollständig bezahlt habe. Kunden der Bekl. laden nach dem Erwerb einer „gebrauchten" Lizenz die entsprechende Software von der Internetseite der Kl- auf einen Datenträger herunter.

Die Kl. ist der Auffassung, die Bekl. verletze dadurch, dass die die Erwerber „gebrauchter" Lizenzen dazu veranlasse, die entsprechenden Computerprogramme zu vervielfältigen, das Urheberrecht an diesen Programmen. Sie hat die Bekl. auf Unterlassung in Anspruch genommen.

Entscheidungsgründe

II. […]

1. […]

2. […]

a) Soweit Kunden der Beklagten die Programme der Klägerin von deren Internetseite auf einen Server oder ein anderes Speichermedium herunterladen, liegt eine Vervielfältigung vor. Die Programme werden dadurch dauerhaft körperlich festgelegt und den menschlichen Sinnen mittelbar – durch Computer, die die Programme verarbeiten – wahrnehmbar gemacht.[1]

b) Eine nur mit Zustimmung des Rechtsinhabers zulässige Vervielfältigung erfolgt aber auch dann, wenn Kunden der Beklagten die bereits auf einem Server oder einem anderen Speichermedium abgelegte Software der Klägerin – wenn auch nur vorübergehend – in den Arbeitsspeicher weiterer Computer hochladen. **Das Vervielfältigungsrecht erfasst zwar nicht jeden technischen Kopiervorgang.**[2] **Das Speichern eines Programms, das – wie das Laden eines Programms in den Arbeitsspeicher eines Computers – eine zusätzliche Nutzung des Programms durch weitere Programmkopien ermöglicht, stellt jedoch eine Vervielfältigung dar, die nach Art. 4 Abs. 1 Buchst. a Satz 2 der Richtlinie 2009/24/EG und § 69c Nr. 1 Satz 2 UrhG der Zustimmung des Rechtsinhabers bedarf.**[3]

3. Kunden der Beklagten, die nach dem Erwerb „gebrauchter" Lizenzen die entsprechenden Programme der Klägerin in der beschriebenen Weise vervielfältigen, können sich, wie das Berufungsgericht zutreffend angenommen hat, nicht auf ein ihnen von der Beklagten wirksam übertragenes Recht zur Vervielfältigung der Computerprogramme stützen.

Die Klägerin räumt ihren Kunden in den Lizenzverträgen zwar ein nicht ausschließliches Nutzungsrecht an ihren Programmen ein, das die Berechtigung umfasst, die Software dauerhaft auf einem Server zu speichern und einer bestimmten Anzahl von Nutzern dadurch Zugriff zu gewähren, dass sie in den Arbeitsspeicher ihrer Arbeitsplatzrechner geladen wird. Dieses

---

1 Vgl. BGH, Urteil vom 4. Oktober 1990 – I ZR 139/89, BGHZ 112, 264, 278 – Betriebssystem; Urteil vom 12. November 2009 – I ZR 166/07, GRUR 2010, 616 Rn. 36 = WRP 2010, 922 – marions-kochbuch.de.

2 Vgl. BGHZ 112, 264, 277f. – Betriebssystem; BGH, Urteil vom 20. Januar 1994 – I ZR 267/91, GRUR 1994, 363, 364f. = WRP 1994, 299 – Holzhandelsprogramm.

3 Vgl. *Grützmacher* in Wandtke/Bullinger, Urheberrecht, 3. Aufl., § 69c UrhG Rn. 5 f.; Schricker/*Loewenheim* Urheberrecht, 4. Aufl., § 69c UrhG Rn. 7; *Dreier* in Dreier/Schulze, UrhG, 3. Aufl., § 69c Rn. 8; *Kotthoff* in Dreyer/Kotthoff/Meckel, Urheberrecht, 2. Aufl., § 69c UrhG Rn. 9.

Nutzungsrecht ist nach den Lizenzbedingungen der Klägerin jedoch „nicht abtretbar"; die Kunden der Klägerin sind daher nicht berechtigt, das Recht zur Vervielfältigung der Programme weiterzuübertragen. Ein gutgläubiger Erwerb urheberrechtlicher Nutzungsrechte ist nicht möglich.[4] Die Kunden der Klägerin konnten das Recht zur Vervielfältigung der Programme daher nicht wirksam auf die Beklagte übertragen; die Beklagte konnte dieses Recht folglich auch nicht wirksam auf ihre Kunden weiterübertragen.

4. [...]

5. Für die Entscheidung des Rechtsstreits kommt es demnach darauf an, ob sich die Kunden der Beklagten mit Erfolg auf die Regelung des § 69d Abs. 1 UrhG berufen können, die Art. 5 Abs. 1 der Richtlinie 2009/24/EG ins deutsche Recht umsetzt und daher richtlinienkonform auszulegen ist.

Gemäß Art. 5 Abs. 1 der Richtlinie 2009/24/EG bedarf die Vervielfältigung eines Computerprogramms in Ermangelung spezifischer vertraglicher Bestimmungen nicht der Zustimmung des Rechtsinhabers, wenn sie für eine bestimmungsgemäße Benutzung des Computerprogramms durch den rechtmäßigen Erwerber notwendig ist. Dem entspricht die deutsche Regelung: Nach § 69d Abs. 1 UrhG bedarf die Vervielfältigung eines Computerprogramms, soweit keine besonderen vertraglichen Bestimmungen vorliegen, nicht der Zustimmung des Rechtsinhabers, wenn sie für eine bestimmungsgemäße Benutzung des Computerprogramms durch jeden zur Verwendung eines Vervielfältigungsstücks des Programms Berechtigten notwendig ist.

a) Zunächst stellt sich die Frage, ob derjenige, der zwar (wie die Kunden der Beklagten) nicht über ein vom Rechtsinhaber abgeleitetes Nutzungsrecht am Computerprogramm verfügt (vgl. oben unter II 3), sich aber (wie die Beklagte mit Blick auf ihre Kunden geltend macht) auf eine Erschöpfung des Rechts zur Verbreitung einer Kopie des Computerprogramms berufen kann, „rechtmäßiger Erwerber" im Sinne des Art. 5 Abs. 1 der Richtlinie 2009/24/EG – und damit ein „zur Verwendung eines Vervielfältigungsstücks des Programms Berechtigter" im Sinne des § 69d Abs. 1 UrhG – ist.

aa) Nach einer Ansicht ist allein derjenige „rechtmäßiger Erwerber" im Sinne von Art. 5 Abs. 1 der Richtlinie 2009/24/EG, der über ein vom Berechtigten abgeleitetes Nutzungsrecht am Computerprogramm verfügt.[5] Nach dieser Auffassung konkretisiert Art. 5 Abs. 1 der Richtlinie 2009/24/EG lediglich die dem Nutzungsberechtigten im Falle einer Einräumung von Nutzungsrechten zustehenden Mindestrechte.

bb) Nach anderer Ansicht, der auch der Senat zuneigt, ist darüber hinaus auch derjenige „rechtmäßiger Erwerber" im Sinne von Art. 5 Abs. 1 der Richtlinie 2009/24/EG, der sich auf eine Erschöpfung des Rechts zur Verbreitung der Programmkopie berufen kann.[6] Für diese Ansicht spricht, dass die durch den Eintritt der Erschöpfung bewirkte Verkehrsfähigkeit des Vervielfältigungsstücks eines Computerprogramms weitgehend sinnlos wäre, wenn der Erwerber eines solchen Vervielfältigungsstücks nicht das Recht zur Vervielfältigung des Computerprogramms hätte; denn die Nutzung eines Computerprogramms erfordert – anders als die Nutzung anderer urheberrechtlich geschützter Werke – regelmäßig dessen Vervielfältigung.[7] Bei dieser Betrachtungsweise dient die Bestimmung des Art. 5 Abs. 1 der Richtlinie 2009/24/EG – unabhängig von ihrer rechtlichen Einordnung als gesetzliche Schranke, gesetzliche Lizenz oder

---

4 BGH Urteil vom 12. Februar 1952 – I ZR 115/51, BGHZ 5, 116, 119 – Parkstraße 13; Urteil vom 26. März 2009 – I ZR 153/06, BGHZ 180, 344 Rn. 19 – Reifen Progressiv.

5 Vgl. zu § 69d UrhG Haberstumpf in *Büscher/Dittmer/Schiwy* Gewerblicher Rechtschutz, Urheberrecht, Medienrecht, 2. Aufl., § 69d UrhG Rn. 2; Schricker/*Loewenheim* aaO § 69d Rn. 4; *Haberstumpf* CR 2009, 346; *Moritz* in FS Heussen, 2009, S. 221, 266 ff.

6 *Blocher* in Walter, Europäisches Urheberrecht, Art. 5 Software-RL Rn. 42; *Grützmacher* in Wandtke/Bullinger aaO § 69d UrhG Rn. 24 und 26 f.; *Dreier* in Dreier/Schulze aaO § 69d Rn. 6; Fromm/Nordemann/*Czychowski* Urheberrecht, 10. Aufl., § 69d UrhG Rn. 10.

7 Vgl. *Dreier* in Dreier/Schulze aaO § 69c Rn. 25 und § 69d Rn. 6.

(auch) vertragliche Auslegungsvorschrift[8] – einer Absicherung der Erschöpfung des Verbreitungsrechts nach Art. 4 Abs. 2 der Richtlinie 2009/24/EG.[9]

b) Falls die erste Frage zu bejahen sein sollte, stellt sich die weitere Frage, ob sich das Recht zur Verbreitung der Kopie eines Computerprogramms nach Art. 4 Abs. 2 Halbsatz 1 der Richtlinie 2009/24/EG – und damit das Verbreitungsrecht nach § 69c Nr. 3 Satz 2 UrhG – auch dann erschöpft, wenn der Erwerber (wie im Streitfall die Kunden der Klägerin) diese Kopie mit Zustimmung des Rechtsinhabers durch Herunterladen des Programms aus dem Internet auf einen Datenträger angefertigt hat.

Mit dem Erstverkauf einer Programmkopie in der Union, die durch den Rechtsinhaber oder mit seiner Zustimmung erfolgt, erschöpft sich in der Union nach Art. 4 Abs. 2 Halbsatz 1 der Richtlinie 2009/24/EG das Recht auf die Verbreitung dieser Kopie; ausgenommen hiervon ist jedoch nach Art. 4 Abs. 2 Halbsatz 2 der Richtlinie 2009/24/EG das Recht auf Kontrolle der Weitervermietung des Programms oder einer Kopie davon. Dem entspricht die deutsche Regelung: Wird das Vervielfältigungsstück eines Computerprogramms mit Zustimmung des Rechtsinhabers im Gebiet der Europäischen Union oder eines anderen Vertragsstaates des Abkommens über den Europäischen Wirtschaftsraum im Wege der Veräußerung in Verkehr gebracht, erschöpft sich nach § 69c Nr. 3 Satz 2 UrhG das Verbreitungsrecht in Bezug auf dieses Vervielfältigungsstück mit Ausnahme des Vermietrechts.

aa) Nach einer Ansicht ist Art. 4 Abs. 2 Halbsatz 1 der Richtlinie 2009/24/EG unmittelbar anwendbar, wenn der Rechtsinhaber es einem Kunden – nach Abschluss eines Lizenzvertrags – gestattet, dadurch ein Vervielfältigungsstück des Computerprogramms herzustellen, dass er das Computerprogramm von einer Internetseite herunterlädt und auf einem Datenträger abspeichert. […]

bb) Nach anderer Auffassung ist Art. 4 Abs. 2 Halbsatz 1 der Richtlinie 2009/24/EG im Falle der unkörperlichen Veräußerung eines Computerprogramms im Wege der Online-Übermittlung entsprechend anwendbar.[10] […]

cc) Nach einer weiteren Ansicht setzt eine **Erschöpfung des Verbreitungsrechts nach Art. 4 Abs. 2 Halbsatz 1 der Richtlinie 2009/24/EG stets das Inverkehrbringen eines körperlichen Vervielfältigungsstücks des Computerprogramms durch den Rechtsinhaber oder mit seiner Zustimmung voraus**. Nach dieser Auffassung ersetzt die Erlaubnis des Rechtsinhabers zur Herstellung eines Vervielfältigungsstücks nicht die Zustimmung zu dessen Verbreitung.[11] Danach sind in einem solchen Fall die Voraussetzungen für eine entsprechende Anwendung des Art. 4 Abs. 2 der Richtlinie 2009/24/EG nicht gegeben, weil weder eine planwidrige Regelungslücke noch eine vergleichbare Interessenlage besteht.

Der Richtliniengeber habe bewusst davon abgesehen, die Regelung zur Erschöpfung des Verbreitungsrechts in Art. 4 Abs. 2 der Richtlinie 2001/29/EG zur Harmonisierung bestimmter Aspekte des Urheberrechts und der verwandten Schutzrechte in der Informationsgesellschaft auf eine Online-Übermittlung auszuweiten und damit auch die Online-Übermittlung von Software der Erschöpfung zu unterwerfen. In Erwägungsgrund 29 der Richtlinie 2001/29/EG sei festgehalten, dass sich die Frage der Erschöpfung weder bei Dienstleistungen allgemein noch bei Online-Diensten im Besonderen stelle und dass dies auch für materielle Vervielfältigungsstücke eines Werkes oder eines sonstigen Schutzgegenstandes gelte, die durch den Nutzer eines

---

8 Vgl. zu § 69 d UrhG *Dreier* in Dreier/Schulze aaO § 69 d Rn. 2.

9 Vgl. zu § 69 d UrhG *Grützmacher* in Wandtke/Bullinger aaO § 69 d UrhG Rn. 26 mwN.

10 Vgl. zu § 69 c Nr. 3 Satz 2 UrhG *Grützmacher* in Wandtke/Bullinger aaO § 69 c UrhG Rn. 31; *Dreier* in Dreier/Schulze aaO § 69 c Rn. 24; *Hoeren* in Möhring/Nicolini, UrhG, 2. Aufl., § 69 c Rn. 16; Fromm/Nordemann/*Dustmann* aaO § 19 a UrhG Rn. 29; vgl. auch *Haberstumpf* in Büscher/Dittmer/Schiwy aaO § 69 c UrhG Rn. 8.

11 Schricker/*Loewenheim* aaO § 69 c UrhG Rn. 34; Fromm/Nordemann/*Czychowski* aaO § 69 c UrhG Rn. 33; Schricker/*v. Ungern-Sternberg* aaO § 19 a UrhG Rn. 6; *Bergmann* in FS Erdmann, 2002, S. 17 ff.; *Spindler* CR 2008, 69, 70 ff.

solchen Dienstes mit Zustimmung des Rechtsinhabers hergestellt worden seien. Die Europäische Kommission habe zudem bereits im Jahr 2000 in ihrem Bericht an den Rat, das Europäische Parlament und den Wirtschafts- und Sozialausschuss über die Umsetzung und die Auswirkungen der Richtlinie 91/250/EWG über den Rechtsschutz von Computerprogrammen darauf hingewiesen, dass sich nach Art. 4 Buchst. c Satz 2 der Richtlinie 91/250/EWG (jetzt: Art. 4 Abs. 2 der Richtlinie 2009/24/EG) das Urheberrecht nur beim Verkauf einer Programmkopie, also einer Ware, erschöpfe, hingegen die Lieferung über einen Online-Dienst keine Erschöpfung bewirke.[12]

Darüber hinaus sei die Interessenlage beim Inverkehrbringen eines körperlichen Vervielfältigungsstücks eines Computerprogramms eine wesentlich andere als bei der Online-Übermittlung eines unkörperlichen Datenbestandes. Der Erschöpfungsgrundsatz diene dem Interesse an der Verkehrsfähigkeit der mit Zustimmung des Berechtigten in Verkehr gesetzten Waren; nur mit Zustimmung des Rechtsinhabers in Verkehr gebrachten Werkstücke, nicht aber das Werk selbst solle verkehrsfähig gehalten werden. Bei der Online-Übermittlung eines Computerprogramms gebe der Berechtigte keinen Gegenstand weiter, dessen Verkehrsfähigkeit ohne die Annahme einer Erschöpfung des Verbreitungsrechts gefährdet wäre.

c) Falls auch die zweite Frage zu bejahen sein sollte, stellt sich schließlich die Frage, ob sich auch derjenige, der eine „gebrauchte“ Softwarelizenz erworben hat, für das Erstellen einer Programmkopie – wie im Streitfall die Kunden der Beklagten durch Herunterladen des Programms von der Internetseite des Rechtsinhabers auf einen Datenträger oder durch Heraufladen des Programms in den Arbeitsspeicher weiterer Arbeitsplatzrechner – als „rechtmäßiger Erwerber“ nach Art. 5 Abs. 1 und Art. 4 Abs. 2 Halbsatz 1 der Richtlinie 2009/24/EG auf eine Erschöpfung des Rechts zur Verbreitung der vom Ersterwerber mit Zustimmung des Rechtsinhabers durch Herunterladen des Programms aus dem Internet auf einen Datenträger angefertigten Kopie des Computerprogramms berufen kann, wenn der Ersterwerber seine Programmkopie gelöscht hat oder nicht mehr verwendet.

Teilweise wird bei einer solchen Fallgestaltung eine entsprechende Anwendung von Art. 5 Abs. 1 und Art. 4 Abs. 2 Halbsatz 1 der Richtlinie 2009/24/EG befürwortet.[13] […]

Nach der Gegenauffassung, die der Senat teilt, kommt bei einer solchen Fallgestaltung eine entsprechende Anwendung von Art. 5 Abs. 1 und Art. 4 Abs. 2 Halbsatz 1 der Richtlinie 2009/24/EG nicht in Betracht.[14] Die Erschöpfung des Verbreitungsrechts soll – so wird argumentiert – allein die Verkehrsfähigkeit einer vom Rechtsinhaber oder mit seiner Zustimmung veräußerten, auf einem bestimmten Datenträger verkörperten Programmkopie gewährleisten. Die Wirkung der Erschöpfung sollte daher nicht auf den online übermittelten unkörperlichen Datenbestand ausgedehnt werden. Anderenfalls würde durch Art. 5 Abs. 1 der Richtlinie 2009/24/EG nicht die Erschöpfung des Verbreitungsrechts nach Art. 4 Abs. 2 Halbsatz 1 der Richtlinie 2009/24/EG abgesichert, sondern die Übertragung eines Nutzungsrechts ohne Zustimmung des Berechtigten und ohne Weiterveräußerung des Gegenstands der Erschöpfung ermöglicht. Damit würde nicht die Verkehrsfähigkeit eines Vervielfältigungsstücks gewährleistet, sondern eine Verkehrsfähigkeit des Vervielfältigungsrechts oder des Werkes bewirkt. Der Zweiterwerber sollte sich deshalb nur dann als „rechtmäßiger Erwerber“ nach Art. 5 Abs. 1 der Richtlinie 2009/24/EG auf eine Erschöpfung des Rechts zur Verbreitung einer Programmkopie nach Art. 4 Abs. 2 Halbsatz 1 der Richtlinie 2009/24/EG berufen können, wenn er die Programmkopie erworben hat, hinsichtlich deren das Verbreitungsrecht erschöpft ist.

---

12 KOM [2000] 199 endg., S. 18.

13 Vgl. *Grützmacher* in Wandtke/Bullinger aaO § 69 c UrhG Rn. 36 f. mwN; *Mäger* CR 1996, 522, 525 f.; vgl. auch *Dreier* in Dreier/Schulze aaO § 69 c Rn. 24.

14 Vgl. OLG Frankfurt am Main, MMR 2009, 544; OLG Düsseldorf, MMR 2009, 629; *Haberstumpf* in Büscher/Dittmer/Schiwy aaO § 69 d UrhG Rn. 8; *Kotthoff* in Dreyer/Kotthoff/Meckel aaO § 69 c UrhG Rn. 28; *Spindler* CR 2008, 69, 75 ff.; *Hoeren* GRUR 2010, 665, 672.

Kurzkommentierung

Der BGH hat dem EuGH Fragen zur urheberrechtlichen Zulässigkeit des Vertriebs „gebrauchter“ Softwarelizenzen im Rahmen der RL 2009/24/EG zur Vorabentscheidung vorgelegt. Der BGH hat verschiedene Aspekte genannt, die dogmatisch zu klären sind. Soweit es sich um die „gebrauchte Software“ handelt, ergibt sich aus dem Sachverhalt, dass der Anbieter von Computersoftware dieselbe überwiegend in der Weise vertreibt, dass die Kunden keine Datenträger erhalten, sondern die Software von der Internetseite des Anbieters auf ihren Computer herunterladen. In den Lizenzverträgen ist bestimmt, dass das Nutzungsrecht nicht abtretbar ist. Der BGH stellt zunächst klar, dass Nutzungsrechte an Software nicht gegen den Willen des Rechtsinhabers vertraglich übertragen werden dürfen. Die Lizenzbedingungen der Softwareherstellerin untersagten die Weiterübertragung der Nutzungsrechte der Kunden der Softwareherstellerin auf die Gebrauchtsoftwarehändlerin. Unmissverständlich hat er zum Ausdruck gebracht, dass die Weiterübertragung von Nutzungsrechten der Zustimmung des Rechtsinhabers bedarf, was zutreffend ist, aber bereits § 34 Abs. 1 UrhG regelt. Da eine wirksame Weiterübertragung der Nutzungsrechte und ein gutgläubiger Erwerb ausgeschlossen sind, musste der BGH die Frage beantworten, ob sich die Kunden der Gebrauchtsoftwarehändlerin auf ein gesetzliches Nutzungsrecht berufen können. Der BGH hat drei Fragen aufgeworfen und sich mit den verschiedenen Rechtsauffassungen auseinandergesetzt.

Erstens: Der BGH hat zunächst darauf hingewiesen, dass der Anbieter und Inhaber der ausschließlichen Nutzungsrechte berechtigt ist, die Software zu verkaufen und entsprechende Lizenzverträge mit den Kunden abzuschließen. Der BGH hat sich mit der Frage auseinandergesetzt, ob durch den Kunden das Vervielfältigungsrecht verletzt worden ist, wenn sie die Software von der Homepage herunterladen. Für den BGH ist außer Zweifel das Vervielfältigungsrecht nach § 69c Nr. 1 UrhG betroffen. Denn sowohl das Herunterladen der Software auf dem Server des Kunden als auch das Laden im Arbeitsspeicher stellt eine Vervielfältigung i.S.d. § 16 Abs. 1, § 69c Abs. 1 UrhG dar. Die Frage, inwieweit sich der Kunde des Verletzers auf § 69d Abs.1 UrhG berufen kann, hat der BGH beantwortet. § 69d UrhG ist eine zentrale Norm im Computerurheberrecht, die im Rahmen des Art. 5 Abs. 1 Computerrichtlinie 2009/24/EG umgesetzt wurde. Als Inhaltsnorm zielt sie auf Ausnahmen hinsichtlich des Vervielfältigungs- und Bearbeitungsrechts nach § 69 c Nr. 1 und 2 UrhG. Danach ist die Vervielfältigung eines Computerprogramms ohne Zustimmung des Rechtsinhabers möglich, wenn eine bestimmungsgemäße Benutzung vorliegt und nichts anderes vereinbart wurde. Im Grunde geht es um die Abwägung zwischen dem wirtschaftlichen Partizipationsinteresse des Rechteinhabers und dem Nutzerinteresse des Lizenznehmers. In der kodifizierten Fassung der Computerrichtlinie 2009/24/EG wird ausdrücklich in der Begründungserwägung Nr. 13 darauf hingewiesen, dass begrenzte Ausnahmen für die Vervielfältigung bestehen, soweit diese für die bestimmungsgemäße Verwendung des Programms durch den rechtmäßigen Erwerber technisch erforderlich ist. Das kann auch nicht vertraglich ausgeschlossen werden. Der zwingende Kern sowohl des Art. 5 der kodifizierten Computerrichtlinie als auch des § 69d Abs. 1 UrhG sprechen insofern für eine enge Auslegung der Ausnahmen des Vervielfältigungsrechts des Rechtsinhabers. Eine Ausnahme liegt im vorliegenden Fall nicht vor. Der BGH geht auf die erste Frage näher ein und legt die verschiedenen Auffassungen zum „rechtmäßigen Erwerber“ dar. Er vertritt dabei die besseren Argumente, wenn er feststellt, dass darüber hinaus auch derjenige „rechtmäßiger Erwerber“ i.S.v. Art. 5 Abs. 1 der RL 2009/24/EG ist, der sich auf eine Erschöpfung des Rechts zur Verbreitung der Programmkopie berufen kann.[15] Für diese Ansicht spricht, dass die durch den Eintritt der Erschöpfung bewirkte Verkehrsfähigkeit des Vervielfältigungsstücks eines Computerprogramms weitgehend sinnlos wäre, wenn der Erwerber eines

15 *Blocher* in Walter, Europäisches Urheberrecht, Art. 5 Software-RL Rn. 42; *Grützmacher* in Wandtke/Bullinger aaO § 69d UrhG Rn. 24 und 26f.; *Dreier* in Dreier/Schulze aaO § 69d Rn. 6; Fromm/Nordemann/*Czychowski* Urheberrecht, 10. Aufl., § 69d UrhG Rn. 10.

solchen Vervielfältigungsstücks nicht das Recht zur Vervielfältigung des Computerprogramms hätte; denn die Nutzung eines Computerprogramms erfordert – anders als die Nutzung anderer urheberrechtlich geschützter Werke – regelmäßig dessen Vervielfältigung.[16]

Zweitens: Die dogmatische Gretchenfrage des Rechtsstreits betrifft die Erschöpfung des Verbreitungsrechts. Kann von einer Erschöpfung gesprochen werden, wenn der Erwerber die Kopie mit Zustimmung des Rechtsinhabers durch Herunterladen des Programms aus dem Internet auf einen Datenträger angefertigt hat? Die zweite Frage hätte der BGH selbst entscheiden können, weil es keinen Grund für eine direkte oder analoge Anwendung des Erschöpfungsgrundsatzes nach § 17 Abs. 2 UrhG für die Online-Verbreitung von Programmen gibt. Der BGH schließt sich zu Recht der Ansicht an, wonach eine Erschöpfung des Verbreitungsrechts nach Art. 4 Abs. 2 HS 1 der RL 2009/24/EG stets das Inverkehrbringen eines körperlichen Vervielfältigungsstücks des Computerprogramms durch den Rechtsinhaber oder mit seiner Zustimmung voraussetzt. Entscheidend ist die Begründung des BGH, dass der Richtliniengeber bewusst davon abgesehen habe, die Regelung zur Erschöpfung des Verbreitungsrechts in Art. 4 Abs. 2 der RL 2001/29/EG auf eine Online-Übermittlung auszuweiten und damit auch die Online-Übermittlung von Software der Erschöpfung zu unterwerfen. Der Hinweis auf den Erwägungsgrund 29 der RL 2001/29/EG, dass sich die Frage der Erschöpfung weder bei Dienstleistungen allgemein noch bei Online-Diensten im Besonderen stelle und dass dies auch für materielle Vervielfältigungsstücke eines Werkes oder eines sonstigen Schutzgegenstandes gelte, die durch den Nutzer eines solchen Dienstes mit Zustimmung des Rechtsinhabers hergestellt worden seien, spricht mehr dafür, dass in den Fällen der Online-Übermittlung keine Erschöpfung eintreten kann. Die Europäische Kommission habe zudem bereits im Jahr 2000 in ihrem Bericht an den Rat, das Europäische Parlament und den Wirtschafts- und Sozialausschuss über die Umsetzung und die Auswirkungen der RL 91/250/EWG über den Rechtsschutz von Computerprogrammen darauf hingewiesen, dass sich nach Art. 4 Buchst. c S. 2 der RL 91/250/EWG (jetzt: Art. 4 Abs. 2 der RL 2009/24/EG) das Urheberrecht nur beim Verkauf einer Programmkopie, also einer Ware, erschöpfe, hingegen die Lieferung über einen Online-Dienst keine Erschöpfung bewirke, so der BGH. Zu Recht betont der BGH, dass die Interessenlage beim Inverkehrbringen eines körperlichen Vervielfältigungsstücks eines Computerprogramms eine wesentlich andere sei als bei der Online-Übermittlung eines unkörperlichen Datenbestandes. Der Erschöpfungsgrundsatz diene dem Interesse an der Verkehrsfähigkeit der mit Zustimmung des Berechtigten in Verkehr gesetzten Waren; nur mit Zustimmung des Rechtsinhabers in Verkehr gebrachten Werkstücke, nicht aber das Werk selbst solle verkehrsfähig gehalten werden. Bei der Online-Übermittlung eines Computerprogramms gebe der Berechtigte keinen Gegenstand weiter, dessen Verkehrsfähigkeit ohne die Annahme einer Erschöpfung des Verbreitungsrechts gefährdet wäre. Da eine Erschöpfung im vorliegenden Rechtsstreit nicht eintreten kann, musste der BGH auch die letzte Frage hinsichtlich der gebrauchten Software beantworten.

Drittens: Auch in dieser Frage werden unterschiedliche Rechtsauffassungen hinsichtlich der Auslegung der Art. 5 Abs. 1 und Art. 4 Abs. 2 HS 1 der RL 2009/24/EG vertreten. Es stellt der BGH die Frage, ob sich auch derjenige, der eine „gebrauchte" Softwarelizenz erworben hat, für das Erstellen einer Programmkopie durch Herunterladen des Programms von der Internetseite des Rechtsinhabers auf einen Datenträger oder durch Heraufladen des Programms in den Arbeitsspeicher weiterer Arbeitsplatzrechner – als „rechtmäßiger Erwerber" auf eine Erschöpfung des Rechts zur Verbreitung der vom Ersterwerber mit Zustimmung des Rechtsinhabers durch Herunterladen des Programms aus dem Internet auf einen Datenträger angefertigten Kopie des Computerprogramms berufen kann, wenn der Ersterwerber seine Programmkopie gelöscht hat oder nicht mehr verwendet. Konsequent lässt der BGH auch bei der „gebrauchten

---

16 Vgl. *Dreier* in Dreier/Schulze aaO § 69 c Rn. 25 und § 69 d Rn. 6.

Software" keinen Spielraum für die Ausdehnung der Erschöpfung der Verbreitung online übermittelter unkörperliche Datenbestände zu. Er lehnt eine Anwendung der Art. 5 Abs. 1 und Art. 4 Abs. 2 HS 1 der RL 2009/24/EG ab, weil anderenfalls die Übertragung eines Nutzungsrechts ohne Zustimmung des Berechtigten und ohne Weiterveräußerung des Gegenstands der Erschöpfung ermöglicht würde. Damit würde nicht die Verkehrsfähigkeit eines Vervielfältigungsstücks gewährleistet, sondern eine Verkehrsfähigkeit des Vervielfältigungsrechts oder des Werkes bewirkt. Der Zweiterwerber sollte sich deshalb nur dann als „rechtmäßiger Erwerber" nach Art. 5 Abs. 1 der RL 2009/24/EG auf eine Erschöpfung des Rechts zur Verbreitung einer Programmkopie nach Art. 4 Abs. 2 HS 1 der RL 2009/24/EG berufen können, wenn er die Programmkopie erworben hat, hinsichtlich deren das Verbreitungsrecht erschöpft ist, wie sich der BGH ausdrücken pflegt.

Literatur

Wandtke/*Kauert* Urheberrecht 4. Kap. Rn. 70.

3. Bearbeitungsrecht/freie Benutzung

3.1. Bearbeitung

BGH, Urteil vom 24.1.1991, I ZR 72/89 – Brown Girl II
RzU BGHZ Nr. 405
GRUR 1991, 533

§ 3 S. 1 UrhG
§ 23 S. 1 UrhG
§ 24 Abs. 1 UrhG

Leitsatz

Zur Urheberrechtsschutzfähigkeit der **Bearbeitung** eines **(gemeinfreien) Volksliedes** und zur Frage der **unfreien Benutzung** (Bearbeitung) einer solchen Bearbeitung.

Sachverhalt

Der Kl. hat 1975 den Musiktitel „Brown Girl" geschaffen, der auf der Langspielplatte „Caribbean Rock" mit der Gruppe „Malcolm´s Locks" erschienen ist. Der Bekl. produzierte mit der Gruppe „Boney M." im Jahre 1978 das Lied „Brown Girl in the Ring". Für diesen Titel gab sich der Bekl. auch als Texter und Komponist an. Streit zwischen den Parteien besteht nun darüber, ob der Bekl. die Musik des Kl. in abhängiger Weise bearbeitet hat.

Entscheidungsgründe

[…]

II. […]

1. […] In rechtlicher Hinsicht ist es dabei zutreffend davon ausgegangen, dass bei Musikwerken keine zu hohen Anforderungen an die schöpferische Eigentümlichkeit gestellt werden dürften. Für den Bereich des musikalischen Schaffens ist seit langem die sogenannte **kleine Münze** anerkannt, **die einfache, aber gerade noch geschützte geistige Leistungen** erfasst. **Es reicht daher aus, dass die formgebende Tätigkeit des Komponisten – wie bei der Schlagermusik regelmäßig – nur einen verhältnismäßig geringen Eigentümlichkeitsgrad aufweist, ohne dass es dabei auf den künstlerischen Wert ankommt.**[1] **Dies gilt sowohl für ori-**

1 BGH GRUR 1988, 812, 814 – Ein bisschen Frieden.

ginär geschaffene Werke als auch für Bearbeitungen. Die Schutzvoraussetzungen sind insoweit die gleichen.[2]

[...] Die Revision wendet demgegenüber ein, es sei unerheblich, ob der Bekl. die Schutzfähigkeit infrage gestellt habe oder nicht; er habe sie im Anschluss an das Privatgutachten F. ohnehin nur hinsichtlich des Arrangements angenommen. Richtig ist, dass die Frage der Urheberrechtsschutzfähigkeit des konkreten Werkes – anders als die einzelnen tatsächlichen Voraussetzungen – als solche von den Parteien nicht unstreitig gestellt werden kann. Denn es handelt sich insoweit um eine Frage der Rechtsanwendung, die nicht der Parteidisposition unterliegt. [...] Allerdings setzt die Beurteilung der Frage der Nachbildung zunächst die Prüfung voraus, durch welche objektiven Merkmale die schöpferische Eigentümlichkeit des als Vorlage benutzten Werkes bestimmt ist.[3] Dabei werden in der Regel alle eigenschöpferischen Elemente einzubeziehen sein. Zwar ist grundsätzlich von den Übereinstimmungen im schöpferischen Bereich auszugehen.[4] Maßgebend ist jedoch – wie auch das BerG zutreffend angenommen hat – der Gesamteindruck. Gerade in Fällen der vorliegenden Art, in denen es um die Festlegung der Grenzen einer freien Bearbeitung der Bearbeiterfassung eines gemeinfreien Werkes geht und in denen der Schutzbereich der ersten Bearbeitung durch die Übernahme gemeinfreier Elemente ohnehin erheblich eingeengt ist, kommt es auf eine umfassende Beurteilung aller das Werk prägenden Gestaltungsmerkmale an. [...]

2. [...]

a) Um die Grenze zwischen den urheberrechtlich relevanten Benutzungshandlungen (in Form der Vervielfältigung oder Bearbeitung) und der nach § 24 Abs. 1 UrhG zulässigen Verwertung eines in freier Benutzung geschaffenen Werkes zu ziehen, kommt es maßgebend auf die Übereinstimmungen im schöpferischen Bereich der Kl.- Fassung an. Diese Übereinstimmungen sind im Einzelfall konkret festzustellen und darauf zu überprüfen, ob sie nach den Regeln des Anscheinsbeweises einen Rückschluss darauf zulassen, dass der Komponist des jüngeren Werkes das ältere Werk benutzt, d.h. gekannt und bewusst oder unbewusst bei seinem Werk darauf zurückgegriffen hat, wobei weitgehende Übereinstimmungen in der Regel die Annahme nahelegen, dass der Urheber des jüngeren Werkes das ältere Werk benutzt hat.[5] Welche Anforderungen im Einzelfall zu stellen sind, und den Abstand zwischen zwei Werken zu ermitteln, hängt von der Gestaltungshöhe des als Vorlage benutzten Werkes ab. Je auffallender die Eigenart des benutzten Werkes ist, um so weniger werden dessen übernommene Eigenheiten in dem danach geschaffenen Werk verblassen. Umgekehrt gilt, dass ein Werk von geringer Eigenart eher in dem nachgeschaffenen Werk aufgeht als ein Werk besonderer Eigenprägung.[6] [...]

2. [...]

b) [...]

bb) [...] Angesichts der geringen Anforderungen an die Schutzfähigkeit im Bereich der Musik und des Umstandes, dass bei der Bearbeitung eines in vielen Versionen überlieferten Volksliedes im melodischen Bereich ohnehin nur wenig Spielraum für individuelle Gestaltungen bleibt, können auch geringe Abweichungen schon relevant sein. [...] Die Analyse der einzelnen Elemente hat es zutreffend als Aufhellung dessen verstanden, was im Einzelnen zu dem Gesamteindruck beigetragen hat. Das BerG hat dabei beachtet, dass **bei der Frage der Bearbeitung eines gemeinfreien Werkes in der Regel die Art der musikalischen Verarbeitung mit den dabei verwendeten Stilmitteln in den Vordergrund treten wird und dass allein schon in der Instrumentierung und Orchestrierung eine schutzfähige Leistung lie-**

---

2 Vgl. BGH GRUR 1968, 321, 324 – Haselnuss.
3 BGH GRUR 1988, 812, 814 – Ein bisschen Frieden.
4 Vgl. BGH GRUR 1981, 267, 269 – Dirlada; BGH GRUR 1988, 533, 535 – Vorentwurf II.
5 BGH GRUR 1988, 812, 814 – Ein bisschen Frieden mit weiteren Nachw.
6 Vgl. BGH GRUR 1981, 267, 269 – Dirlada mit weiteren Nachw.

gen kann.[7] Deshalb hat es auch zutreffend angenommen, dass **selbst ein Arrangement, das sich üblicher Stilmittel bedient, eigenschöpferisch sein kann, weil in der Verknüpfung jene schöpferische Gestaltung liegen kann, die gerade bei Schlagermusik nicht übermäßig groß sein muss, um sie trotzdem in den Schutzbereich des Urheberrechts zu bringen; insbesondere dann, wenn – wie hier – das übliche Stilmittel verwendende Arrangement nicht das einzige, den Gesamteindruck prägende Element ist.**

[...]

e) **Letztlich hat das BerG auch frei von Rechtsfehlern angenommen, der Bekl. habe den Anscheinsbeweis nicht entkräftet oder wenigstens erschüttert.** Es hat aus dem Ausmaß der Übereinstimmungen zwischen den Fassungen der Parteien geschlossen, dass die Übereinstimmungen nicht mehr durch Zufall zu erklären seien. Es ist dabei zu Recht von dem Erfahrungssatz ausgegangen, **dass angesichts der Vielfalt der individuellen Schaffensmöglichkeiten auf künstlerischem Gebiet eine weitgehende Übereinstimmung von Werken, die auf selbständigem Schaffen beruhen, nach menschlicher Erfahrung nahezu ausgeschlossen erscheint**.[8]

[...]

Kurzkommentierung

In dem vorliegenden Rechtsstreit hat der BGH wesentliche Fragen zur Bearbeitung behandelt.

Zunächst musste der BGH klären, ob der Kläger überhaupt einen Anspruch aus § 97 UrhG geltend machen konnte, da es sich bei dem vorbestehenden Werk um ein gemeinfreies Volkslied handelte. Der BGH sah aber in dem Arrangement des gemeinfreien Volksliedes eine Bearbeitung i. S. d. § 3 UrhG, so dass der Kläger aus einem eigenen Bearbeiterurheberrecht vorgehen konnte. Der BGH legte fest, dass für die Frage der Gewährung eines Bearbeiterurheberrechts i. S. d. § 3 UrhG eine persönlich geistige Schöpfung erforderlich ist und bei der Bestimmung der schöpferischen Elemente das Prinzip der kleinen Münze gelten soll.

Von der Bestimmung des Bearbeiterurheberrechts nach § 3 UrhG ist die Frage zu unterscheiden, ob eine Bearbeitung nach § 23 UrhG vorliegt. Zu Recht geht der BGH davon aus, dass es sich bei § 23 S. 1 UrhG selbst dann um eine Bearbeitung oder weitere Umgestaltung im Sinne der Vorschrift handeln kann, wenn durch die neue Bearbeitung keine neuen schöpferischen Elemente entstanden sind.

Im nächsten Schritt setzte sich der BGH mit der Abgrenzungsproblematik von § 23 S. 1 UrhG und § 24 Abs. 1 UrhG auseinander. Im Gegensatz zur Bearbeitung darf gemäß § 24 Abs. 1 UrhG ein selbstständiges Werk, das in freier Benutzung des Werkes eines anderen geschaffen worden ist, ohne Zustimmung des Urhebers des benutzten Werkes veröffentlicht und verwertet werden.

Der BGH legt ausführlich dar, dass eine freie Benutzung dann nicht vorliegen kann, wenn eine objektive Übereinstimmung bei den schöpferischen Elementen der Vorlage und des neuen Werkes gegeben ist und diese nicht verblassen. Es kommt bei der Prüfung der Übereinstimmung nur auf die eigenschöpferischen Elemente der Vorlage an.

Problematisch ist bei der Abgrenzungsfrage, dass der BGH sowohl bei der Bestimmung des Bearbeiterurheberrechts das Prinzip der kleinen Münze gelten lässt. Dies führt zu einer nicht zu rechtfertigenden Ausweitung des Schutzes des Bearbeiterurhebers im Sinne des § 3 UrhG. Das Prinzip der kleinen Münze sollte zumindest insoweit aufgegeben werden. Dieser Ausweitung versucht der BGH zu begegnen, indem er dem Schutzinteresse des Bearbeiterurhebers weniger Gewicht verleiht, wenn das als Vorlage benutzte Werk nur einen geringen schöpferischen Gehalt besitzt.

Der BGH verlangt für die Anwendung des § 23 UrhG nicht nur eine objektive Übereinstimmung, sondern auch, dass der Bearbeiter subjektiv die Vorlage kannte und zumindest un-

---

7 Vgl. BGH GRUR 1968, 321, 324 – Haselnuss.

8 Vgl. BGH GRUR 1988, 812, 814 – Ein bisschen Frieden.

bewusst verwendet hat. Bei weitgehender objektiver Übereinstimmung hilft der BGH dem Verletzten mit einem Anscheinsbeweis, den der Verwender jedoch ausnahmsweise wiederlegen kann. Im Bereich der Musik kann das Entkräften des Anscheinsbeweises bspw. gelingen, wenn der Verwender nachweisen kann, dass das entsprechende Werkelement auch in anderen Kompositionen verwendet wurde und dieses als Vorbild gegolten haben könnte. Nur so erhält der BGH die Möglichkeit einer Doppelschöpfung.

Literatur
Wandtke/*Wandtke* Urheberrecht 3. Kap. Rn.164 ff.

3.2. Freie Benutzung

BGH Urteil vom 29.04.1999, I ZR 65/96 – Laras Tochter
BGHZ 141, 267
GRUR 1999, 984

Art. 4 Abs. 4 S. 1 Übk. Bern 1928
Art. 6 Abs. 1 Übk. Bern 1928,
§ 2 Abs. 1 Nr. 1 UrhG,
§ 3 S. 1 UrhG,
§ 16 Abs. 1 UrhG,
§ 17 Abs. 1 UrhG,
§ 23 S. 1 UrhG,
§ 24 Abs. 1 UrhG,
§ 31 Abs. 3 UrhG,
§ 97 Abs. 1 S. 1 UrhG,
§ 98 Abs. 1 UrhG,
§ 121 Abs. 4 S. 1 UrhG

Leitsätze
1. Eine Erstveröffentlichung in einem Verbandsland im Sinne der Rom-Fassung der Revidierten Berner Übereinkunft Art 6 Abs. 1 (juris Übk. Bern 1928) ist auch bei einer erstmaligen Veröffentlichung des Werkes in einer Übersetzung gegeben.
2. Der Inhaber umfassender ausschließlicher Nutzungsrechte an einem Werk ist aufgrund seiner dinglichen Rechtsstellung befugt, die Vervielfältigung und Verbreitung einer unfreien Bearbeitung des Werkes zu untersagen, auch wenn ihm selbst eine Werknutzung in dieser Form nicht gestattet ist.
3. Einem Verlag, der Inhaber ausschließlicher Nutzungsrechte an einem Sprachwerk ist, aber einem anderen ein ausschließliches (Unter-)Verlagsrecht eingeräumt hat, können Ansprüche aus Urheberrechtsverletzung zustehen, wenn das Werk unbefugt in einer unfreien Bearbeitung benutzt wird, falls er – etwa wegen einer Beteiligung an den Einnahmen des Unterlizenznehmers – weiterhin ein berechtigtes Interesse an der Rechtsverfolgung hat. Ein Schadensersatzanspruch ist allerdings der Höhe nach auf den Ersatz des Schadens beschränkt, der dem Verlag selbst – trotz der Einräumung der Unterlizenz – durch die unbefugte Werknutzung entstanden ist.
4. Wenn die in einem urheberrechtlich geschützten Roman erzählte Geschichte unter Übernahme wesentlicher, charakteristischer Romangestalten fortgeschrieben wird, kann eine freie Benutzung nur unter ganz besonderen Umständen angenommen werden.

Sachverhalt
Die Kl. ist ein italienisches Verlagsunternehmen.

Im November 1957 veröffentlichte das Unternehmen erstmals den von dem Autor Boris Pasternak verfassten Roman „Dr. Schiwago“ in italienischer Sprache.

Das Originalwerk, welches ursprünglich in russischer Sprache geschrieben wurde, erschien mit Genehmigung der Kl. im Jahre 1958 in den USA und wurde im Jahre 1965 von einer amerikanischen Filmgesellschaft verfilmt.

Unter dem Pseudonym Alexander Mollin verfasste ein englischer Rechtsanwalt eine Fortsetzung des Romans mit dem Namen „Lara´s Child“.

Auf Anfrage beim Sohn des Autors Boris Pasternak erhielt Mollin keine Genehmigung für sein Vorhaben, da der Sohn der Ansicht war, dass es allein im Ermessen des Autors liege, was er zu schreiben beabsichtige.

Trotz der fehlenden Zustimmung des Sohnes erwarb der englische Verlag T die weltweiten Nutzungsrechte an dem Roman von Mollin. Später räumte der Verlag der Bekl. die Nutzungsrechte für Deutschland ein. Dieser vertreibt im Inland eine deutsche Übersetzung des Romans mit dem Titel „Laras Rochter“.

Die Kl. ist der Ansicht, dass durch die Vervielfältigung und die Verbreitung der deutschen Übersetzung in die ihr zustehenden Rechte an dem Roman „Dr. Schiwago“ eingegriffen werde. Denn der Autor Pasternak habe durch die Berner Übereinkunft (RBÜ) durch die Erstveröffentlichung in Italien automatisch auch urheberrechtlichen Schutz in Deutschland erworben.

Zu mal es sich bei der Fortsetzung „Laras Tochter“, durch die Übernahme von Romanfiguren, des zeitlichen Hintergrunds und der Schauplätze des Geschehens, um eine unfreie Bearbeitung des Romans „Dr. Schiwago“ handle.

Entscheidungsgründe

I. […]

3. […]

b) […]

(3) […] Bei der Frage, ob in freier Benutzung eines geschützten älteren Werkes ein selbständiges neues Werk geschaffen worden ist, kommt es entscheidend auf den Abstand an, den das neue Werk zu den entlehnten eigenpersönlichen Zügen des benutzten Werkes hält. Dabei ist kein zu milder Maßstab anzulegen. Eine freie Benutzung setzt daher voraus, dass angesichts der Eigenart des neuen Werkes die entlehnten eigenpersönlichen Züge des geschützten älteren Werkes verblassen.[1] In der Regel geschieht dies dadurch, dass die dem geschützten älteren Werk entlehnten eigenpersönlichen Züge in dem neuen Werk in der Weise zurücktreten, dass das neue Werk nicht mehr in relevantem Umfang das ältere benutzt, so dass dieses nur noch als Anregung zu neuem, selbständigem Werkschaffen erscheint.

aa) […]

bb) […] Der für eine freie Benutzung erforderliche Abstand zu den entlehnten eigenpersönlichen Zügen des benutzten Werkes kann – selbst bei deutlichen Übernahmen – auch dadurch gegeben sein, dass das neue Werk zu den entlehnten eigenpersönlichen Zügen des älteren Werkes einen so großen inneren Abstand hält, dass das neue Werk seinem Wesen nach als selbständig anzusehen ist. Auch in einem solchen Fall „verblassen“ in einem weiteren Sinn die entlehnten eigenpersönlichen Züge des älteren Werkes in dem neuen; sie werden von dessen eigenschöpferischem Gehalt „überlagert.[2]„ Die sicher häufigste Fallgestaltung dieser Art ist die eigenschöpferische Parodie. Es ist aber nicht ausgeschlossen, dass aus einem Werk auch in anderer Weise eigenpersönliche Elemente zu dem Zweck entlehnt werden, sich mit diesem Werk und dessen Thematik schöpferisch auseinanderzusetzen. Gerade in einem sol-

---

1 Vgl. BGH GRUR 1959, 379, 381 – Gasparone; Urt. v. 26.3.1971 – I ZR 77/69, GRUR 1971, 588, 589 – Disney-Parodie; BGHZ 122, 53, 60 – Alcolix, jeweils m. w. N.

2 Vgl. BGHZ 122, 53, 60 f. – Alcolix; vgl. auch Chakraborty, Das Rechtsinstitut der freien Benutzung im Urheberrecht, 1997, S. 72 ff.

chen Fall ist aber eine strenge Beurteilung angebracht, ob das neue Werk durch eigenschöpferische Leistung in dem Maß einen inneren Abstand zu den entlehnten eigenpersönlichen Zügen gewonnen hat, dass von einem selbständigen Werk gesprochen werden kann.[3] So wird allenfalls unter ganz besonderen Umständen eine freie Benutzung anzunehmen sein, wenn die in einem Roman erzählte Geschichte unter Übernahme wesentlicher, charakteristischer Gestalten daraus fortgeschrieben wird.[4] [...]

Eine abschließende wertende Gesamtschau, in der zu prüfen ist, ob angesichts der Eigenart des neuen Werkes die eigenpersönlichen Züge des Übernommenen so zurücktreten, dass von einem selbständigen neuen Werk gesprochen werden kann,[5] bestätigt die Beurteilung des Berufungsgerichts. Das Berufungsgericht hat dabei zutreffend die besondere schöpferische Eigenprägung des hier benutzten Werkes berücksichtigt[6] und ebenso zu Recht als bedeutungslos angesehen, wieviel dem Übernommenen an Neuem, insbesondere durch die Fortentwicklung der Handlung, angefügt worden ist.[7] [...]

Kurzkommentierung

Die BGH-Entscheidung hat im Grunde die Rechtsprechung fortgesetzt, wonach eine freie Benutzung i. S. d. § 24 UrhG eines geschützten Werkes dann vorliegt, wenn das neue Werk zu den entlehnten eigenpersönliche Zügen des benutzten Werkes Abstand hält.

Die Eigenart des neuen Werkes führt dazu, dass die entlehnten eigenpersönlichen Züge des älteren Werkes verblassen. Der BGH lehnt mittels der **Verblassungstheorie** im Falle eines Fortsetzungsromans die freie Benutzung ab, weil der entlehnte Romanstoff aus „Dr. Schiwago“ nicht in dem Fortsetzungsroman „Laras Tochter“ verblasst.

Für die Beurteilung, ob eine freie oder unfreie Benutzung eines Werkes vorliegt, ist kein zu milder Maßstab anzulegen.

Im Grunde wird mit der freien Benutzung i. S. d. § 24 UrhG ein eigenständiges Werk nach § 2 Abs. 2 UrhG geschaffen. Es liegt dann ein selbstständiges Werk vor.[8]

Das ältere geschützte Werk dient gleichsam als Anregung für das eigene Werkschaffen. Letztlich kommt es auf den Gesamteindruck an. Es gilt die **Faustregel:** Je stärker die Individualität die Gestaltung der Formgebung des Originalwerkes prägt ist, desto größer muss der gestalterische Abstand der Formgebung des neuen Werkes sein.

Literatur

Wandtke/*Wandtke* Urheberrecht 3. Kap. Rn.177.

3.3. Tonträger/Freie Benutzung

BGH Urteil vom 20.11.2008, I ZR 112/06 – Metall auf Metall
GRUR 2009, 403

§ 85 Abs. 1 S. 1 UrhG
§ 24 Abs. 1 UrhG

---

3 Vgl. BGHZ 122, 53, 61 – Alcolix.

4 Vgl. dazu auch Möhring/Nicolini, UrhG, § 24 Anm. 2 j cc; Schricker/Loewenheim aaO § 24 Rn. 21; Fromm/Nordemann/Vinck, Urheberrecht, 9. Aufl., § 24 Rn. 6; Ulmer, Urheber- und Verlagsrecht, 3. Aufl., S. 121, 276 f.; Schack aaO Rn. 245; Rehbinder, Urheberrecht, 9. Aufl., S. 169; Wanscher aaO S. 108 ff.; Ruijsenaars, Character Merchandising, 1997, S. 208 f.

5 Vgl. BGHZ 122, 53, 59 – Alcolix; BGH, Urt. v. 28.5.1998 – I ZR 81/96, GRUR 1998, 916, 918 <zum Abdruck in BGHZ vorgesehen> – Stadtplanwerk, jeweils m. w. N.

6 Vgl. BGH, Urt. v. 24.1.1991 – I ZR 72/89, GRUR 1991, 533, 534 – Brown Girl II; Schricker/Loewenheim aaO § 24 Rn. 10, jeweils m. w. N.

7 Vgl. BGH, Urt. v. 21.11.1980 – I ZR 106/78, GRUR 1981, 352, 353 – Staatsexamensarbeit, m. w. N.

8 BGH GRUR 2009, 403, 406 – Metall auf Metall.

Leitsätze

1. Ein Eingriff in das durch § 85 Abs. 1 Satz 1 UrhG geschützte ausschließliche Recht des Tonträgerherstellers ist bereits dann gegeben, wenn einem Tonträger kleinste Tonfetzen entnommen werden.
2. Die Regelung des § 24 Abs. 1 UrhG ist im Falle der Benutzung eines fremden Tonträgers grundsätzlich entsprechend anwendbar. Eine entsprechende Anwendung dieser Bestimmung kommt allerdings nicht in Betracht, wenn es möglich ist, die auf dem Tonträger aufgezeichnete Tonfolge selbst einzuspielen oder es sich bei der erkennbar dem benutzten Tonträger entnommenen und dem neuen Werk zugrunde gelegten Tonfolge um eine Melodie handelt.

Sachverhalt

Die Kl. sind Mitglieder der Musikgruppe „Kraftwerk", die im Jahre 1977 einen Tonträger veröffentlichten, auf dem sich u.a. das Lied „Metall auf Metall" zu finden ist.

Die Bekl. komponierten das Musikstück „Nur mir", das die beklagte Sängerin, Sabrina Setlur, in zwei unterschiedlichen Versionen einspielte und im Jahre 1997 veröffentlichte.

Die Kl. sind der Ansicht, dass die Bekl. ihre Rechte als Tonträgerhersteller und ausübender Künstler verletzt habe, in dem sie eine ca. zwei Sekunden lange Rhythmussequenz aus ihrem Lied „Metall auf Metall" elektronisch kopiert („gesampelt") und dem Lied „Nur mir" in fortlaufender Wiederholung unterlegt habe. Außerdem seien dadurch auch die Urheberrechte des Komponisten des Titels „Metall auf Metall" verletzt worden, der seine Rechte zur Wahrnehmung dem gemeinsamen Musikverlag übertragen hätte.

Entscheidungsgründe

I. […]

II. […]

1. […]

2. […]

a) […]

b) […]

Die Qualität oder die Quantität der von einem Tonträger entnommenen Töne kann, wie die Revision mit Recht rügt, kein taugliches Kriterium für die Beurteilung sein, ob die Übernahme von Ausschnitten eines Tonträgers in die Rechte des Tonträgerherstellers eingreift. Die Leistungsschutzrechte des Tonträgerherstellers bestehen unabhängig von der Qualität oder der Quantität der auf dem Tonträger festgelegten Töne und erstrecken sich auf Tonträger mit Tonaufnahmen jeglicher Art.[1] Es kommt nicht darauf an, ob es sich bei der Tonfolge um ein schöpferisches Werk oder eine künstlerische Darbietung handelt und ob sie dementsprechend Urheberrechtsschutz oder Leistungsschutz genießt. Ein Leistungsschutzrecht des Tonträgerherstellers besteht beispielsweise auch an Tonträgern, auf denen Tierstimmen aufgenommen sind. Desgleichen ist die Länge der Tonaufnahme ohne Bedeutung. Das Leistungsschutzrecht des Tonträgerherstellers umfasst auch Tonträger, die nur wenige Töne enthalten. Nicht nur der Tonträger mit der Aufnahme einer mehrsätzigen Sinfonie, sondern auch der Tonträger mit der Aufnahme eines kurzen Vogelgezwitschers ist geschützt.[2] Darüber hinaus würde ein Abstellen auf qualitative oder quantitative Kriterien – wie beispielsweise darauf, ob ein substantieller Teil des Tonträgers vervielfältigt wird, in dem sich seine wettbewerbliche Eigenart widerspiegelt,[3] oder

1 *Schulze* in Dreier/Schulze aaO § 85 UrhG Rn. 15; *Hertin* GRUR 1989, 578; *ders.* GRUR 1991, 722, 730; *Häuser* aaO S. 109 f.

2 *Schulze* ZUM 1994, 15, 20.

3 Schricker/*Vogel* aaO § 85 UrhG Rn. 43.

ob der entnommene Teil im übernehmenden Stück erkennbar bleibt[4] – zu Abgrenzungsschwierigkeiten und damit zu Rechtsunsicherheit führen.[5]

bb) Die Beurteilung des Berufungsgerichts ist jedoch im Ergebnis zutreffend. Selbst die Entnahme kleinster Tonpartikel stellt einen Eingriff in die durch § 85 Abs. 1 S. 1 UrhG geschützte Leistung des Tonträgerherstellers dar. Schutzgegenstand des § 85 Abs. 1 S. 1 UrhG ist nicht der Tonträger oder die Tonfolge selbst, sondern die zur Festlegung der Tonfolge auf dem Tonträger erforderliche wirtschaftliche, organisatorische und technische Leistung des Tonträgerherstellers.[6] Da der Tonträgerhersteller diese unternehmerische Leistung für den gesamten Tonträger erbringt, gibt es keinen Teil des Tonträgers, auf den nicht ein Teil dieses Aufwands entfiele und der daher nicht geschützt wäre.[7] Die für die Aufnahme erforderlichen Mittel müssen für den kleinsten Teil der Aufnahme genauso bereitgestellt werden wie für die gesamte Aufnahme;[8] selbst der kleinste Teil einer Tonfolge verdankt seine Festlegung auf dem Tonträger der unternehmerischen Leistung des Herstellers.[9] In diese unternehmerische Leistung greift auch derjenige ein, der einem fremden Tonträger kleinste Tonfetzen entnimmt.

Es kommt nicht darauf an, ob derjenige, der in die Rechte des Tonträgerherstellers eingreift, dadurch einen wirtschaftlichen Vorteil erzielt oder eigenen Aufwand erspart oder ob der Tonträgerhersteller durch diesen Eingriff einen messbaren und nachweisbaren wirtschaftlichen Nachteil erleidet.[10] [...]

3. [...].

b) Die Regelung des § 24 Abs. 1 UrhG ist jedoch im Falle der Benutzung eines fremden Tonträgers grundsätzlich entsprechend anwendbar.[11] Auf die Verwertungsrechte des Tonträgerherstellers sind nach § 85 Abs. 4 UrhG die für das Urheberrecht geltenden Schrankenregelungen im 6. Abschnitt des 1. Teils des UrhG entsprechend anzuwenden. Auch bei der Bestimmung des § 24 Abs. 1 UrhG handelt es sich der Sache nach um eine, wenn auch an anderer Stelle des Urheberrechtsgesetzes geregelte Schranke des Urheberrechts. [...]

c) [...]

aa) Aus dem Sinn und Zweck des § 24 Abs. 1 UrhG, eine Fortentwicklung des Kulturschaffens zu ermöglichen, ergibt sich nicht nur der Grund, sondern auch eine Grenze für eine entsprechende Anwendung dieser Bestimmung. Ist derjenige, der die auf einem fremden Tonträger aufgezeichneten Töne oder Klänge für eigene Zwecke verwenden möchte, imstande, diese selbst herzustellen, stehen die Rechte des Tonträgerherstellers einer Fortentwicklung des Kulturschaffens nicht im Wege. In diesem Fall gibt es für einen Eingriff in seine unternehmerische Leistung keine Rechtfertigung. Die Regelung des § 24 Abs. 1 UrhG ist daher nicht entsprechend anwendbar, wenn es möglich ist, die auf dem Tonträger aufgezeichnete Tonfolge selbst einzuspielen. Es kann nicht abschließend beurteilt werden, ob im vorliegenden Rechtsstreit aus

---

4 *Ullmann* in jurisPR-WettbR 10/2006, Anm. 3; *Wegener* aaO S. 240 ff.

5 *Dierkes* aaO S. 26.

6 Vgl. Begründung des Regierungsentwurfs, BT-Drs. IV/270 in UFITA 45 [1965], 240, 314; *Schulze* in Dreier/Schulze aaO § 85 UrhG Rn. 15; Schricker/*Vogel* aaO § 85 UrhG Rn. 18; Wandtke/Bullinger/*Schaefer* aaO § 85 UrhG Rn. 2.

7 Vgl. zum Leistungsschutz des Filmherstellers nach §§ 94, 95 UrhG BGHZ 175, 135 Tz. 18 f. – TV-Total.

8 *Schulze* in Dreier/Schulze aaO § 85 Rn. 25.

9 *Spieß* ZUM 1991, 524, 534; *Weßling* aaO S. 161; *Bindhardt* Der Schutz von in der Popularmusik verwendeten elektronisch erzeugten Einzelsounds nach dem Urheberrechtsgesetz und dem Gesetz gegen den unlauteren Wettbewerb, 1998, S. 129 f.

10 *Hertin* GRUR 1991, 722, 730 f.; a. A. OLG Hamburg GRUR Int. 1992, 390, 391 und NJW-RR 1992, 746, 748; *Münker* aaO S. 252 f.; *Bindhardt* aaO S. 131 f.; *Häuser* aaO S. 111.

11 *Rehbinder* Urheberrecht, 15. Aufl., Rn. 815 und 379; *Wegener* aaO S. 245; vgl. BGHZ 175, 135 Tz. 24 ff. – TV-Total, zur entsprechenden Anwendbarkeit des § 24 Abs. 1 UrhG auf eine Benutzung von Filmträgern; a. A. *Schack* Urheber- und Urhebervertragsrecht, 4. Aufl., Rn. 624; *Dierkes* aaO S. 23 f.

diesem Grund eine entsprechende Anwendung des § 24 Abs. 1 UrhG ausscheidet. Das Berufungsgericht hat offen gelassen, ob die Beklagten die übernommene Rhythmussequenz selbst hätten erzeugen können.

bb) Eine entsprechende Anwendung des § 24 Abs. 1 UrhG ist ferner ausgeschlossen, wenn es sich bei der auf dem Tonträger aufgezeichneten Tonfolge um ein Werk der Musik handelt und diesem durch die Benutzung des Tonträgers erkennbar eine Melodie entnommen und einem neuen Werk zugrunde gelegt wird (§ 24 Abs. 2 UrhG). In einem solchen Fall kann sich derjenige, der in das Leistungsschutzrecht des Tonträgerherstellers eingreift, ebenso wenig wie derjenige, der in das Urheberrecht des Komponisten eingreift, auf ein Recht zur freien Benutzung nach § 24 Abs. 1 UrhG berufen. Auch insoweit kann mangels ausreichender Feststellungen des Berufungsgerichts nicht beurteilt werden, ob eine entsprechende Anwendung des § 24 Abs. 1 UrhG ausgeschlossen ist.

d) Bei der entsprechenden Anwendung des § 24 Abs. 1 UrhG auf Tonträger gelten grundsätzlich keine anderen Anforderungen als bei der unmittelbaren Anwendung auf Werke. Auch die Benutzung fremder Tonträger ist ohne Zustimmung des Berechtigten nur erlaubt, wenn dabei ein selbständiges Werk geschaffen wird.[12] Einer entsprechenden Heranziehung der nach § 24 UrhG geltenden Anforderungen an eine freie Benutzung steht, anders als die Revisionserwiderung meint, nicht entgegen, dass der zur Beurteilung der Selbständigkeit erforderliche Vergleich zwischen dem schöpferischen Gehalt des benutzten Tonträgers und dem schöpferischen Gehalt des neuen Werkes nicht möglich ist, weil die durch § 85 Abs. 1 UrhG geschützte unternehmerische Leistung des Tonträgerherstellers keinen eigenschöpferischen Gehalt hat.[13] [...]

Kurzkommentierung

Das **Leistungsschutzrecht des Tonträgerherstellers** nach § 85 UrhG ist Gegenstand des vorliegenden Rechtsstreits. Der BGH zeigt in anschaulicher Weise, dass das Leistungsschutzrecht des Tonträgers nicht nur kleinste Tonfetzen von urheberrechtlich geschützten Werken, sondern auch urheberrechtlich und leistungsschutzrechtlich nicht geschützte Elemente erfasst, d.h. Tonaufnahmen jeglicher Art. Damit hat der BGH den lange währenden Streit, ob auch die kleinste Übernahme von Elementen eines Tonträgers das Leistungsschutzrecht nach § 85 UrhG verletzt, grundsätzlich bejaht. Begründet hat dies der BGH mit dem unterschiedlichen Gegenstand des Urheberrechtsschutzes und des Leistungsschutzes nach § 85 UrhG.

Schutzgegenstand des § 85 UrhG ist die erforderliche wirtschaftliche, organisatorische und technische Leistung die erbracht werden muss, die zur erstmaligen Aufzeichnung des Tonmaterials auf einem Tonträger führt. Der Schutzgegenstand ist nach Auffassung des BGH schon dann betroffen, wenn kleinste Tonpartikel entnommen werden. Bedeutsam ist die Feststellung, dass es nicht darauf ankommt, ob der Verletzer einen wirtschaftlichen Vorteil hat oder nicht. Damit wirkt das Leistungsschutzrecht des Tonträgers im Grunde weiter als das Recht des Urhebers. Sein Schutz ist immer an das geschützte Werk gebunden.

Der BGH schränkt den Schutzbereich des § 85 UrhG jedoch empfindlich durch eine analoge Anwendung des § 24 UrhG ein. Diesen Schritt geht der BGH, da die Schrankenregelungen der §§ 44a ff. UrhG, auf die § 85 Abs. 4 UrhG verweist, keine Möglichkeiten geben den weiten Leistungsschutz des Tonträgerherstellers im Interesse der Fortentwicklung des Kulturschaffens einzuschränken. Der BGH bejaht eine analoge Anwendung von § 24 Abs. 1 UrhG für den Fall, dass der gesampelte Teil nicht durch den das Sample Verwendenden selbst eingespielt werden könne und der gesampelte Teil nicht eine Melodie im Sinne des § 24 Abs. 2 UrhG enthalte.

12 Vgl. BGHZ 175, 135 Tz. 25 ff. – TV-Total, zur Benutzung eines Filmträgers.

13 Vgl. *Dierkes* aaO S. 23 f.

Auch wenn die Beweggründe des BGHs nachvollziehbar sind, so stößt die Rechtsauffassung des BGH dennoch auf schwerwiegende Bedenken. Zunächst ist die analoge Anwendung von § 24 Abs. 1 UrhG auf Eingriffe in das Tonträgerherstellerrecht abzulehnen. § 24 UrhG ist nicht als allgemeine Schranke vom Gesetzgeber konzipiert worden, sondern als Ergänzung zu § 23 UrhG. Ein Bearbeitungsrecht steht dem Tonträgerhersteller nun aber gerade nicht zu. Damit bestehen keine vergleichbaren Interessenslagen, so dass die Voraussetzungen einer Analogie entgegen der Ansicht des BGH nicht vorliegen. Dies zeigt sich darüber hinaus auch an den unterschiedlichen Schutzgegenständen. Während § 24 UrhG die freie Benutzung eines Werkes des Urhebers betrifft, erfasst § 85 UrhG die unternehmerische Leistung als Investitionsschutz. § 24 UrhG kann damit nicht als Schrankenregelung i. S. d. §§ 44 a ff. UrhG umgedeutet werden. Folgt man der Auffassung des BGH, ergeben sich weitere Probleme. Der BGH schränkt die Anwendbarkeit von § 24 Abs. 1 UrhG für den Fall ein, „*wenn es möglich ist, die auf dem Tonträger aufgezeichnete Tonfolge selbst einzuspielen*". Begründet wird die Einschränkung damit, dass dann § 24 Abs. 1 UrhG von seinem Sinn und Zweck der Förderung des Kulturschaffens nicht mehr anzuwenden sei. Was bedeutet diese Einschränkung für die Praxis? Wann ist man im Sinne der Einschränkung in der Lage eine Tonfolge selbst einzuspielen? Meint der BGH, dass man lediglich in der Lage sein muss, die Tonfolge herzustellen oder auch mit demselben künstlerischen Ausdruck, derselben technischen Versiertheit und demselben Sound – oder erwartet der BGH, dass man unter Umständen Dritte beauftragen muss, diese Tonfolge herzustellen? Wann „verblasst" die wirtschaftliche Leistung des ursprünglichen Tonträgerherstellers durch die andere Art der Verwendung des Samples in dem zweiten? Die Begrifflichkeit des Verblassens, die bei dem schöpferischen Akt verständlich und nachvollziehbar ist, wirft aufgrund des unterschiedlichen Schutzgegenstands des § 85 UrhG eher Fragen auf, als dass sie Antworten gibt. Es zeigt sich, dass das einschränkende Kriterium der „Selbstherstellung" zu unbestimmt ist und die bisher vom BGH entwickelten Kriterien zu § 24 Abs.1 UrhG nicht geeignet sind, den Schutzumfang des § 85 UrhG klar und deutlich einzuschränken. Bei der Heranziehung und Anwendung von § 24 Abs. 2 UrhG vermischt der BGH endgültig die unterschiedlichen Schutzgegenstände vom Urheberrechtsschutz und vom Leistungsschutzrecht nach § 85 UrhG. Gerade an § 24 Abs.2 UrhG wird deutlich, dass die Regelung ungeeignet ist, als allgemeine generalisierende Schranke gebraucht zu werden. In dem vorliegenden Urteil zeigt sich, dass die Schrankenkonzeption des deutschen Urheberrechtsgesetz mit der Ausgestaltung einzelner konkreter Schrankenregelungen an seine Grenzen kommt und es in der Tat zu überlegen ist, ob diese Konzeption nicht einer allgemeinen Generalklausel im Sinne eines „fair use" nach amerikanischem Vorbild weichen sollte. Denn im Ergebnis ist dem BGH zuzustimmen, dass es nicht sein kann, dass dem Tonträgerhersteller ein uferloser Schutz zugestanden werden soll über § 85 UrhG. Dies ist mit dem Schutzgegenstand des § 85 UrhG nicht vereinbar.

Literatur
Wandtke/*Schunke* Urheberrecht 5. Kap. Rn.10.

3.4. Abstracts/unfreie Benutzung

BGH, Urteil vom 1.12.2010, I ZR 12/08 – Perlentaucher
GRUR 2011, 134

§ 12 Abs. 2 UrhG
§ 23 UrhG
§ 24 Abs. 1 UrhG
§ 23 MarkenG

Leitsätze[1]

1. Wird der gedankliche Inhalt eines Schriftwerks – und so auch der Inhalt einer Buchrezension dargestellt – allein aufgrund seiner sprachlichen Gestaltung Urheberrechtsschutz. Die Zusammenfassung (Abstract) kann grundsätzlich eine urheberrechtlich unbedenkliche freie Benutzung dieses Schriftwerks i. S. d. § 24 Abs. 1 UrhG sein. Enthält eine solche Zusammenfassung auch Formulierungen, auf denen die schöpferische Eigenart des Schriftwerks beruht, ist zu prüfen, ob eine abhängige Bearbeitung nach § 23 UrhG oder eine freie Benutzung nach § 24 UrhG vorliegt. Bei dieser Prüfung kommt es darauf an, ob die Zusammenfassung trotz dieser Übereinstimmungen in der Gesamtschau einen so großen äußeren Abstand zum Schriftwerk einhält, dass sie als ein selbständiges neues Werk anzusehen ist.
2. Die in Rede stehenden Abstracts sind nicht dazu geeignet und bestimmt, die Lektüre der Originalrezensionen zu ersetzen. Für die Beurteilung, ob eine abhängige Bearbeitung oder eine freie Benutzung vorliegt, kommt es nicht darauf an, ob das neue Werk dazu geeignet oder bestimmt ist, das ältere Werk zu ersetzen. Dieses Kriterium besagt nichts über die schöpferische Selbständigkeit des neuen Werkes gegenüber dem älteren Werk aus.
3. Die Mitteilung oder Beschreibung des Inhalts eines Werkes, das mit Zustimmung des Urhebers veröffentlicht ist, darf jedenfalls dann nicht ohne Einwilligung des Urhebers des bearbeiteten oder umgestalteten Werkes veröffentlicht oder verwertet werden, wenn diese Inhaltsmitteilung oder Inhaltsbeschreibung eine Bearbeitung oder Umgestaltung des Werkes nach § 23 S. 1 UrhG darstellt. § 12 Abs. 2 UrhG erweitert den Schutz des Urhebers. Eine Einschränkung der Rechte des Urhebers nach der Veröffentlichung seines Werkes lässt sich aus § 12 Abs. 2 UrhG nicht herleiten.
4. Die Benutzung des Zeichens verstößt auch dann nicht gegen die guten Sitten nach § 23 Abs. 2 MarkG, wenn die Zusammenfassungen das Urheberrecht an den Originalrezensionen verletzten. Für die Beurteilung der Sittenwidrigkeit einer Zeichenbenutzung ist es nicht relevant, ob die Zeichenbenutzung im Zusammenhang mit einer Urheberrechtsverletzung steht.
5. Ansprüche aus ergänzendem wettbewerbsrechtlichem Leistungsschutz nach § 4 Nr. 9 UWG scheitern daran, dass die Originalrezensionen keine wettbewerbliche Eigenart haben. Ein Erzeugnis besitzt wettbewerbliche Eigenart, wenn dessen konkrete Ausgestaltung oder bestimmte Merkmale geeignet sind, die interessierten Verkehrskreise auf seine betriebliche Herkunft oder seine Besonderheiten hinzuweisen. Die interessierten Verkehrskreise können an der konkreten Ausgestaltung oder bestimmten Merkmalen der Originalrezensionen nicht erkennen, dass diese aus der Frankfurter Allgemeinen Zeitung stammen oder Besonderheiten aufweisen, die ihnen wettbewerbliche Eigenart verleihen könnten.

Sachverhalt

Die Klägerin verlegt die „Frankfurter Allgemeine Zeitung" (FAZ). Sie ist Inhaberin der unter anderem für Zeitungen und Zeitschriften eingetragenen Wortmarken „Frankfurter Allgemeine Zeitung für Deutschland" und „FAZ".

Die Beklagte betreibt auf der Website „perlentaucher.de" ein Kulturmagazin, auf dem sie auch Zusammenfassungen (Abstracts) von Buchrezensionen aus verschiedenen renommierten Zeitungen einstellt. Dazu gehören Buchkritiken aus der „Frankfurter Allgemeinen Zeitung", die die Beklagte unter der Überschrift „Notiz zur FAZ" in deutlich verkürzter Form wiedergibt. Die Abstracts sind von Mitarbeitern der Beklagten verfasst und enthalten besonders aussagekräftige Passagen aus den Originalrezensionen.

Die Beklagte hat den Internet-Buchhandlungen „amazon.de" und „buecher.de" Lizenzen zum Abdruck dieser Zusammenfassungen erteilt.

---

1 Leitsätze von A.-A. Wandtke.

Die Klägerin sieht in dieser Verwertung eine Verletzung des Urheberrechts an den Rezensionen, eine Verletzung der Rechte an den Marken „Frankfurter Allgemeine Zeitung für Deutschland" und „FAZ" und einen Verstoß gegen das Wettbewerbsrecht unter den Gesichtspunkten der vermeidbaren Herkunftstäuschung, der unangemessenen Rufausnutzung und der unlauteren Behinderung.

Die Klägerin nimmt die Beklagte auf Unterlassung, Auskunftserteilung und Feststellung der Schadensersatzpflicht aus Urheberrecht, Markenrecht und Wettbewerbsrecht in Anspruch.

Entscheidungsgründe

[...]

I. [...]

1. [...]

[...] Die urheberrechtliche Zulässigkeit einer Verwertung der Abstracts hängt davon ab, ob diese als abhängige Bearbeitung (§ 23 UrhG) oder als freie Benutzung (§ 24 UrhG) der Originalrezensionen anzusehen sind (dazu sogleich unter C I 2 c). Dabei kommt es darauf an, inwieweit das neue Werk mit dem benutzten Werk in Merkmalen übereinstimmt, auf denen die schöpferische Eigenart des benutzten Werkes beruht.[2] Allein der Umstand, dass das neue Werk Originaltextstellen des benutzten Werkes enthält, die lediglich durch Füllwörter oder Satzteile aneinandergereiht sind (Antrag zu II) oder Originaltextstellen der benutzten Werke bestimmter Autoren aufweist (Antrag zu III), besagt daher nicht, dass das neue Werk eine abhängige Bearbeitung des älteren Werkes ist. Das ist etwa dann nicht der Fall, wenn es sich bei den übernommenen Originaltextstellen um gebräuchliche Formulierungen handelt. [...]

bb) [...] Ebenso wie bei der Parodie komme es daher auch beim Abstract darauf an, ob dieses einen so großen inneren Abstand zum benutzten Werk einhalte, dass es als selbständig anzusehen sei. Anders als bei der Parodie könne beim Abstract insoweit aber nicht auf das Kriterium der antithematischen Bearbeitung abgestellt werden. Da ein Abstract den Zweck habe, den Inhalt des Originalwerkes möglichst genau mitzuteilen, könne dieser Abstand nur durch eine selbständige Gestaltung erreicht werden.

Ob eine selbständige Gestaltung vorliege, hänge wesentlich von folgenden vier Kriterien ab: Der eigenständige schöpferische Gehalt des Abstracts sei umso größer, je stärker es das Originalwerk komprimiere und dabei gleichwohl dessen wesentliche Gedanken mitteile. Die Individualität des Abstracts sei umso größer, je weiter es sich vom Aufbau des Originalwerkes entferne. Es komme ferner darauf an, inwieweit das Abstract Passagen aus dem Originalwerk wörtlich oder fast wörtlich übernehme; dabei habe die wörtliche Übernahme rein beschreibender Begriffe außer Betracht zu bleiben, weil insoweit kein Gestaltungsspielraum bestehe. Schließlich sei die Wertentscheidung des Art. 5 Abs.1 GG zu berücksichtigen, der nicht nur die Verbreitung eigener Meinungen, sondern auch die bloße Berichterstattung schütze.

2. [...]

c) [...]

bb) [...]

(1) **Bei der Frage, ob in freier Benutzung eines geschützten älteren Werkes ein selbständiges neues Werk geschaffen worden ist, kommt es nach ständiger Rechtsprechung des Senats entscheidend auf den Abstand an, den das neue Werk zu den entlehnten eigenpersönlichen Zügen des benutzten Werkes hält. Eine freie Benutzung setzt** – wie das Berufungsgericht noch zutreffend angenommen hat – **voraus, dass angesichts der Eigenart des neuen Werkes die entlehnten eigenpersönlichen Züge des geschützten älteren Wer-**

[2] Vgl. BGH Urteil vom 11. März 1993 – I ZR 263/91, BGHZ 122, 53, 58 f. – Alcolix.

kes verblassen.[3] **In der Regel ist diese Voraussetzung erfüllt, wenn die dem geschützten älteren Werk entlehnten eigenpersönlichen Züge im neuen Werk zurücktreten, so dass die Benutzung des älteren Werkes durch das neuere nur noch als Anregung zu einem neuen, selbständigen Werkschaffen erscheint.**[4]

Der für eine freie Benutzung erforderliche Abstand zu den entlehnten eigenpersönlichen Zügen des benutzten Werkes kann – selbst bei deutlichen Übernahmen – aber auch gegeben sein, wenn das neue Werk zu den entlehnten eigenpersönlichen Zügen des älteren Werkes einen so großen inneren Abstand hält, dass es seinem Wesen nach als selbständig anzusehen ist. [...]

[...] **Der Zweck eines Abstracts besteht zwar in der Mitteilung des Inhalts der Originalrezension. Ein Abstract muss den Inhalt der Originalrezension aber** entgegen der Ansicht des Berufungsgerichts **nicht zwangsläufig in einer Weise mitteilen, dass die Eigenheiten der Originalrezension erkennbar bleiben.**

Die urheberrechtlich geschützte, schöpferische Eigenart einer Buchrezension liegt in aller Regel nicht in ihrem Inhalt, sondern in ihrer Form und insbesondere in ihren Formulierungen. Bei einem Schriftwerk kann die urheberrechtlich geschützte, individuelle geistige Schöpfung sowohl in der von der Gedankenführung geprägten Gestaltung der Sprache als auch in der Sammlung, Auswahl, Einteilung und Anordnung des Stoffes zum Ausdruck kommen.[5] Soweit die schöpferische Kraft eines Schriftwerkes dagegen allein im innovativen Charakter seines Inhalts liegt, kommt ein Urheberrechtsschutz nicht in Betracht.[6] Der gedankliche Inhalt eines Schriftwerkes muss einer freien geistigen Auseinandersetzung zugänglich sein.[7] Die einem Schriftwerk zugrunde liegende Idee ist daher urheberrechtlich grundsätzlich nicht geschützt.[8] Anders kann es sich verhalten, wenn diese Idee eine individuelle Gestalt angenommen hat, wie dies beispielsweise bei der eigenschöpferischen Gestaltung eines Romanstoffs der Fall ist. Dann kann die auf der individuellen Phantasie des Dichters beruhende Fabel wie etwa der Gang der Handlung, die Charakteristik der Personen oder die Ausgestaltung von Szenen urheberrechtlich geschützt sein.[9] Eine Buchrezension enthält jedoch keine solche Fabel, sondern erschöpft sich regelmäßig in einer Darstellung und Beurteilung des besprochenen Werkes.

Es ist nach der Lebenserfahrung ohne Weiteres möglich, den gedanklichen Inhalt eines Schriftwerks – und so auch den Inhalt einer Buchrezension – **in eigenen Worten zusammenzufassen.** Genießt das Schriftwerk – wie in aller Regel eine Buchrezension – allein aufgrund seiner sprachlichen Gestaltung Urheberrechtsschutz, so stellt eine solche Zusammenfassung grundsätzlich eine urheberrechtlich unbedenkliche freie Benutzung dieses Schriftwerks im Sinne des § 24 Abs. 1 UrhG dar.[10] Enthält eine solche Zusammenfassung auch Formulierungen, auf denen die schöpferische Eigenart des Schriftwerks beruht, ist zu prüfen, ob eine abhängige Bearbeitung oder eine freie Benutzung vorliegt. Für diese Prüfung, die in erster Linie eine tatrichterliche Aufgabe ist, bedarf es keiner besonderen Maßstäbe, sondern gelten die hergebrachten Grundsätze. **Danach kommt es darauf an, ob die Zusammenfassung trotz dieser Überein-**

---

3 BGHZ 122, 53, 60 – Alcolix; BGH, Urteil vom 29. April 1999 – I ZR 65/96, BGHZ 141, 267, 280 – Laras Tochter, mwN.

4 BGHZ 122, 53, 60 – Alcolix; BGHZ 141, 267, 280 – Laras Tochter; BGH, Urteil vom 20. März 2003 – I ZR 117/00, BGHZ 154, 260, 267 – Gies-Adler, mwN.

5 BGH Urteil vom 16. Januar 1997 – I ZR 9/95, BGHZ 134, 250, 254 f. – CB-infobank I; Urteil vom 6. Mai 1999 – I ZR 199/96, BGHZ 141, 329, 333 f. – Tele-Info-CD.

6 BGH Urteil vom 11. April 2002, GRUR 2002, 958, 959 = WRP 2002, 1177 – Technische Lieferbedingungen.

7 Schricker/*Loewenheim* Urheberrecht, 4. Aufl., § 2 UrhG Rn. 59 und 84.

8 Schricker/*Loewenheim* aaO § 24 UrhG Rn. 19; *Schulze* in Dreier/Schulze, UrhG, 3. Aufl., § 24 Rn. 22, jeweils mwN.

9 BGHZ 141, 267, 279 – Laras Tochter.

10 Vgl. BGH Urteil vom 21. November 1980 – I ZR 106/78, GRUR 1981, 352, 354 und 355 – Staatsexamensarbeit.

stimmungen in der Gesamtschau einen so großen äußeren Abstand zum Schriftwerk einhält, dass sie als ein selbständiges neues Werk anzusehen ist.[11]

(2) [...]

cc) [...]

[...] **Für die Beurteilung, ob eine abhängige Bearbeitung oder eine freie Benutzung vorliegt, kommt es nicht darauf an, ob das neue Werk dazu geeignet oder bestimmt ist, das ältere Werk zu ersetzen. Dieses Kriterium besagt nichts über die schöpferische Selbständigkeit des neuen Werkes gegenüber dem älteren Werk, die nach der gesetzlichen Regelung für die Abgrenzung zwischen abhängiger Bearbeitung und freier Benutzung allein maßgeblich ist.**[12]

d) Soweit Abstracts als abhängige Bearbeitungen von Originalrezensionen anzusehen sind, lässt sich, wie das Berufungsgericht mit Recht angenommen hat, auch aus § 12 Abs. 2 UrhG nicht das Recht herleiten, diese Abstracts ohne Zustimmung der Urheber zu verwerten. Nach dieser Bestimmung ist es dem Urheber vorbehalten, den Inhalt seines Werkes öffentlich mitzuteilen oder zu beschreiben, solange weder das Werk noch der wesentliche Inhalt oder eine Beschreibung des Werkes mit seiner Zustimmung veröffentlicht ist. [...]

Der Senat teilt die letztgenannte Ansicht. Die Bestimmung des § 12 Abs. 2 UrhG regelt einen zusätzlichen Schutz des Urhebers vor der Veröffentlichung seines Werkes, nicht aber eine Beschränkung seiner Rechte nach der Veröffentlichung; was nach der Veröffentlichung zulässig ist, richtet sich nach den allgemeinen Vorschriften, darunter den Bestimmungen der §§ 23, 24 UrhG.[13]

Ohne die Regelung des § 12 Abs. 2 UrhG wären zwar bloße Inhaltsangaben – also solche, die das Urheberrecht nicht verletzen – urheberrechtlich zulässig.[14] Daraus folgt aber nur, dass § 12 Abs. 2 UrhG den Schutz des Urhebers vor der Veröffentlichung seines Werkes erweitert. **Eine Einschränkung der Rechte des Urhebers nach der Veröffentlichung seines Werkes lässt sich hieraus nicht – auch nicht im Umkehrschluss – herleiten. Für die Zeit nach der Veröffentlichung eines Werkes gelten vielmehr auch für Inhaltsangaben die allgemeinen Regeln.** Soweit eine Inhaltsangabe zugleich als Bearbeitung oder Umgestaltung des Werkes anzusehen ist, ist ihre Veröffentlichung oder Verwertung nach § 23 Satz 1 UrhG daher nur mit Einwilligung des Urhebers des bearbeiteten oder umgestalteten Werkes zulässig. [...]

Kurzkommentierung

Die Entscheidung des BGH ist von grundsätzlicher Bedeutung für die Durchsetzung des Urheberrechts, weil sie die Arbeitsweise von Datenbanken und Recherchedienste betrifft. Der BGH musste zur Frage Stellung nehmen, inwieweit die Veröffentlichung und Verwertung von Zusammenfassungen (Abstracts) urheberrechtlich geschützter Originalrezensionen zulässig sind. Sie enthält neben den dogmatischen urheberrechtlichen Aspekten auch Hinweise für das Marken- und das Wettbewerbsrecht. Der BGH hat zwar die Sache an das Berufungsgericht zurückverwiesen, aber dennoch generelle Ausführungen zur Zulässigkeit von sog. „Abstracts" gemacht. Grundsätzlich hat der BGH die Freiheit von Abstracts anerkannt. Im Kern geht es darum, ob es sich bei den Zusammenfassungen (A**bstracts**) der Originalrezensionen aus verschiedenen Zeitungen um selbständige Werke handelt, die in **freier Benutzung** der Originalrezensionen geschaffen worden sind und insoweit nach § 24 Abs.1 UrhG ohne Zustimmung des Urhebers der benutzten Werke verwertet werden dürfen. Nach Ansicht des BGH hat das

11 Vgl. BGHZ 122, 53, 58 f. – Alcolix ; BGH, Urteil vom 8. Juli 2004 – I ZR 25/02, GRUR 2004, 855, 857 = WRP 2004, 1293 – Hundefigur.

12 Vgl. *Berger/Büchner* K&R 2007, 151, 153 f.; aA OLG Frankfurt, ZUM-RD 1998, 561, 562; *Pohl* Abstracts und andere Inhaltsmitteilungen im Urheberrecht, 2006, S. 205 und 221.

13 LG Hamburg, GRUR-RR 2004, 65, 69; vgl. auch *Pohl* aaO S. 186 ff.

14 *Erdmann* aaO S. 21, 31.

Berufungsgericht nicht die rechtlichen Maßstäbe angelegt, die für eine freie oder unfreie Benutzung sprechen. Einerseits betont der BGH, dass es im Einzelfall dazu führen kann, dass die sprachliche Gestaltung einer Buchrezension, z.B. durch originelle Formulierungen, dem Urheberrechtsschutz unterliegen kann. Andererseits sieht der BGH keine Veranlassung von dem Grundsatz abzugehen, dass einzelne Worte oder knappe Wortfolgen nicht die hinreichende Individualität und damit Schutzvoraussetzung erreichen. Entscheidend sind die Ausführungen des BGH im Hinblick auf die Wiedergabe des Inhalts einer Originalrezension. Nach seiner Auffassung ist es grundsätzlich zulässig, den Inhalt eines Schriftwerkes in eigenen Worten zusammenzufassen. Ob dies bei Buchrezensionen zutreffend ist, ist fraglich. Wenn die „Abstracts" die **Buchrezensionen** mit eigenen Worten wiedergeben, verblasst nicht das Originalwerk. Dies spricht mehr für eine Bearbeitung als für eine freie Benutzung. Das gilt vor allem dann, wenn sich die Wortfolge im Abstract nur teilweise von der Originalrezension unterscheidet und die Struktur der Zusammenfassung die Kernaussage der Buchrezension entspricht. Denn eine Rezension stellt ein eigenes Sprachwerk dar. Der BGH steht vor einem Dilemma. Nicht die Idee als solche, aber der Inhalt kann durch die Form urheberrechtlich geschützt sein. Ob eine Idee vorliegt oder der Inhalt gemeint ist, ist für die urheberrechtliche Bewertung relevant. Der Inhalt eines Sprachwerkes ist dass, was im Erzählten, in der Beschreibung von Personen und Sachverhalten sowie in dem Erlebten und Handlungen (Fabel) von Menschen zum Ausdruck gebracht wird. Der Inhalt findet unter ganz bestimmten dramaturgischen oder künstlerischen oder literarischen Aspekten seinen Niederschlag. Dieser mögliche Inhalt wird mit Hilfe der Sprache durch Wortgestaltung sichtbar. Es ist gleichsam eine Komposition der Wortwahl. Inhalt und Form kann nicht getrennt werden. Deutlich wird dies bei einer Übersetzung. Die Übersetzung als eigene schöpferische Leistung gibt den Inhalt in einer anderen Sprache wider. Dagegen ist die Idee als solche nicht geschützt. Sie ist gleichsam der allgemeine Gedanke. So ist die Idee der Zusammenfassungen von Originalrezensionen eine Idee eines neuen Geschäftsmodells im Internet. Ein Fernsehformat ist eine Idee. Ebenso ist es eine Idee, den Konflikt zwischen Jugendbanden in einem Film oder einer Serie zu zeigen. Die Idee ist die Grundlage des Inhalts, der wiederum in einer unterschiedlichen sprachlichen oder filmischen Gestaltung umgewandelt wird. Es ist gleichsam eine Idee mit verschiedenem Inhalt und Gestaltungsformen. In dem unterschiedlichen gedanklichen Inhalt kann sich eine Idee zeigen. Wenn sich aber die sprachliche Gestaltung der Zusammenfassung an das Originalwerk anlehnt, verblasst nicht das Originalwerk. Die Rezension als individuelles Sprachwerk kann in der Weise verletzt werden, indem eine Übernahme der Wortfolge oder in eigenen Worten erfolgt. Letzteres ist vor allem im Zusammenhang mit dem so genannten urheberrechtlichen Gewebe möglich,[15] wonach der gedankliche Inhalt durch andere Wortfolgen wiedergegeben wird. Sind ganz Fremdpassagen in der Zusammenfassung übernommen worden, setzt man sich dem Vorwurf einer Urheberrechtsverletzung aus. Sprachliche Formulierungen, die den Inhalt einer Rezension wiedergeben, sind nicht anders zu beurteilen als die Wiedergabe eines Inhalts eines Romans mit anderen Worten. Nur so ist erklärbar, dass der BGH bei einem Fortsetzungsroman die unfreie Benutzung bejaht, obwohl der Inhalt des Originalromans sprachlich anders gestaltet wurde.[16] Es sind sicherlich Unterschiede zwischen der Inhaltsmitteilung eines belletristischen Werkes und eines wissenschaftlichen Werkes anzunehmen. So werden juristische und fachliche Begriffe in einem Text für die Inhaltsangabe immer wieder benutzt, ohne sich des Vorwurfs der Bearbeitung nach § 23 UrhG ausgesetzt zu sein. Erfreulich ist, dass sich der Senat der Auffassung angeschlossen hat, wonach die Mitteilung oder Beschreibung des Inhalts eines Werkes, das mit Zustimmung des Urhebers veröffentlicht ist, dann nicht ohne Einwilligung des Urhebers des bearbeiteten oder umgestalteten Werkes veröffentlicht oder verwertet werden darf, wenn diese Inhaltsmitteilung oder Inhalts-

15 BGH GRUR 1991, 449, 453 – Betriebssystem.

16 BGHZ 141, 267, 279 – Laras Tochter.

beschreibung eine Bearbeitung oder Umgestaltung des Werkes (§ 23 S. 1 UrhG) darstellt. Die Bestimmung des § 12 Abs. 2 UrhG regelt einen zusätzlichen Schutz des Urhebers vor der Veröffentlichung seines Werkes, nicht aber eine Beschränkung seiner Rechte nach der Veröffentlichung. Was nach der **Veröffentlichung** zulässig ist, richtet sich nach den allgemeinen Vorschriften. Dazu gehören die §§ 23, 24 UrhG. Der BGH vertritt die Ansicht, dass § 12 Abs. 2 UrhG den Schutz des Urhebers vor der Veröffentlichung seines Werkes erweitert. Eine Einschränkung der Rechte des Urhebers nach der Veröffentlichung seines Werkes lässt sich hieraus nicht – auch nicht im Umkehrschluss – herleiten. § 12 Abs. 2 UrhG ist keine **Schrankenregelung** i. S. d. §§ 44 a UrhG. Für die Zeit nach der Veröffentlichung eines Werkes gelten vielmehr auch für Inhaltsangaben die allgemeinen Regeln. Soweit eine Inhaltsangabe zugleich als **Bearbeitung** oder Umgestaltung des Werkes anzusehen ist, ist ihre Veröffentlichung oder Verwertung nach § 23 Satz 1 UrhG daher nur mit **Einwilligung** des Urhebers des bearbeiteten oder umgestalteten Werkes zulässig. Dem Verfasser der Zusammenfassung eines Schriftwerkes ist es – so der BGH – im Allgemeinen möglich, einen ausreichenden Abstand zum **Originalwerk** zu wahren. Ihm steht grundsätzlich die ganze Bandbreite sprachlicher Ausdrucksmöglichkeiten zur Verfügung, so dass er das fremde Schriftwerk zumeist in eigenen Worten zusammenfassen kann. An der Übernahme von Formulierungen, die in dem in Rede stehenden Gebiet gebräuchlich sind, ist er nicht gehindert. Für die Zusammenfassungen von Originalrezensionen bleibt insofern ein Mindestmaß an eigenschöpferischer Leistung.

Literatur

Wandtke/*Wöhrn* Urheberrecht 2. Kap. Rn. 99.

V. Urhebervertragsrecht

1. Rechtseinräumung/Abtretung

BGH Urteil vom 4.12.2008, I ZR 49/06 – Mambo No. 5
GRUR 2009, 939

§ 31 UrhG

Leitsatz

Räumt der Urheber einem Dritten urheberrechtliche Nutzungsrechte ein, obwohl er die entsprechenden Rechte schon zuvor der GEMA zur Wahrnehmung überlassen hatte, und geht die Rechtseinräumung zugunsten des Dritten daher ins Leere, kann nicht davon ausgegangen werden, der Urheber habe dem Dritten jedenfalls die Ansprüche abgetreten, die ihm im Falle einer Urheberrechtsverletzung im Hinblick auf das eigene Interesse an der Rechtsverfolgung neben der GEMA zustehen.

Sachverhalt

Im vorliegenden Fall streiten die Parteien, beide Musikverleger, über die urheberrechtlichen Nutzungsrechte an dem Musikstück „Mambo No. 5 (A little bit of ...).

Entscheidungsgründe

[...]

II. [...]

3. [...]

a) Hat der Urheber einem anderen ein Nutzungsrecht zu Bedingungen eingeräumt, die dazu führen, dass die vereinbarte Gegenleistung unter Berücksichtigung der gesamten Beziehungen des Urhebers zu dem anderen in einem groben (§ 36 Abs. 1 UrhG a.F.) bzw. auffälligen (§ 32a Abs. 1 UrhG n.F.) Missverhältnis zu den Erträgen und Vorteilen aus der Nutzung des Werkes steht, so ist der andere auf Verlangen des Urhebers verpflichtet, in eine Änderung des Vertrages einzuwilligen, durch die dem Urheber eine den Umständen nach angemessene Beteiligung gewährt wird.

b) **Auch wenn die Bestimmung des § 36 Abs. 1 UrhG a.F. (§ 32a Abs. 1 UrhG n.F.) zunächst keinen Zahlungsanspruch, sondern nur einen Anspruch auf Vertragsanpassung gibt, kann mit der Klage auf Einwilligung in die Vertragsänderung zugleich die (unbezifferte) Klage auf Zahlung der sich aus der Vertragsänderung ergebenden Nachforderung verbunden werden.**[1] Für die Gewährung der im Wege der Stufenklage zunächst erhobenen Ansprüche auf Auskunftserteilung und Rechnungslegung muss zudem nicht bereits feststehen, dass dem Urheber nach diesen Vorschriften ein Anspruch auf Einwilligung in eine Vertragsanpassung zusteht. **Der Urheber kann aber grundsätzlich nur dann, wenn aufgrund nachprüfbarer Tatsachen klare Anhaltspunkte für einen solchen Anspruch bestehen, Auskunftserteilung und gegebenenfalls Rechnungslegung verlangen, um im Einzelnen die weiteren Voraussetzungen dieses Anspruchs ermitteln und die zu zahlende Vergütung berechnen zu können.**[2] Wie das Berufungsgericht zutreffend angenommen hat, liegen im Streitfall keine solchen greifbaren Anhaltspunkte für einen Anspruch auf Anpassung der vertraglich vereinbarten Vergütung vor. Aus diesem Grund sind hier weder die An-

---

1 Vgl. BGHZ 115, 63, 65 – Horoskopkalender.

2 Vgl. BGH Urt. v. 13.12.2001 – I ZR 44/99, GRUR 2002, 602, 603 = WRP 2002, 715 – Musikfragmente, m.w.N.

sprüche auf Auskunftserteilung und Rechnungslegung noch der Zahlungsanspruch begründet. [...]

Kurzkommentierung

Rechtlich bedeutsam ist die Entscheidung des BGH, weil die Rechtseinräumung gegenüber einem Musikverlag und der GEMA unterschiedliche dogmatische Fragen aufwirft. Zum einen erscheint klärungsbedürftig, ob der Urheber seine Rechte sowohl dem Musikverlag als auch der GEMA eingeräumt hat. Der BGH kommt zu Recht zum Ergebnis, dass dann, wenn der Urheber die Nutzungsrechte aufgrund eines Berechtigungsvertrages der GEMA eingeräumt hat, nicht an einen Dritten – hier der Musikverlag – abtreten kann. Im Kern ging es um die Abtretung als Verfügungsgeschäft nach §§ 398ff. BGB. Die mit einer VG abgeschlossenen Wahrnehmungsverträge sind Nutzungsverträge eigener Art. Die VG lassen sich nicht nur die Nutzungsrechte und Vergütungsansprüche an den gegenwärtigen Werken abtreten, sondern auch durch Vorausverfügungen für künftige Werke. Der mit der GEMA abgeschlossene Berechtigungsvertrag ließ eine andere Auslegung nicht zu. Die Frage der Abtretung ist unter zwei Aspekten vom BGH bewertet worden. Es betraf die Abtretung von Schadens- und Bereicherungsansprüchen sowie des vertraglichen Vergütungsanspruchs nach § 36 UrhG a.F. (§ 32a UrhG n.F.).

Der BGH führt aus, dass der Urheber durchaus seine Schadens- oder Bereicherungsansprüche wegen künftiger Verletzungen abtreten kann. Das setzt voraus, dass die Abtretung klar und eindeutig als solche aus dem Nutzungsvertrag hervorgeht. Das gleiche gilt für die Abtretung der Ansprüche aus § 32a UrhG. Hat der Urheber – wie der BGH sich auszudrücken pflegt – einem anderen ein Nutzungsrecht zu Bedingungen eingeräumt, die dazu führen, dass die vereinbarte Gegenleistung unter Berücksichtigung der gesamten Beziehungen des Urhebers zu dem anderen in einem groben (§ 36 Abs. 1 UrhG a.F.) bzw. auffälligen (§ 32a Abs. 1 UrhG n.F.) Missverhältnis zu den Erträgen und Vorteilen aus der Nutzung des Werkes steht, so ist der andere auf Verlangen des Urhebers verpflichtet, in eine Änderung des Vertrages einzuwilligen, durch die dem Urheber eine den Umständen nach angemessene Beteiligung gewährt wird.

Auch wenn § 36 Abs. 1 UrhG a.F. (§ 32a Abs. 1 UrhG n.F.) zunächst keinen Zahlungsanspruch, sondern nur einen Anspruch auf Vertragsanpassung gibt, kann mit der Klage auf Einwilligung in die Vertragsänderung zugleich die (unbezifferte) Klage auf Zahlung der sich aus der Vertragsänderung ergebenden Nachforderung verbunden werden.[3] Für die Gewährung der im Wege der Stufenklage zunächst erhobenen Ansprüche auf Auskunftserteilung und Rechnungslegung muss zudem nicht bereits feststehen, dass dem Urheber nach diesen Vorschriften ein Anspruch auf Einwilligung in eine Vertragsanpassung zusteht. Der Urheber kann aber grundsätzlich nur dann, wenn aufgrund nachprüfbarer Tatsachen klare Anhaltspunkte für einen solchen Anspruch bestehen, Auskunftserteilung und ggf. Rechnungslegung verlangen, um im Einzelnen die weiteren Voraussetzungen dieses Anspruchs ermitteln und die zu zahlende Vergütung berechnen zu können.[4] Im vorliegenden Rechtsstreit lagen allerdings keine solchen Anhaltspunkte vor.

Literatur

Wandtke/*Wandtke* Urheberrecht 4. Kap. Rn. 4.

---

3 Vgl. BGHZ 115, 63, 65 – Horoskopkalender.

4 Vgl. BGH GRUR 2002, 602, 603 – Musikfragmente, m. w. N.

2. Nutzungsrecht/Einwilligung

BGH, Urteil vom 29.4.2010, I ZR 69/08 – Vorschaubilder
GRUR 2010, 628

§ 19a UrhG
§ 51 Abs. 1 S. 1 UrhG
§ 97 UrhG

Leitsätze

1. Der Betreiber einer Suchmaschine, der Abbildungen von Werken, die Dritte ins Internet eingestellt haben, als Vorschaubilder (sog. Thumbnails) in der Trefferliste seiner Suchmaschine auflistet, macht die abgebildeten Werke nach § 19a UrhG öffentlich zugänglich.
2. Die Verwertung eines geschützten Werks als Zitat setzt nach wie vor einen Zitatzweck im Sinne einer Verbindung zwischen dem verwendeten fremden Werk oder Werkteil und den eigenen Gedanken des Zitierenden voraus.
3. Ein rechtswidriger Eingriff in urheberrechtliche Befugnisse ist nicht nur dann zu verneinen, wenn der Berechtigte rechtsgeschäftlich entweder durch Einräumung entsprechender Nutzungsrechte über sein Recht verfügt oder dem Nutzer die entsprechende Werknutzung schuldrechtlich gestattet hat. Vielmehr ist die Rechtswidrigkeit eines Eingriffs in ein ausschließliches Verwertungsrecht auch dann ausgeschlossen, wenn der Berechtigte in die rechtsverletzende Handlung eingewilligt hat. Eine solche Einwilligung setzt keine auf den Eintritt dieser Rechtsfolge gerichtete rechtsgeschäftliche Willenserklärung voraus.

Sachverhalt

Die Kl. ist bildende Künstlerin und unterhält seit 2003 eine Internetseite, auf der Abbildungen ihrer Kunstwerke eingestellt sind. Bekl. ist die Internetsuchmaschine Google, die über eine textgesteuerte Bildersuchfunktion verfügt. Nach Eingabe von Suchbegriffen werden Abbildungen aufgerufen, die zuvor mittels Computerprogrammen ermittelt, den Suchbegriffen zugeordnet und als Vorschaubilder durch Speicherung auf Servern der Bekl. in den USA vorgehalten werden. Die Kl. beanstandet die Darstellung ihrer Kunstwerke als Vorschaubilder als Urheberrechtsverletzung. Die Revision der Kl. hatte keinen Erfolg.

Entscheidungsgründe

[…]

II. […]

3. […]

d) Eine **(bloß) schuldrechtliche Gestattung** der Werknutzung setzt gleichfalls den Abschluss eines Rechtsgeschäfts und damit die Abgabe einer rechtsgeschäftlichen Willenserklärung der Kl. des Inhalts voraus, dass der Bekl. ein entsprechender (schuldrechtlicher) Anspruch auf Vornahme der betreffenden Nutzungshandlung eingeräumt werden soll. Von einem solchen (schuldrechtlichen) Rechtsbindungswillen der Kl. kann aus den soeben dargelegten Gründen ebenfalls nicht ausgegangen werden.

e) Der Eingriff der Bekl. in das Recht der Kl. auf Zugänglichmachung ihre Werke (§ 19a UrhG) ist jedoch nicht rechtswidrig, weil nach den Feststellungen des BerGer. von einer die **Rechtswidrigkeit ausschließenden (schlichten) Einwilligung** der Kl. in die Nutzungshandlung der Bekl. auszugehen ist. **Die gegenteilige Beurteilung des BerGer. beruht auf seiner unzutreffenden Ansicht, eine die Rechtswidrigkeit der Verletzungshandlung ausschließende Einwilligung des Urhebers könne nur angenommen werden, wenn die Einwilligung den Erfordernissen genüge, die nach den allgemeinen Grundsätzen der Rechtsgeschäftslehre unter Berücksichtigung der Besonderheiten des urheberrechtlichen Übertragungs-**

zweckgedankens an die Einräumung eines entsprechenden Nutzungsrechts zu stellen seien. Der Kl. steht der geltend gemachte Unterlassungsanspruch vielmehr auch dann nicht zu, wenn sie zwar, wie oben ausgeführt, der Bekl. kein entsprechendes Nutzungsrecht eingeräumt und ihr die Werknutzung auch nicht schuldrechtlich gestattet hat, **ihrem (schlüssigen) Verhalten aber die objektive Erklärung entnommen werden kann, sie sei mit der Nutzung ihrer Werke durch die Bildersuchmaschine der Bekl. einverstanden**. [...]

aa). [...] Daneben besteht vielmehr auch die Möglichkeit, dass die Rechtswidrigkeit eines Eingriffs in ein ausschließliches Verwertungsrecht wegen Vorliegens einer schlichten Einwilligung des Berechtigten ausgeschlossen ist.[1] Die schlichte Einwilligung in die Urheberrechtsverletzung unterscheidet sich von der (dinglichen) Übertragung von Nutzungsrechten und der schuldrechtlichen Gestattung dadurch, dass sie zwar als Erlaubnis zur Rechtmäßigkeit der Handlung führt, der Einwilligungsempfänger aber weder ein dingliches Recht noch einen schuldrechtlichen Anspruch oder ein sonstiges gegen den Willen des Rechtsinhabers durchsetzbares Recht erwirbt.[2] Sie erfordert daher auch keine auf den Eintritt einer solchen Rechtsfolge gerichtete rechtsgeschäftliche Willenserklärung.

Dabei kommt es nicht darauf an, ob die Einwilligung als eine (bloß) rechtsgeschäftsähnliche Handlung anzusehen ist, die allerdings im Wesentlichen den für Willenserklärungen geltenden Regeln unterliegt,[3] oder ob man sie als eine Willenserklärung mit Besonderheiten einordnen will.[4] **Unabhängig von dieser rechtlichen Einordnung bleibt bei der Auslegung zu beachten, dass die (schlichte) Einwilligung keinen Rechtsfolgewillen dahingehend zum Ausdruck bringen muss, der Erklärende ziele auf die Begründung, inhaltliche Änderung oder Beendigung eines privaten Rechtsverhältnisses in dem Sinne ab, dass er dem Erklärungsempfänger ein dingliches Recht oder zumindest einen schuldrechtlichen Anspruch auf Vornahme der (erlaubten) Handlung einräume**.[5] Die Erklärung muss also im Streitfall entgegen der Auffassung des BerGer. nicht darauf gerichtet sein, dass die Kl. der Bekl. ein entsprechendes Nutzungsrecht einräumen oder ihr die Nutzung (schuldrechtlich) gestatten wollte.

cc) [...] Eine Einwilligung kann zwar mit Wirkung für die Zukunft widerrufen werden (vgl. § 183 S. 1 BGB). Da die Einwilligung mit dem Einstellen der Abbildungen der entsprechenden Werke in das Internet ohne hinreichende Sicherungen gegen das Auffinden durch Bildersuchmaschinen erklärt wird, bedarf es für einen rechtlich beachtlichen Widerruf jedoch grundsätzlich eines gegenläufigen Verhaltens, also der Vornahme der entsprechenden Sicherungen gegen das Auffinden der eingestellten Bilder durch Bildersuchmaschinen. Setzt der Berechtigte dagegen seine Werke weiterhin ungesichert dem Zugriff durch Bildersuchmaschinen aus, obwohl er von deren Anzeige in Vorschaubildern Kenntnis erlangt hat, bleibt der Erklärungsgehalt seines Verhaltens unverändert. Der lediglich gegenüber dem Betreiber einer einzelnen Bildersuchmaschine (hier: der Bekl.) geäußerte Widerspruch, mit dem Auffinden der Bilder durch dessen Bildersuchmaschine nicht einverstanden zu sein, ist für die Auslegung der Einwilligungserklärung, die durch Einstellen der Bilder ins Internet ohne hinrei-

1 Vgl. *Haberstumpf* in: Büscher/Dittmer/Schiwy, Gewerblicher Rechtsschutz, UrheberR, MedienR, § 31 UrhG Rn. 1; *J.B. Nordemann* in: Fromm/Nordemann, § 97 UrhG Rn. 24 f.; Schricker/*Schricker* Vorb. §§ 28 ff. UrhG Rn. 27, § 31 UrhG Rn. 1 a; *v. Ungern-Sternberg* GRUR 2009, 369, 371; vgl. ferner *Ohly* „Volenti non fit iniuria" – Die Einwilligung im Privatrecht, 2002, S. 276 f.

2 Vgl. *Ohly* S. 144.

3 Vgl. *Wandtke/Grunert* in: Wandtke/Bullinger, § 31 UrhG Rn. 37; *v. Ungern-Sternberg* GRUR 2009, 369 [370]; Schricker/*Schricker*, Vorb. §§ 28 ff. UrhG Rn. 27 m.w. Nachw.; allgemein zur Einwilligung in die Verletzung eines absolut geschützten Rechts oder Rechtsguts vgl. BGHZ 29, 33, 36 = NJW 1959, 811; BGHZ 105, 45 [47 f.] = NJW 1988, 2946; *Ahrens* in: Prütting/Wegen/Weinreich, BGB, 3. Aufl., Vorb. §§ 116 ff. Rn. 8; *Schaub* in: Prütting/Wegen/Weinreich, § 823 Rn. 16; Erman/*Schiemann* BGB, 12. Aufl., § 823 Rn. 147.

4 Vgl. etwa *Ohly* S. 201 ff. m.w. Nachw.

5 Vgl. auch *v. Ungern-Sternberg* GRUR 2009, 369, 372.

chende Sicherungen gegen das Auffinden durch Bildersuchmaschinen abgegeben wird, schon deshalb ohne Bedeutung, weil diese Einwilligungserklärung als solche an einen unbestimmten Personenkreis gerichtet ist. Bei ihrer Auslegung können daher nur allgemein erkennbare Umstände berücksichtigt werden; bloß einzelnen Beteiligten bekannte oder erkennbare Umstände haben dagegen außer Betracht zu bleiben.[6] Ist der an die Allgemeinheit gerichteten Erklärung demnach weiterhin eine Einwilligung in die Vornahme der mit dem Betrieb von Bildersuchmaschinen üblicherweise verbundenen Nutzungshandlungen zu entnehmen, ist die gegenteilige Verwahrung gegenüber der Bekl. demzufolge auch unter dem Gesichtspunkt einer protestatio facto contraria unbeachtlich.[7] Der Kl. ist es ohne Weiteres zuzumuten, hinreichende Sicherungsmaßnahmen gegen das Auffinden ihrer Werke durch Bildersuchmaschinen allgemein oder gerade durch die Bildersuchmaschine der Bekl. vorzunehmen, wenn sie derartige Nutzungshandlungen verhindern will. […]

Kurzkommentierung

Der BGH hatte die praktisch relevante Frage zu klären, ob sogenannte Thumbnails (Vorschaubilder) zulässig sind. Zunächst stellte der BGH fest, dass eine wegen § 19a UrhG notwendige, ausdrückliche oder konkludente Einwilligung der Rechtsinhaberin zur Nutzung ihrer Werke als Vorschaubilder im Rahmen der Bildsuchmaschine nicht vorlag. Das Einstellen von Abbildungen – so der BGH – bringt lediglich den Willen zum Ausdruck, dass diese Abbildungen von anderen Internetnutzern nur angesehen werden können. Eine gegenteilige Rechtsauffassung wäre mit der Zweckübertragungsregel des § 31 Abs. 5 UrhG nicht vereinbar gewesen.

Im weiteren Schritt hat der BGH es abgelehnt, dass die entsprechende Nutzungshandlung aufgrund des Eingreifens einer Schrankenregelung zulässig sein könnte. Der BGH vertritt zu Recht die Auffassung, dass keine Rechtfertigung nach § 51 UrhG in Betracht kommt, da die für den Zitatzweck erforderliche innere Verbindung zwischen den verwendeten fremden Werken und den eigenen Gedanken des Zitierenden fehlt. Die Darstellung dient nur dazu, das Werk um seiner selbst Willen als Vorschaubild der Allgemeinheit zur Kenntnis zu bringen. Der BGH betont, dass die Schrankenregelungen der §§ 44a ff. UrhG generell eng auszulegen seien und damit keine erweiternde Anwendung zulässig sei, wie auch keine allgemeine Güter- und Interessenabwägung. Dieser strengen Auffassung des BGH über die rechtliche Einordnung und Behandlung der Schrankenregelungen ist zuzustimmen. Es zeigt sich aber, dass die Schrankensystematik des UrhG mit seinen starren Regelungen nicht auf moderne Herausforderungen in ausreichender Weise reagieren kann. Die Einführung einer Generalklausel mit ergänzenden spezialgesetzlichen Schrankenregelungen wäre ein gangbarer Weg.

Der BGH ist dennoch zur Zulässigkeit der Nutzungshandlung gelangt: Mit dem Begriff der **„schlichten Einwilligung"** beschreibt der BGH die Möglichkeit, dass die Rechtswidrigkeit des Eingriffs in ein Nutzungsrecht ausgeschlossen ist. Die „schlichte Einwilligung" in die Urheberrechtverletzung unterscheidet sich – so der BGH – von der **dinglichen Übertragung** von Nutzungsrechten und von der **schuldrechtlichen Gestattung**. Die schlichte Einwilligung soll nach Auffassung des BGH grundsätzlich den Regeln über Willenserklärungen folgen, sei es auch nur als rechtsgeschäftsähnliche Handlung oder als Willenserklärung mit besonderen Regeln. Wo findet die schlichte Einwilligung im Gesetz ihre Stütze? Ist die Figur der schlichten Einwilligung mit den urhebervertragsrechtlichen Grundsätzen vereinbar? Der BGH sagt zunächst lediglich, dass es die schlichte Einwilligung gibt, nicht jedoch worauf er sie rechtsdogmatisch stützt. Später erwähnt der BGH jedoch explizit den § 183 BGB. Dies deutet dar-

---

6 Vgl. BGHZ 28, 259, 264 f. = NJW 1959, 31; Palandt/*Ellenberger* BGB, 69. Aufl., § 133 Rn. 12.

7 Vgl. BGHZ 21, 319, 334 f. = NJW 1956, 1475; BGHZ 23, 175, 177 f. = NJW 1957, 627; BGHZ 95, 393, 399 = NJW 1986, 177.

aufhin, dass der BGH die schlichte Einwilligung grundsätzlich den Regeln der §§ 182 ff. BGB unterwerfen möchte. § 182 BGB passt vom Wortlaut nicht, da § 182 BGB zunächst einen Vertrag oder ein einseitiges Rechtsgeschäft voraussetzt, dessen Wirksamkeit von der Einwilligung (vorherige Zustimmung) eines Dritten abhängt (§§ 182, 183 BGB). Der Suchmaschinenbetreiber geht aber mit den Nutzern keine vertragliche Bindung ein, noch nimmt er mit dem Suchdienst ein einseitiges Rechtsgeschäft vor. So sieht der BGH zu Recht letztlich nur die Möglichkeit einer rechtfertigenden Einwilligung im Sinne einer geschäftsähnlichen Handlung, auf die die Regeln über Willenserklärungen und die §§ 182 ff. BGB entsprechend anzuwenden sind. So plausibel diese Rechtsfigur gerade vor dem Hintergrund des § 242 BGB und eines gerechten Interessensausgleich im Internet erscheint, so fragwürdig ist diese Lösung im urheberrechtlichen Kontext. Durch die Anerkennung dieser Rechtsfigur geht der BGH einen bedenklichen Sonderweg. Indem er eine konkludente rechtsgeschäftliche Einwilligung des Urhebers verneint, nimmt er dadurch dem Urheber gleichzeitig die Möglichkeit auf seine Rechte aus den §§ 32 ff. UrhG zu bestehen, wie dem Recht auf eine angemessene Vergütung. Gleichzeitig verneint der BGH das Greifen einer Schrankenregelung. Damit wird auch der mögliche Weg eines gesetzlichen Vergütungsanspruchs abgeschnitten. Die rechtfertigende Einwilligung stellt damit eine schwer fassbare übergesetzliche Schrankenregelung dar, die nicht zu einer wirtschaftlichen Kompensation des Urhebers führt. Dies erscheint unter dem Blickwinkel des Prinzips der angemessenen Vergütung und des systematisch gewollten abschließenden Charakters der Schrankenregelung, die der BGH selbst hervorhebt, nicht vereinbar. Die Systematik des derzeit geltenden Urheberrechts steht dem vom BGH nachvollziehbarem eingeschlagenen Weg entgegen.

Im weiteren Schritt behandelt der BGH die Frage, ob die schlichte Einwilligung i. S. d. § 183 BGB widerrufen wurde. Zu überlegen wäre, ob nicht der Widerruf, den der BGH zulässt, das falsche dogmatische Instrument ist, da ein Widerruf grundsätzlich nur bei Rechtsgeschäften Anwendung findet, worum es sich bei der schlichten Einwilligung nach Aussage des BGH jedoch gerade nicht handelt. Der BGH stellt hohe Anforderungen an den Widerruf. Wenn der Anbieter den **„Widerruf"** gegenüber dem Suchdienst geltend macht, sollte dies ausreichen, selbst wenn die Kunstwerke im Netz der Allgemeinheit zum Anschauen zur Verfügung gestellt werden. Der BGH ist hingegen der Auffassung, dass ein Widerruf nur auf der Ebene technischer Sperrmaßnahmen bzw. quellcodebezogener Befehle zumutbar ist. Hierbei wird einem Suchdienst als gewerblich tätiges Unternehmen ein höheres Interesse zuerkannt als das Urheberinteresse. Der BGH begründet dieses zweifelhaft mit § 242 BGB und der Figur der protestatio facto contraria.

Mit der Begründung des BGH zur schlichten Einwilligung besteht letztlich die Gefahr, ein **Opt-out Modell** im Internet zu favorisieren, wonach der Nutzer nicht mehr die vorherige Zustimmung einholen, sondern der Rechteinhaber widersprechen muss. Das ist mit der Regel-Ausnahme Systematik im Urheberrecht nicht vereinbar.

Unklar ist weiterhin, wieso dem Künstler oder Anbieter die Last aufgebürdet wird, technische Sicherungsmaßnahmen einzuleiten. Kein Zweifel besteht darin, dass die **Suchmaschine** in der heutigen Zeit ein unentbehrlicher Teil der Internet-Infrastruktur ist. Das Erfordernis technischer Maßnahmen zur Gestattung der Nutzung dagegen würde vor diesem Hintergrund eine drastische Einschränkung des Angebotsumfangs der Suchmaschine bedeuten. Fraglich bleibt dabei, ob von technisch nicht versierten Anbietern das nötige Verständnis zum Einfügen von Schutzmaßnahmen verlangt werden kann, wenn dagegen die Anforderung zur Eingabe von Befehlen zur Freigabe nicht zumutbar erscheint.

Keine Ausführungen macht der BGH, ob nicht auch das Urheberpersönlichkeitsrecht durch die vorgenommene Art der Darstellung betroffen sein könnte. Der BGH verneint jedoch einen Eingriff in das Bearbeitungsrecht nach § 23 UrhG. Daraus lässt sich schließen, dass der BGH keinen Eingriff in das Recht aus § 14 UrhG sieht. Diese Ansicht ist durchaus fragwürdig, da vom Wesen her sowohl § 23 UrhG als auch § 14 UrhG einschlägig sein könnten. Nimmt man einen urheberpersönlichkeitsrechtlichen Bezug an, stellt sich die Frage, ob eine rechtfertigende schlichte Einwilligung grundsätzlich geeignet sein kann, auch urheberpersönlichkeitsrechtliche Eingriffe zu rechtfertigen.

Der BGH stellt zu guter letzt noch klar, dass sich die Sache anders darstellt, wenn unberechtigterweise Inhalte zur Verfügung gestellt worden sind.

Im Ergebnis zeigt das Urteil, dass die Konzeption des Urheberrechts im Bereich des Internets erneut an seine Grenzen gestoßen ist. Eine Neuregelung der Schranken scheint für eine gesicherte Rechtsfindung der geeignetste Weg zu sein. Vorerst ist der vom BGH gewählte Weg zumindest eingeschränkt vertretbar, um das Funktionieren des Internets zu garantieren. Leider geschieht dieses, womöglich unvermeidbar, auf Kosten der Urheber.

Literatur

Wandtke/*Wandtke* Urheberrecht 10. Kap. Rn. 28.
Wandtke/*Schunke* Urheberrecht 5. Kap. Rn. 33, 34.

3. Nutzungsvertrag/Lizenzkette

BGH Urteil vom 26.3.2009, I ZR 153/06 – Reifen Progressiv
BGHZ 180, 344
GRUR 2009, 946

§ 35 UrhG
§ 41 UrhG

Leitsatz

Ein einfaches Nutzungsrecht, das sich von einem ausschließlichen Nutzungsrecht ableitet, erlischt nicht, wenn das ausschließliche Nutzungsrecht aufgrund eines wirksamen Rückrufs wegen Nichtausübung (§ 41 UrhG) erlischt.

Sachverhalt

Der Kl. ist Programmierer und behauptet alleiniger Urheber des Computerprogramms „Reifen Progressiv" zu sein, da er an dessen Erstellung maßgeblich beteiligt gewesen sei. Das ausschließliche Nutzungsrecht, sowie die Berechtigung zur Veräußerung und Weiterentwicklung an dem für Reifenhändler bestimmten Computerprogramm, besaß die A-GmbH. Am 24.9.1997 schloss sie mit der Bekl., einer Reifenhändlerin, einen Vertrag, in dem sie ihr ein einfaches Nutzungsrecht gegen eine einmalige Zahlung eines bestimmten Betrags, einräumte. Am 31.10.1997 schlossen die beiden Parteien außerdem einen Programmwartungsvertrag, in dem sich die A-GmbH dazu verpflichtet hatte, der Bekl. für eine jährliche Gebühr die jeweils neueste Programmversion zur Verfügung zu stellen. Im September 2001 stellte die A-GmbH ihren Geschäftsbetrieb ein und stellte daraufhin einen Insolvenzantrag. In dem Schreiben vom 22.7.2003 erklärt sie gegenüber der Bekl. gemäß § 41 UrhG den Rückruf der vorher eingeräumten ausschließlichen Nutzungsrechte.

Auch der P-AG wurden Nutzungsrechte für die Software von der A-GmbH eingeräumt. Die Verwendung des Programms hat das BerGer. der P-AG allerdings untersagt, da der Kl. jedenfalls als Miturheber der Übertragung der Nutzungsrechte nicht zugestimmt hatte.

Der Kl. ist der Ansicht, dass mit dem Rückruf der ausschließlichen Nutzungsrechte auch die einfachen Nutzungsechte der Bekl. erloschen seien.

Außerdem werde sein Urheberrecht auch dadurch verletzt, dass die Bekl. eine ohne seine Zustimmung durch die P-AG veränderte Version des Programms nutzen würde.

Er nimmt die Bekl. nun auf Unterlassung und Schadensersatz bzw. Herausgabe der ungerechtfertigten Bereicherung in Anspruch.

Entscheidungsgründe

[…]

II. […]

1. […]

a) **Die Frage, ob beim Erlöschen eines vom Urheberrecht (dem „Mutterrecht") abgespaltenen ausschließlichen oder einfachen Nutzungsrechts (des „Tochterrechts") die davon abgeleiteten ausschließlichen oder einfachen Nutzungsrechte (die „Enkelrechte") gleichfalls erlöschen oder bestehen bleiben, ist umstritten.** Der Gesetzgeber hat für den Fall, dass der Inhaber des Rechts, der das Nutzungsrecht eingeräumt hat, auf sein Recht verzichtet, mit der durch das Gesetz zur Stärkung der vertraglichen Stellung von Urhebern und ausübenden Künstlern vom 22. März 2002[1] eingefügten Regelung des § 33 S. 2 UrhG bestimmt, dass die von ihm eingeräumten ausschließlichen und einfachen Nutzungsrechte wirksam bleiben. Dem Vorschlag des sogenannten Professorenentwurfs, darüber hinaus in § 33 S. 3 UrhG zu regeln, dass im Übrigen die Nutzungsrechte erlöschen, wenn das Recht, aufgrund dessen sie eingeräumt worden sind, wegfällt,[2] hat der Gesetzgeber nicht entsprochen. Die Streitfrage, ob Nutzungsrechte späterer Stufe bestehen bleiben, wenn das Nutzungsrecht früherer Stufe erlischt, solle nicht präjudiziert werden, sondern der Rechtsprechung zur Klärung überlassen bleiben.[3] […]

b) […]

bb) […] Das einfache Nutzungsrecht hat – wie auch das ausschließliche Nutzungsrecht – keinen schuldrechtlichen, sondern dinglichen Charakter.[4] Der Lizenzgeber muss dem Lizenznehmer das Nutzungsrecht daher nicht während der Dauer des Lizenzverhältnisses fortwährend in seinem Bestand vermitteln, vielmehr ist das Enkelrecht nach seiner Abspaltung vom Tochterrecht von dessen Fortbestand unabhängig.[5]

cc) […] Nach § 41 Abs. 1 S. 1 UrhG kann der Urheber ein ausschließliches Nutzungsrecht zurückrufen, wenn dieses von seinem Inhaber nicht oder nur unzureichend ausgeübt wird und dadurch berechtigte Interessen des Urhebers erheblich verletzt werden. Da die Bestimmung nicht zwischen ausschließlichen Nutzungsrechten erster oder späterer Stufe unterscheidet, kommt es nicht darauf an, ob der Urheber selbst das ausschließliche Nutzungsrecht vergeben oder der Inhaber eines ausschließlichen Nutzungsrechts seinerseits das ausschließliche Nutzungsrecht als ein Recht zweiter oder späterer Stufe eingeräumt hat. Der Urheber kann den Rückruf daher auch gegenüber dem Inhaber eines abgeleiteten ausschließlichen Nutzungsrechts erklären. Mit dem Wirksamwerden des Rückrufs fällt ein solches ausschließliches Nutzungsrecht weiterer Stufe unmittelbar an den Urheber zurück.[6]

Gegenstand des Rückrufs kann nach Wortlaut sowie Sinn und Zweck der Regelung allerdings stets nur ein ausschließliches Nutzungsrecht sein. Das Rückrufsrecht wegen Nichtausübung nach § 41 UrhG dient dem ideellen Interesse des Urhebers am Bekannt werden seines Werkes[7] und seinem materiellen Interesse an dessen Verwertung.[8] Ein einfaches Nutzungs-

---

1 BGBl. I, S. 1155.
2 GRUR 2000, 765, 766 und 775.
3 Vgl. Begründung des Gesetzentwurfs, BT-Drucks. 14/6433, S. 16.
4 Schricker/*Schricker* Urheberrecht, vor §§ 28 ff. UrhG Rn. 49 m. w. N. auch zur Gegenansicht.
5 Vgl. *Wohlfahrt* aaO S. 151.
6 Schricker/*Schricker* Urheberrecht aaO § 41 UrhG Rn. 11 m. w. N.
7 Vgl. Begründung des Regierungsentwurfs, BT-Drucks. IV/270, S. 60.
8 Schricker/*Schricker* Urheberrecht aaO § 41 UrhG Rn. 4 m. w. N. auch zur Gegenansicht, die § 41 UrhG allein dem Urheberpersönlichkeitsrecht zuordnet.

recht versperrt dem Urheber nicht eine anderweitige Nutzung und steht daher einer Verwertung und einem Bekanntwerden seines Werkes nicht entgegen.[9]

Der Urheber wird beim wirksamen Rückruf eines ausschließlichen Nutzungsrechts demnach nicht übermäßig in einer Nutzung seines Rechts beeinträchtigt, wenn die vom ausschließlich Nutzungsberechtigten erteilten einfachen Nutzungsrechte fortbestehen. Diese hindern ihn nicht daran, aufgrund des an ihn zurückgefallenen ausschließlichen Nutzungsrechts neue Nutzungsrechte zu vergeben. Da er der Erteilung weiterer Nutzungsrechte durch den Inhaber des ausschließlichen Nutzungsrechts zugestimmt hat (§ 35 Abs. 1 S. 1 UrhG), muss er es hinnehmen, dass sein ausschließliches Nutzungsrecht beim Rückfall mit einfachen Nutzungsrechten belastet ist.

[...]

Kurzkommentierung

Die BGH-Entscheidung wirft generelle Fragen der Weiterwirkung von Nutzungsrechten in einer Lizenzkette auf. Die praktische Relevanz wird dadurch evident.

Die Frage ist umstritten, ob beim Erlöschen eines vom Urheberrecht (sog. „**Mutterrecht**") abgespaltenen **ausschließlichen oder einfachen Nutzungsrechts**, (sog. „**Tochterrecht**") die davon abgeleiteten ausschließlichen oder einfachen Nutzungsrechte (sog. „**Enkelrechte**") gleichfalls erlöschen oder bestehen bleiben. Die Argumente des BGH überzeugen vorliegend. Der **Rückruf** aus § 41 Abs. 5 UrhG hat zwar die Folge, dass die ausschließlichen Nutzungsrechte hinfällig werden. In § 41 UrhG ist indes nicht geregelt, was mit dem aus dem zurückgerufenen Nutzungsrecht abgeleiteten Nutzungsrecht passiert. Eine gesetzliche Grundlage, warum die abgeleiteten Nutzungsrechte ebenfalls entfallen sollten, besteht nicht. § 33 S. 2 UrhG ermöglicht dem Sublizenznehmer darüber hinaus, dass er (Inhaber der Enkelrechte) nicht seine einfachen Nutzungsrechte verliert. Es mag zwar überzeugend klingen, dass der Zweckbindungsgedanke und die Interessenlage des Urhebers für ein Erlöschen der sog. Enkelrechte sprechen, zumal der Sublizenznehmer sich dann im Verhältnis zum Lizenzgeber aufgrund fortbestehenden Vertrages auf die Einrede des nichterfüllten Vertrages berufen könnte. Im Rahmen einer Interessenabwägung argumentiert der BGH vorliegend dahingehend, dass das Recht des Urhebers nicht so stark belastet wird und der Sublizenznehmer ein wirtschaftliches Interesse an der Fortsetzung der Nutzung hat, was vorzugswürdig sei. Nach § 41 UrhG kann ein Widerruf nur eines ausschließlichen Nutzungsrechts erfolgen, da ein einfaches Nutzungsrecht dem Urheber eine anderweitige Nutzung nicht versagt. Daher meint der BGH, dass der Urheber nicht übermäßig in seiner Nutzung bei Fortbestehen des einfachen Nutzungsrechtes beeinträchtigt sei.

Unbeantwortet bleibt die Frage, ob der aufgestellte Grundsatz auch für Sublizenznehmer gilt, die ausschließliche Nutzungsrechte erworben haben.

Soweit die vermögensrechtlichen Interessen und die Urheberpersönlichkeitsrechte des Urhebers gewahrt werden, sollte diese Frage bejaht werden. Vor diesem Hintergrund sei dem Urheber geraten, dass bei vertraglicher Einräumung des ausschließlichen Rechts der sog. Tochterrechte, eine vertragliche Absicherung für einen bspw. in Form der Abtretung erfolgenden Eintritt in den Vertrag zwischen Lizenzgeber und Sublizenznehmer erfolgen soll, um „seine" Rechte gegenüber dem Sublizenznehmer wahrnehmen zu können und ggf. weitere eingeräumte ausschließliche (Tochter-)Rechte gegenüber dem Sublizenznehmer widerrufen zu können.

Literatur

Wandtke/*Wandtke* 4. Kap. Rn. 72.

---

9 Schricker/*Schricker* Urheberrecht aaO § 41 UrhG Rn. 11 m. w. N.

4. Lizenzvertrag/Optionsklausel

BGH, Urteil vom 21.1.2010, I ZR 176/07 – Neues vom Wixxer
GRUR 2010, 418

§ 157 BGB

Leitsatz

Die mit der Einräumung einer „letzten Option" begründete Verpflichtung, dem Optionsberechtigten das Recht zur Veröffentlichung der Fortsetzung eines Films zu denselben Bedingungen anzubieten, zu denen der Optionsverpflichtete dieses Recht einem Dritten angeboten hat, kann durch das Angebot zum Abschluss eines Vorvertrages erfüllt werden, der die wesentlichen Bestandteile des beabsichtigten Hauptvertrages enthält.

Sachverhalt

Die Kl. ist eine Filmproduktionsgesellschaft. Die Bekl. ist im Filmverleih und Filmlizenzhandel tätig. Am 26.4.2002 schlossen die Parteien einen Lizenzvertrag, mit dem die Kl. der Bekl. die ausschließlichen Nutzungsrechte an dem Film „Der Wixxer" einräumte. Darin war auch vereinbart, dass die Bekl. die erste und letzte Option zur Veröffentlichung einer Fortsetzung basierend auf dem Film erhalten sollte.

Am 18.3.2005 übersandte die Kl. der Bekl. ein Angebot zur Veröffentlichung einer Fortsetzung des Films, welches die Bekl. nicht annahm. Daraufhin verhandelte die Kl. mit Dritten über den Verleih, wobei die C Film Verleih GmbH der Kl. in einem „Deal Memo" ihre Verleih-Konditionen unterbreitete.

Die Kl. übersandte der Bekl. das Angebot der C Film Verleih GmbH, woraufhin die Bekl. mitteilte, die nehme die vereinbarte letzte Option wahr, allerdings nahm sie nicht Bezug auf alle Punkte des „Deal Memo" der C.

Daraufhin unterzeichnete die Kl. und die C den Deal Memo.

Entscheidungsgründe

II. […]

2. […]

b) […] Die Vorlage des Angebots, das der Optionsverpflichtete dem Dritten unterbreitet hat, soll dem Optionsberechtigten eine Entscheidung über die Ausübung des Optionsrechts ermöglichen. Eine solche Entscheidung kann auch dann möglich und zumutbar sein, wenn es sich bei dem Angebot an den Dritten um das Angebot zum Abschluss eines Vorvertrages handelt, der die wesentlichen Bestandteile des beabsichtigten Hauptvertrages enthält und diesem die Regelung der Einzelheiten vorbehält. Der Abschluss eines Vorvertrages ermöglicht – im Interesse beider Vertragsparteien – eine vertragliche Bindung auch dort, wo der Inhalt des Hauptvertrages noch nicht in allen Einzelheiten festgelegt werden kann.[1] Gerade in der Filmbranche ist es aus diesem Grunde üblich, Kurzverträge („Deal Memos") zu vereinbaren, die die wesentlichen Vertragsregelungen vorab festlegen.[2]

Auch der Beklagten war es danach möglich und zumutbar, auf der Grundlage des „Deal Memo" über die Ausübung des Optionsrechts zu entscheiden. Das „Deal Memo" enthält die wesentlichen Regelungen des geplanten Lizenzvertrages. Es bezeichnet die Vertragsparteien und den Vertragsgegenstand. Es nennt als Hauptleistung der Klägerin die Übertragung der Nutzungsrechte am Film und als Gegenleistung der Beklagten eine Festvergütung, eine Erlös-

---

1 BGHZ 97, 147, 154.

2 Vgl. BGH GRUR 2003, 173 – Filmauswertungspflicht; *J. B. Nordemann* in Fromm/Nordemann aaO § 40 UrhG Rn. 304 f.; *Hartlieb/Schwarz/U. Reber* Handbuch des Film-, Fernseh- und Videorechts, 4. Aufl., Kap. 91 Rn. 9.

beteiligung und eine Finanzierungsgarantie. Unter diesen Umständen ist es unerheblich, dass das „Deal Memo" andere Fragen lediglich stichpunktartig regelt und bestimmt, dass ausführliche Verträge ausgefertigt werden, sobald die hierfür erforderlichen Rahmendaten des Films im Einzelnen feststehen. Das Berufungsgericht ist zutreffend davon ausgegangen, dass der „unvollständige Charakter" des „Deal Memo" dem wirksamen Abschluss eines Vorvertrages nicht entgegensteht, wenn die Parteien sich – wie hier – über die wesentlichen Vertragsbestandteile geeinigt haben. [...]

Kurzkommentierung

Im vorliegenden Rechtsstreit ging es um die Auslegung und den Charakter eines Angebots hinsichtlich einer Optionsklausel eines Lizenzvertrages. Optionsverträge sind sog. Vorrechtsverträge, die einseitige Bindungen erzeugen und aufgrund dessen von den Vorverträgen abzugrenzen sind. Zu unterscheiden sind Optionsverträge im engeren bzw. weiteren Sinne. Erstere gewähren dem Optionsberechtigten in der Regel durch Ausübung seines Gestaltungsrechts (der einseitigen Erklärung), den Vertrag mit dem im Optionsvertrag festgelegten Inhalt zur Geltung kommen zu lassen. Letztere führen zunächst nur dazu, dass mit Ausübung der Option, der eigentliche Vertrag zwischen den Parteien erst zu schließen ist.

Der BGH hat ausgeführt, dass es sich bei einer Optionsklausel um eine individuelle Vereinbarung der Parteien handelt und infolgedessen der Grundsatz einer nach beiden Seiten interessengerechten Auslegung zu beachten ist. Bei dem Angebot an einen Dritten kann es sich um einen Vorvertrag handeln, wenn noch nicht alle Einzelheiten des Inhalts eines Hauptvertrages vereinbart worden sind. Der Vorvertrag ermöglicht im Interesse beider Vertragsparteien eine vertragliche Bindung insofern, als der Inhalt des Hauptvertrages noch nicht in allen Einzelheiten festgelegt werden kann. Überzeugend ist die Begründung des BGH, dass gerade im Filmbereich Kurzverträge („Deal Memos") vereinbart werden, in denen wesentliche Regelungen des Lizenzvertrages enthalten sind (z. B. Vertragsparteien, Vertragsgegenstand, Übertragung der Nutzungsrechte und die Vergütung). Unbeachtlich ist dabei, dass der Vertrag ggf. unvollständige, aber nicht vertragswesentliche Bestandteile enthält wie bspw., dass das Budget als „ggf. bis zu ca. EUR 5,5" festgehalten wird. Ist das vorgelegte Angebot indes in seinen wesentlichen Vertragsbestandteilen klar und verständlich, ist dem Berechtigten eine Ausübung seines Rechts möglich und zumutbar.

Der BGH kommt zu dem Ergebnis, dass das „Deal Memo" ausdrücklich bestimmt war.

Literatur

Wandtke/Wandtke Urheberrecht 4. Kap. Rn. 98.

5. Musikverlagsvertrag/Auslegung/Kündigung

BGH GRUR 2010, 1093 – Concierto de Aranjuez I

§ 1 VerlG
§ 8 VerlG
§ 627 BGB

Leitsatz

Ein Verlagsvertrag über ein Werk der Literatur oder der Tonkunst im Sinne des Verlagsgesetzes setzt lediglich voraus, dass der Verfasser sich verpflichtet, dem Verleger das Werk zur Vervielfältigung und Verbreitung für eigene Rechnung zu überlassen, und der Verleger sich verpflichtet, das Werk zu vervielfältigen und zu verbreiten. Der Verfasser hat dem Verleger zwar grundsätzlich das ausschließliche Recht zur Vervielfältigung und Verbreitung (Verlagsrecht) zu verschaffen. Diese Verpflichtung kann jedoch vertraglich abbedungen werden. Dann steht dem Verleger nur ein einfaches Nutzungsrecht oder eine – allein im Verhältnis zum Verfasser wirkende – schuldrechtliche Befugnis zur Vervielfältigung und Verbreitung des Werkes zu. Dadurch verliert der Vertrag aber nicht seinen Charakter als Verlagsvertrag.

Sachverhalt

Die Kl. ist die Tochter und Alleinerbin des im Jahre 1999 verstorbenen spanischen Komponisten Joaquín Rodrigo, der neben anderen Werken im Jahre 1993 das „Concierto de Aranjuez" komponierte.

Die Bekl. ist ein Musikverlag, mit der Rodrigo 1983 einen Generalvertrag mit der Einräumung ausschließlicher Nutzungsrechte geschlossen hat. In § 3 des Vertrages befindet sich für das Concierto de Aranjuez eine Sonderregelung: „ Der Komponist bleibt Inhaber der Verlagsrechte (des Copyrights) an diesem Werk". Der Verlag sollte danach nur die alleinige Verwaltung der Nutzungsrechte vornehmen.

Im Juli 2004 kündigte die Kl. vorgenannten Vertrag erst ordentlich, dann außerordentlich. Sie ist der Auffassung, dass es sich bei dem Vertrag, soweit er das „Concierto de Aranjuez" betreffe, um einen jederzeit kündbaren Geschäftsbesorgungsvertrag nach § 627 Abs. 1 BGB handele.

Entscheidungsgründe

[…]

II. […]

1. […]

b) […] **Ein Verlagsvertrag setzt** […] **nicht voraus, dass der Verfasser dem Verleger das Verlagsrecht oder andere Nutzungsrechte an seinem Werk einräumt. Ein Verlagsvertrag über ein Werk der Literatur oder der Tonkunst im Sinne des Verlagsgesetzes erfordert vielmehr lediglich, dass der Verfasser sich verpflichtet, dem Verleger das Werk zur Vervielfältigung und Verbreitung für eigene Rechnung zu überlassen und der Verleger sich verpflichtet, das Werk zu vervielfältigen und zu verbreiten (§ 1 VerlG). Der Verfasser hat dem Verleger zwar grundsätzlich das ausschließliche Recht zur Vervielfältigung und Verbreitung (Verlagsrecht) zu verschaffen (§ 8 VerlG). Diese Verpflichtung besteht nach § 8 VerlG jedoch nur, „soweit nicht aus dem Vertrage sich ein anderes ergibt". Sie kann daher vertraglich abbedungen werden.** Dann steht dem Verleger zwar nur ein einfaches Nutzungsrecht oder eine – allein im Verhältnis zum Verfasser wirkende – schuldrechtliche Befugnis zur Vervielfältigung und Verbreitung des Werkes zu. Dadurch verliert der Vertrag aber nicht seinen Charakter als Verlagsvertrag.[1] […]

2. […]

a) Ein Musikverlagsvertrag kann als Dauerschuldverhältnis, das ein besonderes Vertrauensverhältnis der Vertragsparteien voraussetzt, fristlos gekündigt werden, wenn ein wichtiger Grund vorliegt. Ein Kündigungsgrund ist gegeben, wenn dem kündigenden Vertragspartner eine Fortsetzung des Vertragsverhältnisses wegen einer Störung der Vertrauensgrundlage unter Berücksichtigung aller Umstände des Einzelfalls und Abwägung der Interessen beider Vertragsteile nicht mehr zugemutet werden kann. Dabei ist zu berücksichtigen, dass ein Musikverlagsvertrag regelmäßig auf außerordentlich lange Dauer angelegt ist; so verhält es sich auch hier, da sich die Laufzeit des Generalvertrags gemäß § 3 Satz 3 und § 5 Satz 2 auf die gesamte Dauer des urheberrechtlichen Schutzes an den Werken erstreckt. Dem Vertragspartner, dessen Rechte verletzt worden sind, ist es deshalb in der Regel zuzumuten, zunächst einmal seinen Vertragspartner zu gehöriger Erfüllung aufzufordern und die ihm zustehenden Ansprüche –

---

1 Vgl. *Schricker* Verlagsrecht, 3. Aufl., § 1 Rn. 7 f.; § 8 Rn. 2, 17 und 40.

notfalls gerichtlich – geltend zu machen; eine fristlose Kündigung ist im Allgemeinen nur im äußersten Fall gerechtfertigt.[2]

[…]

Kurzkommentierung

Der BGH hat festgestellt, dass der Generalvertrag ein Musikverlagsvertrag ist und nur aus wichtigem Grund gekündigt werden kann. Es liegt damit kein Dienstvertragsverhältnis i. S. d. § 611 ff. BGB mit der erleichterten Kündigungsmöglichkeit nach § 627 BGB vor.

Für die Beurteilung der Rechtsnatur eines Verlagsvertrages ist gemäß § 1 VerlagsG von Bedeutung, ob der Verfasser sich verpflichtet hat, dem Verleger das Werk zur Vervielfältigung und Verbreitung für eigene Rechung zu überlassen und der Verleger sich verpflichtet hat, das Werk zu vervielfältigen und zu verbreiten. Die Verpflichtung aus dem Generalvertrag, die Verbreitung der Werke des Komponisten nach bestem Wissen und Gewissen zu übernehmen, geht weit über einen Dienstvertrag mit Geschäftsbesorgungscharakter hinaus. Nicht erforderlich ist nach Auffassung des BGH, dass das in § 8 VerlagsG normierte eigentliche Verlagsrecht Gegenstand des Verlagsvertrages sein muss, um einen Vertrag als Verlagsvertrag zu qualifizieren. Dies begründet er mit dem Wortlaut der Vorschrift. Nach einer interessensgerechten Auslegung des Generalvertrages kommt der BGH zum Ergebnis, dass die jahrzehntelange verlegerische Tätigkeit, unabhängig davon, ob sie aus der dinglichen Rechtseinräumung oder aus einer schuldrechtlichen Gestattung hergeleitet werden kann, auf einen Musikverlagsvertrag hinweist.

Die Bewertung des Vertragsverhältnisses zwischen den Parteien durch den BGH entspricht auch der Rechtsprechung des EuGH. Der EuGH hat Art. 5 Nr. 1 lit. b zweiter Gedankenstrich EuGVVO dahingehend ausgelegt, dass ein Vertrag, mit dem der Inhaber eines Rechts des geistigen Eigentums seinem Vertragspartner das Recht zu dessen Nutzung gegen Entgelt einräumt, kein Vertrag über die Erbringung von Dienstleistungen ist.[3]Das trifft auf einen Musikverlagsvertrag ebenso zu.[4]

Den Parteien eines Musikverlagsvertrages ist somit anzuraten ausdrückliche Regelungen zur Kündigung zu treffen. Diese Regelungen sind dispositiv, so dass eine Kündigungsregelung nach § 627 BGB vereinbart werden kann. Eine solche Regelung ist in vielen Fällen auch interessengerecht.

Literatur

Wandtke/*Wandtke* Urheberrecht 4. Kap. Rn. 45.

6. Heimfall der Nutzungsrechte/Abstraktionsprinzip

BGH Urteil vom 15.4.1958, I ZR 31/57 – Die Privatsekretärin
BGHZ 27, 90
GRUR 1958, 504

§ 9. 28 Abs. 2 VerlG a. F.
§ 8 Abs. 3 LUG a. F.
§ 158 BGB a. F.
§ 327 BGB a. F.
§ 346 BGB a. F.

---

2 Vgl. BGH Urt. v. 5.12.1973 – I ZR 51/72, GRUR 1974, 789, 792 f. – Hofbräuhaus-Lied; Urt. v. 14.12.1989 – I ZR 56/88, GRUR 1990, 443, 444 f. – Musikverleger IV; *Schricker* aaO § 35 Rn. 24 m. w. N.

3 EuGH GRUR 2009, 753, 756 – Falco/Wella Lindhorst.

4 BGH GRUR 2011, 200 – Concierto de Aranjuez II.

Leitsätze

1. Die Wirksamkeit der dinglichen Übertragung urheberrechtlicher Ausschließlichkeitsrechte ist in der Regel nur dann von der Erfüllung der versprochenen Gegenleistung als einer aufschiebenden oder auflösenden Bedingung abhängig, wenn dies aus dem Urheberrechtsübertragungsvertrag eindeutig hervorgeht.
2. Werden Wiederverfilmungsrechte rechtswirksam weiterübertragen, so ist es ohne Einfluß auf den Rechtsbestand der urheberrechtlichen Nutzungsbefugnisse der weiteren Erwerber dieser Rechte, wenn der Träger der Urheberrechte am alten Film von dem schuldrechtlichen Vertrag mit dem Ersterwerber der Wiederverfilmungsrechte wegen Nichterfüllung seines Vergütungsanspruchs zurücktritt. Dies gilt auch dann, wenn sämtliche Erwerber der Wiederverfilmungsrechte eine Auswertungspflicht übernommen haben. Eine entsprechende Anwendung von §§ 9, 28 Abs. 2 VerlG auf Wiederverfilmungsverträge kommt wegen der andersartigen Interessenlage der Beteiligten nicht in Betracht.

Sachverhalt

Der Bekl. war alleiniger Geschäftsführer der Greenbaum GmbH. Sie war zeitlich und örtlich unbeschränkte Inhaberin der Verfilmungsrechte an dem Roman „Die Privatsekretärin“, wozu auch die Rechte am Drehbuch und an der Musik gehörten. Diese Rechte wurden 1953 der Cine Allianz GmbH übertragen, wobei diese laut Vertrag berechtigt war, den Film auch durch andere Produzenten herstellen zu lassen. Der Bekl. sollte dabei unter anderem 15% aus dem Gewinn der Films, d.h. aus den Auswertungsergebnissen erhalten.

Im selben Jahr übertrug die Cine Allianz GmbH die entsprechenden Tonverfilmungsrechte auf die Kl., die Gloria-Filmverleih GmbH.

Die Kl. beantragt festzustellen, dass dem Bekl. ein die öffentliche Vorführung des Films „Die Privatsekretärin“ hinderndes Recht nicht zustehe. Der Bekl. führt dagegen aus, er habe der Cine Allianz GmbH nur unter der stillschweigenden auflösenden Bedingung der Nichterfüllung der Vertragspflichten durch diese übertragen.

Entscheidungsgründe

[…]

4. […] **Die Besonderheit des einzigen gesetzlich geregelten urheberrechtlichen Schuldvertrages – des Verlagsvertrages – besteht darin, daß die Verfügung über das urheberrechtliche Nutzungsrecht – das Verlagsrecht – derart an das schuldrechtliche Vertragsverhältnis gebunden ist, daß das Verlagsrecht nur im Rahmen des Schuldvertrages entsteht und sein Fortbestand von der Fortdauer des schuldrechtlichen Vertragsverhältnisses abhängig ist. Endet dieses Vertragsverhältnis, so erlischt auch das Verlagsrecht (§ 9 VerlG). Das Verfügungsgeschäft, durch das das Verlagsrecht bestellt wird, ist somit nicht abstrakter, sondern kausaler Natur, nämlich kraft Gesetzes an die Rechtswirksamkeit und den Bestand des schuldrechtlichen Verlagsvertrags gebunden.**[1]

[…] Zwar können verlagsrechtliche Grundsätze im Einzelfall auch für andere Urheberrechtsverträge herangezogen werden. Voraussetzung für ihre rechtsähnliche Anwendung ist jedoch, daß die Interessenlage der Beteiligten im Wesenskern mit derjenigen Interessenlage übereinstimmt, die durch die fraglichen Bestimmungen des Verlagsgesetzes einen Ausgleich finden sollte, wie dies der erkennende Senat beispielsweise für die Rechtsmängelhaftung beim Filmverwertungsvertrag mit Auswertungspflicht anerkannt hat.[2]

[…] **Der Verfilmungsvertrag aber unterscheidet sich schon dadurch grundlegend von einem Verlagsvertrag, daß er nicht die Vervielfältigung eines bereits vollendeten Werkes**

---

1 *De Boor* Vom Wesen des Urheberrechts 1933, S. 58 f (61 f); *Ulmer* Urheber- und Verlagsrecht § 57 S. 227; *Bappert-Maunz* Verlagsrecht § 9 Anm. 3, 6, 7.

2 BGHZ 2, 331, 335; BGHZ 13, 119.

in unveränderter Formgebung, sondern eine Bearbeitung eigener Art desjenigen Werkes zum Gegenstand hat, dessen Verfilmung gestattet wird. Der Verfilmungsvertrag setzt somit eine Veränderung der Formgebung des zur Benutzung überlassenen Werkes voraus, eine Veränderung, die in der Regel eine eigene schöpferische Tätigkeit des Bearbeiters bedingt und die angesichts der zumeist hohen Filmproduktionskosten ein wirtschaftliches Risiko mit sich bringt, das dem Risiko nicht gleichgeachtet werden kann, das im Normalfall für den Verleger mit dem Abschluß eines Verlagsvertrages verbunden ist. Wegen dieser grundlegenden Unterschiede hat schon das Reichsgericht eine Gleichstellung eines Verfilmungsvertrages mit einem Verlagsvertrag – insbesondere die Annahme eines Verfilmungszwanges ohne eine dahin gehende ausdrückliche vertragliche Abmachung – abgelehnt.[3] Das Fachschrifttum hat sich dem überwiegend angeschlossen.[4] Auch der erkennende Senat hat den **Verfilmungsvertrag als einen Vertrag eigener Art** gekennzeichnet, der in seiner rechtlichen Beurteilung nicht einem Verlagsvertrag gleichzustellen ist.[5] [...]

Kurzkommentierung

Die BGH-Entscheidung ist von grundsätzlicher Bedeutung, weil Fragen der Rechtssicherheit im Urheberrechtsverkehr behandelt werden. Zum einen ist es zutreffend, dass das Verfügungsgeschäft in Form des Verlagsrechts (das Recht der Vervielfältigung und der Verbreitung) nicht abstrakter sondern kausaler Natur ist. Das **Verlagsrecht** ist als Nutzungsrecht derart an das schuldrechtliche Vertragsverhältnis gebunden, dass das Verlagsrecht im Rahmen des Verpflichtungsgeschäftes entsteht und sein Fortbestand vom schuldrechtlichen Vertragsverhältnis abhängig ist. Endet das Vertragsverhältnis, erlischt auch das Verlagsrecht nach § 9 VerlG. Nach Auffassung des BGH ist wegen der unterschiedlichen Folgen das Kausalprinzip nicht auf alle urheberrechtlichen Nutzungsverträge anwendbar. Es ist durchaus möglich, dass das dingliche Vollzugsgeschäft abstrakter Natur ist und folglich das Verfügungsgeschäft von der Wirksamkeit des Verpflichtungsgeschäfts unabhängig ist. Dogmatisch bedeutet dies, dass der Rücktritt vom Verpflichtungsgeschäft die dingliche Erfüllungsleistung nicht ohne weiteres beseitigt. Nur dort, wo die Interessenlage der Beteiligten im Wesentlichen derjenigen Interessenlage übereinstimmt, die durch die Regelungen des VerlG einen Ausgleich findet, ist das **Kausalprinzip** anwendbar. Der BGH hat aber festgestellt, dass dies auf den Wiederverfilmungsvertrag gerade nicht zutrifft. Der Verfilmungs- oder Wiederverfilmungsvertrag ist nicht mit dem Verlagsvertrag gleichzustellen. Denn bei einem Verfilmungs- bzw. Wiederverfilmungsvertrag geht es letztlich um eine eigene schöpferische Leistung, die in der neuen Zusammenstellung von bildlichen Darstellungen bzw. einer Bearbeitung der früheren Filmfassung liegt. Er bedeutet nicht die Vervielfältigung eines bereits vollendeten Werkes, sondern erfordert eine Bearbeitung eigener Art.

Um eine gerechte Lösung zu finden, schlägt der BGH vor, dass die Wirksamkeit der Weiterübertragung in der Rechtsform der auflösenden oder aufschiebenden Bedingung von der Gültigkeit des schuldrechtlichen Vertrages abhängig ist. Im Grunde wird damit das Kausalprinzip angesprochen. Für die Praxis hat die Wirksamkeit des Verfügungsgeschäfts in der **Lizenzkette** eine große Bedeutung. Durch eine für beide Vertragspartner vorzunehmende **Interessenabwägung** lässt eine generelle Anwendung des Kausalprinzips nicht sachgerecht erscheinen.

Literatur

Wandtke/*Wandtke* Urheberrecht 4. Kap. Rn. 9.

---

3 RGZ 107, 62 f.

4 *Ulmer* aaO S. 290; *Bappert-Maunz* aaO § 1 VerlG Anm. 33 c und 70; *Hoffmann* Das Verlagsrecht § 1 VerlG Anm. 90; *Berthold-Hartlieb* Filmrecht S. 30 f und S. 39 f.

5 BGHZ 5, 116, 120 – Parkstraße 13.

7. Neue Nutzungsart

BGH Urteil vom 19.5.2005, I ZR 285/02 – Der Zauberberg
BGHZ 163, 109
GRUR 2005, 937

§ 31 Abs. 4 und 5 UrhG a.F.
§ 89 Abs. 1 UrhG a.F.

Leitsätze

1. Für Filmwerke kommt der auf eine umfassende Rechtseinräumung zugunsten des Filmherstellers abzielenden Auslegungsregel des § 89 Abs. 1 UrhG gegenüber der allgemeinen Auslegungsregel des § 31 Abs. 5 UrhG der Vorrang zu.
2. Eine neue Nutzungsart i.S.d. § 31 Abs. 4 UrhG setzt voraus, dass es sich um eine technisch und wirtschaftlich eigenständige Verwendungsform des Werkes handelt (im Anschluss an BGH, 26.1.1995, I ZR 63/93, BGHZ 128, 336, 341 – Videozweitauswertung III und 4. Juli 1996, I ZR 101/94, BGHZ 133, 281, 287f. – Klimbim). Die Zweitverwertung von Spielfilmen auf DVD stellt im Verhältnis zur herkömmlichen Videozweitverwertung keine neue Nutzungsart dar.

Sachverhalt

Der Kl. ist Szenebildner und Filmarchitekt unter anderem 1981 für den Spielfilm „Der Zauberberg". Die Bekl. vertreibt dieses Filmwerk auf DVD.

Der Kl. nimmt die Bekl. auf Unterlassung und Schadensersatz in Anspruch, da zum Zeitpunkt des Vertragsschlusses das digitale Speichermedium DVD (=Digital Versatile Disc) noch nicht bekannt bzw. eingeführt worden war. Es handele sich insoweit um eine unbekannte Nutzungsart i.S.d. § 31 Abs. 4 UrhG (a.F.).

Entscheidungsgründe

[...]

II. [...]

4. [...]

c) [...]

aa) [...] **Mit Hilfe des § 31 Abs. 4 UrhG soll daher verhindert werden, dass dem Urheber Mehrerträgnisse vorenthalten werden, die sich aus neuen technischen Entwicklungen ergeben**;[1] dem Urheber soll die Entscheidung darüber vorbehalten bleiben, ob und gegen welches Entgelt er mit der Nutzung seines Werkes auch für die neu gefundene Verwendungsform einverstanden ist.[2]

Andererseits werden mit dem Merkmal der wirtschaftlich eigenständigen Verwendungsform auch die Interessen des Vertragspartners berücksichtigt, dem umfassende Nutzungsrechte eingeräumt worden sind. Würde allein eine technisch neue Verwendungsform, die eine intensivere Nutzung erlaubt und innerhalb kurzer Zeit die herkömmliche Verwendungsform verdrängt, ausreichen, um eine diese neue Verwendungsform umfassende Rechtseinräumung nach § 31 Abs. 4 UrhG für nichtig zu erklären, wäre ein Produzent oder Vermarkter, der im Hinblick auf die vertraglich vereinbarte Nutzungsdauer hohe Investitionen getätigt hat, von der weiteren wirtschaftlichen Nutzung ausgeschlossen, weil die herkömmliche Verwendungsform sich nicht mehr absetzen ließe und ihm keine Rechte an der neuen Verwendungsform zustünden.

---

1 Vgl. BGHZ 95, 274, 282f. – GEMA-Vermutung I; 133, 281, 288 – Klimbim.
2 Begr. des Reg. Entwurfs, BT-Drucks. IV/270, S. 56.

bb) Diese Erwägungen sprechen dafür, eine wirtschaftlich eigenständige Verwendungsform vor allem dann anzunehmen, wenn mit Hilfe einer neuen Technik ein neuer Absatzmarkt erschlossen wird, die traditionellen Verwendungsformen also nicht oder nur am Rande eingeschränkt werden.[3] **Dagegen ist eine wirtschaftlich eigenständige Verwendungsform tendenziell eher zu verneinen, wenn durch die neue Verwendungsform eine gebräuchliche Verwendungsform substituiert wird.** Aus der Sicht des Urhebers erscheint es besonders wichtig, ihm seine Rechte für die Vermarktung auf neuen Absatzwegen uneingeschränkt vorzubehalten; dagegen kann ihm zugemutet werden, für die bloße Intensivierung der Nutzung bereits im Rahmen der ursprünglichen Rechtseinräumung eine angemessene Regelung zu treffen. Aus der Sicht des Lizenznehmers ist von entscheidender Bedeutung, dass ihm durch eine neue Verwendungsform, die über kurz oder lang die herkömmliche Verwendungsform ersetzt, nicht die wirtschaftliche Grundlage für getätigte Investitionen entzogen wird; dagegen ist es nicht unbillig, dass sein Nutzungsrecht sich trotz umfassender Rechtseinräumung nicht auf neu entstandene Absatzmärkte erstreckt.

[...]

Kurzkommentierung

Die Entscheidung des BGH beruht noch auf der alten Rechtslage. Seit dem 1.1.2008 ist der § 31 Abs. 4 UrhG nicht mehr anwendbar. An dessen Stelle sind die §§ 31a, 32c, 137l UrhG mit der Reform des Korb II getreten. Damit ist eine wesentliche „ius cogens" Vorschrift zuungunsten des Urhebers aufgehoben worden.

Die Begründung des BGH mit der **Substitutionstheorie** überzeugt nicht de lege lata. Hinter dieser Rechtsprechung steht der Gedanke, dass die Annahme einer unbekannten Nutzungsart die wirtschaftlich-technische Fortentwicklung behindern würde.[4] Nicht die wirtschaftliche und technische Entwicklung wird durch die Annahme einer unbekannten Nutzungsart behindert, sondern dem Urheber wird mit der Substitutionstheorie die wirtschaftliche Beteiligung an der Verwertung seines Werkes entzogen. Mit der Verneinung der DVD als neue Nutzungsart durch den BGH verliert der Urheber seinen Vergütungsanspruch und der Verwerter hat ausschließlich wirtschaftliche Vorteile, die er nicht mit dem Urheber teilen muss. Der BGH ist nach seiner Substitutionstheorie der Auffassung, dass die DVD im Verhältnis zur Videoauswertung keine neue Nutzungsart darstellt, weil kein neuer Markt entstanden ist. Obwohl der BGH betont, dass dem Urheber aus der neuen technischen Entwicklung die Mehrerträgnisse nicht vorenthalten werden dürfen, argumentiert er mit der Substitutionstheorie: Nur dort, wo ein neuer Markt entstanden ist, könne von einer neuen Nutzungsart gesprochen werden. Abgesehen davon, dass die neue Verwendungsform DVD die alte Verwendungsform nicht substituiert, handelt es sich bei der DVD um eine neue technisch und wirtschaftlich eigenständige Verwendungsform. Bejaht hat der BGH als neue Nutzungsart Videokassetten im Verhältnis zum Kinofilm[5] oder Fotografien auf einer CD-ROM.[6]

Zunächst versteht der BGH unter einer **Nutzungsart** jede übliche, technisch und wirtschaftlich eigenständige und damit klar abgrenzbare Verwendungsform eines Werkes.[7] Entscheidend für die Bekanntheit einer Nutzungsart ist der Zeitpunkt des Vertragsschlusses (ex ante). Die Bekanntheit ist wiederum aus der Sicht des durchschnittlichen Urhebers zu betrachten. Neue Technologien bzw. neue technische Geräte, wie z.B. Internet-Nutzung, iPod, iPhone, Blu-ray-Disc, TV-Handy, CD, CD-ROM, Video on demand, Music on demand, eBook u.v.m. weisen auf unterschiedliche Nutzungsmöglichkeiten hin. Die restriktive Rechtsprechung des BGH ist

---

3 Vgl. *Castendyk* ZUM 2002, 332, 338.
4 BGH GRUR 1997, 215, 217 – Klimbim.
5 BGH GRUR 1995, 212, 213 – Videozweitauswertung III.
6 BGH GRUR 2002, 248 – Spiegel CD-ROM.
7 BGH MMR 2010, 106, 107 – Musik für Werbezwecke.

im Lichte der Entscheidung des Bundesverfassungsgerichts[8] zu überdenken. Mit der Aufhebung der zwingenden Regelung des § 31 Abs. 4 UrhG a.F. ist ein schwerwiegender Eingriff in die **vermögensrechtliche Dispositionsbefugnis** des Urhebers durch den Gesetzgeber vorgenommen worden. Würde die Substitutionstheorie weiterhin die Grundlage der Auslegung des BGH sein, würde das **Selbstbestimmungsrecht** des Urhebers entwertet. Denn das BVerfG erklärt ausdrücklich, dass die Neuregelung in ihrem Gesamtzusammenhang zu betrachten ist und nicht zu einer verfassungsrechtlich nicht mehr gerechtfertigten Rechtseinbuße des Urhebers führen darf.[9] Zu bedenken ist, dass die VG bei den Altverträgen nach § 137l UrhG, die zwischen dem 1.1.1966 und dem 31.12.2007 abgeschlossen worden sind, nur noch darüber mit dem Verwerter verhandeln kann, ob die Vergütung für neue Nutzungsarten angemessen ist. Wird der Begriff der unbekannten Nutzungsart durch die Rechtsprechung nicht weit ausgelegt, geht auch der Anspruch des Urhebers auf eine angemessene Vergütung nach § 32c UrhG ins Leere. Der BGH hat für Altverträge, die vor 1966 abgeschlossen wurden und nicht von § 137l UrhG erfasst werden, in seinen aktuellen Entscheidungen im Filmbereich DVDs oder Videokassetten zum Zeitpunkt des Vertragsabschlusses als unbekannte Nutzungsarten anerkannt. Er bringt unmissverständlich zum Ausdruck, dass eine Einräumung von Nutzungsrechten für unbekannte Nutzungsarten nur dann angenommen werden kann, wenn der Erklärungswille des Filmregisseurs oder des Drehbuchautors eindeutig ist und eine wirtschaftliche Beteiligung an der Verwertung von unbekannten Nutzungsarten vereinbart wurde. Hinweise auf Tarifordnungen oder auf Allgemeinen Geschäftsbedingungen in den individuellen Nutzungsverträgen reichen nicht aus.[10]

Literatur

Wandtke/*Wandtke* Urheberrecht 4. Kap. Rn. 82.

8. Unbekannte Nutzungsart/Ausübende Künstler

BGH Urteil vom 10.10.2002, I ZR 180/00 – EROC III
RzU BGHZ Nr. 504
GRUR 2003, 234

§ 75 Abs. 4 UrhG a.F.
§ 85 UrhG a.F.
§ 31 Abs. 4, Abs. 5 UrhG a.F.

Leitsätze

1. § 31 Abs. 4 UrhG findet keine Anwendung auf Vereinbarungen, mit denen ausübende Künstler oder Tonträgerhersteller in die Nutzung der geschützten Leistung einwilligen.
2. Hat ein ausübender Künstler die Einwilligung erteilt, daß seine Darbietung „in jeder beliebigen Weise" ausgewertet wird, ist die Vermarktung der Aufnahme als CD auch dann vom Vertragszweck umfaßt, wenn diese Nutzungsmöglichkeit zum Zeitpunkt der Einwilligung noch nicht bekannt war.

Sachverhalt

Der Kl ist Musiker und betreibt ein eigenes Tonstudio, in dem er Tonträger herstellt. Die Bekl. verwertet Schallaufnahmen des Klägers. Die Parteien streiten sich darüber, ob die Bekl. berechtigt ist, alte Schallaufnahmen des Kl. auf CD-Tonträgern zu verwerten. Der Kl., der in der Position als ausübender Künstler und zugleich Tonträgerhersteller auftritt, ist der Auffassung,

8 BVerfG GRUR 2010, 332 – Filmurheberrecht.
9 BVerfG GRUR 2010, 332, 335 – Filmurheberrecht.
10 BGH ZUM 2011, 560 – Der Frosch mit der Maske; BGH ZUM 2011, 498, 500 – Drehbuchautor.

die Verwertung auf CD-Tonträgern sei als damals noch unbekannte und gegenüber der Schallplatte eigenständige Nutzungsart nicht auf der Grundlage des Vertrages von 1979 erlaubt.

Entscheidungsgründe

[...]

II. [...]

2. [...]

c) [...] Auch schon vor Einfügung der neuen Bestimmung sprachen die Systematik des Gesetzes und die ausdrückliche Aufzählung der entsprechend anzuwendenden Vorschriften des Ersten Teils des Urheberrechtsgesetzes dagegen, § 31 Abs. 4 UrhG auf die Leistungen der ausübenden Künstler und der Tonträgerhersteller entsprechend anzuwenden. Während heute die Gemeinsamkeiten zwischen dem Urheberrecht und dem Leistungsschutzrecht der ausübenden Künstler betont werden, lag der gesetzlichen Regelung von 1965 die Vorstellung zugrunde, daß zwischen dem Urheberrecht und den Leistungsschutzrechten „rechtsdogmatisch eine klare Trennungslinie zu ziehen" sei, weswegen „Inhalt und Umfang der Leistungsschutzrechte ... jeweils unter Berücksichtigung der besonderen Bedürfnisse der zu schützenden Personengruppen selbständig zu bestimmen (seien) und ... nicht einfach aus einer entsprechenden Anwendung urheberrechtlicher Grundsätze gewonnen werden" könnten.[1] Es entsprach daher allgemeiner Auffassung, daß lediglich die in § 31 Abs. 5 UrhG ausdrücklich normierte, stets aber als Ausdruck eines allgemeinen Rechtsgedankens verstandene Zweckübertragungsregel auch auf die Einwilligung der Inhaber von Leistungsschutzrechten anzuwenden ist.[2] Für eine entsprechende Anwendbarkeit des § 31 Abs. 4 UrhG, die im übrigen auch im Schrifttum – soweit ersichtlich – nicht befürwortet wurde,[3] fehlte dagegen auch schon unter dem bisherigen Recht die Grundlage. Etwas anderes läßt sich auch der Rechtsprechung einiger Oberlandesgerichte nicht entnehmen, die – ohne die Frage zu problematisieren – davon ausgegangen sind, § 31 Abs. 4 UrhG sei auf die Einwilligung durch ausübende Künstler anwendbar.[4]

[...]

Kurzkommentierung

Die BGH Entscheidung bringt die geltende Rechtslage zum Ausdruck. Danach haben die ausübenden Künstler keinen Vergütungsanspruch wegen der Verwertung einer neuen Nutzungsart. Für die ausübenden Künstler bedeutet dies ein schwerwiegender Eingriff in ihre **vermögensrechtliche Dispositionsbefugnis**. Es geht im Wesentlichen um die Entwertung ihrer künstlerischen Leistungen. Während die Urheber nach der alten (§ 31 Abs. 4 UrhG a. F.) und neuen Rechtslage (§§ 31 a, 32 c, 137 l UrhG) einen Anspruch auf eine angemessene Vergütung haben, wenn eine neue Nutzungsart vorliegt, wird der ausübende Künstler hiervon ausgeschlossen (§ 79 Abs. 2 S. 2 UrhG). Der BGH hatte bereits nach der alten Rechtslage den Vergütungsanspruch für unbekannte Nutzungsarten für **ausübende Künstler nicht anerkannt**. Vergütungsrechtlich wird der ausübende Künstler im Verhältnis zum Urheber schlechter gestellt. Das grundsätzliche Problem besteht aber darin, dass die künstlerische Leistung des ausübenden Künstlers immer noch unter dem Damoklesschwert einer „rechtsdogmatisch" „klaren" Trennungslinie zwischen Urheberrecht und Leistungsschutzrecht steht, wie der BGH betont. Diese klare Trennungslinie zwischen Urheberrecht und Leistungsschutzrecht der ausübenden Künst-

---

1 Begründung des Regierungsentwurfs eines Urheberrechtsgesetzes, BT-Drucks. IV/270, S. 87.

2 BGH, Urt. v. 23.2.1979 – I ZR 27/77, GRUR 1979, 637, 638 f. – White Christmas; Urt. v. 22.9.1983 – I ZR 40/81, GRUR 1984, 119, 121 – Synchronisationssprecher; *v. Gamm* Urheberrechtsgesetz, Einf. Rn. 32; *Büscher* in Wandtke/Bullinger, Urheberrecht, § 74 UrhG Rn. 5; *Krüger* in Schricker, Urheberrecht, 2. Aufl., vor §§ 73 ff. UrhG Rn. 17; anders lediglich *Krüger* GRUR 1979, 639, 640 f. und *ders.*, WRP 1980, 30 f.

3 Vgl. *Krüger* in Schricker aaO vor §§ 73 ff. UrhG Rn. 17 u. 19; *Kroitzsch* in Möhring/Nicolini, Urheberrechtsgesetz, 2. Aufl., § 73 Rn. 6; *Hertin* in Fromm/Nordemann aaO vor § 73 UrhG Rn. 12.

4 Vgl. KG NJW-RR 2000, 270; OLG Düsseldorf NJW-RR 1996, 420 und ZUM 2001, 164, 165; OLG Köln ZUM 2001, 166, 172.

ler hinsichtlich der Vergütungsansprüche gibt es nur bzgl. des Anspruchs auf eine angemessene Vergütung für unbekannte Nutzungsarten. Dem ausübenden Künstler wird er hingegen versagt.

Abgesehen davon, überzeugt das Argument der Dogmatik, wonach der ausübende Künstler nur ein Interpret des Werkes ist, nicht. Im Kern geht es um den Schutz einer künstlerischen Leistung und nicht um den Schutz einer **wirtschaftlich-organisatorischen Leistung** eines Tonträgerherstellers. Zwischen der Leistung eines ausübenden Künstlers und der Leistung eines Tonträgerherstellers gibt es eine klare Trennungslinie. Die Leistungsschutzrechte der ausübenden Künstler[5] und der Tonträgerhersteller[6] unterliegen zwar der Eigentumsgarantie des Art. 14 GG, haben aber unterschiedliche Anknüpfungstatbestände für den jeweiligen Vergütungsanspruch. Der Anspruch auf angemessene Vergütung nach § 32 UrhG wird nur dem Urheber und ausübenden Künstler gewährt (§ 79 Abs. 2 S. 2 UrhG). Der Tonträgerhersteller hat nur einen Beteiligungsanspruch gegenüber dem ausübenden Künstler (§ 86 UrhG).

Literatur

Wandtke/*Wandtke* Urheberrecht 7. Kap. Rn. 27.

9. Übertragungszweck

BGH Urteil vom 27.9.1995, I ZR 215/93 – Pauschale Rechtseinräumung
BGHZ 131, 8
GRUR 1996, 121

§ 2 Abs. 1 Nr. 4, Nr. 7 UrhG
§ 31 Abs. 5 UrhG a.F.

Leitsätze

1. Zum Umfang der Einräumung urheberrechtlicher Nutzungsrechte in einem Gesellschaftsvertrag zur Führung eines Architektenbüros.
2. Nach der allgemeinen Zweckübertragungslehre, die ihren gesetzlichen Niederschlag in § 31 Abs. 5 UrhG gefunden hat, deren Anwendungsbereich aber über diese Bestimmung hinausgeht, bestimmt sich bei einer pauschal formulierten Einräumung urheberrechtlicher Nutzungsrechte der (inhaltliche, räumliche und zeitliche) Umfang der Rechtseinräumung nach dem mit dem Vertrag verfolgten Zweck. Dies gilt auch dann, wenn der Wortlaut der Rechtseinräumung eindeutig ist.
3. Die Darlegungs- und Beweislast dafür, daß eine pauschale Nutzungsrechtseinräumung dem Vertragszweck entspricht, trägt derjenige, der sich darauf beruft.

Sachverhalt

Die Parteien sind Diplom-Ingenieure, der Bekl. zugleich Architekt und Designer. Im Jahre 1983 schlossen sie einen Vertrag zur Gründung einer Gesellschaft bürgerlichen Rechts als Grundlage für die Führung eines Architektenbüros. Nach dem Gesellschaftsvertrag geht das Gesellschaftsvermögen ohne Liquidation auf den letzten verbleibenden Gesellschafter über. Weiterhin heißt es, dass der Gesellschaft an allen von den Gesellschaftern während ihrer Zugehörigkeit zur Gesellschaft geschaffenen beruflichen Arbeiten ein ausschließliches, unentgeltliches Nutzungsrecht mit der Befugnis zur Veränderung und Abänderung der Werke zusteht (§ 18 des Vertrages). Am 31.7.1990 kündigte der Kl. das Vertragsverhältnis außerordentlich aus wichtigem Grund.

Die Parteien streiten darüber, ob der Kl. mit dem Ausscheiden des Bekl. aus der Gesellschaft die ausschließlichen Nutzungsrechte an Werken des Bekl. erworben hat.

---

5 BVerfG GRUR 1990, 438 – Bob Dylan.
6 BVerfG GRUR 1990, 183 – Vermietungsvorbehalt.

Entscheidungsgründe

[...]

II. [...]

2. [...] **Die allgemeine Zweckübertragungslehre, die in § 31 Abs. 5 UrhG ihren gesetzlichen Niederschlag gefunden hat, deren Anwendungsbereich aber über den des § 31 Abs. 5 UrhG hinausgeht,**[1] **besagt in ihrem Kern für Verträge des Urhebers über sein Urheberrecht, daß im Zweifel keine weitergehenden Rechte eingeräumt werden als dies der Zweck des Nutzungsvertrages erfordert.**[2] In dieser Auslegungsregel kommt zum Ausdruck, daß die **urheberrechtlichen Befugnisse die Tendenz haben, soweit wie möglich bei dem Urheber zu verbleiben**, damit dieser in angemessener Weise an den Erträgnissen seines Werkes beteiligt wird.[3]

Bei Vereinbarungen, nach deren Wortlaut der Urheber in pauschaler Weise Nutzungsrechte einräumt, hat die Zweckübertragungslehre – wie ihre gesetzliche Ausprägung in § 31 Abs. 5 UrhG deutlich macht – eine Bedeutung, die über die genannte Auslegungsregel hinausgeht.[4] Gemäß § 31 Abs. 5 UrhG bestimmt sich der Umfang eines eingeräumten Nutzungsrechts nach dem mit seiner Einräumung verfolgten Zweck, wenn bei der Rechtseinräumung die Nutzungsarten, auf die sich das Recht erstrecken soll, nicht einzeln bezeichnet sind. Bei pauschalen Vereinbarungen über die Einräumung von Nutzungsrechten wird danach der Umfang des Nutzungsrechts durch den Vertragszweck bestimmt und im allgemeinen beschränkt, selbst wenn der Wortlaut der vertraglichen Regelung eindeutig ist.[5]

Nach dem Schutzgedanken der allgemeinen Zweckübertragungslehre, der in § 31 Abs. 5 UrhG zum Ausdruck gekommen ist, bestimmt der Vertragszweck bei pauschal formulierten Rechtseinräumungen nicht nur, welche Nutzungsrechte im einzelnen eingeräumt sind, sondern auch, ob diese nur inhaltlich, räumlich oder zeitlich beschränkt eingeräumt worden sind.[6]

3. [...] Entgegen der Ansicht des Berufungsgerichts trägt der Kläger – nicht der Beklagte – die Darlegungs- und Beweislast dafür, daß die in der schriftlich niedergelegten Vertragsbestimmung enthaltene pauschale Nutzungsrechtseinräumung auch dem Vertragszweck entspricht. Dies folgt daraus, daß eine Rechtseinräumung von demjenigen zu beweisen ist, der sich auf sie beruft, sowie aus dem Schutzgedanken der Zweckübertragungslehre, daß bei einer pauschal formulierten Rechtseinräumung Nutzungsrechte beim Urheber verblieben sind, wenn sich nicht feststellen läßt, daß sie nach dem Vertragszweck eingeräumt werden sollten.[7]

[...]

---

1 Vgl. *v. Gamm* Urheberrechtsgesetz, § 31 Rn. 19; Schricker/*Schricker* Urheberrecht, §§ 31/32 UrhG Rn. 36; *Fromm/Nordemann/Hertin* Urheberrecht, 8. Aufl., §§ 31/32 UrhG Rn. 19; *Schweyer* Die Zweckübertragungstheorie im Urheberrecht, S 72 f.; *Genthe* Der Umfang der Zweckübertragungstheorie im Urheberrecht, S. 16 f., 89 ff.; *Donle* Die Bedeutung des § 31 Abs. 5 UrhG für das Urhebervertragsrecht, S. 193.

2 Vgl. BGH Urt. v. 13.6.1980 – I ZR 45/78, GRUR 1981, 196, 197 – Honorarvereinbarung; Urt. v. 13.5.1982 – I ZR 103/80, GRUR 1982, 727, 730 – Altverträge; Urt. v. 1.3.1984 – I ZR 217/81, GRUR 1984, 656, 657 – Vorentwurf.

3 Vgl. BGH Urt. v. 23.2.1979 – I ZR 27/77, GRUR 1979, 637, 638 f. – White Christmas; *Ulmer* Urheber- und Verlagsrecht, 3. Aufl., S. 365.

4 Vgl. dazu auch Schricker/*Schricker* aaO §§ 31/32 Rn. 34; *Fromm/Nordemann/Hertin* aaO §§ 31/32 Rn. 19; *Donle* aaO S. 79 ff.; *Goetting* Festschrift Schricker, S. 53, 72.

5 Vgl. BGH Urt. v. 26.4.1974 – I ZR 137/72, GRUR 1974, 786, 787 – Kassettenfilm; vgl. dazu auch *Donle* aaO S. 81 ff.; *Liebrecht* Die Zweckübertragungslehre im ausländischen Urheberrecht, S. 20, 22.

6 Vgl. *v. Gamm* aaO § 31 Rn. 19; *Fromm/Nordemann/Hertin* aaO §§ 31/32 Rn. 24; *Schweyer* aaO S. 68; *Liebrecht* aaO S. 13; *Genthe* aaO S. 89 ff.

7 Vgl. *Bappert/Maunz/Schricker* Verlagsrecht, 2. Aufl., § 8 Rn. 5 b; Schricker/*Schricker* aaO §§ 31/32 Rn. 34; *Schweyer* aaO S. 96.

Kurzkommentierung

In dem vorliegenden Rechtsstreit nimmt der BGH zur pauschalen Vereinbarung über die Einräumung von Nutzungsrechten an urheberrechtlich geschützten Entwürfen, Plänen und Zeichnungen für Bauvorhaben Stellung, die von einem Gesellschafter geschaffen wurden. Den Umständen nach, so der BGH, lag die Annahme nahe, dass eine Verwertung der Pläne (u.a.) – wenn überhaupt – nur in einem fortgeführten Architektenbüro und nicht auch durch Weiterübertragung der Rechte auf Dritte erfolgen sollte. Im Kern geht es um die Anwendung der Zweckübertragungsregel nach § 31 Abs. 5 UrhG im **Urhebervertragsrecht**, im **Arbeitnehmerurheberrecht**, im **Leistungsschutzrecht**, im Recht der Verwertungsgesellschaften und darüber hinaus im Interesse des Urhebers. Bei pauschalen Vereinbarungen über den Umfang der Nutzungsrechte wird der Umfang nach der **Zweckübertragung** nach § 31 Abs. 5 UrhG (besser **Vertragszwecklehre**!) bestimmt, weil nicht klar ist, welche konkreten Nutzungsarten eingeräumt worden sind. Selbst wenn der Wortlaut der vertraglichen Vereinbarung eindeutig ist, wie in dem vorliegenden Rechtsstreit, wird nichts über den Umfang der Nutzungsarten im Rahmen des Gesellschaftsvermögens gesagt. Dabei ist nach dem Schutzgedanken des § 31 Abs. 5 UrhG auch die **inhaltliche, räumliche oder zeitliche Beschränkung** der Einräumung der Nutzungsrechte auch im Rahmen des Gesellschaftszweckes zu prüfen. Der BGH weist darauf hin, dass die Rechteinräumung hinsichtlich der verschiedenen Werke sehr unterschiedlich sein kann. So sind der **Schutzumfang** der Werke der Architektur und der technischen Zeichnungen sehr verschieden. Soweit es technische Zeichnungen nach § 2 Abs. 1 Nr. 7 UrhG betrifft, ist der Schutz auf die gleiche Dimension begrenzt, während bei einem Nachbau – anders als bei § 2 Abs. 1 Nr. 4 UrhG – kein Schutz gewährt wird. Der Urheber räumt also im Zweifel nur die Nutzungsrechte ein, die dem Zweck der Verfügung zum Zeitpunkt des Vertragsabschlusses (ex ante) entsprechen.

Nach Auffassung des BGH soll mit diesem Auslegungsgrundsatz die wirtschaftliche Beteiligung des Urhebers an der Nutzung des Werkes gesichert werden. In der **Auslegungsregel** kommt zum Ausdruck, dass die urheberrechtlichen Befugnisse die Tendenz haben, soweit wie möglich beim Urheber zu verbleiben. Diese **vermögensrechtliche Dispositionsfreiheit** ist durch § 31 Abs. 5 UrhG zu stärken. Denn der Urheber hat nach dem Inhalt der Eigentumsgarantie nach Art. 14 Abs. 1 S. 2 GG grundsätzlich einen Anspruch darauf, dass ihm der wirtschaftliche Nutzen seiner Arbeit zugeordnet wird, soweit nicht Gründe des gemeinen Wohls der Vorrang vor den Belangen des Urhebers zukommt.[8] Das gilt auch für Altverträge[9] und zwar auch für solche, die vor 1966 abgeschlossen wurden und allgemeine Klauseln über unbekannte Nutzungsarten enthalten.

§ 1371 UrhG ist für diese **Altverträge** nicht anwendbar. Die Einräumung der nunmehr bekannten Nutzungsarten ist nachträglich mit einer angemessenen Vergütung zu vereinbaren. Da der wirtschaftliche Bedeutungsgehalt von Rechten, die zum Vertragszeitpunkt nicht bekannt sein konnten, ist dieser Konflikt über die Vertragszwecktheorie nicht zu lösen. Der Übertragungszweckgedanke findet dann keine Anwendung, wenn in Altverträgen, die vor 1966 abgeschlossen wurden, Unklarheiten über die Einräumung von Nutzungsrechten für unbekannte Nutzungsarten bestehen. Der Verwerter hat dann z.B. nicht die Verwertungsrechte an einer DVD.[10] Im Interesse des Urhebers sollte der § 31 Abs. 5 UrhG als zwingende Regel nur gelten, wenn im Nutzungsvertrag die Nutzungsarten einzeln und präzise aufgezählt werden, aber der Verwerter nur einige der vereinbarten Nutzungsarten nach dem Vertragszweck benötigt. Eine Verfügung des Urhebers, die seinen wirtschaftlichen Interessen und dem Sinn und Zweck des § 31 Abs. 5 UrhG widerspricht, kann nicht im nach hinein durch eine Auslegung des Nutzungsvertrages legalisiert werden. Das gilt vor allem für **Buy-out-Verträge**, die

---

8 BVerfG GRUR 2010, 332, 334 – Filmurheberrecht.
9 BGH GRUR 1982, 727, 730 – Altverträge.
10 BGH I ZR 18/09 – Der Frosch mit der Maske.

zwar der **Spezifizierungslast** entsprechen, aber eine umfassende inhaltliche, räumliche und zeitliche (**70 p. m. a.!!**) Rechtseinräumung enthalten. Aus § 31 Abs. 5 UrhG folgt auch, wie der BGH ausgeführt hat, dass eine pauschale Rechtseinräumung von demjenigen zu beweisen ist, der sich auf sie beruft.

Literatur

Wandtke/*Wandtke* Urheberrecht 4. Kap. Rn. 45.

10. Vertragszweck/Eigentum

BGH Urteil vom 14.12.2006, I ZR 34/04 – Archivfotos
GRUR 2007, 693

§ 929 S. 1 BGB
§ 31 Abs. 5 UrhG

Leitsatz

Übernimmt ein Verlag von einem Fotografen zugesandte Fotos in sein Archiv, folgt daraus ohne besondere Anhaltspunkte nicht, dass die Parteien einen Kaufvertrag geschlossen und das Eigentum an den Abzügen übertragen haben, auch wenn die Zahlung einer Archivgebühr vereinbart wird.

Sachverhalt

Der Kl. ist Berufsfotograf und übersandte der Bekl., die verschiedene Zeitungen verlegt, regelmäßig Schwarz/Weiß-Abzüge seiner Fotografien. In nahezu allen Fällen waren die Abzüge auf der Rückseite mit Namen und Adresse des Kl. versehen sowie dem Hinweis, dass die Fotos nur leihweise übergeben werden. Der Kl. erhielt Honorarzahlungen, wenn die Bilder veröffentlicht wurden, zudem berechnete er der Bekl. für einbehaltene Abzüge eine Archivgebühr.

Nach Beendigung der vertraglichen Beziehungen verlangte der Kl. alle noch bei der Bekl. vorhandenen Bilder heraus. Die Bekl. vertritt dagegen die Ansicht, dass sie an den einbehaltenen Fotos mit Zahlung der Archivgebühr Eigentum durch Kauf erworben hat.

Entscheidungsgründe

II. [...]

2. [...]

bb) [...]

(2) [...] Bei der Frage, ob die Beklagte die Übersendung der Fotos, soweit sie sie in ihr Archiv stellte, auch als Angebot des Klägers zur Eigentumsübertragung auffassen durfte, ist der Grundgedanke der im Urheberrecht geltenden Zweckübertragungsregel[1] heranzuziehen. Der Zweckübertragungsgedanke findet auch bei der Prüfung Anwendung, ob der Urheber dem Verwerter im Rahmen des Nutzungsvertrags an den Werkstücken eine sachenrechtliche Position in Form des Eigentums einräumen wollte.[2] Dies gilt ebenfalls bei der Übersendung von Fotoabzügen.[3] Zwar kann sich aus der Überlassung von Fotoabzügen zu Archivzwecken ergeben,

---

1 Zur Zweckübertragungsregel: BGHZ 131, 8, 12 – Pauschale Rechtseinräumung; 148, 221, 228 – Spiegel-CD-ROM.

2 OLG München GRUR 1984, 516, 517; vgl. auch OLG Hamburg GRUR 1980, 909, 911; *Schricker* in Schricker, Urheberrecht, 3. Aufl., § 31 Rn. 37; *Hertin* in Fromm/Nordemann, Urheberrecht, 9. Aufl., §§ 31/32 Rn. 28; Loewenheim/*J. B. Nordemann* Handbuch des Urheberrechts, § 60 Rn. 16; *Kotthoff* in HK-UrhR, § 44 Rdn. 2; a. A. KG ZUM-RD 1998, 9, 10.

3 *Vogel* in Schricker aaO § 44 Rn. 17.

dass diese zum Kauf angeboten werden und bei Übernahme in das Archiv ein Eigentumserwerb stattfindet.[4] Das setzt aber entsprechende Anhaltspunkte für den Abschluss eines Kaufvertrags und den Erwerb des Eigentums an den Abzügen durch den Verlag voraus. **Allein aus der Überlassung der Fotos zu Archivzwecken kann dies regelmäßig nicht gefolgert werden.**[5] Daran ändert auch die Vereinbarung einer Archivgebühr, soweit sie den Wert der Fotos nicht erreicht, regelmäßig nichts. **Denn durch die Vereinbarung einer Archivgebühr werden die Parteien häufig nur dem Umstand Rechnung tragen, dass der Fotograf mit der Herstellung der Fotos Vorleistungen erbringt und die Überlassung der Fotos zu Archivzwecken auch im Interesse des Verwerters liegt.**[6]

(3) […]

d) Die Herausgabeansprüche des Klägers aus § 985 BGB sind nicht gemäß § 242 BGB verwirkt. Mit der Verwirkung soll die illoyal verspätete Geltendmachung von Rechten gegenüber dem Verpflichteten ausgeschlossen werden.[7] An einer illoyal verspäteten Geltendmachung der Rechte durch den Kläger fehlt es vorliegend. Die Archivierung der nicht tagesaktuellen Fotos des Klägers war auf lange Zeiträume angelegt. Die Beklagte konnte deshalb auch mehr als zehn Jahre nach der letzten Veröffentlichung noch nicht darauf vertrauen, der Kläger werde auf seine Herausgabeansprüche nicht mehr zurückkommen. […]

Kurzkommentierung

Der BGH musste die Frage beantworten, ob übersendete Fotos, die über mehrere Jahre archiviert wurden, vom Urheber der Fotos herausverlangt werden können und auf welcher Rechtsgrundlage dies beruhte. Entgegen der Annahme des Berufungsgerichts hat der BGH den Anspruch aus § 985 BGB bejaht und dem Herausgabeverlangen des Urhebers stattgegeben. Nachdem der BGH die Erklärungen der Parteien ausgelegt hatte (§§ 133, 157 BGB), kam er zum Ergebnis, dass durch Zusendung der Fotos keine Übertragung des Eigentums nach § 929 S. 1 BGB erfolgen sollte. Es ist bei den nicht mit einer Archivgebühr verbundenen Fotos von einem Leihvertrag bzw. bei den mit einer Archivgebühr verbundenen Fotos von einem miet- und leihvertragliche Elemente aufweisenden gemischten Vertrag auszugehen, der jeweils mit der Klage gekündigt wurde.

Als Auslegungsregel für die Ermittlung des zugrunde liegenden Vertrages hat der BGH die **Zweckübertragungsregel** (besser: Vertragszweck) nach § 31 Abs. 5 UrhG angewandt. Im Rahmen des Nutzungsvertrages an Werkstücken ist zu prüfen, ob der Urheber dem Verwerter eine sachenrechtliche Position in Form des Eigentums einräumen wollte. Allein die Überlassung der Fotos zu Archivzwecken kann schon deshalb keine Eigentumsübertragung begründen, da der Vereinbarung für die Überlassung keinerlei Anhaltspunkte diesbezüglich zu entnehmen war. Denn die Fotos waren in der Regel mit dem Vermerk „Fotos nur leihweise" versehen. Die Vereinbarung der Archivgebühr konnte an dem Umstand nichts bewirken, denn diese bewirkte u.a. lediglich die Kosten der Herstellung zu decken.

Da das Archiv mit der Kündigung des Leihvertrages durch den Urheber nicht zum Besitz berechtigt war, konnte sich der Urheber auf § 985 BGB berufen. Eine Ersitzung nach § 937 BGB kam ebenfalls nicht in Frage, weil das Archiv. beim Besitzerwerb nicht gutgläubig war, sondern davon ausgehen musste, dass es an den leihweise überlassenen Fotos kein Eigentum erwerben sollte.

Literatur

Wandtke/*Wandtke* Urheberrecht 1. Kap. Rn. 67.

---

4 OLG Hamburg GRUR 1989, 912, 914.

5 *Vogel* in Schricker aaO § 44 Rn. 17; a. A. *Wandtke* in Wandtke/Bullinger, Urheberrecht, 2. Aufl., § 44 Rn. 14.

6 Vgl. BGH Urt. v. 19.9.2001 – I ZR 343/98, GRUR 2002, 282, 284 = WRP 2002, 105 – Bildagentur.

7 BGHZ 25, 47, 51 f.

11. Anspruch auf Vergütung/Übersetzer

BGH Urteil vom 7.10.2009, I ZR 38/07 – Talking to Addison
BGHZ 182, 337
GRUR 2009, 1148

§ 32 Abs. 1 S. 3, Abs. 2 S. 2 UrhG

Leitsätze

1. Der Übersetzer eines literarischen Werkes, dem für die zeitlich unbeschränkte und inhaltlich umfassende Einräumung sämtlicher Nutzungsrechte an seiner Übersetzung lediglich ein für sich genommen übliches und angemessenes Seitenhonorar als Garantiehonorar zugesagt ist, kann gemäß § 32 Abs. 1 S. 3, Abs. 2 S. 2 UrhG ab dem 5 000. verkauften, bezahlten und nicht remittierten Exemplar des übersetzten Werkes eine zusätzliche Vergütung beanspruchen, die bei gebundenen Büchern 0,8% und bei Taschenbüchern 0,4% des Nettoladenverkaufspreises beträgt. Besondere Umstände können es als angemessen erscheinen lassen, diese Vergütungssätze zu erhöhen oder zu senken.
2. Darüber hinaus kann ein solcher Übersetzer gemäß § 32 Abs. 1 S. 3, Abs. 2 S. 2 UrhG grundsätzlich die Hälfte des Nettoerlöses beanspruchen, den der Verlag dadurch erzielt, dass er Dritten das Recht zur Nutzung des übersetzten Werkes einräumt. Dabei ist unter Nettoerlös der Betrag zu verstehen, der nach Abzug der Vergütungen weiterer Rechtsinhaber verbleibt und auf die Verwertung der Übersetzung entfällt.

Sachverhalt

Die Kl. ist Übersetzerin, die Bekl. ist eine Verlagsgruppe. 2001 schlossen die Parteien Verträge, in denen sich die Kl. zur Übersetzung zweier Werke verpflichtete. Bestimmt war, dass die Bekl. das räumlich, zeitlich und inhaltlich uneingeschränkte Nutzungsrecht an den Übersetzungen erhalten sollte, für alle bekannten Nutzungsarten. Die Kl. sollte mit einem Honorar von 30,– DM pro Normseite vergütet werden. Weiterhin sollte bei entsprechendem Erfolg eine Erfolgsbeteiligung erfolgen.

Die Kl. ist der Ansicht, die vereinbarte Vergütung sei nicht angemessen. Sie verlangt von der Bekl. die Einwilligung in die Änderung der Verträge, durch die ihr eine angemessene Vergütung gewährt wird.

Entscheidungsgründe

[…]

II. […]

3. Die von den Parteien vereinbarte Vergütung ist nicht angemessen. Unter welchen Voraussetzungen eine Vergütung angemessen ist, ist in § 32 Abs. 2 UrhG bestimmt. Nach § 32 Abs. 2 Satz 1 UrhG ist eine nach gemeinsamen Vergütungsregeln (§ 36 UrhG) ermittelte Vergütung angemessen. Gibt es – wie im Streitfall – keine solche von Vereinigungen von Urhebern und Werknutzern aufgestellten gemeinsamen Vergütungsregeln, **ist eine Vergütung angemessen, wenn sie im Zeitpunkt des Vertragsschlusses dem entspricht, was im Geschäftsverkehr nach Art und Umfang der eingeräumten Nutzungsmöglichkeit, insbesondere nach Dauer und Zeitpunkt der Nutzung, unter Berücksichtigung aller Umstände üblicher- und redlicherweise zu leisten ist (§ 32 Abs. 2 Satz 2 UrhG).** Diesen Anforderungen genügt die vereinbarte Vergütung nicht.

a) Da es allein auf den Zeitpunkt des Vertragsschlusses ankommt, **erfordert die Beurteilung der Angemessenheit eine Ex-ante-Betrachtung.**[1] Wegen eines nach Vertragsschluss

---

1 Vgl. Beschlussempfehlung und Bericht des Rechtsausschusses zum Entwurf eines Gesetzes zur Stärkung der vertraglichen Stellung von Urhebern und ausübenden Künstlern – nachfolgend Beschlussempfehlung –, BT-Drucks. 14/8058, S. 18.

eintretenden Missverhältnisses zwischen den Erträgen und Vorteilen aus der Nutzung des Werkes und der vereinbarten Gegenleistung, das erst bei einer Ex-post-Betrachtung erkennbar wird, kann nur nach § 32a Abs. 1 UrhG eine Einwilligung in die Änderung des Vertrages beansprucht werden. [...]

c) [...]

aa) [...] Die Interessen des Urhebers sind grundsätzlich nur dann ausreichend gewahrt, wenn er an jeder wirtschaftlichen Nutzung seines Werkes angemessen beteiligt ist.[2] **Bei einer fortlaufenden Nutzung des Werkes wird dem Beteiligungsgrundsatz daher am besten durch eine erfolgsabhängige Vergütung entsprochen.**[3] Nutzt ein Verwerter das Werk durch den Vertrieb von Vervielfältigungsstücken, entspricht es dem Beteiligungsgrundsatz am ehesten, die Vergütung des Urhebers mit dem Absatz der Vervielfältigungsstücke zu verknüpfen und an die Zahl und den Preis der verkauften Exemplare zu binden, da die Leistung des Urhebers durch den Verkauf eines jeden einzelnen Exemplars wirtschaftlich genutzt wird.

Allerdings kann in solchen Fällen auch eine Pauschalvergütung der Redlichkeit entsprechen.[4] **Dies setzt jedoch voraus, dass die Pauschalvergütung – bei objektiver Betrachtung zum Zeitpunkt des Vertragsschlusses – eine angemessene Beteiligung am voraussichtlichen Gesamtertrag der Nutzung gewährleistet.**[5] Unter dieser Voraussetzung kann auch die Kombination einer Pauschalvergütung mit einer Absatzvergütung angemessen sein. Dabei besteht zwischen der Pauschalvergütung und der Absatzvergütung eine Wechselwirkung, so dass eine höhere Pauschalvergütung eine geringere Absatzvergütung ausgleichen kann und umgekehrt. [...]

III. [...]

2. [...] Die angemessene Vergütung ist nach billigem Ermessen festzusetzen. **Der Billigkeit wird es in der Regel entsprechen, den Urheber an den aus der Nutzung seines Werkes resultierenden Erträgen und Vorteilen angemessen zu beteiligen. Zur Bestimmung der angemessenen Beteiligung können in derselben Branche oder in anderen Branchen für vergleichbare Werknutzungen nach redlicher Übung geleistete Vergütungen als Vergleichsmaßstab herangezogen werden.**[6] [...]

3. [...]

a) [...]

bb) [...] Als Vergütung für die Übersetzung von Hardcover-Ausgaben hat das Berufungsgericht für den Normalfall einen Beteiligungssatz von 2% als Mittelwert eines Rahmens von 1% bis 3% für angemessen erachtet.[7] Eine solche Ermäßigung auf ein Fünftel der für Autoren vorgesehenen Vergütungssätze erscheint erforderlich, aber auch ausreichend, um der gegenüber dem Originalwerk in aller Regel nachgeordneten schöpferischen und wirtschaftlichen Bedeutung der Übersetzung gerecht zu werden. Der Vergütungssatz für die Übersetzung von Taschenbuchausgaben ist dementsprechend gleichfalls auf ein Fünftel des insoweit für Autoren geltenden Vergütungssatzes zu ermäßigen. Er beträgt damit im Normalfall 1%. Soweit das Be-

---

2 Vgl. Entwurf eines Gesetzes zur Stärkung der vertraglichen Stellung von Urhebern und ausübenden Künstlern – nachfolgend Gesetzentwurf –, BT-Drucks. 14/6433, S. 14f.; Beschlussempfehlung, BT-Drucks. 14/8058, S. 18; BGHZ 140, 326, 334 – Telefaxgeräte; BGH Urt. v. 5.7.2001, GRUR 2002, 246, 248 = WRP 2002, 219 – Scanner; BGHZ 152, 233, 240 – CPU-Klausel; BGH Urt. v. 29.1.2004 – I ZR 135/00, GRUR 2004, 669, 670f. = WRP 2004, 1057 – Musikmehrkanaldienst.

3 Vgl. BGH Urt. v. 17.6.2004 – I ZR 136/01, GRUR 2005, 148, 151 = WRP 2005, 230 – Oceano Mare.

4 Vgl. Beschlussempfehlung, BT-Drucks. 14/8058, S. 18.

5 Fromm/Nordemann/*Czychowski* aaO § 32 UrhG Rn. 115–118; Schricker/*Schricker* aaO § 32 UrhG Rn. 35; *Erdmann* GRUR 2002, 923, 927; *Berger* ZUM 2003, 521, 524; *Reber* GRUR 2003, 393, 395.

6 Vgl. Gesetzentwurf, BT-Drucks. 14/6433, S. 14; Beschlussempfehlung, BT-Drucks. 14/8058, S. 18; *Kotthoff* in Dreyer/Kotthoff/Meckel, Urheberrecht, 2. Aufl., § 43 UrhG Rn. 32.

7 Vgl. OLG München ZUM 2003, 684, 686f. und ZUM 2003, 970, 973 jeweils zu § 36 UrhG a.F.

rufungsgericht für Hardcover- und Taschenbuchausgaben einen einheitlichen mittleren Beteiligungssatz von 1,5% für angemessen gehalten hat, ist dem nicht zu folgen. Eine Gleichbehandlung von Hardcover- und Taschenbuchausgaben wäre nicht sachgerecht. Das Berufungsgericht hat selbst angenommen, die Gewinnspanne des Verwerters sei bei Taschenbuchausgaben geringer als bei Hardcover-Ausgaben. Damit ist eine geringere Beteiligung nicht nur des Autors, sondern auch des Übersetzers an Taschenbuchausgaben und jeweils eine höhere Beteiligung an Hardcover-Ausgaben sachlich gerechtfertigt.

b) [...]

aa) Soweit der Verlag das Werk nicht selbst vervielfältigt und verbreitet, sondern Dritten das Recht zur Nutzung des Werkes einräumt, wird der aus der Verwertung der Nebenrechte durch Dritte beim Verlag erzielte Erlös gemäß § 5 Abs. 1 VRA nach Eingang zwischen Autor und Verlag geteilt; dabei erhält der Autor, sofern nicht noch weitere Rechtsinhaber zu berücksichtigen sind, einen Anteil von 60% des Erlöses bei buchfernen Nebenrechten (insbesondere Medien- und Bühnenrechten) und 50% des Erlöses bei buchnahen Nebenrechten (z.B. Recht der Übersetzung in eine andere Sprache, Hörbuch). Das Prinzip der Teilhabe des Urhebers an den Nutzungen seines Werkes gebietet es, dem Übersetzer gleichfalls einen Anteil an den Erlösen zu gewähren, die der Verlag aus der Einräumung von Nebenrechten an Dritte erzielt. Entgegen der Auffassung des Berufungsgerichts ist es jedoch nicht angemessen, Übersetzern generell 10% der Erlöse – und damit ein Fünftel bzw. ein Sechstel der in den Vergütungsregeln für Autoren vorgesehenen Vergütungsanteile – zuzubilligen.

4. [...]

a) **Bei der Festsetzung der angemessenen Vergütung nach billigem Ermessen sind alle zum Zeitpunkt des Vertragsschlusses erkennbaren Umstände des Einzelfalls zu berücksichtigen. Das Gesetz nennt beispielhaft Art und Umfang der eingeräumten Nutzungsmöglichkeit, insbesondere Dauer und Zeitpunkt der Nutzung (§ 32 Abs. 2 Satz 2 UrhG). In Betracht zu ziehen sind weiterhin die Marktverhältnisse, Investitionen, Risikotragung, Kosten, die Zahl der hergestellten Werkstücke oder öffentlichen Wiedergaben oder die Höhe der zu erzielenden Einnahmen.**[8] Darüber hinaus können die Umstände zu beachten sein, die nach § 3 Abs. 2 und 3 VRA die Vereinbarung einer geringeren Beteiligung rechtfertigen können. Das sind die in § 36 Abs. 1 UrhG genannte Rücksicht auf Struktur und Größe des Verwerters, die geringe Verkaufserwartung, das Vorliegen eines Erstlingswerkes, die beschränkte Möglichkeit der Rechteverwertung, der außergewöhnliche Lektoratsaufwand, die Notwendigkeit umfangreicher Lizenzeinholung, der niedrige Endverkaufspreis, genrespezifische Entstehungs- und Marktbedingungen (§ 3 Abs. 2 VRA), ferner ein besonders hoher Aufwand bei Herstellung, Werbung, Marketing, Vertrieb oder bei wissenschaftlichen Gesamtausgaben (§ 3 Abs. 3 VRA).

[...]

Kurzkommentierung

Erstmals hat der BGH zur Regelung des § 32 Abs. 1 S. 3 UrhG, die im Juli 2002 in Kraft getreten ist, Stellung bezogen.[9] In dem vorliegenden Fall klagte eine Übersetzerin, die zwei Romane aus dem Englischen ins Deutsche übersetzt hatte. Erstmals hat sich der BGH ausführlich über den Anspruch auf angemessene Vergütung nach § 32 UrhG für Übersetzer geäußert. Der **Anspruch auf eine angemessene Vergütung** ist eine Konkretisierung des § 11 S. 2 UrhG und wird verfassungsrechtlich von Art. 14 GG untermauert.[10] Dieser Entscheidung folgten weitere Entscheidungen des BGH, die gleichlautend in der Begründung sind.[11]

---

8 Gesetzentwurf, BT-Drucks. 14/6433, S. 14; Beschlussempfehlung, BT-Drucks. 14/8058, S. 18; vgl. *Schulze* in Dreier/Schulze aaO § 32 Rn. 67 ff.

9 Mittlerweile bestätigt durch BGH Urt. v. 20.1.2011, Az. I ZR 19/09.

10 BVerfG GRUR 2010, 332, 334 – Filmurheberrecht.

11 BGH GRUR 2011, 328 – Destructive Emotions; BGH ZUM 2011, 408 – Angemessene Übersetzervergütung V; BGH ZUM-RD 2011, 212 – Angemessene Übersetzervergütung III.

Die Entscheidung ist deshalb erfreulich, weil darin deutlich wird, dass der Übersetzer literarischer Werke grundsätzlich einen Anspruch auf eine angemessene Beteiligung am Erlös der verkauften Übersetzungen hat. Zutreffend ist, dass die Übersetzerin von dem Verleger nach § 32 Abs. 1 S. 3 UrhG die Einwilligung in die Änderung der Übersetzungsverträge verlangen kann, weil die Vergütung zum Zeitpunkt des Vertragsschlusses **(ex ante)** nicht dem entspricht, was im Geschäftsverkehr nach Art und Umfang der eingeräumten Nutzungsmöglichkeit, insbesondere im Zeitpunkt der Nutzung, unter Berücksichtigung aller Umstände üblicher- und redlicherweise zu leisten ist (§ 32 Abs. 2 S. 2 UrhG). Dieser Grundsatz wurde zu Recht zur Grundlage der Entscheidung des BGH gemacht. Denn die vereinbarte Vergütung war zwar **üblich**, aber nicht **redlich**.

Die kumulative Bewertung der Tatbestände „üblich" und „redlich" durch den BGH mündete letztlich in eine Interessenabwägung. So ist die Vergütung nur dann redlich, wenn sie die Interessen des Urhebers und des Verwerters gleichberechtigt berücksichtigt. So werden der **Beteiligungsgrundsatz** des Urhebers an der wirtschaftlichen Nutzung seines Werkes und die Möglichkeit einer **Pauschalvergütung** genannt. Dabei soll auch eine Kombination aus einer Pauschal- und Absatzvergütung angemessen sein, wobei eine höhere Pauschalvergütung eine geringere Absatzvergütung ausgleichen kann und umgekehrt. Die Pauschalvergütung ist unangemessen gewesen, weil sie eine zeitlich unbeschränkte (70 Jahre p.m.a.!) und inhaltlich umfassende Einräumung sämtlicher Nutzungsrechte einschloss, die den Urheber nicht ausreichend an den Chancen einer erfolgreichen Verwertung beteiligte. Mit dieser Aussage zur Unangemessenheit der urheberrechtlichen Vergütung werden generell Buy-out-Verträge im Medienbereich einer Kritik zu unterziehen sein.

Bei der Bestimmung einer angemessenen Vergütung hält es der BGH für möglich, dass die Vergütungsregel nach § 36 UrhG („Gemeinsame Vergütungsregeln für Autoren belletristischer Werke in deutscher Sprache") als Orientierungshilfe herangezogen werden kann. Die Begründung für eine Absatzvergütung ist dagegen hinsichtlich der Höhe nicht nachvollziehbar.

Warum soll die Vergütung für Übersetzer im Verhältnis zu den Autoren so „deutlich" herabgesetzt werden? Der Grund für diese Feststellung liegt nach Auffassung des BGH in dem geringeren schöpferischen Gehalt der Leistung des Übersetzers im Vergleich zum schöpferischen Gehalt des Originalwerkes. Damit wird eine These aufgestellt, die die literarischen Übersetzer diskreditiert und dogmatisch dem § 3 UrhG widerspricht.[12] Denn die Übertragung in eine andere Sprache ist im hohen Maße schützwürdig. Sie produzieren selbst Dichtungen und sind als **Bearbeiter** den Originalurhebern gleichgestellt, soweit es sich um die Bewertung des Werkbegriffs i.S.v. § 2 Abs. 2 UrhG handelt. Der Gesetzgeber hat hinsichtlich der Werkkategorien keinen Unterschied gemacht. Die Qualität einer Übersetzung ist kein Kriterium für die Schutzfähigkeit. Es sind zwei verschiedene Werke, deren **Gestaltungshöhe** sehr unterschiedlich sein kann. Der Vergütungsanspruch i.S.d. § 32 UrhG umfasst keine **Inhaltskontrolle** und keine **Quersubventionierung**. Deshalb ist die Ermäßigung der Vergütungssätze des literarischen Übersetzers auf ein Fünftel der für die Autoren vorgesehenen Vergütungssätze nicht nachvollziehbar, selbst wenn die Übersetzung vom Originalwerk abhängig ist. Tragen nicht auch literarische Übersetzer zum Verkaufserfolg bei? Wieso soll nur den Autoren der Gewinn zugebilligt werden? Eine gerechtere Bewertung ist dagegen die Abgeltung der **Nebenrechte**, die hälftig zwischen Verlag und Übersetzer erfolgt. Von dieser Aufteilung der Erlöse ist der BGH in seinen neueren Entscheidungen leider abgerückt. Nunmehr wird dem Übersetzer nur ein Fünftel der Erlöse gemäß § 32 Abs. 1 S. 3, Abs. 2 S. 2 UrhG zugestanden, wenn der Dritte das Recht zur Nutzung des übersetzten Werkes eingeräumt oder übertragen bekommen hat.[13]

---

12 A.A. BGH GRUR 2011, 328, 330 – Destructive Emotions.

13 BGH GRUR 2011, 328 – Destructive Emotions; BGH ZUM 2011, 408 – Angemessene Übersetzervergütung V; BGH ZUM 2011, 403 – Angemessene Übersetzervergütung IV; BGH ZUM-RD 2011, 212 – Angemessene Übersetzervergütung III; BGH ZUM-RD 2011, 208 – Angemessene Übersetzervergütung II.

Erfreulich ist die Begründung des BGH hinsichtlich der Seiten- und Absatzvergütung. So darf das Seitenhonorar nicht auf die Absatzvergütung angerechnet werden (Rn. 51). Wenn der BGH zu Recht darauf hinweist, dass die angemessene Vergütung nach § 32 Abs. 1 S. 1 UrhG von der Werkvergütung zu unterscheiden ist (Rn. 55), ist es aber nicht möglich, im Nachhinein beide Vergütungsformen zu vermischen. Die Herstellung einer Übersetzung und die damit verbundene **Werkvergütung** nach § 632 Abs. 2 BGB ist zu unterscheiden von der urheberrechtlichen Vergütung nach § 32 Abs. 1 S. 1 UrhG. Der **Arbeitsaufwand** sollte daher nur im **Seitenhonorar** Berücksichtigung finden, während mit der urheberrechtlichen Vergütung nur der Inhalt und Umfang der Nutzung erfasst wird. Dafür ist die **Absatzvergütung** gedacht. Sie weist auf den wirtschaftlichen Erfolg oder Misserfolg einer Übersetzung hin. Der unterschiedliche Rechtscharakter beider Vergütungsformen ist im Urhebervertragsrecht zwischen Übersetzern und Verlegern zu beachten. Das BVerfG hat in seinem Beschluss vom 27.1.2011 ausdrücklich darauf hingewiesen, dass der Arbeitsaufwand für die Erstellung der Übersetzung allenfalls nur mittelbar berücksichtigt werden kann.[14]

Literatur

Wandtke/*Wandtke* Urheberrecht 4. Kap. Rn. 126.

12. Angemessene Vergütung/Auffälliges Missverhältnis/ Auskunftsanspruch

BGH, Urteil vom 13.12.2001 – I ZR 44/99 – Musikfragmente
RzU BGHZ Nr. 509
GRUR 2002, 602

§ 36 Abs. 1 UrhG a. F.
§ 242 BGB

Leitsätze

1. Der Urheber, der sich darüber im Unklaren ist, ob ihm nach § 36 Abs. 1 UrhG ein Anspruch auf Anpassung der vertraglich vereinbarten Vergütung zusteht, kann – wenn greifbare Anhaltspunkte für einen solchen Anspruch vorliegen – vom Nutzungsberechtigten Auskunft über den Umfang der Verwertung und die erzielten Verkaufspreise verlangen.
2. Auch eine **branchenübliche Vergütung** kann i. S. v. § 36 Abs. 1 UrhG in einem groben Missverhältnis (jetzt **auffälliges Missverhältnis**) zu den Erträgnissen aus der Nutzung des Werkes stehen.

Sachverhalt

Der Kl., der beim Vertragsschluss Student der Musik war, räumte der Rechtsvorgängerin, der Bekl., zwischen 1988 und 1990 die Nutzungsrechte an 152 von ihm komponierten Musikfragmenten ein. Diese nutzte die Bekl. als Hintergrund- und Begleitmusik von Kinderhörspielen. Der Kl. erhielt dafür eine Pauschalvergütung von DM 50,– und erhielt des Weiteren DM 250,– pro Musiktitel für die Produktion. Die Einräumung der Nutzungsrechte wurde schriftlich in einem „Bearbeiter-Vertrag" festgehalten

Der Kl. begehrt nun im Wege der Stufenklage, Auskunft, Einwilligung in die Vertragsanpassung und Zahlung. Das LG hat die Klage abgewiesen. Das BerGer. hat der Klage mit der ersten Stufe durch Teilurteil stattgegeben und den Bekl. dazu verurteilt dem Kl. darüber Auskunft zu

[14] BVerfG ZUM 2011, 396. Das BVerfG hat die Verfassungsbeschwerde zweier Kommunikationsdesigner abgelehnt, weil es sich bei der Vergütung eines Werkvertrages von Entwürfen nicht um die Problematik der Vergütung nach § 32 UrhG handelt.

erteilen die Kompositionen in den letzten zehn Jahren verwertet wurden. Insbesondere in Bezug auf die Bezeichnung der einzelnen Vervielfältigungsstücke, der Gesamtauflage, der Verkaufspreise und der Verkaufserträge.

Entscheidungsgründe

[...]

II. [...]

2. [...]

a) [...] **Vielmehr kann der Urheber grundsätzlich immer dann, wenn auf Grund nachprüfbarer Tatsachen klare Anhaltspunkte für einen solchen Anspruch bestehen, Auskunft und gegebenenfalls Rechnungslegung verlangen, um im Einzelnen die weiteren Voraussetzungen dieses Anspruchs ermitteln und die zu zahlende Vergütung berechnen zu können.**[1] **Eine solche Auskunftspflicht besteht in jedem Rechtsverhältnis, und zwar immer dann, wenn der Berechtigte entschuldbarerweise über Bestehen und Umfang seines Rechts im Ungewissen, der Verpflichtete hingegen in der Lage ist, unschwer solche Auskünfte zu erteilen.**[2]

Allerdings ergeben sich aus der Natur des Auskunftsbegehrens als eines aus Treu und Glauben abgeleiteten Anspruchs auch Grenzen der Auskunftspflicht. [...]

b) [...]

aa) Hat der Urheber für die Nutzung seiner Werke wie im Streitfall ein Pauschalhonorar vereinbart, ist ihm der Verwerter an sich keine Rechenschaft darüber schuldig, in welchem Umfang er das Werk nutzt.[3] [...]

bb) [...]

(1) [...] Allerdings bleibt § 36 UrhG in den Fällen unanwendbar, in denen ein untergeordneter Beitrag durch ein branchenübliches Pauschalhonorar abgegolten worden ist.[4] Die Kompositionen des Kl. können indessen – wie das BerGer. rechtsfehlerfrei festgestellt hat – nicht lediglich als untergeordnete Beiträge eingestuft werden, die in dem Gesamtwerk der Hörspielproduktion aufgehen, ohne den dem Zuhörer vermittelten Eindruck entscheidend prägen zu können. Auch wenn bei derartigen Produktionen die erzählte Geschichte und der Dialog im Mittelpunkt stehen mögen, kommt doch den zur Unterstreichung dramatischer Effekte eingesetzten Musiksequenzen eine maßgebliche, den Gesamteindruck prägende Wirkung zu, die das BerGer. überzeugend mit der Bedeutung der Filmmusik für den Spielfilm verglichen hat. [...]

Denn auch eine entsprechende Branchenübung schließt es nicht aus, ein grobes Missverhältnis i. S. d. § 36 Abs. 1 UrhG anzunehmen. Auch wenn eine bestimmte Honorierung allgemeiner Übung innerhalb der Branche entspricht, besagt dies nicht notwendig, dass eine solche Honorierung auch angemessen ist. **Als Angemessenheitsmaßstab sind vielmehr auch die Tarife der Verwertungsgesellschaften, hier insbesondere der GEMA, heranzuziehen**, die – wie die Bekl. einräumt – für die Verwendung von Musik bei Hörspielproduktionen **kein Pauschalentgelt, sondern eine prozentuale Beteiligung und damit deutlich höhere Vergütungen vorsehen,** als sie im Streitfall dem Kl. gewährt worden sind. [...]

---

1 Vgl. *OLG Nürnberg*, Schulze RzU OLGZ 130, S. 6, mit Anm. *Gerstenberg*; OLG Nürnberg ZUM-RD 1999, 126, 128; Schricker/*Schricker* UrheberR, 2. Aufl., § 36 UrhG Rn. 14; *v. Gamm* UrhG, § 36 Rn. 10; *Hertin* in: *Fromm/Nordemann*, UrheberR, 9. Aufl., § 36 UrhG Rn. 10; *Hagen* Der Bestsellerparagraf im UrheberR, 1990, S. 155 f.; ferner *OLG Hamm* NJW-RR 1990, 1148 und dazu *Spautz* in: Möhring/Nicolini, UrhG, 2. Aufl., § 36 Rn. 22.

2 RGZ 158, 377, 379; BGHZ 10, 385, 387 = NJW 1954 = LM § 259 BGB Nr. 1; BGH GRUR 1980, 227, 232 = LM § 2 UrhG Nr. 4 – Monumenta Germaniae Historica; BGHZ 95, 274, 278 f. = GRUR 1986, 62 = NJW 1986, 1244 – GEMA-Vermutung I.

3 Vgl. zum Verlagsvertrag *Schricker* VerlagsR, 3. Aufl., § 5 VerlagsG Rn. 15.

4 BGHZ 137, 387, 396 f. = GRUR 1998, 680 = NJW 1998, 3716 = LM H. 9/1998 § 31 UrhG Nr. 31 – Comic-Übersetzungen I; BGH GRUR 1986, 885, 886 = NJW-RR 1987, 103 = LM § 31 UrhG Nr. 18 – METAXA.

(2) In der Rechtsprechung wird für das Vorliegen eines Anspruchs aus § 36 Abs. 1 UrhG darüber hinaus vorausgesetzt, dass die hohen Erträgnisse aus der Nutzung des Werks für den Urheber unerwartet sind.[5] [...] Mit Recht hat das BerGer. auch darauf hingewiesen, dass im Falle eines krassen Missverhältnisses zwischen dem tatsächlich gewährten Pauschalentgelt und einem an der unteren Vergütungsgrenze orientierten Beteiligungshonorar eine tatsächliche Vermutung dafür spricht, dass zwischen der vereinbarten Urhebervergütung und den Erträgnissen aus der Nutzung des Werks unerwartet ein grobes Missverhältnis besteht.[6] Die begehrte Auskunft kann dem Kl. unter diesen Umständen nur verwehrt werden, wenn schon jetzt feststünde, dass der eingetretene Erfolg, wie groß er auch ausgefallen sein mag, aus der Sicht des Kl. nicht nur im Bereich des Möglichen lag, sondern auch wahrscheinlich war. [...]

Kurzkommentierung

Der BGH musste in dem vorliegenden Rechtsstreit noch nach der alten Rechtslage des § 36 UrhG entscheiden.§ 36 UrhG a.F. wurde als „Bestsellerparagraf" bezeichnet. Der Grundgedanke des Bestsellerparagrafen besteht darin, dass die Urheber und ausübende Künstler angemessen an der Nutzung ihrer geistigen Arbeit beteiligt werden. Mit der Neuregelung des § 32a UrhG im Jahre 2002 wurde der alte Bestsellerparagraf weiterentwickelt. Die Gesetzesbegründung betont, dass auf die vorhandene Rechtsprechung zu § 36 UrhG a.F. zurückgegriffen werden kann.[7] Zwei entscheidende Tatbestände zum „Fairnessausgleich" nach § 36 UrhG a.F. wurden in den § 32a UrhG nicht aufgenommen. Zum einen betrifft es nicht mehr das „grobe Missverhältnis" und zum anderen muss das „auffällige Missverhältnis" nicht mehr voraussehbar sein. Es reicht nach § 32a UrhG, wenn ein „auffälliges Missverhältnis" vorliegt. Geprüft wird mittels Gesamtvergleich, ob zwischen der vereinbarten Gegenleistung und den Erträgnissen sowie Vorteilen, unter Beachtung des Einzelfalls, ein „auffälliges Missverhältnis" vorliegt. Unter Erträgnissen fallen alle Einnahmen des Verwerters abzüglich der Umsatzsteuer und ohne Abzüge anderer Kosten. Die Erträgnisse müssen nicht ursächlich für den Erfolg des Werkes sein. Der Anspruch nach § 32a UrhG umfasst im Gegensatz zu § 36 UrhG a.F. nunmehr auch sämtliche Vermögensvorteile aus der Nutzung des Werkes (§ 32a S. 1 UrhG), die aber bereits entstanden sein müssen.

Das „auffällige Missverhältnis" ist ein Minus gegenüber dem „groben Missverhältnis", was zumindest dann vorliegen soll, wenn die vereinbarte Vergütung um 100% von der angemessenen Vergütung abweicht. Es sollen aber auch bereits geringere Abweichungen ausreichen. Es liegt z.B. ein „auffälliges Missverhältnis" vor, wenn der Verwerter eine Vergütung für die urheberrechtliche Nutzung des Werkes in Höhe von € 6000.– mit dem Urheber vereinbart, aber € 2 Mio. für den Verkauf von DVDs verkauft. Für die Feststellung des „auffälligen Missverhältnisses" sind die gesamten Beziehungen des Urhebers zum Vertragspartner zu berücksichtigen. Das bedeutet, dass Verluste des Vertragspartners von den Erträgnissen nicht generell abzuziehen sind. Denkbar sind Beiträge des Verwerters zur Gestaltung des Werkes.[8] Lösbar ist die Frage des „auffälligen Missverhältnisses" letztlich nur über eine **Interessenabwägung** im Einzelfall. Die Hürde für die Anwendung des § 32a UrhG ist im Verhältnis zur alten Rechtslage deutlich herabgesetzt worden.

Das bezieht sich auch auf den Tatbestand des Unerwartetseins der Entstehung des „groben Missverhältnisses" nach § 36 UrhG a.F., der nicht mehr in § 32a UrhG gefordert wird. In der

5 BGHZ 115, 63, 66 = GRUR 1991, 63 = NJW 1991, 3150 = LM H. 1/1992 § 36 UrhG Nr. 2 – Horoskop-Kalender; BGHZ 137, 387, 397 = GRUR 1998, 680 = NJW 1998, 3716 = LM H. 9/1998 § 31 UrhG Nr. 31 – Comic-Übersetzungen I.

6 Vgl. BGHZ 115, 63, 67f. = GRUR 1991, 63 = NJW 1991, 3150 = LM H. 1/1992 § 36 UrhG Nr. 2 – Horoskop-Kalender; BGH GRUR 2002, 153, 155 = NJW-RR 2002, 255 = LM H. 2/2002 § 36 UrhG Nr. 5 = WRP 2002, 96 – Kinderhörspiele.

7 BT-Drucks. 14/8058, 19.

8 BGH GRUR 1991, 901, 903 – Horoskop-Kalender.

vorliegenden Entscheidung wird eine untere Schwelle für die neue Rechtslage vorgegeben, wonach zwischen der Pauschalvergütung und der untersten Vergütungsgrenze für das Beteiligungshonorar vermutet werden kann, dass ein „auffälliges" Missverhältnis vorliegt. Der Ausgleichsanspruch kann dann – worauf der BGH ausdrücklich hinweist – mit einem **Auskunftsanspruch** verknüpft werden, wenn aufgrund nachprüfbarer Tatsachen klare Anhaltspunkte für einen solchen Anspruch bestehen. In diesem Fall könnte der Geschädigte ebenfalls Auskunft und ggf. Rechnungslegung verlangen.

Der BGH bejaht das „grobe Missverhältnis" selbst dann, wenn Pauschalvergütungen vereinbart werden, was vor allem für Buy-out-Verträge bedeutsam sein kann.

Literatur

Wandtke/*Wandtke* Urheberrecht 4. Kap. Rn. 131 f.

13. Änderungsrecht/Aufführungsrecht

BGH Urteil vom 29.4.1970, I ZR 30/69 – Maske in Blau
BGHZ 55, 1
GRUR 1971, 35

§ 15 Abs. 1 Nr. 1 UrhG
§ 16 Abs. 2 UrhG
§ 23 S. 2 UrhG
§ 39 UrhG

Leitsatz

Zu welchen Änderungen seines Werkes der Urheber nach Treu und Glauben seine Zustimmung nicht versagen kann, ist abhängig von der Verwertungsart und dem Rang des Werkes. „Maske in Blau".

Sachverhalt

Die Kl. vertreibt einen Bühnenverlag. Sie ist Inhaberin der Bühnenaufführungsrechte der von ihr 1937 verlegten Operette „Maske in Blau". Sie vergab an das Theater der Bekl. das örtlich ausschließliche Aufführungsrecht für die Spielzeit 1967/1968. Der Vertrag weist darauf hin, dass soweit nichts anderes vereinbart ist, der allgemeine Bühnenbrauch, wie er in der Rechtsprechung der Bühnenschiedsgerichte und in den allgemeinen Bestimmungen für den Geschäftsverkehr Niederschlag gefunden hat. Zu vorgenannten allgemeinen Bestimmungen für den Geschäftsverkehr gilt insoweit die Regelung, dass soweit nichts anderes vereinbart ist, an dem Werk selbst, an seinem Titel und an der Bezeichnung des Urhebers Zusätze, Kürzungen oder sonstige Änderungen zu unterlassen sind. Zulässig sind unwesentliche Änderungen für die der Berechtigte seine Zustimmung nach Treu und Glauben nicht versagen darf (§ 7 der allgemeinen Bestimmungen für den Geschäftsverkehr). Die Bekl. hat im Laufe der Zeit mehrere Änderungen an dem Werk vorgenommen, so unter anderem Streichungen des Textes und der Musik, ferner Einfügung von Musik fremder Komponisten.

Die Kl. beanstandet diese Form der Wiedergabe des Werkes und ließ den Aufführungsvertrag fristlos kündigen. Die Aufführung der Bekl. verunstalte Titel, Handlungsidee und Charaktere. Die Bekl. ist der Klage entgegen getreten.

Entscheidungsgründe

[…]

II. […]

2. [...] Zu Unrecht meint die Revision, die von der Beklagten eigenmächtig vorgenommenen Änderungen an dem ihr zur Aufführung anvertrauten Werk seien durch **§ 39 Abs. 2 UrhG** gedeckt, wonach solche Änderungen zulässig sind, zu denen der Urheber nach Treu und Glauben seine Einwilligung nicht versagen kann. Hierzu ist zunächst **klarzustellen, daß es sich bei dieser Bestimmung nur um eine Ausnahme von dem das Urheberrecht beherrschenden Änderungsverbot handelt, einem Verbot, das dem Urheberrecht als einer Herrschaftsmacht des schöpferischen Menschen über sein Geisteswerk immanent ist, und das dem Schutz der persönlichen und geistigen Interessen des Urhebers dient, selbst darüber zu bestimmen, in welcher Gestalt sein geistiges Kind an die Öffentlichkeit treten soll. Hierbei hat der Gesetzgeber dem Änderungsbedürfnis, das sich je nach der Art der angestrebten Werkverwertung stärker oder schwächer stellen kann, durch die auf Treu und Glauben abgestellte Regelung des § 39 Abs. 2 UrhG Rechnung getragen.**

Starre, allgemeingültige Richtlinien, welche Änderungen nach Treu und Glauben zu gestatten sind, lassen sich nicht aufstellen. Die gebotene Interessenabwägung bei einem Widerstreit zwischen den persönlichkeitsrechtlichen Belangen des Urhebers und den verwertungsrechtlichen Interessen des Nutzungsberechtigten kann je nach dem Rang des infrage stehenden Werkes und dem vertraglich eingeräumten Verwertungszweck zu einem engeren oder weiteren Freiheitsspielraum des Nutzungsberechtigten bei Werkänderungen führen. Da die bühnenmäßige Aufführung eines Bühnenwerkes die Umsetzung eines Schriftwerkes in die Bühnenform erfordert, ist in der Theaterpraxis seit langem umstritten, inwieweit der Gestaltung der Bühnenform durch das Werkänderungsverbot Schranken gesetzt sind. Da jede Bühnenaufführung von den Realitäten des jeweiligen Theaters abhängig ist, seinen räumlichen Verhältnissen, der Zusammensetzung seines künstlerischen Personals, dem für die Ausstattung zur Verfügung stehenden Etat, ist die Theaterpraxis darauf angewiesen, nicht zu eng an die Werkfassung des Bühnenautors, insbesondere an seine etwaigen Regieanweisungen gebunden zu sein, und daher insbesondere eigenmächtig unwesentliche Kürzungen, Streichung kleinerer Rollen oder dergleichen vornehmen zu dürfen. Auch hat sich immer mehr die Auffassung durchgesetzt, daß der Regisseur nicht etwa nur „Gehilfe" des Werkautors ist, sondern bei der Umsetzung des Schriftwerkes von der begrifflichen in die sinnlich faßbare Sphäre durchaus schöpferische Tätigkeit entfalten kann, deren Eigenwert neben dem der Schöpfung des Schriftwerkes anzuerkennen ist. Das aber bedeutet keineswegs, wie die Revision zu meinen scheint, daß der Willkür des Regisseurs keine Grenzen durch die Urheberrechtsbefugnisse des Werkschöpfers gesetzt seien. Wird durch die Gestaltung der Aufführung das Werk in seinen wesentlichen Zügen verändert, so bedarf es hierzu der Einwilligung der Urheberberechtigten, ohne daß es darauf ankommt, ob etwa die das Werk verändernden Regieeinfälle vom künstlerischen Standpunkt vertretbar oder gar dem Erfolg des Werkes beim Publikum eindeutig förderlich sind. Bei einem Meinungsstreit zwischen dem Autor und dem Regisseur, in welcher Aufführungsform das Werk der Öffentlichkeit zugänglich zu machen ist, ist – ganz unabhängig von künstlerischen Wertungsfragen – stets die Auffassung des Autors maßgebend, wenn die vom Regisseur gewünschte Aufführungsform das Werk in seinem wesentlichen Aussagegehalt verändert, weil dann das Änderungsverbot des § 39 Abs. 1 UrhG eingreift. Hierdurch werden der schöpferischen Gestaltungsfreiheit bei der szenischen Wiedergabe eines Bühnenwerkes keineswegs unzumutbare Fesseln auferlegt. Denn das Werk wird in der konkreten Fassung, in der es vorliegt, zur Aufführung erworben. Erachtet der Erwerber des Aufführungsrechtes diese Fassung nicht als bühnenreif und scheinen ihm einschneidende Änderungen der Werkfassung geboten, um die Aufführung zu einem Erfolg zu führen, so hat er die Möglichkeit, den Erwerb des Aufführungsrechtes von der Einräumung entsprechender Änderungsbefugnisse abhängig zu machen. Geschieht dies nicht und ergeben sich die Änderungswünsche erst im Verlauf der Probenarbeit, so gebietet es die zumutbare Rücksicht auf das geistige Band, das den Werkautor mit seiner Schöpfung verbindet, dessen Erlaubnis bzw. diejenige seines Bühnenverlegers zu der angestrebten Umgestaltung einzuholen. Da auch der

Autor bzw. der Bühnenverleger am Publikumserfolg der Aufführung nicht nur ideell, sondern auch materiell interessiert ist, wird die Einwilligung zu einleuchtenden Werkänderungen mit Rücksicht auf die eigenen Verwertungsinteressen der Urheberberechtigten in der Regel zu erreichen sein. Verweigert aber der Urheberberechtigte – aus welchen Gründen auch immer – die gewünschte wesentliche Abänderung seines Werkes, so hat der Aufführungsberechtigte diese Entscheidung zu achten. Der Wille des Urhebers muß in solchen Konfliktsfällen dem Willen des Regisseurs schon deshalb vorgehen, weil das Publikum dem Autor das unter seinem Namen erscheinende Werk zurechnet, ohne in der Regel unterscheiden zu können, was Zutat oder Umgestaltung durch die Regie ist. [...]

Kurzkommentierung

Der BGH hat zum Verhältnis Änderung und Entstellung eines Bühnenwerkes Stellung bezogen. Das Änderungsverbot nach § 39 UrhG hat für die Praxis eine große Bedeutung. Während § 39 UrhG die vertragliche Zulässigkeit von Änderungen des Werkes zulässt, ist § 14 UrhG als wesentlicher Teil des Urheberpersönlichkeitsrechts dem Urheber vorbehalten, gegen Entstellungen oder andere Beeinträchtigungen des Werkes vorzugehen, soweit die geistigen und persönlichen Interessen gefährdet sind. Das Änderungsrecht nach § 39 UrhG kann aber nicht weiter reichen als der Kern des Entstellungsschutzes. § 14 UrhG bestimmt letztlich die Grenze des Änderungsrechts. §§ 39 und 14 UrhG stehen insofern selbstständig neben einander. In dem vorliegenden Rechtsstreit werden verallgemeinernde Grundsätze für die Inszenierungsarbeit am Theater durch den BGH aufgestellt. Der Urheber – so der BGH – braucht nicht zu dulden, dass ein Bühnenunternehmen das Werk lediglich zum Anlass nimmt, um durch Vornahme zahlreicher Änderungen in Gestalt von Kürzungen und Hinzufügungen Gelegenheit zur Anbringung von Regieeinfällen zu erhalten, so dass von Text und Musik des Werkes in der Aufführung nur noch ein mehr oder minder dürres Gerippe seinen Niederschlag findet, das von den Hinzufügungen überwuchert wird. Vor allem braucht der Urheber es nicht hinzunehmen, dass sein Werk nur zum Anlass genommen wird, um eine abschätzige Auffassung über die künstlerische Bedeutung dieses Werkes oder der Werkgattung, der es angehört, zum Ausdruck zu bringen, zumal wenn dies durch eine Verfälschung der Charaktere der Hauptfiguren und Musikeinlagen fremder Komponisten erreicht werden soll.

Im Rahmen der Interessenabwägung zwischen dem Urheber und dem Theater wird völlig zu Recht vom BGH darauf hingewiesen, dass die eigenmächtigen Änderungen am Text und an der Musik durch den Theaterregisseur nicht von § 39 Abs. 2 UrhG gedeckt sind. Abgesehen davon, dass ein Bühnenaufführungsvertrag vorlag, der ausdrücklich Änderungen der Operette „Maske in Blau“ nur mit Zustimmung des Bühnenverlages erlaubte, kann der **Treu- und Glaubensgrundsatz** nicht so weit reichen, dass dabei die persönlichkeitsrechtlichen Belange des Urhebers nicht berücksichtigt werden. Die Macht des Theaterregisseurs kann nicht bedeuten, dass Eingriffe in das Werk hinzunehmen sind, die wesentliche Züge des Werkes betreffen. Es gilt dann das **Änderungsverbot** nach § 39 Abs. 1 UrhG. Derartige Substanzänderungen – wie im vorliegenden Fall- erfüllen auch die direkte Entstellung nach § 14 UrhG. Der Urheber muss nicht Eingriffe in das Werk hinnehmen, wenn das Wesen des Werkes verändert wird. So wie der Urheber die Besonderheiten der Inszenierungsarbeit des Theaterregisseurs und dessen künstlerische Freiheiten beachten sollte, hat der Theaterregisseur auf persönliche Belange des Urhebers Rücksicht zu nehmen. Dadurch, dass das **Aufführungsrecht** des Urhebers und der Aufführungsvertrag durch das Theater verletzt wurden, wäre neben den §§ 97 ff. UrhG auch die §§ 280 ff. BGB wegen **Vertragspflichtverletzungen** anwendbar.

Literatur

Wandtke/*Wandtke* Urheberrecht 10. Kap. Rn. 49.

VI. Urheber im Arbeitsverhältnis

1. Arbeitnehmer/Urheberrechtliche Vergütung

BGH Urteil vom 23.10.2001, X ZR 72/98 – Wetterführungspläne II
RzU BGHZ Nr. 495
GRUR 2002, 149

§ 20 ArbEG a. F.
§ 69 b UrhG
§ 242 BGB

Leitsätze

1. Ein von einem Arbeitnehmer im Rahmen seiner arbeitsvertraglichen Pflichten für seinen Arbeitgeber entwickeltes Computerprogramm begründet die einen Vergütungsanspruch nach § 20 ArbEG auslösende Vorzugsstellung nicht schon deshalb, weil dem Arbeitgeber an dem Programm nach dem Urheberrecht ein alleiniges Nutzungsrecht zusteht und eine Nachschöpfung aus tatsächlichen Gründen, insbesondere wegen des Dekompilierungsverbots und der darauf beruhenden Schwierigkeit einer solchen Nachbildung ausscheidet.
2. Ein Anspruch auf Auskunft über tatbestandsmäßige Voraussetzungen eines Anspruchs setzt über die mangelnde Kenntnis des Auskunftsberechtigten hinaus voraus, daß dieser nicht nur seinen Anspruch, sondern auch die Gründe plausibel darlegt, warum ihm eine weitere Spezifizierung der Anspruchsvoraussetzungen nicht möglich ist.

Sachverhalt

Der Kl. war Arbeitnehmer der Bekl. und hat für diese ein Softwareprogramm zur grafischen Darstellung von Wetterführungsplänen entwickelt. Die Art dieser Pläne macht es notwendig, dass sie in verhältnismäßig kurzen Abständen aktualisiert werden. Die bis zur Entwicklung des Programms durch den Kl. übliche manuelle Erstellung war – insbesondere im Hinblick auf die dabei auszuwertenden Daten – mit einem erheblichen zeitlichen und personellen Aufwand verbunden.

Die Bekl. nutzte das Programm und bot es anderen Unternehmen zum Kauf bzw. zur Lizenznahme an. Als der Kl. in den Folgejahren fürchtete aus dem Dienst der Bekl. ausscheiden zu müssen, verlangte er von dieser eine Vergütung für die Überlassung und die Inanspruchnahme des Programms, das seiner Auffassung nach eine Diensterfindung darstellte.

Entscheidungsgründe

[...]

3. [...] Nach **§ 69 b Abs. 1 UrhG** steht dem Arbeitgeber dann, wenn einer seiner Arbeitnehmer im Rahmen seiner arbeitsvertraglichen Pflichten oder auf Anweisung des Arbeitgebers ein Computerprogramm entwickelt hat, an diesem das ausschließliche Recht der wirtschaftlichen Verwertung zu, sofern nicht anderweitige Vereinbarungen getroffen wurden. Mit dieser Vorschrift wird die bereits vor deren Inkrafttreten bestehende Rechtsüberzeugung fortgeschrieben, daß **der als Arbeitnehmer tätige Schöpfer urheberrechtsfähiger Werke für seine Leistung regelmäßig dann mit seinem Arbeitslohn abgegolten ist, wenn die Schaffung derartiger Werke zu seinen arbeitsrechtlichen Pflichten nach den mit dem Arbeitgeber getroffenen Absprachen gehört oder von diesem sonst nach dem Arbeitsvertrag verlangt werden kann.**[1] [...]

---

1 Vgl. statt aller Schricker/*Rojahn* UrhG, 1. Aufl., 1987, § 43 UrhG Rn. 64; *Rehbinder* Festschrift für Roeber, 1973, S. 481, 489; *Ullmann* GRUR 1987, 6, 8; *Ulmer* Urheber- und Verlagsrecht, 1951, S. 29, 118.

4. [...]

b) [...] Diese Stellung des Klägers hat im zeitlichen Geltungsbereich des § 69 b UrhG zur Folge, daß der Beklagten ein uneingeschränktes Nutzungsrecht an dem von dem Kläger und seiner Mitarbeiterin entwickelten Programm zusteht. Dieser gesetzlich normierte Übergang der wirtschaftlichen Verwertungsrechte wird nicht von einer Gegenleistung des Arbeitgebers abhängig gemacht. Das läßt nur den Schluß zu, daß der von der Regelung betroffene Arbeitnehmer eine solche Vergütung jedenfalls grundsätzlich nicht beanspruchen kann.[2] Auch das entspricht der vor Inkrafttreten des § 69b UrhG geltenden Rechtslage. Anders als im Arbeitnehmererfindergesetz ist der Anfall der vermögensrechtlichen Befugnisse und Vorteile nicht das Ergebnis einer dem Arbeitnehmer auferlegten Andienungs- und Überlassungspflicht. **Im Geltungsbereich des § 69b UrhG erfolgt der Rechtsanfall unmittelbar kraft Gesetzes. Dem liegt ebenso wie der zuvor geltenden Rechtslage die Vorstellung zugrunde, daß dieser Leistungserfolg dem Arbeitgeber gebührt. Für seine Leistung und die Überlassung von deren Ergebnis ist der Arbeitnehmer, soweit die Erstellung solcher Werke zu seinen arbeitsvertraglichen Pflichten gehört, regelmäßig mit dem Arbeitslohn bezahlt worden**.[3] [...]

c) [...] Während eine Verpflichtung der Arbeitnehmer zur Entwicklung sonder-rechtsfähiger technischer Lehren generell verneint wird und damit eine Abgeltung einer derartigen Entwicklung durch den Arbeitslohn ausscheidet, wird – wie bereits oben angesprochen – eine entsprechende Verpflichtung bei urheberschutzrechtsfähigen Werken jedenfalls grundsätzlich bejaht, wenn der Arbeitnehmer für ihre Entwicklung und Anfertigung angestellt oder im Rahmen des Arbeitsverhältnisses in zulässiger Weise hierzu angewiesen wurde.[4] Daraus ergibt sich zugleich, daß die Regelung auch keinen Eingriff in verfassungsrechtlich geschützte Positionen und die Berufsfreiheit der davon betroffenen Arbeitnehmer enthält. Mit Blick darauf, daß sie sich lediglich an Arbeitnehmer wendet, zu deren arbeitsvertraglichen Verpflichtungen die Entwicklung urheberrechtsschutzfähiger Werke gehört, konnte der Gesetzgeber auch im Hinblick auf die Art. 14, 12 GG davon ausgehen, daß ihre Leistung grundsätzlich mit dem für ihre Tätigkeit vereinbarten Arbeitslohn abgegolten wird und die Übertragung der Nutzungsrechte an dem Werk lediglich ohnehin bestehende Pflichten der jeweiligen Arbeitnehmer konkretisiert.

[...]

Kurzkommentierung

Die Entscheidung des BGH ist von genereller Bedeutung für das Arbeitnehmerurheberrecht. Der BGH vertritt die Auffassung, dass **§ 69b UrhG** dem Arbeitgeber das ausschließliche Recht der wirtschaftlichen Verwertung der Computerprogramme zusteht, sofern nicht andere Vereinbarungen getroffen wurden. Aus dieser Vorschrift nunmehr den Grundsatz abzuleiten, dass der Arbeitnehmer für seine schöpferischen Werke (Computerprogramme) mit dem Arbeitslohn abgegolten werden kann, ist nicht nachvollziehbar. Die **Abgeltungstheorie** erfasst nicht das dogmatische Wesen des urheberrechtlichen Vergütungsanspruchs. Der dogmatische Unterschied zwischen dem Arbeitslohn und der urheberrechtlichen Vergütung nach den §§ 32, 32a, 32c UrhG ist zu beachten. Der Leitgedanke des Urheberrechts, dass der Urheber angemessen an der wirtschaftlichen Verwertung seines Werkes zu beteiligen ist, wird durch die Abgeltungstheorie konterkariert. Die urheberrechtliche Vergütung knüpft nämlich an den Inhalt und Umfang der Nutzung an.

---

2 So auch *Gaul/Bartenbach* Handbuch des gewerblichen Rechtschutzes, 5. Aufl., Bd. 1 C Rn. 531.1; Möhring/Nicolini/*Hoeren* UrhG, 2. Aufl., § 69b Rn. 19.

3 Vgl. statt aller Schricker/*Rojahn* aaO, 2. Aufl., § 43 UrhG Rn. 64 m. w. N.

4 Schricker/*Rojahn* aaO.

Eine klare Trennung zwischen der Vergütung des Arbeitsaufwandes und der Nutzungsvergütung hat der BGH bspw. im Bereich der Übersetzer vorgenommen. Die sog. **Trennungstheorie** bezweckt die Abgrenzung von der Vergütung für die Arbeitsleistung innerhalb einer gewissen Zeit und der Vergütung für die Rechtseinräumung und Nutzung der Rechte in urheberrechtlicher Hinsicht. Die für die Übersetzer vom BGH formulierten Grundsätze des Anspruchs auf eine angemessene Vergütung sind auch auf die Arbeitnehmerurheber anzuwenden.[5] § 69b UrhG sagt nur, dass der Arbeitgeber die vermögensrechtlichen Befugnisse kraft Gesetz erwirbt, ohne dass es einer vertraglichen Vereinbarung über die Rechtseinräumung bedarf. Über die Vergütung sagt § 69b UrhG nichts aus. Die Arbeitsvergütung eines Programmierers ist der Zeitlohn im Arbeitsverhältnis und deckt gegenüber dem urheberrechtlichen Vergütungsanspruch damit einen anderen Faktor ab. Das sieht das BVerfG offensichtlich auch so.[6]

Die h. M. geht indes immer noch von der Abgeltungstheorie aus und spricht demnach auch nach Ausscheiden des Urhebers aus der arbeitsvertraglichen Stellung keinen Anspruch auf urheberrechtliche Vergütung zu. Zu einer dogmatisch sauberen Lösung würde man indes mit der Trennungstheorie gelangen. Denn nur dann wäre auch eine nach Beendigung des Arbeitsverhältnisses fortwährende Nutzung der urheberrechtlichen Leistung auch mit einem fortdauernden urheberrechtlichen Anspruch des Urhebers verbunden. Ansonsten stünde der Nutzen an dem Werk für den Arbeitgeber außer Verhältnis zur Gegenleistung des jeweiligen Arbeitgebers für den Arbeitnehmerurheber.

Um eine klare Abgrenzung zu schaffen, wäre in praktischer Hinsicht eine vertragliche Absicherung sinnvoll. Denn der h. M. zufolge würden Schadenersatzansprüche des Urhebers gemäß §§ 97 ff. UrhG bei fortdauernder Nutzung nach Beendigung des Arbeitsverhältnisses derzeit leider weniger Aussicht auf Erfolg haben.

Literatur

Wandtke/*Wandtke* Urheberrecht 4. Kap. Rn. 208.

2. Eigentumsrecht/Nutzungsrecht

BGH Urteil vom 27.9.1990, I ZR 244/88 – Grabungsmaterialien
BGHZ 112, 243
GRUR 1991, 523

§ 2 Abs. 2 UrhG
§ 43 UrhG
§ 950 Abs. 1 BGB
§ 985 BGB
§ 986 Abs. 1 BGB

Leitsatz

Zur Frage der Urheber- und Eigentumsrechte an archäologischen Grabungsmaterialien.

Sachverhalt

Bei den Kl. handelt es sich um die Erben des im Jahre 1978 verstorbenen Prof. Dr. M. Er war seit 1958 der Direktor des Instituts für Ur- und Frühgeschichte an der philosophischen Fakultät der Universität Heidelberg. Die Bekl. ist die Universität Heidelberg.

---

5 BGH GRUR 2011, 328 – Destructive Emotions; BGH ZUM 2011, 408 – Angemessene Übersetzervergütung V; BGH ZUM 2011, Angemessene Übersetzervergütung IV; BGH ZUM-RD 2011, 212 – Angemessene Übersetzervergütung III; BGH ZUM-RD 2011, 208 – Angemessene Übersetzervergütung II; BGH GRUR 2009, 1148, 1154 – Talking to Addison.

6 BVerfG ZUM 2011, 396 f.

Streit zwischen den Parteien besteht darüber, wem die Rechte an der umfangreichen wissenschaftlichen archäologischen Sammlung des Prof. Dr. M. zustehen. Die Kl. verlangen die Herausgabe der archäologischen Sammlung, weil sie der Ansicht sind, dass sie als Rechtsnachfolger des Prof. Dr. M. im Wege des Erbgangs Eigentümer der wissenschaftlichen Arbeiten geworden seien

Entscheidungsgründe

[...]

II. [...]

3. [...]

b) [...] **Denn die Rechtsstellung des Hochschullehrers wird** – wie das Berufungsgericht zu Recht ausgeführt hat – **über die rein dienstrechtliche Stellung hinaus wesentlich dadurch charakterisiert, dass er die seiner Universität jeweils obliegenden wissenschaftlichen Aufgaben durch Forschung und Lehre in seinem Fach selbständig wahrnimmt.**[1] Land und Universität haben sicherzustellen, dass er seine wissenschaftliche Tätigkeit im Rahmen der durch Art. 5 Abs. 3 GG verfassungsrechtlich garantierten Freiheit von Forschung und Lehre ausüben kann (vgl. § 3 Abs. 1 HRG). Aufgrund dieser **besonderen Stellung des Hochschullehrers** bei der Durchführung seiner wissenschaftlichen Arbeit und bei der Anfertigung der seine Forschungen begleitenden und aus ihnen resultierenden Arbeitsunterlagen konnte das Berufungsgericht rechtsfehlerfrei folgern, dass seine Situation eine grundsätzlich andere ist als die des weisungsabhängigen Arbeitnehmers oder Beamten, der für und im Interesse seines Arbeitgebers oder Dienstherrn und zu dessen Nutzen Arbeitsergebnisse zur Verfügung zu stellen und Materialien anzufertigen hat. **Seine Forschungsarbeit ist – anders als zum Beispiel die Forschungs- und Entwicklungstätigkeit des Wissenschaftlers in einem Wirtschaftsunternehmen – jedenfalls vorliegend nicht darauf gerichtet, dem Dienstherrn Arbeitsergebnisse für seine Zwecke zur (wirtschaftlichen und/oder wissenschaftlichen) Nutzung zur Verfügung zu stellen.**[2] [...]

4. [...] Die Anbietungspflicht erstreckt sich im Streitfall allerdings nicht auf das Sacheigentum an den Grabungsmaterialien. Vielmehr wird dem Interesse der beklagten Universität und dem der Allgemeinheit an einem jederzeitigen Zugriff auf die Materialien zum Zwecke der weiteren wissenschaftlichen Nutzung und Auswertung sachenrechtlich auch durch die Einräumung eines dauerhaften Besitzrechts hinreichend genügt. Einer Eigentumsübertragung bedarf es nicht. Da die Beklagte bereits den Besitz an den Materialien hat, wandelt sich die Anbietungspflicht vorliegend in ein Recht zum Besitz im Sinne des § 986 Abs. 1 BGB. Soweit neben dem Sacheigentum auch ein Urheberrecht der Erben in Betracht kommt (vgl. oben unter II. 2.) bedarf die Beklagte noch der Einräumung der urheberrechtlichen Nutzungsrechte an den schutzfähigen Materialien, da nur so dem Interesse der Allgemeinheit an einer weiteren wissenschaftlichen Nutzung und Auswertung genügt werden kann. Die Verpflichtung der Erben zur Einräumung auch der urheberrechtlichen Nutzungsrechte in einem dem Zweck der archäologischen Grabungsmaterialien entsprechenden Umfang findet seine Grundlage ebenfalls in der nachwirkenden Treuepflicht aus dem Dienstverhältnis. Im Streitfall erscheint es den Erben zumutbar, die Besitz- und Nutzungsrechtseinräumung auch unentgeltlich zu erbringen. Denn die Materialien sind unter Einsatz erheblicher Personal- und Sachmittel der Beklagten und Dritter erstellt worden.

[...]

Kurzkommentierung

Die Entscheidung des BGH ist insofern von Bedeutung, als in prägnanter Art und Weise das **Verhältnis zwischen Eigentumsrecht und Urheberrecht** behandelt wird.

---

1 Vgl. § 43 Abs. 1 S. 1, § 2 Abs. 1 HRG; grundlegend BVerfGE 35, 79, 126 f.; 47, 327, 388.

2 Vgl. auch *Rehbinder* Festschrift Hubmann, 1985, S. 359, 365 f.

Das Herausgabeverlangen der Erben betraf archäologische Forschungsmaterialien nach § 985 BGB. Der BGH wies darauf hin, dass das Urheberrecht anders als das Eigentumsrecht dem Werkschöpfer oder seinen Rechtsnachfolgern nur Ausschließlichkeitsrechte am geistigen Eigentum gewährt, nicht aber ein Recht auf Eigentum oder Besitz an den einzelnen Werkstücken.

Da für die Hochschulprofessoren die zweckfreie Forschung und damit die weisungsfreien und selbst gewählten Forschungsaufgaben gelten, ist auch die Hochschule oder Universität nicht Inhaber von Nutzungsrechten an diesen zweckfreien Forschungsmaterialien. Denn das Urheberrecht gewährt dem Werkschöpfer nur Ausschließlichkeitsrechte am geistigen Eigentum, nicht aber auch zugleich Rechte am Eigentum oder Besitzrechte. Vorliegend war der Hochschulprofessor Prof. Dr. M. und nicht die Hochschule, der weder stillschweigend noch ausdrücklich noch im Rahmen des Arbeits- und Dienstverhältnisses Nutzungsrechte eingeräumt waren, geistiger Eigentümer. Diese Aussage hat generelle Konsequenzen für den Hochschulbetrieb. Denn die rechtliche Stellung eines forschenden Hochschulprofessors ist von der des normalen Arbeitnehmers zu unterscheiden. In der Regel werden die Arbeitsergebnisse eines Arbeitnehmers mit dem Verdienst abgegolten (sog. **Abgeltungstheorie**) und dem Arbeitgeber im Rahmen des Arbeitsverhältnisses Nutzungsrechte daran eingeräumt. Die Tätigkeit des Hochschullehrers zeichnet sich hingegen durch eine freie, eigenverantwortliche und selbstständig wahrgenommene Arbeit aus, die weisungsunabhängig erfolgt. Bestimmte Arbeitsergebnisse werden gegenüber dem Arbeitgeber nicht geschuldet und demnach auch nicht zu dessen Nutzung zur Verfügung gestellt.

Während die Nutzungsrechte also nicht – auch nicht im Rahmen eines Arbeits- oder Dienstverhältnisses – der Hochschule übertragen wurden, musste die Frage beantwortet werden, wer Eigentum in sachenrechtlicher Hinsicht an den Materialien erlangt hatte. In Betracht kam lediglich der Eigentumserwerb kraft Gesetzes nach § 950 BGB, da keine rechtsgeschäftliche Eigentumsübertragung erfolgt war. Indes hat der BGH vorliegend den Herstellerbegriff nach § 950 BGB dahingehend ausgelegt, dass die Herstellereigenschaft nach der Zweckbestimmung der Grabungsmaterialien und der konkreten Interessenlage zwischen Hochschullehrer und Universität beurteilt werden. Der Hochschullehrer ist zwar Hersteller der Grabungsmaterialien, aber es besteht (ausnahmsweise) eine Anbietung und eine Pflicht zur Einräumung der Nutzungsrechte. Dies leitet der BGH aus der nachwirkenden Pflicht daher ab, da der Erblasser trotz seiner Weisungsunabhängigkeit kein unbeschränktes Privateigentum erlangt hatte. Die Anbietungspflicht ergab sich aus der fortbestehenden Treuepflicht aus dem Dienstverhältnis, die sich aus der langjährigen Tätigkeit des Hochschullehrers an dem Institut und den dafür in erheblichem Maße bereit gestellten personellen und sachlichen Mitteln.

Der BGH hat in einer anderen Entscheidung ebenfalls zum Inhalt des Eigentums- und Besitzrechts im Dienst- bzw. Arbeitsverhältnis Stellung bezogen.[3] Zunächst hat der BGH zutreffend darauf hingewiesen, dass das Urheberrecht dem Werkschöpfer oder seinem Rechtsnachfolger kein Recht auf den Besitz der Werkstücke gibt. Das Besitzrecht kann nur aus dem Eigentum abgeleitet werden. Der BGH hat deutlich gemacht, dass die urheberrechtlichen Befugnisse den Urheber nur dazu berechtigen, soweit er nicht selbst Eigentümer oder Besitzer an der körperlichen Sache ist, dass der Besitzer dem Urheber das Werkstück zur Ausübung seiner urheberrechtlichen Befugnisse zugänglich macht, etwa um Abschriften oder Fotokopien anzufertigen. Das Zugangsrecht, wie es nunmehr in § 25 UrhG geregelt ist, hat der BGH aus dem unveräußerlichen Persönlichkeitsrecht des Urhebers abgeleitet. Im Kern gewährt das Zugangsrecht keinen Herausgabeanspruch des Urhebers gegenüber dem Besitzer. Nach seiner Ansicht verbietet es der eigenartige persönlichkeitsrechtliche Einschlag des Urheberrechts, einen unmittelbaren Rechtserwerb des Auftraggebers oder Dienstherrn anzunehmen. Soweit es sich um die Verarbeitung oder Umbildung einer neuen Sache i. S. d. § 950 BGB handelt,

3 BGH GRUR 1952, 257 – Krankenhauskartei.

erwirbt der Dienstherr das Eigentum an der neuen Sache. Bedeutsam ist die Feststellung des BGH, dass der Urheber aus dem Dienst- bzw. Arbeitsverhältnis eine **nachwirkende Treuepflicht** hat, damit die Karteikarten wissenschaftlich ausgewertet werden können.[4]

Literatur

Wandtke/*Wandtke* Urheberrecht 4. Kap. Rn. 197.

3. Umfang der Rechtseinräumung/Beamtenverhältnis

BGH Urteil vom 12.5.2010, I ZR 209/07 – Lärmschutzwand
GRUR 2011, 59

§ 43 UrhG

Leitsatz

Unter normalen Umständen kann nicht davon ausgegangen werden, dass ein Landesbediensteter, der in Erfüllung seiner Dienstpflichten ein urheberrechtlich geschütztes Werk geschaffen und seinem Dienstherrn hieran ein ausschließliches Nutzungsrecht eingeräumt hat, damit seine stillschweigende Zustimmung gegeben hat, dass der Dienstherr anderen Bundesländern zur Erfüllung der ihnen obliegenden oder übertragenen Aufgaben Unterlizenzen gewährt oder das Nutzungsrecht auf sie weiterüberträgt.

Sachverhalt

Der Kl. ist Architekt und war als Bauoberrat des Landes Niedersachen für die Gestaltung von Lärmschutzwänden zuständig. Hierzu gehörte insbesondere eine Gestaltung aus den Jahren 1992/1993. Im Jahre 2004 errichtete das beklagte Land eine Lärmschutzwand, die der des Klägers optisch entsprach.

Der Kl. ist der Ansicht, die von ihm entworfene Lärmschutzwand sei urheberrechtlich geschützt. Dieses Urheberrecht habe das beklagte Land verletzt.

Entscheidungsgründe

[…]

II. […]

1. […]

Haben die Parteien eines Vertrages nicht ausdrücklich geregelt, ob und inwieweit ein Nutzungsrecht eingeräumt wird, so bestimmt sich gemäß § 31 Abs. 5 Satz 2 UrhG nach dem von beiden Partnern zugrunde gelegten Vertragszweck, ob und inwieweit ein Nutzungsrecht eingeräumt worden ist. Nach dem dieser Bestimmung zugrunde liegenden Übertragungszweckgedanken räumt ein Nutzungsberechtigter im Zweifel nur in dem Umfang Nutzungsrechte ein, den der Vertragszweck unbedingt erfordert. Dies bedeutet, dass im Allgemeinen nur diejenigen Nutzungsrechte stillschweigend eingeräumt sind, die für das Erreichen des Vertragszwecks unerlässlich sind.[1] […]

Der Urheber kann dem ausschließlich Nutzungsberechtigten zwar bereits bei der Einräumung des ausschließlichen Nutzungsrechts zugleich – auch stillschweigend – das Recht zur Übertragung dieses Nutzungsrechts (§ 34 Abs. 1 Satz 1 UrhG) oder zur Gewährung von Unterlizenzen (§ 35 Abs. 1 Satz 1 UrhG) einräumen.[2] Die spätere Übertragung des Nutzungsrechts

4 BGH GRUR 1952, 257 – Krankenhauskartei.
1 Vgl. BGH Urt. v. 22.4.2004 – I ZR 174/01, GRUR 2004, 938 f. = WRP 2004, 1497 – Comic-Übersetzungen III; Urt. v. 29.4.2010 – I ZR 68/08, GRUR 2010, 623 Tz. 20 = WRP 2010, 927 – Restwertbörse.
2 OLG Hamburg GRUR 1977, 556, 558 f.; OLG Jena GRUR-RR 2002, 379, 380.

oder die Gewährung von Unterlizenzen durch den ausschließlich Nutzungsberechtigten bedarf dann keiner gesonderten Zustimmung des Urhebers.[3] Allerdings ist davon auszugehen, dass **ein Beamter, der in Erfüllung seiner Dienstpflichten ein Werk geschaffen hat, seinem Dienstherrn das Recht zur Übertragung des Nutzungsrechts oder zur Gewährung von Unterlizenzen an diesem Werk stillschweigend nur einräumt, soweit der Dienstherr dieses Recht zur Erfüllung seiner Aufgaben benötigt.** Diese Voraussetzung ist im vorliegenden Fall nicht erfüllt. [...]

Kurzkommentierung

Die Entscheidung des BGH ist insofern von Bedeutung, als ausdrücklich die Grundsätze des Urhebervertragsrechts nach den §§ 31 ff. UrhG auch für Urheber als Beamte anwendbar sind. Die zutreffende Rechtsauffassung gilt insofern ebenso für Arbeitnehmerurheber. Im Kern geht es um die Frage, ob der Beamte als Urheber bei Abschluss des Dienstvertrages dem Dienstherrn **stillschweigend** ein ausschließliches, örtlich und zeitlich unbeschränktes sowie übertragbares und lizenzierbares Nutzungsrecht an seinen Arbeitsergebnissen einräumt. Ist nicht ausdrücklich der **Inhalt und Umfang der Rechtseinräumung** der Nutzungsrechte im Dienstvertrag erfolgt, löst der BGH diesen Konfliktfall mit Hilfe des § 31 Abs. 5 S. 2 UrhG. Bei der Anwendung der **Auslegungsregel** des § 31 Abs. 5 S. 2 UrhG geht der BGH davon aus, dass ein Beamter dem Dienstherrn stillschweigend sämtliche Nutzungsrechte die in Erfüllung seiner Dienstpflichten geschaffenen Werke einräumt, soweit dieser die Rechte für die Erfüllung seiner Aufgaben benötigt. Dies ist die Kernaussage des BGH. Damit wird klargestellt, dass der Inhalt und Umfang der Verwertungsbefugnis des Dienstherrn oder des Arbeitgebers durch die Aufgabenstellung bzw. den **Betriebszweck** objektiv bestimmt werden muss. Der Inhalt und Umfang der Aufgaben sind von Unternehmen zu Unternehmen bzw. von Betrieb zu Betrieb sehr verschieden. So wird z.B. die Erfüllung der Aufgaben eines Theaters im Verhältnis zu einem Softwareunternehmen von einem anderen Zweck bestimmt sein. Der Umfang der Verwertungsbefugnis des Dienstherrn – wie der BGH sich auszudrücken pflegt – ergibt sich aus den ihm obliegenden oder übertragenen Aufgaben, wonach die Planung und Errichtung von Lärmschutzwänden an Bundesautobahnen Bestandteil der Straßenbaulast staatliche Aufgaben sind, die den Ländern obliegen. Der Beamte als Architekt hatte das ausschließliche Recht an seinem Entwurf der Lärmschutzwand dem Dienstherrn stillschweigend nur für das gesamte Gebiet des Landes Niedersachsen eingeräumt. Die Übertragung des Nutzungsrechts oder die Gewährung von **Unterlizenzen** für andere Bundesländer bedurfte deshalb der Zustimmung des Beamten als Urheber.

Literatur

Wandtke/*Wandtke* Urheberrecht 4. Kap. Rn. 197.

---

3 Vgl. BGH Urt. v. 3.3.2005 – I ZR 111/02, GRUR 2005, 860, 862 = WRP 2005, 1263 – Fash 2000; Schricker/*Schricker* aaO § 34 UrhG Rn. 10f. und § 35 Rn. 7.

VII. Schranken des Urheberrechts

1. Erlaubnisfreie und vergütungsfreie Nutzung

1.1. Zitierfreiheit

BGH Urteil vom 3.4.1968, I ZR 83/66 – Kandinsky
BGHZ 50, 147
GRUR 1968, 607

§ 51 Nr. 1 UrhG a. F.

Leitsätze

1. Zum Begriff der Erläuterung im Rahmen der Zitierfreiheit.
2. Bei der Frage, ob es sich bei abgebildeten Werken eines Künstlers um „einzelne" Werke handelt, ist nicht nur auf diejenigen Werke abzustellen, die ohne Erlaubnis des Inhabers der Urheberrechte abgebildet worden sind, sondern auf sämtliche abgebildeten Werke.
3. Aufnahme „einzelner" Werke eines Künstlers ist nicht schon dann gegeben, wenn die Zahl der abgebildeten Werke im Verhältnis zum Gesamtschaffen des Künstlers nur einen geringen Bruchteil darstellt („Kandinsky").

Sachverhalt

Bei der Kl. handelt es sich um die Witwe und die Alleinerbin des im Jahre 1944 verstorbenen Malers Wassily Kandinsky.

Der Bekl. ist Inhaber eines Kunstverlags. Im Jahre 1959 veröffentlichte er sein Buch „Der Blaue Reiter und die Neue Künstlervereinigung München".

Die Kl. ist nun der Ansicht, dass die Wiedergabe der Werke ihres verstorbenen Mannes, Wassily Kandinsky, eine Verletzung der ihr zustehenden Urheberrechte sei. Der Bekl. beruft sich auf das ihm gesetzlich gewährte Recht der Zitierfreiheit.

Entscheidungsgründe

[…]

II. […]

Die Bestimmung des § 51 UrhG lässt, ebenso wie die entsprechenden Bestimmungen der beiden aufgehobenen Gesetze, **die Benutzung fremden Geisteswerkes zur Förderung des eigenen Schaffens nur in begrenztem Umfange zu. So darf ein urheberrechtlich geschütztes Werk ohne Erlaubnis des Urhebers nach seinem Erscheinen als Ganzes nur in ein selbständiges wissenschaftliches Werk aufgenommen werden. Weitere Einschränkungen sind dadurch gegeben, dass in einem durch den Zweck gebotenen Umfang lediglich „einzelne" Werke „zur Erläuterung des Inhalts" des wissenschaftlichen Werkes aufgenommen werden dürfen. […]**

III. […]

2. […]

b) […] Der Inhalt eines wissenschaftlichen Werkes, das sich mit Werken der bildenden Künste und ihren Schöpfern befasst, kann durch Abbildungen in vielfältiger Weise erläutert werden. Soweit bei der Darstellung des Schaffens eines Künstlers zur Verdeutlichung auf Abbildungen seiner Werke hingewiesen wird, sei es zur Beweisführung des Verfassers, sei es um dem Leser das in Worten Gesagte zu verdeutlichen, indem es ihm auch bildlich vor Augen geführt wird, geschieht dies in zahlreichen wissenschaftlichen Werken durch Hinweise auf die Abbildungen. Auch in dem vom Berufungsgericht erwähnten Werk von Prof. Gr über Kandinsky ist dies der Fall. Es kann dahinstehen, ob dem Reichsgericht auch darin beizutreten ist,[1] dass die für den Begriff der Erläuterung des Inhalts notwendige Beziehung zwischen Text und Abbildung nur dann gegeben ist, wenn auf die Abbildungen im Text ausdrücklich verwiesen wird. Jedenfalls kann das Fehlen eines ausdrücklichen Hinweises ein Beweisanzeichen dafür sein, dass ein Erläuterungszweck nicht gegeben ist. Immerhin ist aber denkbar, dass sich bei wissenschaftlichen Werken, die sich lediglich mit wenigen Kunstwerken befassen, ein solcher ausdrücklicher Hinweis erübrigen könnte, wenn der zwischen dem Text und den Abbildungen bestehende innere Zusammenhang so eng ist, dass ein ausdrücklicher Hinweis entbehrlich erscheint. Das Buch des Beklagten lässt jedoch im Verhältnis zwischen Text und Abbildungen sowohl den äußeren als auch den erforderlichen inneren Bezug vermissen. [...]

IV. [...]

2. [...]

b) [...] **Schon nach dem allgemeinen Sprachgebrauch können unter dem Begriff „einzelne Werke" nur einige wenige Werke verstanden werden.** Zwar ist die Bezugsgrundlage, von der aus die Beurteilung zu erfolgen hat, das Schaffen des Künstlers, dessen Werke abgebildet worden sind und es darf hierbei kein bloßer rechnerischer Maßstab angelegt werden.[2] Keinesfalls ist jedoch der Begriff „einzelne Werke" in Gegensatz zu „allen Werken" eines Künstlers zu stellen mit der Folge, dass – weil nicht alle Werke abgebildet worden seien – es sich bei den aufgenommenen Werken nur um einzelne Werke dieses Künstlers handele. **Obgleich der Begriff „einzelne Werke" in Beziehung zum gesamten Schaffen eines Künstlers steht, enthält er doch insofern eine absolute Beschränkung, als auch im Falle eines Künstlers mit zahlenmäßig umfangreichem Schaffen nur einige wenige und nicht etwa zahlreiche Werke deshalb ohne dessen Erlaubnis in ein wissenschaftliches Werk aufgenommen werden dürfen, weil im Verhältnis zum Gesamtwerk dieses Künstlers die abgebildeten zahlreichen Werke immer noch einen geringen Teil hiervon ausmachen würden.** In der gesetzlichen Beschränkung der erlaubnisfreien Wiedergabemöglichkeit auf nur einzelne Werke kommt die Rücksichtnahme auf die Interessen des Urhebers zum Ausdruck. [...]

Kurzkommentierung

In der vorliegenden Entscheidung des BGH wird in anschaulicher Weise auf das Zitatrecht eingegangen. Das **Zitatrecht** nach § 51 UrhG ist inhaltlich mit der Änderung 2007 im Wesentlichen unverändert geblieben.[3] Mit dem Wort „insbesondere" hat sich der Gesetzgeber von dem abschließenden kasuistischen Katalog verabschiedet. Die bisherige Formulierung „in einem durch den Zweck gebotenen Umfang" ist durch das jetzige Merkmal des „besonderen Zwecks" durch die Novellierung modifiziert worden. Mit der Generalklausel und den drei Zitatmöglichkeiten (Großzitat, Kleinzitat und Musikzitat) werden andere Möglichkeiten des Zitierens nicht ausgeschlossen (z.B. Filmzitat). Die neue Regelung entspricht dem Art. 5 Abs. 3 lit. der Infomations-RL. Sinn und Zweck der Zitierfreiheit ist die Förderung des kulturellen Lebens und dient dem Schaffenden.[4]

Nach § 51 Nr. 1 UrhG ist die Vervielfältigung und Verbreitung zulässig, wenn in einem durch den **Zweck gebotenen Umfang** einzelne Werke in ein selbstständiges wissenschaftliches Werk zur Erläuterung des Inhalts aufgenommen werden. Dieses Großzitat erlaubt es, dass ganze Werke zitiert werden können, soweit dies dem Zweck des Zitatrechts entspricht. Der Zitatzweck ist die entscheidende Voraussetzung für die Anwendung des § 51 UrhG.[5] Für das Großzitat nach § 51 Nr. 1 UrhG ist der Zweck mit dem Begriff „Erläuterung" des Inhalts

1 RGZ 130, 201.
2 BGHZ 28, 234, 242 – Verkehrs-Kinderlied.
3 BGH GRUR 2010, 628, 630 – Vorschaubilder.
4 BVerfG GRUR 2001, 149 – Germania 3.
5 BGH GRUR 1986, 59, 60 – Geistchristentum.

des Werkes verbunden. Der BGH hat zutreffend hinsichtlich des Begriffs der Erläuterung ausgeführt, dass die Aufnahme eines Werkes der bildenden Kunst in ein Schriftwerk in Form eines **Sammelwerkes** möglich sein kann. Aber die Heranziehung des fremden Geistesgutes muss ein Beleg für die eigenen Ausführungen darstellen. Außerdem muss die Aufnahme fremder Werke durch den Zweck gebotenen Umfang bestimmt worden sein. Im Grunde bestimmt der Zitatzweck auch den Umfang des Zitats. Im Einzelfall ist unter Abwägung der Interessen des Urhebers und des Zitierenden sowie der Gesamtumstände § 51 UrhG eng auszulegen. Aus der Sicht des Urhebers darf die Verwertung keine unzumutbare Beeinträchtigung des zitierenden Werkes bedeuten. Dabei sind die wirtschaftlichen und persönlichkeitsrechtlichen Interessen des Urhebers zu berücksichtigen. Der Umfang des Zitats ist auf einzelne Werke begrenzt.

Der BGH verneint zu Recht das Zitatrecht, weil 69 Werke von **Kandinsky** *angeblich* zitiert werden, die für den Urheber einen unberechtigten Eingriff in seine Ausschließlichkeitsrechte bedeuten. Denn neben der engen Auslegung des § 51 UrhG weist der BGH auf die Einschränkung hin, dass in einem durch den Zweck gebundenen Umfang lediglich „einzelne Werke" zur Erläuterung des Inhalts des wissenschaftlichen Werkes erfasst werden. Darüber hinaus ist eine innere Beziehung zwischen dem gedanklichen Inhalt des wissenschaftlichen Werkes und dem fremden Werk erforderlich.[6] Die Erläuterung des Inhalts eines zitierten Werkes ist enger auszulegen als im Falle eines Kleinzitats oder eines Musikzitats. Bei ganzen Werken ist der Maßstab hinsichtlich der wirtschaftlichen Interessen des Urhebers besonders evident. Deshalb ist der Plagiatsvorwurf immer mit der Frage verbunden, ob richtig zitiert und die Fremdleistung in der Fußnote oder in sonstiger Weise für den Leser kenntlich gemacht wurde.

Die inhaltlichen Anforderungen des § 51 UrhG gelten auch für das Internet. So wurde zutreffend die Verkleinerung von Bildern durch die **Suchmaschine** als Zitierrecht i. S. d. § 51 UrhG ausgeschlossen,[7] weil keine geistige Auseinandersetzung mit dem Werk stattfindet, sondern nur ein Auffinden von Werken unter Verwendung technischer Mittel ermöglicht wird.

Ähnlich gilt dieser Grundsatz für sog. Snippets. Snippets sind „Textschnipsel", mit deren Hilfe Suchmaschinen auf den Inhalt verlinkter Webseiten hinweisen. § 51 UrhG ist in diesen Fällen nicht anwendbar. Selbst wenn man unterstellt, dass die Textschnipsel bzw. einzelne Wörter ausnahmsweise urheberrechtlich geschützt sind,[8] ist das Kleinzitat nach § 51 S. 2 Nr. 2 UrhG ausgeschlossen, weil sie nicht in einem selbstständigen Sprachwerk angeführt werden. Werden Abbildungen von Kunstwerken im Online-Archiv zur Verfügung gestellt, sind sie nicht Belegstelle oder Erörterungsgrundlage für selbstständige Ausführungen des Zitierenden.[9]

Literatur

Wandtke/*Schunke* Urheberrecht 5. Kap. Rn. 29 f.

1.2. Panoramafreiheit

BGH Urteil vom 5.6.2003, I ZR 192/00 – Hundertwasser-Haus
RzU BGHZ Nr. 522
GRUR 2003, 1035

§ 59 Abs. 1 UrhG
§ 2 Abs. 1 Nr. 5 UrhG
§ 16 Abs. 1 UrhG

6 BGH ZUM-RD 2011, 296, 297 – Kunstausstellung im Online-Archiv; BGH GRUR 2010, 628, 630 – Vorschaubilder; BGH GRUR 2008, 693 – TV-Total m. w. N.
7 BGH GRUR 2010, 628, 630 – Vorschaubilder.
8 EuGH GRUR 2009, 1041, 1044 – Infopaq/DDF.
9 BGH ZUM-RD 2011, 296, 297 – Kunstausstellung im Online-Archiv.

Leitsätze

1. Das Recht, ein urheberrechtlich geschütztes Bauwerk durch Lichtbild zu vervielfältigen, umfasst nur Fotografien, die von einem für das Publikum allgemein zugänglichen Ort aus aufgenommen worden sind.
2. Die in einem Lichtbildwerk liegende schöpferische Leistung kann auch dadurch übernommen werden, dass das auf der geschützten Fotografie abgebildete Objekt nachgestellt und auf dieselbe Weise fotografiert wird.

Sachverhalt

Die Kl. ist Erbin des Künstlers Friedensreich Hundertwasser (gest. 19.2.2000), der unter anderem an der Entstehung des sog. Hundertwasser-Hauses beteiligt war. Seit Jahren ließ der Künstler eine von ihm bearbeitete Fotografie vorgenannten Bauwerks als Postkarte vertreiben.

Die Bekl. ist ein Großhandelsunternehmen und vertreibt eine (nachfolgend abgebildete) nicht vom Kl. stammende Abbildung des Hundertwasser-Hauses als gerahmten Druck, die in der Wahl der Perspektive der Fotografie des Künstlers (von einem erhöhten Standpunkt aus einer gegenüberliegenden Wohnung) ähnlich ist.

Die Kl. sieht in dieser Abbildung eine – nicht von § 59 UrhG gedeckt – Vervielfältigung des architektonischen Werkes. Sie macht weiterhin geltend, dass es sich bei dem angebotenen Druck um eine Kopie der Fotografie des Künstlers handle. Letztlich hat sie die Ansicht vertreten, dass sie die Abbildung bewusst an die vom Künstler hergestellte Fotografie anlehne, worin ein Wettbewerbsverstoß zu sehen sei.

Entscheidungsgründe

[…]

II. […]

2. […]

c) […]

bb) […]

(1) Wie der Senat wiederholt entschieden hat, ist bei der Auslegung der urheberrechtlichen Schrankenbestimmungen stets zu berücksichtigen, daß die dem Urheber zustehenden Ausschließlichkeitsrechte nicht übermäßig beschränkt werden dürfen. Mit einer engen Auslegung der Schrankenregelungen wird im allgemeinen dem Grundsatz Rechnung getragen, daß der Urheber an der wirtschaftlichen Nutzung seiner Werke tunlichst angemessen zu beteiligen ist. Auf der anderen Seite muß die Auslegung das vom Gesetz mit der Schrankenbestimmung verfolgte Ziel beachten. Daher sind neben den Interessen des Urhebers die durch die Schrankenbestimmung geschützten Interessen zu berücksichtigen und ihrem Gewicht entsprechend für die Auslegung der gesetzlichen Regelung heranzuziehen.[1] […]

(2) Das Recht, ein an einer öffentlichen Straße oder einem öffentlichen Platz stehendes Bauwerk durch Lichtbild zu vervielfältigen und zu verbreiten, ist bereits nach § 59 Abs. 1 Satz 2 UrhG auf die äußere Ansicht beschränkt. **Es entspricht einhelliger Auffassung im Schrifttum, daß sich dieses Recht stets nur auf die Teile des Gebäudes bezieht, die von der Straße oder dem Platz aus zu sehen sind.**[2] Die Panoramafreiheit des § 59 UrhG rechtfertigt es nicht, im Wege der Fotografie die Rückseite oder den Innenhof von Gebäuden zu vervielfältigen, die lediglich mit ihrer Fassade an einer öffentlichen Straße oder einem öffentlichen Platz stehen. Ebenso ist die Luftaufnahme eines solchen Gebäudes nicht privilegiert, schon weil es Teile des Gebäudes zeigt, die von dem Weg, der Straße oder dem Platz aus nicht zu sehen sind.

(3) Darüber hinaus sind durch § 59 Abs. 1 UrhG nur Aufnahmen und Darstellungen des geschützten Werkes privilegiert, die den Blick von der öffentlichen Straße oder dem öffentlichen Platz aus wiedergeben. Die Schrankenbestimmung soll es dem Publikum ermöglichen, das, was es von der Straße aus mit eigenen Augen sehen kann, als Gemälde, Zeichnung, Fotografie oder im Film zu betrachten. Von diesem Zweck der gesetzlichen Regelung ist es nicht mehr gedeckt, wenn – etwa mit dem Mittel der Fotografie – der Blick von einem für das allgemeine Publikum unzugänglichen Ort aus fixiert werden soll. Ist ein Bauwerk für die Allgemeinheit lediglich aus einer bestimmten Perspektive zu sehen, besteht nach dem Sinn der gesetzlichen Regelung keine Notwendigkeit, eine Darstellung oder Aufnahme vom urheberrechtlichen Ausschließlichkeitsrecht auszunehmen, die eine ganz andere Perspektive wählt.[3]

[…]

---

1 BGHZ 144, 232, 235 f. – Parfumflakon; 150, 6, 8 f. – Verhüllter Reichstag; 151, 300, 311 – Elektronischer Pressespiegel; BGH Urt. v. 20.3.2003 – I ZR 117/00, Umdr. S. 8 – Gies-Adler.

2 Vgl. *Vogel* in Schricker aaO § 59 UrhG Rn. 7 u. 20; *Nordemann* in Fromm/Nordemann, Urheberrecht, 9. Aufl., § 59 UrhG Rn. 2; *Gass* in Möhring/Nicolini, Urheberrechtsgesetz, 2. Aufl., § 59 Rn. 15 u. 22; *Schack* Urheber- und Urhebervertragsrecht, 2. Aufl., Rn. 505.

3 Vgl. *Vogel* in Schricker aaO § 59 UrhG Rn. 10; *Lüft* in Wandtke/Bullinger, Urheberrecht, § 59 UrhG Rn. 8.

Kurzkommentierung

Der BGH weist ausdrücklich darauf hin, dass die **Schrankenregelungen** generell eng auszulegen sind. Die aufgrund der **Sozialbindung** des geistigen Eigentums beruhenden Schrankenregelungen der §§ 44aff. UrhG beruhen auf dem Grundgedanken, dass der Urheber an der wirtschaftlichen Nutzung seiner Werke tunlichst zu beteiligen ist und deshalb die ihm zustehenden **Ausschließlichkeitsrechte** nicht übermäßig beschränkt werden dürfen.

Darüber hinaus sind durch § 59 Abs. 1 UrhG nur Aufnahmen und Darstellungen des geschützten Werkes privilegiert, die den Blick von der öffentlichen Straße oder dem öffentlichen Platz aus wiedergeben. Die Schrankenbestimmung, so der BGH, soll es dem Publikum ermöglichen, das, was es von der Straße aus mit eigenen Augen sehen kann, als Gemälde, Zeichnung, Fotografie oder im Film zu betrachten. Von diesem Zweck der gesetzlichen Regelung ist es nicht mehr gedeckt, wenn – etwa mit dem Mittel der Fotografie – der Blick von einem für das allgemeine Publikum **unzugänglichen Ort** aus fixiert werden soll. Ist ein Bauwerk für die Allgemeinheit lediglich aus einer bestimmten Perspektive zu sehen, besteht nach dem Sinn der gesetzlichen Regelung keine Notwendigkeit, eine Darstellung oder Aufnahme vom urheberrechtlichen Ausschließlichkeitsrecht auszunehmen, die eine ganz andere Perspektive wählt.[4] Insofern konnte der § 59 UrhG nicht durch den BGH bejaht werden.

Grundsätzlich ist eine **Güterabwägung** der verfassungsrechtlich geschützten Rechtsgüter erforderlich.[5] In Ausnahmefällen kann aber das schützenswerte Interesse des Verwerters dazu führen, dass ein großzügiger Maßstab anzulegen ist. Zutreffend ist der BGH davon ausgegangen, dass sich ein Werk der bildenden Kunst dann nicht **bleibend** i.S.d. § 59 UrhG an einem öffentlichen Ort befindet, wenn dasselbe in einer befristeten Ausstellung präsentiert wird, was mit dem verhüllten Reichstag geschehen war.[6] Eine rechtliche Konsequenz des § 59 UrhG besteht darin, dass die Eigentümer und Besitzer wie der Urheber Beschränkungen ihrer Rechte hinnehmen müssen, wenn das Werk an öffentlichen Plätzen, Wegen und Straßen abgebildet wird.[7] Der Schutz des Eigentümers oder Besitzers kann insoweit nicht weiter reichen als der Urheberrechtsschutz. Das Abbilden von Gebäuden und anderen Objekten, z.B. durch das Fotografieren ist auch dann erlaubt, wenn für jedermann ein freier öffentlicher Zugang besteht. Die anschließende kommerzielle Verwertung verstößt nicht gegen das Eigentums- und Besitzrecht, weshalb von einer Eigentumsverletzung dann nicht auszugehen ist. Konsequenterweise kann der Eigentümer die Herstellung und Verwertung von Fotos daher dann nicht untersagen, wenn sie außerhalb von seinem Grundstück aufgenommen worden sind.[8] Erfolgt die Abbildung dagegen von einer Stelle aus, die nicht öffentlich zugänglich ist, steht dem Eigentümer gegen die gewerbliche Verwertung der Foto- und Filmaufnahmen ein Abwehrrecht zu.[9] Das ist eine Folge des Eigentumsrechts (§ 903 BGB).Ob dies auch für den Fall gilt, wenn die Grundstückseigentümerin die Zustimmung für die Vermarktung von Foto- und Filmaufnahmen der öffentlich zugänglichen Schlösser und Gärten, die nicht urheberrechtlich geschützt sind, von ihrem Eigentumsrecht abhängig macht, ist dogmatisch und rechtspolitisch fraglich.[10] Der BGH schafft ein systemwidriges Ausschließlichkeitsrecht für den Grundstückseigentümer und einen Wertungswiderspruch zum Urheberrecht. Er stellt einerseits fest, dass das Eigentumsrecht des Sacheigentümers nicht § 59 UrhG unterlaufen darf, aber andererseits ein ausschließliches Verwertungsrecht für Abbildungen der öffentlich zugänglichen Gär-

---

4 Vgl. Vogel in *Schricker* aaO § 59 UrhG Rn. 10; *Lüft* in Wandtke/Bullinger § 59 UrhG Rn. 8.

5 BVerfG GRUR 2010, 999 – Drucker und Plotter; BVerfG NJW 1992, 1303 – Urheberrechtliche Vergütung; BVerfG NJW 1971, 2169 – Schulfunksendungen; BVerfG GRUR 1980, 44 – Kirchenmusik.

6 BGH GRUR 2002, 605 – Verhüllter Reichstag.

7 BGH GRUR 2011, 323, 324 – Preußische Gärten und Parkanlagen; BGH GRUR 1990, 390, 391 – Friesenhaus; BGH GRUR 1975, 500, 501 – Schloß Tegel.

8 BGH GRUR 2011, 323, 324 – Preußische Gärten und Parkanlagen; BGH GRUR 1990, 390f. – Friesenhaus.

9 BGH GRUR 1975, 500, 501 – Schloß Tegel.

10 BGH GRUR 2011, 323, 324 – Preußische Gärten und Parkanlagen.

ten und Parkanlagen dem Eigentümer zuerkennt, die nicht mehr urheberrechtlich geschützt sind. Das Betreten eines Grundstücks kann durchaus eine Eigentumsbeeinträchtigung darstellen. Das Betreten öffentlich zugänglicher Gärten und Parkanlagen ist aber dogmatisch von dem Fotografievorgang und der kommerziellen Verwertung der Fotos zu trennen. Es ist damit weder ein Eingriff in die Sachsubstanz noch eine Nutzungsbehinderung des Eigentümers verbunden, wenn die Fotos im Internet angeboten werden.[11]

Die vorliegende Hundertwasser- Entscheidung hat dreierlei Bedeutung im Zusammenhang mit den Google-Online-Diensten „Google-Street-View“ und „Google-Maps“. Erstens: Die Bildaufnahmen im Rahmen des **Google-Street-View** Projekts entsprechen aufgrund der leicht erhöhten Position der Aufnahmegeräte grundsätzlich keiner bildlichen Fixierung, die der Perspektive des allgemeinen Publikums gleichkommt. Sofern die Schranke des § 59 UrhG sehr eng auszulegen ist, handelt es sich bereits hierbei um einen für die Allgemeinheit nicht freien zugänglichen Ort. Zweitens: Für geschützte Werke, die sich nicht bleibend an öffentlichen Wegen, Straßen oder Plätzen befinden, ist die Vervielfältigung, die Verbreitung und öffentliche Wiedergabe durch Lichtbild oder durch Film unzulässig. Die Möglichkeit des Widerspruchs gegen die Speicherung und Veröffentlichung der geschützten Werke ist ein sog. opt-out Modell, das dem Inhalt und Umfang der Schrankenregelung entgegensteht. Erforderlich ist eine vorherige Zustimmung von dem betroffenen Urheber. Drittens: Eine größere Bedeutung hat die Entscheidung des BGH für die Beurteilung von **Google-Maps**. Die Perspektive eines Satellitenfotos kann vor dem Hintergrund dieser Entscheidung erst recht nicht als einen der Allgemeinheit frei zugänglichen Ort betrachtet werden. Satellitenfotos sind besondere Hilfsmittel, um vor allem Werke der bildenden und angewandten Kunst an öffentlichen Wegen, Straßen und Plätzen sowie Werke der Baukunst wahrnehmbar zu machen. Die verhältnismäßig hoch auflösende Zoom-Funktion ermöglicht es dabei, gerade größere Bauwerke detailgetreu aus der Vogelperspektive in den Blick zu nehmen (zu nennen wären bspw. der Reichstag, das Berliner Olympiastadion oder auch groß angelegte Garten- und Landschaftsarchitektur, sofern die Voraussetzungen des § 2 Abs. 2 UrhG erfüllt werden). Schwerlich kann die Abbildung derartiger Werke dabei als bloßes Beiwerk i. S. d. § 57 UrhG abgetan werden, da es für die Nutzung des Online-Dienstes gerade auf eine entsprechend genaue Darstellung der Infrastruktur und des Stadt- bzw. Landschaftsbildes ankommt.

Literatur

Wandtke/*Wandtke* Urheberrecht 5. Kap. Rn. 47.

1.3. Katalogbildfreiheit

BGH Urteil vom 30.6.1994, I ZR 32/92 – Museumskatalog
BGHZ 126, 313
GRUR 1994, 800

§ 51 Nr. 1 UrhG
§ 58 UrhG a. F.

Leitsätze

1. Die Katalogbildfreiheit (§ 58 UrhG a. F.) bezieht sich auch auf Verzeichnisse zur Durchführung ständiger öffentlicher Ausstellungen. Sie gilt nicht nur für Ausstellungsführer im engeren Sinn, sondern auch für Ausstellungsverzeichnisse, mit denen die Ausstellung als Veranstaltung mit eigener Zielsetzung für Besucher und andere Interessenten erschlossen werden soll, setzt aber voraus, dass das Verzeichnis – jedenfalls insgesamt gesehen – dem Ausstellungszweck untergeordnet bleibt.

---

11 A. A. BGH GRUR 2011, 321, 323 – Preußische Gärten und Parkanlagen auf Internetportal.

2. Auch wenn ein Bildzitat im Mittelpunkt eines Textes steht, der ohne das Zitat nicht verständlich wäre, kann es in das zitierende Werk „zur Erläuterung des Inhalts" i. S. d. § 51 Nr. 1 UrhG aufgenommen sein.

Sachverhalt

Die Bekl. zu 1) gab im Jahre 1987 ein Buch mit dem Titel „Städel Frankfurt Gemälde heraus, das zahlreiche Gemälde enthält, die aus der von der Bekl. unterhaltenen Sammlung bildender Kunst stammen. Das Vorwort des Buches enthält einen Beitrag mit der Überschrift „Das Städelsche Kunstinstitut und seine Geschichte", sowie ein „Verzeichnis der Gemälde", in welchem 775 Gemälde und ihrer Urheber mit deren knappen biografischen Daten und Inventurangaben aufgeführt werden. Des Weiteren werden Bildteile mit großformatigen Farbabbildungen von 113 der im Verzeichnis enthaltenen Gemälde gezeigt. Alle abgebildeten Bildwerke sind auch im Museum ausgestellt und können dort besichtigt werden.

Die Bekl. zu 2) veröffentlichte ergänzend zu dem genannten Werk ein „Schulbegleitbuch des Städelschen Kunstinstituts und der Galerie" in zwei Bänden. Der Titel des Werkes ist „In der Betrachtung" und wurde in den Jahren 1987 und 1988 veröffentlicht.

Die Kl. behauptet nun, dass sie die Rechte einiger Bildwerke, die in den Büchern „Städel Frankfurt Gemälde" und „In der Betrachtung" abgedruckt wurden, wahrnehme und verlangt von den Bekl. Lizenzgebühren für die Nutzung der Werke.

Entscheidungsgründe

[...]

II. [...]

2. [...] Das Berufungsgericht ist zutreffend davon ausgegangen, dass § 58 UrhG, wie alle gesetzlichen Schranken des Urheberrechts in den §§ 45 ff. UrhG, eng auszulegen ist.[1] Die Vorschrift bezieht sich gleichwohl – wie das Berufungsgericht ebenfalls zu Recht angenommen hat – nicht nur auf Kataloge vorübergehender Ausstellungen, sondern auch auf Verzeichnisse zur Durchführung ständiger öffentlicher Ausstellungen, insbesondere in öffentlich zugänglichen Museen und Kunstsammlungen. Diese dem Wortlaut des § 58 UrhG entsprechende Auslegung wird auch dem Sinn und Zweck der Vorschrift gerecht. Wie der Bundesgerichtshof bereits in seiner Entscheidung „Katalogbild"[2] ausgeführt hat, ist die Einschränkung des ausschließlichen Verwertungsrechts bei Katalogbildern durch das bei allen Beteiligten bestehende Bedürfnis nach einer erleichterten Herausgabe illustrierter Ausstellungs- und Versteigerungskataloge gerechtfertigt. Ein solches Bedürfnis ist nicht nur für die Veranstalter und das Publikum gegeben, sondern auch für den Urheber, da die Kataloge das Bekanntwerden und den Absatz seiner Werke fördern. Diese Zweckbestimmung trifft bei ständigen öffentlichen Ausstellungen ebenso zu wie bei vorübergehenden Ausstellungen.

Diese Auslegung des § 58 UrhG wird durch dessen Entstehungsgeschichte bestätigt. Die geltende Gesetzesfassung beruht auf einem Vorschlag des Rechtsausschusses des Deutschen Bundestages. Dieser hatte zum Ziel, die in § 59 des Regierungsentwurfs vorgesehene Schranke des Vervielfältigungs- und Verbreitungsrechts nicht nur auf Werke anzuwenden, die tatsächlich öffentlich ausgestellt sind, sondern auch auf solche, die dazu bestimmt, aber „aus Platzmangel vorübergehend im Magazin des Museums eingelagert sind."[3] Aus dieser Begründung geht hervor, dass die Anwendung der Vorschrift auf Werke, die in Museen und anderen ständig der Öffentlichkeit zugänglichen Sammlungen ausgestellt sind, als selbstverständlich angesehen wurde.

---

1 St. Rspr.; vgl. BGH, Urt. v. 12.11.1992 – I ZR 194/90, GRUR 1993, 822, 823 – Katalogbild; Urt. v. 8.7.1993 – I ZR 124/91, GRUR 1994, 45, 47 – Verteileranlagen, zum Abdruck in der amtlichen Sammlung bestimmt.

2 AaO S. 823.

3 Bericht des Rechtsausschusses des Deutschen Bundestages vom 14.5.1965 zu § 59 des Regierungsentwurfs des UrhG, abgedruckt UFITA 46 <1966> S. 174, 192.

Aber auch bei diesem – ständige öffentliche Ausstellungen einbeziehenden – Verständnis des § 58 UrhG sind die in Rede stehenden Abbildungen in dem Buch „S. F. Gemälde" nicht durch die Katalogbildfreiheit gedeckt. **Angesichts der Zweckbestimmung und der gebotenen engen Auslegung der Vorschrift können die Vervielfältigung und die Verbreitung von Werken der bildenden Kunst in Ausstellungskatalogen nur dann als zulässig angesehen werden, wenn sie – räumlich, zeitlich und inhaltlich – der unmittelbaren Förderung des Ausstellungszwecks dienen.**[4] [...]

[...] Da die Urheberrechtsschranke des § 58 UrhG nur für Verzeichnisse gilt, die vom Veranstalter „zur Durchführung der Ausstellung" herausgegeben werden, **ist die Abbildung urheberrechtlich geschützter Werke in einem solchen Verzeichnis nur genehmigungsfrei, wenn sie dem Ausstellungszweck untergeordnet bleibt.** Dies ist allerdings nicht nur bei Ausstellungsführern im engeren Sinn der Fall. Der Zweck öffentlicher Ausstellungen liegt regelmäßig nicht nur darin, die ausgestellten Gegenstände als solche der Öffentlichkeit zugänglich zu machen. Gerade bei Ausstellungen von Werken bildender Künstler geht es vielfach darum, Zusammenhänge und Entwicklungen zu verdeutlichen sowie Vergleiche zu ermöglichen. Die sogenannte Katalogbildfreiheit gilt dementsprechend über den engeren Bereich von Ausstellungsführern hinaus auch für Ausstellungsverzeichnisse, mit denen die Ausstellung als Veranstaltung mit eigener Zielsetzung für Interessenten, insbesondere Besucher, erschlossen werden soll. In solchen Fällen wird allerdings in besonderer Weise zu prüfen sein, ob das Verzeichnis bei objektiver Betrachtung – jedenfalls insgesamt gesehen – dem Ausstellungszweck untergeordnet bleibt. Soweit in einem Ausstellungsverzeichnis urheberrechtlich geschützte Werke abgebildet werden, muss demgemäß grundsätzlich ihre Wiedergabe als Bestandteil der Ausstellung im Vordergrund stehen, nicht die Vermittlung des Werkgenusses. [...]

Kurzkommentierung

Neben der Zulässigkeit der **gewillkürten Prozessstandschaft**, die in Fällen mit Auslandsbezug grundsätzlich nach deutschem Recht als das **lex fori** beurteilt wird, musste der BGH auch zur Katalogbildfreiheit i. S. d. § 58 UrhG a. F. Stellung nehmen.

Die Katalogbildfreiheit nach § 58 UrhG ist im Zuge der Umsetzung von Art. 5 der Informations-RL 2001/29/EG durch das Gesetz zur Regelung des Urheberrechts in der Informationsgesellschaft vom 10.9.2004 teilweise inhaltlich geändert worden. Das betrifft einerseits den Regelungsinhalt, der auf Lichtbildwerke und den öffentlichen Verkauf – eben nicht nur Versteigerungen – sowie das Recht auf öffentliche Zugänglichmachung nach § 19a UrhG erweitert worden ist und zum anderen die Änderung der Gliederung und der Überschrift. § 58 UrhG setzt insoweit europäisches Urheberrecht um, wobei damit zugleich eine richtlinienkonforme Auslegung der Schrankenregelung erforderlich ist. Dazu gehört die Berücksichtigung des **Dreistufentest** nach Art. 5 Abs. 5 der Informations-RL.[5] Trotz der Änderungen des § 58 UrhG ist die vorliegende Entscheidung des BGH mit der neuen Rechtslage vereinbar. Die Kernfrage betrifft den Vergütungsanspruch des Urhebers. Im Sinne des Leitgedankens des Urheberrechts, wonach der Urheber tunlichst an der wirtschaftlichen Verwertung seines Werkes beteiligt werden soll, ist es angebracht. für den Abdruck seiner Werke in Ausstellungs- und Versteigerungskatalogen eine angemessene Vergütung zu bestimmen. Der BGH weist ausdrücklich auf den Vergütungsanspruch hin, wenn die Verwertung des Werkes oder der Werke nicht dem Informationsbedürfnis des Publikums dient und die Wiedergabe des abgebildeten Werkes nicht unmittelbar dem Ausstellungs- bzw. Versteigerungszweck untergeordnet bleibt. Die Voraussetzungen der Katalogbildfreiheit – so der BGH – erfüllt das Verzeichnis „S.F. Gemälde" nicht. Der in der zweiten Buchhälfte zusammengefasste Bildteil begnügt sich nicht damit, das Bestandsverzeichnis der wichtigsten Gemälde zu illustrieren, sondern ist mit seinen

---

4 BGH GRUR 1993, 822, 823 – Katalogbild; *v. Gamm* Urheberrechtsgesetz, § 58 Rn. 4.

5 EuGH GRUR 2009, 1041, 1045 – Infopaq/DDP.

großformatigen und durchweg farbigen Abbildungen der Sache nach ein **Kunstbildband**. Der Umstand, dass alle abgebildeten Werke im Museum auch ausgestellt sind, ändert nichts daran, dass ihre Wiedergabe – objektiv gesehen – nicht mehr der öffentlichen Ausstellung des Kunstinstituts als solcher dient. Die Werke werden nicht vorrangig als Bestandteil der Ausstellung gezeigt; im Vordergrund steht vielmehr die Werkabbildung als solche, durch die der Kunstgenuss – auch unabhängig von einem Museumsbesuch – vermittelt werden soll.

Die Begründung des BGH ist auch im Hinblick auf die Neugestaltung des § 58 UrhG von Bedeutung. Die Privilegierung des § 58 UrhG ist dann nicht gegeben, wenn nach § 58 Abs.1 UrhG die Abbildungen der Werke in Werbeprospekten keinen unmittelbaren Bezug zur öffentlichen Ausstellung oder öffentlichen Versteigerung haben. Die Einschränkung des Ausschließlichkeitsrechts bei Katalogbildern entspricht nicht nur dem Bedürfnis der Veranstalter und Besucher, sondern auch dem des Urhebers. Er wird durch die Kataloge bekannt und es fördert den Absatz seiner Werke. Der BGH macht aber eine wesentliche Einschränkung: So können angesichts der Zweckbestimmung und der gebotenen engen Auslegung der Vorschrift die Vervielfältigung und die Verbreitung von Werken der bildenden Kunst in Ausstellungskatalogen nur dann als zulässig angesehen werden, wenn sie räumlich, zeitlich und inhaltlich der unmittelbaren Förderung des **Ausstellungszweckes** dienen. Die Wiedergabe der geschützten Werke als Bestandteil der Ausstellung steht im Vordergrund, nicht die Vermittlung des Werkgenusses. Ein **Kunstbildband** erfüllt diese Voraussetzungen nicht. Der § 58 Abs. 2 UrhG regelt gegenüber Abs. 1 nicht nur die erlaubnis- und vergütungsfreie Nutzung der Werke in **Verzeichnissen**, die von öffentlichen Bibliotheken, Bildungseinrichtungen oder Museen in inhaltlichem und zeitlichem Zusammenhang mit einer Ausstellung oder zur Dokumentation von Beständen herausgegeben werden. Bedeutsam ist auch der Unterschied hinsichtlich der Aufhebung der Verbotsrechte des Urhebers. So ist nach § 58 Abs. 2 UrhG nur die Vervielfältigung und Verbreitung der Werke in Verzeichnissen zulässig, während nach § 58 Abs. 1 UrhG auch das Werk öffentlich im Internet zugänglich gemacht werden kann, z. B. bei Internetversteigerungen.

Literatur

Wandtke/*Schunke* Urheberrecht 5. Kap. Rn. 47.

1.4. Tagesereignis

BGH Urteil vom 11.7.2002, I ZR 285/99 – Zeitungsbericht als Tagesereignis
RzU BGHZ Nr. 514
GRUR 2002, 1050

§ 50 UrhG a. F.
§ 72 UrhG

Leitsatz

Wird die Auseinandersetzung prominenter Eheleute von einem der beiden Beteiligten durch die Erhebung von Anschuldigungen (hier: Vorwurf einer bekannten Fernsehmoderatorin, ihr Ehemann habe sie geschlagen) in die Presse getragen, so kann darin ein Tagesereignis i. S. v. § 50 UrhG liegen. Gegenstand der Privilegierung des § 50 UrhG kann in einem solchen Fall auch ein als Beleg für den erhobenen Vorwurf veröffentlichtes Lichtbild sein.

Sachverhalt

Streit besteht bei den Parteien darüber, dass ein Pressfoto aus der „Bild"-Zeitung in der Zeitschrift „Focus" wiedergegeben wurde. Der Kl. ist Verleger der Tageszeitung „Bild". In der Ausgabe vom 9.11.1996 wurde auf der Titelseite, sowie in der Fortsetzung auf Seite 6 ein Interview mit der damaligen Frau (Verona Feldbusch) von Dieter Bohlen veröffentlicht. Frau

Feldbusch erhebt in diesem Interview gegen ihren Mann den Vorwurf, dass er sie geschlagen habe und sie davon Gesichtsverletzungen erlitten habe. Der Schlagzeile „Bohlens Frau – So hat er mich zugerichtet“ war auch ein Farbfoto des Gesichts von Frau Feldbusch mit ihren erlittenen Gesichtsverletzungen beigefügt. Der Artikel wurde mit den Worten eingeleitet: „Ich habe mir sehr lange überlegt, ob ich dieses Foto machen soll. Aber ich finde, jeder soll sehen: Kein Mann darf einer Frau so etwas antun. Kein Mann darf seine Frau schlagen.“

In der Zeitschrift „Focus“ veröffentlichte der beklagte Verleger in der Ausgabe vom 18.11.1996 einen Artikel über die damalige Ehekrise des Ehepaares Bohlen/Feldbusch. Der Artikel mit dem Namen „In die Hose gerutscht, sie küssten und sie schlugen sich: Im Ehedrama Bohlen gegen Feldbusch hat der letzte Akt begonnen“ berichtet u.a. auch über das damalige Interview mit Frau Feldbusch, dass in der „Bild“-Zeitung erschienen ist. Auf der Seite des Artikels war zur Veranschaulichung auch ein herausgerissener und verkleinerter Auszug aus der Titelseite der „Bild“-Zeitung wiedergegeben. Zu sehen war neben den Worten „Bild München“ auch die Schlagzeile „Bohlens Frau – So hat er mich zugerichtet“ und das damalige Pressefoto von der verletzten Verona Feldbusch.

Der Kl. ist alleiniger Inhaber der Rechte an dem Lichtbild und somit auch alleiniger Inhaber der Nutzungsrechte an dem Bild. Er beantragt nun, den Bekl. zu verurteilen, es zu unterlassen das Lichtbild weiterhin zu nutzen. Des Weiteren verlangt er für die bisherige unberechtigte Nutzung durch den Bekl. Schadensersatz.

Entscheidungsgründe

[…]

II. […]

2. […]

a) Das Berufungsgericht ist zutreffend davon ausgegangen, dass **§ 50 UrhG wie alle auf der Sozialbindung des geistigen Eigentums beruhenden Schrankenbestimmungen der §§ 45 ff. UrhG grundsätzlich eng auszulegen ist.**[1] Dies beruht vor allem darauf, dass der Urheber an der wirtschaftlichen Nutzung seiner Werke tunlichst angemessen zu beteiligen ist und daher die ihm hinsichtlich der Werkverwertung zustehenden Ausschließlichkeitsrechte nicht übermäßig beschränkt werden dürfen. **Die Schranke des § 50 UrhG trägt der Meinungs- und Pressefreiheit sowie dem Informationsinteresse der Öffentlichkeit Rechnung und stellt das Ergebnis einer vom Gesetzgeber vorgenommenen, grundsätzlich abschließenden Abwägung zweier verfassungsrechtlich geschützter Positionen dar.**[2] […]

c) […]

aa) **Ein Tagesereignis ist jedes aktuelle Geschehen, das für die Öffentlichkeit von allgemeinem Interesse ist.**[3] **Dies gilt unabhängig vom Gegenstand**; es muss sich nicht um eine Begebenheit aus Politik, Kultur, Sport oder Wirtschaft handeln. Auch andere Ereignisse, an denen ein Interesse der Allgemeinheit besteht, kommen als Tagesereignisse im Sinne von § 50 UrhG in Betracht. Das Gesetz, das dem verfassungsrechtlich geschützten Informationsinteresse in engen Grenzen den Vorrang vor dem Ausschließlichkeitsrecht des Urhebers einräumt, bewertet dieses Interesse der Öffentlichkeit an aktueller Information nicht. Es lässt insbesondere keinen Raum für eine Unterscheidung danach, ob sich das Interesse auf ein politisch oder kultu-

---

1 St. Rspr.; BGHZ 85, 1, 4 f. – Presseberichterstattung und Kunstwerkwiedergabe I; 144, 232, 235 f. – Parfumflakon; BGH, Urt. v. 24.1.2002 – I ZR 102/99, GRUR 2002, 605 f. = WRP 2002, 712 – Verhüllter Reichstag, zum Abdruck in BGHZ bestimmt.

2 Vgl. zu den Schrankenregelungen im allgemeinen BGH GRUR 2002, 605, 606 – Verhüllter Reichstag, m. w. N.

3 Vgl. *v. Gamm* UrhG, § 50 Rn. 3; Schricker/*Vogel* Urheberrecht, 2. Aufl., § 50 UrhG Rn. 6 f.; *Engels* in Möhring/Nicolini, UrhG, 2. Aufl., § 50 Rn. 5; ferner BGHZ 85, 1, 9 – Presseberichterstattung und Kunstwerkwiedergabe I; BGH, Urt. v. 1.7.1982 – I ZR 119/80, GRUR 1983, 28, 29 – Presseberichterstattung und Kunstwerkwiedergabe II.

rell bedeutendes Ereignis oder einen eher banalen Vorgang richtet. Daher privilegiert § 50 UrhG auch eine Berichterstattung, die – wie im Streitfall – eher eine Neugier am Schicksal bekannter Persönlichkeiten und ein gewisses Klatschbedürfnis befriedigt. Ausreichend ist daher der Hinweis des Berufungsgerichts darauf, dass die Auseinandersetzungen der Eheleute Bohlen und Feldbusch und damit auch die Anschuldigung in der „Bild"-Zeitung aufgrund der Medienpräsenz der Eheleute von allgemeinem Publikumsinteresse war.

d) **[...] Zutreffend ist allerdings, dass § 50 UrhG die Wiedergabe eines geschützten Werkes nur dann gestattet, wenn es im Verlauf der Vorgänge, über die berichtet wird, wahrnehmbar geworden ist. Nicht privilegiert ist dagegen eine Berichterstattung, die das Werk selbst zum Gegenstand hat.**[4]

[...]

Kurzkommentierung

In dem Rechtsstreit geht es um die Wiedergabe eines Pressefotos aus der Bild-Zeitung in der Zeitschrift „Focus" nach § 50 UrhG, der im Zuge der Reform 2003 redaktionell geändert wurde.

Der BGH musste darüber entscheiden, ob das Werk der eigentliche Gegenstand der Berichterstattung war oder ob nur die Berichterstattung über ein Tagesereignis im Mittelpunkt des Rechtsstreites stand. Die Anwendung der Schrankenregelung nach § 50 UrhG bejaht der BGH. Da § 50 UrhG nur die Berichterstattung privilegiert, ging es im Kern des Rechtsstreits darum, ob Werke in einem durch den Zweck gebotenen Umfang zur **Bildberichterstattung über Tagesereignisse** in – im Wesentlichen Tagesinteressen Rechnung tragenden – Zeitschriften vervielfältigt und verbreitet werden dürfen.[5] Jedenfalls ist ein Geschehen, bei dem es der Öffentlichkeit nicht auf die aktuelle Berichterstattung ankommt, kein Tagesereignis i. S. d. § 50 UrhG.[6] Die Bestimmung des § 50 UrhG gestattet allein die Berichterstattung, nicht aber die Online-Archivierung von Berichten.[7]

Die vorliegende Schrankenregelung – so der BGH – ist eng auszulegen. Obwohl der BGH den Grundsatz betont, dass der Urheber an der wirtschaftlichen Nutzung seines Werkes beteiligt werden muss, wird in Ausnahmefällen davon abgewichen. Dazu gehört § 50 UrhG. Nach Auffassung des BGH ist im Rahmen der **Rechtsgüterabwägung** zugunsten der Meinungs- bzw. Pressefreiheit und nicht im Interesse der Urheber (hier die Rechte des Fotografen) entschieden worden. Der Begriff des Tagesereignisses wird gerade unter dem Aspekt der Presse- und Meinungsfreiheit vom BGH sehr weit gefasst, wenn das aktuelle Geschehen – private Auseinandersetzung zwischen Prominenten – von allgemeinem Interesse sein soll.

Fraglich ist, ob § 50 UrhG das öffentliche Interesse dergestalt privilegiert, dass darunter auch – wie hier – die Neugier am privaten Schicksal und ein gewisses Sensationsbedürfnis befriedigt werden kann. Selbst wenn das Ereignis aktuell ist, kommt es darauf an, ob das Private und Intime unter das öffentliche Informationsinteresse subsumiert werden kann. Die Mitteilung über eine private körperliche Auseinandersetzung zwischen Prominenten trägt jedenfalls nicht zur Meinungsbildung eines aufgeklärten Bürgers bei. Wenn das Tagesereignis jedes aktuelle Geschehen sein soll, das für die Öffentlichkeit von Interesse ist,[8] widerspricht die vorliegende Berichterstattung „So hat er mich zugerichtet" der Privilegierung des § 50 UrhG. Nach der europäischen Rechtsprechung und dem BVerfG soll bei der Abwägung zwischen der **Privatsphäre** und der **Presse- und Meinungsfreiheit** die Information einen hinreichenden Nachrichtenwert mit Orientierungsfunktion im Hinblick auf eine die Allgemeinheit interessierende Sachdebatte

---

4 Vgl. BGHZ 85, 1, 6 – Presseberichterstattung und Kunstwerkwiedergabe I; BGH GRUR 1983, 28, 30 – Presseberichterstattung und Kunstwerkwiedergabe II; OLG Frankfurt a.M. GRUR 1985, 380, 382; Schricker/*Vogel* aaO § 50 UrhG Rn. 15; *Engels* in Möhring/Nicolini aaO § 50 Rn. 12.

5 BGH GRUR 1983, 28, 20 – Presseberichterstattung und Kunstwerk = Wiedergabe II.

6 BGH GRUR 2008, 693, 695 – TV-Total.

7 BGH ZUM-RD 2011, 296, 298 – Kunstausstellung im Online-Archiv.

8 BGH ZUM-RD 2008, 337 – TV-Total.

haben. Letztlich geht es um den Inhalt des öffentlichen Informationsinteresses.[9] Das BVerfG weist darauf hin, dass es vor allem auf den **Inhalt der Berichterstattung** ankommt, wobei zwischen der Bild- und Wortberichterstattung ein Unterschied hinsichtlich der Schutzwirkung besteht.[10] So kann die Bildberichterstattung über ein zeitgeschichtliches Ereignis zulässig sein, wenn einzelne Aussagen der Wortberichterstattung für unzulässig erklärt worden sind.[11] Bei der Verletzung der **Intimsphäre** ist das Interesse der Öffentlichkeit nicht gegeben. Sind intime Vorgänge betroffen – wie in dem Rechtsstreit – ist eine Abwägung mit der Presse- und Meinungsfreiheit ausgeschlossen, weil der Kernbereich der Menschenwürde betroffen ist. Der Begriff des Tagesinteresses schließt gleichsam das öffentliche Interesse ein, wozu aber nicht das Intimleben von Prominenten und Politikern gehört.

Literatur

Wandtke/*Wandtke* Urheberrecht 1. Kap. Rn. 75 f.

2. Erlaubnisfreie und vergütungspflichtige Nutzung

2.1. Vervielfältigungsgerät/PC

BGH Urteil vom 2.10.2008, I ZR 18/06 – PC
GRUR 2009, 53

§ 54 a Abs. 1 S. 1 UrhG (Fassung vom 25.7.1994)

Leitsatz

Der PC gehört nicht zu den nach § 54 a Abs. 1 UrhG vergütungspflichtigen Vervielfältigungsgeräten.

Sachverhalt

In dem vorliegenden Rechtsstreit geht es um die Frage, ob PCs vergütungspflichtige Vervielfältigungsgeräte i.S.d. § 54 a Abs. 1 UrhG darstellen. Der Kl. ist die einzige Verwertungsgesellschaft in Deutschland, die urheberechtliche Befugnisse für die ihr angeschlossenen Wortautoren und Verleger wahrnimmt. Im vorliegenden Fall ist sie im Auftrag der Verwertungsgesellschaft Bild-Kunst tätig, welche die urheberrechtlichen Nutzungsrechte an Fotografien, Bildwerken und Grafiken aller Art wahrnimmt. Die Bekl. vertreibt in Deutschland PCs, die sie entweder selbst produziert oder von Dritten bezogenen und importiert hat.

Die Kl. verlangt von der Bekl. Auskunft über die Anzahl der seit 2001 von ihr hergestellten bzw. importierten PCs, sowie eine Vergütung für jeden PC in Höhe von € 30,– zzgl. Mehrwertsteuern.

Entscheidungsgründe

[…]

II. […]

3. […]

a) […]

bb) **Soweit mit einem PC Vervielfältigungen erstellt werden, geschieht dies auch nicht in einem Verfahren vergleichbarer Wirkung. Unter Verfahren vergleichbarer Wirkung im Sinne des § 54 a Abs. 1 S. 1 UrhG a.F. sind** – wie der Senat nach Verkündung des Beru-

[9] EuGH NJW 2010, 751; EGMR GRUR 2004, 1041 – Caroline von Hannover; BVerfG GRUR 2008, 539.
[10] BVerfG GRUR 2011,255,257 – Carolines Tochter.
[11] BGH GRUR 2010, 1029 – Charlotte im Himmel der Liebe m. w. N.

fungsurteils entschieden hat – **nur Verfahren zur Vervielfältigung von Druckwerken zu verstehen.**[1] **Da die Bestimmung des § 54a Abs. 1 S. 1 UrhG a.F. nicht ein der Ablichtung vergleichbares Verfahren, sondern ein Verfahren vergleichbarer Wirkung voraussetzt, muss die Vervielfältigung zwar**, wie das Berufungsgericht zutreffend angenommen hat, **nicht in ihrem Verfahren einer Vervielfältigung durch Ablichtung des Werkstücks vergleichbar sein.** Es kommt deshalb nicht darauf an, ob die Vervielfältigung in einem analogen oder in einem digitalen Verfahren erfolgt. **Das Erfordernis einer der Ablichtung des Werkstücks vergleichbaren Wirkung des Vervielfältigungsverfahrens setzt jedoch**, anders als das Berufungsgericht gemeint hat, **voraus, dass die Vervielfältigung – wie bei einer Ablichtung – bewirkt, dass von einem analogen Werkstück (etwa einem Buch) analoge Vervielfältigungsstücke (vor allem auf Papier) entstehen. Eine der Ablichtung vergleichbare Wirkung eines Vervielfältigungsverfahrens ist demnach nicht gegeben, wenn digitale Vorlagen verwendet oder digitale Kopien hergestellt werden.** [...]

b) [...]

aa) [...] Anders als bei einer Vervielfältigung von Druckwerken mittels Fotokopiergeräten liegt bei der Vervielfältigung digitaler Vorlagen – wie der Senat bereits in der Entscheidung „Drucker und Plotter" dargelegt hat[2] – häufig eine ausdrückliche oder konkludente Einwilligung des Berechtigten in Vervielfältigungen zum privaten Gebrauch vor. Dies gilt auch für Vervielfältigungen mittels eines PCs. Dabei kommt es nicht darauf an, ob das Zugangsgerät des Personalcomputers – wie beispielsweise ein Laufwerk – die Offline-Nutzung der auf einer DVD, CD-ROM oder Diskette gespeicherten oder – wie beispielsweise ein Modem oder eine ISDN-Karte – die Online-Nutzung von in das Internet eingestellten digitalen Texten oder Bildern ermöglicht. Desgleichen ist es nicht von Bedeutung, ob diese Texte oder Bilder dauerhaft körperlich festgelegt und etwa auf der Festplatte des Computers gespeichert, auf eine DVD oder CD gebrannt oder auf Papier ausgedruckt werden. Diese Vervielfältigungen bedürfen daher zumeist nicht der gesetzlichen Lizenz nach § 53 Abs. 1 bis 3 UrhG und unterliegen schon deshalb nicht der Vergütungspflicht nach § 54a Abs. 1 S. 1 UrhG a.F. Es kommt hinzu, dass der Berechtigte es bei digitalen Werken – anders als bei Druckwerken – in der Hand hat, diese Werke mit technischen Maßnahmen zu schützen (vgl. § 95a UrhG) und damit deren unberechtigte Vervielfältigung wenn nicht zu verhindern, so doch zu erschweren.

bb) Die Wahrscheinlichkeit, dass die Vervielfältigung digitaler Vorlagen mittels PCs von der gesetzlichen Gestattung des § 53 Abs. 1 bis 3 UrhG erfasst wird, ist demnach – wie auch das Berufungsgericht gesehen hat – deutlich geringer als die Wahrscheinlichkeit, dass die Vervielfältigung von Druckwerken mittels Fotokopiergeräten oder Scannern von der gesetzlichen Lizenz des § 53 Abs. 1 bis 3 UrhG gedeckt ist. [...]

Kurzkommentierung

Die Entscheidung des BGH ist von grundsätzlicher wirtschaftlicher Bedeutung für die Urheber. Es geht im Kern darum, ob dem Urheber ein gesetzlicher Vergütungsanspruch im Zusammenhang mit dem PC als Vervielfältigungsgerät zusteht oder nicht. Der BGH hatte die alte Rechtslage zu beurteilen. Mit dem zweiten Gesetz zur Regelung des Urheberrechts in der Informationsgesellschaft, das am 1.1.2008 in Kraft getreten ist, wurde eine grundlegende Neustrukturierung des Vergütungssystems der §§ 54 ff. UrhG vorgenommen. Danach wurden die gesetzlich festgelegten Vergütungssätze aufgehoben und durch eine Selbstregulierung abgelöst., wie dies in den Diskussionen zur Reform 2007 vorgeschlagen und umgesetzt wurde.[3] Die vormals staatliche Regulierung ist nunmehr in die Hände der Verwerter und der Verwertungsgesellschaften ge-

1 BGHZ 174, 359 Tz. 16 ff. – Drucker und Plotter.
2 BGHZ 174, 359 Tz. 24 ff.
3 Siehe BR-Drucks. 257/06, 60; *Spindler* NJW 2008, 9, 12; *Zypries* ZUM 2005, 98, 99; *Jani* UFITA 2006/II, 1, 14 f.

legt worden. Dieser Systemwechsel wird mit der bisherigen unflexiblen Regelung der Anlage zum Urheberrechtsgesetz begründet.[4] Der jetzt eingeschlagene Weg ist ein Irrweg. Er ist verfassungsrechtlich bedenklich, vor allem § 54 a Abs. 4 UrhG betreffend. Die festgelegten Sätze der gesetzlichen Vergütung in der Anlage zum Urheberrechtsgesetz hätten lediglich erhöht werden müssen. Eine Rechtsverordnung wäre auch ein gangbarer Weg gewesen. Nunmehr stehen sich ungleiche Parteien gegenüber, die mit langen Verhandlungen konfrontiert werden, wie das in der Vergangenheit bereits geschehen ist. Den gesetzlichen Vergütungsanspruch z. B. an das Preisniveau des Geräts oder des Speichermediums nach § 54 a Abs. 4 UrhG zu binden und damit zu begrenzen, ist nicht nur de lege lata, sondern auch de lege ferenda verfehlt.

Während nach der neuen Rechtslage der PC ein Vervielfältigungsgerät ist und eine Vergütungspflicht des Herstellers auslöst (§ 54 UrhG), war strittig, ob auch nach der alten Rechtslage eine Vergütungspflicht bestand. Der BGH hat – im Unterschied zum BVerfG –[5] eine Vergütungspflicht abgelehnt. Da der BGH über die Vergütungspflicht von PCs erneut entscheiden muss, ist dessen Argumentation von Bedeutung.

Nachdem der BGH bereits Drucker und Plotter und Kopierstationen[6] als nicht vergütungspflichtige Geräte i. S. v. § 54 a UrhG a. F. eingestuft hat, stellte der BGH nunmehr – nicht überraschend – in seiner Folgeentscheidung fest, dass PCs ebenfalls nicht zu den vergütungspflichtigen Vervielfältigungsgeräten gehören. Darüber hinaus lehnt der BGH eine analoge Anwendung des § 54 a UrhG a. F. auf PCs ab. Die Entscheidungen bauen aufeinander auf und enthalten identische Argumentationsmuster. Der BGH hat zur neuen Rechtslage keine Stellung genommen. Der BGH hatte sich mit der Frage auseinanderzusetzen, ob PCs zur Vornahme von Ablichtungen eines Werkstücks oder zur Vornahme eines Verfahrens vergleichbarer Wirkung bestimmt sind. Folgende Argumente sprechen gegen die Entscheidung des BGH:

1. Die Annahme des BGH ist nicht überzeugend, mit einem PC könnten nicht einmal in Verbindung mit anderen Geräten fotomechanische Vervielfältigungen wie mit einem herkömmlichen Fotokopiergerät hergestellt werden. Die Reprographie ist ein Sammelbegriff für das Vervielfältigen von Vorlagen, welche das Scannen einer Vorlage und das Drucken einer bzw. mehrerer Kopien umfasst. Im Allgemeinen geschieht dies mittels lichttechnischer Verfahren. Dies bedeutet, dass ein PC in Kombination mit einem Scanner und Drucker in gleicher Weise wie ein Fotokopiergerät benutzt werden kann. Der BGH ist ferner der Ansicht, ein PC sei nicht zur Vornahme von Vervielfältigungen mittels eines Verfahrens vergleichbarer Wirkung geeignet, da dieser weder allein noch im Rahmen einer Gerätekombination von analogen Vorlagen analoge Kopien fertigen könne. Unter einem Verfahren vergleichbarer Wirkung versteht der BGH Verfahren zur Vervielfältigung von Druckwerken, nicht ein der Ablichtung vergleichbares Verfahren, welches eine mit dem Ablichtungsverfahren vergleichbare Wirkung habe. Daher sei es nach Auffassung des BGH irrelevant, ob die Ablichtung in einem analogen oder digitalen Verfahren erfolge. Die Vervielfältigung müsse allerdings – genauso wie bei einer Ablichtung – bewirken, dass von einem analogen Werkstück (z. B. Buch) analoge Vervielfältigungsstücke (vor allem auf Papier) entstünden. Eine der Ablichtung vergleichbare Wirkung des Vervielfältigungsverfahrens sei folglich nicht gegeben, wenn mittels eines PCs eine digitale Vorlage verwendet oder digitale Kopien hergestellt würden. Eine vergleichbare Wirkung ist demnach gegeben, wenn im Wege eines digitalen Vervielfältigungsverfahrens digitale Vervielfältigungsstücke hergestellt und dauerhaft auf einem geeigneten Speichermedium niedergelegt werden. Als Beispiel sei die dauerhafte Speicherung von aus dem Internet heruntergeladenen Texten auf der Festplatte eines PCs genannt. Digitale Vervielfältigungsgeräte,

---

4 BR-Drucks. 257/60. Der Vorwurf eines Geräteherstellers, der Gesetzgeber hätte hinsichtlich der Anlage zur Vergütungshöhe nach § 54 d UrhG a. F. früher als 2007 handeln müssen, wurde vom BVerfG abgelehnt, siehe BVerfG ZUM-RD 2010, 121.

5 BVerfG GRUR 2011, 225 – PC.

6 BGH GRUR 2008, 245 – Drucker und Plotter; BGH GRUR 2008, 993 – Kopierstationen.

wie der PC, sind somit durchaus zur Vornahme von Vervielfältigungen in einem Verfahren vergleichbarer Wirkung geeignet.

2. Des Weiteren widerspricht der Ausschluss digitaler Vorlagen von § 54a Abs. 1 UrhG a.F. der Intention des Gesetzgebers. Im Rahmen der so genannten „digitalen Agenda" hat der Gesetzgeber seit 1985 mehrfach klargestellt, dass die digitale Technik unter die bestehende Gesetzeslage fällt. Zwar war bei der Novellierung von 1985 die digitale Vervielfältigung noch nicht üblich. Der Anlass der Gesetzesänderung – das Gesetz sollte der Veränderung der Nutzungsmöglichkeiten durch neue Techniken auf dem Gebiet der Reprographie Rechnung tragen (BT-Dr. 10/837, S. 10) – sowie die Absehbarkeit einer weiteren technischen Entwicklung legen jedoch nahe, dass der Gesetzgeber durch die Einfügung der Wendung „oder in einem Verfahren vergleichbarer Wirkung" bewusst eine „technologieoffene Formulierung" wählte.

Die Bundesregierung stellte im zweiten Vergütungsbericht im Jahr 2000 außerdem fest, dass eine abstrakte Generalregelung der Rechtsprechung den nötigen Spielraum zur Erfassung neuer Techniken lasse. Die PC-Technik wurde dabei als in das bestehende Vergütungssystem gehörend bezeichnet.[7]

3. Das stärkste Argument für die Einbeziehung der digitalen Technik liefert die Urheberrechtsreform im Jahr 2003, welche ebenfalls die „digitale Agenda" betraf und zur Neufassung des § 54a UrhG führte. In der amtlichen Begründung ist die Rede von einer Klarstellung und nicht von einer konstitutiven Wirkung.[8] Der Begriff „Klarstellung" impliziert, dass der Gesetzgeber schon vor der Gesetzesrevision davon ausgegangen ist, dass digitale Vorlagen und digitale Kopien von der alten Fassung des § 54a UrhG erfasst sind. Die Gesetzesänderung sollte für die digitalen Techniken lediglich flexiblere Vergütungsregelungen schaffen.

4. Die Verneinung der Vergütungspflicht für PCs verstößt gegen Europarecht. Der BGH hätte § 54a UrhG a.F. im Hinblick auf Art. 5 Abs. 2 Buchst. b der RL 2001/29/EG, dahingehend richtlinienkonform auslegen müssen, dass dem Urheber ein „gerechter Ausgleich" – in Form einer Vergütung – für die Vervielfältigung digitaler Vorlagen und die Herstellung digitaler Kopien zusteht. Denn der gerechte Ausgleich ist nach Auffassung des EuGH ein autonomer Begriff des Unionsrechts, der in allen Mitgliedstaaten einheitlich auszulegen ist und die Ausnahme für Privatkopien betrifft, wofür der Urheber einen gerechten Ausgleich verlangen kann.[9]

5. Letztendlich spricht der verfassungsrechtliche Grundsatz, den Urheber an der wirtschaftlichen Nutzung seines Werkes tunlichst angemessen zu beteiligen,[10] für die Erfassung digitaler Vorlagen und Kopien. Die Herstellung digitaler Vervielfältigungen stellt genauso wie die Herstellung analoger Kopien einen gemäß Art. 14 Abs. 3 GG entschädigungspflichtigen Eingriff in das Urheberrecht dar. Für diesen Rechtsverlust steht dem Urheber ein Ausgleichsanspruch zu. Denn für den Urheber macht die Art der Vervielfältigung keinen Unterschied. Ganz im Gegenteil, die digitale Vervielfältigung, welche dank der neuen Techniken schnell, qualitativ hochwertig und in unbeschränkter Zahl erfolgen kann, verletzt das Vervielfältigungsrecht des Urhebers besonders stark. Deshalb ist bei der Auslegung und Anwendung des Urheberrechts darauf zu achten, dass die zahlreichen technischen Neuerungen die Eigentumsrechte der Urheber aus Art. 14 GG gewährleisten.[11] Bedeutsam ist die Feststellung des BVerfG zur PC-Entscheidung, dass der BGH die Streitfrage klären muss, ob die fraglichen Geräte mutmaßlich für private Vervielfältigungen gebraucht werden, was auch bei einem Verkauf an Gewerbetreibende oder Freiberufler nach zutreffender Auffassung des BVerfG nicht ausgeschlossen erscheint.[12] Auch die Padawan-Entscheidung des EuGH, die nur die spanische Rechtslage hinsichtlich der Ver-

7 BT-Drucks. 14/3972, 26.
8 BT-Drucks. 14/3972, 26.
9 EuGH GRUR 2011, 50 – Padawan/SGAF.
10 BVerfG GRUR 2010, 332 – Filmurheberrecht.
11 BVerfG GRUR Int. 2011, 72, 76 – Drucker und Plotter II.
12 BVerfG GRUR 2011,225 – PC.

vielfältigung von Privatkopien betrifft, spricht nicht gegen eine gesetzliche Vergütung gegen die Gerätehersteller, wenn in Unternehmen, in denen sich Vervielfältigungsgeräte befinden, diese gewerblich und privat genutzt werden. Nach dem deutschen Urheberrecht ist ein Vervielfältigungsgerät sowohl unter dem Aspekt des privaten Gebrauchs als auch unter sonstigem eigenem Gebrauch urheberrechtlich zu bewerten. Letzteres spielte in der Padawan-Entscheidung keine Rolle. Es muss nicht nachgewiesen werden, ob mit dem Gerät Privatkopien angefertigt worden sind.[13] Entscheidend ist seit dem 1.1.2008, ob der jeweilige Gerätetyp für Vervielfältigungen nach § 53 Abs. 1 bis 3 UrhG benutzt werden kann. Das gilt sowohl für die private als auch für die gewerbliche Nutzung von Geräten und Speichermedien. In beiden Fällen kann nach der Art des Werkes i.S.d. § 54 UrhG eine Vervielfältigung angefertigt werden. Das betrifft sehr häufig Sprachwerke. Es geht um den üblichen Gebrauch der Vervielfältigungsgeräte.[14] Das kann neben dem privaten auch der eigene Gebrauch nach § 53 Abs. 1 bis 3 UrhG bedeuten. Der private bzw. eigene Gebrauch kann beruflichen und erwerbswirtschaftlichen Zwecken dienen.[15] So kann im Rahmen des Intranets ein Unternehmen urheberrechtlich geschütztes Material von gewerblich genutzten Geräten und Speichermedien vervielfältigt werden. Dazu gehört der PC als übliches Gerät, das Werke vervielfältigen kann. Das BVerfG hat neben der PC-Entscheidung erfreulicherweise den gesetzlichen Vergütungsanspruch der VG gegen die Geräteindustrie, mit Ausnahme der Kopierstationen,[16] nach der alten Rechtslage für Drucker und Plotter bejaht.[17] Die Entscheidungen sind deshalb so bedeutsam, weil sie wichtige Klärungen zur nationalen Urheberrechtslage enthalten. Der BGH hat am 21.7 2011 in mehreren Beschlüssen zu den Druckern und PCs dem EuGH mehrere Fragen zur Vergütungspflicht nach der alten Rechtslage des § 54a UrhG vorgelegt (I ZR 162/10, I ZR 29/11, I ZR 30/11, I ZR 28/11).

Literatur

Wandtke/*Schunke* Urheberrecht 5. Kap. Rn. 69

2.2. Archivierung/Hersteller

BGH Urteil vom 16.1.1997, I ZR 9/95 – CB-Infobank I
BGHZ 134, 250
GRUR 1997, 459

§ 53 Abs. 2 Nr. 2, Nr. 4a UrhG a.F.

Leitsätze

1. Eine zum Zweck der Archivierung privilegierte Vervielfältigung eines Werkstücks i.S.d. § 53 Abs. 2 Nr. 2 UrhG liegt nicht vor, wenn das Vervielfältigungsstück (auch) zur Verwendung durch außenstehende Dritte bestimmt ist.
2. Die Erstellung von Vervielfältigungsstücken im Rahmen eines Recherchedienstes unterfällt nicht dem Privilegierungstatbestand des § 53 Abs. 2 Nr. 4 Buchst. a UrhG.

Sachverhalt

Die Kl. verlegt eine Wirtschafts- und Finanzzeitung sowie ein Wirtschaftsmagazin. Sie betreibt zudem eine Wirtschaftsdatenbank und bietet in diesem Rahmen einen Informationsdienst für individuelle Recherchen an. Die Bekl. ist eine Bank. Sie unterhält unter der Bezeichnung „CB-Infobank" eine Sammlung von Daten aus der Wirtschaft. Zudem sammelt sie in einem Zettelkasten entsprechende bedeutsam erscheinende Artikel, u.a. aus den Zeitungen der Kl. Nach

13 EuGH GRUR 2011, 50, 52 – Padawan/SGAE.
14 BT-Drucks. 16/1828, 29.
15 BGH GRUR 1993, 899, 900 – Dia-Duplikat.
16 BVerfG GRUR 2011,227 – Kopierstationen.
17 BVerfG GRUR Int. 2011, 72 – Drucker und Plotter II; BVerfG GRUR 2010, 999 – Drucker und Plotter I.

entsprechenden Rechercheaufträgen durch Kunden wertet sie diesen Zettelkasten aus und erstellt auf Wunsch auch Kopien der betreffenden Artikel für den Kunden.

Die Kl. sieht hierin eine Verletzung ihres ausschließlichen Vervielfältigungs- und Verbreitungsrechts. Weiterhin verstoße das Verhalten der Bekl. gegen § 1 UWG, da sie sich fremde Arbeitsergebnisse in unlauterer Weise aneigne. Die Bekl. stellt dagegen eine Nutzungsberechtigung der Kl. in Abrede und beruft sich darauf, dass sie nach § 53 Abs. 2 Nr. 4a UrhG berechtigt sei Kopien zu herzustellen, wie dies auch öffentliche Bibliotheken und Kopieranstalten dürften.

Entscheidungsgründe

[...]

II. [...]

3. [...]

b) [...]

aa) Das Berufungsgericht hat im Ausgangspunkt zutreffend angenommen, daß die Anwendung der Schrankenbestimmung des § 53 Abs. 2 Nr. 4 a UrhG es nicht erfordert, daß der privilegierte Nutzer ein eigenes Werkstück als Vorlage für die Vervielfältigung verwendet. Lediglich **für den Zweck der erlaubnisfreien Archivierung (§ 53 Abs. 2 Nr. 2 UrhG) fordert das Gesetz, daß ein eigenes Werkstück für die Vervielfältigung genutzt wird. Hieraus ergibt sich im Umkehrschluß, daß § 53 Abs. 2 Nr. 4 a UrhG – wie auch die übrigen Privilegierungstatbestände des § 53 UrhG – nicht daran scheitern, daß ein fremdes Werkstück vervielfältigt wird.**[1]

bb) **Eine Kopiertätigkeit, die von einem anderen als dem privilegierten Nutzer im Sinne des § 53 Abs. 1 und 2 UrhG vorgenommen wird, ist urheberrechtlich als Vervielfältigungshandlung nur zulässig, soweit sie sich auf den technisch maschinellen Vorgang der Vervielfältigung beschränkt.** Die von der Beklagten angebotene Dienstleistung, die im Rahmen einer Rechercheanfrage ermittelten Beiträge dem Kunden in Kopie zu überlassen, hat nicht teil an dem Privilegierungstatbestand des § 53 Abs. 2 Nr. 4 a UrhG, der einem (auch gewerblichen) Nutzer zukommen kann, welcher zum sonstigen eigenen Gebrauch einzelne Beiträge, die in Zeitungen oder Zeitschriften erschienen sind, vervielfältigt oder vervielfältigen läßt. Die Freistellung vom urheberrechtlichen Verwertungsverbot nach § 53 Abs. 2 Nr. 4 a UrhG orientiert sich – wie auch die sonstigen Privilegierungstatbestände des § 53 Abs. 1 und 2 UrhG – an den Bedürfnissen des Nutzers der Vervielfältigungsstücke. Die freigestellte Nutzung muß sich innerhalb des gesetzlich festgelegten engen Rahmens halten. Hieraus folgt zugleich, daß die Vervielfältigungshandlung, soweit sie im Auftrag des privilegierten Nutzers vorgenommen wird, urheberrechtlich allein im Rahmen des beschränkten Nutzungszwecks des privilegierenden Tatbestands freigestellt ist. Die privilegierte Vervielfältigungshandlung selbst bleibt ein zweckgebundener technischer Vorgang, auch soweit der berechtigte Nutzer sie durch einen Dritten vornehmen läßt. Der mit der Herstellung des Vervielfältigungsstücks beauftragte Dritte tritt an die Stelle des Vervielfältigungsgeräts des privilegierten Nutzers. Nur soweit er seine Tätigkeit auf die technisch mechanische Vervielfältigung beschränkt, hat er als „notwendiges Werkzeug" teil an der gesetzlichen Freistellung. Das Verhalten des Dritten muß sich dabei im Rahmen einer konkreten Anweisung zur Herstellung eines bestimmten Vervielfältigungsstücks für den vom Gesetz begünstigten Nutzer halten, um an dessen Privilegierung teilhaben zu können.

[...]

Kurzkommentierung

§ 53 UrhG ist eine bedeutende Norm innerhalb der Schrankenregelungen. Im Kern geht es um die Vervielfältigung zum privaten und eigenen Gebrauch. Sinn und Zweck dieser Schrankenre-

1 *Stintzing* GRUR 1994, 871, 878.

gelung besteht darin, auf der einen Seite die wirtschaftlichen Interessen des Urhebers durch Aufhebung des Verbotsrechts zu sichern und auf der anderen Seite im Rahmen der Sozialbindung des Urheberrechts eine beschränkte erlaubnisfreie Benutzung urheberrechtlich geschützter Werke im Interesse der Allgemeinheit zu gewährleisten. Der Urheber erhält einen gesetzlichen Vergütungsanspruch als Ausgleich für die Vervielfältigung des Werkes. Es ist gleichsam eine gesetzliche Lizenz. Die Vervielfältigung ist auch auf digitalen Trägern zulässig.[2] Wird das Werk nach § 53 Abs. 1 bis 3 UrhG vervielfältigt, so hat der Urheber gegen den Hersteller von Geräten und von Speichermedien einen Anspruch auf eine Vergütung nach § 54 Abs. 1 UrhG. Dazu gehört auch die Vervielfältigung des Werkes zur Aufnahme in ein Archiv, wie dies in der vorliegenden Entscheidung des BGH zum Ausdruck gebracht wird. Der BGH betont, dass der Zweck eines Archivs i. S. d. § 53 Abs. 2 Nr. 2 UrhG sich in einer unter sachlichen Gesichtspunkten geordneten Sammlung vorhandener Werke zum internen Gebrauch erschöpft. Der Gesetzgeber hat bei dieser Bestimmung insbesondere diejenigen Fälle vom urheberrechtlichen Erlaubnisvorbehalt freistellen wollen, in denen beispielsweise eine Bibliothek ihre Bestände auf Mikrofilm aufnimmt, um Raum zu sparen oder um die Filme an einem vor Katastrophen sicheren Ort aufzubewahren. Von einer – entsprechend dem Gesetzeswortlaut – „zu diesem Zweck (der Archivierung) gebotenen" Vervielfältigung lässt sich – so der BGH- indessen nicht sprechen, wenn die Nutzung des Archivs sich nicht auf den internen Gebrauch beschränkt, sondern archivierte Vervielfältigungsstücke zugleich zur Grundlage einer Nutzung durch außenstehende Dritte gemacht werden. Die Grenzen des privilegierten internen Gebrauchs des Vervielfältigungsstücks sind überschritten, wenn dieses (auch) zur Verwendung durch außenstehende Dritte bestimmt ist. Eine begünstigte Vervielfältigung zum Zwecke der Archivierung ist bereits dann nicht gegeben, wenn das Vervielfältigungsstück zwar im Betrieb verbleibt, aber mit seiner Hilfe die Vervielfältigungsstücke für **Dritte** hergestellt werden. Für die Zulässigkeit der Vervielfältigung im Rahmen des § 53 Abs. 2 Nr. 2 UrhG kommt es entscheidend auf den gebotenen Zweck der Archivierung an. Nur wenn die Sammlung und Erschließung des Materials ausschließlich der Bestandssicherung und der betriebsinternen Nutzung dient, wird eine hierzu vorgenommene Vervielfältigung von der gesetzlichen Schrankenbestimmung erfasst. Der BGH weist zu Recht darauf hin, dass es für die urheberrechtliche Betrachtung indessen unerheblich ist, ob das Verhalten des Werknutzers, aus welchen Gründen auch immer, wirtschaftlich vernünftig erscheint. Auch vermag sich dieser zur Rechtfertigung seines Verhaltens gegenüber dem Verbotsanspruch des Urhebers nicht mit Erfolg darauf zu berufen, zum Ausgleich der wirtschaftlichen Interessen des Urhebers bereits alles getan zu haben. Es steht nämlich allein in der Macht des Inhabers des ausschließlichen Nutzungsrechts, ob, wie und wem er die Nutzung des Werks überlassen möchte.

Nach Ansicht des BGH erschöpft sich der Zweck eines **Archivs** i. S. d. § 53 Abs. 2 Nr. 2 UrhG in einer unter sachlichen Gesichtspunkten geordneten Sammlung vorhandener Werke zum internen Gebrauch. Mit dieser Regelung will der Gesetzgeber solche Fälle von dem urheberrechtlichen Erlaubnisvorbehalt freistellen, in denen z. B. eine **Bibliothek** ihre Bestände auf Mikrochip aufnimmt, um Raum zu sparen oder um Filme an einem vor Katastrophen sicheren Ort aufzubewahren. Die **Zeckbestimmung** des § 53 Abs. 2 Nr. 2 UrhG schließt aus, dass archivierte Vervielfältigungsstücke zugleich Grundlage einer Nutzung durch außen stehende Dritte gemacht werden. Die privilegierte Vervielfältigungshandlung ist auch möglich, wenn ein Dritter seine Tätigkeit auf die technisch mechanische Vervielfältigung beschränkt. Der Dritte ist gleichsam ein Beauftragter des privilegierten Nutzers. Wenn aber die Kopiertätigkeit des Dritten mit einer Recherchearbeit verbunden ist, geht der Herstellerbegriff über das hinaus, was § 53 Abs. 1 oder Abs. 2 UrhG zulässt. Der BGH hebt ausdrücklich hervor, dass die Entgeltlichkeit der Kopiertätigkeit nicht einer Privilegierung aus § 53 Abs. 1 und Abs. 2 UrhG entgegen-

[2] BVerfG GRUR 2010, 56 – Digitale Kopien.

steht. Umgekehrt kann aus einer **Unentgeltlichkeit** keine privilegierte Vervielfältigungshandlung abgeleitet werden.

Literatur

Wandtke/*Schunke* Urheberrecht 5. Kap. Rn. 63.

2.3. Pressespiegel

BGH Urteil vom 11.7.2002, I ZR 255/00 – Elektronischer Pressespiegel
BGHZ 151, 300
GRUR 2002, 963

§ 97 UrhG a. F.

Leitsätze

1. Eine Verwertungsgesellschaft, die ihr nicht zustehende Nutzungsrechte einräumt oder ihr nicht zustehende Vergütungsansprüche geltend macht und dabei nicht auf bestehende Zweifel an ihrer Rechtsinhaberschaft hinweist, kann als Teilnehmerin einer dadurch veranlaßten Urheberrechtsverletzung auf Unterlassung in Anspruch genommen werden.
2. Die Privilegierung des § 49 Abs. 1 UrhG umfasst herkömmliche Pressespiegel jedenfalls insoweit, als sie nur betriebs- oder behördenintern verbreitet werden.
3. Auch Pressespiegel, die elektronisch übermittelt werden, jedoch nach Funktion und Nutzungspotential noch im wesentlichen dem herkömmlichen Pressespiegel entsprechen, fallen unter § 49 Abs. 1 UrhG. Dies setzt voraus, daß der elektronisch übermittelte Pressespiegel nur betriebs- oder behördenintern und nur in einer Form zugänglich gemacht wird, die sich im Falle der Speicherung nicht zu einer Volltextrecherche eignet.

Sachverhalt

Bei der Bekl. handelt es sich um die Verwertungsgesellschaft Wort (VG Wort). Im März 1999 schloss diese erstmals mit der Kl. Goldmann-OHG einen Vertrag über die Erstellung von elektronischen Pressespiegeln. In diesem Vertrag heißt es unter anderem:

(1) Dieser Vertrag betrifft die Einscannung und Speicherung urheberrechtlich geschützter Sprachwerke in einen zentralen Speicher und deren Wiedergabe.

Der Kl. nimmt die Bekl. unter Androhung von Ordnungsmitteln auf Unterlassung in Anspruch. Im Fall, dass es sich um Artikel der Berliner Zeitung handelt, soll sie keine Vergütungsverträge über Vergütungen i. S. v. § 49 Abs. 1 S. 2 UrhG für einen elektronischen Pressespiegel mit Dritten abschließen und/oder Vergütungen von Dritten für die elektronischen Pressespiegel einziehen.

Die Revision der Bekl. führte zur Aufhebung des OLG-Urteils und zur Zurückweisung der Sache an das BerGer.

Entscheidungsgründe

[…]

II. […]

3. […]

b) **Zu den herkömmlichen Pressespiegeln, die – wie dargelegt – ohne weiteres durch § 49 Abs. 1 UrhG privilegiert sind, zählen alle Pressespiegel, die in Papierform verbreitet werden.** Dies gilt unabhängig davon, wie ein solcher Pressespiegel im Einzelnen hergestellt wird. Neben der früher üblichen Form des Ausschneidens, Aufklebens und Fotokopierens der in Frage kommenden Zeitungsartikel oder -ausschnitte ist in den letzten Jahren die Möglichkeit getreten, die ausgewählten Artikel einzuscannen, sie je nach Notwendigkeit elektronisch dem Format des Pressespiegels anzupassen, näher zu bezeichnen und sodann auszudrucken. Hierbei dient der elektronische Zwischenschritt vor allem der Erleichterung der Herstellung, ohne dass Funktionen erfüllt werden, die auf herkömmlichem Wege nicht erreichbar wären (Ausschneiden, Umbruch von Hand, Beschriften, Kopieren).

c) [...]

cc) Ebenfalls mit Recht hat das BerGer. auf den Grundsatz hingewiesen, dass sich bei der Auslegung der urheberrechtlichen Schrankenbestimmungen das Verständnis der privilegierenden Norm vor allem an den technischen Gegebenheiten der Information im Zeitpunkt der Einführung des Privilegierungstatbestands zu orientieren hat.[1] [...]

ee) [...]

(1) Die elektronische Übermittlung stellt gegenüber den bereits mit der Privilegierung des herkömmlichen Pressespiegels verbundenen Möglichkeiten nur einen kleinen Schritt dar. Dabei ist – wie bereits dargelegt – davon auszugehen, dass auch der in Papierform verbreitete Pressespiegel elektronisch erstellt werden kann. Ist dies der Fall, tritt beim elektronischen Pressespiegel lediglich an die Stelle des Ausdrucks und der Versendung die Übermittlung einer Datei oder die Speicherung einer Datei an einer Stelle, auf die die Nutzer von ihrem Arbeitsplatz aus zugreifen können. Diese Datei kann dann vom Bezieher entweder am Bildschirm betrachtet oder ausgedruckt werden. Wird dabei von der Möglichkeit einer Übermittlung als grafische Datei oder als Datei, in die die einzelnen Artikel als Faksimile eingebunden sind, Gebrauch gemacht, unterscheidet sich der Pressespiegel, den der Bezieher am eigenen Arbeitsplatz ausdruckt, nicht wesentlich von einem ihm auf herkömmliche Weise übermittelten Exemplar.

(2) **Eine Gleichstellung mit dem herkömmlichen Pressespiegel kommt indessen nur in Betracht, wenn durch die elektronische Übermittlung im Wesentlichen keine zusätzlichen, die Belange des Urhebers beeinträchtigenden Nutzungs- und Missbrauchsmöglichkeiten verbunden sind.** Dies erfordert in zweierlei Hinsicht Einschränkungen:

Schon für den herkömmlichen Pressespiegel ist zweifelhaft, ob das Privileg des § 49 Abs. 1 UrhG auch solche Pressespiegel umfasst, die entgeltlich an jedermann vertrieben werden. Die Gefahren, die mit einer ungehinderten elektronischen Verbreitung verbunden sind, müssen jedenfalls dazu führen, dass eine elektronische Übermittlung eines Pressespiegels allenfalls dann vom Privileg des § 49 Abs. 1 UrhG erfasst sein kann, wenn es um eine betriebs- oder behördeninterne Verbreitung, also einen so genannten „In-house"-Pressespiegel geht.

Mit Recht hat das BerGer. ferner auf die Gefahr hingewiesen, dass mit Hilfe eines elektronischen Pressespiegels ein eigenes Archiv erstellt werden kann, ohne dass insofern die Voraussetzungen des § 53 Abs. 2 Nr. 2 UrhG vorliegen. Diese Gefahr besteht dabei auf zwei Ebenen: Zum einen kann das Unternehmen, das den Pressespiegel für seine Mitarbeiter erstellt, daran interessiert sein, den erzeugten Datenbestand im Sinne eines Archivs zu nutzen. Zum anderen ist zu bedenken, dass auch der Endbezieher mit Hilfe der ihm übermittelten Dateien ein eigenes Archiv erstellen könnte.

Um der Gefahr einer missbräuchlichen Nutzung vorzubeugen, kann eine Privilegierung nur in Betracht kommen, wenn der Einsatz der Datenverarbeitung sich darauf beschränkt, die fremden Presseartikel – als Faksimile – grafisch darzustellen. Nicht vom Privileg erfasst ist dagegen eine Volltexterfassung, die es ermöglicht, die einzelnen Presseartikel indizierbar zu machen und in eine Datenbank einzustellen.

[...]

---

1 Vgl. BGHZ 17, 266, 282 = GRUR 1955, 492 = NJW 1955, 1276 = LM § 15 LitUrhG Nr. 3 – Grundig-Reporter; BGHZ134, 250, 263 f. = GRUR 1997, 459 = NJW 1997, 459 = NJW 1997, 1363 = LM H. 7/1997 § 53 UrhG Nr. 10 – CB-infobank I.

Kurzkommentierung

Mit dieser Grundsatzentscheidung hat der BGH den § 49 UrhG ausführlich begründet und aufgrund der neuen Informations- und Kommunikationstechnologien die urheberrechtliche Ausnahmebestimmung im Rahmen der Schrankenregelungen einzuordnen versucht. Der Pressespiegel wird zunehmend nicht in Papierform, sondern mit elektronischen Mitteln hergestellt. Beide Erscheinungsformen werden von § 49 UrhG erfasst, obwohl § 49 UrhG keinen Hinweis auf elektronische Pressespiegel gibt. Der BGH hat § 49 UrhG entsprechend ausgelegt und damit den Streit über den elektronischen Pressespiegel soweit beendet. Mit der Novelle (sog. Korb II) wurde das **Pressespiegelprivileg** dahingehend erweitert, dass auch **Abbildungen** im Rahmen dieser Schrankenregelung erlaubnisfrei sind. Der BGH hat mit Recht auf den Grundsatz hingewiesen, dass sich bei der Auslegung der urheberrechtlichen Schrankenbestimmungen das Verständnis der privilegierenden Norm vor allem an den technischen Gegebenheiten der Information im Zeitpunkt der Einführung des Privilegierungstatbestands zu orientieren hat. Auf der einen Seite ist vor allem der verfassungsrechtlich verankerte **Beteiligungsgrundsatz** und auf der anderen Seite der mit der Schrankenregelung verfolgte Zweck zu berücksichtigen. Eine weitergehende Auslegung der Schrankenregelung ist nach Auffassung des BGH möglich. Er betont, dass sich die Praxis im Rahmen des Privilegierungstatbestands des § 53 UrhG nicht allein an den technischen Gegebenheiten orientiert, die dem Gesetzgeber bei Einführung der Bestimmung vor Augen standen. Auch wenn 1965 die digitalen Speichermöglichkeiten noch nicht bekannt waren, werden Vervielfältigungen zum privaten und sonstigen eigenen Gebrauch als privilegiert angesehen, auch wenn es sich um eine digitale Vervielfältigung handelt; entsprechend werden die Vergütungsansprüche auf diese parallelen Nutzungsformen ausgeweitet. Daraus wird deutlich, dass die Anwendung der Schrankenbestimmungen nicht notwendig auf technische Sachverhalte beschränkt sind, die bei Schaffung des Privilegierungstatbestands schon bekannt waren. Bei der Frage einer ausnahmsweise extensiven Auslegung einer Schrankenbestimmung ist nach Ansicht des BGH zu berücksichtigen, wie sich die Geltung der Schranke auf die Interessen des Urhebers auswirkt. Insofern können für eine Schranke, die eine unentgeltliche Nutzung ermöglicht, andere Kriterien maßgeblich sein als im Falle einer **gesetzlichen Lizenz**, bei dem das urheberrechtliche Ausschließlichkeitsrecht lediglich zu einem Vergütungsanspruch herabgestuft wird. Danach spielt es für die Auslegung der Schrankenregelung auch eine Rolle, wenn ausnahmsweise die Anwendung der Schranke den Urheber günstiger stellt als die Geltung des Ausschließlichkeitsrechts.

Der BGH hat aber wesentliche Einschränkungen gemacht, die die Auslegung des § 49 UrhG betrifft. Schon für den herkömmlichen Pressespiegel ist zweifelhaft, ob das Privileg des § 49 Abs. 1 UrhG auch solche Pressespiegel umfasst, die entgeltlich an jedermann vertrieben werden. Die Gefahren, die mit einer ungehinderten elektronischen Verbreitung verbunden sind, müssen jedenfalls dazu führen, dass eine elektronische Übermittlung eines Pressespiegels allenfalls dann vom Privileg des § 49 Abs. 1 UrhG erfasst sein kann, wenn es um eine betriebs- oder behördeninterne Verbreitung, also einen so genannten **„In-house"-Pressespiegel** geht.

Mit Recht hat der BGH auf die Gefahr hingewiesen, dass mit Hilfe eines elektronischen Pressespiegels ein eigenes Archiv erstellt werden kann, ohne dass insofern die Voraussetzungen des § 53 Abs. 2 Nr. 2 UrhG vorliegen. Diese Gefahr besteht dabei auf zwei Ebenen: Zum einen kann das Unternehmen, das den Pressespiegel für seine Mitarbeiter erstellt, daran interessiert sein, den erzeugten Datenbestand im Sinne eines Archivs zu nutzen. Zum anderen ist zu bedenken, dass auch der Endbezieher mit Hilfe der ihm übermittelten Dateien ein eigenes Archiv erstellen könnte.

Um der Gefahr einer missbräuchlichen Nutzung vorzubeugen, kommt für den BGH eine Privilegierung nur in Betracht, wenn der Einsatz der Datenverarbeitung sich darauf beschränkt, die fremden Presseartikel – als Faksimile – grafisch darzustellen. Nicht vom Privileg erfasst ist dagegen eine Volltexterfassung, die es ermöglicht, die einzelnen Presseartikel indizierbar zu machen und in eine Datenbank einzustellen.

Die Gefahren eines **Missbrauchs,** die sich in diesem Zusammenhang ergeben, sind indessen für die in Rede stehende elektronische Übermittlung des Pressespiegels nicht typisch. Sie bestehen in einem gewissen Umfang generell, weil es technisch immer möglich ist, einen auf herkömmliche Weise erstellten Pressespiegel einzuscannen, elektronisch zu erfassen und die einzelnen Texte als Volltext zu indizieren und zu speichern. Sie bestehen in verstärktem Maß dann, wenn der herkömmliche Pressespiegel elektronisch erstellt wird. Die Gefahr einer zentralen Archivierung ist demgegenüber bei der hier in Rede stehenden zusätzlichen elektronischen Übermittlung nicht größer.

Für den Endbezieher, der beispielsweise einen Pressespiegel über das unternehmensinterne Netz elektronisch als Grafikdatei oder in einem Format zugesandt bekommt, das die fremden Presseartikel nur als **Faksimile** enthält, sind die Möglichkeiten der Schaffung eines eigenen Archivs nicht nennenswert größer als bei der Übermittlung eines Pressespiegels in Papierform. Die Argumente des BGH sind überzeugend. Denn auch der herkömmliche Pressespiegel kann – ebenso wie eine grafische Datei – mit Hilfe eines Programms zur elektronischen Texterkennung in einen Volltext umgewandelt werden. Eine solche vom Privileg des § 49 Abs. 1 UrhG nicht gedeckte Nutzung stellt im einen wie im anderen Fall eine Urheberrechtsverletzung dar. Eine Ausdehnung des Pressespiegelprivilegs auf kommerzielle Dienstleistungen wurde eine Absage erteilt. Dies würde auch die Grenzen der Vorgaben des Dreistufentests nach Art. 5 Abs. 5 Informations-RL überschreiten.

Literatur

Wandtke/*Schunke* Urheberrecht 5. Kap. Rn. 50f.

2.4. Kopienversand

BGH Urteil vom 25.2.1999, I ZR 118/96 – Kopienversand
BGHZ 141,13
GRUR 1999, 707

§ 53 UrhG a.F.
§ 53a UrhG

Leitsätze

1. Eine öffentliche Bibliothek, die auf Einzelbestellung Vervielfältigungen einzelner Zeitschriftenbeiträge fertigt, um sie an den Besteller im Wege des Post- oder Faxversands zu übermitteln, verletzt nicht das Vervielfältigungsrecht, wenn sich der Besteller auf einen durch § 53 UrhG a.F. privilegierten Zweck berufen kann. Dies gilt auch dann, wenn die Bibliothek ihre Bestände durch einen online zugänglichen Katalog erschließt und für ihren Kopienversanddienst weltweit wirbt.
2. Werden Zeitschriftenbeiträge unter den Voraussetzungen des § 53 a.F. UrhG rechtmäßig von einem Dritten vervielfältigt, unterliegt die Übermittlung der Vervielfältigungsstücke an den Auftraggeber nicht dem Verbreitungsrecht.
3. Die Werbung für die Herstellung von Vervielfältigungen und deren Post- oder Faxversand an Besteller, die sich auf einen nach § 53 a.F. UrhG privilegierten Zweck berufen können, verletzt auch bei Fehlen der Zustimmung der Urheberberechtigten nicht das Verbreitungsrecht.
4. Bei einer reprographischen Vervielfältigung eines urheberrechtlich geschützten Werkes durch eine öffentliche Bibliothek oder eine andere für die Öffentlichkeit zugängliche Einrichtung zum Zweck des Post- oder Faxversands an einen Besteller, der sich auf einen nach § 53 UrhG privilegierten Zweck berufen kann, ist – in rechtsanaloger Anwendung des § 27 Abs. 2 und 3, des § 49 Abs. 1 sowie des § 54a Abs. 2 i.V.m. § 54h Abs. 1 UrhG – als Ausgleich für den Ausschluss des Verbotsrechts ein Anspruch des Urhebers auf angemessene

Vergütung anzuerkennen, der nur durch eine Verwertungsgesellschaft geltend gemacht werden kann.

Sachverhalt

Die Bekl. ist die Technische Informationsbibliothek Hannover (TIB), deren Träger das Land Niedersachsen ist. Die Bekl. sammelt in Kooperation mit der Universitätsbibliothek Hannover (UB) Schwerpunktliteratur aus der ganzen zu Welt zu den Fachbereichen Technik/Ingenieurswissenschaften, Chemie, Informatik, Mathematik und Physik. Sie bietet u.a. auch den entgeltlichen Versand von Zeitschriftenkopien per Post oder Telefax an auswärtige Nutzer an. Aus technischen Gründen muss zur Versendung per Telefax auch eine Zwischenkopie gefertigt werden, da sonst die Informationen nicht übermittelt werden können. Diese werden nach Wunsch des Bestellers entweder ebenfalls auf dem Postweg zugeschickt oder vernichtet. Die Bekl. deckt nahezu jeden Bedarf an Veröffentlichungen, aufgrund ihrer bedarfsorientierten Erwerbung von Literatur und der ständigen Ausrichtung an den jeweiligen Nachweisen der Literaturdatenbanken ab.

Der klagende Börsenverein des Deutschen Buchhandels e. V., der die Interessen der Verleger und Buchhändler vertritt, sieht in dem Angebot der Bekl. und der Versendung der Kopien eine Verletzung Vervielfältigungs- und Verbreitungsrechte der Urheberberechtigten.

Außerdem handle die Bekl. wettbewerbswidrig, da sie bei dem Versand der Kopien von Verlagserzeugnissen der Leistung der Verleger in unlauterer Weise unmittelbar bediene.

Entscheidungsgründe

[…]

II. […]

2. […]

a) […] Die Privilegierung der Herstellung von Vervielfältigungsstücken durch § 53 UrhG schließt auch das Herstellenlassen durch Dritte ein. Unter den Voraussetzungen des § 53 UrhG wird die Herstellung von Vervielfältigungsstücken durch den Dritten dem Auftraggeber als Vervielfältigungshandlung zugerechnet. Dies hat notwendig zur Folge, dass **kein Verbreiten in der Form des Inverkehrbringens anzunehmen ist, wenn Kopien von einer für ihre Herstellung eingeschalteten Hilfsperson dem Auftraggeber übergeben oder zugesandt werden.**[1] **Nichts anderes kann für die Übermittlung von Vervielfältigungen geschützter Werke durch einen Kopienversanddienst gelten, wenn dieser auf Einzelbestellung eines Endverbrauchers als Dritter im Sinne des § 53 UrhG für diesen Vervielfältigungsstücke herstellt.**[2] Da die Kopien dem jeweiligen Besteller zuzurechnen sind, steht auch § 53 Abs. 6 <früher § 53 Abs. 5> UrhG der Abgabe der Vervielfältigungen an diesen nicht entgegen.

b) […] Ein Dritter, der bereit ist, unter den Voraussetzungen des § 53 UrhG Vervielfältigungsstücke für andere herzustellen und für diese Tätigkeit wirbt, nimmt keine Verbreitungshandlung durch öffentliches Angebot von Vervielfältigungsstücken vor. Eine Verbreitungshandlung kann allerdings auch dann vorliegen, wenn Vervielfältigungsstücke angeboten werden, die im Zeitpunkt des Angebots noch nicht hergestellt worden sind.[3] Eine Verbreitungshandlung durch öffentliches Angebot von Vervielfältigungsstücken scheidet hier aber deshalb aus, weil die von der TIB im Rahmen ihres Kopienversanddienstes angebotene Übermittlung der herzustellenden Vervielfältigungen – wie dargelegt – kein unter § 17 UrhG fallendes Inverkehrbringen von Vervielfältigungsstücken geschützter Werke darstellt. Der Schutz des Urhe-

---

1 Vgl. *Katzenberger* GRUR 1973, 629, 634.

2 A.A. *Fromm/Nordemann* aaO § 53 Rn. 2; *Baronikians* ZUM 1999, 126, 132.

3 Vgl. BGHZ 113, 159, 163 – Einzelangebot; vgl. dazu auch *Schricker/Loewenheim* aaO § 17 Rn. 8; *Baronikians* Kopienversanddienste – Die Beurteilung im deutschen Urheber- und Wettbewerbsrecht im Vergleich zur englischen Regelung, Diss. München 1999, S. 56 ff., jeweils m. w. N.

berrechts als geistiges Eigentum durch Art. 14 GG schließt zwar Schranken des Rechts aufgrund der Sozialpflichtigkeit des Eigentums nicht aus, verlangt aber auch, dass bei der inhaltlichen Ausprägung des Urheberrechts sachgerechte Maßstäbe festgelegt werden, die eine der Natur und der sozialen Bedeutung des Rechts entsprechende Nutzung und angemessene Verwertung sicherstellen.[4] Beschränkungen des Nutzungsrechts im Hinblick auf das Allgemeinwohl müssen vom geregelten Sachbereich her geboten sein und dürfen nicht weiter gehen, als der Schutzzweck reicht, dem die Regelung dient. Eine übermäßige, durch den sozialen Bezug des Urheberrechts nicht geforderte Einschränkung kann nicht mit Art. 14 Abs. 2 GG gerechtfertigt werden.[5] Dabei gelten für Eingriffe in das Verbotsrecht und für die Aberkennung von Vergütungsansprüchen gestufte Anforderungen. Eine Beschränkung des Ausschließlichkeitsrechts – etwa durch einen Kontrahierungszwang oder eine gesetzliche Lizenz – beeinträchtigt bereits den Wert des geschützten Werkes ganz erheblich, weil sie dem Urheber die Möglichkeit nimmt, für die Nutzung seines Werkes vorweg eine Vergütung aushandeln zu können; ein statt dessen gegebener gesetzlicher Vergütungsanspruch ist stets nur Ersatz. Wenn dem Urheber darüber hinaus bei einem Ausschluss des Verbotsrechts auch kein Vergütungsanspruch zuerkannt wird, sind deshalb hohe Anforderungen an die Rechtfertigung der Regelung durch Gemeinwohlbelange zu stellen.[6] Entsprechendes gilt, wenn für den Ausschluss des Verbotsrechts kein hinreichend angemessener Vergütungsanspruch gewährt wird. [...]

Kurzkommentierung

Die Entscheidung ist von genereller Bedeutung im System der Schrankenregelungen. Der Gesetzgeber hat mit der Reform des § 53a UrhG (Kopienversand auf Bestellung), der am 1.1.2008 in Kraft getreten ist, ausdrücklich die vorliegende Entscheidung des BGH nachvollzogen.[7]

Zulässig ist auf Einzelbestellung nur die Vervielfältigung und Übermittlung einzelner in Zeitungen und Zeitschriften erschienener Beiträge sowie kleiner Teile eines erschienenen Werkes. In seiner Entscheidung hat der BGH es für zulässig erachtet, dass eine öffentliche Bibliothek auf Einzelbestellung einzelne Zeitschriften vervielfältigen und an den Besteller per Post oder Fax versenden kann, sofern die Nutzung durch den Besteller nach § 53 UrhG zulässig ist. Dogmatisch stellt § 53a UrhG eine selbstständige Ergänzung des § 53 UrhG dar. Dem Urheber steht aufgrund der Aufgabe seines Verbotsrechts im Interesse des ungehinderten Zugangs zu Informationen als Kompensation ein Vergütungsanspruch zu, den nur eine VG geltend machen kann. Der BGH hat klargestellt, dass die öffentliche Bibliothek ein geschütztes Werk zu einem privilegierten Zweck vervielfältigen darf. Vervielfältigungen zum eigenen Gebrauch i. S. d. § 53 UrhG kann der privilegierte Nutzer selbst oder durch die öffentliche Bibliothek herstellen lassen. Die Tatsache, dass die öffentlichen Bibliotheken die elektronische Kopie herstellen, bedeutet aber, dass der Besteller nach § 53 UrhG berechtigt sein muss. Die öffentliche Bibliothek als Hersteller von Kopien bringt aber nicht die auf die Einzelbestellung hin gefertigte Kopie i. S. d. § 17 Abs. 1 UrhG in Verkehr, wenn sie die Kopien an die Besteller mit der Post oder durch Telefax übermittelt. Das Versenden der Kopien ist nach Auffassung des BGH kein Verbreiten. Der Gesetzgeber hat im Unterschied zur BGH-Entscheidung auch die elektronische Übermittlungsform in § 53a UrhG aufgenommen.

---

4 Vgl. BVerfGE 31, 229, 240 ff. = GRUR 1972, 481 – Kirchen- und Schulgebrauch; BVerfGE 49, 382, 392, 394, 400 = GRUR 1980, 44 – Kirchenmusik; BVerfGE 77, 263, 270 f. = GRUR 1988, 687 – Zeitschriftenauslage; BVerfGE 79, 1, 25, 28 = NJW 1992, 1303 – Leerkassette; BVerfGE 79, 29, 40 f. = GRUR 1989, 193 – Vollzugsanstalten; BVerfG NJW 1999, 414.

5 Vgl. BVerfGE 49, 382, 400 – Kirchenmusik; BVerfG NJW 1999, 414.

6 Vgl. BVerfGE 31, 229, 243 – Kirchen- und Schulgebrauch; BVerfGE 49, 382, 400 – Kirchenmusik; BVerfGE 79, 29, 41 – Vollzugsanstalten; BVerfG NJW 1999, 414, 415.

7 BT-Drucks.16/1828, 27.

Die **Vervielfältigungshandlung** wird dem **Besteller und nicht dem vervielfältigen Dritten zugerechnet**, so der BGH. Da alle der Öffentlichkeit zugänglichen Bibliotheken gemeint sind, kann **SUBITO** als Versanddienst nicht unter § 53 a UrhG fallen.

Literatur
Wandtke/*Schunke* Urheberrecht 5. Kap. Rn. 72.

2.5. Schul- und Unterrichtsgebrauch

BGH Urteil vom 6.6.1991, I ZR 26/90 – Liedersammlung
BGHZ 114, 368
GRUR 1991, 903

§ 46 Abs. 1 UrhG a. F.
§ 46 Abs. 2 UrhG a. F.

Leitsatz
Eine Liedersammlung ist im Sinne des § 46 Abs. 1 UrhG „nur" für den Schulgebrauch bestimmt, wenn die Beschaffenheit der Sammlung nach ihren äußeren und inneren Merkmalen objektiv erkennen lässt, dass der Schul- oder Unterrichtsgebrauch nach der Absicht der Herausgeber deren alleiniger Zweck ist.

Sachverhalt
Als Kl. klagen 14 Musikverlage, die die Vervielfältigungs- und Verbreitungsrechte von verschiedenen Liedkomponisten wahrnehmen. Bekl. ist ein Schulbuchverlag in München, dessen Rechtsträger der Freistaat Bayern ist. In dem Verlag erschien ein Liederbuch mit dem Namen „Der junge Musikant", in dem ohne Erlaubnis der Berechtigten 28 Lieder aufgenommen wurden.

Entscheidungsgründe
[…]

II. […]

1. **Nach § 46 Abs. 1 UrhG ist die Vervielfältigung und Verbreitung u.a. zulässig, wenn Sprachwerke oder Werke der Musik von geringem Umfang nach dem Erscheinen in eine Sammlung aufgenommen werden, die Werke einer größeren Anzahl von Urhebern vereinigt und nach ihrer Beschaffenheit nur für den Schulgebrauch bestimmt ist.** Auf der Titelseite oder an einer entsprechenden Stelle der Sammlung ist deutlich anzugeben, wozu sie bestimmt ist.

Für Werke der Musik, die in eine für den Musikunterricht bestimmte Sammlung aufgenommen werden, gilt diese Regelung nur, wenn es sich um eine Sammlung für den Musikunterricht in Schulen mit Ausnahme der Musikschulen handelt (§ 46 Abs. 2 UrhG).

Bei der Auslegung des § 46 UrhG ist zu beachten, dass diese Bestimmung als Ausnahme vom Verbot der ungenehmigten Vervielfältigung und Verbreitung grundsätzlich – wie alle auf der Sozialbindung des Urheberrechts als geistigen Eigentums beruhenden gesetzlichen Schranken der §§ 45 ff. UrhG – eng auszulegen ist.[1] **Die Einschränkung des ausschließlichen Verwertungsrechts des Urhebers ist durch das Allgemeininteresse gerechtfertigt, die Jugend im Rahmen eines gegenwartsnahen Unterrichts mit dem Geistesschaffen vertraut zu machen.**[2] **Dieses Allgemeininteresse rechtfertigt aber nur die erlaubnisfreie und nicht auch die vergütungsfreie Verwendung eines geschützten Werkes.**[3] Dem hat der Gesetzgeber

1 Vgl. BGHZ 87, 126, 129 – Zoll- und Finanzschulen; BGH Urt. v. 18.4.1985 – I ZR 24/83, GRUR 1985, 874, 875 – Schulfunksendung.
2 Vgl. BVerfGE 31, 229, 242 – Kirchen- und Schulgebrauch.
3 Vgl. BVerfG aaO S. 242 ff.

durch die UrhG-Novelle 1972 mit der Einführung der Vergütungspflicht in § 46 Abs. 4 UrhG Rechnung getragen. [...]

Kurzkommentierung

Ein Schulbuchverlag gab ein Liederbuch mit dem Namen „Der junge Musikant" heraus, in dem ohne Erlaubnis der Berechtigten 28 Lieder aufgenommen wurden. Der BGH musste die Frage beantworten, ob die Lieder der Schulbuchfreiheit unterliegen und gemäß § 46 Abs. 1 und 2 UrhG a. F. erlaubnisfrei übernommen werden durften.

Der sog. „Schulbuch-Paragraph" nach § 46 UrhG wurde in Umsetzung des Art. 5 Abs. 3 a) der Informations-RL 2003 inhaltlich und redaktionell geändert. Es geht vor allem um den Verbot der Verfolgung kommerzieller Zwecke. In § 46 UrhG erfolgt eine Beschränkung auf den Gebrauch in „nicht gewerblichen" Bildungseinrichtungen. Die Privilegierung bezieht sich zum einen nur auf „veröffentlichte" Werke, die verwendet werden können. Zum anderen können nach § 19a UrhG auch Sammlungen öffentlich zugänglich gemacht werden. Eine Einschränkung betrifft den Unterrichtsgebrauch. Hier ist die Einwilligung des Berechtigten erforderlich, wenn das Werk öffentlich zugänglich gemacht wird, d. h., dass das Intranet im Rahmen des § 46 UrhG nicht mehr genutzt werden darf. Dies ist eine „Bereichsausnahme".

In der vorliegenden Entscheidung des BGH geht es um die urheberrechtliche Bewertung einer Liedersammlung nach der alten Rechtslage und wann diese von der Schrankenbestimmung des § 46 UrhG gedeckt ist.

Der BGH hat ausdrücklich darauf hingewiesen, dass § 46 UrhG nach der Zweckbestimmung eng auszulegen ist. Diese Schrankenregelung ist eine gesetzliche Lizenz, wenn Sprachwerke oder Werke der Musik von geringem Umfang nach dem Erscheinen in eine Sammlung aufgenommen werden, die Werke einer größeren Anzahl von Urhebern vereinigt und nach ihrer Beschaffenheit nur für den Schulgebrauch bestimmt sind. Damit wird die Privilegierung des § 46 UrhG zum Ausdruck gebracht. In der **Sammlung** (auf dem Titelblatt oder an einer entsprechenden Stelle) muss deutlich angegeben werden, wozu dieselbe bestimmt ist. Die subjektive Zweckbestimmung der Sammlung muss sich auch objektiv in der Beschaffenheit niederschlagen, so der BGH.

Für Musikwerke wird weiterhin die Einschränkung gemacht, dass es sich um eine Sammlung für den Musikunterricht in Schulen, nicht aber für Musikschulen handelt.

Als Ausgleich für die Aufhebung der Ausschließlichkeitsrechte des Urhebers steht ihm ein **Vergütungsanspruch** zu.[4]

Ob auch unter die Regelung des §§ 46 bzw. 53 Abs. 3 UrhG mittlerweile auch Kindertagesstätten (Kitas) und Kindergärten zu zählen sind, ist wohl eher abzulehnen. Es gilt, Schrankenregelungen grundsätzlich eng auszulegen. Vor dem Hintergrund der gesellschaftlichen Entwicklung findet zwar die heutige Früherziehung und Ausbildung der Kinder bereits vor Schulbeginn in den genannten Einrichtungen statt, um den erzieherischen Auftrag zu gewährleisten. Ob eine vergütungsfreie Nutzung von Notenkopien in Kindergärten ermöglicht werden soll, ist indes strittig. Jedenfalls ist 2011 ein Gesamtvertrag zwischen der VG Musikedition und dem Paritätischen Wohlfahrtsverband über Notenkopien in Kindergärten und Kitas abgeschlossen worden, nachdem dies bereits für kirchliche und kommunale Kindergärten geschehen ist. Es spricht wohl vielmehr für eine Kostenübernahme durch den Bund, die Länder und/oder Gemeinden, dem erzieherischen Auftrag der Kitas und Kindergärten durch eine erhöhte Bezuschussung gerecht zu werden, um damit den Vergütungsanspruch der Urheber zu gewährleisten.

Literatur

Wandtke/*Schunke* Urheberrecht 5. Kap. Rn. 65.

---

4 So bereits das BVerfGE 31, 229 – Kirchen- und Schulgebrauch.

VIII. Verwandte Schutzrechte

1. Herausgeber/Erscheinen eines Werkes

BGH Urteil vom 22.1.2009, I ZR 19/07 – Motezuma
GRUR 2009, 942

§ 6 Abs. 2 S. 1 UrhG
§ 71 UrhG

Leitsätze

1. Derjenige, der einen auf das ausschließliche Verwertungsrecht des Herausgebers der Erstausgabe eines Werkes nach § 71 UrhG gestützten Anspruch geltend macht, trägt grundsätzlich die Darlegungs- und Beweislast dafür, dass das Werk im Sinne dieser Bestimmung „nicht erschienen" ist. Er kann sich allerdings zunächst auf die Behauptung beschränken, das Werk sei bislang nicht erschienen. Es ist dann Sache der Gegenseite, die Umstände darzulegen, die dafür sprechen, dass das Werk doch schon erschienen ist.
2. Wird ein Werk nach seiner Art dem interessierten Publikum durch sogenannte Werkvermittler zugänglich gemacht, kann bereits die Übergabe einiger weniger Werkstücke oder sogar nur eines einzigen Werkstücks ausreichen, den voraussichtlichen Publikumsbedarf zu decken und damit i. S. d § 6 Abs. 2 S. 1 UrhG ein Erscheinen des Werkes zu bewirken. Entscheidend ist, ob der Berechtigte mit der Übergabe des Werkes an den Werkvermittler alles seinerseits Erforderliche getan hat und es nur noch von der Leistung des Vermittlers und dem Interesse des Publikums abhängt, dass das Werk in der angesprochenen Öffentlichkeit bekannt wird.

Sachverhalt

Der Musikwissenschaftler Dr. V entdeckte 2002 im Handschriftenarchiv der 1791 gegründeten Sing-Akademie zu Berlin die unvollständige Partitur der Oper „Motezuma" des Komponisten Antonio Vivaldi. Die Kl. ist Eigentümerin des Handschriftenarchivs und erstellte im Jahre 2005 fünfzig gebundene Faksimilekopien der Handschriften Vivaldis und bot diese über das Internet zum Kauf an. Seit 2005 vertreibt die Kl. die Noten auch über einen Verlag.

Am 11.6.2005 wurde die Oper unter der Leitung von S und mit Zustimmung der Kl. in Rotterdam konzertant aufgeführt. Allerdings wurden für diese Aufführung noch einige notwendige Ergänzungen von dem Musikwissenschaftler F M S und dem Bekl. Dr. V an dem Werk vorgenommen. Weitere von Dr. V in Zusammenarbeit mit S geplante szenische Aufführungen der Oper beim Düsseldorfer Kulturfestival „Altstadtherbst" wurden auf Antrag der Kl. im Wege einer einstweiligen Verfügung durch das LG untersagt. Dieses Verbot wurde durch das BerGer. aufgehoben und der Antrag auf eine einstweilige Verfügung wurde abgelehnt.[1] Somit wurde die Oper also an vier Tagen im September 2005 in Düsseldorf aufgeführt.

Entscheidungsgründe

[…]

II. […]

1. **Wer ein nicht erschienenes Werk nach Erlöschen des Urheberrechts erlaubterweise erstmals erscheinen lässt oder erstmals öffentlich wiedergibt, hat gemäß § 71 Abs. 1 S. 1 UrhG das ausschließliche Recht, das Werk zu verwerten. Das gleiche gilt gemäß § 71 Abs. 1 S. 2 UrhG für nicht erschienene Werke, die im Geltungsbereich des Urheber-**

1 OLG Düsseldorf GRUR 2006, 673 – Motezuma.

rechtsgesetzes niemals geschützt waren, deren Urheber aber schon länger als siebzig Jahre tot ist.

2. […] Mit dem Leistungsschutzrecht nach § 71 UrhG soll dem Herausgeber eine Entschädigung dafür gewährt werden, dass das Auffinden und die Herausgabe eines bisher unbekannten oder nur durch mündliche Überlieferung bekannten Werkes oft einen erheblichen Aufwand an Arbeit und Kosten erfordert; darüber hinaus soll das Schutzrecht eine Belohnung und ein Anreiz für die Herausgabe des Werkes sein, die der Allgemeinheit dessen bleibenden Besitz vermittelt.[2] Mit dieser Begründung könnte allerdings auch dem Herausgeber eines als verschollen angesehenen Werkes ein Leistungsschutzrecht gewährt werden.

Einer entsprechenden Auslegung des § 71 UrhG steht jedoch bereits der eindeutige Wortlaut des Gesetzes entgegen, nach dem das ausschließliche Verwertungsrecht nur an einem nicht erschienenen Werk entstehen kann.[3] Gegen eine Ausdehnung des Anwendungsbereichs dieser Regelung auf für verschollen gehaltene Werke spricht zudem, dass der durch diese Vorschrift in Umsetzung von Art. 4 der Schutzdauer-Richtlinie[4] begründete, den vermögensrechtlichen Befugnissen des Urhebers entsprechende Werkschutz ohnehin bereits sehr weitgehend und daher nicht unproblematisch ist[5] und eine Ausnahme vom Grundsatz der Benutzungsfreiheit gemeinfreier Werke bildet.[6]

3. […]

b) Die Klägerin hat nach diesen Grundsätzen nicht hinreichend dargelegt, dass Vivaldis Komposition zur Oper „Motezuma" i. S. d. § 71 UrhG „nicht erschienen" ist.

Für den Begriff des Erscheinens i. S. d. § 71 UrhG ist die Begriffsbestimmung in § 6 Abs. 2 S. 1 UrhG maßgebend.[7] Danach ist ein Werk erschienen, wenn mit Zustimmung des Berechtigten Vervielfältigungsstücke des Werkes nach ihrer Herstellung in genügender Anzahl der Öffentlichkeit angeboten oder in Verkehr gebracht worden sind.

Allerdings gewährt § 71 UrhG auch demjenigen ein Leistungsschutzrecht, der ein nicht erschienenes Werk „erstmals öffentlich wiedergibt". Zudem setzt die Entstehung des Schutzrechts nach der durch § 71 UrhG umgesetzten Bestimmung des Art. 4 der Schutzdauer-RL voraus, dass es sich um ein „zuvor unveröffentlichtes Werk" handelt. Ob daraus zu schließen ist, dass nicht nur ein vorheriges Erscheinen (§ 6 Abs. 2 S. 1 UrhG), sondern auch eine frühere Veröffentlichung (§ 6 Abs. 1 UrhG) des Werkes einem Erwerb des Leistungsschutzrechts entgegensteht,[8] oder ob die Bestimmung der Richtlinie[9] und möglicherweise auch die ihrer Umsetzung dienende nationale Regelung des § 71 UrhG einer korrigierenden Auslegung bedürfen, um dem eigentlichen Zweck dieser Regelung zu genügen, bislang nicht erschienene Werke der Öffentlichkeit nachhaltig zugänglich zu machen, braucht im Streitfall nicht entschieden zu werden. Denn es kann nicht davon ausgegangen werden, dass das fragliche Werk zum Zeitpunkt der Uraufführung nicht auch erschienen ist. […]

cc) […] **Das Notenmaterial wurde danach bereits mit der Verteilung an die Beteiligten der Uraufführung in Verkehr gebracht, selbst wenn es nach der Uraufführung wieder**

---

2 Vgl. Begründung des Regierungsentwurfs BT-Drucks. IV/270, S 87 f.

3 *Hertin* in Schulze/Mestmäcker/Grünwald Urheberrecht, Loseblattkommentar, Stand Dezember 2008, § 71 UrhG Rn. 9; *Rüberg* ZUM 2006, 122, 125; *Waitz* Das Leistungsschutzrecht am nachgelassenen Werk, 2008, S 88 f.

4 RL 93/98/EWG des Rates vom 29. Oktober 1993, jetzt [kodifizierte Fassung] RL 2006/116/EG des Europäischen Parlaments und des Rates vom 12. Dezember 2006.

5 Begründung zum Regierungsentwurf eines Vierten Gesetzes zur Änderung des Urheberrechtsgesetzes BT-Drucks. 13/781, S 10 f.; vgl. Schricker/*Loewenheim* Urheberrecht, 3. Aufl., § 71 UrhG Rn. 3.

6 Vgl. *v. Gamm* UrhG, § 71 Rn. 2; vgl. auch *Rüberg* ZUM 2006, 122, 127.

7 Vgl. Begründung des Regierungsentwurfs, BT-Drucks. IV/270, S 40; vgl. BGH, Urt. v. 23.1.1981 – I ZR 170/78, GRUR 1981, 360, 361 – Erscheinen von Tonträgern zu §§ 86, 78 Abs. 2 [§ 76 Abs. 2 a. F.] UrhG.

8 Vgl. *Dreier* in Dreier/Schulze aaO § 71 Rn. 5; Schricker/*Loewenheim* aaO § 71 UrhG Rn. 6; Wandtke/Bullinger/*Thum* aaO § 71 UrhG Rn. 14 ff.; jeweils m. w. N.

9 So *Walter/Walter* Europ. Urheberrecht, Art. 4 Schutzdauer-RL Rn. 16.

eingesammelt worden sein sollte.[10] Mit der Hinterlegung des „originale“ bei dem Teatro S. Angelo wurde – falls es sich dabei nicht um das Notenmaterial der Uraufführung handelte – ein weiteres Exemplar der Komposition in Verkehr gebracht. [...]

ee) [...]

(1) **Vervielfältigungsstücke eines Werkes sind „in genügender Anzahl“ hergestellt und verbreitet, wenn die Zahl der Vervielfältigungsstücke „zur Deckung des normalen Bedarfs“ ausreicht.**[11] **Der normale Bedarf entspricht der – nach vorsichtiger Schätzung der Marktlage – unmittelbar nach dem Angebot oder dem Inverkehrbringen der Werkstücke zu erwartenden Nachfrage des angesprochenen Publikums.**[12] **Der normale Bedarf ist gedeckt, wenn dem interessierten Publikum ausreichend Gelegenheit zur Kenntnisnahme des Werkes gegeben wird.**[13] **Welche Anzahl von Vervielfältigungsstücken dafür benötigt wird, hängt von den Umständen des Einzelfalls ab.**[14] **Dabei kommt es wesentlich auf die Art des Werkes und seine Verwertung an.**[15] **[...]**

[...] Wird ein Werk nach seiner Art dem interessierten Publikum durch so genannte Werkvermittler zugänglich gemacht, kann daher bereits die Übergabe einiger weniger Werkstücke oder sogar nur eines einzigen Werkstücks ausreichen, den voraussichtlichen Publikumsbedarf zu decken und damit ein Erscheinen des Werkes zu bewirken.[16] Entscheidend ist, ob der Berechtigte mit der Übergabe des Werkes an den Werkvermittler alles seinerseits Erforderliche getan hat und es nur noch von der Leistung des Vermittlers und dem Interesse des Publikums abhängt, dass das Werk der angesprochenen Öffentlichkeit bekannt wird.[17] [...]

[...] Auch die Übergabe des Notenmaterials einer Oper an die Aufführenden kann danach zu einem „Erscheinen“ der Komposition führen, wenn dem interessierten Publikum damit ausreichend Gelegenheit zur Kenntnisnahme des Werkes gegeben wird.[18] [...]

Kurzkommentierung

Der BGH hat sich grundsätzlich in dieser Entscheidung, in der die Vivaldi-Partitur der Oper „Motezuma“ Gegenstand des Rechtsstreits war, zu § 71 UrhG geäußert.

§ 71 UrhG setzt voraus, dass ein nicht erschienenes Werk nach Erlöschen des Urheberrechts erlaubterweise erstmals erscheint (Alt. 1). Das Erscheinen richtet sich hierbei nach § 6 Abs. 2 UrhG. Dies bedingt, dass das Vervielfältigungsstück noch niemals weder im In- noch Ausland der Öffentlichkeit angeboten oder in Verkehr gebracht worden sein muss. Die Schwierigkeit in dem vorliegenden Fall bestand darin, ob die Partitur erschienen war oder nicht.

Der BGH geht davon aus, dass mit der Verbreitung des Notenmaterials an die Beteiligten der Werkaufführung 1733 und der Hinterlegung beim Opernhaus das Werk erschienen ist. Das Erscheinen wird dann vom BGH bejaht, wenn nach der Werkart dem interessierten Publikum durch so genannte Werkvermittler das Werk zugänglich gemacht wird. Das kann bereits durch die Übergabe einiger weniger Werkstücke oder sogar nur eines einzigen Werkstücks erfolgen. Entscheidend ist, so der BGH, ob der Berechtigte mit der Übergabe des Werkes an den Werkvermittler alles seinerseits Erforderliche getan hat und es nur noch von der Leistung des Ver-

---

10 Vgl. BGH Urt. v. 16.6.1971 – I ZR 120/69, GRUR 1972, 141 – Konzertveranstalter.

11 Begründung des Regierungsentwurfs, BT-Drucks. IV/270, S 40.

12 *Ulmer* Urheber- und Verlagsrecht, 3. Aufl., S 181 f.

13 BGHZ 64, 183, 187 f. – August Vierzehn.

14 Vgl. RGZ 111, 14, 18 f. – Strindberg.

15 BGH Urt. v. 23.1.1981 – I ZR 170/78, GRUR 1981, 360, 362 – Erscheinen von Tonträgern.

16 Möhring/Nicolini/*Ahlberg* aaO § 6 Rdn. 28; *Reimer/Ulmer* GRUR Int. 1967, 431, 438; *Hubmann* GRUR 1980, 537, 541; *Sieger* AfP 1983, 349; *Süßenberger/Czychowski* GRUR 2003, 489, 490 f.

17 Vgl. BGH GRUR 1981, 360, 362 – Erscheinen von Tonträgern.

18 Möhring/Nicolini/*Ahlberg* aaO § 6 Rn. 22; *Reimer/Ulmer* GRUR Int. 1967, 431, 438; *Hubmann* GRUR 1980, 537, 541; vgl. auch *Rehbinder* FuR 1981, 285, 286; *Sieger* FuR 1981, 289, 290 f., 292 f.

mittlers und dem Interesse des Publikums abhängt, dass das Werk der angesprochenen Öffentlichkeit bekannt wird.

Besondere Schwierigkeiten ergeben sich, wie im vorliegenden Fall, bei der im Falle des § 71 UrhG strittigen Beweislastverteilung für das negative Tatbestandsmerkmal. Den Nachweis für das Nicht-Erschienen eines jahrhundertealten Werks zu erbringen, rechtfertigt es nicht, dem Anspruchssteller weitergehende Erleichterungen bei der Beweisführung zu gewähren. Denn den Anspruchsteller trifft in der Regel die Beweislast. Dies bedeutet, er muss darlegen und beweisen, dass das negative Tatbestandsmerkmal des „noch nicht Erschienenseins" vorliegt. Bei negativen Tatbestandsmerkmalen verhält es sich so, dass diese nicht unmittelbar festgestellt werden, sondern diese nur erschlossen werden können. Die Schwierigkeiten treffen in erster Linie den Anspruchsgegner, der substantiiert darlegen muss, welche Umstände für das Erschienensein des Werkes sprechen. Da der Anspruchsteller seiner Darlegungs- und Beweislast bereits genügt, wenn er diese Umstände widerlegt, wird ihm kein vollständiger Negativbeweis aufgebürdet. Zu überlegen wäre, ob nicht eine Umkehr der Beweislast dem § 71 UrhG mehr entsprechen würde und nicht derjenige, der sich – so der BGH – auf § 71 UrhG beruft. Dies würde einhergehen mit den Regeln über die sekundäre Beweis- bzw. Darlegungslast, nach der der Anspruchsgegner Auskunft trotz Beweisbelastung des Anspruchsstellers geben muss, da er in der Regel Kenntnis der maßgebenden Tatsachen besitzen wird. So wird derjenige, der einem Anspruch nach § 71 UrhG entgegentritt, in der Regel Kenntnis haben dürfen, wann ein Werk erschienen bzw. veröffentlich worden ist.

Der Ansatz, eine Wahrscheinlichkeitsrechtsprechung hierfür anzuwenden, scheint vor dem Hintergrund dieser in der Zivilprozessordnung bekannten Regelung nicht tauglich. Danach solle der jeweilige Richter entscheiden, wie (überwiegend) wahrscheinlich Tatsachen erscheinen, dass ein Werk nicht erschienen oder veröffentlicht wurde. In der Praxis wird dieser Ansatz keine ausreichende Rechtssicherheit gewährleisten, da die Wahrscheinlichkeitsbeurteilung letztlich der Willkür unterfallen kann.

Literatur

Wandtke/*Wöhrn* Urheberrecht 2. Kap. Rn. 132f.

2. Ausübender Künstler

BGH Urteil vom 14.11.1980, I ZR 73/78 – Quizmaster
BGHZ 79, 362
GRUR 1981, 419

§ 73 UrhG a.F.

Leitsätze

1. Der Vortrag eines Sprachwerks i.S.d. UrhG § 73 erfordert eine künstlerische Interpretation, ohne daß es jedoch auf deren künstlerische Gestaltungshöhe ankommt.
2. Mitwirkender (zB als Regisseur) i.S.d. UrhG § 73 ist, wer auf die künstlerische Werkwiedergabe einen bestimmenden Einfluß nimmt.

Sachverhalt

Der Kl. ist ein im deutschen Sprachraum durch Hörfunk und Fernsehen bekannter Autor und Leiter von Quiz- und anderen Unterhaltungssendungen. Die Bekl. ist eine Verwertungsgesellschaft, die die mechanischen Vervielfältigungsrechte an den geschützten Leistungen der ausübenden Künstler wahrnimmt. Die Parteien schlossen einen „GVL-Wahrnehmungsvertrag für ausübende Künstler", wodurch der Kläger der Beklagten zur Wahrnehmung im eigenen Namen alle Leistungsschutzrechte als ausübender Künstler übertrug. Die Parteien streiten sich darüber, ob die Beklagte verpflichtet ist, den Kläger bei der Verteilung der von ihr eingezogenen Vergütungen zu berücksichtigen, und zwar hinsichtlich verschiedener Quiz- und Unterhaltungssendungen.

Der Kl. hat die Ansicht vertreten, dass er hinsichtlich aller Sendungen als ausübender Künstler i. S. d. § 73 UrhG zu behandeln sei.

Die Bekl. hat dem entgegen gehalten, dass die Sendungen schon keine urheberrechtsschutzfähigen Werke darstellten. Weiterhin würden sich die Beiträge des Kl. nicht von der Masse des alltäglichen Geplauders abheben, eine persönliche geistige Schöpfung liege demnach nicht vor. Der Kl. sei lediglich Realisator der einzelnen Sendungen.

Entscheidungsgründe

I. [...]

1. [...]

b) [...] **Werkeigenschaft kommt** – wie das Berufungsgericht nicht verkannt hat – **bei der vorliegenden Fallgestaltung jeweils nicht für die gesamte Sendeserie in Betracht, sondern nur für ihre Folgen. Die formgestaltenden Elemente, die eine persönliche geistige Schöpfung begründen, müssen bei jeder einzelnen Sendung gegeben sein.** [...]

2. [...]

Der Wortlaut der Bestimmung und der Wille des Gesetzgebers sprechen für diese Auslegung. Bereits dem Begriff des „ausübenden Künstlers" ist das Moment des Künstlerischen wesensimmanent. Aus dem Umstand, daß der Gesetzgeber das Kriterium des Künstlerischen nur bei dem – am Vortrag oder der Aufführung eines Werkes – Mitwirkenden nicht aber beim Vortragenden selbst betont hat, läßt sich nichts Gegenteiliges herleiten. Durch das Erfordernis einer künstlerischen Mitwirkung sollte insoweit eine Abgrenzung zum ebenfalls mitwirkenden technischen Personal vorgenommen werden.[1] Andererseits wird man umgekehrt folgern können, daß der Gesetzgeber, wenn er schon eine künstlerische Leistung vom Mitwirkenden verlangt, beim Vortragenden selbst auch nicht darauf verzichten wollte, sie vielmehr als wesensimmanent für den ausübenden Künstler vorausgesetzt hat. Nach der Amtl Begr zu § 73 UrhG wollte der Gesetzgeber unter einem „ausübenden Künstler" nur „den Musiker, Sänger, Schauspieler, Tänzer und jeden anderen Werkinterpreten" verstehen.[2] Die genannten Künstler haben nach herkömmlichem Verständnis in der Regel gemeinsam, daß sie sich bei ihren Darbietungen – ohne daß es dabei auf die Gestaltungshöhe ankommt – künstlerischer Ausdrucksformen bedienen. Beim Vortrag eines Sprachwerkes kann nichts anderes gelten. Wäre der Vortragsbegriff – wie bei § 19 Abs 1 UrhG – auf die bloße akustische Wiedergabe eines Sprachwerkes beschränkt, so müßte auch der Nachrichtensprecher, der eine schlichte Nachrichtensendung vorliest, als ausübender Künstler anerkannt werden. Dies aber wäre mit dem erkennbaren Willen des Gesetzgebers nicht vereinbar und auch sachlich nicht gerechtfertigt.

b) [...] Zur Reproduktion dieser weiteren Information reiche schlichtes Lesen nicht aus. Es bedürfe für die Wiedergabe dieser Informationen einer Interpretation des Werkes und einer diese Interpretation vermittelnden Wiedergabe des Werkes. Ein Sprachwerk, das von seinem Inhalt her wenig Möglichkeiten zur Interpretation biete, wie ein wissenschaftlicher oder politischer Kommentar, könne dennoch – etwa im Wege kabarettistischer Verfremdung – „künstlerisch vorgetragen" und damit interpretiert werden.

[...] **Die künstlerische Interpretation eines Sprachwerkes erschöpft sich nicht in der akustischen Textwiedergabe, die dem Hörer einen Gedanken oder eine Information vermittelt. Sie setzt vielmehr darüber hinaus voraus, daß der Hörer mit den Ausdrucksmöglichkeiten der Sprache – unabhängig vom sachlichen Inhalt – einen Sinneseindruck emp-**

---

1 Vgl. Amtl Begr. zu § 73, BTDrucks. IV/270 S. 90.

2 BTDrucks IV/270 S. 90.

fängt, der seine Stimmung, sein Empfinden, sein Gefühl oder seine Phantasie anregt. Bei der Umsetzung des Schriftwerkes von der begrifflichen in die sinnlich faßbare Sphäre muß ein künstlerischer Eigenwert zutage treten. Entgegen der Annahme des Berufungsgerichts kommt es dabei nicht auf die Beliebtheit oder die Wertschätzung des Vortragenden an. Sie kann auch bei einem Nachrichtensprecher, dessen sachlicher Textinhalt für eine Interpretation keinen Raum läßt, gegeben sein, ohne daß er damit zum ausübenden Künstler wird. Hingegen ist dem Berufungsgericht aber zuzugeben, daß der künstlerische Wert und die Schutzwürdigkeit des Werkvortrages nicht entscheidend sind. Auch Werkinterpretationen von geringer künstlerischer Höhe können Schutz genießen. Im Urheberrecht ist seit langem anerkannt, daß es hier die sog kleine Münze gibt.

2. Bei der Prüfung, ob der Kläger als ausübender Künstler anzusehen ist, der „bei dem Vortrag oder der Aufführung eines Werkes künstlerisch mitwirkt" (§ 73 UrhG), ist das Berufungsgericht von zutreffenden rechtlichen Erwägungen ausgegangen. **Mitwirkender iS des § 73 UrhG ist, wer auf die künstlerische Werkwiedergabe einen bestimmten Einfluß nimmt.**[3] **Dazu gehört insbesondere auch der Regisseur.**[4]

[…]

Kurzkommentierung

Der BGH hat in der Entscheidung die Frage zu beantworten, ob der Quizmaster zu den ausübenden Künstlern i.S.d. § 73 UrhG gehört. Diese Streitfrage ist auch unter dem Aspekt der Rechtsfolgen interessant. Bis heute hält der Streit darüber an, wer **ausübender Künstler** i.S.d. § 73 UrhG ist, zumal dieser auch nicht in der Norm definiert wird. Mit der Novellierung des § 73 UrhG im Jahre 2003, wonach auch die Ausdrucksform der Volkskunst durch ausübende Künstler wiedergegeben werden kann, ist die Darbietung oder Mitwirkung nicht mehr von dem akzessorischen Bezug zum Werk abhängig. Während die BGH-Entscheidung noch von der alten Rechtslage des § 73 UrhG ausging, wonach lediglich die Begriffe „Vortrag" und „Aufführung" genannt werden, ist mit der Erweiterung „aufführt, singt, spielt oder auf andere Weise darbietet" keine grundlegende inhaltliche Änderung eingetreten. Die Probleme der Abgrenzung der künstlerischen Werkinterpretation und Mitwirkung sind geblieben.[5] Ein Problem betrifft den Begriff des ausübenden Künstlers, der inhaltlich an die Darbietung oder Mitwirkung gebunden ist. Was heißt aber „künstlerisch"? Der Kunstbegriff, den zu definieren fast unmöglich erscheint,[6] knüpft nur an die traditionelle Auffassung, wonach Kunst das ist, was der durchschnittliche Betrachter als Kunst annimmt. Der BGH ist im Grunde in Übereinstimmung mit den verfassungsrechtlichen Vorgaben davon ausgegangen, dass nicht entscheidend ist, ob eine künstlerische Werkinterpretation von geringer künstlerischer Höhe vorliegt. Der BGH hat wie das BVerfG zwischen Kunst und Nichtkunst zu unterscheiden. Aber es findet keine **Niveaukontrolle** statt,[7] d.h., ob „höhere" oder „niedere" sowie „gute" oder „schlechte" Kunst vorliegt. Die Lösung wird im Aufführen, Singen, Spielen oder in einer anderen Weise der Darbietung des Werkes gesucht. Im Grunde ist der Begriff des ausübenden Künstlers mit der Werkinterpretation verbunden. Dieser Begriff ist eng auszulegen und mag nur in dieser Hinsicht überzeugen. Das hat dann aber zur Folge, dass sehr wohl akrobatische und sportliche Darbietungen nicht erfasst werden können. Dafür wären wettbewerbsrechtliche und persönlichkeitsrechtliche Rechtsfiguren möglich. Die Werkinterpretation als Schlüsselwort hilft dann nicht, wenn das künstlerische Erbe in Form von Volksmärchen, Volkslieder, Volksmusik und Volkstänze von ausübenden Künstlern dargeboten wird. Insofern ist die Werkakzessorietät

---

3 BGH GRUR 1974, 672, 673 – Celestina.
4 Vgl BTDrucks IV/270 S. 90.
5 BGH GRUR 2002, 961, 962 – Mischtonmeister.
6 BVerfGE 67, 213, 224 f. – Anachronistischer Zug; BVerfGE 30, 173 – Mephisto.
7 BVerfGE 75, 369, 377 – Strauß-Karikatur.

aufzugeben. Denn künstlerische Darbietungen sind möglich, ohne dass ein Werk interpretiert werden muss. Der BGH knüpft in der vorliegenden Entscheidung an die **Werkinterpretation** an. Der BGH ist der Ansicht, dass sich die künstlerische Interpretation eines Sprachwerkes nicht in der akustischen Textwiedergabe erschöpft, die dem Hörer einen Gedanken oder eine Information vermittelt. Sie setzt vielmehr darüber hinaus voraus, dass der Hörer mit den Ausdrucksmöglichkeiten der Sprache – unabhängig vom sachlichen Inhalt – einen Sinneseindruck empfängt, der seine Stimmung, sein Empfinden, sein Gefühl oder seine Phantasie anregt. Bei der Umsetzung des Schriftwerkes von der begrifflichen in die sinnlich fassbare Sphäre muss ein künstlerischer Eigenwert zutage treten. Es kommt dabei nach der Auffassung des BGH nicht auf die Beliebtheit oder die Wertschätzung des Vortragenden an. Sie kann auch bei einem Nachrichtensprecher, dessen sachlicher Textinhalt für eine Interpretation keinen Raum lässt, gegeben sein, ohne dass er damit zum ausübenden Künstler wird. Zutreffend ist die Feststellung, dass der künstlerische Wert und die Schutzwürdigkeit des Werkvortrages nicht entscheidend sind. Auch Werkinterpretationen von geringer künstlerischer Höhe können Schutz genießen, so der BGH.

Unklar ist der rechtliche Maßstab für die künstlerische Interpretation. Der rechtliche Maßstab soll die **„kleine Münze"** sein, die für die Schutzfähigkeit von Werken im Urheberrecht anerkannt ist. Der Maßstab der kleinen Münze ist nicht auf die Werkinterpretation anwendbar. Mit der kleinen Münze wird in Anlehnung an die Gestaltungshöhe der Schutz eines Werkes gerade noch bestimmt. Es ist gleichsam die unterste Grenze der Schutzmöglichkeit eines Werkes der Literatur, Wissenschaft und Kunst. Eine künstlerische Höhe der Werkinterpretation zielt mehr auf den Geschmack als auf eine rechtlich bewertbare Leistung. Soll etwa der gute oder schlechte Sänger oder Schauspieler leistungsschutzrechtlich bewertet werden. Im Grunde geht es um Abgrenzungsfragen, die letztlich auch den Streit betreffen, ob der Regisseur nur ein Interpret oder Urheber ist. In dem Rechtsstreit wird vom BGH der **Regisseur** als Interpret angenommen, was nicht überzeugt. Zutreffend ist der BGH davon ausgegangen, dass Mitwirkender i. S. d. § 73 UrhG derjenige ist, wer auf die künstlerische Werkwiedergabe einen bestimmten Einfluss nimmt. Ob dazu auch der Regisseur gehört, ist mehr als fraglich. Wenn der Regisseur einen bestimmenden Einfluss auf die Texte genommen und die Sprecher „geführt" sowie im Einzelnen die Vortragsart und die Betonung angegeben hat, ist das nicht schlechthin Mitwirkung, sondern er ist gleichsam der Komponist der Sendung, dessen Stellung vergleichbar ist mit einem Film- oder Theaterregisseur. An diesem Rechtsstreit zeigt sich das ganze Dilemma des Begriffs des ausübenden Künstlers. Da schon der Begriff der Kunst schwer zu definieren ist, bleibt letztlich nur ein Ermessenspielraum für den Richter, was Leistungen i. S. d. § 73 UrhG darstellen oder vielleicht doch über den Leistungsbegriff des ausübenden Künstlers hinausgehen. Die Autorenschaft eines Regisseurs bzw. eines Theaterregisseurs generell zu versagen, wäre eine dogmatische und rechtspolitische Fehlleistung.

Literatur

Wandtke/*Wandtke* Urheberrecht 7. Kap. Rn. 14.

3. Filmregisseur

BGH Urteil vom 24.11.1983, I ZR 147/81 – Filmregisseur
BGHZ 90, 219
GRUR 1984, 730

§ 2 Abs. 1 Nr. 6 UrhG
§§ 73 ff. UrhG a. F.
§ 73 UrhG a. F.

§ 53 Abs. 5 UrhG a. F.
§ 75 S. 2 UrhG a. F.
§ 77 UrhG a. F.
§ 84 UrhG a. F.

Leitsätze

1. Zur Frage der Urheberrechtsschutzfähigkeit eines sogenannten Fernseh-Features als Filmwerk (§ 2 Abs. 1 Nr. 6 UrhG).
2. Fallen schöpferische Filmgestaltung durch den Regisseur und künstlerisch mitwirkende Regieleistung als einheitliche Leistung untrennbar zusammen, so ist neben dem Urheberrechtsschutz kein Raum für einen gleichzeitigen Leistungsschutz derselben Leistung.

Sachverhalt

Der Kl. arbeitet als Autor, Regisseur und Vortragender für Fernsehproduktionen. Die Bekl. ist eine Wahrnehmungsgesellschaft und verwertet die Leistungsschutzrechte von ausübenden Künstlern.

In dem „GVL-Wahrnehmungsvertrag für ausübende Künstler" vom 8. Juli 1981 übertrug der Kl. der Bekl. alle seine Leistungsschutzrechte, damit sie diese Rechte in ihrem eigenen Namen für den Kl. wahrnehmen kann. § 2 des Vertrages regelt die Verteilung der eingezogenen Vergütung. Dieser besagt, dass die Bekl. verpflichtet ist, die von ihr eingezogenen Vergütungen unter Abzug der notwendigen Verwaltungskosten an die jeweiligen Beteiligten auszuzahlen.

Streit zwischen den Parteien besteht nun darüber, ob der Kl. in die Verteilung der Vergütung als Regisseur hinsichtlich der Fernsehserie „Mit der Kamera dabei" und der Sendereihe „Szenen aus dem bürgerlichen Heldenleben" mit einzubeziehen sei. Für die Sendung „Mit der Kamera dabei" wurde der Kl. bereits bis zum Jahre 1974 bezahlt. Die Frage, ob der Kl. auch als künstlerisch Vortragender hinsichtlich dieser Sendung anzusehen ist, wurde bereits rechtskräftig verneint.

Der Kl. beantragt nun, festzustellen, dass die Bekl. verpflichtet ist, ihn auch für die Sendung „Mit der Kamera dabei" für die Jahre 1975 bis 1977 und der Sendereihe „Szenen aus dem bürgerlichen Heldenleben" für die Jahre 1976 und 1977 zu vergüten.

Entscheidungsgründe

[...]

III. [...]

1. [...] **Die für die Annahme eines Filmwerks erforderliche persönliche geistige Schöpfung (§ 2 Abs. 2 UrhG) kann auch einem Film zugebilligt werden, der darauf abzielt, ein wirkliches Geschehen im Bild festzuhalten; vorausgesetzt, er erschöpft sich nicht in der bloß schematischen Aneinanderreihung von Lichtbildern, sondern stellt sich durch die Auswahl, Anordnung und Sammlung des Stoffes sowie durch die Art der Zusammenstellung der einzelnen Bildfolgen als das Ergebnis individuellen Schaffens dar.**[1] [...]

2. [...] Grundsätzlich stehen zwar Urheber- und Leistungsschutz unabhängig nebeneinander; ein ausübender Künstler kann zugleich Werkschöpfer sein. Die schöpferische Leistung des Werkschaffenden und die Wiedergabeleistung des ausübenden Künstlers – auch wenn sie in einer Person zusammenfallen – sind ihrer Natur nach verschieden. Gegenstand des Leistungsschutzrechts ist die persönliche Darbietung oder künstlerische Mitwirkung bei der Wiedergabe eines Werkes, beim Urheberrecht hingegen die in dem Werk selbst zum Ausdruck gelangte persönliche geistige Schöpfung.[2]

---

1 Vgl. BGHZ 9, 262, 268 – Lied der Wildbahn I.
2 Vgl. BGHZ 33, 1, 11 – Künstlerlizenz bei öffentlicher Wiedergabe von Schallplatten.

Urheber und ausübender Künstler in einer Person ist danach, wer das Werk schöpferisch (mit-) gestaltet und unabhängig davon bei dessen Vortrag oder Aufführung als ausübender Künstler mitwirkt, also insoweit unterschiedliche, von einander getrennte Leistungen – wenn auch gegebenenfalls gleichzeitig – erbringt. Dies kann etwa auf den Vortrag eines Stegreifgedichtes zutreffen; in einem solchen Falle kann der Vortragende für seine Sprechleistung Schutz als ausübender Künstler nach §§ 73 ff. UrhG und – bei der notwendigen schöpferischen Eigentümlichkeit – Urheberrechtsschutz nach § 2 Abs. 1 Nr. 1 UrhG für das von ihm gleichzeitig geschaffene Sprachwerk in Anspruch nehmen. Damit vergleichbar ist auch die improvisierte musikalische Darbietung. **Auch ein Filmregisseur kann gegebenenfalls gleichzeitig Urheberrechts- und Leistungsschutz erwerben, wenn er die entsprechenden schöpferischen und künstlerischen Leistungen erbringt.** Das setzt aber voraus, dass diese Leistungen – mögen sie auch wie beim Stegreifgedicht und der musikalischen Improvisation zeitlich zusammenfallen – ihrem Wesen nach etwas Verschiedenes sind, also insoweit sachlich auseinander gehalten werden können. **Fallen dagegen schöpferische Filmgestaltung und künstlerisch mitwirkende Regieleistung untrennbar zusammen, liegt also eine untrennbare einheitliche Leistung vor, so ist auch kein Raum für einen gleichzeitigen Urheberrechts- und Leistungsschutz für eben dieselbe Leistung.** Um eine solche einheitliche Leistung handelt es sich im Streitfall aber nach dem eigenen Vorbringen des Klägers. Grundlage eines Leistungsschutzes kann hier danach ausschließlich die Tätigkeit sein, die – wie oben unter III 1 ausgeführt – als schöpferische Filmgestaltung die Urheberrechtsschutzfähigkeit begründet. Damit scheidet aber ein gleichzeitiges Leistungsschutzrecht für ein und dieselbe Leistung des Klägers an dem Filmwerk „Die Operation“ aus.

[...]

Kurzkommentierung

Der BGH musste sich mit der Frage beschäftigen, inwieweit ein Filmregisseur zugleich ein ausübender Künstler sein kann, weil dies im Einzelfall Konsequenzen für die Vergütung und die Aufteilung durch die VG haben kann.

Der BGH kommt zum Ergebnis, dass der Urheber- und Leistungsschutz unabhängig und nebeneinander bestehen. So kann ein ausübender Künstler zugleich Werkschöpfer sein. Der BGH stellt fest, dass die schöpferische Leistung des Werkschaffenden und die Wiedergabeleistung des ausübenden Künstlers – auch wenn sie in einer Person zusammenfallen – ihrer Natur nach verschieden sind. Während Gegenstand des Leistungsschutzrechts die persönliche Darbietung oder künstlerische Mitwirkung bei der Wiedergabe eines Werkes ist, ist es beim Urheberrecht hingegen die in dem Werk selbst zum Ausdruck gelangte persönliche geistige Schöpfung. Beides kann zusammenfallen, wenn – so der BGH – der Urheber und ausübender Künstler eine Person ist und insoweit unterschiedliche, von einander getrennte Leistungen – wenn auch gegebenenfalls gleichzeitig – erbringt. Beispielhaft nennt der BGH den Vortrag eines Stegreifgedichtes. Zum einen kann der Vortragende für seine Sprechleistung Schutz als ausübender Künstler nach §§ 73 ff. UrhG und – bei der notwendigen schöpferischen Eigentümlichkeit – Urheberrechtsschutz nach § 2 Abs. 1 Nr. 1 UrhG für das von ihm gleichzeitig geschaffene Sprachwerk in Anspruch nehmen. Für einen Dirigenten, der gleichzeitig der Komponist seiner aufgeführten Komposition ist, würde dies auch zutreffen. Ebenso gilt das für den Filmregisseur, der ebenfalls gleichzeitig Urheberrechts- und Leistungsschutz erwerben kann, wenn er die entsprechenden schöpferischen und künstlerischen Leistungen erbringt. Eine entscheidende Einschränkung macht der BGH. Sie müssen ihrem Wesen nach verschieden sein, d. h., dass die Leistungen insoweit sachlich auseinander gehalten werden können. Im Umkehrschluss bedeutet das aber auch, dass dann, wenn die schöpferische Filmgestaltung und künstlerisch mitwirkende Regieleistung untrennbar zusammenfallen, für einen gleichzeitigen Urheber- und Leistungsschutz kein Raum für eben dieselbe Leistung möglich ist. Der BGH wertet die Tätigkeit als schöpferische Filmgestaltung, die den Urheberrechtsschutz begründet. Damit scheidet aber ein gleichzeitiges Leistungsschutzrecht für ein und dieselbe Leistung an dem Filmwerk „Die Operation" aus.

Dies überzeugt dann nicht, wenn zwar ein einheitlicher Inszenierungsvorgang vorliegt, aber unterschiedliche Leistungen ausgewiesen werden können. Das Filmwerk als arbeitsteiliges Kunstwerk lebt von verschiedenen Leistungen, z. B. Bühnenbildnis, Choreografie, schauspielerische Leistungen. Die Trennung verschiedener Leistungen ist manchmal nicht möglich.

Literatur

Wandtke/*Schunke* Urheberrecht 7. Kap. Rn. 73.

4. Datenbank

4.1. Wesentliche Investition/Vervielfältigung

BGH Urteil vom 30.4.2009, I ZR 191/05 – Elektronischer Zolltarif
BGH GRUR 2009, 852

§ 87 a UrhG
§ 87 b UrhG

Leitsätze

1. Aufwendungen für den Erwerb einer fertigen Datenbank oder einer Lizenz an einer solchen Datenbank können keine Rechte als Datenbankhersteller begründen.
2. Es kann das **Vervielfältigungsrecht** des Datenbankherstellers verletzen, wenn eine auf CD-ROM gespeicherte Datenbank vollständig auf die Festplatte eines Computers kopiert wird, um die auf Grund eines elektronischen Datenabgleichs ermittelten Daten dazu zu verwenden, ein Wettbewerbsprodukt zu aktualisieren.
3. Schon die einmalige Entnahme aller geänderten Daten aus einer CD-ROM – durch Erstellung einer Änderungsliste oder unmittelbare Übernahme – kann das Tatbestandsmerkmal der **qualitativen Wesentlichkeit** der Entnahme erfüllen.

Sachverhalt

Die Kl. ist eine Verlagsgesellschaft. Durch einen Vertrag, den sie mit der Bundesfinanzveraltung am 27.2.1996 schloss, wurde ihr das Vertriebsrecht an dem elektronischen Zolltarif eingeräumt.

Die Kl. behauptet nun, dass die Bekl. Daten von erheblichem Umfang von ihrer Datenbank und ihrer CD-ROM entnommen hätte, um sie für die Erstellung ihrer eigenen Datenbank zu verwenden.

Entscheidungsgründe

[…]

II. […] 1. […]

b) […] aa) […]

(1) Bei der Auslegung des Begriffs einer für die Beschaffung, Überprüfung oder Darstellung der Elemente der Datenbank „nach Art oder Umfang wesentlichen Investition" i. S. v. § 87 a Abs. 1 UrhG kann auf die Bestimmung des Art. 7 Abs. 1 der Datenbank-RL zurückgegriffen werden, deren Umsetzung § 87 a UrhG dient. Das Ziel des durch die Richtlinie geschaffenen Schutzes besteht darin, einen Anreiz für die Einrichtung von Systemen zur Speicherung und Verarbeitung vorhandener Informationen zu geben. **Der Begriff der mit der Beschaffung des Inhalts einer Datenbank verbundenen wesentlichen Investitionen schließt mithin solche**

Mittel ein, die für die Ermittlung von vorhandenen Elementen und deren Zusammenstellung in der Datenbank aufgewandt werden. Er umfasst dagegen nicht die Mittel, die eingesetzt werden, um die Elemente zu erzeugen, aus denen der Inhalt einer Datenbank besteht.[1]

(2) Zwar können auch Investitionen in vorbestehende Produkte wie der Erwerb sonderrechtlich nicht geschützter Daten oder notwendiger Nutzungsrechte an den in die Datenbank aufgenommenen Werken Beschaffungskosten sein.[2] Vorliegend geht es jedoch um eine Lizenz an einer anderen Datenbank. Nach den Feststellungen des BerGer. beruht die Datenbank „Tarife" auf den Daten des EZT, der selbst eine Datenbank ist. Der EZT wird nicht von der Kl., sondern von der OFD Karlsruhe auf der Grundlage von Daten der Kommission erstellt. **Da § 87 a Abs. 1 S. 1 UrhG nur die dem Aufbau einer Datenbank gewidmeten Investitionen erfasst, zählt der bloße Erwerb einer fertigen Datenbank oder einer Lizenz an einer solchen Datenbank nicht zu den schutzbegründenden Investitionen.**[3]

cc) […]

(1) […] Mangels persönlichkeitsrechtlicher Elemente ist das Datenbankherstellerrecht frei übertragbar.[4] […] Der Begriff der mit der Darstellung des Inhalts der Datenbank verbundenen Investition bezieht sich auf die Mittel, die der systematischen oder methodischen Anordnung der in der Datenbank enthaltenen Elemente und der Organisation der individuellen Zugänglichkeit dieser Elemente gewidmet werden.[5] […]

2. […]

a) Amtliche Werke sind Werke, für deren Inhalt erkennbar ein Amt verantwortlich ist oder die einem Amt zuzurechnen sind.[6] Ein Werk kann auch dann amtlichen Charakter haben, wenn es von einer Privatperson erstellt worden ist.[7] Das kommt insbesondere dann in Betracht, wenn eine Privatperson auf Grund vertraglicher Vereinbarung mit einem Amt eine Aufgabe – etwa die Veröffentlichung bestimmter Informationen – erfüllt, die andernfalls das Amt unmittelbar erfüllen müsste.[8]

b) […] bb) […]

(4) Schon die einmalige Entnahme aller geänderten Daten aus einer bestimmten Version der CD-ROM – durch Erstellung einer Änderungsliste oder unmittelbare Übernahme – genügt jedenfalls im vorliegenden Fall für das Tatbestandsmerkmal der qualitativen Wesentlichkeit.

Für die Frage, ob die entnommenen Elemente ein in qualitativer Hinsicht wesentlicher Teil der Datenbank „Tarife" sind, **kommt es darauf an, ob die menschlichen, technischen und finanziellen Anstrengungen des Datenbankherstellers für Beschaffung, Überprüfung und Darstellung dieser Daten eine wesentliche Investition darstellen.**[9] […]

---

1 Vgl. EuGH Slg. 2004, I-10415 = GRUR 2005, 244 Rn. 31 – BHB-Pferdewetten; Slg. 2004, I-10497 = GRUR 2005, 252 Rn. 24 – Fixtures-Fußballspielpläne I; Slg. 2004, I-10549 = GRUR 2005, 254 Rn. 40 – Fixtures-Fußballspielpläne II; BGHZ 164, 37, 43 = GRUR 2005, 857 – HIT BILANZ.

2 *Dreier/Schulze* UrhG, 3. Aufl., § 87 a Rn. 13; Schricker/*Vogel* UrheberR, 3. Aufl., § 87 a UrhG Rn. 28.

3 Vgl. Schricker/*Vogel* § 87 a UrhG Rn. 19; *Dreier/Schulze* § 87 a Rn. 13; Möhring/Nicolini/*Decker* UrhG, 2. Aufl., § 87 a Rn. 14; *Gaster* Der Rechtsschutz von Datenbanken, 1999, Rn. 480; *Haberstumpf* GRUR 2003, 14 [26]; *Westkamp* Der Schutz von Datenbanken und Informationssammlungen im britischen und deutschen Recht, 2003, S. 119.

4 *Thum* in: Wandtke/Bullinger, UrheberR, 3. Aufl., Vorb. §§ 87 a ff. Rn. 27; Schricker/*Vogel* Vorb. §§ 87 a ff. Rn. 24; *Kotthoff* in: Dreyer/Kotthoff/Meckel, UrheberR, 2. Aufl., § 87 a Rn. 41.

5 Vgl. EuGH GRUR 2005, 252 Rn. 27 – Fixtures-Fußballspielpläne I; GRUR 2005, 254 Rn. 43 – Fixtures-Fußballspielpläne II.

6 BGH GRUR 1982, 37 [40] – WK-Dokumentation; GRUR 1987, 166 [167] – AOK-Merkblatt; BGHZ 116, 136 [145] = NJW 1992, 1316 – Leitsätze.

7 Vgl. BGHZ 168, 266 Rn. 15 = GRUR 2007, 850 – Vergaberichtlinien, m.w. Nachw.

8 Vgl. BGH GRUR 2007, 500 Rn. 20 f. = WRP 2007, 663 – Sächsischer Ausschreibungsdienst.

9 Vgl. EuGH GRUR 2005, 244 Rn. 76 – BHB-Pferdewetten; EuGH GRUR 2009, 572 Rn. 73 – Apis/Lakorda.

III. […] 1. […]
b) […]
aa) […] **Der Begriff der Entnahme bzw. der Vervielfältigung setzt keinen direkten Zugang zu der betreffenden Datenbank voraus.**[10] **Der Datenbankhersteller ist vielmehr auch gegen unzulässige Kopierhandlungen geschützt, die auf der Grundlage einer Kopie seiner Datenbank erfolgen. Eine solche indirekte Entnahme ist ebenso wie eine unmittelbare Entnahme geeignet, die Investition des Datenbankherstellers zu beeinträchtigen.** […]

Kurzkommentierung

Der BGH erläutert den Begriff „nach Art oder Umfang wesentliche Investition" i. S. d. § 87a Abs. 1 UrhG und bezieht sich dabei auf Art. 7 Abs. 1 der Datenbank-RL. Der Begriff schließt solche Mittel ein, die für die Ermittlung von vorhandenen Elementen und deren Zusammenstellung in der Datenbank rechtlich von Bedeutung sind. Der BGH berücksichtigt dabei die Entscheidungen des EuGH. Der bloße Erwerb einer fertigen Datenbank oder einer Lizenz an einer solchen Datenbank gehört nicht zu den schutzbegründenden Investitionen.

Die Aufwendungen (hier Personalkosten) für die Programmwartung, ständige Überprüfung und Einbringung der EZT-Daten sowie die Verbesserung der Darstellung des Produkts und Tarife werden vom BGH zutreffend als **wesentliche Investitionen** betrachtet.

Für die Anwendung von § 5 UrhG auf Datenbanken ist nicht maßgeblich, ob die einzelnen Inhalte der Datenbank amtlichen Charakter i. S. d. § 5 UrhG haben. Entscheidend ist nach dem BGH die Beurteilung der Datenbank als solche.

Der BGH geht dann ausführlich auf den **Begriff der Vervielfältigung** ein und kommt zum Ergebnis, dass die Übertragung der Datenbank von der CD-Rom auf die Festplatte eines Computers und damit auf einen anderen Datenträger eine grundsätzlich genehmigungspflichtige Vervielfältigung i. S. d. § 87b Abs. 1 S. 1 UrhG darstellt. Der Begriff der Vervielfältigung nach § 87b Abs.1 UrhG entspricht der Entnahme i. S. d. Art. 7 Abs, 2 lit. a der Datenbank-RL. Der EuGH und der BGH legen den Begriff der Entnahme weit aus.[11] Soweit eine Vervielfältigung/Entnahme von Daten während der Installation und der Nutzung der auf der CD-Rom vertriebenen Datenbank bestimmungsgemäß erfolgt, sei diese Handlung zumindest von einer konkludenten Einwilligung des Rechtsinhabers gedeckt.

Der BGH hebt aber zu Recht hervor, dass schon die einmalige Entnahme aller geänderten Daten aus einer bestimmten Version der CD-Rom – durch Erstellung einer Änderungsliste oder unmittelbare Übernahme – für das Tatbestandsmerkmal der **qualitativen Wesentlichkeit** genügt. Der BGH hat in der Gedichttitelliste –Entscheidung in Auslegung des Begriffs der Entnahme eine Schutzrechtsverletzung angenommen.[12]

Literatur

Wandtke/*Kauert* 7. Kap. Rn. 130

4.2. Öffentliche Wiedergabe

BGH Urteil vom 25.3.2010, I ZR 47/08 – Autobahnmaut
BGH GRUR 2010, 1004

§ 87 Abs. 1 S. 1 UrhG
Datenbank-RL Art. 7 Abs. 1 und 2

---

[10] EuGH GRUR 2005, 244 Rn. 52 f. – BHB-Pferdewetten; Dreier/*Schulze* § 87b Rn. 2.
[11] EuGH GRUR 2005, 244 – BHB-Pferdewetten; EuGH GRUR 2008, 1077 – Directmdia Publishing.
[12] BGH NJW 2010, 778, 780 – Gedichttitelliste III.

Leitsatz

Der Begriff der öffentlichen Wiedergabe im Sinne des § 87b Abs. 1 S. 1 UrhG ist im Blick auf die Bestimmung des Art. 7 Abs. 1 und 2 der Datenbank- RL, deren Umsetzung er dient, richtlinienkonform dahin auszulegen, dass er jedenfalls bei Datenbanken, deren typische Verwertung darin besteht, den Nutzern nur die jeweils sie selbst betreffenden Datensätze zugänglich zu machen, auch das Zurverfügungstellen einzelner Datensätze an einzelne Nutzer erfasst, wenn diese Nutzer in ihrer Gesamtheit eine Öffentlichkeit bilden.

Sachverhalt

Seit dem 1.1.2005 betreibt die Kl., im Auftrag der Bundesrepublik Deutschland, ein System zur Erhebung der Maut für die Benutzung von Bundesautobahnen mit schweren Nutzfahrzeugen.

Die Bekl. gibt Tankkarten aus und ist Gesellschafterin der AGES.

Auf ihrer Internetseite stellt sie den Tankkartenkunden einen sogenannten „Transaktionsmanager" zur Verfügung. Dieser ermöglicht es den Kunden, ihre übermittelten Abschlagsdaten einzusehen, bevor sie die Abrechnung von der Kl. erhalten. Dabei kann jeder Kunde ausschließlich seine eigenen Daten abrufen, nicht aber Daten Dritter.

Entscheidungsgründe

[...]

II. [...]

1. [...] **Eine Datenbank ist nach dieser Bestimmung eine Sammlung von Werken, Daten oder anderen unabhängigen Elementen, die systematisch oder methodisch angeordnet und einzeln mit Hilfe elektronischer Mittel oder auf andere Weise zugänglich sind und deren Beschaffung, Überprüfung oder Darstellung eine nach Art und Umfang wesentliche Investition erfordert.**

b) [...]

aa) [...] Zu den Investitionen für die Beschaffung von Daten rechnen zwar – im Blick auf Art. 7 Abs. 1 der Datenbank-RL dessen Umsetzung § 87a Abs. 1 UrhG dient – nur die Mittel, die für die Ermittlung von vorhandenen Elementen und deren Zusammenstellung in der Datenbank aufgewandt werden, nicht aber die Mittel, die für die Erzeugung von Elementen eingesetzt werden, aus denen der Inhalt einer Datenbank besteht.[1] [...]

2. [...] **Datenbankhersteller** ist **nach § 87a Abs. 2 UrhG derjenige, der die Investition vorgenommen hat. Das ist die Person, die die Initiative ergreift und das Investitionsrisiko trägt;** insbesondere Auftragnehmer fallen daher nicht unter den Begriff des Herstellers.[2] [...]

3. [...] Die Entstehung des Schutzrechts des Datenbankherstellers setzt zwar Investitionen des Herstellers in die Datenbank voraus. Das durch Investitionen des Herstellers in die Datenbank begründete Schutzrecht entfällt aber nicht mit dem Ausgleich dieser Investitionen.[3] Es besteht – entgegen der Ansicht der Revision – daher auch dann fort, wenn der Datenbankhersteller wegen einer Erstattung seiner Investitionen nicht darauf angewiesen ist, diese Investitionen durch die Einräumung von Nutzungsrechten an Dritte zu amortisieren. Der Schutz des Datenbankherstellers ist nicht einmal davon abhängig, dass er überhaupt eine kommerzielle Verwertung der Datenbank anstrebt.[4]

---

1 EuGH Urt. v. 9.11.2004 – C-203/02, Slg. 2004, I-10415 = GRUR 2005, 244 Tz. 42 – BHB-Pferdewetten; BGHZ 164, 37, 43 – HIT BILANZ; BGH, Urt. v. 30.4.2009 – I ZR 191/05, GRUR 2009, 852 Tz. 23 – Elektronischer Zolltarif; Urt. v. 13.8.2009 – I ZR 130/04, GRUR-RR 2010, 232 Tz. 15 – Gedichttitelliste III.

2 ErwGrd 41 Satz 2 und 3 DatenbankRL.

3 Vgl. zum Schutz des Filmherstellers KG GRUR 1999, 721.

4 Vgl. Schricker/*Vogel* Urheberrecht, 3. Aufl., § 87a UrhG Rn. 4.

Der Schutz der durch Investitionen der Klägerin geschaffenen Mautdatenbank und der aus dieser gebildeten Abschlagsdatenbank entfällt daher nicht, weil die Bundesrepublik Deutschland der Klägerin eine Vergütung für die Errichtung und den Betrieb der Datenbank zahlt, die ihre Investitionen amortisiert. [...]

a) Ein Teil einer Datenbank ist nach Art und Umfang wesentlich, wenn er in qualitativer oder quantitativer Hinsicht wesentlich ist (Art. 7 Abs. 1 Datenbank-RL). Ersteres richtet sich nach dem Umfang der Investitionen für die Beschaffung, Überprüfung oder Darstellung dieses Teils der Datenbank.[5] **Letzteres ist nach dem Verhältnis des Datenvolumens dieses Teils der Datenbank zum Datenvolumen der gesamten Datenbank zu beurteilen.**[6] [...]

4. [...] aa) [...] Dies ist das Recht, ein Werk der Öffentlichkeit in einer Weise zugänglich zu machen, dass es Mitgliedern der Öffentlichkeit von Orten und zu Zeiten ihrer Wahl zugänglich ist. Die Wiedergabe ist gemäß § 15 Abs. 3 UrhG öffentlich, wenn sie für eine Mehrzahl von Mitgliedern der Öffentlichkeit bestimmt ist. Zur Öffentlichkeit gehört nach § 15 Abs. 3 Satz 2 UrhG jeder, der nicht mit dem Verwerter des Werks, oder mit den anderen Personen, denen das Werk in unkörperlicher Form wahrnehmbar oder zugänglich gemacht wird, durch persönliche Beziehungen verbunden ist. [...]

bb) Der Begriff der öffentlichen Wiedergabe im Sinne des § 87b Abs. 1 Satz 1 UrhG ist allerdings im Blick auf die Bestimmung des Art. 7 Abs. 1 und 2 der Datenbank-RL, deren Umsetzung er dient, richtlinienkonform auszulegen. Danach erfasst er jedenfalls bei Datenbanken, deren typische Verwertung – wie hier – darin besteht, dass deren Nutzern nur die jeweils sie selbst betreffenden Datensätze zugänglich gemacht werden, auch das Zurverfügungstellen einzelner Datensätze an einzelne Nutzer, wenn diese Nutzer in ihrer Gesamtheit eine Öffentlichkeit bilden. [...]

Nach der Begriffsbestimmung in Art. 7 Abs. 2 lit. b S. 1 der Datenbankrichtlinie bedeutet „Weiterverwendung" jede Form öffentlicher Verfügbarmachung der Gesamtheit oder eines wesentlichen Teils des Inhalts der Datenbank durch die Verbreitung von Vervielfältigungsstücken, durch Vermietung, durch Online-Übermittlung oder durch andere Formen der Übermittlung. Die öffentliche Wiedergabe im Sinne des § 87b Abs. 1 S. 1 UrhG entspricht danach der öffentlichen Verfügbarmachung durch Online-Übermittlung oder durch andere Formen der Übermittlung. Im Streitfall kommt allein eine öffentliche Verfügbarmachung durch Online-Übermittlung in Betracht. [...]

[...] **Der Begriff der Weiterverwendung ist daher dahin auszulegen, dass er sich auf jede Handlung bezieht, die darin besteht, sich ohne Zustimmung der Person, die die Datenbank erstellt hat, die Ergebnisse ihrer Investition öffentlich verfügbar zu machen und ihr damit die Einkünfte zu entziehen, die es ihr ermöglichen sollen, die Kosten dieser Investition zu amortisieren.**[7] [...]

Kurzkommentierung

Der BGH hat neben der Frage der Schutzfähigkeit von Datenbanken und § 87a Abs. 1 S. 1 UrhG auch zur öffentlichen Wiedergabe von Datenbanken i.S.d. § 87b Abs. 1 S. 1 UrhG Stellung genommen.

Zunächst prüft der BGH den Begriff der Öffentlichkeit nach § 19a UrhG und kommt zum Ergebnis, dass die Tankkartenkunden zwar in der Gesamtheit eine Öffentlichkeit bilden, aber keine öffentliche Wiedergabe nach § 87b Abs. 1 UrhG in Form der öffentlichen Zugänglichmachung nach § 19a UrhG einschließt. Den Grund sieht der BGH darin, dass jeder einzelne

---

5 Vgl. EuGH GRUR 2005, 244 Tz. 71 – BHB-Pferdewetten.

6 Vgl. EuGH GRUR 2005, 244 Tz. 70 – BHB-Pferdewetten.

7 EuGH GRUR 2005, 244 Tz. 51 – BHB-Pferdewetten; vgl. auch EuGH Urt. v. 9.10.2008 – C-304/07, GRUR 2008, 1077 Tz. 33 f. – Directmedia Publishing; BGH GRUR 2009, 852 Tz. 35 – Elektronischer Zolltarif.

Kunde nur Zugriff auf die ihn selbst betreffenden Daten hat und vom Zugriff auf alle anderen Datensätze ausgeschlossen ist. Dies überzeugt jedoch nicht.

Wenn der BGH in der weiteren Begründung darauf hinweist, dass der Begriff „öffentliche Wiedergabe" richtlinienkonform ausgelegt werden muss, dann bejaht er im Grunde indirekt auch die öffentliche Zugänglichmachung des § 19a UrhG.

So wird mit der „öffentlichen Wiedergabe" i.S.d. § 87b Abs. 1 S. 1 UrhG eine bestimmte Art der Weiterverwendung i.S.d. Art. 7 der Datenbank-RL erfasst. Weiterverwendung soll jede Form der öffentlichen Verfügbarmachung durch Online-Übermittlung darstellen.

Literatur

Wandtke/*Kauert* Urheberrecht 7. Kap. Rn. 123f.

4.3. Der Begriff der Entnahme

BGH Urteil vom 21.7.2005, I ZR 290/02 – HIT BILANZ
BGHZ 164, 37
GRUR 2005, 857

§ 87b Abs. 1 S. 1 UrhG

Leitsatz

Ein Verstoß gegen das ausschließliche Recht eines Datenbankherstellers, die Datenbank insgesamt oder in einem nach Art oder Umfang wesentlichen Teil der Datenbank zu vervielfältigen, kann auch gegeben sein, wenn Daten entnommen und auf andere Weise zusammengefaßt werden. Auf die Übernahme der Anordnung der Daten in der Datenbank des Herstellers kommt es für den Schutz nach § 87b Abs. 1 Satz 1 UrhG nicht an. Die andersartige Anordnung der entnommenen Daten durch den Verwender hat nicht zur Folge, dass diese ihre Eigenschaft als wesentlicher Teil der Datenbank verlieren.

Sachverhalt

Die Kl. sind auf dem Gebiet der Markt- und Medienforschung tätig. Sie erheben Daten über die Nutzung des Musik-Hit-Repertoires im Hörfunk der Bundesrepublik Deutschland und ermitteln die wöchentlichen Charts, die in Zeitungen veröffentlicht werden.

Die Bekl. ist ein Verlagsunternehmen und vertreibt über den Buchhandel, das Internet und auf CD-ROM eine Liste von Interpreten und Hits (Titel: HIT BILANZ), die nach bestimmten Kriterien sortiert ist. Unter anderem ist hier die Anzahl der Wochen verzeichnet, in denen der Titel in den Charts notiert war. Das Datenmaterial basiert auf den von den Kl. wöchentlich erstellten Charts.

Die Kl. sind der Ansicht, die von ihnen erstellten und veröffentlichten Charts seien Sammelwerke und Datenbankwerke nach § 4 UrhG und dementsprechend geschützt. Jedenfalls genössen sie den Schutz nach § 87a ff. UrhG. Zudem sei das Verhalten der Beklagten wettbewerbswidrig.

Entscheidungsgründe

[…]

II. […] 2. […]

e) Entgegen der Ansicht des Berufungsgerichts kommt es nicht darauf an, daß es an der typischen Anordnung der Daten in Form einer „Ranking-Liste" fehlt. Das Berufungsgericht hat bei seiner Beurteilung des Begriffs der Übernahme eines nach „Art oder Umfang wesentlichen Teils der Datenbank" zu Unrecht auf die äußere Darstellung, die Sortierung und die Zusammenfassung der Daten abgestellt. **Auf die Übernahme der Anordnung der Daten in ei-**

ner der Datenbank des Herstellers entsprechenden Gestaltung kommt es nicht an. Die andersartige Anordnung der entnommenen Daten durch den Verwender hat nicht zur Folge, daß diese ihre Eigenschaft als wesentlicher Teil der Datenbank verlieren.[1]

Es ist auch nicht erforderlich, daß die Beklagte sich die Daten durch einen unmittelbaren Zugang zur Datenbank der Klägerinnen verschafft.[2]

Das Verbot der Entnahme eines in qualitativer und quantitativer Hinsicht der Gesamtheit oder eines wesentlichen Teils des Inhalts der Datenbank soll nach der 42. Begründungserwägung der Richtlinie 96/9/EG verhindern, daß ein Benutzer „durch seine Handlungen einen qualitativ oder quantitativ erheblichen Schaden für die Investition verursacht". Dabei bezieht sich der „wesentliche Teil" des Inhalts der Datenbank in qualitativer Hinsicht auf die Bedeutung der mit der Beschaffung, der Überprüfung oder der Darstellung des Inhalts des Gegenstands der Vervielfältigung, Verbreitung oder öffentlichen Wiedergabe verbundenen Investitionen unabhängig davon, ob dieser Gegenstand einen quantitativ wesentlichen Teil des allgemeinen Inhalts der geschützten Datenbank darstellt. Der wesentliche Teil des Inhalts der Datenbank in quantitativer Hinsicht bezieht sich auf das entnommene und/oder weiterverwendete Datenvolumen der Datenbank und ist im Verhältnis zum Umfang des gesamten Inhalts der Datenbank zu beurteilen.[3] [...]

g) Die Vorschrift des § 87b Abs. 1 Satz 1 UrhG schränkt das Grundrecht der Informationsfreiheit ein. Dieses kann jedoch nach Art. 5 Abs. 2 GG durch die allgemeinen Gesetze beschränkt werden, zu denen auch das Urheberrechtsgesetz gehört. Die Regelungen der §§ 87a ff. UrhG stehen im Spannungsfeld zwischen dem Interesse der Allgemeinheit an einem ungehinderten Zugang zur Information und dem Schutz eines Datenbankherstellers vor der Bedrohung, durch unberechtigte Verwendung eines von ihm geschaffenen Wirtschaftsgutes einschließlich der von ihm erbrachten Investitionen Schaden zu nehmen. Dem Interesse der Allgemeinheit an einem ungehinderten Zugang zur Information trägt § 87b Abs. 1 UrhG dadurch Rechnung, daß eine Nutzung erlaubt ist, wenn sie keinen wesentlichen Teil der Datenbank betrifft, der normalen Auswertung der Datenbank nicht zuwiderläuft und die berechtigten Interessen des Datenbankherstellers nicht unzumutbar beeinträchtigt werden.[4] [...]

Kurzkommentierung

Der BGH hat in Übereinstimmung mit der EuGH-Rechtsprechung zum Recht des Datenbankherstellers i. S. d. § 87b Abs. 1 UrhG und der Datenbank-Richtlinie Stellung bezogen. Neben der Klärung, was eine Datenbank nach § 87a UrhG und was der Begriff „wesentliche Investition" bedeutet, geht der BGH auf die Rechte des Datenbankherstellers ein. So stellen die Bücher und die CD-ROMs mit dem Titel „Hit-Bilanz" Vervielfältigungsstücke dar.[5] Der Begriff des Vervielfältigens i. S. d. § 87b Abs. 1 UrhG ist ebenso wie der Begriff der „ Entnahme" dahingehend auszulegen, dass jede Handlung davon erfasst wird, „sich ohne Zustimmung" der Person, die die Datenbank erstellt hat, die Ergebnisse ihrer Investition anzueignen bzw. sie öffentlich verfügbar zu machen und ihr damit die Einkünfte zu entziehen. Dem Datenbankhersteller soll es ermöglicht werden, die Kosten seiner Investitionen zu amortisieren. Die Aussage des BGH zur „Entnahme" stimmt mit der Auffassung des EuGH insofern überein, als damit die Übertragung eines in qualitativer und quantitativer Hinsicht wesentlichen Teils des Inhalts der geschützten Datenbank oder um die Übertragung unwesentlicher Teile handelt, die durch ihren

---

1 EuGH GRUR 2005, 244 Tz. 81 – BHB-Pferdewetten; *Sendrowski* GRUR 2005, 369, 374.

2 Vgl. EuGH GRUR 2005, 244, 248 Tz. 53 f. u. 67 – BHB-Pferdewetten.

3 EuGH GRUR 2005, 244, 250 Tz. 70 f. – BHB-Pferdewetten.

4 Vgl. *Vogel* in Schricker, Urheberrecht, 2. Aufl., Vor §§ 87a ff. UrhG Rn. 18; *Dreier* in Dreier/Schulze, Urheberrechtsgesetz, § 87b Rn. 5 ff.

5 Ebenso BGH GRUR 2010, 778 – Gedichttitelliste III.

wiederholten und systematischen Charakter dazu geführt haben, dass ein wesentlicher Teil dieses Inhalts wiederhergestellt wird.[6]

Literatur

Wandtke/*Kauert* Urheberrecht 7. Kap. Rn. 130.

5. Filmhersteller und Laufbilder

BGH Urteil vom 20.12.2007, I ZR 42/05 – TV-Total
BGHZ 175, 135
GRUR 2008, 693

§ 24 Abs. 1 UrhG
§ 50 UrhG a.F.
§ 51 UrhG a.F.
§ 94 UrhG a.F.
§ 95 UrhG a.F.

Leitsätze

1. Auch Teile von auf Filmträgern aufgenommenen Filmwerken und Laufbildern genießen Leistungsschutz nach §§ 94, 95 UrhG.
2. Eine entsprechend § 24 Abs. 1 UrhG zulässige freie Benutzung fremder Laufbilder setzt voraus, dass ein selbstständiges Werk geschaffen wird.
3. Ein Geschehen, bei dem es der Öffentlichkeit nicht auf eine aktuelle Berichterstattung ankommt, ist kein Tagesereignis im Sinne des § 50 UrhG.
4. Ein Zitat ist nach § 51 UrhG nur zulässig, wenn eine innere Verbindung zwischen der zitierten Stelle und eigenen Gedanken des Zitierenden hergestellt wird.

Sachverhalt

Die Kl. nimmt als Verwertungsgesellschaft die Rechte des Hessischen Rundfunks wahr. Am 2.9.2001 wurde die eigens vom Hessischen Rundfunk produzierte Sendung „Landparty in Hüttenberg" in diesem Fernsehender ausgestrahlt.

Die Kl. ist der Ansicht, dass die Bekl. sie in den urheberechtlichen Nutzungsrechten des Hessischen Rundfunks verletzt habe, in dem die Bekl. die Sequenz aufgezeichnet, auf einem Großbildschirm dem anwesenden Publikum im TV-Studio vorgeführt und schließlich über den Fernsehsender „Pro Sieben" ausgestrahlt hat.

Entscheidungsgründe

[…]

B. […]

I. […]

1. […]

b) Das Recht des Filmherstellers am Filmträger erfasst auch solche den Film betreffenden Verwertungshandlungen, die – wie im Streitfall die Aufzeichnung des im Fernsehen gesendeten Films sowie die anschließende Vorführung, Weitergabe und Ausstrahlung dieser Aufzeichnung – vom Filmträger nicht unmittelbar Gebrauch machen. Dies folgt daraus, dass Schutzgegenstand dieses Rechts nicht der Filmträger als materielles Gut, sondern die in

---

[6] EuGH GRUR 2010, 1077, 1081 – Directmedia/Publishing.

dem Filmträger verkörperte organisatorische und wirtschaftliche Leistung des Filmherstellers ist.[1]

c) Für die Frage der Verletzung dieses Schutzrechts ist es nicht von Bedeutung, ob der Beitrag über das „Spontan-Jodeln" – wie das Berufungsgericht gemeint hat – nur als Laufbild oder – wie die Revisionserwiderung geltend macht – als Filmwerk einzustufen ist. **Das Schutzrecht des Filmherstellers ist unabhängig davon, ob es sich bei dem auf dem Filmträger aufgezeichneten Film um ein Filmwerk handelt (dann gilt § 94 Abs. 1 UrhG unmittelbar) oder um eine Bildfolge von nicht als Filmwerke geschützten Laufbildern (dann ist § 94 Abs. 1 UrhG gemäß § 95 UrhG entsprechend anwendbar).**

d) [...]

bb) [...] Entgegen der Ansicht der Revision liegt kein Wertungswiderspruch darin, dass Laufbildern stets Leistungsschutz zukommt, auch wenn es sich nur um den Teil einer längeren Bildfolge handelt, während Teile von Filmwerken nur dann Urheberrechtsschutz genießen, wenn sie für sich genommen den urheberrechtlichen Schutzvoraussetzungen genügen.[2] Der von der Revision angestellte Vergleich ist nicht stichhaltig, da der Leistungsschutz für Laufbilder und der Urheberrechtsschutz für Filmwerke unterschiedliche Schutzgüter haben. Während die §§ 95, 94 UrhG die wirtschaftliche und organisatorische Leistung des Filmherstellers schützen, schützt § 2 Abs. 1 Nr. 6 UrhG die persönliche geistige Schöpfung des Filmurhebers (vgl. § 2 Abs. 2 UrhG). **Gegenstand des Leistungsschutzrechts der §§ 95, 94 UrhG ist demnach nicht die weniger schöpferische Leistung des Filmurhebers, dessen Beitrag zu dem Film keine Werkqualität erreicht, sondern die anders geartete wirtschaftliche und organisatorische Leistung des Filmherstellers.** [...]

2. [...]

d) [...]

bb) [...] Zwar gilt auch bei einer Übernahme von Laufbildern der Grundsatz, dass ein Werk geringerer Eigenart eher in dem nachgeschaffenen Werk aufgeht als ein Werk besonderer Eigenprägung.[3] Das bedeutet jedoch nicht, dass die Übernahme von Laufbildern mit geringer Eigenart ohne weiteres zulässig ist.

... Für den nach §§ 95, 94 UrhG geschützten Filmträger, der das Filmwerk oder die Laufbilder enthält, ist diese Schrankenbestimmung gemäß § 94 Abs. 4 UrhG entsprechend anzuwenden; zu den zulässigen Zitaten gehören demnach Zitate aus Filmen, die auf einem Filmträger aufgenommen sind.[4] Die Regelung ist darüber hinaus, wie das Berufungsgericht zutreffend angenommen hat, auf Filmwerke entsprechend anzuwenden; das zitierende Werk kann also ein Filmwerk sein.[5] [...]

Kurzkommentierung

Der BGH hat neben den Rechtsfiguren „freie Benutzung" (§ 24 UrhG), aktuelle Berichterstattung (§ 50 UrhG) und Zitatrecht (§ 51 UrhG) zur Frage Stellung genommen, inwieweit die verwandten Schutzrechte der Filmhersteller nach §§ 94, 95 UrhG betroffen sind, wenn Ausschnitte aus einer Sendung in einer anderen Sendung benutzt werden. Der Filmhersteller – hier der Hessische Rundfunk – erfasst nach Ansicht des BGH auch solche den Film betreffenden Verwertungshandlungen, wie die im Streitfall genannte Aufzeichnung des im Fernsehen ge-

---

1 Vgl. BGHZ 120, 67, 70 – Filmhersteller; *Schulze* in Dreier/Schulze, UrhG, 2. Aufl., § 94 Rn. 20; Schricker/*Katzenberger* Urheberrecht, 3. Aufl., § 94 UrhG Rn. 9 und 21.

2 Vgl. zu letzterem BGHZ 9, 262, 266 ff. – Lied der Wildbahn I; BGH Urt. v. 19.10.1962 – I ZR 174/60, GRUR 1963, 40, 41 – Straßen – gestern und morgen.

3 BGH Urt. v. 26.9.1980 – I ZR 17/78, GRUR 1981, 267, 269 – Dirlada, m. w. N.; Urt. v. 24.1.1991 – I ZR 78/89, GRUR 1991, 531, 532 – Brown Girl I; Urt. v. 24.1.1991 – I ZR 72/89, GRUR 1991, 533, 534 – Brown Girl II.

4 Vgl. BGHZ 99, 162, 166 – Filmzitat.

5 BGHZ 99, 162, 164 ff. – Filmzitat.

sendeten Films sowie die anschließende Vorführung, Weitergabe und Ausstrahlung dieser Aufzeichnung. Daraus folgert der BGH, dass Schutzgegenstand dieses Rechts nicht der Filmträger als materielles Gut, sondern die in dem Filmträger verkörperte organisatorische und wirtschaftliche Leistung des Filmherstellers ist. Der BGH geht auch auf die Frage ein, dass es für die Verletzung dieses Schutzrechts nicht von Bedeutung ist, ob der Beitrag über das „Spontan-Jodeln" nur als Laufbild oder als Filmwerk einzustufen ist. Das Schutzrecht des Filmherstellers ist unabhängig davon, ob es sich bei dem auf dem Filmträger aufgezeichneten Film um ein Filmwerk handelt (dann gilt § 94 Abs. 1 UrhG unmittelbar) oder um eine Bildfolge von nicht als Filmwerke geschützten Laufbildern (dann ist § 94 Abs. 1 UrhG gemäß § 95 UrhG entsprechend anwendbar). Der BGH ist davon ausgegangen, dass auch einzelne Teile von Filmwerken und Bildfolgen – wie hier die Ausschnitte der Sendung „Landparty in Hüttenberg" – unabhängig von der Größe oder der Länge des Filmausschnitts Leistungsschutz nach den §§ 95, 94 UrhG genießen. Mit der Feststellung des BGH, dass diese Bestimmungen die organisatorische und wirtschaftliche Leistung des Filmherstellers schützen und die unternehmerische Aufwand für den gesamten Film erbracht werden soll, gibt es keinen Teil des Films, auf den nicht ein Teil dieses Aufwands entfiele und der daher nicht geschützt wäre. Damit bestätigt der BGH, dass das Leistungsschutzrecht des Filmherstellers weiter wirken kann als das Urheberrecht. Die Größe oder die Länge des Filmausschnitts ist dabei nicht für den Schutz der Rechte des Filmherstellers von Bedeutung. Denn auch Teile von Filmwerken (hier 20 Sekunden) oder Laufbildern stellen einen wirtschaftlichen Wert dar. Der Hersteller eines Filmwerkes genießt nach § 94 UrhG denselben Leistungsschutz wie der Hersteller von Laufbildern nach §§ 95, 94 UrhG.

§ 24 UrhG ist auf Laufbilder nicht anwendbar, weil sie keine Filmwerke darstellen. Auch § 51 UrhG ist nicht anwendbar, weil bei der Übernahme einer Sequenz der Zitatzweck fehlt. Ebenso liegt eine Berichterstattung über Tagesereignisse i. S. d. § 50 UrhG nicht vor.

Literatur

Wandtke/*Schunke* Urheberrecht 7. Kap. Rn. 102

6. Sendeunternehmen und Vergütungsanspruch

BGH Beschluss vom 24.6.2010, III ZR 140/09
GRUR 2010, 924 – Kein Richtlinienverstoß wegen fehlender Beteiligung von Sendeunternehmen an Vergütungsansprüchen

Art. 340 AEUV
Art. 2 Buchst e EGRL 29/2001
Art. 5 Abs. 2 Buchst b EGRL 29/2001
§ 54 Abs. 1 UrhG
§ 87 Abs. 4 UrhG

Leitsatz

Das die Sendeunternehmen nach § 87 Abs. 4 UrhG vom Vergütungsaufkommen der Geräte- und Leerträgervergütung (§ 54 Abs. 1 UrhG) ausgeschlossen sind, stellt im Sinne des unionsrechtlichen Staatshaftungsanspruchs keinen qualifizierten Verstoß gegen Art. 5 Abs. 2 lit. b der RL 2001/29/EG dar.

Sachverhalt

Die Kl. ist eine Gesellschaft zur Verwertung der Urheber- und Leistungsschutzrechte von Medienunternehmen. In Wahrnehmung der Rechte von privaten Hörfunk- und Fernsehunternehmen nimmt sie die Bundesrepublik Deutschland als Bekl. auf Schadensersatz in Anspruch. Grund dafür sei die fehlerhafte bzw. unvollständige Umsetzung der RL 2001/29/EG des Europäischen Parlaments und des Rates vom 22.5.2001 zur Harmonisierung bestimmter Aspekte des Urheberrechts und der verwandten Schutzrechte in der Informationsgesellschaft. Die Kl. hält die Regelung des § 87 Abs. 4 UrhG, nach der Sendeunternehmen im Unterschied zu Inhabern anderer Leistungsschutzrechte, nicht an der Geräte- und Speichermedienabgabe nach § 54 Abs. 1 UrhG beteiligt werden sollen, für unvereinbar mit Art. 5 Abs. 2 lit. b der Richtlinie.

Die Vorinstanzen haben die Klage auf Schadensersatz, sowie die Klage auf Feststellung der Ersatzpflicht für bereits entstandene und künftige Schäden abgewiesen. Auch die Nichtzulassungsbeschwerde auf Revision hatte keinen Erfolg

Entscheidungsgründe

[…]

II. […]

2. Nach nationalem Recht sind nach näherer Maßgabe des § 53 UrhG einzelne Vervielfältigungen eines Werkes durch eine natürliche Person zum privaten Gebrauch auf beliebigen Trägern, sofern sie weder unmittelbar noch mittelbar Erwerbszwecken dienen, zulässig. Ist nach Art des Werkes zu erwarten, dass es nach § 53 Abs. 1 bis 3 UrhG vervielfältigt wird, hat der Urheber des Werkes nach § 54 Abs. 1 UrhG gegen den Hersteller von Geräten und von Speichermedien, deren Typ zur Vornahme solcher Vervielfältigungen benutzt wird, Anspruch auf Zahlung einer angemessenen Vergütung. Dieser Anspruch kommt Sendeunternehmen nach § 87 Abs. 4 UrhG nicht zu, weil zwar die in Teil 1 Abschn. 6 des Urheberrechtsgesetzes normierten Schranken des Urheberrechts für sie entsprechend gelten, nicht aber die Regelung des § 54 Abs. 1 UrhG.

3. […]

a) **Nach der Rechtsprechung des *EuGH* ist ein Verstoß gegen das Unionsrecht hinreichend qualifiziert, wenn der betreffende Mitgliedstaat bei der Wahrnehmung seiner Rechtssetzungsbefugnisse die Grenzen, die der Ausübung seiner Befugnisse gesetzt sind, offenkundig und erheblich überschritten hat.**

b) […]

bb) […]

(b) **Grundsätzlich hat der Gesetzgeber mit der Regelung in § 54 Abs. 1 UrhG für den Bereich der Privatkopien einen Ausgleich vorgesehen, der den Anforderungen in Art. 5 Abs. 2 lit.b der Richtlinie gerecht wird.**

[…] Bei seiner Entscheidung gegen eine Beteiligung der Sendeunternehmen an der Geräte- und Leerträgervergütung hat der Gesetzgeber zum einen erwogen, dass der Kernbereich des Leistungsschutzrechts der Sendeunternehmen – das Recht der Weitersendung und der öffentlichen Wiedergabe – durch private Vervielfältigungen nicht berührt werde, unabhängig davon, ob die Sendung gebühren- oder werbefinanziert sei. Zum anderen hat er auch das Verhältnis zu den übrigen Vergütungsberechtigten im Auge gehabt und darauf abgestellt, dass Sendeunternehmen als Tonträger- oder Filmhersteller am Vergütungsaufkommen für private Aufzeichnungen beteiligt werden und dass eine weitergehende Beteiligung am Vergütungsaufkommen zu Lasten der Urheber, der ausübenden Künstler und der anderen Leistungsschutzberechtigten der phonographischen Wirtschaft und der Filmwirtschaft ginge. Wolle man die Sendeunternehmen mit ihrem Recht der Weitersendung und der öffentlichen Wiedergabe in den Kreis der Vergütungsberechtigten einbeziehen, müsse dem durch Korrekturen des Urheberrechtsgesetzes an anderer Stelle Rechnung getragen werden, damit das Gesamtkonzept des Schutzes von Urhebern und ausübenden Künstlern sowie des Leistungsschutzes von Tonträgerherstellern, Filmherstellern und Sendeunternehmen in sich stimmig bleibe. Denn gegenwärtig müssten es die ausübenden Künstler auf Grund des Sendeprivilegs in § 78 Abs. 1 Nr. 2, Abs. 2 Nr. 1 UrhG hinnehmen, dass die Sendeunternehmen alle erschienenen Tonträger – ohne einer Erlaubnis zu bedürfen – senden. Sie hätten lediglich einen Vergütungsanspruch, an dem die Tonträgerhersteller beteiligt seien. Es erschiene unausgewogen, den Sendeunternehmen diese Nutzung nicht nur zu gestatten, sondern ihnen darüber hinaus auch noch dafür, dass sie die Tonträger senden dürften, eine Beteiligung an der Vergütung zu gewähren.[1]

[...] Hiernach hat der Gesetzgeber im Zusammenhang mit der Beteiligung der Sendeunternehmen an den Einnahmen aus der Pauschalvergütung für Geräte und Leerträger vor allem auch im Auge gehabt, dass zwischen den verschiedenen Rechtsinhabern ein ausgewogenes Verhältnis bestehen bleibt, wobei sich aus der Begründung des Regierungsentwurfs ergibt, dass die Beteiligung der Sendeunternehmen am Vergütungsaufkommen unter Berücksichtigung der gesamten Rahmenbedingungen bei einer globalen Betrachtungsweise als angemessen und ausgewogen angesehen worden ist. [...]

Kurzkommentierung

Die RL 2001/29/EG (Info-RL) zur Harmonisierung bestimmter Aspekte des Urheberrechts und der verwandten Schutzrechte in der Informationsgesellschaft vom 22.5.2001 wäre bis zum 22.12.2002 in nationales Recht umzusetzen gewesen, Art. 13 Abs. 1 der Info-RL. Tatsächlich erfolgte die Umsetzung durch das Gesetz zur Regelung des Urheberrechts in der Informationsgesellschaft vom 10.9.2003. Die Richtlinie regelte wesentliche Aspekte des Urheberrechts neu, so auch in Art. 5 Info-RL, in dem u. a. Ausnahmen und Beschränkungen vom Vervielfältigungsrecht geregelt sind. Dies hatte insofern Einfluss, als die Schrankenregelungen der §§ 44a ff. UrhG neu geregelt wurden und insbesondere eine neue Strukturierung des Vergütungssystems der §§ 54 ff. UrhG zur Folge hatte.

Da die Sendeunternehmen Leistungsschutzberechtigte i. S. d. § 87 UrhG sind, lag es auf der Hand, dass die Gesellschaft zur Verwertung der Urheber– und Leistungsschutzberechtigte von Medienunternehmen wegen der Nichtbeteiligung am Vergütungsaufkommen der Geräte- und Leerträgervergütung nach § 54 Abs. 1 UrhG geklagt hat. Der BGH musste sich ausführlich mit den Argumenten auseinandersetzen und befand, dass kein staatshaftungsrelevanter Richtlinienverstoß durch die Nichtbeteiligung der Sendeunternehmen am Vergütungsaufkommen vorliegt.

Zwar wurde in § 54 UrhG eine Vergütungspflicht gegen den Hersteller von Geräten und von Speichermedien für Vervielfältigungshandlungen nach § 53 UrhG festgelegt. Dennoch sind diese gerade nicht auf Sendeunternehmen anwendbar wie sich aus § 87 Abs. 4 UrhG ergibt.

In der Auslegung der RL 2001/29/EG (Info-RL) und der Gesetzeslage in Deutschland wurde vom BGH darauf hingewiesen, dass sich aus dem Erwägungsgrund 35 des Art. 5 der Info-RL nicht entnehmen lässt, dass ein gerechter Ausgleich in der Zahlung eines Geldbetrages auch gegenüber Sendeunternehmen bestehen müsse.

In Abwägung der bestehenden Regelung zur Vergütung durch private Vervielfältigung kommt der BGH zum Ergebnis, dass der Kernbereich des Leistungsschutzrechts der Sendeunternehmen durch die private Vervielfältigung nicht beeinträchtigt wird. Denn dieser liege im Gegensatz zu der in §§ 53 und 54 UrhG geregelten Bestimmung hinsichtlich der privaten Vervielfältigung vornehmlich im Recht der Weitersendung und der öffentlichen Wiedergabe begründet. Eine weitergehende Beteiligung am Vergütungsaufkommen würde zu Lasten der Urheber, der ausübenden Künstler und der anderen Leistungsschutzberechtigten gehen. Das BVerfG hat die Entscheidung des BGH bestätigt.[2]

---

1 Vgl. BT-Dr 16/1828, S. 17.

2 EuGH ZUM 2011,236 ff.

Literatur

Wandtke/*Wandtke* Urheberrecht 7. Kap. Rn. 55 f.

7. Weitersendung

BGH Urteil vom 12.11.2009, I ZR 160/07 – Regio-Vertrag
GRUR 2010, 530

§ 87 Abs. 1 Nr. 1 Fall 1 UrhG
§ 20 UrhG

Leitsätze

1. Sendender i. S. v. § 87 Abs. 1 Nr. 1 Fall 1, § 20 UrhG ist im Falle einer Kabelweitersendung allein derjenige, der darüber entscheidet, welche Funksendungen in das Kabel eingespeist und an eine Öffentlichkeit weitergeleitet werden, nicht dagegen derjenige, der lediglich die hierfür erforderlichen technischen Vorrichtungen bereitstellt und betreibt. Überträgt der Betreiber eines Kabelnetzes Funksendungen durch Einspeisung in eine Kabelanlage aufgrund einer eigenen Entscheidung – und nicht lediglich als Dienstleister beim Signaltransport – weiter, sendet er selbst und ist dafür selbst urheberrechtlich verantwortlich.
2. Der zwischen der Gesellschaft zur Verwertung der Urheber- und Leistungsschutzrechte von Medienunternehmen mbH (VG Media) und Kabelnetzbetreibern im Jahr 2003 geschlossene „Vertrag über die Vergütung der Nutzung der terrestrisch und satellitär herangeführten Programme der Hörfunk- und Fernsehunternehmen in den Breitbandkabeln der Kabelnetzbetreiber" (Regio-Vertrag) regelt auch das Recht, Sendesignale über Verteileranlagen in Gästezimmer von Beherbergungsbetrieben weiterzuleiten.

Sachverhalt

Kl. ist die Gesellschaft zur Verwertung der Urheber- und Leistungsschutzrechte von Medienunternehmen mbH (VG Media). Die Bekl. betreibt ein Hotel in Essen, in dem sich mindestens 47 Gastzimmer mit Fernsehgeräten befinden, die Programme privater Fernsehsender über Kabel empfangen können.

Die Kl. hat beantragt, die Bekl. unter Androhung von gesetzlichen Ordnungsmitteln zu verurteilen, es zu unterlassen, die terrestrisch oder satellitär ausgestrahlten Fernsehprogramme nach deren Empfang aufzubereiten und über ihre eignen oder über fremde Kabel- bzw. Verteilungsanlagen in ihre Hotelzimmer weiterzuleiten.

Entscheidungsgründe

[…]

II. […]

2. […]

a) […] aa) […[

(1) **Der Begriff der Weitersendung (§ 87 Abs. 1 Nr. 1 Fall 1 UrhG) knüpft an den Begriff der Sendung (§ 20 UrhG) an.**[1] **Eine Weitersendung setzt daher voraus, dass der Inhalt einer Sendung durch funktechnische Mittel einer Öffentlichkeit zugänglich gemacht wird (vgl. § 20 UrhG), wobei unter einer Öffentlichkeit eine Mehrzahl von Mitgliedern der Öffentlichkeit zu verstehen ist (§ 15 Abs. 3 UrhG).**

---

1 Vgl. BGH Urt. v. 22.4.2009 – I ZR 216/06, GRUR 2009, 845 Tz. 31 = WRP 2009, 1001 – Internet-Videorecorder; Schricker/v. Ungern-Sternberg, Urheberrecht, 3. Aufl., § 87 UrhG Rn. 32.

Diese Voraussetzung ist hier erfüllt. Die Sendesignale der Funksendungen werden an der Grundstücksgrenze des Hotels übernommen und über eine Verteileranlage an die Empfangsstellen in den Hotelzimmern weitergeleitet, wo die Fernsehprogramme der Sendeunternehmen mittels bereitgestellter Fernsehgeräte von einer Vielzahl von Hotelgästen empfangen werden können.

(2) Allerdings unterliegt nicht jede Übermittlung eines geschützten Werkes oder einer geschützten Leistung, die über ein Verteilernetz erfolgt, dem Urheberrecht. Andernfalls wäre selbst der Rundfunkempfang mit kleineren Gemeinschaftsantennenanlagen von der Genehmigung der Rechteinhaber abhängig. **Ein Eingriff in die Rechte aus § 20 UrhG oder § 87 Abs. 1 Nr. 1 Fall 1 UrhG liegt daher nur vor, wenn die mit funktechnischen Mitteln bewirkte Übermittlung des Werkes oder der Leistung als öffentliche Wiedergabe bezeichnet werden kann.** Ob dies der Fall ist, kann nicht nach technischen Kriterien beurteilt werden, sondern nur aufgrund einer wertenden Betrachtung.[2] […]

(3) **Eine Weitersendung im Sinne des § 87 Abs. 1 Nr. 1 Fall 1 UrhG setzt ferner voraus, dass die Sendesignale** – wie hier – **gleichzeitig weitergeleitet werden.**[3] Da die Sendungen der Öffentlichkeit zeitgleich, unverändert und vollständig durch Kabelsysteme zugänglich gemacht werden, liegt eine Kabelweitersendung vor.[4]

bb) […] **Sendender ist im Falle einer Kabelweitersendung allein derjenige, der darüber entscheidet, welche Funksendungen in das Kabel eingespeist und an eine Öffentlichkeit weitergeleitet werden, nicht dagegen derjenige, der lediglich die hierfür erforderlichen technischen Vorrichtungen bereitstellt und betreibt. Überträgt der Betreiber eines Kabelnetzes Funksendungen durch Einspeisung in eine Kabelanlage aufgrund einer eigenen Entscheidung – und nicht lediglich als Dienstleister beim Signaltransport – weiter, sendet er selbst und ist dafür selbst urheberrechtlich verantwortlich.**[5] […]

Wer nur empfängt, sendet nicht.[6] **Das Aufstellen von Empfangsgeräten ist urheberrechtlich allenfalls dann bedeutsam, wenn es zu einer Sendetätigkeit im technischen Sinne hinzutritt.** […]

b) […] bb) […]

(4) […] Dieses Recht zur öffentlichen Wahrnehmbarmachung ist nicht betroffen, wenn Fernsehsendungen – wie hier – mittels einer Verteileranlage in den einzelnen Zimmern eines Hotels insgesamt einer Vielzahl von Gästen zugänglich gemacht werden. Da die Empfänger der Funksendungen in einem solchen Fall nicht an einem Ort versammelt sind, fehlt es an der Voraussetzung, dass die Funksendungen für eine Mehrzahl von Personen gemeinsam wahrnehmbar sind.[7] […]

Kurzkommentierung

Der BGH hat zur Frage der Weitersendung Stellung genommen. Nach seiner Auffassung knüpft der Begriff der Weitersendung nach § 87 Abs. 1 Nr. 1 Fall 1 UrhG an den Begriff der Sendung i. S. d. § 20 UrhG an. Eine Weitersendung setzt daher nach Ansicht des BGH voraus, dass der Inhalt einer Sendung durch funktechnische Mittel einer Öffentlichkeit zugänglich gemacht wird, wobei unter einer Öffentlichkeit eine Mehrzahl von Mitgliedern der Öffentlichkeit i. S. d. § 15 Abs. 3 UrhG zu verstehen ist.

---

2 Vgl. BGHZ 123, 149, 153 f. – Verteileranlagen.

3 BGH GRUR 2009, 845 Tz. 29 – Internet-Videorecorder; Schricker/*v. Ungern-Sternberg* aaO § 87 UrhG Rn. 31 m. w. N.

4 Vgl. § 20 b Abs. 1 UrhG.

5 Vgl. Schricker/*v. Ungern-Sternberg* aaO § 20 UrhG Rdn. 16 m. w. N.; *Dreier* in Dreier/Schulze, UrhG, 3. Aufl., § 20 Rn. 11.

6 *Dreier* in Dreier/Schulze aaO § 20 Rn. 12.

7 Vgl. BGH Urt. v. 11.7.1996 – I ZR 22/94, GRUR 1996, 875, 876 – Zweibettzimmer im Krankenhaus.

Diese Voraussetzung ist im vorliegenden Rechtsstreit erfüllt. Denn die Sendesignale der Funksendungen werden an der Grundstücksgrenze des Hotels übernommen und über eine Verteileranlage an die Empfangsstellen in den Hotelzimmern weitergeleitet, wo die Fernsehprogramme der Sendeunternehmen mittels bereitgestellter Fernsehgeräte von einer Vielzahl von Hotelgästen empfangen werden können. Einschränkend stellt der BGH fest, dass nicht jede Übermittlung eines geschützten Werkes oder einer geschützten Leistung, die über ein Verteilernetz erfolgt, dem Urheberrecht unterliegt. Andernfalls – so der BGH – wäre selbst der Rundfunkempfang mit kleineren Gemeinschaftsantennenanlagen von der Genehmigung der Rechteinhaber abhängig. Ein Eingriff in die Rechte aus § 20 UrhG oder § 87 Abs. 1 Nr. 1 Fall 1 UrhG wird vom BGH nur bejaht, wenn die mit funktechnischen Mitteln bewirkte Übermittlung des Werkes oder der Leistung als öffentliche Wiedergabe bezeichnet werden kann. Ob dies der Fall ist, kann nicht nach technischen Kriterien beurteilt werden, sondern nur aufgrund einer wertenden Betrachtung. Die wertende Betrachtung des BGH hat dazu geführt, dass die hier zu beurteilende Weiterleitung von Sendesignalen an Empfangsstellen in Hotelzimmern, die es den Hotelgästen ermöglicht, die Funksendungen mittels bereitgestellter Fernsehapparate anzuhören und anzuschauen, in ihrer Bedeutung für die Nutzung der betroffenen Rechte einer öffentlichen Wiedergabe gleichzustellen ist. Die Sendesignale der Funksendungen werden an der Grundstücksgrenze des Hotels übernommen und über eine Verteileranlage an die Empfangsstellen in den Hotelzimmern weitergeleitet, wo die Fernsehprogramme der Sendeunternehmen mittels bereitgestellter Fernsehgeräte von einer Vielzahl von Hotelgästen empfangen werden können.[8]

Der BGH ist durch eine wertende Betrachtung zum überzeugenden Ergebnis gekommen, dass im Falle einer Kabelweitersendung (§ 20 Abs. 1 UrhG) **Sendender** nur derjenige ist, der darüber entscheidet, welche Funksendungen in das Kabel eingespeist und an eine Öffentlichkeit weitergeleitet werden, nicht der derjenige der lediglich die erforderlichen **technischen Vorrichtungen** bereitstellt und betreibt. In dem Fall war es nicht der Hotelbetreiber. Ob diese Auffassung der wertenden Betrachtung der §§ 20, 87 Abs. 1 Nr. 1 UrhG entspricht, ist fraglich. Denn es handelt sich um ein Verwertungsrecht des Urhebers und um das Weitersenderecht des Sendeunternehmens. Der Gesamtvorgang bedeutet, dass nicht nur derjenige, der die Sendung einspeist, erfasst wird, sondern dass auch derjenige einbezogen werden muss, der das Hotel betreibt. Beide betreiben das Geschäft des Sendevorgangs. Beide tragen die Verantwortung und beide üben die Kontrolle aus. Der Kabelnetzbetreiber ist verantwortlich für die Einspeisung und das Hotel verschafft den Hotelgästen die Möglichkeit des öffentlichen Zugangs der Sendungen.

Die Entscheidung hat noch unter einem anderen Aspekt eine Bedeutung. Werknutzer ist nicht derjenige, der sich der Technik zur Nutzung des Werkes bedient. Der EuGH vertritt die Auffassung, dass der Begriff **„öffentliche Wiedergabe"** weit zu verstehen ist. So ist die Verbreitung eines Signals mittels in Hotelzimmern aufgestellter Fernsehapparate, die ein Hotel für seine Gäste vornimmt, unabhängig davon, mit welcher Technik das Signal übertragen wird, eine öffentliche Wiedergabe i. S. v. Art.3 Abs. 1 der Richtlinie 2001/29/EG.[9] Die Entscheidung spricht nicht dagegen, auch den Hotelbetreiber in die Verantwortung zu nehmen, wenn es um die Durchsetzung der Verwertungsrechte des Urhebers geht. So sollten Hotelbetreiber in Auslegung des Art. 3 Abs. 1 der RL 2001/29/EG in den Sendevorgang einbezogen werden. Der Begriff der „öffentlichen Wiedergabe" lässt sowohl für den § 20 UrhG als auch für § 87 Abs. 1 Nr. 1 UrhG einen großen Spielraum einer richtlinienkonformen Auslegung zu.

Literatur

Wandtke/*Wandtke* Urheberrecht 7. Kap. Rn. 56.

---

8 EuGH EuZW 2000, 223 – Egeda/Hoasa.

9 EuGH GRUR 2007, 225, 228 – SGAE/Rafael.

IX. Technische Schutzmaßnahmen

1. Technische Schutzmaßnahme/Hyperlink

BGH Urteil vom 29.4.2010, I ZR 39/08 – Session-ID
GRUR 2011, 56

§ 19a UrhG
§ 538 Abs. 2 S. 1 Nr. 1 ZPO

Leitsätze

1. Bedient sich ein Berechtigter einer technischen Schutzmaßnahme, um den öffentlichen Zugang zu einem geschützten Werk nur auf dem Weg über die Startseite seiner Website zu eröffnen, greift das Setzen eines Hyperlink, der unter Umgehung dieser Schutzmaßnahme einen unmittelbaren Zugriff auf das geschützte Werk ermöglicht, in das Recht der öffentlichen Zugänglichmachung des Werkes aus § 19a UrhG ein. Bei der technischen Schutzmaßnahme muss es sich nicht um eine wirksame technische Schutzmaßnahme im Sinne des § 95a UrhG handeln. Es reicht aus, dass die Schutzmaßnahme den Willen des Berechtigten erkennbar macht, den öffentlichen Zugang zu dem geschützten Werk nur auf dem vorgesehenen Weg zu ermöglichen.
2. Das Verfahren im ersten Rechtszug leidet im Sinne des § 538 Abs. 2 Satz 1 Nr. 1 ZPO an einem wesentlichen Mangel, wenn das bei Verkündung noch nicht vollständig abgefasste Urteil nicht binnen fünf Monaten nach Verkündung schriftlich niedergelegt, von den Richtern besonders unterschrieben und der Geschäftsstelle übergeben worden ist. Auch wenn ein solcher Mangel vorliegt, muss das Berufungsgericht das erstinstanzliche Urteil nicht zwingend aufheben und die Sache an das Gericht erster Instanz zurückverweisen.

Sachverhalt

Die Klägerin bietet im Internet elektronische Stadtpläne Deutschlands mit einer entsprechenden Suchfunktion an. Privaten Nutzern wird dieser Dienst grundsätzlich kostenlos zur Verfügung gestellt, seit dem 1. Januar 2003 verlangt die Klägerin für eine kommerzielle oder dauerhafte Nutzung eine Lizenzgebühr. Seitdem ist der Zugang zu den Kartenausschnitten nur bei Verwendung einer sog. Session-ID möglich, die den zeitlich befristeten Zugriff auf das Material sicherstellt.

Die Beklagte ist ein Wohnungsunternehmen. Unter Zuhilfenahme einer programmtechnischen Routine, die unter Umgehung der Startseite der Klägerin unmittelbar zur Webseite mit dem Kartenausschnitt führte, bot sie Nutzern ihrer Website die Möglichkeit, zu einer dort angebotenen Mietwohnung über einen Hyperlink einen entsprechenden Kartenausschnitt von der Internetseite der Klägerin abzurufen.

Die Klägerin ist der Ansicht, die Beklagte habe damit die urheberrechtlich geschützten Stadtpläne unter Umgehung der von ihr eingerichteten technischen Schutzmaßnahme unbefugt öffentlich zugänglich gemacht.

Entscheidungsgründe

[…]

II. […]

2. […]

c) Das Landgericht hat weiter mit Recht angenommen, dass **derjenige, der einen Hyperlink auf eine vom Berechtigten öffentlich zugänglich gemachte Webseite mit einem urheberrechtlich geschützten Werk setzt, nach der Rechtsprechung des Senats grundsätz-**

lich auch dann nicht in das Recht der öffentlichen Zugänglichmachung des Werkes eingreift, wenn es sich dabei um einen sogenannten Deep Link handelt, der unter Umgehung der Startseite auf andere Seiten der Website führt. Wer einen solchen Link setzt, nimmt keine urheberrechtliche Nutzungshandlung vor, sondern verweist lediglich auf das Werk in einer Weise, die Nutzern den bereits eröffneten Zugang erleichtert. Er hält das geschützte Werk weder selbst öffentlich zum Abruf bereit, noch übermittelt er es selbst auf Abruf an Dritte. Nicht er, sondern derjenige, der das Werk ins Internet gestellt hat, entscheidet darüber, ob das Werk der Öffentlichkeit zugänglich bleibt. Wird die Webseite mit dem geschützten Werk nach dem Setzen des Hyperlinks gelöscht, geht dieser ins Leere. Einem Nutzer, der die URL als genaue Bezeichnung des Fundorts der Webseite im Internet noch nicht kennt, wird der Zugang zu dem Werk durch den Hyperlink zwar erst ermöglicht und damit das Werk im Wortsinn zugänglich gemacht; dies ist aber auch bei einem Hinweis auf ein Druckwerk oder eine Webseite in der Fußnote einer Veröffentlichung nicht anders.[1]

d) **[...]** Macht ein Berechtigter ein urheberrechtlich geschütztes Werk ohne technische Schutzmaßnahmen im Internet öffentlich zugänglich, haftet der Linksetzende nicht als Störer oder Täter, weil der Berechtigte dadurch bereits selbst den Nutzern die Vervielfältigung ermöglicht und den Zugang eröffnet hat und der Linksetzende die ohnehin mögliche Vervielfältigung und den ohnehin eröffneten Zugang lediglich erleichtert.[2] Bedient der Berechtigte sich dagegen technischer Schutzmaßnahmen, um den Zugang zu dem geschützten Werk beispielsweise nur bestimmten Nutzern zu eröffnen oder nur auf einem bestimmten Weg zu ermöglichen, macht er das Werk auch nur in dieser eingeschränkten Weise zugänglich. Wer einen Hyperlink setzt, der derartige Schutzmaßnahmen umgeht, eröffnet einen Zugang zum Werk, der ansonsten für diese Nutzer oder auf diesem Weg nicht bestünde. Bedient der Berechtigte sich technischer Schutzmaßnahmen, um den öffentlichen Zugang zu dem geschützten Werk nur auf dem Weg über die Startseite seiner Website zu eröffnen, greift das Setzen eines Hyperlink, der unter Umgehung dieser Schutzmaßnahmen einen unmittelbaren Zugriff auf das geschützte Werk ermöglicht, in das Recht der öffentlichen Zugänglichmachung des Werkes ein.

e) [...] Die Regelung des § 95a UrhG schützt wirksame technische Maßnahmen (Schutzmaßnahmen), die ihrerseits ein nach dem Urheberrechtsgesetz geschütztes Werk oder einen anderen nach dem Urheberrechtsgesetz geschützten Schutzgegenstand schützen.[3] Der Schutz dieser technischen Maßnahmen dient demnach zwar dem Schutz der mithilfe dieser Maßnahmen geschützten Werke und Leistungen der Rechtsinhaber. **Der urheberrechtliche Schutz dieser Werke und Leistungen hängt jedoch nicht davon ab, dass sie durch wirksame technische Maßnahmen geschützt sind.**

Das Setzen eines Hyperlink, der unter Umgehung von technischen Schutzmaßnahmen einen unmittelbaren Zugriff auf ein geschütztes Werk ermöglicht, kann daher auch dann in das Recht der öffentlichen Zugänglichmachung des Werkes eingreifen, wenn es sich bei der technischen Schutzmaßnahme nicht um eine wirksame technische Schutzmaßnahme im Sinne des § 95a UrhG handelt. Entscheidend ist allein, dass der Berechtigte überhaupt Schutzmaßnahmen getroffen hat, die für Dritte als solche erkennbar sind. Es reicht aus, dass die Schutzmaßnahmen den Willen des Berechtigten erkennbar machen, den öffentlichen Zugang zu dem geschützten Werk nur mit den von ihm vorgesehenen Einschränkungen zu ermöglichen.

[...]

1 Vgl. BGHZ 156, 1, 14 f. – Paperboy.
2 BGHZ 156, 1, 12, 14 – Paperboy.
3 Vgl. BGH Urt. v. 17.7.2008 – I ZR 219/05, GRUR 2008, 996 Tz. 16 = WRP 2008, 1449 – Clone-CD.

Kurzkommentierung

Die BGH- Entscheidung ist von praktischer Bedeutung für die Nutzung urheberrechtlich geschützte Werke im Internet. Der BGH hat sich mit der Frage von Schutzmaßnahmen im Internet beschäftigt und die differenzierte Rolle der Hyperlinks betont. In dem vorliegenden Rechtsstreit war die Nutzung der elektronischen Stadtpläne nur unter Verwendung einer sog. Session-ID möglich. Der BGH musste zur Frage Stellung beziehen, ob das Setzen von Hyperlinks dann eine Verletzung des **Rechts auf öffentliche Zugänglichmachung** nach § 19 a UrhG bedeutet, wenn mit Hilfe einer programmtechnischen Routine – unter Umgehung der Startseite des Anbieters von elektronischen Stadtplänen – unmittelbar auf die Webseite mit dem Kartenausschnitt hingewiesen wird. Das Setzen von **Hyperlinks** kann nach zutreffender Ansicht des BGH eine Verletzung des Urheberrechts bedeuten. Zunächst weist der BGH darauf hin, dass keine urheberrechtliche Nutzungshandlung vorliegt, wenn mit dem Linksetzen nur ein Verweis auf ein Werk erfolgt, um den eröffneten Zugang zu erleichtern. In dem vorliegenden Rechtsstreit ging es aus der Sicht des Rechteinhabers darum, den Zugang zu dem geschützten Werk nur bestimmten Nutzern zu eröffnen oder nur auf einem bestimmten Weg zu ermöglichen. Bedient sich der Berechtigte einer **technischen Schutzmaßnahme**, um den Zugang zu dem geschützten Werk nur bestimmten Nutzern oder nur auf einem bestimmten Weg zu ermöglichen, macht er das Werk nur beschränkt zugänglich. Werden aber mit dem Setzen des Hyperlinks diese Schutzmaßnahmen umgangen, wird ein Zugang zum Werk eröffnet, der in das Recht des öffentlichen Zugänglichmachens nach § 19 a UrhG eingreift. Dabei ist für den BGH ohne Bedeutung, um welche technischen Schutzmaßnahmen es sich handelt. Eine **wirksame technische Schutzmaßnahme** i. S. d. § 95 a Abs. 2 S. 2 UrhG muss nicht vorliegen. Für **Dritte** müssen die Schutzmaßnahmen erkennbar sein. Mit dem Einsatz der Session-IDs wurde der Wille des Berechtigten sichtbar, Abfragen nicht lizenzierter Nutzer stets über die Startseite ihrer Webseite zu leiten und einen unmittelbaren Zugriff auf die gewünschten Kartenausschnitten damit auszuschließen. Die Verletzungshandlung bestand darin, dass durch das Setzen des Hyperlinks die **Zwangsumleitung** über die Startseite der Berechtigten ausgeschaltet und den Kunden einen unmittelbaren Zugriff auf die gewünschten Kartenausschnitte verschafft wurde. Für Anbieter von geschützten urheberrechtlichen Werken im Internet ist die Entscheidung ein weiterer Weg zur Rechtssicherheit. Der BGH hat in einer anderen bedeutenden Entscheidung die Verletzung des § 95 a UrhG verneint. Das Setzen eines redaktionellen Hyperlinks ist dann keine Verletzungshandlung, wenn der Verbreiter mit dem Hyperlink auf ein Bericht hinweist, in dem er zwar Kenntnis von der Rechtswidrigkeit des Softwareprogramms zur Umgehung des Kopierschutzes hat, aber im Rahmen der Presse- und Meinungsfreiheit im Internet sich den Inhalt nicht zu Eigen macht.[1]

Literatur

Wandtke/*Kauert* Urheberrecht 9. Kap. Rn. 8.

2. Technische Schutzmaßnahmen/Werbung

BGH Urteil vom 17.7.2008, I ZR 219/05 – Clone-CD
GRUR 2008, 996

§ 95 a Abs. 3 UrhG

Leitsätze

1. Bei der Bestimmung des § 95 a Abs. 3 UrhG handelt es sich um ein Schutzgesetz im Sinne des § 823 Abs. 2 Satz 1 BGB zugunsten der Inhaber von Urheberrechten und Leistungs-

1 BGH ZUM-RD 2011, 290, 295 – AnyDVD.

schutzrechten, die wirksame technische Maßnahmen zum Schutz ihrer urheberrechtlich geschützten Werke und Leistungen einsetzen.
2. Der Begriff der Werbung im Hinblick auf den Verkauf im Sinne des § 95a Abs. 3 UrhG umfasst jegliche Äußerung mit dem Ziel, den Absatz der in dieser Regelung näher bezeichneten Umgehungsmittel zu fördern. Er ist nicht auf ein Handeln zu gewerblichen Zwecken beschränkt und erfasst auch das private und einmalige Verkaufsangebot.
3. Ein Verstoß gegen § 95a Abs. 3 UrhG setzt kein Verschulden des Verletzers voraus.

Sachverhalt

Die Bekl. stellen Tonträger her, wobei sie technische Schutzmaßnahmen einsetzen, um das Kopieren der von ihnen hergestellten CDs zu verhindern.

Der Kl. bot über die Internetplattform eBay eine Originalversion des Programms „Clone-CD" mit dem Zusatz „Allesbrenner" an, mit dem kopiergeschützte CDs vervielfältigt werden können.

Die Bekl. mahnten den Kl. durch Anwaltsschreiben ab, woraufhin dieser dahingehend Klage erhob festzustellen, dass ein Zahlungsanspruch der Bekl. nicht besteht.

Entscheidungsgründe

[...]

II. [...]

3. [...]

b) **Bei der Bestimmung des § 95a Abs. 3 UrhG handelt es sich, wie das Berufungsgericht zutreffend angenommen hat, um ein Schutzgesetz im Sinne des § 823 Abs. 2 Satz 1 BGB.**[1]

aa) Schutzgesetz im Sinne des § 823 Abs. 2 Satz 1 BGB ist jede Rechtsnorm, die zumindest auch dazu dienen soll, den Einzelnen oder einzelne Personenkreise gegen die Verletzung eines bestimmten Rechtsguts zu schützen; dass die Rechtsnorm daneben oder sogar in erster Linie das Interesse der Allgemeinheit im Blick hat, steht dem nicht entgegen.[2]

bb) Die Regelung des § 95a UrhG schützt wirksame technische Maßnahmen (Schutzmaßnahmen), die ihrerseits ein nach dem Urheberrechtsgesetz geschütztes Werk oder einen anderen nach dem Urheberrechtsgesetz geschützten Schutzgegenstand schützen. Derartige Schutzmaßnahmen dürfen ohne Zustimmung des Rechtsinhabers nicht umgangen werden (§ 95a Abs. 1 UrhG). Mittel oder Dienstleistungen zur Umgehung dieser Schutzmaßnahmen dürfen nicht in den Verkehr gebracht werden (§ 95a Abs. 3 UrhG). Der Schutz dieser technischen Maßnahmen ist kein Selbstzweck, sondern dient dem Schutz der mithilfe dieser Maßnahmen geschützten Werke und Leistungen der Rechtsinhaber. Er soll den Inhabern von Urheberrechten und Leistungsschutzrechten zugute kommen, die solche Maßnahmen zum Schutz ihrer urheberrechtlich geschützten Werke und Leistungen einsetzen.[3] **Der Umstand, dass § 95a UrhG unmittelbar die Schutzmaßnahmen und nur mittelbar die mithilfe dieser Schutzmaßnahmen geschützten Rechte der Rechtsinhaber schützt, ändert nichts daran, dass es sich bei dieser Bestimmung um ein Schutzgesetz zugunsten der Rechtsinhaber handelt.**[4] Denn

---

1 Ebenso OLG München GRUR-RR 2005, 372; Palandt/*Sprau* aaO § 823 Rn. 71; *Dreier* in Dreier/Schulze, UrhG, 2. Aufl., § 95a UrhG Rn. 5; *Dreyer* in Dreyer/Kotthoff/Meckel aaO § 95a UrhG Rn. 105 und 45; Schricker/*Götting* aaO § 95a UrhG Rn. 40; Wandtke/Bullinger/*Wandtke/Ohst* aaO § 95a UrhG Rn. 88; *Schack* Urheber- und Urhebervertragsrecht, 4. Aufl., Rn. 732 l; *Spieker* GRUR 2004, 475, 481; *Trayer* aaO S. 138; vgl. auch *Peukert* in Loewenheim aaO § 82 Rn. 6.

2 Vgl. BGH Urt. v. 16.3.2004 – VI ZR 105/03, NJW 2004, 1949 m. w. N.; Palandt/*Sprau* aaO § 823 Rn. 57.

3 Vgl. auch Erwägungsgründe 47 und 48 der Richtlinie 2001/29/EG zur Harmonisierung bestimmter Aspekte des Urheberrechts und der verwandten Schutzrechte in der Informationsgesellschaft vom 22. Mai 2001 [ABl. Nr. L 167 v. 22.6.2001, S. 10].

4 A.A. *Spieker* GRUR 2004, 475, 481 f.

der Schutz der Rechtsinhaber ist nicht nur eine unbeabsichtigte Nebenfolge, sondern der eigentliche Sinn und Zweck dieser Bestimmung.

[…] **§ 95a UrhG schützt unter anderem den Hersteller eines Tonträgers, der nach § 85 Abs. 1 Satz 1 UrhG das ausschließliche Recht hat, den Tonträger zu vervielfältigen, zu verbreiten und öffentlich zugänglich zu machen, vor Handlungen zur Umgehung von Maßnahmen, die das Vervielfältigen der Tonträger verhindern sollen.**[5]

c) […]

bb) […] **Der Begriff der Werbung im Hinblick auf den Verkauf im Sinne des § 95a Abs. 3 UrhG umfasst jegliche Äußerung mit dem Ziel, den Absatz der in dieser Regelung näher bezeichneten Umgehungsmittel zu fördern. Er ist entgegen der Ansicht der Revision nicht auf ein Handeln zu gewerblichen Zwecken beschränkt und erfasst – wie hier – auch das private und einmalige Verkaufsangebot.**[6]

[…] (3) **Mit dem Sinn des Wortes „Werbung" ist es entgegen der Ansicht der Revision ohne weiteres vereinbar, das Angebot zum Verkauf eines einzelnen Gegenstandes als Werbung zu qualifizieren.** Ein solches Angebot dient dem Zweck, den Absatz eben dieses einen Gegenstandes zu fördern, und erfüllt demnach die an eine Werbung zu stellenden Anforderungen. Es ist daher, anders als die Revision meint, auch mit Rücksicht darauf, dass an den Tatbestand des § 95a Abs. 3 UrhG, soweit er die Werbung im Hinblick auf den Verkauf verbietet, die bußgeldrechtliche Sanktion des § 108b Abs. 2 Nr. 1 b UrhG anknüpft, mit dem Bestimmtheitsgrundsatz des Art. 103 Abs. 2 GG vereinbar, ein derartiges Angebot unter den Begriff der Werbung zu subsumieren. Zudem geht es im Streitfall nicht um eine straf- oder bußgeldrechtliche Sanktion, sondern um einen zivilrechtlichen Anspruch, für den der Bestimmtheitsgrundsatz des Art. 103 Abs. 2 GG ohnehin nicht gilt.[7]

[…]

Kurzkommentierung

Die erste BGH-Entscheidung zu den technischen Schutzmaßnahmen nach der Reform 2003 wirft interessante dogmatische Probleme auf. Neben den Abmahnkosten, die unter dem Gesichtspunkt der Geschäftsführung ohne Auftrag durchgesetzt werden können, hat sich der BGH mit dem Inhalt des § 95a Abs. 3 UrhG auseinandergesetzt. Während § 95a Abs. 1 UrhG die Umgehung technischer Schutzmaßnahmen untersagt, verbietet § 95a Abs. 3 UrhG in Auslegung des Art. 6 Abs. 2 der RL 2001/29/EG Handlungen im Vorfeld von Umgehungsmaßnahmen. Das Gesetz nennt mehrere Handlungen, die verboten sind. Dazu gehört auch die **Werbung.** So ist der Verkauf oder Vermietung und der gewerblichen Zwecken dienende Besitz von Vorrichtungen, Erzeugnissen oder Bestandteilen sowie die Erbringung von Dienstleistungen, die Gegenstand der Werbung mit dem Ziel der Umgehung von technischen Schutzmaßnahmen sind zu untersagen. Als Umgehungsmittel kommt auch – wie in dem vorliegenden Rechtsstreit – eine **Software** in Betracht. Zutreffend geht der BGH davon aus, dass **§ 95a Abs. 3 UrhG ein Schutzgesetz im Sinne des § 823 Abs. 2 S. 1 BGB** ist. Leider hat der BGH bei dieser Gelegenheit nicht zu der (dogmatischen) Streitfrage Stellung genommen, ob daneben auch § 97 UrhG anwendbar wäre, denn in der Literatur ist das Rechtsfolgeninstrumentarium der § 95a ff. UrhG umstritten.[8] In der Praxis ist dies weniger für den Schadens- und Unterlassungsanspruch, als vielmehr für die besonderen Ansprüche nach §§ 98 ff. UrhG interessant. Der Schutz technischer Maßnahmen ist nach Auffassung des BGH kein Selbstzweck, sondern dient dem Schutz der

---

5 Schricker/*Götting* aaO § 95a UrhG Rn. 8; *Peukert* in Loewenheim aaO § 34 Rn. 14.

6 Vgl. *Peukert* in Loewenheim aaO § 34 Rn. 18; Schricker/*Götting* aaO § 95a UrhG Rn. 23 und 29; Wandtke/Bullinger/*Wandtke/Ohst* aaO § 95a UrhG Rn. 77; *Pleister/Ruttig* MMR 2003, 763, 764 f.; vgl. auch BT-Drucks. 15/38, S. 29.

7 Vgl. BGH Urt. v. 16.10.2003 – III ZR 106/03, WRP 2004, 107, 109, m. w. N.

8 Vgl. Nachweise oben in Fn. 3.

Werke und Leistungen der Rechteinhaber. Zu den Rechteinhabern gehören auch die in Rede stehenden Tonträgerhersteller nach § 95a UrhG.

Die Software „Clone-CD" wurde nach Auffassung des Gerichts in Verkehr gebracht, um wirksam technische Schutzmaßnahmen zu umgehen. Das Verkaufsangebot der Software bei der Internetplattform eBay stellt zutreffend eine Werbung dar. Für die Durchsetzung des § 95a Abs.3 UrhG ist die Entscheidung des BGH insofern von Bedeutung als § 95 Abs. 3 UrhG ein **Verschulden** nicht voraussetzt, um eine Unterlassung der Werbung von Umgehungstechniken zu erreichen. Das BVerfG hat im Zusammenhang mit § 95a Abs.3 UrhG festgestellt, dass die Verantwortlichkeit der Presse (**Störerhaftung**) dann zu bejahen ist, wenn sie über rechtswidrige Softwareprogramme berichtet, die zur Umgehung von technischen Schutzmaßnahmen geeignet sind. Weist die Presse in der Berichterstattung mit einem **Hyperlink** auf die Werbeaussagen des Herstellers einer Software hin und macht sie sich diese rechtwidrige Äußerung zu eigen, ist sie verantwortlich.[9] Demgegenüber ist die Störerhaftung ausgeschlossen, wenn im Rahmen der Presse- und Meinungsfreiheit dem Verbreiter die Links in den Beiträgen im Internet als Berichterstattung zugerechnet wurden, aber kein zu Eigenmachen damit verbunden ist.[10]

Literatur

Wandtke/*Kauert* Urheberrecht 9. Kap. Rn. 6f.

9 BVerfG GRUR 2007, 1064, 1065 – Kopierschutzumgehung.

10 BGH ZUM-RD 2011, 290, 295 – AnyDVD.

X. Durchsetzung des Urheberrechts

1. Aktivlegitimation

BGH Urteil vom 17.6.1992, I ZR 182/90 – ALF
BGHZ 118, 394
GRUR 1992, 697

Berner Übereinkunft zum Schutz von Werken der Literatur und Kunst i.d.F. v. 24.7.1971, RBÜ; (Fassung Paris) Art. 5 Abs. 2
§ 31 Abs. 3 UrhG
§ 97 Abs. 1 UrhG

Leitsätze

1. Zum Umfang des Schutzes eines urheberrechtlichen Verwertungsrechts, welcher sich nach den Rechtsvorschriften des Schutzstaates richtet, rechnet auch die Rechtsmacht zur Rechtsverfolgung; diese kann durch eine vertragliche Vereinbarung zwischen Lizenzgeber und Lizenznehmer nicht mit Wirkung für Dritte beschränkt werden.
2. Der Lizenznehmer eines ausschließlichen urheberrechtlichen Verwertungsrechts, der selbst eine ausschließliche Unterlizenz erteilt, verliert ebensowenig wie der Urheber bei der Vergabe ausschließlicher Nutzungsrechte sein Klagerecht, sofern er ein eigenes schutzwürdiges Interesse an der Rechtsverfolgung hat; dieses kann in der Beeinträchtigung seines Anspruchs auf Lizenzgebühren begründet sein.

Sachverhalt

Die Kl. ist ein US-amerikanisches Unternehmen, das sich mit der Auswertung von Schutzrechten befasst, so auch mit der Auswertung der Rechte der Plüschfigur „ALF". Diese Rechte wurden Für das Gebiet der Bundesrepublik Deutschland wurde einem dritten Unternehmen das Recht zum Exklusivvertrieb der Plüschtiere eingeräumt.

Die Kl. wendet sich mit ihrer Klage gegen den inländischen Vertrieb im ostasiatischen Raum hergestellter Plüschtiere durch die Bekl. Diese seien Nachbildungen der Figur „ALF", worin eine Urheberrechtsverletzung liege. Zudem handele die Bekl. wettbewerbswidrig i. S. d. § 1 UWG.

Die Bekl. stellt dem entgegen, dass die Kl. nach Vergabe der Exklusivrechte zur Geltendmachung urheberrechtlicher Ansprüche nicht befugt sei. Ein Verstoß gegen § 1 UWG sei mangels eines Wettbewerbsverhältnisses zwischen den Parteien ebenfalls nicht gegeben.

Entscheidungsgründe

I. […] 4. […]

b) […] bb) […] Die Rechtsposition der Klägerin, die als ausschließliche urheberrechtliche Verwertungsberechtigte ausschließliche Unterlizenzen vergeben hat, ist vergleichbar mit der Rechtsstellung des Urhebers, der eine ausschließliche Lizenz an seinen Verwertungsrechten erteilt hat. Davon geht das Berufungsgericht zutreffend aus. Für diesen Fall hat der Senat ausgesprochen, daß **der Urheber dann neben dem ausschließlich Nutzungsberechtigten zur Geltendmachung urheberrechtlicher Ansprüche befugt ist, wenn einzelne Nutzungsarten bei ihm verblieben sind,**[1] **da in einem solchen Fall materielle Interessen des Urhebers durch die Verletzungshandlung berührt sind.** Darüber hinaus ist in Anlehnung an die pa-

---

1 BGH Urt. v. 18.6.1957 – I ZR 39/56, GRUR 1957, 614, 615 – Ferien vom Ich; Urt. v. 8.12.1959 – I ZR 131/58, GRUR 1960, 251 f. – Mecki-Igel II.

tentrechtliche Rechtsprechung[2] ein eigenes schutzwürdiges Interesse des Urhebers an der Geltendmachung der Ansprüche aus Rechtsverletzung neben dem Klagerecht des Nutzungsberechtigten dann anzunehmen, wenn ihm aus der Lizenzvergabe fortdauernde materielle Vorteile erwachsen.[3] Das dem Urheber erwachsene Recht trägt auch dann ein eigenes Klagerecht, wenn er die Verwertung seines Rechts einem Dritten zwar ausschließlich überlassen hat, sich aber eine fortdauernde Teilhabe an deren wirtschaftlichem Ertrag vorbehalten hat. In einem solchen Fall besteht ein eigenes schützenswertes Interesse des Urhebers als Lizenzgeber an der Verfolgung von Rechtsverletzungen Dritter, da deren Handlungen eine Beeinträchtigung der ihm erwachsenen, mit der Vergabe von Lizenzen einem Dritten zur Ausübung überlassenen Verwertungsrechte zur Folge hat.

[...]

Kurzkommentierung

Der BGH hat neben der Frage der Rechtsverfolgung nach dem Schutzlandprinzip zur Klagebefugnis und damit zur **Aktivlegitimation** Stellung genommen. So gilt der allgemeine Grundsatz, dass das ausschließliche Nutzungsrecht den Nutzungsberechtigten zur Verfolgung urheberrechtlicher Verletzungshandlungen legitimiert.[4] Dieses ausschließliche **positive Benutzungsrecht** schließt regelmäßig ein **negatives Verbietungsrecht** ein. Für die Durchsetzung des Urheberrechts ist von Bedeutung, dass trotz Weitergabe ausschließlicher Nutzungsrechte (Lizenzen) an Dritte ein eigenes schutzwürdiges materielles Interesse an der Geltendmachung der Ansprüche wegen Urheberrechtsverletzungen bestehen bleibt.

Der Urheber kann neben dem ausschließlichen Nutzungsberechtigten klagen, wenn einzelne Nutzungsarten bei ihm verblieben sind oder wenn ihm aus der **Lizenzvergabe** fortdauernde materielle Vorteile erwachsen. Da im vorliegenden Rechtsstreit nur die materiellen Interessen im Vordergrund der **Klagebefugnis** standen, ist dies anders zu beurteilen, wenn lediglich eine Beeinträchtigung der ideellen Interessen vorliegt (Urheberpersönlichkeitsrechte). Wird das **Urheberpersönlichkeitsrecht** durch einen Dritten verletzt, während der Urheber bereits einem anderen das ausschließliche Nutzungsrecht eingeräumt hat, so ist Letzterer nicht bereits durch die Rechtsstellung befugt, auf dem Urheberpersönlichkeitsrecht beruhende Ansprüche bspw. wegen einer Verletzung des § 14 UrhG geltend zu machen. Dem Inhaber eines ausschließlichen Nutzungsrechts muss vom Urheber durch einen eigenen Rechtsakt, z. B. Abtretungs- und Ermächtigungserklärung (auch stillschweigend), die Befugnis zur Geltendmachung auch urheberpersönlichkeitsrechtlicher Ansprüche erteilt werden. Diese können dann im Wege der **Prozessstandschaft** geltend gemacht werden indes nur, sofern das einzuklagende Recht nicht höchstpersönlichen Charakter hat und mit dem Urheber so eng verknüpft ist, dass eine Geltendmachung durch einen Dritten widersprüchlich wäre.[5]

Für die Inhaber einfacher Nutzungsrechte gilt dies nicht.

Literatur

Wandtke/*Wandtke* Urheberrecht 10. Kap. Rn. 12, 88.

---

2 RGZ 136, 320, 321; 148, 146, 147 f.; vgl. Benkard/*Rogge* aaO § 139 Rn. 17.

3 *Ulmer* Urheber- und Verlagsrecht, 3. Aufl., § 128 II 1 (S. 543); Schricker/*Wild* Urheberrecht, § 97 Rn. 29; *Fromm/Nordemann* Urheberrecht, 7. Aufl., § 97 Rn. 9; einschränkend *v. Gamm* Urheberrecht, § 97 Rn. 16; ebenso *ders.* in Geschmacksmusterrecht, 2. Aufl., § 3 Rn. 48; vgl. auch OLG München GRUR 1984, 524, 525; a. A. *Möhring/Nicolini* Urheberrecht, § 97 Anm. 6 b dd.

4 BGH ZUM 2011, 337 – Satan der Rache.

5 BGH GRUR 2010, 920, 922 – Klingeltöne für Mobiltelefone II.

2. Prozessführungsbefugnis/ausübende Künstler

BGH Urteil vom 25.11.2004, I ZR 145/02 – Götterdämmerung
BGHZ 161, 161
GRUR 2005, 502

§ 80 Abs. 2 UrhG
§ 74 Abs. 2 S.2 UrhG

Leitsätze

1. Die Befugnis des gewählten Vertreters einer Gruppe ausübender Künstler, die den Künstlern zur gesamten Hand zustehenden Leistungsschutzrechte geltend zu machen, erstreckt sich auch auf vor seiner Amtszeit entstandene Leistungsschutzrechte früherer Gruppenmitglieder, wenn es sich bei der Künstlergruppe um einen über einen längeren Zeitraum unabhängig von einem Wechsel der Mitglieder in seiner Eigenart fortbestehenden Zusammenschluss handelt.
2. Ein Festspielorchester, das alljährlich für die Festspielsaison zusammengestellt wird, ist ein solcher auf Dauer angelegter Zusammenschluss, selbst wenn dessen Mitglieder nur für den Zeitraum der jeweiligen Festspielsaison unter Vertrag genommen werden und zwischen den Spielzeiten einzelne Mitglieder ausscheiden und neue hinzutreten.

Sachverhalt

Die Kl. sind die Mitglieder des Vorstandes des Bayreuther Festspielorchesters, die von den Orchestermitgliedern der Festspiele 2000 gewählt wurden. Seit dem Jahre 1951 wird das Bayreuther Festspeilorchester jährlich neu zusammengestellt und die Orchestermusiker jeweils für diese eine Festspielsaison unter Vertrag genommen. Der Bekl. ist in England ansässig. Er produziert und vertreibt Tonträger mit der Aufführung der Oper „Götterdämmerung" von Richard Wagner, die im Rahmen der ersten Bayreuther Festspiele im Jahre 1951 unter Leitung des Dirigenten Hans Knappertsbusch aufgeführt wurde. Die Tonträger werden mit Hilfe einer von dem Schallplattenunternehmen DECCA gefertigten und auf Masterbänder übertragnen Aufnahme gefertigt. Diese Aufnahme erfolgte mit Einwilligung des damaligen Orchesters.

Die Kl. sind der Ansicht, dass der Bekl. mit dem Vertrieb seiner Tonträger die Leistungsschutzrechte der Mitglieder des Bayreuther Festspielorchesters aus dem Jahre 1951 verletzte, zu deren Geltendmachung der heutige Vorstand befugt sei.

Entscheidungsgründe

[...]

II. [...] 1. [...]

a) Bei der Prozessführungsbefugnis handelt es sich um eine das Verfahren betreffende Voraussetzung, die in jeder Lage des Verfahrens, also auch in der Revisionsinstanz, von Amts wegen nach den zum Zeitpunkt der Entscheidung geltenden Regeln zu überprüfen ist.[1] Die Prozessführungsbefugnis ist gegeben, wenn der Kläger berechtigt ist, über das behauptete (streitige) Recht einen Prozess als Partei im eigenen Namen zu führen.[2]

[...]

d) [...]

cc) **Durch die in § 80 Abs. 1 und 2 UrhG angeordnete Beschränkung der Ausübung der Verwertungsrechte der einzelnen ausübenden Künstler an einer gemeinsamen Dar-**

---

1 BGHZ 131, 90, 91 – Anonymisierte Mitgliederliste.
2 Vgl. Zöller/*Vollkommer* ZPO, 25. Aufl., Vor § 50 Rn. 18.

bietung soll zum einen verhindert werden, dass ein einzelnes Ensemblemitglied durch seinen Widerspruch „seine Kollegen um eine vielleicht erwünschte zusätzliche Einnahme an ihrer Leistung" bringen könnte.[3] **Zum anderen soll aus Gründen der Rechtssicherheit und der Praktikabilität, insbesondere in Bezug auf die Verwertung von Darbietungen größerer, organisierter Künstlergruppen, eine einheitliche Wahrnehmung der Leistungsschutzrechte aller mitwirkenden Künstler durch wenige Repräsentanten des Ensembles Dritten gegenüber erfolgen.**[4] Die einheitliche Rechtswahrnehmung durch einen oder mehrere Vertreter der Künstlergruppe erleichtert den Rechtsverkehr mit den Verwertern von Gruppendarbietungen sowohl im Interesse der einzelnen ausübenden Künstler, die durch die gemeinsame Wahrnehmung ihre Position gegenüber Dritten stärken, als auch im Interesse der Dritten, die sich nur einem oder wenigen Verhandlungspartnern gegenübersehen.[5]

dd) **Mit der Regelung des § 80 Abs. 2 UrhG ist ersichtlich auch bezweckt, die Durchsetzung der vermögensrechtlichen Ansprüche unabhängig von einem häufigen Mitgliederwechsel im Ensemble zu ermöglichen, wie die Vorinstanzen unter Bezugnahme auf das urheberrechtliche Schrifttum angenommen haben.**[6] Soweit in der Gesetzesbegründung sowohl der alten wie auch der neuen Fassung des § 80 Abs. 2 UrhG auf die Gesichtspunkte der Rechtssicherheit und der Praktikabilität abgestellt wird, soll mit der Einräumung der Rechtewahrnehmung durch den Vorstand oder den Leiter der Gruppe der Schwierigkeit begegnet werden, dass andernfalls Dritte mit allen, bei größeren Künstlergruppen wie Orchestern, Chören etc. also mit einer Vielzahl, an der Darbietung beteiligten Künstlern Vereinbarungen treffen müssten. **Denn bei gemeinsamer Leistung erwirbt jeder Leistungsberechtigte für sich ein individuelles Leistungsschutzrecht.**[7] Daran hat die Neufassung des § 80 UrhG, durch die lediglich das Recht zur Verwertung der gesamthänderischen Bindung unterworfen und ergänzend auf die Regelungen über die Miturheberschaft verwiesen worden ist (§ 80 Abs. 1 S. 3 UrhG), im Kern nichts geändert; die Verwertung setzt weiterhin grundsätzlich die Einwilligung jedes beteiligten Künstlers voraus (vgl. § 80 Abs. 1 S. 2 UrhG). Etwaige Erschwernisse für den Rechtsverkehr können sich aber nicht nur aus einer Vielzahl der beteiligten Künstler, sondern bei länger bestehenden Künstlergruppen auch aus einem Wechsel der Mitglieder und des Vorstands ergeben.

[…]

Nach dem Regelungsgehalt des § 80 Abs. 2 UrhG ist es deshalb geboten, eine Befugnis des jeweiligen Vorstands, auch die bereits vor seiner Amtszeit entstandenen Ansprüche und Rechte früherer Mitglieder wahrzunehmen, jedenfalls dann anzunehmen, wenn die betreffende Künstlergruppe eine einem Verein oder einer Gesellschaft ähnliche Struktur aufweist und über einen längeren Zeitraum unabhängig von einem Wechsel der Mitglieder in ihrer Eigenart fortbesteht.[8] Nach den Feststellungen des Berufungsgerichts handelt es sich bei dem Bayreuther Festspielorchester um eine derartige Künstlergruppe. Das Orchester der Bayreuther Festspiele ist ein auf Dauer angelegter Zusammenschluss von Künstlern, der unabhängig von einem Wechsel der Mitglieder fortbestehen soll. Dass die Mitglieder dieses Orchesters lediglich für die Zeit der Festspiele unter Vertrag genommen werden, zwischen den Spielzeiten einzelne Mitglieder ausscheiden und neue hinzutreten, steht nicht entgegen, weil sich die Zusammenstellung eines Orchesters für die jeweilige Festspielsaison alljährlich wiederholt. Dies

---

3 Vgl. Begründung des Entwurfs des Urheberrechtsgesetzes vom 23. März 1962, BT-Drucks. IV/270, S. 94 zum früheren Recht, das nur die Fälle der Chor-, Orchester- und Bühnenaufführungen regelte.

4 Vgl. BT-Drucks. 15/38, S. 24 sowie BT-Drucks. IV/270, S. 94.

5 Schricker/*Krüger* Urheberrecht, 2. Aufl., § 80 Rn. 1.

6 Vgl. *v. Gamm* Urheberrechtsgesetz, § 80 Rn. 5 a. E.; Möhring/Nicolini/*Kroitzsch* Urheberrechtsgesetz, 2. Aufl., § 80 Rn. 8; vgl. auch LG Hamburg ZUM 1991, 98 f. sowie Schricker/*Krüger* aaO § 80 Rn. 4; *Hertin* in Fromm/Nordemann, Urheberrecht, 9. Aufl., § 80 Rn. 8.

7 Vgl. BGHZ 121, 319, 321 – The Doors.

8 Vgl. *Schack* JZ 1994, 43; Schricker/*Krüger* aaO § 80 Rn. 9 ff.

rechtfertigt die Annahme eines „einheitlichen“, auf Dauer eingerichteten und über die einzelne Festspielzeit hinaus fortbestehenden Orchesters.

[...]

Kurzkommentierung

Die Entscheidung des BGH hat generelle Bedeutung und spielt vor allem hinsichtlich der Vertreterproblematik in der Kunstproduktion eine bedeutende Rolle.

Bei Musikgruppen – wie hier ein Orchester – spielt immer wieder die Frage eine Rolle, wer die Gruppe der Künstler vertritt. Sinn und Zweck einer derartigen Regelung besteht darin, eine einheitliche Rechtswahrnehmung durch einen oder mehrere Vertreter des Ensembles (z.B. Orchester, Chor, Ballett) zu sichern und den Rechtsverkehr im Interesse des einzelnen Künstlers und des Dritten als Verhandlungspartner zu erleichtern. Zum einen soll im **Innenverhältnis** zwischen den Mitgliedern des Künstlerensembles verhindert werden, dass einzelne Mitglieder die künstlerische Darbietung gegen den Mehrheitswillen blockieren. Mit der gesamthänderischen Bindung sollen nicht nur alle für die Verwertung bedeutsamen Rechte, einschließlich die Einräumung und Übertragung der Nutzungsrechte, erfasst werden, sondern auch die Verfolgung und Geltendmachung von Ansprüchen. Der BGH hat zur Vertreterregelung nach § 80 Abs. 2 UrhG Stellung bezogen und damit das **Außenverhältnis** eines Künstlerensembles charakterisiert.

Nach § 80 Abs. 2 i.V.m. § 77 Abs. 2 S. 1 und § 74 Abs. 2 S. 2 UrhG hat im Grunde eine zweifache Prüfung zu erfolgen. Ist der Vorstand durch die beteiligten Künstler gewählt, ist er auch zur Geltendmachung der sich aus §§ 74 bis 77 UrhG ergebenden Rechte in Form der **gesetzlichen Prozessstandschaft** (Geltendmachung eines fremden Rechts im eigenen Namen) berechtigt. Aus dem Rechtsstreit geht hervor, dass der Vorstand durch die Mitglieder des Orchesters gewählt wurde.

Der Annahme, dass die aus dem persönlichen Vorstandsamt folgende Rechtsstellung nach § 80 Abs. 2 UrhG vererbbar sei, wurde eine Absage erteilt. Sind weitere Vorstandsmitglieder vorhanden, so bleiben sie allein klagebefugt. Mit der gesetzlichen Prozessstandschaft soll etwaigen Erschwernissen entgegengewirkt werden, um vermögensrechtliche Ansprüche unabhängig von einem häufigen Mitgliederwechsel durchsetzen zu können.

Bei einer gemeinsamen künstlerischen Darbietung erwirbt jeder ein individuelles Leistungsschutzrecht mit der Folge, dass ihre Anteile nicht gesondert verwertet werden können und die Verwertung die jeweilige Einwilligung derselben erforderlich ist. Die Verwertung steht den Künstlern nur zur gesamten Hand zu. Mit der Neufassung des § 80 UrhG im Jahre 2003, durch die lediglich das Recht zur Verwertung der **gesamthänderischen Bindung** unterworfen und ergänzend auf die **Miturheberschaft** verwiesen worden ist, hat sich inhaltlich nichts geändert. Wenn also ein Vorstand nicht gewählt wurde, ist der Leiter der Vertreter der Gruppe. Fehlt sowohl ein Vorstand als auch ein Leiter der Gruppe, kann jeder ausübender Künstler klagen. Er hat dann die Prozessführungsbefugnis.[9] Bei der Prozessführungsbefugnis handelt es sich, wie der BGH sich auszudrücken pflegt, um eine das Verfahren betreffende Voraussetzung, die in jeder Lage des Verfahrens von Amts wegen nach den zum Zeitpunkt der Entscheidung geltenden Regeln zu überprüfen ist.

Literatur

Wandtke/*Wandtke* Urheberrecht 7. Kap. Rn. 32.

9 BGH GRUR 1993, 550, 553 – The Doors.

3. Unterlassungsanspruch

3.1. Vorbeugender Unterlassungsanspruch/Werbung

BGH Urteil vom 5.1.2009, I ZR 57/07 – Cybersky
GRUR 2009, 841

§ 87 Abs. 1 UrhG
§ 97 Abs. 1 UrhG

Leitsätze

1. Für für eine Ware, die nach dem Urheberrechtsgesetz sowohl rechtmäßig als auch rechtswidrig genutzt werden kann, gezielt damit wirbt, dass diese für urheberrechtswidrige Zwecke verwendet werden kann (hier: zur Verletzung des Sendeunternehmen zustehenden Leistungsschutzrechts nach § 87 Abs. 1 UrhG), darf diese Ware nicht in Verkehr bringen, solange die von ihm geschaffene Gefahr einer urheberrechtswidrigen Verwendung fortbesteht.
2. Der vorbeugende Unterlassungsanspruch aus § 97 Abs. 1 UrhG erstreckt sich auf die eine künftige Rechtsverletzung vorbereitenden Maßnahmen; er umfasst daher auch die Werbung für eine Ware mit der Aussage, diese könne zu Verletzung von nach dem Urheberrechtsgesetz geschützten Rechten verwendet werden.[1]

Sachverhalt

Die Kl. bietet unter dem Namen „Premiere" ein sogenanntes „Pay-TV" an. Dabei handelt es sich um ein verschlüsseltes gegen Entgelt zu erhaltenes Fernsehprogramm. Der Bekl. entwickelte die Software „Cybersky-TV", die es ermöglichen soll zwischen den Nutzern der Software und deren mit dem Internet verbundenen Computern ein sogenanntes Peer-to-Peer-Netzwerk herzustellen. Innerhalb dieses Netzwerks können Daten in großer Menge und hoher Geschwindigkeit gesendet und empfangen werden. Insbesondere ermöglicht es den Nutzern Fernsehprogramme nahezu ohne zeitliche Verzögerung zu übertragen. Dadurch wäre es Abonnenten des Bezahlsenders möglich, das grundsätzlich kostenpflichtige Programm in dieses Netzwerk einzustellen und auf diesem Wege Nutzern, die keine Abonnenten des kostenpflichtigen Bezahlsenders sind, die Möglichkeit zu geben das Programm kostenfrei zu nutzen.

Entscheidungsgründe

[...]

II. [...] 1. [...]

a) **Ein auf Erstbegehungsgefahr gestützter vorbeugender Unterlassungsanspruch setzt voraus, dass ernsthafte und greifbare tatsächliche Anhaltspunkte für eine in naher Zukunft konkret drohende Rechtsverletzung bestehen.**[2] [...]

b) Entgegen der Ansicht der Revision hat das Berufungsgericht mit Recht angenommen, dass der Beklagte für die drohenden Rechtsverletzungen haftet. Der Beklagte kann vorbeugend auf Unterlassung in Anspruch genommen werden, weil er durch die ihm zuzurechnende Werbung der TCU AG für die Software „Cybersky TV" und das „TVOON Media Center" dazu beigetragen hat, dass bei einem Inverkehrbringen der Software „Cybersky TV" Urheberrechtsverletzungen durch Abonnenten der Klägerin zu befürchten sind.

---

1 Bestätigung von BGH Urt. v. 22.1.1960 – I ZR 41/58, GRUR 1960, 340, 343 f. – Werbung für Tonbandgeräte.

2 Vgl. zum Urheberrecht BGH Urt. v. 9.6.1983 – I ZR 70/81, GRUR 1984, 54, 55 – Kopierläden; Urt. v. 15.10.1998 – I ZR 120/96, GRUR 1999, 418, 420 = WRP 1999, 211 – Möbelklassiker; zum Markenrecht BGH, Urt. v. 13.3.2008 – I ZR 151/05, GRUR 2008, 912 Tz. 17 = WRP 2008, 1353 – Metrosex; zum Wettbewerbsrecht BGH, Urt. v. 31.5.2001 – I ZR 106/99, GRUR 2001, 1174, 1175 = WRP 2001, 1076 – Berühmungsaufgabe, jeweils m. w. N.

aa) **Der vorbeugende Unterlassungsanspruch kann sich nicht nur gegen den möglichen Täter, sondern auch gegen denjenigen richten, der als potentieller Teilnehmer oder Störer eine Erstbegehungsgefahr für eine Verletzungshandlung begründet hat.**[3] [...]

cc) **Mit dieser ihm zuzurechnenden Werbung hat der Beklagte willentlich und adäquat kausal dazu beigetragen, dass bei einem Inverkehrbringen der Software „Cybersky TV" Urheberrechtsverletzungen durch Abonnenten der Klägerin zu befürchten sind.**

An der adäquaten Kausalität des Verhaltens des Beklagten fehlt es nicht deshalb, weil die Klägerin – wie die Revision in anderem Zusammenhang vorbringt – selbst dadurch zu Urheberrechtsverletzungen beiträgt, dass sie nicht mehr ihren sogenannten Makrovision-Kopierschutz einsetzt. [...]

dd) [...]

(2) Nach diesen Maßstäben haftet der Beklagte für die zu befürchtenden Verletzungen des Senderechts der Klägerin durch Nutzer der Software „Cybersky TV" als Störer. Der Beklagte hat gezielt damit geworben, dass die Software „Cybersky TV" – rechtswidrig – dazu verwendet werden kann, „Pay-TV"-Programme zu senden und zu empfangen. Unter diesen Umständen ist es ihm zuzumuten zu prüfen, ob die von ihm damit geschaffene Gefahr von Rechtsverletzungen fortbesteht; er ist verpflichtet, von einem Inverkehrbringen der Software abzusehen, so lange diese Gefahr nicht ausgeräumt ist.[4] Da die Gefahr einer Verletzung von Rechten der Klägerin – wie unter II 1 c ausgeführt wird – nicht entfallen ist, führt diese Prüfung zu dem Ergebnis, dass der Beklagte das Inverkehrbringen der Software zu unterlassen hat. [...]

c) Das Berufungsgericht ist mit Recht davon ausgegangen, dass die vom Beklagten herbeigeführte Erstbegehungsgefahr fortbesteht. An den Wegfall der bei einer konkret drohenden Verletzungshandlung bestehenden Erstbegehungsgefahr sind allerdings grundsätzlich weniger strenge Anforderungen zu stellen als an den Fortfall der durch eine bereits begangene Verletzungshandlung begründeten Wiederholungsgefahr. Anders als für die durch eine Verletzungshandlung begründete Wiederholungsgefahr besteht für den Fortbestand der Erstbegehungsgefahr keine Vermutung. Für die Beseitigung der Erstbegehungsgefahr genügt daher grundsätzlich ein „actus contrarius", also ein der Begründungshandlung entgegengesetztes Verhalten, das allerdings unmissverständlich und ernst gemeint sein muss.[5] [...]

d) [...]

aa) Da der Beklagte die Gefahr, dass Abonnenten von Bezahlfernsehsendern die Software zur Verletzung des Senderechts von Sendeunternehmen verwenden, selbst vorsätzlich herbeigeführt hat, kann er sich nicht mit Erfolg darauf berufen, es sei ihm unmöglich oder unzumutbar, diese Gefahr zu beseitigen.

bb) Durch das Vertriebsverbot wird entgegen der Ansicht der Revision weder ein von der Rechtsordnung gebilligtes Geschäftsmodell in Frage gestellt oder unverhältnismäßig erschwert[6] noch wird dadurch das vom Schutz der Berufsfreiheit (Art. 12 Abs. 1 GG) umfasste Recht des Beklagten zur wirtschaftlichen Verwertung seiner beruflichen Leistungen verletzt.[7]

Das Vertriebsverbot richtet sich, wie das Berufungsgericht zutreffend ausgeführt hat, nicht gegen sogenannte Peer-to-Peer-Systeme als solche – die für sich genommen rechtlich unbedenklich sind – sondern allein dagegen, dass der Beklagte und die TCU AG die Software „Cybersky

3 Zur Haftung des Teilnehmers BGHZ 172, 119 Tz. 30 – Internet-Versteigerung II; BGH, Urt. v. 3.7.2008, GRUR 2008, 810 Tz. 44 = WRP 2008, 1182 – Kommunalversicherer; zur Haftung des Störers BGHZ 172, 119 Tz. 41 – Internet-Versteigerung II, jeweils m. w. N.

4 Vgl. *Spindler* MMR 2006, 403, 404.

5 BGH Urt. v. 31.5.2001 – I ZR 106/99, GRUR 2001, 1174, 1176 = WRP 2001, 1076 – Berühmungsaufgabe; GRUR 2008, 912 Tz. 30 – Metrosex, m. w. N.

6 Vgl. BGHZ 158, 236, 251 f. – Internet-Versteigerung I; BGH GRUR 2007, 890, 894 Tz. 39 – Jugendgefährdende Medien bei eBay.

7 Vgl. BGH Urt. v. 24.6.2004 – I ZR 26/02 – GRUR 2004, 877, 880 = WRP 2004, 1272 – Werbeblocker.

TV“ durch deren Darstellung in der Werbung auf die kostenlose Nutzung von Bezahlfernsehsendungen und damit auf die Möglichkeit von Urheberrechtsverletzungen ausgerichtet haben. Die Rechtsordnung billigt keine Geschäftsmodelle, die auf einer Verletzung von Rechten Dritter gründen; der Schutz der Berufsfreiheit kann für sie nicht in Anspruch genommen werden.

[...]

Kurzkommentierung

Der BGH hat mit dieser Entscheidung die Leistungsschutzrechte des Sendeunternehmens (§ 87 UrhG) gestärkt. Er hat ausführlich begründet, warum der **vorbeugende Unterlassungsanspruch des Störers** bejaht werden konnte. Nach zutreffender Ansicht des BGH ist derjenige Störer wegen einer Schutzrechtsverletzung, der – ohne Täter oder Teilnehmer zu sein – in irgendeiner Weise willentlich und adäquat kausal zur Verletzung des Schutzrechts beiträgt. Weil die Störerhaftung nicht über Gebühr auf Dritte erstreckt werden darf, die nicht selbst die rechtswidrige Beeinträchtigung vorgenommen haben, setzt die Haftung des Störers nach Auffassung des BGH die Verletzung von Prüfungspflichten voraus, deren Umfang sich danach bestimmt, ob und inwieweit dem als Störer in Anspruch Genommenen nach den Umständen eine Prüfung zuzumuten ist.

Die Störerhaftung für Produkte, die – wie hier die Software „Cybersky TV“ – nicht nur rechtmäßig, sondern auch zu Eingriffen in Rechte Dritter benutzt werden können, hängt gleichfalls davon ab, ob der rechtsverletzende Gebrauch des Produkts durch selbstständig handelnde Dritte bei objektiver Betrachtung nicht außerhalb aller Wahrscheinlichkeit liegt und ob dem als Störer in Anspruch Genommenen eine Haftung billigerweise zugemutet werden kann. Nach diesen Haftungsmaßstäben hat der Verletzer gezielt damit geworben, dass die Software „Cybersky TV“ – rechtswidrig – dazu verwendet werden kann, „Pay-TV“-Programme zu senden und zu empfangen. Unter diesen Umständen ist es ihm zuzumuten zu prüfen, ob die von ihm damit geschaffene Gefahr von Rechtsverletzungen fortbesteht; er ist verpflichtet, von einem Inverkehrbringen der Software abzusehen, so lange diese Gefahr nicht ausgeräumt ist. Da die Gefahr einer Verletzung von Rechten nicht entfallen ist, führt dies zu dem Ergebnis, dass das Inverkehrbringen der Software künftig zu unterlassen ist.

Der BGH sieht aber einen Unterschied zwischen der Erstbegehungsgefahr und der Wiederholungsgefahr. So ist er der Auffassung, dass an den Wegfall der bei einer konkret drohenden Verletzungshandlung bestehenden Erstbegehungsgefahr allerdings grundsätzlich weniger strenge Anforderungen zu stellen sind als an den Fortfall der durch eine bereits begangene Verletzungshandlung begründeten Wiederholungsgefahr. Anders als für die durch eine Verletzungshandlung begründete Wiederholungsgefahr besteht für den Fortbestand der Erstbegehungsgefahr keine Vermutung. Für die Beseitigung der Erstbegehungsgefahr genügt daher grundsätzlich ein „actus contrarius“, also ein der Begründungshandlung entgegengesetztes Verhalten, das allerdings unmissverständlich und ernst gemeint sein muss, so der BGH.

Da der vorbeugende Unterlassungsanspruch eine **Erstbegehungsgefahr** voraussetzt, ist zu fragen, ob ernsthafte und greifbare Anhaltspunkte für eine in der Zukunft konkret drohende Rechtsverletzung bestehen. Der BGH hat zu Recht darauf hingewiesen, dass der vorbeugende Unterlassungsanspruch nicht nur gegen den möglichen Täter, sondern auch gegen denjenigen gerichtet sei, der als potentieller Teilnehmer oder Störer eine Erstbegehungsgefahr für eine Verletzungshandlung begründet.

In dem Streitfall spielte die dem Störer zurechenbare **Werbung** der rechtswidrigen Software eine Rolle. Mit der Werbung hat der Verletzer bzw. Störer dazu beigetragen, dass bei einem Inverkehrbringen der Software „Cybersky-TV“ Urheberrechtsverletzungen durch Abonnenten zu befürchten sind. Es wurde gezielt mit dem Hinweis für die Software geworben. Die Zweckbestimmung dieser war die rechtsmissbräuchliche Nutzung durch den Kunden, das TV-Programm zu empfangen und zu verbreiten. Das Verbreitungsverbot, das der BGH darlegt, richtet sich nicht gegen sog. **Peer-to-Peer-Systeme** als solche, sondern gegen die Werbung einer rechtswidrigen Software. Die Rechtsordnung duldet keine rechtswidrigen Geschäftsmodelle, die auf einer Verletzungen Dritter ausgerichtet sind, so zu Recht der BGH.

Literatur

Wandtke/*Wandtke* Urheberrecht 10. Kap. Rn. 19f.

3.2. Störerhaftung

BGH Urteil vom 12.5.2010, I ZR 121/08 – Sommer unseres Lebens
GRUR 2010, 633

§ 19a UrhG
§ 97 UrhG

Leitsätze

1. Den Inhaber eines Internetanschlusses, von dem aus ein urheberrechtlich geschütztes Werk ohne Zustimmung des Berechtigten öffentlich zugänglich gemacht worden ist, trifft eine sekundäre Darlegungslast, wenn er geltend macht, nicht er, sondern ein Dritter habe die Rechtsverletzung begangen.
2. Der Inhaber eines WLAN-Anschlusses, der es unterlässt, die im Kaufzeitpunkt des WLAN-Routers marktüblichen Sicherungen ihrem Zweck entsprechend anzuwenden, haftet als Störer auf Unterlassung, wenn Dritte diesen Anschluss missbräuchlich nutzen, um urheberrechtlich geschützte Musiktitel in Internettauschbörsen einzustellen.

Sachverhalt

Die Kl. hat im Rahmen ihrer Vermarktung des Musikstückes „Sommer unseres Lebens“ mit der Aufnahme des Künstlers Sebastian Hämer, die L-AG beauftragt den Titel im Internet zu überwachen. Am 8.9.2006 um 18.32 Uhr erfasste die L-AG einen Nutzer mit seiner individuellen IP-Adresse, der den Tonträger den anderen Teilnehmern der Internettauschbörse „eMule“ zum Herunterladen anbot. Die IP-Adresse konnte im Rahmen der staatsanwaltlichen Ermittlungen des Bekl. zugeordnet werden.

Die Kl. beantragt nun den Bekl. zu verurteilen, es zu unterlassen das Lied „Sommer unseres Lebens“ im Internet auf sog. Peer-to-Peer-Netzwerken zum Tausch anzubieten oder auf sonstige Weise der Öffentlichkeit zugänglich zu machen. Des Weiteren verlangt der Kl. Schadensersatz und Erstattung von Abmahnkosten

Entscheidungsgründe

[…] II. […] 1. […]

a) […] Wird ein geschütztes Werk der Öffentlichkeit von einer IP-Adresse aus zugänglich gemacht, die zum fraglichen Zeitpunkt einer bestimmten Person zugeteilt ist, so spricht zwar eine tatsächliche Vermutung dafür, dass diese Person für die Rechtsverletzung verantwortlich ist. Daraus ergibt sich eine sekundäre Darlegungslast des Anschlussinhabers, der geltend macht, eine andere Person habe die Rechtsverletzung begangen.[1] Dieser sekundären Darlegungslast ist der Beklagte jedoch nachgekommen, indem er – von der Klägerin unbestritten – vorgetragen hat, zum fraglichen Zeitpunkt im Urlaub gewesen zu sein, während sich seine PC-Anlage in einem für Dritte nicht zugänglichen, abgeschlossenen Büroraum befunden habe. Die Vorlage eines Routerprotokolls hat die Klägerin von dem Beklagten in den Vorinstanzen nicht verlangt. Unabhängig von der Frage, ob überhaupt ein solches Protokoll mit entscheidungserheblichem Inhalt hätte vorgelegt werden können, war der computertechnisch nicht versierte Beklagte jedenfalls nicht verpflichtet, von sich aus ein Routerprotokoll vorzulegen. […]

---

1 Vgl. OLG Köln MMR 2010, 44, 45; GRUR-RR 2010, 173, 174.

b) Es kommt auch keine täterschaftliche Haftung des Beklagten unter dem Aspekt der Verletzung einer wettbewerbsrechtlichen Verkehrspflicht[2] in Betracht. Diese für das Wettbewerbsrecht entwickelte Haftungsgrundlage setzt voraus, dass die Merkmale einer täterschaftlichen Haftung nach dem jeweiligen Haftungsregime erfüllt sein müssen. **Während im Lauterkeitsrecht das in Rede stehende Verhalten – die Eröffnung einer nicht hinreichend begrenzten Gefahr für die geschützten Interessen anderer Marktteilnehmer – ohne weiteres als eine unlautere geschäftliche Handlung eingeordnet werden kann, müssen für eine täterschaftlich begangene Urheberrechtsverletzung die Merkmale eines der handlungsbezogenen Verletzungstatbestände des Urheberrechts erfüllt sein.** [...]

c) Allerdings hat der Bundesgerichtshof nach Verkündung des Berufungsurteils entschieden, dass der private Inhaber eines Mitgliedskontos bei eBay sich so behandeln lassen muss, als habe er selbst gehandelt, wenn er das Konto nicht hinreichend vor dem Zugriff Dritter gesichert hat und es von einem Dritten benutzt wird, ohne dass der Kontoinhaber dies veranlasst oder geduldet hat.[3] Die bei der Verwahrung der Zugangsdaten für das Mitgliedskonto gegebene Pflichtverletzung stellt danach einen eigenen, selbständigen Zurechnungsgrund dar. Diese Entscheidung ist indes nicht auf den Fall der Nutzung eines ungesicherten WLAN-Anschlusses durch außenstehende Dritte übertragbar. [...]

2. [...]

a) **Als Störer kann bei der Verletzung absoluter Rechte auf Unterlassung in Anspruch genommen werden, wer – ohne Täter oder Teilnehmer zu sein – in irgendeiner Weise willentlich und adäquat kausal zur Verletzung des geschützten Rechts beiträgt.**[4] Da die Störerhaftung nicht über Gebühr auf Dritte erstreckt werden darf, die nicht selbst die rechtswidrige Beeinträchtigung vorgenommen haben, setzt die Haftung des Störers nach der Rechtsprechung des Senats die **Verletzung von Prüfpflichten** voraus. Deren Umfang bestimmt sich danach, ob und inwieweit dem als Störer in Anspruch Genommenen nach den Umständen eine Prüfung zuzumuten ist.[5]

bb) [...] Die Zumutbarkeit folgt schon daraus, dass es regelmäßig im wohlverstandenen eigenen Interesse des Anschlussinhabers liegt, seine Daten vor unberechtigtem Eingriff von außen zu schützen. Zur Vermeidung von Urheberrechtsverletzungen durch unberechtigte Dritte ergriffene Sicherungsmaßnahmen am WLAN-Zugang dienen zugleich diesem Eigeninteresse des Anschlussinhabers. **Die Prüfpflicht ist mit der Folge der Störerhaftung verletzt, wenn die gebotenen Sicherungsmaßnahmen unterbleiben.**

cc) Welche konkreten Maßnahmen zumutbar sind, bestimmt sich auch für eine Privatperson zunächst nach den jeweiligen technischen Möglichkeiten.[6] Es würde die privaten Verwender der WLAN-Technologie allerdings unzumutbar belasten und wäre damit unverhältnismäßig, wenn ihnen zur Pflicht gemacht würde, die Netzwerksicherheit fortlaufend dem neuesten Stand der Technik anzupassen und dafür entsprechende finanzielle Mittel aufzuwenden. **Die Prüfungspflicht im Hinblick auf die unbefugte Nutzung eines WLAN-Routers konkretisiert sich vielmehr dahin, dass jedenfalls die im Kaufzeitpunkt des Routers für den privaten Bereich marktüblichen Sicherungen ihrem Zweck entsprechend wirksam einzusetzen sind.**[7]

c) [...]

---

2 Vgl. BGHZ 173, 188 Tz. 22 – Jugendgefährdende Schriften bei eBay.

3 BGHZ 180, 134 Tz. 16 – Halzband.

4 BGH Urt. v. 18.10.2001 – I ZR 22/99, GRUR 2002, 618, 619 = WRP 2002, 532 – Meißner Dekor I; BGH Urt. v. 30.4.2008 – I ZR 73/05, GRUR 2008, 702 Tz. 50 = WRP 2008, 1104 – Internet-Versteigerung III.

5 BGH Urt. v. 15.10.1998 – I ZR 120/96, GRUR 1999, 418, 419 f. = WRP 1999, 211 – Möbelklassiker; BGHZ 158, 343, 350 – Schöner Wetten; BGH, Urt. v. 9.2.2006 – I ZR 124/03, GRUR 2006, 875 Tz. 32 = WRP 2006, 1109 – Rechtsanwalts-Ranglisten.

6 Vgl. BGHZ 172, 119 Tz. 47 – Internet-Versteigerung II.

7 Vgl. dazu für den Bereich der Verkehrssicherungspflichten BGH, Urt. v. 31.10.2006 – VI ZR 223/05, NJW 2007, 762 Tz. 11; Urt. v. 2.3.2010 – VI ZR 223/09 Tz. 9 f., VersR 2010, 544.

bb) [...] Die Prüfpflicht des Beklagten bezieht sich aber auf die Einhaltung der im Kaufzeitpunkt des Routers für den privaten Bereich marktüblichen Sicherungen. Diese Pflicht hat der Beklagte verletzt. Der Beklagte hat es nach dem Anschluss des WLAN-Routers bei den werkseitigen Standardsicherheitseinstellungen belassen und für den Zugang zum Router kein persönliches, ausreichend langes und sicheres Passwort vergeben. Der Schutz von Computern, Kundenkonten im Internet und Netzwerken durch individuelle Passwörter gehörte auch Mitte 2006 bereits zum Mindeststandard privater Computernutzung und lag schon im vitalen Eigeninteresse aller berechtigten Nutzer. Sie war auch mit keinen Mehrkosten verbunden.

[...]

Kurzkommentierung

Die Störerhaftung gehört zu den zentralen Problemen des Haftungsrechts im Internet. Der BGH hat mit der vorliegenden WLAN-Entscheidung den **Störerbegriff** der bisherigen Rechtsprechung bestätigt,[8] obwohl noch viele Fragen ungeklärt sind. Grundsätzlich sollten für mittelbare Rechtsverletzungen im Immaterialgüterrecht die im Deliktsrecht entwickelten Grundsätze gelten. Die WLAN-Entscheidung des BGH hat grundsätzliche Bedeutung für das zivilrechtliche Haftungssystem im Internet.

Der WLAN-Anschlussinhaber ist nur auf Unterlassung verurteilt worden, weil er die Urheberrechtsverletzung nicht selbst begangen hat. Der „Störer" hatte in irgendeiner Weise willentlich und adäquat kausal zur Verletzung eines urheberrechtlich geschützten Rechtsgutes beigetragen. Auf ein Verschulden kommt es nicht an. Ein Dritter hatte Zugang zum Computer. Der Schadensersatzanspruch wurde deshalb zu Recht ausgeschlossen.

Entscheidend war, dass der **WLAN-Anschlussinhaber** seine Prüf- bzw. **Vorsorgepflichten** nicht wahrgenommen hat. Wenn dem Anschlussinhaber die Pflicht auferlegt wird, seinen persönlichen Anschluss mit den entsprechenden technischen Mitteln zu sichern, bedeutet dies, dass vor Kenntnis von Rechtsverletzungen durch Dritte, eine **zumutbare Prüfpflicht** besteht. Der BGH ist der Auffassung, dass die Konstellation von **eBay-Zugangsdaten** nicht auf den vorliegenden Fall anwendbar ist, weil eine IP-Adresse keine mit einem eBay-Konto vergleichbare Identifizierungsfunktion hat. Die geheimen mittels Passwort geschützten Kontodaten sind bestimmten Personen zuzuordnen. Benutzt also ein Dritter ein fremdes Mitgliedskonto bei eBay zu Schutzrechtsverletzungen und **Wettbewerbsverstößen**, weil der Inhaber diese nicht hinreichend vor fremden Zugriff gesichert hat, muss sich der Inhaber des Mitgliedkontos so behandeln lassen, als ob er selbst gehandelt hat.[9]

Es ist – im Unterschied zur WLAN-Entscheidung – generell die Tendenz feststellbar, dass der BGH die Haftung des Providers erst bejaht, wenn der Verletzer positive Kenntnis vom rechtswidrigen Inhalt hat.[10] Das gilt auch für eine Bildagentur, die Bilder an eine Presseagentur weitergibt.[11] Eine Pflicht zur Beseitigung des rechtswidrigen Inhalts im Internet ist davon abhängig, ob dies technisch möglich und zumutbar ist. Die Zumutbarkeit von Kontrollpflichten darf nicht überzogen werden.[12] Der Inhalt und Umfang der Prüfpflicht und deren Kenntnis sowie die **Zumutbarkeit** bilden den Kern der Haftungsvoraussetzungen. Die Feststellung einer Verletzung einer Prüfpflicht hängt von einer **Interessensabwägung** und **Risikoverteilung** ab. Denn es ist ein Unterschied, ob die Verletzung von Prüfpflichten ohne weiteres für den Störer erkennbar ist oder ob er durch den Verletzten Kenntnis erlangt.[13]

---

8 So bereits BGH GRUR 1999, 418, 419 – Möbelklassiker; BGH GRUR 2004, 860 – Internetversteigerung I; BGH GRUR 2008, 702 – Internetversteigerung III; BGH GRUR 2011, 321, 323 – Preußische Gärten und Parkanlagen auf Internetportal.

9 BGHZ 180, 134, 138 – Halzband.

10 BGH GRUR 2011, 152, 155 – Internetmarktplatzbetreiber.

11 BGH ZUM 2011, 239, 240 – Haftung des Betreibers eines Bildarchivs.

12 BGH GRUR 2011, 152, 155 – Internetmarktplatzbetreiber.

13 BGH GRUR 1999, 418, 419 – Möbelklassiker; BGH GRUR 1984, 54, 55 – Kopierläden.

Damit werden im Grunde die inhaltlichen Anforderungen der Haftung der §§ 7–10 TMG auf die Geschäftsmodelle im Internet übertragen.

Nach Auffassung des EuGH haftet die **Suchmaschine Google** erst, wenn sie Kenntnis von dem rechtsverletzenden Inhalt hat.[14] Während der **Contentprovider** für eigene Inhalte haftet und nicht dem Haftungsprivileg des § 7 Abs. 2 S. 2 TMG unterliegt, wird dem Hostprovider die Störerhaftung und damit das Haftungsprivileg zuerkannt, weil er Gastgeber für Werbeauftritte (Website) ist.[15] Die Haftungsprivilegierung nach dem TMG bezieht sich aber nur auf zivilrechtliche Schadensersatzansprüche und auf die strafrechtliche Verantwortlichkeit. Sie gilt nicht für Unterlassungsansprüche.[16] Anders als der WLAN-Anschlussinhaber hat der **Hostprovider** keine Prüfpflichten ex ante, sondern ex post. Dazu gehören z. B. YouTube, Facebook, My Space und andere **Plattformbetreiber**. Die Rechtsfolge ist eine andere, wenn der Betreiber eines Internetportals, in das Dritte für die Öffentlichkeit bestimmte Inhalte einstellen können, die fremden Inhalte vor der Freischaltung auf Vollständigkeit und Richtigkeit überprüft und sich damit diese zu Eigen macht. Der Betreiber eines Portals ist dann Täter und nicht Störer. Die Haftung als Täter oder Teilnehmer setzt voraus, dass der Verletzer auf klare Rechtsverletzungen hingewiesen wurde. Der BGH betont, dass die Frage, ob sich jemand als **Täter, Mittäter, Anstifter oder Gehilfe** in einer zivilrechtlichen Haftung begründenden Weise an einer deliktischen Handlung beteiligt hat, nach den im **Strafrecht** entwickelten Grundsätzen zu beantworten ist.[17] Wer sich rechtsverletzenden Inhalt zu Eigen macht, haftet nicht als Störer, sondern als Täter. Das gilt auch für den urheberrechtlichen Schadensersatzanspruch.[18] Der urheberrechtliche Schadensersatzanspruch kann auch gegen Minderjährige geltend gemacht werden, wenn sie illegal Musikdateien downloaden. Bei ihrer Haftung stellt sich keine Rechtsfrage des Minderjährigenschutzes nach den §§ 104 ff. BGB, weil es sich nicht um die Bewertung eines rechtsgeschäftlichen sondern deliktischen Verhaltens handelt.[19] Inwieweit eine Verschärfung der Haftung der Provider nach dem TMG wegen Urheberrechtsverletzungen de lege ferenda erforderlich ist, wird die Praxis zeigen. Zumindest ist im Zusammenhang mit der Enforcement-RL 2004/48/EG, die zum 1.9.2008 umgesetzt wurde, das Konzept der Provider als Mittelspersonen zu überprüfen. Host- und Accessprovider müssen stärker in die Verantwortung genommen werden, um die massenhafte Verbreitung urheberrechtlich geschützter Werke über Filsharing-Systeme und Sharehoster einzudämmen. Es ist nicht überzeugend, wenn dem privaten Nutzer nach der WLAN-Entscheidung proaktive Prüfpflichten auferlegt werden und dem Provider diese versagt werden. In dem Zusammenhang ist eine andere Entscheidung des BGH von grundlegender Bedeutung auch für das Urheberrecht, insbesondere für den Auskunftsanspruch nach § 101 UrhG. So hält der BGH eine anlasslose Speicherung der dynamischen IP-Adressen für sieben Tage nach Beendigung der jeweiligen Verbindung für möglich, wenn die Speicherung „notwendig, angemessen und verhältnismäßig" ist.[20] Dies sollte auch für Urheberrechtsverletzungen gelten, die keine strafrechtliche Relevanz aufweisen. Soweit ein Verdacht vorliegt, wäre auch eine längere Frist zur Durchsetzung des geistigen Eigentums möglich und notwendig.

Literatur

Wandtke/*Wandtke* Urheberrecht 10. Kap. Rn. 33.

---

14 EuGH GRUR Int. 2010, 385, 395 – Google/Vuitton.
15 BGH GRUR 2008, 702 – Internetversteigerung III.
16 BGH GRUR 2007,708,710 – Internetversteigerung II.
17 BGH GRUR 2011, 152, 154 – Internetmarktplatzbetreiber.
18 BGH GRUR 2010, 616, 619 – marions-kochbuch.de.
19 BGH MMR 2011, 390, 391.
20 BGH ZUM-RD 2011, 151, 156.

4. Schadensersatz

4.1. Verwertungsverbot

BGH Urteil vom 19.1.2006, I ZR 5/03 – Alpensinfonie
RzU BGHZ Nr. 547
GRUR 2006, 319

§ 16 UrhG
§ 23 UrhG
§ 96 Abs. 1 UrhG
§ 97 Abs. 1 UrhG a.F.

Leitsätze

1. Bei der Fernsehaufzeichnung einer Konzertaufführung wird das dargebotene Musikwerk nicht verfilmt. Das Werk der Musik wird dadurch nur vervielfältigt, nicht bearbeitet.
2. Die Vorschrift des § 96 Abs. 1 UrhG schützt den Inhaber des Vervielfältigungsrechts, indem sie ihm ein Verbotsrecht hinsichtlich andersartiger Werknutzungen (öffentliche Wiedergabe und Verbreitung) gibt, die mithilfe des rechtswidrig hergestellten Vervielfältigungsstücks vorgenommen werden. Auf die Vervielfältigung rechtswidriger Vervielfältigungen ist sie nicht entsprechend anzuwenden.

   Soweit die Vervielfältigungsrechte von einer Verwertungsgesellschaft wahrgenommen werden, steht deshalb ein Anspruch aus § 97 Abs. 1 i.V.m. § 96 Abs. 1, § 16 UrhG dieser zu.

Sachverhalt

Als Musikverlag hat die Kl. am 13./16.1.1970 einen Berechtigungsvertrag in der Fassung vom 19./20.6.1968 mit der GEMA geschlossen. Dieser Berechtigungsvertrag bezieht sich auf die Wahrnehmung von Urheberrechten an dem Musikstück „Alpensinfonie" (op. 64) von dem Komponisten Richard Strauss.

Anlässlich des 450-Jährigen Bestehens der Sächsischen Staatskapelle zu Dresden, wurde in der Semperoper u.a. das Musikwerk „Alpensinfonie" von Strauss aufgeführt. Das Konzert wurde unter Federführung des MDR live im Programm des Senders 3 sat übertragen und gleichzeitig aufgenommen. Für spätere Ausstrahlungen des Konzerts wurde die Postproduktion der Bekl. eingeräumt. Grundlage der Zusammenarbeit der Bekl. mit dem MDR war ein Coproduktionsvertrag vom 5./10.10.1998. Die K-GmbH stellte als Lizenznehmerin mit der Aufnahme des Konzerts eine DVD her, meldete diese bei der GEMA an und vertrieb sie auf dem Markt.

Im Jahre 2001 erfuhr die Kl. von der DVD und deren Verwertung und genehmigte diese nicht. Die Kl. fordert von der Bekl. Schadensersatz und Auskunft, da nach ihrer Ansicht durch die rechtswidrige Herstellung und Auswertung des Konzertfilms ein Mindestschaden von 70200,– DM entstanden sei. Die Rechtsnachfolger des Komponisten Richard Strauss haben nach Auskunft der Kl. ihrer Ansprüche an sie abgetreten.

Entscheidungsgründe

[…]

II. […]

3. […] Die Vorschrift des § 96 Abs. 1 UrhG schützt den Inhaber des Vervielfältigungsrechts, indem sie ihm ein Verbotsrecht hinsichtlich andersartiger Werknutzungen (öffentliche Wiedergabe und Verbreitung) gibt, die mithilfe des rechtswidrig hergestellten Vervielfältigungsstücks

vorgenommen werden.[1] Auch unter dem Gesichtspunkt von Ansprüchen aus § 97 Abs. 1 i. V. m. § 96 Abs. 1 UrhG kommt es deshalb auf das Vorbringen der Klägerin an, wonach die Erben des Komponisten das Recht, Filmaufzeichnungen von Aufführungen der „Alpensinfonie“ herzustellen und auf Bildtonträgern zu vervielfältigen, nicht der GEMA zur Wahrnehmung eingeräumt haben.

4. Wegen der Vervielfältigung und Verbreitung der „Alpensinfonie“ auf DVDs stehen der Klägerin Ansprüche aus § 97 Abs. 1 i. V. m. § 96 Abs. 1 UrhG auch nicht unter dem Gesichtspunkt zu, dass die – ohne ihre Einwilligung vorgenommene – (erstmalige) Herstellung des Konzertfilms als Fernsehproduktion ein Vervielfältigungsrecht verletzt hat, das ihr auch dann verblieben ist, wenn die Nutzungsrechte zur Vervielfältigung von Bildtonträgern – mangels einer besonderen Abrede (vgl. dazu oben I. 1. a)) – von der GEMA wahrgenommen werden sollten.

Die (erstmalige) Festlegung der „Alpensinfonie“ bei der Herstellung des Konzertfilms als Fernsehproduktion verletzte das sog. Filmherstellungsrecht, das nach dem Berechtigungsvertrag weiterhin der Klägerin zustand. [...]

Die Vorschrift des § 96 Abs. 1 UrhG stellt jedoch kein Verbot auf, Vervielfältigungsstücke gerade mithilfe eines rechtswidrig hergestellten Vervielfältigungsstücks zu fertigen. Sie erfasst nach ihrem Wortlaut solche Fälle nicht. Es besteht insoweit auch keine Gesetzeslücke, die durch eine analoge Anwendung der Vorschrift zu schließen wäre.[2] **Die Vorschrift des § 96 Abs. 1 UrhG schützt – wie vorstehend dargelegt – das Vervielfältigungsrecht des Berechtigten durch ein Verwertungsverbot, das sich gegen andersartige Werknutzungen (öffentliche Wiedergabe und Verbreitung) richtet, für die ein rechtswidrig hergestelltes Vervielfältigungsstück benutzt wird. Gegen eine rechtswidrige Vervielfältigung rechtswidrig hergestellter Vervielfältigungsstücke kann bereits aus dem Vervielfältigungsrecht vorgegangen werden (§ 97 Abs. 1 i. V. m. § 16 UrhG).** Wird durch die rechtswidrige Vervielfältigung eine Verletzung des Urheberpersönlichkeitsrechts oder des allgemeinen Persönlichkeitsrechts des Urhebers vertieft (etwa bei Vervielfältigung einer unbefugten Aufzeichnung musikalischer Improvisationen), folgen daraus die aus diesen Rechten hergeleiteten Ansprüche.

[...]

Kurzkommentierung

Der BGH hat sich u.a. mit dem Verwertungsverbot nach § 96 UrhG auseinandergesetzt und in dem vorliegenden Fall die Frage offen gelassen. Er ist der zutreffenden Ansicht, dass die Vorschrift des § 96 Abs. 1 UrhG jedoch kein Verbot aufstellt, Vervielfältigungsstücke gerade mithilfe eines rechtswidrig hergestellten Vervielfältigungsstücks zu fertigen. Sie erfasst nach ihrem Wortlaut solche Fälle nicht. Es besteht insoweit auch keine Gesetzeslücke, die durch eine analoge Anwendung der Vorschrift zu schließen wäre. Die Vorschrift des § 96 Abs. 1 UrhG schützt – wie der BGH betont – das Vervielfältigungsrecht des Berechtigten durch ein Verwertungsverbot, das sich gegen andersartige Werknutzungen (öffentliche Wiedergabe und Verbreitung) richtet, für die ein rechtswidrig hergestelltes Vervielfältigungsstück benutzt wird. Gegen eine rechtswidrige Vervielfältigung rechtswidrig hergestellter Vervielfältigungsstücke kann bereits aus dem Vervielfältigungsrecht vorgegangen werden (§ 97 Abs. 1 i. V. m. § 16 UrhG). Wird durch die rechtswidrige Vervielfältigung eine Verletzung des Urheberpersönlichkeitsrechts oder des allgemeinen Persönlichkeitsrechts des Urhebers bejaht (etwa bei Vervielfältigung einer unbefugten Aufzeichnung musikalischer Improvisationen), folgen daraus die aus diesen Rechten hergeleiteten Ansprüche, so der BGH. Entscheidend ist im Rahmen des

---

1 Vgl. Schricker/*Wild* aaO § 96 UrhG Rn. 3; Möhring/Nicolini/*Lütje* Urheberrechtsgesetz, 2. Aufl., § 96 UrhG Rn. 3; *Meckel* in HK-UrhR, § 96 UrhG Rn. 3; *Bungeroth* GRUR 1976, 454, 456 f.; a. A. *Wandtke/Bullinger* Urheberrecht, § 96 UrhG Rn. 11 f.

2 Vgl. dazu auch *Dreier* in Dreier/Schulze aaO § 96 UrhG Rn. 9.

§ 96 UrhG die Feststellung des BGH, dass der Inhaber des Vervielfältigungsrechts geschützt wird, indem ihm ein Verbotsrecht hinsichtlich andersartiger Werknutzungen (öffentliche Wiedergabe und Verbreitung) gegeben wird, die mit Hilfe des rechtswidrig hergestellten Vervielfältigungsstücks vorgenommen werden.

Literatur
Wandtke/*Wöhrn* Urheberrecht 3. Kap. Rn. 80.

4.2. Verletzergewinn innerhalb einer Lizenzkette

BGH Urteil vom 14.5.2009, I ZR 98/06 – Tripp-Trapp-Stuhl
BGHZ 181, 98
GRUR 2009, 856

§ 97 Abs. 1 S. 2 UrhG (Fassung vom 23.6.1995)

Leitsätze
1. Der Verletzergewinn ist nach einer Verletzung urheberrechtlicher Nutzungsrechte nach § 97 Abs. 1 UrhG nur insoweit herauszugeben, als er auf der Rechtsverletzung beruht. Beim urheberrechtsverletzenden Verkauf einer unfreien Bearbeitung kommt es insoweit maßgeblich darauf an, inwieweit der Entschluss der Käufer zum Erwerb der angegriffenen Ausführung gerade darauf zurückzuführen ist, dass diese die Züge erkennen lässt, auf denen der Urheberrechtsschutz des benutzten Werkes beruht. Jedenfalls dann, wenn es um die Verletzung des Urheberrechts an einem Werk der angewandten Kunst geht, kann nicht ohne weiteres davon ausgegangen werden, dass der Verletzergewinn im Falle einer identischen Nachahmung vollständig auf der Verletzung beruht. Vielmehr sind in einem solchen Fall regelmäßig auch andere Faktoren wie die Funktionalität oder der günstige Preis der unfreien Bearbeitung für die Kaufentscheidung maßgeblich.
2. Haben innerhalb einer Lieferkette mehrere Lieferanten nacheinander urheberrechtliche Nutzungsrechte verletzt, ist der Verletzte zwar grundsätzlich berechtigt, von jedem Verletzer innerhalb der Verletzerkette die Herausgabe des von diesem erzielten Gewinns als Schadensersatz zu fordern. Der vom Lieferanten an den Verletzten herauszugebende Gewinn wird aber durch Ersatzzahlungen gemindert, die der Lieferant seinen Abnehmern wegen deren Inanspruchnahme durch den Verletzten erbringt.

Sachverhalt
Die Kl. ist Inhaberin der ausschließlichen Nutzungsrechte an dem Kinderstuhl „Tripp-Trapp“, der von ihm hergestellt und vertrieben wird. Der Bekl. vertreibt in den Jahren 1997 bis 2002 ebenfalls einen Kinderhochstuhl „Alpha“, den er von der aus Hong Kong stammenden H-GmbH & Co. KG bezieht. Da dieser Stuhl dem „Tripp-Trapp“–Stuhls sehr ähnlich sieht, ist die Kl. der Ansicht, dass der Bekl. durch den Vertrieb seiner „Alpha“-Stühle, ihre Nutzungsrechte verletzte.

Entscheidungsgründe
II. [...] 4. [...]

b) [...] Der Verletzte ist grundsätzlich berechtigt, von jedem Verletzer innerhalb einer Verletzerkette die Herausgabe des von diesem erzielten Gewinns als Schadensersatz zu fordern.

[...]

(2) **Die für eine Erschöpfung des Verbreitungsrechts erforderliche Zustimmung des Berechtigten zum Inverkehrbringen des Werkstücks kann nicht nur im Voraus (als Einwilli-**

gung), sondern auch im Nachhinein (als Genehmigung) erteilt werden. Allein in der Geltendmachung und Entgegennahme von Schadensersatz wegen einer Verletzung des Verbreitungsrechts ist jedoch grundsätzlich keine Genehmigung des unbefugten Inverkehrbringens zu sehen.[1] Anders kann es möglicherweise zu bewerten sein, wenn der Berechtigte von dem Verletzer vollen Schadensersatz ausdrücklich auch für die unbefugte Nutzung durch die Abnehmer des Verletzers fordert und entgegennimmt.[2] Dies ist hier jedoch nicht der Fall.

(3) Eine entsprechende Anwendung des Erschöpfungsgrundsatzes auf Rechtsverletzungen in Verletzerketten verbietet sich, wie das Berufungsgericht mit Recht angenommen hat, auch deshalb, weil sie im Hinblick darauf zu unstimmigen Ergebnissen führen kann, dass die Erschöpfung die Freiheit des Vertriebs nur in nachfolgenden und nicht in vorangehenden Vertriebsstufen bewirkt.[3] Leistet ein in der Verletzerkette vorangehender Verletzer Schadensersatz, wären danach Schadensersatzansprüche gegen nachfolgende Verletzer ausgeschlossen; leistet ein in der Verletzerkette nachfolgender Verletzer Schadensersatz, bestünden hingegen Schadensersatzansprüche gegen vorangehende Verletzer fort.

bb) **Auch unter dem Gesichtspunkt der Gesamtschuld können**, anders als das Berufungsgericht angenommen hat, **Schadensersatzleistungen eines Verletzers in einer Verletzerkette andere Verletzer in der Verletzerkette grundsätzlich nicht von ihrer Schadensersatzpflicht befreien.**

(1) Die Erfüllung durch einen Gesamtschuldner wirkt zwar nach § 422 Abs. 1 S. 1 BGB auch für die übrigen Schuldner. Mehrere Verletzer innerhalb einer Verletzerkette haften jedoch nur dann als Gesamtschuldner, wenn sie durch eine gemeinschaftlich begangene unerlaubte Handlung einen Schaden verursacht haben (§ 830 Abs. 1 S. 1 BGB) oder für den aus einer unerlaubten Handlung entstehenden Schaden nebeneinander verantwortlich sind (§ 840 Abs. 1 BGB). Diese Voraussetzungen sind hier nicht erfüllt.

[...]

Bei einer Verletzung von Nutzungsrechten führt bereits der Eingriff in die allein dem Rechtsinhaber zugewiesene Nutzungsmöglichkeit als solcher zu einem Schaden im Sinne des Schadensersatzrechts.[4] **Jeder Verletzer innerhalb einer Verletzerkette greift durch das unbefugte Inverkehrbringen des Schutzgegenstandes erneut in das ausschließlich dem Rechtsinhaber zugewiesene Verbreitungsrecht ein.**[5] [...]

dd) [...]

(1) Bei der Bemessung des Schadensersatzanspruchs des Verletzten gegen den Hersteller der rechtsverletzenden Gegenstände auf Herausgabe des Verletzergewinns sind allerdings Ersatzzahlungen, die der Hersteller deshalb an seine Abnehmer leistet, weil diese am Weitervertrieb der rechtsverletzenden Gegenstände gehindert sind, nicht abzuziehen. Dem liegt die Erwägung zugrunde, dass bei der Bemessung des Schadensersatzes anhand des Verletzergewinns fingiert wird, der Rechtsinhaber hätte ohne die Rechtsverletzung durch Verwertung seines Schutzrechts den gleichen Gewinn wie der Verletzer erzielt. Ein Gewinn des Rechtsinhabers wäre jedoch nicht durch Schadensersatzzahlungen an seine Abnehmer geschmälert worden.[6]

[...]

(a) [...] **Der Anspruch auf Herausgabe des Verletzergewinns ist kein Anspruch auf Ersatz des konkret entstandenen Schadens, sondern zielt in anderer Weise auf einen bil-**

---

1 Vgl. BGHZ 148, 221, 232 – Spiegel-CD-ROM; *Götz* GRUR 2001, 295, 297; *Allekotte* Mitt. 2004, 1, 5 f.

2 Vgl. zum Patentrecht OLG Hamburg, Urt. v. 16.7.1998 – 3 U 192/97, juris Tz. 36, m. w. N.

3 *Götz* GRUR 2001, 295, 297.

4 Vgl. BGHZ 166, 253, 266 – Markenparfümverkäufe; 173, 374, 383 – Zerkleinerungsvorrichtung, *Melullis* GRUR Int. 2008, 679, 682; *v. Ungern-Sternberg* GRUR 2009, 460, 462 m. w. N.

5 Vgl. *Tilmann* GRUR 2003, 647, 653.

6 BGHZ 150, 32, 44 – Unikatrahmen.

ligen Ausgleich des Vermögensnachteils, den der verletzte Rechtsinhaber erlitten hat. Es wäre unbillig, dem Verletzer einen Gewinn zu belassen, der auf der unbefugten Nutzung des Ausschließlichkeitsrechts beruht. Die Abschöpfung des Verletzergewinns dient zudem der Sanktionierung des schädigenden Verhaltens und auf diese Weise der Prävention gegen eine Verletzung der besonders schutzbedürftigen Immaterialgüterrechte.[7]

[...]

Kurzkommentierung

Im Kern der Entscheidung geht es um den ursächlichen Zusammenhang zwischen einer Schutzrechtsverletzung und dem erlangten Gewinn des Verletzers. Der Anspruch auf Berücksichtigung des Verletzergewinns war gewohnheitsrechtlich als Schadensberechnungsart anerkannt und ist nunmehr in das Gesetz 2008 aufgenommen worden. Der Verletzergewinn i. S. d. § 97 Abs. 2 S. 2 UrhG ist nicht Schadensersatz, sondern eine Berechnungsart.

Die BGH-Entscheidung ist von grundlegender Bedeutung. Mit Recht ist der BGH davon ausgegangen, dass der Verletzergewinn nur insoweit herauszugeben ist, als er auf der Rechtsverletzung beruht. Denn bei der urheberrechtsverletzenden Verwertung einer Bearbeitung kommt es insoweit maßgeblich darauf an, inwieweit der Entschluss der Käufer zum Erwerb der Bearbeitung gerade darauf zurückzuführen ist, dass diese die Züge erkennen lässt, auf denen der Urheberrechtsschutz des benutzten Werkes beruht. Dabei ist dies nicht im Sinne einer adäquaten Kausalität, sondern – vergleichbar mit der Bemessung der Mitverschuldensanteile im Rahmen des § 254 BGB – im Sinne einer wertenden Zurechnung zu verstehen. Für diese ist nicht allein der quantitative Umfang, sondern mehr noch der qualitative Wert des Entnommenen von Bedeutung. Zutreffend ist auch die Feststellung, dass die Höhe des Anteils, zu dem der erzielte Gewinn auf der Rechtsverletzung beruht, vom Tatrichter gemäß § 287 ZPO nach seinem Ermessen zu schätzen ist, wenn nicht ausnahmsweise jeglicher Anhaltspunkt für eine Schätzung fehlt.

Nicht überzeugend ist indes die Argumentation hinsichtlich der Abzugsfähigeit vom Verletzergewinn. Zunächst macht der BGH einen Unterschied zwischen Werken der bildenden und angewandten Kunst. Abgesehen davon, dass nicht nur Werke der angewandten Kunst einem Gebrauchszweck dienen, wird eine Abstufung hinsichtlich des Werkbegriffs i. S. d. § 2 Abs. 2 UrhG gemacht, was nicht vom Gesetz gestützt werden kann. Es wird unterstellt, dass Werke der bildenden Kunst nicht einem Gebrauchszweck dienen, sondern „zweckfrei" sind. Diese Auffassung entspricht nicht dem wirklichen ökonomischen Zusammenhang von Kunstwerken. Nehmen Werke der bildenden Kunst Warencharakter an, dienen sie auch für den Kunden als Gebrauchszweck. Wer ein Gemälde kauft, hat nicht nur Kunstgenuss, sondern es dient als Gebrauchszweck, weil es wie jede Ware im Ware-Geld Verhältnis zirkulieren kann. Für die Entscheidung zum Kauf eines Gebrauchsgegenstandes – wie hier ein Kinderhochstuhl – ist, wie der BGH bestätigt, regelmäßig nicht nur die ästhetische Gestaltung, sondern auch die technische Funktionalität von Bedeutung. Dies mag als Motiv für den Kunden zutreffen, kann aber nicht Maßstab für die Höhe des Verletzergewinns genommen werden. Das Motiv eines Kunden, ein Gemälde zu kaufen, kann auch darin bestehen, dasselbe nicht im Wohnzimmer aufzuhängen, sondern als Unterlage im Keller für einen Stuhl zu benutzen. Es kann durchaus angenommen werden, dass der Kaufentschluss gerade nicht die Funktionalität des Stuhls betrifft. Es kann daher nicht ohne weiteres angenommen werden, dass der durch die identische Nachahmung eines urheberrechtlich geschützten Gebrauchsgegenstandes erzielte Gewinn nicht in vollem Umfang darauf beruht, dass jeder Kaufentschluss – und damit der gesamte Gewinn – allein durch das imitierte Aussehen und nicht durch andere wesentliche Umstände wie etwa die technische Funktionalität oder den niedrigen Preis verursacht worden ist. Für die Feststellung des Verletzergewinns ist in der Tat nur ein objektiver Maßstab möglich, der sich im tatsächlichen

7 BGHZ 145, 366, 371 f. – Gemeinkostenanteil, m. w. N.

Gewinn ausdrückt, unabhängig davon, ob das Werk technisch funktionell oder vom Preis bestimmt wird. Die 10% Abzug als sog. Kausalitätsabzug ist insofern nicht gerechtfertigt.

In dem Rechtsstreit ging es auch um die Frage, inwieweit der Verletzte von jedem Verletzer innerhalb einer Verletzerkette die Herausgabe des von diesem erzielten Gewinns als Schadensersatz zu fordern berechtigt ist. Der BGH kommt zum Ergebnis, dass unter dem Gesichtspunkt der Erschöpfung gegen nachfolgende Verletzer in einer Verletzerkette es nicht ausgeschlossen ist, wenn der vorangehende Verletzer in der Verletzerkette Schadensersatz geleistet hat. Schadensersatzleistungen eines Verletzers in einer Verletzerkette führen nicht zu einer Erschöpfung des Verbreitungsrechts.

Die Ansicht des BGH ist zutreffend, dass allein in der Geltendmachung und Entgegennahme von Schadensersatz wegen einer Verletzung des Verbreitungsrechts jedoch grundsätzlich keine Genehmigung des unbefugten Inverkehrbringens zu sehen ist. Anders könnte es möglicherweise zu bewerten sein, so der BGH, wenn der Berechtigte von dem Verletzer vollen Schadensersatz ausdrücklich auch für die unbefugte Nutzung durch die Abnehmer des Verletzers fordert und entgegennimmt. Dies war hier jedoch nicht der Fall.

Der BGH betont, dass auch unter dem Gesichtspunkt der **Gesamtschuld** Schadensersatzleistungen eines Verletzers in einer Verletzerkette andere Verletzer in der Verletzerkette grundsätzlich nicht von ihrer Schadensersatzpflicht befreien.

Mehrere Verletzer innerhalb einer Verletzerkette haften jedoch nur dann als Gesamtschuldner, wenn sie durch eine gemeinschaftlich begangene unerlaubte Handlung einen Schaden verursacht haben (§ 830 Abs. 1 S. 1 BGB) oder für den aus einer unerlaubten Handlung entstehenden Schaden nebeneinander verantwortlich sind (§ 840 Abs. 1 BGB). Der BGH verneint diese Voraussetzungen im vorliegenden Rechtsstreit.

Der BGH hebt die Bedeutung der Nutzungsrechte hervor und stellt fest, dass bei einer Verletzung von Nutzungsrechten bereits der Eingriff in die allein dem Rechtsinhaber zugewiesene Nutzungsmöglichkeit als solcher zu einem Schaden im Sinne des Schadensersatzrechts führt. Jeder Verletzer innerhalb einer Verletzerkette greift durch das unbefugte Inverkehrbringen des Schutzgegenstandes erneut in das ausschließlich dem Rechtsinhaber zugewiesene Verbreitungsrecht ein. Es wäre unbillig, dem Verletzer einen Gewinn zu belassen, der auf der unbefugten Nutzung des Ausschließlichkeitsrechts beruht. Die Abschöpfung des Verletzergewinns dient zudem der Sanktionierung des schädigenden Verhaltens und auf diese Weise der Prävention gegen eine Verletzung der besonders schutzbedürftigen Immaterialgüterrechte, so der BGH.

Vergleichend ist die Entscheidung des BGH zur „Werbung eines Nachrichtensenders" heranzuziehen.[8] Hier hatte der BGH zunächst die im Videofilm wiedergegebenen Bildfolgen als Laufbilder i. S. d. § 95 UrhG dem Leistungsschutzrecht zugeordnet. Ein wesentliches dogmatisches Problem war der Nachweis des kausalen Zusammenhangs zwischen der Ausstrahlung des Videofilms und den **Werbeeinnahmen des Senders**. Für die Beurteilung, ob die Ausstrahlung des Videofilms ursächlich für die Werbeeinnahmen geworden ist, kommt es nach Auffassung des BGH nicht darauf an, ob die Werbekunden den Inhalt der Nachrichtensendungen vorhersehen konnten. Für einen ursächlichen Zusammenhang zwischen den Werbeeinnahmen und der Ausstrahlung des Videofilms reicht es vielmehr aus, dass die Kunden ihre Werbung im Umfeld einer Nachrichtensendung platzieren. Das folgt aus der Gestaltung der Sendung, bei der Nachrichten und Werbung gesendet werden und die von der Aktualität der Nachrichteninhalte ausgehende Aufmerksamkeit des Publikums dazu benutzt wird, das dadurch geweckte Zuschauerinteresse auf die bezahlte Werbung umzulenken. Der BGH bejaht den ursächlichen Zusammenhang. Einschränkend geht der BGH auf die Tatsache ein, dass die Höhe der Werbeeinnahmen von einer Vielzahl von Faktoren (wie etwa das allgemeine Zuschauerinte-

8 BGH GRUR 2010, 1090 – Werbung eines Nachrichtensenders.

resse, die Stellung des Nachrichtensenders im Markt) abhängig ist. Diese Faktoren schließen zwar nicht den ursächlichen Zusammenhang aus, sind aber beim **Verletzergewinn** zu berücksichtigen.

Denn nach Ansicht des BGH ist der Anspruch auf Herausgabe des Verletzergewinns kein Anspruch auf Ersatz des konkret entstandenen Schadens, sondern zielt in anderer Weise auf einen billigen Ausgleich des Vermögensnachteils, den der verletzte Rechtsinhaber erlitten hat. Es wäre unbillig, dem Verletzer einen Gewinn zu belassen, der auf der unbefugten Benutzung des Ausschließlichkeitsrechts beruht. Die Abschöpfung des Verletzergewinns dient zudem der Sanktionierung des schädigenden Verhaltens und auf diese Weise der **Prävention** gegen eine Verletzung der besonders schutzbedürftigen Immaterialgüterrechte, so der BGH.

Literatur

Wandtke/*Wandtke* Urheberrecht 10. Kap. Rn. 74.

4.3. Lizenzanalogie in der Absatzkette

BGH Urteil vom 26.3.2009, I ZR 44/06 – Resellervertrag
GRUR 2009, 660

§ 97 Abs. 1 UrhG a. F.

Leitsatz

Bei der Bemessung des Schadensersatzanspruchs aus § 97 Abs. 1 UrhG a. F. nach den Grundsätzen der Lizenzanalogie sind Ersatzzahlungen, die der Verletzer seinen Vertragspartnern wegen deren Inanspruchnahme durch den Verletzten erbringt, nicht abzuziehen.

Sachverhalt

Bei der Kl. handelt es sich um die Inhaberin der ausschließlichen urheberrechtlichen Nutzungsrechte an den Flash-Präsentationen „Nahrungsergänzung" und „Nebenjob". Die Bekl. war Inhaberin von zwei Internet-Adressen über die sie die Nahrungsergänzungsmittel des Unternehmens Herbalife vertrieb. Die Lizenzvergabe der Nutzungsrechte erfolgt über ein von der Kl. entwickeltes dreistufiges Gebührenmodell.

Die Bekl. verpflichtete sich nach erfolgter Abmahnung durch die Kl., es ab sofort zu unterlassen, die Web-Animation „Wellness-Flash-Info" ohne ihre Zustimmung zu vervielfältigen und zu verbreiten, und für jeden Fall der Zuwiderhandlung eine angemessene Vertragsstrafe zu zahlen.

Entscheidungsgründe

[...]

II. [...] 1. [...]

c) Dem Gläubiger des Schadensersatzanspruchs aus § 97 Abs. 1 UrhG a. F. stehen – **nach seiner Wahl – drei verschiedene Berechnungsarten zur Verfügung: die konkrete Schadensberechnung, die den entgangenen Gewinn einschließt, die Herausgabe des Verletzergewinns (§ 97 Abs. 1 Satz 2 UrhG a. F.) und die Zahlung einer angemessenen Lizenzgebühr.**[1] Bei der – von der Klägerin gewählten – **Schadensberechnung nach den Grundsätzen der Lizenzanalogie ist zu fragen, was vernünftige Vertragspartner bei Abschluss eines Lizenzvertrages als Vergütung für die Benutzungshandlung des Verletzers vereinbart hätten. Hierfür ist der objektive Wert der angemaßten Benutzungsberechtigung zu er-**

1 BGH Urt. v. 22.9.1999 – I ZR 48/97, GRUR 2000, 226, 227 = WRP 2000, 101 – Planungsmappe, m. w. N.

mitteln. Dieser besteht in der angemessenen und üblichen Lizenzgebühr.[2] Von diesen Grundsätzen ist auch das Berufungsgericht ausgegangen.

d) **Die Höhe der danach als Schadensersatz zu zahlenden Lizenzgebühr ist vom Tatrichter gemäß § 287 ZPO unter Würdigung aller Umstände des Einzelfalls nach seiner freien Überzeugung zu bemessen.** Vom Revisionsgericht ist nur zu prüfen, ob die Schadensschätzung auf grundsätzlich falschen oder offenbar unsachlichen Überlegungen beruht oder ob wesentliche Tatsachen außer Acht gelassen worden sind, insbesondere, ob schätzungsbegründende Tatsachen, die von den Parteien vorgebracht worden sind oder sich aus der Natur der Sache ergeben, nicht gewürdigt worden sind.[3] Einer solchen Nachprüfung hält das Berufungsurteil nicht stand.

aa) Die Revision der Beklagten beanstandet allerdings ohne Erfolg, das Berufungsgericht habe seiner Schadensschätzung unzutreffende Maßstäbe zugrunde gelegt, weil es davon ausgegangen sei, dass an Art und Umfang der vom Geschädigten beizubringenden Schätzungsgrundlagen im Hinblick auf die Beweisschwierigkeiten im Urheberrecht nur geringe Anforderungen zu stellen seien. Steht – wie im Streitfall – fest, dass ein Schaden entstanden ist, und lässt sich dieser aus Gründen, die nicht im Verantwortungsbereich des Geschädigten, sondern in der Natur der Sache liegen, nicht verlässlich bestimmen, so hat das Gericht den Schaden zu schätzen, sofern hierfür nicht ausnahmsweise jegliche Anhaltspunkte fehlen.[4]

bb) Das Berufungsgericht hat angenommen, die Schadensschätzung könne sich an dem von der Klägerin vorgelegten dreistufigen Vergütungsmodell orientieren, weil sich den von der Klägerin vorgelegten Unterlagen – den Verträgen der Klägerin, dem Vertrag des Unternehmens J. und dem Gutachten der IHK Koblenz – ausreichende Anhaltspunkte für die Branchenüblichkeit und Angemessenheit des Lizenzierungsmodells der Klägerin entnehmen ließen. […]

III. […]

1. Das Berufungsgericht ist zutreffend davon ausgegangen, dass **auch ein Schadensersatzanspruch, der nach den Grundsätzen der Lizenzanalogie berechnet wird, nicht die Umsatzsteuer umfasst, die nach den der Schadensschätzung zugrunde gelegten Lizenzverträgen auf die Lizenzgebühren zu zahlen ist. Schadensersatzzahlungen sind kein Entgelt im Sinne des § 1 Abs. 1 Nr. 1 Satz 1 UStG und unterliegen daher nicht der Umsatzsteuer, wenn die Zahlung – wie hier – nicht für eine Lieferung oder sonstige Leistung an den Zahlenden erfolgt, sondern deshalb, weil dieser nach Gesetz oder Vertrag für einen Schaden und dessen Folgen einzustehen hat**[5] […]

3. […]

a) Entgegen der Ansicht der Revision der Beklagten kommt es insoweit allerdings nicht darauf an, ob und inwieweit Schadensersatzleistungen eines Verletzers auf Schadensersatzansprüche anderer Verletzer innerhalb einer **Verletzerkette** bzw. Vertriebskette anzurechnen sind. Diese Frage stellt sich im Streitfall nicht, da die A.-S. und ihre **Vertriebspartner nicht mehrere Verletzungshandlungen auf unterschiedlichen Vertriebsstufen begangen haben und daher keine Verletzerkette bzw. Vertriebskette besteht.**

Die Revision der Beklagten weist zutreffend auf den nicht bestrittenen Vortrag der Beklagten hin, die A.-S. habe das Original bzw. die Nachbildung der Flash-Präsentationen der Klägerin auf ihrem Server abgespeichert und anschließend ihren zahlreichen Vertriebspartnern jeweils ein Unterverzeichnis auf ihrem Server anlegen und deren Internet-Seiten so einrichten lassen, dass die Flash-Präsentationen über diese Internet-Seiten unmittelbar auf ihrem Server

---

2 BGH Urt. v. 29.5.1962 – I ZR 132/60, GRUR 1962, 509, 513 – Dia-Rähmchen II; Urt. v. 6.10.2005 – I ZR 266/02, GRUR 2006, 136 Tz. 23 = WRP 2006, 274 – Pressefotos.

3 BGH GRUR 1962, 509, 513 – Dia-Rähmchen II; GRUR 2006, 136 Tz. 24 – Pressefotos.

4 Vgl. BGHZ 119, 20, 30 f. – Tchibo/Rolex II, zur Schadensschätzung im Wettbewerbsrecht.

5 BFH Urt. v. 10.12.1998 – V R 58/97, juris Tz. 17 f.; KG NJW-RR 2000, 123, 124.

hätten abgerufen werden können. Die A.-S. hat die auf ihrem Server abgespeicherten Originale bzw. Nachahmungen der Flash-Präsentationen der Klägerin nach diesem Vorbringen im Zusammenwirken mit ihren jeweiligen Vertriebspartnern über deren Internet-Seiten öffentlich zugänglich gemacht und damit gegen § 15 Abs. 2 UrhG a. F. (jetzt § 19a UrhG) verstoßen. [...]

Kurzkommentierung

Die vorliegende Entscheidung des BGH reiht sich ein in die bisherigen Entscheidungen des BGH zur angemessenen Lizenzgebühr als eine der drei Berechnungsarten im Immaterialgüterrecht. Nach ständiger Rechtsprechung des Reichsgerichts[6] und des Bundesgerichtshofs[7] kann der Inhaber eines Immaterialgüterrechts vom Schädiger Schadensersatz nach den Grundsätzen der dreifachen Schadensberechnung vorgehen. Das gilt für das Patent-,[8] das Geschmacksmuster-,[9] das Warenzeichen- bzw. Marken-,[10] das Urheber-[11] und den wettbewerbsrechtlichen Leistungsschutz.[12] Darüber hinaus wird die dreifache Berechnungsmethode beim Bildnisschutz bzw. kommerzialisierten Persönlichkeitsrecht[13] angewandt.

Da der Verletzte wählen kann, welche Berechnungsmethode für ihn in Frage kommt, ist damit ein flexibler Handlungsspielraum für einen Schadensersatzprozess gegeben. So kann nach Ansicht des BGH der Gläubiger entscheiden: Die konkrete Schadensberechnung, die den entgangenen Gewinn einschließt, die Herausgabe des Verletzergewinns und die Zahlung einer angemessenen Lizenzgebühr. Bei der gewählten Schadensberechnung nach den Grundsätzen der Lizenzanalogie ist zu fragen, was vernünftige Vertragspartner bei Abschluss eines Lizenzvertrages als Vergütung für die Benutzungshandlung des Verletzers vereinbart hätten. Hierfür ist der objektive Wert der angemaßten Benutzungsberechtigung zu ermitteln. Dieser besteht in der angemessenen und üblichen Lizenzgebühr. Es wird ein Lizenzvertrag fingiert.[14] Diese Rechtsprechung des BGH war gewohnheitsrechtlich anerkannt. Darauf beruhte noch die vorliegende Entscheidung des BGH. Mit der Umsetzung der Enforcement-RL durch die Reform 2008 wurde § 97 UrhG a. F. geändert.

Inhaltlich wird die Lizenzanalogie als Berechnungsart über die Höhe des Vermögensschadens, wie in dem vom BGH entschiedenen Fall, in § 97 Abs. 2 S. 3 UrhG nunmehr ausdrücklich genannt. Sie ist überall dort zulässig, wo die Nutzung von Werken und künstlerischen Leistungen durch Lizenznehmer gegen Entgelt möglich und verkehrsüblich ist. Der Grundsatz, dass derjenige, der ausschließliche Rechte anderer verletzt, nicht besser stehen soll, als er im Falle einer ordnungsgemäß erteilten Erlaubnis durch den Rechtsinhaber gestanden hätte, wird allgemein in der Rechtsprechung umgesetzt. Nach dem Grundsatz der Güterzuweisung soll der Verletzer das herausgeben, was er durch die Verletzung erlangt hat. Dies ist der objektive Ver-

---

6 RGZ 35, 63, 65 – Aristo; RGZ 156, 56, 67 – Scheidenspiegel m. w. N.

7 BGHZ 20, 345, 353 – Paul Dahlke; BGHZ 44, 372, 374 – Meßmer Tee II; BGHZ 57, 116, 117 – Wandsteckdose II.

8 BGH GRUR 2007, 221, 223 – Simvastatin; BGH GRUR 1962, 401, 402 – Kreuzbodenventilsäcke; BGH GRUR 1980, 841, 842 – Tolbutamid; BGH GRUR 1993, 897, 898 – Modul-Anlage.

9 BGH GRUR 2006, 143, 145 – Catwalk; BGH GRUR 1963, 640, 641 – Plastikkorb; BGH GRUR 1975, 85 – Clarissa; BGH GRUR 1993, 757, 758 – Kollektion Holiday.

10 BGHZ 44, 372, 374 – Meßmer Tee II; BGHZ 60, 168, 173 – Modeneuheit; BGHZ 60, 206, 208 – Miss Petite.

11 BGH GRUR 1959, 379, 382 – Gaspatrone; BGH GRUR 1990, 1008, 1009 – Lizenzanalogie.

12 BGHZ 57, 116, 119 – Wandsteckdose II; BGHZ 60, 168, 172 – Modeneuheit; BGH GRUR 1993, 75 ff. – Kollektion Holiday.

13 BVerfG ZUM 2006, 211, 212 – Marlene Dietrich; BGH GRUR 2010, 546, 547 – Der strauchelnde Liebling; BGH GRUR 2007, 139, 141 – Rücktritt des Finanzministers; BGHZ 20, 345, 352–353 – Paul Dahlke; BGHZ 20, 7, 9 – Caterina Valente; BGHZ 143, 214, 232 – Marlene Dietrich.

14 BGH GRUR 1996, 1008, 1009 – Lizenzanalogie.

kehrswert der Rechtsbenutzung.[15] Die Anwendung der Lizenzanalogie ist auch – wie in dem vorliegenden Rechtsstreit – innerhalb eines Gesamtschuldverhältnisses nach § 840 BGB möglich.

Diese Berechnungsmethode ist aber generell in der Rechtsprechung im Ergebnis nicht überzeugend. Mit der üblichen Lizenzgebühr wird der **Mindestschaden** beschrieben, den der Verletzte vom Schädiger erhält. Würde man die übliche Lizenzgebühr als Maßstab für die Berechnung des Schadensersatzes bejahen, würde im Nachhinein die übliche Lizenz die Rechtsverletzung legalisieren und die **Ruf- und Imageschädigung** des Geschädigten tolerieren. Der redliche Nutzer würde mit dem Verletzer auf eine Stufe gestellt. Denn der Verletzer würde nur den Schaden ersetzen, der mit der üblichen Vergütung eines fingierten Vertrages im Zusammenhang steht. Die mögliche Forderung des Rechtsinhabers würde durch den Verletzer bestimmt. Da die Mitgliedstaaten verpflichtet sind, den Schadensersatz abschreckend zu gestalten, wird ein festgesetzter Pauschalbetrag in der Regel die vertragliche Lizenzgebühr übersteigen müssen. Über den Wert des Urheberrechts entscheidet letztlich aber nicht der Verletzer, sondern der **objektive Wert des Ausschließlichkeitsrechts**. Schon die rechtswidrige Vervielfältigung und Verbreitung missachtet die ökonomische **Dispositionsbefugnis** des Urhebers und würde bei einer „üblichen Lizenz“ als Berechnungsmethode ein zweites Mal das Urheberrecht und die mit ihm verbundenen Nutzungsrechte als Eigentum i. S. v. Art. 14 Abs. 1 GG entwerten. Aus diesem Grunde wird eine doppelte Lizenzgebühr vorgeschlagen, die auf der **Markttheorie** beruht. Der Urheber hätte nach Angebot und Nachfrage möglicherweise eine höhere Vergütung von einem Marktteilnehmer erhalten. Diese Möglichkeit wird dem Urheber genommen, wenn das Werk bereits rechtswidrig veröffentlicht worden ist. Der Schaden ist gleichsam der Verlust des **Marktwertes** der **absoluten Rechte**. Der durch die Verletzung der vermögensrechtlichen Befugnisse hervorgerufene Minderwert (übliche Lizenzgebühr) steht im Gegensatz zum Marktwert des verletzten absoluten Nutzungsrechts (angemessene = doppelte Lizenzgebühr). Die Möglichkeit im Rahmen des Marktgeschehens mit einem Dritten und nicht mit dem Verletzer einen Lizenzvertrag abzuschließen, wird dem Inhaber des Urheberrechts genommen. Denn jede Verletzung der vermögensrechtlichen Befugnisse stellt einen Vermögensverlust dar. Der Verletzer hat das auszugleichen, was der Rechtsinhaber hätte verlangen können. Neben dem **Ausgleich des Vermögensverlustes** soll die doppelte Lizenzgebühr der **Prävention** dienen. Letztlich wird diese Methode durch § 97 Abs. 2 S. 3 UrhG nicht ausgeschlossen. Der Entwurf der Durchsetzungs-RL hebt in seiner Begründung ausdrücklich die doppelte Lizenzmethode hervor und betont, dass es sich nicht um einen Strafschaden handelt. Sollte ein objektiver Marktwert des absoluten Rechts nicht feststellbar sein, bleibt nur im Einzelfall das **richterliche Schätzungsermessen** nach § 287 ZPO. Um den Gerichten die Berechnung des Schadensersatzes zu erleichtern, wäre die doppelte Lizenzgebühr der richtige Weg. Im Grunde ist mit der Verletzung nicht nur eine ökonomische Entwertung seiner Verwertungsrechte eingetreten, sondern auch das Urheberpersönlichkeitsrecht wird durch die Verletzung entwertet. Das BVerfG ist der zutreffenden Auffassung, dass selbst dann, wenn der Verletzer einen geringen Umsatz macht, die Berechnungsgrundlage nach der fiktiven Lizenzgebühr nicht ausgeschlossen ist.[16] Im Interesse der Stärkung des geistigen Eigentums sollte auch eine **doppelte Lizenzgebühr** als Berechnungsmethode für den materiellen Schaden innerhalb des europäischen Urheberrechts durchgesetzt werden, ohne den Charakter eines „punitiv damages“ aufzuweisen. Dies bietet sich auch im Rahmen der Vorbereitung der zu ändernden Enforcmement-RL an, deren Analyse durch die Europäischen Kommission vorliegt.

Literatur

Wandtke/*Wandtke* Urheberrecht 10. Kap. Rn. 74.

---

15 BGHZ 82, 299 – Kunststoffhohlprofil II.
16 BVerfG NJW 2003, 1655, 1656.

4.4. Lizenzgebühr und Tarife

BGH Urteil vom 29.4.2010, I ZR 68/08 – Restwertbörse
GRUR 2010, 623

§ 31 Abs. 5 S. 2 UrhG
§ 242 BGB

Leitsätze

1. Erstattet ein Sachverständiger im Auftrag eines Unfallgeschädigten ein Gutachten über den Schaden an einem Unfallfahrzeug, das dem Haftpflichtversicherer des Unfallgegners vorgelegt werden soll, ist der Haftpflichtversicherer grundsätzlich nicht berechtigt, im Gutachten enthaltene Lichtbilder ohne Einwilligung des Sachverständigen in eine Restwertbörse im Internet einzustellen, um den vom Sachverständigen ermittelten Restwert zu überprüfen.
2. Der aus § 242 BGB hergeleitete Auskunftsanspruch wegen Verletzung eines Schutzrechts kann sich über die konkrete Verletzungshandlung hinaus auf Verletzungshandlungen erstrecken, die einen anderen Schutzgegenstand betreffen, wenn die Gefahr einer unzulässigen Ausforschung des Auskunftspflichtigen nicht besteht (Fortführung von BGH, 23. Februar 2006, I ZR 27/03, BGHZ 166, 233 Tz. 34 ff. – Parfümtestkäufe).

Sachverhalt

Der Kl. ist Sachverständiger für Kraftfahrzeuge. Im Rahmen einer Gutachtens fertigte der Kl. Lichtbilder eines Unfallfahrzeugs an, die er der Bekl. als dem Haftpflichtversicherer des entsprechenden Unfallgegners zukommen ließ. Zuvor waren ihm sämtliche Nutzungsrechte an den Bildern eingeräumt worden. Die Bekl. stellte einige dieser Lichtbilder, nachdem sie diese eingescannt und digitalisiert hatte, zusammen mit den Fahrzeugdaten in eine Fahrzeug-Restwertbörse im Internet wie folgt ein:

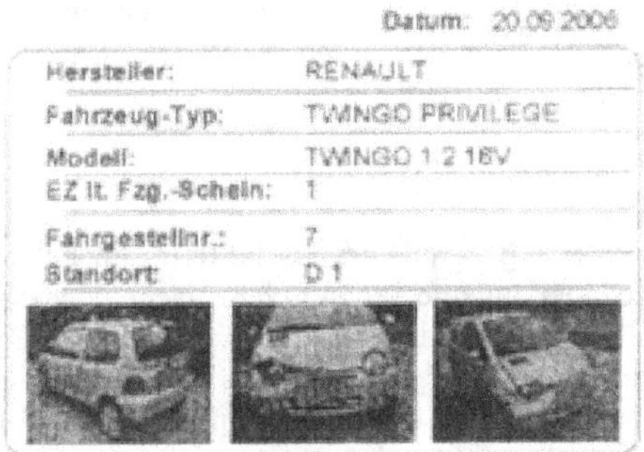

Der Kl. ist der Ansicht, die Bekl. habe damit die ihm eingeräumten urheberrechtlichen Nutzungsrechte an den Lichtbildern verletzt.

Entscheidungsgründe

[…]

II. […] 1. […]

c) […]

bb) Haben die Parteien beim Abschluss eines Vertrages – wie hier – nicht ausdrücklich geregelt, ob und inwieweit ein Nutzungsrecht eingeräumt wird, so bestimmt sich gemäß § 31

Abs. 5 Satz 2 UrhG nach dem von beiden Parteien zugrunde gelegten Vertragszweck, ob und inwieweit ein Nutzungsrecht eingeräumt worden ist. Nach dem dieser Bestimmung zugrunde liegenden Übertragungszweckgedanken räumt ein Nutzungsberechtigter im Zweifel nur in dem Umfang Nutzungsrechte ein, den der Vertragszweck unbedingt erfordert. Dies bedeutet, dass im Allgemeinen nur diejenigen Nutzungsrechte stillschweigend eingeräumt sind, die für das Erreichen des Vertragszwecks unerlässlich sind.[1] Von diesen Grundsätzen ist auch das Berufungsgericht ausgegangen.

2. [...] c) [...]

aa) [...] **Bei der Ermittlung einer angemessenen Lizenzgebühr liegt es allerdings nahe, branchenübliche Vergütungssätze und Tarife als Maßstab heranzuziehen, wenn sich in dem entsprechenden Zeitraum eine solche Übung herausgebildet hat.**[2] Es kann dahinstehen, ob die Empfehlungen der Mittelstandsgemeinschaft Foto-Marketing (MFM-Empfehlungen), bei denen es sich nach den Feststellungen des Berufungsgerichts weniger um eine Übersicht der marktüblichen Vergütungen für Bildnutzungsrechte als vielmehr eher um eine einseitige Festlegung der Anbieterseite handelt, branchenübliche Vergütungssätze enthalten.[3]

Das Berufungsgericht ist rechtsfehlerfrei davon ausgegangen, dass die MFM-Empfehlungen für das Jahr 2006 im vorliegenden Fall jedenfalls deshalb keine tragfähige Grundlage für eine Schätzung der angemessenen und üblichen Lizenzgebühr bilden, weil nicht vorgetragen oder ersichtlich ist, dass sie für die hier in Rede stehende Art der Nutzung Regelungen enthalten. Die Beklagte hat die Lichtbilder nicht zur Vermarktung des Unfallfahrzeugs, sondern zur Überprüfung der Restwertermittlung genutzt. Es handelt sich damit nicht um einen Fall der Verwendung von Fotografien für Werbung im Internet, auf die sich der vom Kläger herangezogene Vergütungssatz der MFM-Empfehlungen bezieht. [...]

3. [...]

a) Der Verletzte kann vom Verletzer zur Vorbereitung eines bezifferten Schadensersatzanspruchs[4] oder eines auf die Herausgabe des Erlangten gerichteten Bereicherungsanspruchs[5] nach Treu und Glauben (§ 242 BGB) Auskunftserteilung verlangen. Dieser Anspruch auf Auskunftserteilung setzt voraus, dass der Verletzte in entschuldbarer Weise über das Bestehen oder den Umfang seines Anspruchs auf Schadensersatz oder Bereicherungsausgleich im Ungewissen ist und sich die zur Durchsetzung dieser Ansprüche notwendigen Auskünfte nicht auf zumutbare Weise selbst beschaffen kann, während der Verletzer sie unschwer, das heißt ohne unbillig belastet zu sein, erteilen kann.[6]

[...]

Kurzkommentierung

Die BGH Entscheidung hat eine generelle praktische Relevanz bei der Durchsetzung der Schadensberechnung im Wege einer angemessenen Lizenz. Neben der Erläuterung der Schadensberechnung nach § 249 BGB für beschädigte Fahrzeuge nimmt der BGH auch Stellung zur Art und Weise der Ermittlung von Lizenzgebühren. Bei der Ermittlung einer angemessenen Lizenzgebühr liegt es allerdings nahe, so der BGH, branchenübliche Vergütungssätze und Tarife als Maßstab heranzuziehen, wenn sich in dem entsprechenden Zeitraum eine solche Übung herausgebildet hat. Im Mittelpunkt der Entscheidung des BGH stand die MFM-Empfehlung (Mittelstandsgemeinschaft Foto-Marketing). Der BGH verneint die Anwendung der MFM-

---

1 Vgl. BGH Urt. v. 22.4.2004 – I ZR 174/01, GRUR 2004, 938 f. = WRP 2004, 1497 – Comic-Übersetzungen III.

2 BGH GRUR 2006, 136 Tz. 27 – Pressefotos, m. w. N.

3 Bejahend OLG Brandenburg GRUR-RR 2009, 413 Tz. 29; LG Mannheim ZUM 2006, 886, 887; verneinend LG Stuttgart ZUM 2009, 77, 82; vgl. auch BGH GRUR 2006, 136 Tz. 30 – Pressefotos.

4 BGH Urt. v. 7.12.1979 – I ZR 157/77, GRUR 1980, 227, 232 – Monumenta Germaniae Historica.

5 BGHZ 129, 66, 75 – Mauerbilder.

6 St. Rspr.; vgl. nur BGHZ 95, 274, 278 f. – GEMA-Vermutung I.

Empfehlung mit dem Hinweis, dass sie für das Jahr 2006 im vorliegenden Fall jedenfalls deshalb keine tragfähige Grundlage für eine Schätzung der angemessenen und üblichen Lizenzgebühr bilden, weil nicht vorgetragen oder ersichtlich ist, dass sie für die hier in Rede stehende Art der Nutzung Regelungen enthalten. Die Lichtbilder sind nicht zur Vermarktung des Unfallfahrzeugs, sondern zur Überprüfung der Restwertermittlung genutzt. Es handelt sich damit nicht um einen Fall der Verwendung von Fotografien für Werbung im Internet, auf die sich der Vergütungssatz der MFM-Empfehlungen bezieht. Generell wirft damit der BGH die Frage nach der Bedeutung solcher Vergütungen von Verwertungsgesellschaften und Verbänden auf. Selbst wenn der BGH zum Ergebnis kommen würde, dass die Vergütungssätze der MFM anwendbar wären, wäre es nicht daran gebunden. Denn die Vergütungssätze sind nicht verbindlich. Sie sind eine Empfehlung. Sie können eine Grundlage zur Ermittlung der angemessenen Lizenzgebühr sein. Ob ein festgesetzter Tarif angemessen ist, ist durch das Gericht zu überprüfen.[7] Anders ist die Rechtslage, wenn sich die VG und der Verwerter über die Tarifgebühr vertraglich geeinigt haben.[8] Dies ist auch der Fall, wenn eine gemeinsame Vergütungsregelung nach § 36 Abs. 1 UrhG vertraglich vereinbart wurden. Es wird dann nach § 32 Abs. 4 UrhG vermutet, dass die Vergütung angemessen ist. Existiert keine Vergütungsempfehlung oder kein Tarif, so kann das Gericht, wie sich der BGH auszudrücken pflegt, die Höhe der zu zahlenden Lizenzgebühr gemäß § 287 ZPO unter Würdigung der besonderen Umstände des Einzelfalls nach seiner freien Überzeugung bemessen. Ob aber die Qualität eines Fotos ein wertbildender Faktor sein kann, muss bezweifelt werden. Denn die urheberrechtliche Vergütung ist nicht abhängig von der **Qualität eines Werkes**. Weder die Qualität eines Werkes spielt für die Schutzfähigkeit eines Werkes[9] noch für die urheberrechtliche Vergütung eine Rolle. Letzteres ist vor allem abhängig vom Inhalt und vom Umfang der Nutzung.

Literatur

Wandtke/*Wandtke* Urheberrecht 10. Kap. Rn. 77.

4.5. Schadensersatz und Urheberpersönlichkeitsrechte

BGH Urteil vom 7.2.2002, I ZR 304/99 – Unikatrahmen
BGHZ 150, 32
GRUR 2002, 532

§ 14 UrhG
§ 23 S.1 UrhG
§ 97 Abs. 1 UrhG a.F.

Leitsätze

1. Eine Bearbeitung eines geschützten Werkes der bildenden Kunst kann ausnahmsweise auch dann gegeben sein, wenn dieses unverändert in ein neues „Gesamtkunstwerk" derart integriert wird, daß es als dessen Teil erscheint.
2. Eine Beeinträchtigung der berechtigten geistigen und persönlichen Interessen des Urhebers an seinem Werk im Sinne des § 14 UrhG setzt nicht notwendig voraus, daß das Werk selbst verändert wird. Der Vertrieb von Kunstdrucken eines Gemäldes in von dritter Hand bemalten Rahmen verletzt das Urheberpersönlichkeitsrecht, wenn Bild und Rahmen von unbefangenen Betrachtern ohne weiteres als ein „Gesamtkunstwerk" des Urhebers des Originalwerkes angesehen werden können.

---

7 BGH GRUR 1983, 565, 566 – Tarifüberprüfung I; BGH GRUR 1974, 35, 37 – Musikautomat.
8 BGH GRUR 1984, 52 – Tarifüberprüfung II.
9 BGH GRUR 1959, 289, 290 – Rosenthal-Vase; BGH GRUR 1981, 267, 268 – Dirlada.

3. Zur Frage der Bemessung des Schadensersatzanspruchs wegen rechtswidriger Verwertung der Bearbeitung und wegen Verletzung des Urheberpersönlichkeitsrecht in einem solchen Fall.
4. Bei der Bemessung des Schadensersatzanspruchs aus § 97 Abs. 1 S. 2 UrhG auf Herausgabe des Verletzergewinns sind Ersatzzahlungen, die der Verletzer deshalb an seine Abnehmer geleistet hat, weil diese am Weitervertrieb der rechtsverletzenden Gegenstände gehindert sind, nicht abzuziehen.

Sachverhalt

Der Kl., ein bekannter Künstler, hat die Bilder „Hundertwasser-Haus in Wien" und „Die vier Einsamkeiten" geschaffen. Die Bekl. vertrieb Kunstdrucke dieser Bilder in Rahmen, die nach den aufgemalten Motiven jeweils in besonderer Weise den Bildern angepasst waren. Die Bekl. besaß zwar die Befugnis, die Kunstdrucke als solche zu vertreiben, nicht aber die Zustimmung des Kl., besagte Kunstdrucke in den von Dritten gestalteten Rahmen zu vertreiben.

Der Kl. vertritt die Ansicht, dass die Bekl. in der Höhe des Gewinns, der durch die Veräußerung der Bilder in den Rahmen erzielt wurde, schadensersatzpflichtig sei. Die Bekl. tritt dem entgegen und behauptet, dass die Schadensersatzpflicht nur nach dem Gewinn zu bemessen sei, der durch die Verwendung der bemalten Rahmen als solcher erzielt worden sei.

Entscheidungsgründe

[…]

I. […] 2. […] c) […] (1) […]

aa) […] **Eine Bearbeitung oder andere Umgestaltung im Sinne des § 23 UrhG kann auch dann vorliegen, wenn das abhängige Werk das benutzte** – wie dies hier der Fall ist – **als solches unverändert wiedergibt.** Das urheberrechtlich geschützte Werk ist die persönliche geistige Schöpfung im Sinne des § 2 Abs. 2 UrhG. Es ist ein Immaterialgut, das im Werkstück lediglich konkretisiert wird.[1] Es ist deshalb nicht entscheidend, ob für die Bearbeitung das Original oder ein sonstiges Werkstück in seiner Substanz verändert wurde. Bei einer Übernahme eines Werkes ohne jede Änderung wird allerdings regelmäßig eine Umgestaltung des Werkes zu verneinen sein.[2] Eine Bearbeitung ist aber dann anzunehmen, wenn ein geschütztes Werk in ein neues „Gesamtkunstwerk" derart integriert wird, daß es als dessen Teil erscheint. Dies ist bei Zugrundelegung der Feststellungen des Landgerichts hier der Fall. Nach diesen sind Bild und Rahmen in den beiden Fällen, die Gegenstand des Rechtsstreits sind, schon deshalb nach dem Gesamteindruck ein einheitliches Ganzes, weil die Ausgestaltung der Rahmen jeweils eine Bearbeitung eigenschöpferischer Elemente der Bilder ist.

bb) […] **Eine Beeinträchtigung der berechtigten geistigen und persönlichen Interessen des Urhebers an seinem Werk im Sinne des § 14 UrhG setzt nicht notwendig voraus, daß das Werk selbst verändert wird. Es genügt, wenn die urheberpersönlichkeitsrechtlichen Interessen des Urhebers an seinem Werk – ohne inhaltliche Änderung des Werkes – durch Form und Art der Werkwiedergabe und -nutzung beeinträchtigt werden.**[3] **Eine derartige Beeinträchtigung ist jedenfalls dann anzunehmen, wenn** – wie hier – **ein geschütztes Werk mit Zutaten von dritter Hand zu einem „Gesamtkunstwerk" vereinigt wird, das unbefangene Betrachter ohne weiteres insgesamt als Werk des Urhebers des**

---

1 Vgl. Schricker/*Loewenheim* Urheberrecht, 2. Aufl., § 2 Rn. 10.

2 Vgl. BGH Urt. v. 8.11.1989 – I ZR 14/88, GRUR 1990, 669, 673 – Bibelreproduktion; vgl. auch Schricker/*Loewenheim* aaO § 23 Rn. 6; *Ahlberg* in Möhring/Nicolini, Urheberrechtsgesetz, 2. Aufl., § 23 Rn. 11.

3 Vgl. BGH Urt. v. 2.10.1981 – I ZR 137/79, GRUR 1982, 107, 109 f. – Kirchen-Innenraumgestaltung; vgl. auch BGH Urt. v. 1.10.1998 – I ZR 104/96, GRUR 1999, 230, 232 – Treppenhausgestaltung; vgl. weiter *v. Gamm* Urheberrechtsgesetz, § 14 Rn. 8; Schricker/*Dietz* aaO § 14 Rn. 21, 23 ff.; *Hertin* in Fromm/Nordemann, Urheberrecht, 9. Aufl., § 14 Rn. 8 f.; *Federle* Der Schutz der Werkintegrität gegenüber dem vertraglich Nutzungsberechtigten im deutschen und US-amerikanischen Recht, 1998, S. 41 f.

Originalwerkes ansehen können. Durch ein solches Vorgehen wird das wesentliche Interesse des Urhebers verletzt, sich und seinem Werk nicht fremde Gestaltungen zurechnen lassen zu müssen.[4] Unerheblich ist dabei, ob die Umgestaltung der Werke durch ihre Erweiterung zu „Gesamtkunstwerken" aus Bild und Rahmen künstlerisch gelungen ist.[5]

(2) […]

aa) **Wegen der rechtswidrigen Verwertung einer Bearbeitung kann Schadensersatz durch Herausgabe des Verletzergewinns nur insoweit verlangt werden, als der Gewinn auf der unbefugten Benutzung des geschützten Gutes beruht.**[6] Im Streitfall steht jedoch – wie dargelegt – nicht nur eine rechtswidrige Verwertung von Rahmen, die in Bearbeitung der Werke des Klägers gestaltet sind, in Rede. Es geht vielmehr auch um eine rechtswidrige Verwertung der benutzten Werke selbst, die nach der rechtsfehlerfreien Beurteilung der Vorinstanzen durch ihre Einbeziehung in neue „Gesamtkunstwerke" aus Bild und Rahmen bearbeitet worden sind. Dabei ist es nach der Lebenserfahrung – entgegen der Ansicht des Berufungsgerichts – sehr wahrscheinlich, daß der Gewinn der Beklagten dadurch mitverursacht worden ist, daß der Verkauf der Kunstdrucke, der als solcher zulässig gewesen wäre, durch die Einbeziehung der Bilder in neue „Gesamtkunstwerke" aus Bild und Rahmen wesentlich gefördert worden ist. Ein in dieser Weise erzielter Gewinn war im Fall einer Schadensersatzpflicht neben dem Gewinn aus dem Verkauf der Rahmen als solcher herauszugeben.[7] Die Höhe des durch die Rechtsverletzung erzielten Gewinnanteils hätte gegebenenfalls geschätzt werden können.[8]

[…]

Kurzkommentierung

Der BGH hat in seiner Entscheidung zur Frage der Herausgabe des Verletzergewinns unter Einbeziehung von Urheberpersönlichkeitsrechtsverletzungen Stellung bezogen. Zunächst betrifft die Entscheidung die alte Rechtslage in Bezug auf § 97 UrhG, der im Rahmen der Umsetzung der Enforcement-RL durch die Reform 2008 geändert wurde. Eine inhaltliche Änderung war damit nicht verbunden. Kern der Entscheidung war die Feststellung des BGH, dass auch eine Urheberpersönlichkeitsrechtsverletzung einen Vermögensschaden nach § 97 Abs. 2 S. 1 UrhG n. F. auslösen kann. Neben dem materiellen Schaden wäre nach der Rechtsprechung auch selbstständig der Nichtvermögensschaden nach § 97 Abs. 2 S. 4 UrhG n. F. geltend zu machen.[9] In der Entscheidung stellt der BGH fest, dass wegen der rechtswidrigen Verwertung einer Bearbeitung Schadensersatz durch Herausgabe des Verletzergewinns nur insoweit verlangt werden kann, als der Gewinn auf der unbefugten Benutzung des geschützten Gutes beruht. Im Streitfall steht jedoch – wie dargelegt – nicht nur eine rechtswidrige Verwertung von Rahmen, die in Bearbeitung der Werke des Klägers gestaltet sind, in Rede. Es geht vielmehr auch um eine rechtswidrige Verwertung der benutzten Werke selbst, die nach der rechtsfehlerfreien Beurteilung der Vorinstanzen durch ihre Einbeziehung in neue „Gesamtkunstwerke" aus Bild und Rahmen bearbeitet worden sind. Dabei ist es nach der Lebenserfahrung, so der BGH, sehr wahrscheinlich, dass der Gewinn dadurch mitverursacht worden ist, dass der Verkauf der Kunstdrucke, der als solcher zulässig gewesen wäre, durch die Einbeziehung der Bilder in neue „Gesamtkunstwerke" aus Bild und Rahmen wesentlich gefördert worden ist. Ein in dieser Wei-

4 Vgl. BGH Urt. v. 13.10.1988 – I ZR 15/87, GRUR 1989, 106, 108 – Oberammergauer Passionsspiele II; BGH GRUR 1999, 230, 232 – Treppenhausgestaltung.

5 Vgl. BGH GRUR 1989, 106, 107 – Oberammergauer Passionsspiele II; BGH GRUR 1999, 230, 232 – Treppenhausgestaltung; Schricker/*Dietz* aaO § 14 Rn. 21 m. w. N.

6 Vgl. BGH Urt. v. 10.7.1986 – I ZR 102/84, GRUR 1987, 37, 39 f. – Videolizenzvertrag; *Lütje* in Möhring/Nicolini aaO § 97 Rn. 174 m. w. N.

7 Vgl. dazu auch – zum Patentrecht – BGH Urt. v. 29.5.1962 – I ZR 132/60, GRUR 1962, 509, 512 – Dia-Rähmchen II; vgl. weiter Schricker/*Wild* aaO § 97 Rn. 67; *Delahaye* GRUR 1986, 217, 218 m. w. N.

8 Vgl. dazu – zum Wettbewerbsrecht – BGHZ 119, 20, 30 f. – Tchibo/Rolex II.

9 So bereits BGHZ 20, 345 – Paul Dahlke.

se erzielter Gewinn war im Fall einer Schadensersatzpflicht neben dem Gewinn aus dem Verkauf der Rahmen als solcher herauszugeben. Die Verletzungshandlung bezog sich auf die rechtswidrige Benutzung der Bilder plus Verletzung des Urheberpersönlichkeitsrechts. Deshalb war ein Schadensersatz wegen der Verletzung der Urheberpersönlichkeitsrechte des Urhebers an seinen Werken bei der Bemessung nach dem Verletzergewinn ebenfalls auf der Grundlage des Gewinns aus dem Verkauf der Bilder in den Rahmen zu ermitteln. Die Ansicht des BGH überzeugt, dass eine Bearbeitung oder andere Umgestaltung i. S. d. § 23 UrhG auch dann vorliegen kann, wenn das abhängige Werk das benutzte – wie dies hier der Fall ist – als solches unverändert wiedergibt. Für den BGH ist nicht entscheidend, ob für die Bearbeitung das Original oder ein sonstiges Werkstück in seiner Substanz verändert wurde. Eine Bearbeitung ist dann anzunehmen, wenn ein geschütztes Werk in ein neues „Gesamtkunstwerk" derart integriert wird, dass es als dessen Teil erscheint. Nach diesen sind Bild und Rahmen in den beiden Fällen, die Gegenstand des Rechtsstreits sind, schon deshalb nach dem Gesamteindruck ein einheitliches Ganzes, weil die Ausgestaltung der Rahmen jeweils eine Bearbeitung eigenschöpferischer Elemente der Bilder ist, so der BGH. Er bestätigte nicht nur die Rechtsfigur der Bearbeitung nach § 23 UrhG, sondern sah in der Bemalung des Rahmens im Stile von Hundertwasser auch eine Entstellung nach § 14 UrhG. Nach seiner zutreffenden Ansicht setzt eine Beeinträchtigung der berechtigten geistigen und persönlichen Interessen des Urhebers an seinem Werk i. S. d. § 14 UrhG nicht notwendig voraus, dass das Werk selbst verändert wird. Es genügt, wenn die urheberpersönlichkeitsrechtlichen Interessen des Urhebers an seinem Werk – ohne inhaltliche Änderung des Werkes – durch Form und Art der Werkwiedergabe und -nutzung beeinträchtigt werden. Eine derartige Beeinträchtigung ist nach seiner Feststellung jedenfalls dann anzunehmen, wenn – wie hier – ein geschütztes Werk mit Zutaten von dritter Hand zu einem „Gesamtkunstwerk" vereinigt wird, das unbefangene Betrachter ohne weiteres insgesamt als Werk des Urhebers des Originalwerkes ansehen können. Durch ein solches Vorgehen wird das wesentliche Interesse des Urhebers verletzt, sich und seinem Werk nicht fremde Gestaltungen zurechnen lassen zu müssen. Unerheblich ist dabei, ob die Umgestaltung der Werke durch ihre Erweiterung zu „Gesamtkunstwerken" aus Bild und Rahmen künstlerisch gelungen ist, so der BGH. Bei aller Zustimmung zu dieser Entscheidung des BGH bleibt letztlich die Frage offen, wie man den Nichtvermögensschaden berechnen will, der in den Vermögensschaden einfließen soll. Denkbar ist auch hier, dass der Verletzergewinn doppelt berechnet wird.

Literatur

Wandtke/*Wandtke* Urheberrecht 10. Kap. Rn. 91.

5. Vernichtung/Urhebervermutung

BGH Versäumnisurteil vom 28.11.2002, I ZR 168/00 – P-Vermerk
BGHZ 153, 69
GRUR 2003, 228

§ 253 Abs. 2 Nr. 2 ZPO
§ 10 Abs. 1 UrhG a. F.
§ 10 Abs. 2 UrhG a. F.
§ 85 Abs. 1 UrhG a. F.
§ 98 Abs. 1 UrhG a. F.

Leitsätze

1. Welche Anforderungen an die Konkretisierung des Streitgegenstands in einem Klageantrag zu stellen sind, hängt auch von den Besonderheiten des anzuwendenden materiellen Rechts und den Umständen des Einzelfalls ab.

2. Zur Frage der Bestimmtheit eines Antrags auf Verurteilung zur Herausgabe rechtswidrig hergestellter Tonträger.
3. Nach § 98 Abs. 1 UrhG kann von einem Verletzer Vernichtung auch in der Form verlangt werden, daß rechtswidrig hergestellte Vervielfältigungsstücke an einen zur Vernichtung bereiten Gerichtsvollzieher herauszugeben sind.
4. Die Anbringung eines P-Vermerks auf einem Tonträger oder seiner Umhüllung begründet nicht in entsprechender Anwendung des § 10 Abs. 1 oder 2 UrhG eine Vermutung, daß der in diesem Vermerk Genannte Hersteller des Tonträgers i. S. d. § 85 UrhG ist.

Sachverhalt

Die Kl. sind Unternehmen, die Tonträger herstellen, vervielfältigen und verbreiten. Die Bekl. erteilte am 17.6.1997 einem anderen Presswerk den Auftrag, die drei streitgegenständlichen CD-ROMs zu vervielfältigen, wobei sie die Rechtmäßigkeit der Herstellung der Vervielfältigungsstücke versicherte. Die CD-ROMs enthalten jeweils den Inhalt mehrerer CD-Longplay-Tonträger der Kl., wobei diese CDs jeweils mit einem Copyright-Vermerk (©) und durchweg mit einem so genannten P-Vermerk (Buchstabe „P“ umschrieben mit einem Kreis) jeweils zugunsten einer der Kl. versehen sind. Bei den von der Bekl. verbreiteten CD-ROMs ist das nicht der Fall. Die Kl. haben vorgetragen, jeweils die originären, weltweiten und ausschließlichen Rechte eines Tonträgerherstellers erworben zu haben. Sie verlangen von der Bekl. Auskunft, Rechnungslegung über den Vertrieb der genannten CD-ROMs, Schadensersatz und Vernichtung der betreffenden CD-ROMs sowie ihre Fertigungswerkzeuge.

Entscheidungsgründe

[…] II. […] 2. […] c) […]

(2) Nach § 98 I UrhG kann von einem Verletzer Vernichtung auch in der Form verlangt werden, dass rechtswidrig hergestellte Vervielfältigungsstücke an einen zur Vernichtung bereiten Gerichtsvollzieher herauszugeben sind.[1] Dem Wortlaut des § 98 I UrhG lässt sich ein Anspruch auf Herausgabe rechtswidrig hergestellter Vervielfältigungsstücke an einen Gerichtsvollzieher allerdings nicht entnehmen. Dies steht der Zuerkennung eines solchen Anspruchs jedoch nicht entgegen.[2] Der Gesetzgeber hat in § 98 I UrhG bewusst nur die Frage des „Ob“, nicht auch die Frage des „Wie“ der Vernichtung geregelt.[3] Maßgeblich sind danach der Sinn und Zweck des § 98 I UrhG und eine Interessenabwägung im Einzelfall. **Der Anspruch aus § 98 I UrhG auf Vernichtung schutzrechtsverletzender Vervielfältigungsstücke dient vor allem der Aufhebung eines dem Zuweisungsgehalt des Immaterialgüterrechts widersprechenden Zustands. Diesem Zweck des Anspruchs wird die Verurteilung zur Herausgabe an den Gerichtsvollzieher zur Vernichtung als die sicherste Form, die Vernichtung zu erreichen, grundsätzlich am besten gerecht.**[4] Eine mildere Form, die Folgen des Rechtseingriffs und die daraus für die rechtmäßige Auswertung des Tonträgerherstellerrechts erwachsende Gefahr zu beseitigen, als die Vernichtung der rechtswidrig hergestellten Vervielfältigungsstücke kommt im vorliegenden Fall nicht in Betracht.

III. […] 2. […] a) […]

---

1 Im Ergebnis ebenso Schricker/*Wild* UrheberR, 2. Aufl., §§ 98/99 Rn. 12; Möhring/Nicolini/*Lütje* UrhG, 2. Aufl., § 98 Rn. 7; ebenso – zum Wettbewerbsrecht – BGH GRUR 1954, 163 [165] = NJW 1954, 388 – Bierlieferungsverträge; vgl. weiter *Fezer* MarkenR, 3. Aufl., § 18 Rn. 28; *Althammer/Ströbele/Klaka* MarkenG, 6. Aufl., § 18 Rn. 16; *Eichmann/v. Falckenstein* GeschmMG, 2. Aufl., § 14 a Rn. 26; *Thun* S. 148 ff., 156 ff.; a. A. *Diekmann* Der Vernichtungsanspruch, 1993, S. 140 ff., 143; *Retzer* in: Festschr. f. Piper, 1996, S. 421, 431 ff.

2 Vgl. dazu auch – für einen Anspruch aus § 18 I MarkenG auf Herausgabe an den Verletzten – BGHZ 135, 183 [191] = GRUR 1997, 899 = NJW 1997, 3443 – Vernichtungsanspruch.

3 Vgl. Begr. zu § 108 des RegierungsE eines Gesetzes über Urheberrecht und verwandte Schutzrechte vom 23.3.1962, BT-Dr IV/270, S. 104 = UFITA Bd. 45 [1965], 240.

4 *Thun* S. 156 f.

(1) Die Übung, Tonträger mit dem so genannten P-Vermerk zu versehen, beruht auf den Vorschriften des Art. 5 des Genfer Tonträger-Abkommens und des Art. 11 des – im vorliegenden Fall nicht anwendbaren – Internationalen Abkommens über den Schutz der ausübenden Künstler, der Hersteller von Tonträgern und der Sendeunternehmen vom 26.9.1961.[5] **Nach beiden Verträgen hat die Anbringung eines ordnungsgemäßen P-Vermerks lediglich die Wirkung, dass Förmlichkeiten, die nach der nationalen Gesetzgebung der Vertragsstaaten Schutzvoraussetzungen sind, als erfüllt anzusehen sind. Eine Beweiswirkung wird dem P-Vermerk in den Abkommen nicht beigelegt.**

[...]

Kurzkommentierung

Der Vernichtungsanspruch und die Vermutungswirkung nach § 98 UrhG sind im Wesentlichen Gegenstand der Entscheidung des BGH. Der BGH hatte noch nach der alten Rechtslage zu entscheiden. Mit der Umsetzung des Art. 10 der Enforcement-RL 2004/48/EG durch das Gesetz zur Verbesserung von Rechten des geistigen Eigentums ist seit seinem Inkrafttreten am 1.9.2008 der § 98 UrhG verändert worden. Neben den Ansprüchen aus § 97 UrhG gewährt § 98 UrhG dem Verletzten den Anspruch auf Vernichtung oder Überlassung der rechtswidrig hergestellten oder zur rechtswidrigen Verbreitung bestimmten Vervielfältigungsstücke sowie auf Vernichtung oder Überlassung der Vorrichtungen, die zur rechtswidrigen Herstellung gedient haben. § 98 UrhG enthält gewissermaßen die bisherigen §§ 98 und 99 UrhG sowie § 101 Abs. 2 UrhG a.F. Der Vernichtungs- und der Schadensersatzanspruch sind selbstständige, voneinander unabhängige Rechte.[6] Der Anspruch auf Rückruf von rechtswidrig hergestellten, verbreiteten oder zur rechtswidrigen Verbreitung bestimmten Vervielfältigungsstücken gegen den Verletzer ist neu aufgenommen worden (§ 98 Abs. 2 UrhG). Der Verletzte hat auch ein Wahlrecht, indem er entscheiden kann, ob er an Stelle des Vernichtungsanspruchs die Vervielfältigungsstücke, die im Eigentum des Verletzers stehen, gegen eine angemessene Vergütung zu übernehmen gedenkt (§ 98 Abs. 3 UrhG). Außerdem ist geregelt, wann die Ansprüche ausgeschlossen sind (§ 98 Abs. 4 UrhG). Im Einzelfall sind die Ansprüche ausgeschlossen, wenn die Maßnahmen unverhältnismäßig sind. Die Verhältnismäßigkeit ist zwischen der Rechtsverletzung und den Beseitigungsmaßnahmen im Rahmen einer Interessensabwägung zu prüfen. Eine Sonderregel betrifft Bauwerke (§ 98 Abs. 5 UrhG). Diese unterliegen ebenso wenig wie ausscheidbare Teile von Vervielfältigungsstücken und Vorrichtungen, deren Herstellung und Verbreitung nicht rechtswidrig ist, den in § 98 Abs. 1–3 UrhG geregelten Maßnahmen.

Die Entscheidung des BGH bezieht sich auf den Vernichtungsanspruch, der inhaltlich nicht durch die Novellierung geändert wurde. Der BGH ist zutreffend davon ausgegangen, dass von einem Verletzer Vernichtung auch in der Form verlangt werden, dass rechtswidrig hergestellte Vervielfältigungsstücke an einen zur Vernichtung bereiten Gerichtsvollzieher herauszugeben sind. Denn aus dem Wortlaut des § 98 Abs. 1 UrhG lässt sich weder nach der alten noch nach der neuen Rechtslage ein Anspruch auf Herausgabe rechtswidrig hergestellter Vervielfältigungsstücke an einen Gerichtsvollzieher entnehmen. Der BGH betont, dass dies der Zuerkennung eines solchen Anspruchs jedoch nicht entgegen steht. Der Gesetzgeber hat in § 98 UrhG a.F. – so der BGH – bewusst nur die Frage des „Ob", nicht auch die Frage des „Wie" der Vernichtung geregelt. Maßgeblich sind danach der Sinn und Zweck des § 98 Abs. 1 UrhG und eine Interessenabwägung im Einzelfall. Der Anspruch auf Vernichtung schutzrechtsverletzender Vervielfältigungsstücke dient nach Auffassung des BGH vor allem der Aufhebung eines dem Zuweisungsgehalt des Immaterialgüterrechts widersprechenden Zustands. Diesem Zweck des Anspruchs wird die Verurteilung zur Herausgabe an den Gerichtsvollzieher zur Vernichtung als die sicherste Form, die Vernichtung zu erreichen, grundsätzlich am besten

5 Rom-Abkommen, BGBl II 1965, 1245.
6 BGH GRUR 1993, 899, 900 – Dia-Duplikate.

gerecht. Eine mildere Form, die Folgen des Rechtseingriffs und die daraus für die rechtmäßige Auswertung des Tonträgerherstellerrechts erwachsende Gefahr zu beseitigen, als die Vernichtung der rechtswidrig hergestellten Vervielfältigungsstücke kommt im vorliegenden Fall für den BGH nicht in Betracht.

Des Weiteren hat der BGH zur Vermutungswirkung des P-Vermerks nach der alten Rechtslage Stellung genommen. Um Klarheit im Rechtsverkehr hinsichtlich der Vermutungswirkung zu erreichen, hat der Gesetzgeber § 10 Abs. 3 UrhG n. F. im Rahmen der Urheberrechtsreform 2008 zur Bekämpfung der **Produktpiraterie** eingefügt. Dazu hat auch die Entscheidung des BGH beigetragen. Die Vermutungswirkung des § 10 Abs. 3 S. 1 UrhG n. F. gilt aber nur für Inhaber ausschließlicher Nutzungsrechte, soweit es sich um einstweilige Verfügungsverfahren oder Unterlassungsansprüche handelt, d. h., dass dann, wenn auf den Vervielfältigungsstücken eines erschienenen Werkes in der üblichen Weise der Inhaber der Rechte bezeichnet wird, wird der bezeichnete Inhaber bis zum Beweis des Gegenteils als solcher vermutet. Der Gesetzgeber wollte auf diese Weise Missbräuchen begegnen.[7] Nach bisherigem Recht wirkte § 10 UrhG a. F. nicht zugunsten von Werknutzern. Dies wird durch den BGH bestätigt. Sie mussten den Nachweis ihrer Nutzungsberechtigung erbringen.[8] Die Vermutungswirkung der Inhaberschaft ausschließlicher Nutzungsrechte gilt aber nicht im Verhältnis zum Urheber nach § 10 Abs. 3 S. 2 UrhG n. F. Der Verwerter kann sich also nicht darauf berufen, dass er die Nutzungsrechte hat. Im Streitfall muss er darlegen und beweisen, dass ihm die Rechte eingeräumt wurden.

Literatur

Wandtke/*Wandtke* Urheberrecht 10. Kap. Rn. 108.

6. Besichtigungsanspruch

BGH Urteil vom 2.5.2002, I ZR 45/01 – Faxkarte
BGHZ 150, 377
GRUR 2002, 1046

§ 809 BGB
§ 322 ZPO

Leitsätze

1. Ist im Schadensersatzprozeß eine Schutzrechtsverletzung rechtskräftig bejaht worden, geht davon keine Feststellungswirkung für den Unterlassungsprozeß aus und umgekehrt (im Anschluß an BGH, 17. März 1964, Ia ZR 193/63, BGHZ 42, 340, 353 f. – Gliedermaßstäbe).
2. Der Besichtigungsanspruch aus § 809 BGB kann auch dem Urheber zustehen, der sich vergewissern möchte, ob eine bestimmte Sache unter Verletzung des geschützten Werks hergestellt worden ist. Voraussetzung ist dabei stets, daß für die Verletzung bereits eine gewisse Wahrscheinlichkeit besteht.
3. Das berechtigte Geheimhaltungsinteresse des Besitzers der zu besichtigenden Sache ist im Rahmen einer umfassenden Interessenabwägung zu berücksichtigen, führt jedoch nicht dazu, daß generell gesteigerte Anforderungen an die Wahrscheinlichkeit der Rechtsverletzung zu stellen wären (im Anschluß an BGH, 8. Januar 1985, X ZR 18/84, BGHZ 93, 191 – Druckbalken). Im Rahmen der Abwägung ist insbesondere zu prüfen, ob dem schützenswerten Geheimhaltungsinteresse auch bei grundsätzlicher Gewährung des Anspruchs –

---

7 BT-Drucks. 16/5048, 47.
8 Ebenso BGH GRUR 1998, 376, 379 – Coverversion.

etwa durch Einschaltung eines zur Verschwiegenheit verpflichteten Dritten – genügt werden kann.

Sachverhalt

Die Kl. brachte 1992 eine besondere Faxkarte mit der Bezeichnung „PK 1115“ auf den Markt, die für das System MS-DOS konzipiert war. Seit 1994 vertrieb die Bekl. eine vergleichbare Faxkarte unter der Bezeichnung „TCM 2001“ für das Betriebssystem Windows 3.11.

Die Kl. hat behauptet und im Einzelnen dargelegt, dass die Bekl. für ihre Faxkarte sowohl die Hardwarekonfiguration als auch Teile der Software der Kl. übernommen habe. Die beiden Faxkarten seien infolgedessen in vielen Teilbereichen identisch oder zumindest erheblich übereinstimmend aufgebaut. Hierin sieht die Kl. eine Urheberrechtsverletzung sowie unter dem Gesichtspunkt des ergänzenden Leistungsschutzes auch eine wettbewerbswidrige Handlung.

Entscheidungsgründe

[…] II. […] 3. […]

a) Der Anspruch nach § 809 BGB steht grundsätzlich auch dem Urheber oder dem aus Urheberrecht Berechtigten zu, wenn er sich vergewissern möchte, ob eine bestimmte Sache unter Verletzung – beispielsweise durch Vervielfältigung – des geschützten Werks hergestellt worden ist.[1] Auch derjenige, dessen Leistung wettbewerbsrechtlich gegen Nachahmung geschützt ist, kann sich auf diesen Anspruch berufen. Insoweit gilt nichts anderes als für den Patentinhaber, für den der Bundesgerichtshof die Anwendbarkeit des § 809 BGB bejaht hat.[2]

c) […] § 809 BGB setzt voraus, daß die Klägerin sich Gewißheit verschaffen möchte, ob ihr ein Anspruch in Ansehung der zu besichtigenden Sache zusteht. Mit dieser Formulierung bringt das Gesetz zum Ausdruck, daß der Besichtigungsanspruch nicht nur dann besteht, wenn sich der Anspruch des Gläubigers auf die Sache selbst erstreckt, sondern auch dann, wenn das Bestehen des Anspruchs in irgendeiner Weise von der Existenz oder Beschaffenheit der Sache abhängt.[3] Diese Voraussetzung ist im Streitfall gegeben. **Denn im Falle einer urheberrechtsverletzenden Vervielfältigung oder einer wettbewerbswidrigen Übernahme ist der Quellcode das erste Vervielfältigungsstück, von dem sodann nach Übertragung des Programms in den Maschinencode weitere Kopien erstellt werden.** Für die Annahme des Berufungsgerichts, der Besichtigungsanspruch könne sich nicht auf den Quellcode beziehen, gibt es daher keine Grundlage.

d) […]

aa) Bereits dem Wortlaut des Gesetzes ist zu entnehmen, daß der Anspruch aus § 809 BGB gerade auch demjenigen zusteht, der sich mit Hilfe der Besichtigung erst Gewißheit über das Vorliegen eines Anspruchs verschaffen möchte. **Der Besichtigungsanspruch besteht also – „durch Billigkeitsrücksichten geboten“ (Mot. II 891) – gerade auch in Fällen, in denen ungewiß ist, ob überhaupt eine Rechtsverletzung vorliegt.**[4] Dem kann nicht entgegengehalten werden, eine solche Regelung verstoße gegen das zivilprozessuale Verbot des Ausforschungsbeweises und lasse damit den Grundsatz außer acht, wonach niemand verpflichtet sei, „seinem Gegner die Waffen in die Hand zu geben“.[5] Denn dieser ohnehin durch prozessuale Darlegungspflichten eingeschränkte Grundsatz besagt nichts darüber, daß und in welchem

---

1 Vgl. RGZ 69, 401, 405 f. – Nietzsche-Briefe.

2 BGHZ 93, 191, 198 ff. – Druckbalken, m. w. N. auch zum Urheberrecht; Schricker/*Wild* Urheberrecht, 2. Aufl., § 97 UrhG Rn. 90 a m. w. N.

3 Vgl. BGHZ 93, 191, 198 – Druckbalken; Staudinger/*Marburger* BGB [1997], § 809 Rn. 5; *Hüffer* in MünchKommBGB, 3. Aufl., § 809 Rn. 4; *Bork* NJW 1997, 1665, 1668.

4 RGZ 69, 401, 405 f. – Nietzsche-Briefe; BGHZ 93, 191, 203 f. – Druckbalken.

5 Vgl. Baumbach/Lauterbach/*Albers/Hartmann* ZPO, 60. Aufl., Einf. § 284 Rn. 29; BGH Urt. v. 26.6.1958 – II ZR 66/57, NJW 1958, 1491, 1492; Urt. v. 11.6.1990 – II ZR 159/89, NJW 1990, 3151.

Umfang das materielle Recht Auskunfts- und andere Hilfsansprüche kennt, die dem Gläubiger die Geltendmachung weiterer Ansprüche erst ermöglichen sollen.[6]

cc) [...] Die Vorschrift des § 809 BGB beruht auf einer Interessenabwägung.[7] Sie möchte einerseits dem Gläubiger ein Mittel an die Hand geben, um den Beweis der Rechtsverletzung auch in den Fällen führen zu können, in denen auf andere Weise ein solcher Beweis nur schwer oder gar nicht erbracht werden könnte, in denen also die Vorlage „zur Verwirklichung des Anspruches mehr oder weniger unentbehrlich ist".[8] **Andererseits soll vermieden werden, daß der Besichtigungsanspruch zu einer Ausspähung insbesondere auch solcher Informationen mißbraucht wird, die der Verpflichtete aus schutzwürdigen Gründen geheimhalten möchte, und der Gläubiger sich über sein berechtigtes Anliegen hinaus wertvolle Kenntnisse verschafft.**[9]

[...]

Kurzkommentierung

Der BGH hat sich zum **Besichtigungsanspruch** nach § 809 BGB a.F., der aktuell in § 101a UrhG geregelt ist, geäußert. Im Rahmen der Umsetzung der Durchsetzungs-RL 2004/48/EG wurde § 101a UrhG 2008 in das Gesetz aufgenommen, wodurch sich inhaltlich indes nichts am Anspruch geändert hat.

Der Anspruch auf Besichtigung steht grundsätzlich auch dem Urheber oder dem Rechtsinhaber zu, wenn er sich vergewissern will, ob eine bestimmte Sache unter Verletzung eines bestimmten Rechts des Urhebers hergestellt worden ist. Der BGH hat zutreffend festgestellt, dass der Besichtigungsanspruch, als ein die Rechtsdurchsetzung vorbereitender Anspruch, im deutschen Recht Funktionen zu erfüllen hat, die in anderen Rechtsordnungen durch entsprechende prozessuale Rechtsinstitute erfüllt werden. Dabei geht es nicht darum, dem Verletzten eine sog. prozessual unzulässige „Ausforschung" der Gegenseite zu ermöglichen. In Deutschland gilt nach wie vor der Beibringungsgrundsatz, der indes dann erschwert ist, wenn sich bspw. der zur Begründung des Anspruchs notwendige Gegenstand in der Verfügungsgewalt eines anderen steht. Der Besichtigungsanspruch soll hingegen auch nur dann gewährt werden, wenn 1. der Rechtsinhaber alle vernünftigerweise verfügbaren Beweismittel zur hinreichenden Begründung der Ansprüche vorgelegt, 2. die Beweismittel bezeichnet hat, 3. diese sich in der Verfügungsgewalt der gegnerischen Partei befinden und 4. die Vorlage dieser Beweismittel keine Geheimhaltungsinteressen der gegnerischen Partei verletzen.

Vorliegend war Gegenstand des Besichtigungsanspruches nicht nur die Faxkarte mit ihrer **Software,** sondern auch der hinter der Software stehende Quellcode. Denn im Falle einer urheberrechtsverletzenden Vervielfältigungshandlung oder wettbewerbswidrigen Übernahme ist der **Quellcode** das erste Vervielfältigungsstück, von dem weitere Kopien erstellt werden. Denn der Besichtigungsanspruch besteht nicht nur dann, wenn er sich auf die Sache selbst erstreckt, sondern auch dann, wenn das Bestehen des Anspruchs in irgendeiner Weise von der Existenz oder Beschaffenheit der Sache abhängt.

Der **Grad der Wahrscheinlichkeit** der Schutzrechtsverletzung stellt nur ein im Rahmen der Gesamtwürdigung zu berücksichtigender Punkt dar. Ein begründeter **Verdacht** einer Urheberrechtsverletzung reicht aus.

Literatur

Wandtke/*Wandtke* Urheberrecht 10. Kap. Rn. 112.

---

6 Vgl. BGH NJW 1990, 3151.

7 BGHZ 93, 191, 211 – Druckbalken.

8 Mot. II 891.

9 BGHZ 93, 191, 206 – Druckbalken; vgl. auch Mot. II 890.

7. Ungerechtfertigte Bereicherung und aufgedrängte Kunst

BGH Urteil vom 23.2.1995, I ZR 68/93 – Mauer-Bilder
BGHZ 129, 66
GRUR 1995, 673

§ 17 UrhG

Leitsatz

Künstler sind an dem Erlös aus der Veräußerung von Teilen der Berliner Mauer, die von ihnen bemalt worden sind, angemessen zu beteiligen, da die Veräußerung einen Eingriff in das bei den Künstlern verbliebene urheberrechtliche Verbreitungsrecht nach § 17 Abs. 1 UrhG darstellt.

Sachverhalt

Die Kl. sind bildende Künstler, die in der Zeit von 1985 bis 1988 Teile der Berliner Mauer bemalt haben. Die Bekl. befasste sich nach dem Fall der Mauer mit dem Kauf und Verkauf einzelner Mauersegmente. In diesem Rahmen wurden auch die Mauerteile von der Bekl. veräußert, die von den Kl. bemalt worden waren.

Die Kl. sehen in der Handlung einen Eingriff in ihre Urheber- und Eigentumsrechte. Die Bekl. ist der Klage entgegen getreten und stellt dem entgegen, dass den Kl. kein Schutzrecht zustände, da es sich um aufgedrängte Kunst handele, zumindest sei ein etwaiges Verbreitungsrecht aber erschöpft.

Entscheidungsgründe

[…] II. […] 3. […]

a) Die Kläger können sich auf das urheberrechtliche Verbreitungsrecht unbeschadet des Umstands berufen, daß sie ihre Bilder auf fremdes Eigentum, nämlich auf die damals im Eigentum der ehemaligen DDR befindliche Berliner Mauer, gemalt haben. Denn Urheberrecht und Eigentum am Werkoriginal sind unabhängig voneinander und stehen selbständig nebeneinander; das Eigentumsrecht darf an Gegenständen, die ein urheberrechtlich geschütztes Werk verkörpern, nur unbeschadet des Urheberrechts ausgeübt werden (§ 903 BGB). Die Sachherrschaft des Eigentümers findet daher in der Regel dort ihre Grenze, wo sie Urheberrechte verletzt.[1] Dem Eigentümer des Werkoriginals sind dabei grundsätzlich sowohl Eingriffe in das Urheberpersönlichkeitsrecht als auch die urheberrechtlichen Verwertungshandlungen nach §§ 15 ff. UrhG untersagt.[2]

[…] In derartigen Fällen einer rechtswidrig aufgedrängten Kunst findet die Kunstfreiheit (Art. 5 Abs. 3 GG) in der Regel ihre Grenze an der Eigentumsgarantie des Art. 14 GG. Dem Eigentümer ist es grundsätzlich unzumutbar, eine solche Eigentumsverletzung hinzunehmen. Ihm können die gesetzlichen Abwehrrechte nicht versagt werden. Selbstverständlich muß es ihm auch unbenommen bleiben, ein ihm gegen seinen Willen aufgedrängtes – urheberrechtlich geschütztes – Kunstwerk zu zerstören. Ob die gebotene Interessenabwägung im Einzelfall ausnahmsweise ein anderes Ergebnis rechtfertigen kann,[3] kann hier auf sich beruhen, da vorliegend zwar eine Segmentierung, aber keine völlige Vernichtung der Mauer-Bilder stattgefunden hat. **Auch wenn dem Eigentümer grundsätzlich ein Recht zur Werkvernichtung zuzubilligen ist, so besagt dies noch nicht, daß ihm auch generell gestattet ist, das Werk wirtschaftlich zu verwerten. Denn die eingetretene Eigentumsstörung rechtfertigt an sich nur deren Be-**

---

1 Vgl. RGZ 79, 379, 400 – Fresko-Malerei; BGHZ 33, 1, 15 – Schallplatten-Künstlerlizenz; 62, 331, 333 – Schulerweiterung.

2 Vgl. *v. Gamm* aaO § 14 Rn. 5.

3 So *Schack* GRUR 1983, 56, 60; vgl. auch *Schmieder* NJW 1982, 628, 630.

seitigung, nicht aber deren selbständige wirtschaftliche Nutzung. Selbst dem Eigentümer, der das Werkoriginal vom Urheber im Wege der Veräußerung erwirbt, stehen im Zweifel keine urheberrechtlichen Nutzungsrechte zu (vgl. § 44 Abs. 1 UrhG). Nichts anderes würde für den Eigentümer gelten, der eine Wandbemalung als Auftragsarbeit vergibt. **Denn nach dem das Urheberrecht beherrschenden Zweckübertragungsgedanken, der in § 31 Abs. 5 UrhG seinen gesetzlichen Niederschlag gefunden hat, räumt der Urheber im Zweifel nicht mehr Rechte ein, als zur Erreichung des Vertragszwecks erforderlich ist.**[4]

Vorstehende Erwägungen schließen allerdings nicht aus, daß der Eigentümer einen Gegenstand weiterveräußern kann, der auch ohne das mit ihm untrennbar verbundene „aufgedrängte" Kunstwerk als selbständiges Wirtschaftsgut verwertbar ist; zum Beispiel mit Graffiti-Kunst besprühte unbewegliche oder bewegliche Sachen, wie ein Haus oder ein Pkw. Andernfalls würde der Eigentümer in unerträglicher Weise in seiner im Kern durch Art. 1 und 2 GG geschützten Privatautonomie beschränkt, mit der Sache nach Belieben zu verfahren (vgl. § 903 BGB). Das Urheberrecht hat bei einer solchen Sachlage in der Regel zurückzutreten. So liegt der Fall hier nicht. Die Berliner Mauer als solche war schon aufgrund ihrer Zweckbestimmung zu keiner Zeit ein verkehrsfähiges Wirtschaftsgut in dem genannten Sinne. Erst durch die Trennung in einzelne Segmente sind diese zu wirtschaftlich selbständig verwertbaren Objekten des Kunsthandels geworden. In einem solchen Falle kann es dem Urheber nicht ohne weiteres versagt werden, sich auf den von der Rechtsprechung als tragenden Leitgedanken des Urheberrechts anerkannten Beteiligungsgrundsatz zu berufen. Dieser beruht auf der Lehre vom geistigen Eigentum und besagt, daß der Urheber tunlichst angemessen an dem wirtschaftlichen Nutzen seines Werkes zu beteiligen ist.[5]

Im Streitfall kann auch nicht von einem Verzicht ausgegangen werden. Zwar kann auf einzelne Verwertungsrechte wirksam – auch durch Erklärung gegenüber der Allgemeinheit – verzichtet werden.[6] Ein möglicher Verzicht scheitert aber schon daran, daß die Kläger nach den vom Berufungsgericht in anderem Zusammenhang rechtsfehlerfrei getroffenen Feststellungen zum Zeitpunkt der Schaffung der Mauer-Bilder und ihrer Freigabe zur Betrachtung durch die Öffentlichkeit mit einer wirtschaftlichen Nutzungsmöglichkeit der in Rede stehenden Art gar nicht rechnen und sie damit auch nicht in einen auch nur konkludent erklärten Verzichtswillen aufnehmen konnten. Die Kläger sind auch nicht – wie bei der gegen den Willen der Eigentümer aufgesprühten Graffiti-Kunst meist – anonym geblieben, sondern haben sich zu ihrer Urheberschaft bekannt und sind in Publikationen über die Mauer-Bilder auch namentlich genannt worden. **Im übrigen ist dem Urheberrecht eine der Dereliktion des Sachenrechts vergleichbare Rechtsentäußerung unbekannt. Es gibt kein „herrenloses" Urheberrecht.**

[...]

Kurzkommentierung

Der BGH musste im Zusammenhang mit den Folgen der Wiedervereinigung darüber entscheiden, welche Auswirkungen das Urheberrecht auf das Eigentum an einer Sache haben kann und ob die Grafiken auf Mauersegmenten, die verkauft wurden, das Verbreitungsrecht berührt. Zum einen hat der BGH zutreffend darauf hingewiesen, dass eine rechtswidrig aufgedrängte Kunst nicht auf die Kunstfreiheit (Art. 5 Abs. 3 GG) gestützt werden kann, wenn damit die Grenze der Eigentumsgarantie des Art. 14 GG überschritten wird. Dem Eigentümer ist es grundsätzlich unzumutbar, eine solche Eigentumsverletzung hinzunehmen. Ihm können die gesetzlichen Abwehrrechte nicht versagt werden. Selbstverständlich muss es ihm auch unbenommen bleiben,

4 Vgl. auch BGH Urt. v. 6.2.1985 – I ZR 179/82, GRUR 1985, 529, 530 – Happening.

5 St. Rspr.; vgl. BGHZ 92, 54, 57 – Zeitschriftenauslage in Wartezimmern; 97, 37, 43 – Filmmusik; 116, 305, 308 – Altenwohnheim II.

6 Ebenso Schricker/*Schricker* Urheberrecht, § 29 Rn. 18; *E. Ulmer* Urheber- und Verlagsrecht, 3. Aufl., § 84 V, S. 366; a. A. *v. Gamm* aaO § 29 Rn. 6.

ein ihm gegen seinen Willen aufgedrängtes – urheberrechtlich geschütztes – Kunstwerk zu zerstören. Ob die gebotene Interessenabwägung im Einzelfall ausnahmsweise ein anderes Ergebnis rechtfertigen kann, wie der BGH betont, kann hier auf sich beruhen, da vorliegend zwar eine Segmentierung, aber keine völlige Vernichtung der Mauer-Bilder stattgefunden hat. Auch wenn dem Eigentümer grundsätzlich ein Recht zur Werkvernichtung zuzubilligen ist, so besagt dies noch nicht, dass ihm auch generell gestattet ist, das Werk wirtschaftlich zu verwerten. Nachvollziehbar ist der Gedanke, dass die eingetretene Eigentumsstörung an sich nur deren Beseitigung, nicht aber deren selbständige wirtschaftliche Nutzung rechtfertigt. Selbst dem Eigentümer, der das Werkoriginal vom Urheber im Wege der Veräußerung erwirbt, stehen im Zweifel keine urheberrechtlichen Nutzungsrechte zu (vgl. § 44 Abs. 1 UrhG). Nichts anderes würde für den Eigentümer gelten, der eine Wandbemalung als Auftragsarbeit vergibt. Zum anderen führt der BGH aus, dass die bildenden Künstler, die ihre Bilder auf fremdem Eigentum gemalt haben, nicht ihr Verbreitungsrecht verlieren. Denn Urheberrecht und Eigentum am Werkoriginal sind unabhängig voneinander und stehen nebeneinander. So kann der Eigentümer das aufgedrängte Kunstwerk zerstören. Im Rahmen der **Interessenabwägung** ist der BGH zum Ergebnis gekommen, dass zwar der Eigentümer seine Gegenstände auch wirtschaftlich verwerten kann. Aber wenn die aufgedrängte Kunst mit den Mauersegmenten selbstständig verwertbare Objekte des Kunsthandels geworden sind, kann dem Urheber nicht der **Beteiligungsgrundsatz** als tragender Leitgedanke des Urheberrechts versagt bleiben. Eine Verzichtserklärung konnte nicht angenommen werden, weil die Künstler mit der wirtschaftlichen Nutzungsmöglichkeit ihrer Kunstwerke nicht rechnen konnten. Es fehlte eine Zustimmung zur Verbreitung. Eine Erschöpfung konnte somit nicht eintreten. Mit der Graffitikunst auf einer körperlichen Sache verliert der Künstler nicht sein Urheberrecht. Dem Urheberrecht ist eine der **Dereliktion** des Sachenrechts vergleichbare Rechtsentäußerung unbekannt.

Mit der Veräußerung der Mauersegmente wurde in den Zuweisungsgehalt des Verbreitungsrechts eingegriffen und damit auf Kosten der Künstler etwas ohne rechtlichen Grund erlangt (§ 812 Abs. 1 Alt. 2 BGB). Die Eingriffskondiktion ist neben §§ 97ff. UrhG anwendbar (§ 102a UrhG).

Literatur

Wandtke/*Wandtke* Urheberrecht 10. Kap. Rn. 93.

8. Tonträgerpiraterie und strafrechtlicher Schutz

BGH Urteil vom 3.3.2004, 2 StR 109/03 – Tonträgerpiraterie durch CD-Export
BGHSt 49, 93
GRUR 2004, 421

§ 108 Abs. 1 Nr. 5 UrhG
§ 85 UrhG
§ 16 UrhG
§ 17 UrhG

Leitsätze

1. Die Strafbarkeit der Verletzung inländischer Tonträgerherstellerrechte durch CD-Pressungen im Inland für einen Auftraggeber im Ausland und für den Export der CDs dorthin richtet sich wegen des im Urheberrecht geltenden Territorialitäts- und Schutzlandsprinzips ausschließlich nach deutschem Urheberrecht.
2. Der strafrechtliche Schutz der §§ 106ff. UrhG knüpft an den zivilrechtlichen Urheber- und Leistungsschutz an (Urheberrechtsakzessorietät). Abweichend von § 7 StGB sind daher nur im Inland begangene Verletzungshandlungen strafrechtlich relevant.

3. Der Versand von unberechtigt hergestellten Tonträgern ins Ausland ist urheberrechtsverletzendes Inverkehrbringen im Inland.

Sachverhalt

Der Angeklagte war (faktischer) Geschäftsführer der TD-GmbH, die in ihrem Presswerk Audio-CDs und CD-ROMs herstellte und vertrieb. Im März 1994 kam es zum Abschluss eines Rahmenvertrages zwischen TD und der in Bulgarien ansässigen Firma KR über die Herstellung Musik-CDs für den bulgarischen Markt. In dem Rahmenvertrag versicherte KR, alle entsprechenden Rechte für das zu produzierende Repertoire innezuhaben.

Nachdem im Juni 1994 bereits zwei Pressaufträge ausgeführt worden waren, kam der Angeklagte mit dem Betriebsleiter der TD überein, dass die bulgarischen Aufträge auch künftig ausgeführt werden sollten.

Die Strafkammer wertet das Verhalten des Angeklagten als unerlaubte Verwertung im Sinne der §§ 108 Abs. 1 Nr. 5, 85 UrhG. Gewerbsmäßiges Handeln nach § 108a UrhG hat das LG jedoch verneint, da nicht beweisen sei, dass sich der Angeklagte aus der Rechtsverletzung eine fortlaufende Einnahmequelle habe verschaffen wollen.

Entscheidungsgründe

[...] II. [...] 1. [...]

a) [...] **Im Urheberrechtsgesetz ist das Territorialitätsprinzip allgemein anerkannt. Danach entfalten Urheberrechte, die durch die Gesetzgebung eines Staates gewährt werden, ihre Schutzwirkung nur innerhalb der Grenzen dieses Schutzlands. Daraus folgt, daß das inländische Urheberrecht und Leistungsschutzrecht allein durch eine im Inland begangene Handlung verletzt werden kann.**[1] Aus dem Territorialitätsprinzip wird abgeleitet, daß sich der Bestand eines Schutzrechts, sein Inhalt und Umfang sowie die Inhaberschaft nach dem Recht desjenigen Staates richten, für dessen Territorium es Wirkung entfalten soll, also nach dem Recht des Schutzlands. Dieses ist auch maßgeblich für die Frage, welche Handlungen als unerlaubte Verwertungshandlungen unter das Schutzrecht fallen.[2]

d) [...] Da das Vervielfältigungsrecht selbständig neben dem Verbreitungsrecht des Tonträgerherstellers steht, ist unerheblich, ob und in welcher Form sich eine Verbreitung anschließt oder anschließen soll.[3] **Eine Verletzung des Vervielfältigungsrechts ist daher auch dann gegeben, wenn die im Inland vorgenommene Vervielfältigung eines geschützten Werks in der Absicht erfolgt, die Vervielfältigungsstücke ins Ausland zu exportieren und erst dort zu verbreiten.**[4]

Maßgeblich ist also allein der Ort, an dem die Vervielfältigungen hergestellt werden,[5] so daß es hier für die Strafbarkeit des Angeklagten im Hinblick auf die unerlaubte Vervielfältigung nicht darauf ankommt, daß die gepressten CDs für den bulgarischen Markt bestimmt waren.[6]

e) Ebenso hat der Angeklagte daran mitgewirkt, daß die Firma TD die gepressten CDs im Sinne von § 17 UrhG in den Verkehr gebracht hat. **Der Versand der CDs nach Bulgarien ist urheberrechtsverletzendes Inverkehrbringen im Inland.**

---

1 Vgl. BGHZ 80, 101, 104; 126, 252, 256; *Dreier* in Dreier/Schulze, UrhG vor §§ 120 ff. Rn. 32; *Katzenberger* in Schricker, UrhG 2. Aufl. vor §§ 120 ff. Rn. 123; *Hartmann* in Möhring/Nicolini, UrhG 2. Aufl. vor §§ 120 ff. Rn. 2.

2 Vgl. BGHZ 136, 380, 386; *Dreier* aaO Rn. 30; *Katzenberger* aaO Rn. 129; *v. Welser* in Wandtke/Bullinger, UrhG vor §§ 120 ff. Rn. 4; *Hartmann* aaO Rn. 9.

3 Vgl. *Kroitzsch* in Möhring/Nicolini aaO § 16 Rn. 22; *v. Gamm* UrhG § 16 Rn. 3.

4 Vgl. *Katzenberger* in Schricker aaO vor §§ 120 ff. Rn. 136; *Kroitzsch* in Möhring/Nicolini aaO § 16 Rn. 20; *Schaefer* in Wandtke/Bullinger aaO § 85 Rn. 22; so für das Patentrecht ausdrücklich auch BGHZ 23, 100, 106 sowie bereits RGZ 10, 349, 350 f.

5 Vgl. *Katzenberger* aaO; *Kroitzsch* aaO § 16 Rn. 19; BGH GRUR 1965, 323 – cavalleria rusticana.

6 BGHZ 23, 100, 106; RGZ 110, 176; *Dreier* aaO § 17 Rn. 17.

aa) Soweit die Vorschriften der §§ 106, 108 UrhG das unerlaubte Verbreiten unter Strafe stellen, ist wegen der Urheberrechtsakzessorietät dieser Strafvorschriften nach ganz überwiegender Auffassung in Rechtsprechung und Literatur der urheberrechtliche Verbreitungsbegriff des § 17 UrhG anzuwenden.[7] Nicht sachgerecht wäre es deshalb, an einen strafrechtlichen Verbreitungsbegriff anzuknüpfen,[8] zumal der Begriff schon in den verschiedenen Vorschriften des Strafgesetzbuchs nicht einheitlich verstanden, sondern jeweils nach Sinn und Zweck der Vorschriften unterschiedlich ausgelegt wird (vgl. nur §§ 74d, 146, 184 StGB). [...]

Das Verbreitungsrecht des Tonträgerherstellers nach §§ 85, 17 UrhG wird bereits durch den Export ins Ausland verletzt. Dieser reicht aus, um eine Schutzrechtsverletzung im Inland zu begründen; es liegt also nicht etwa nur eine inländische Vorbereitungshandlung zur Verletzung eventuell bestehender ausländischer Schutzrechte im Zielland des Exports vor.[9] [...]

Der Begriff der Gewerbsmäßigkeit ist in § 108a UrhG ebenso auszulegen wie bei anderen Strafvorschriften. Die unerlaubte Verwertung im Rahmen eines Gewerbebetriebs ist nicht gleichbedeutend mit der gewerbsmäßigen Tatbegehung.[10] **Gewerbsmäßig im Sinne von § 108a UrhG handelt somit, wer sich aus wiederholter Tatbegehung eine nicht nur vorübergehende Einnahmequelle von einigem Umfang verschaffen will (st. Rspr.).** Dabei kann es auch ausreichen, daß die Tat nur mittelbar als Einnahmequelle dient, der Täter sich also mittelbar geldwerte Vorteile über Dritte aus den Tathandlungen verspricht.[11]

[...]

Kurzkommentierung

Die Durchsetzung des Strafrechts spielt in der vorliegenden Entscheidung eine Rolle. Das Urheberrechtsgesetz enthält neben den §§ 97ff. UrhG in den §§ 106ff. UrhG auch einige Strafvorschriften, denen zunehmend eine praktische Relevanz zukommt. Dabei ist der zivilrechtliche Schutz der §§ 97ff. UrhG weiter als der strafrechtliche. So werden Verletzungen des Urheberpersönlichkeitsrecht nur in Sonderfällen (§ 107 UrhG) strafrechtlich geschützt, was rechtspolitisch bedenklich ist. Im Kern geht es um die wirtschaftlichen Schäden, die durch die Produktpiraterie entstehen. Der Schaden, den die Unternehmen durch die Produktpiraterie zu tragen haben, ist enorm. Der BGH musste in dem vorliegenden Rechtsstreit über **Tonträgerpiraterie** entscheiden. Er bejahte die Strafbarkeit nach §§ 106ff. UrhG. Danach ist die Strafvorschrift in § 108 UrhG streng **urheberrechts-akzessorisch** ausgestaltet, d.h. der strafrechtliche Schutz nach den §§ 106ff. UrhG knüpft an das zivilrechtliche Urheber- und Leistungsschutzrecht an. Für den BGH war der Hinweis wichtig, dass eine im Inland begangene Verletzungshandlung strafrechtlich relevant sein kann. Er kommt zum Ergebnis, dass das Verbreitungsrecht des Tonträgerherstellers nach §§ 85, 17 UrhG bereits durch den Export ins Ausland verletzt worden ist. Dieser reicht aus, um eine Schutzrechtsverletzung im Inland zu begründen; es liegt also nicht etwa nur eine inländische Vorbereitungshandlung zur Verletzung eventuell bestehender ausländischer Schutzrechte im Zielland des Exports vor. Für den BGH ergab der Sachverhalt, dass der Auftraggeber des Transporteurs rechtlich die Möglichkeit hatte, die CDs zurückzurufen. Das änderte nichts an der Erfüllung des Straftatbestandes, weil die CDs vielmehr bereits im Inland mit der Vervielfältigung und Absendung Gegenstand des zugrundeliegenden Umsatz- und Handelsgeschäfts waren, das zum Übergang der tatsächlichen Verfügungsgewalt auf einen

---

7 Vgl. *Hildebrandt* in Wandtke/Bullinger aaO § 106 Rn. 17; *v. Gamm* aaO § 106 Rn. 2.

8 Vgl. hierzu *Horn* NJW 1977, 2329, 2333; *Hildebrandt* aaO S. 90.

9 Vgl. *Katzenberger* GRUR Int. 1992, 567, 580, 582 und in *Schricker* aaO vor §§ 120ff. Rn. 138; *Ulmer* Urheber- und Verlagsrecht 3. Aufl. S. 547; *v. Gamm* aaO § 17 Rn. 11; OLG Düsseldorf GRUR 1992, 436, 437.

10 Vgl. *Haß* in Schricker aaO § 108 a Rn. 2; *Hildebrandt* aaO S. 232 ff. und in Wandtke/Bullinger aaO § 108 a Rn. 1 f.; *Spautz* in Möhring/Nicolini aaO § 108 a Rn. 2; Gesetzentwurf der Bundesregierung zum Gesetz zur Bekämpfung der Produktpiraterie BTDrucks. 11/4792 S. 17.

11 Vgl. BGH wistra 1999, 465; 1994, 230, 232; NStZ 1998, 622, 623.

Dritten führte. Mit dem Versand ins Ausland sind die CDs deshalb aus der Sphäre der Herstellung hinausgelangt. Der Exporteur kann sich also nicht darauf berufen, die exportierten Werkstücke gelangten erst im Ausland an seinen Endabnehmer.

In dem Rechtsstreit ging es um die Frage, ob der Tonträgerhersteller nach § 85 UrhG von dem persönlichen Schutzbereich des § 126 Abs. 3 UrhG i. V. m. dem Genfer Tonträger-Abkommen erfasst wird. Das hat der BGH bejaht.

Da der Tonträgerhersteller seinen Sitz in einem Mitgliedsland des Genfer Tonträger-Abkommens hatte, war auch das Verbreiten durch Inverkehrbringen im Inland anzusehen, d. h., dass der Export als Inverkehrbringen im Inland zu qualifizieren ist. Für die Verantwortlichkeit des Verletzers gilt der urheberrechtliche und nicht der strafrechtliche Verbreitungsbegriff (§ 17 UrhG). Der BGH verneinte in dem vorliegenden Rechtsstreit, dass der Täter gewerbsmäßig gehandelt hätte. Nach seiner Auffassung ist der Begriff der Gewerbsmäßigkeit in § 108a UrhG ebenso auszulegen wie bei anderen Strafvorschriften. Die unerlaubte Verwertung im Rahmen eines Gewerbebetriebs ist nicht gleichbedeutend mit der gewerbsmäßigen Tatbegehung. Für ihn handelt derjenige gewerbsmäßig i. S. v. § 108a UrhG, wer sich aus wiederholter Tatbegehung eine nicht nur vorübergehende Einnahmequelle von einigem Umfang verschaffen will. Dabei kann es auch ausreichen, dass die Tat nur mittelbar als Einnahmequelle dient, der Täter sich also mittelbar geldwerte Vorteile über Dritte aus den Tathandlungen verspricht. Dogmatisch bedeutsam ist, dass die Gewerbsmäßigkeit ein besonderes persönliches Merkmal ist, wie sich der BGH auszudrücken pflegt, dass in dem Tatbestand des § 108 a UrhG nicht strafbegründend, sondern strafschärfend wirkt, so dass die Gewinnerzielungsabsicht der TD-GmbH dem Angeklagten weder über § 28 Abs. 2 StGB noch über § 14 Abs. 1 StGB zugerechnet werden kann. In einem anderen Fall hat der BGH dem EuGH zur Vorabentscheidung nach Art. 267 AEUV die Rechtsfrage vorgelegt, inwieweit die §§ 106, 108a UrhG den Beschränkungen der Warenverkehrsfreiheit nach den Art. 34, 36 AEUV unterliegen können.[12]Jede Maßnahme oder Regelung, die geeignet ist, den innergemeinschaftlichen Handel unmittelbar oder mittelbar, tatsächlich oder potentiell zu behindern, ist eine „Maßnahme gleicher Wirkung“ i. S. des Art.34 AEUV und kann daher unzulässig sein. Solche Maßnahmen hinsichtlich des Immaterialgüterrechts können gerechtfertigt sein, wenn sie weder ein Mittel zur willkürlichen Diskriminierung noch eine verschleierte Beschränkung des Handels zwischen den Mitgliedstaaten darstellen.[13] Aufgrund eines nicht vollharmonisierten Urheberrechts in der EU ist es durchaus denkbar, dass eine Beschränkung der Warenverkehrsfreiheit gerechtfertigt ist. Ansonsten wäre der Schutz des Urheberrechts in Deutschland wegen der Verletzung des Verbreitungsrechts ausgeschlossen. Der BGH geht davon aus, dass das Verschaffen der tatsächlichen Verfügungsgewalt neben der Eigentumsübertragung zur notwendigen Voraussetzung einer Verbreitung i. S. des § 17 Abs.1 UrhG gehört. Daran anknüpfend ist auch in der Tatbestandsvariante des § 106 UrhG des unberechtigten Inverkehrbringens ein Erfolgsdelikt anzusehen, Denn die Tat ist vollendet, wenn der Dritte die tatsächliche Verfügungsgewalt erlangt.[14] Erfolgt die Vollendung der Verbreitungshandlung eines in Deutschland geschützten Werkes, welches in Italien nicht geschützt ist, sind die §§ 106, 108a UrhG grundsätzlich anwendbar. Das gilt auch dann, wenn die Eigentumsübertragung in Italien und die Verbreitung in Deutschland abschließend vollzogen wurde.

Literatur

Wandtke/*Dietz* Urheberrecht 11. Kap. Rn. 7.

---

12 BGH GRUR 2011, 227, 228 – Italienische Bauhausmöbel.
13 BGH GRUR 2011, 227, 229 – Italienische Bauhausmöbel.
14 BGH GRUR 2011, 227, 229 – Italienische Bauhausmöbel.

XI. Verwertungsgesellschaften

1. Wahrnehmungsbefugnis und gesetzliche Vermutung

BGH Urteil vom 31.1.1991, I ZR 101/89 – Gesetzliche Vermutung II
RzU BGHZ Nr. 387
GRUR 1991, 595

§ 27 UrhG
§ 13 b Abs. 2 WahrnG a. F.

Leitsatz

Die durch § 13 b Abs. 2 UrhWahrnG a. F. begründete gesetzliche Vermutung der Wahrnehmungsbefugnis der Verwertungsgesellschaften für die Geltendmachung von Vergütungsansprüchen nach § 27 UrhG gilt auch für die Geltendmachung von Ansprüchen aus Verträgen, welche die Vergütungsansprüche nach § 27 UrhG zum Gegenstand haben (Ergänzung BGH, 1989-06-29, I ZR 179/87, GRUR 1989, 819 – Gesetzliche Vermutung I).

Sachverhalt

Die Kl. ist die GEMA. Sie nimmt aufgrund von Berechtigungsverträgen die Rechte der ihr angeschlossenen Komponisten, Textdichter und Musikverleger sowie aufgrund von Verträgen mit ausländischen Verwertungsgesellschaften auch die Interessen ausländischer Urheber wahr. Durch umfassende Verträge mit weiteren Verwertungsgesellschaften, ist sie berechtigt auch deren Ansprüche aus § 27 UrhG zu verfolgen. Der Bekl. betreibt mehrere Videotheken.

Die Parteien streiten darüber, ob die Kl. ohne näheren Nachweis ihrer Wahrnehmungsberechtigung auch für Bildtonträger mit ausländischen Filmen Vergütungsansprüche aus § 27 UrhG geltend machen kann. Der Bekl. führt aus, dass für solche Filme die Vermutung der Sachbefugnis aus § 13 b Abs. 2 S. 1 UrhWahrnG a. F. nicht gelte.

Entscheidungsgründe

[…] 1. […]

b) […] **Nach der Rechtsprechung des Bundesgerichtshofs**[1] **gilt die Vermutung des § 13 b Abs. 2 UrhWahrnG für alle Vergütungsansprüche aus § 27 UrhG, gleichgültig, ob die vermieteten Bildtonträger aus inländischer oder ausländischer Produktion stammen, und gleichgültig, wann sie entstanden sind,** ob vor oder nach dem Inkrafttreten des Gesetzes zur Änderung von Vorschriften auf dem Gebiet des Urheberrechts vom 24. Juni 1985[2], durch das § 13 b in das Gesetz über die Wahrnehmung von Urheberrechten und verwandten Schutzrechten eingefügt wurde. Wie der Senat in dem angeführten Urteil weiter ausgeführt hat, setzt die Vermutung des § 13 b UrhWahrnG nicht als Vermutungsbasis voraus, daß die Verwertungsgesellschaft, die sich auf sie beruft, über eine tatsächliche Monopolstellung verfügt. Andernfalls würde die Vermutungsregelung auch kaum praktische Bedeutung besitzen. Denn nach § 13 b Abs. 2 Satz 2 UrhWahrnG gilt die Vermutung nur dann, wenn der Vergütungsanspruch von allen berechtigten Verwertungsgesellschaften gemeinsam geltend gemacht wird. **Im übrigen läßt die Regelung des § 13 b Abs. 2 Satz 3 UrhWahrnG erkennen, daß der Gesetzgeber die Vermutung der Sachbefugnis auch für den Fall eines lückenhaften Rechtsbestandes der Verwertungsgesellschaft aufstellen wollte**. Denn nach dieser Regelung hat die Verwertungsgesellschaft den zur Zahlung Verpflichteten von den Vergütungsansprüchen der Berechtigten freizustellen, für die sie Zahlungen erhält, ohne deren Rechte wahrzunehmen.

---

1 Urt. v. 29.6.1989 – I ZR 179/87, GRUR 1989, 819 – Gesetzliche Vermutung.
2 BGBl. I 1137.

Dem Anspruchsgegner bleibt die Möglichkeit, die gesetzliche Vermutung des § 13b UrhWahrnG zu widerlegen. [...] Diesen Anforderungen wird das Vorbringen des Beklagten nicht gerecht, da sich dieser lediglich auf allgemeine Ausführungen, insbesondere das pauschale Bestreiten der Wahrnehmungsbefugnis der Klägerin hinsichtlich der Bildtonträger amerikanischer Herkunft, beschränkt hat.[3]

Entgegen der Ansicht der Revision ist es auch ohne Belang, daß die Klägerin ihre Vergütungsansprüche nicht unmittelbar aus dem Gesetz herleitet, sondern sich auf die von den Parteien geschlossenen Verträge beruft. **Die zugunsten der Wahrnehmungsbefugnis sprechende gesetzliche Vermutung des § 13b Abs. 2 UrhWahrnG gilt nicht nur, wenn sich die Verwertungsgesellschaft lediglich auf gesetzliche Ansprüche nach § 27 UrhG stützen kann, sondern auch dann, wenn diese Vergütungsansprüche zum Gegenstand eines Vertrages gemacht worden sind.** [...]

Kurzkommentierung

Die Entscheidung des BGH hat noch die alte Rechtslage zum Gegenstand. § 13b UrhWahrnG a.F. ist durch die Reform 2007 geändert worden. Die Vorschrift hat jetzt die Bezeichnung § 13c UrhWahrnG. Der BGH hat zutreffende inhaltliche Aussagen gemacht, die mit § 13c UrhWahrnG übereinstimmen. Die Rechtsprechung hat vor allem die Vermutung der Wahrnehmung der Rechte der Urheber und ausübenden Künstler durch die VG entwickelt und deren faktische Monopolstellung unterstrichen.[4] Denn für eine VG ist es kaum möglich, bei der Wahrnehmung urheberrechtlicher Ansprüche in jedem Einzelfall die anspruchsbegründenden Tatsachen zu beweisen. Für die VG wäre der Aufwand erheblich, in jedem Einzelfall – bei den zahlreichen Nutzungshandlungen – ihre Berechtigung und die Verwertung der Werke durch die Nutzer nachzuweisen.[5]

Die gesetzliche Vermutung der Wahrnehmungsbefugnis der Verwertungsgesellschaften spielte auch in dem vorliegenden Fall eine Rolle. Die Neuregelung des § 13c Abs. 1 und 2 UrhWahrnG stellt eine gesetzliche Vermutung i.S.v. § 292 ZPO dar. Der BGH hat die gesetzliche Vermutung bejaht und ausgeführt, dass § 13b Abs. 2 UrhWahrnG a.F. für alle Vergütungsansprüche aus § 27 UrhG gilt, unabhängig davon, ob die vermieteten Bildtonträger aus inländischer oder ausländischer Produktion stammen. § 13c Abs. 2 UrhWahrnG erfasst neben den Vergütungsansprüchen aus Vermieten und Verleihen nach § 27 UrhG auch noch andere Vergütungsansprüche, für die die gesetzliche Vermutung gilt. Es werden Vergütungsansprüche für die Vervielfältigungen nach § 53 Abs. 1 bis 3 UrhG (§§ 54, 54c UrhG) sowie für ausübenden Künstler, Tonträgerhersteller und Filmhersteller vermutet (§ 77 Abs. 2, § 85 Abs. 4, § 94 Abs. 4 UrhG). Die gesetzliche Vermutung der Aktivlegitimation wirkt auch für die VG im Zusammenhang mit den Vergütungsansprüchen für unbekannte Nutzungsarten nach § 1371 Abs. 5 UrhG. Damit geht eine Beweislastumkehr einher, die der Anspruchsgegner indes widerlegen kann, indem er den Nachweis führt, dass er Inhaber der Rechte ist. Die Vorschrift hat damit eine ausschließlich verfahrensrechtliche Bedeutung. Die gesetzliche Vermutung kann nicht rechtsbegründend für den materiellen Anspruch wirken.[6] Die gesetzliche Vermutung gilt selbst dann, wenn **Verträge** abgeschlossen worden sind. Grund für die Vermutungsregel besteht u.a. darin, Prozesserleichterungen für die Verwertungsgesellschaften einzuführen. In der Regel wird es Ihnen nicht möglich sein, ihre Rechtsinhaberschaft für einzelne Nutzungsvorgänge in Anbetracht der Vielzahl von urheberrechtlich zu betreuenden Werken und der Menge an Verwertungsakten durch einzelne Nutzer nachzuweisen. Die Rechtsprechung des BGH hat schon in der Vergangenheit den VG prozessuale Erleichterungen zugebilligt. So hat sie den Anscheinsbe-

---

3 Vgl. dazu BGH aaO, S. 820, 821.

4 BGH ZUM 1990, 32, 34 – Gesetzliche Vermutung I.

5 BT-Drucks.10/837, 23.

6 BGH ZUM 1990, 32, 34 – Gesetzliche Vermutung.

weis für die GEMA und deren Aktivlegitimation bei allen öffentlichen Aufführungen von Tanz- und Unterhaltungsmusik, bei der öffentlichen Musikwidergabe in Hörfunk- oder Fernsehsendungen oder Gaststätten zugelassen.[7] Das BVerfG hat die bevorzugte prozessuale Stellung der VG bestätigt und keinen Widerspruch zur Verfassung im Hinblick auf den Auskunftsanspruch nach § 10 UrhWahrnG gesehen. [8]

Der EuGH hat darauf hingewiesen, dass Art. 9 Abs. 2 der RL 93/83/EWG dahingehend auszulegen ist, dass eine VG, als bevollmächtigt gilt, die Rechte eines Urheberrechtsinhabers oder Inhabers verwandter Schutzrechte wahrzunehmen, obwohl das Recht eigentlich keiner VG übertragen wurde. Die VG kann Kabelunternehmen die Erlaubnis zur Kabelweiterverbreitung einer Sendung erteilen oder verweigern. Die Wahrnehmung der Rechte des Inhabers durch die Verwertungsgesellschaft kann nach Ansicht des EuGH deshalb nicht auf die finanziellen Aspekte dieser Rechte beschränkt werden.[9]

Literatur
Wandtke/*Schunke* Urheberrecht 6. Kap. Rn. 4 ff.

2. Abschlusszwang

BGH Urteil vom 22.4.2009, I ZR 5/07 – Seeing is Believing
BGHZ 181, 1
GRUR 2009, 1052

§ 11 Abs. 1 UrhWG

Leitsätze
1. Die Pflicht der Verwertungsgesellschaft, aufgrund der von ihr wahrgenommenen Rechte jedermann auf Verlangen zu angemessenen Bedingungen Nutzungsrechte einzuräumen, besteht ausnahmsweise dann nicht, wenn im Einzelfall eine missbräuchliche Ausnutzung der faktischen Monopolstellung der Verwertungsgesellschaft ausscheidet und diese dem Verlangen auf Einräumung von Nutzungsrechten vorrangige berechtigte Interessen entgegenhalten kann.
2. Die Beurteilung, ob eine sachlich gerechtfertigte Ausnahme vom Abschlusszwang nach § 11 Abs. 1 UrhWG gegeben ist, erfordert eine Abwägung der Interessen der Beteiligten unter Berücksichtigung der Zielsetzung des Urheberrechtswahrnehmungsgesetzes sowie des Zweckes der grundsätzlichen Abschlusspflicht der Verwertungsgesellschaft.
3. Die Verwertungsgesellschaft darf die Einräumung von Nutzungsrechten danach dann verweigern, wenn der Interessent an der von ihm beabsichtigten Ausübung der begehrten Nutzungsrechte aus Rechtsgründen gehindert ist, weil es dazu der Einräumung weiterer Nutzungsrechte bedarf, die er nicht erlangen kann.

Sachverhalt
Die Kl. möchte einen Tonträger mit zwölf Musikstücken unter dem Titel „Seeing is Believing" herstellen und verbreiten. Aus diesem Grund beantragte die Kl. bei der Bekl., der Gesellschaft für musikalische Aufführungs- und mechanische Vervielfältigungsrechte (GEMA) die Erteilung der Lizenz für die Herstellung des Tonträgers. Die Bekl. lehnte daraufhin die Er-

7 BGH GRUR 1974, 35, 39 – Musikautomat; BGH GRUR 1961, 97, 98 – Sportheim; BGHZ 127, 376, 378 – Betriebsferien.
8 BVerfG GRUR 2001, 48 – Gesetzliche Vermutung.
9 EuGH GRUR 2006, 752, 754 – Uradex/Brutele.

teilung der Lizenz ab, weil der Streithelfer sich durch die Veröffentlichung der CD in seinen Urheberpersönlichkeitsrechten verletzt sehe. Der Streithelfer nahm die Musikstücke als Sänger bereits im Jahre 1993 zusammen mit der Kl. in den USA auf. Grundlage für die Zusammenarbeit war ein Künstlerexklusivvertrag zwischen der Kl. und dem Streithelfer.

Antragsgemäß verurteilte Das LG die Bekl. der Kl. eine Lizenz zur Herstellung der Tonträger Zug um Zug gegen die Zahlung der Lizenzgebühr in Höhe von 6420 Euro zu erteilen. Die Berufung der Bekl. führte zur Abweisung der Klage. Die Kl. beantragt nun mit ihrer Revision die Wiederherstellung des landgerichtlichen Urteils.

Entscheidungsgründe

[…] II. […]

2. **Das Berufungsgericht hat […] mit Recht angenommen, dass trotz des nach dem Wortlaut des Gesetzes nicht eingeschränkten Abschlusszwanges eine Verpflichtung der Verwertungsgesellschaft zur Rechtseinräumung ausnahmsweise nicht besteht, wenn sie sich auf berechtigte Interessen berufen kann, die dem Verlangen des Antragstellers nach § 11 Abs. 1 UrhWG entgegenstehen.**

a) Der Abschlusszwang nach § 11 UrhWG ist nach der Begründung des Regierungsentwurfs des Urheberrechtswahrnehmungsgesetzes eine notwendige Folge der Monopolstellung der Verwertungsgesellschaften.[1] Von der Einräumung eines gesetzlichen Monopols zugunsten der Verwertungsgesellschaften ist allerdings abgesehen worden. **Eine gesetzlich gewährleistete Monopolstellung der Verwertungsgesellschaften folgt auch nicht mittelbar aus ihrer Treuhandstellung in Bezug auf die ihnen zur Wahrnehmung übertragenen Schutzrechte.** Zwar stehen den Urhebern und sonstigen Schutzrechtsinhabern Ausschließlichkeitsrechte in Bezug auf ihre Werke und sonstigen Schutzgegenstände zu. Der jeweilige Schutzrechtsinhaber kann jedoch, ohne einem Kontrahierungszwang unterworfen zu sein, frei entscheiden, ob und gegebenenfalls wem er Nutzungsrechte einräumen will. Beauftragt er eine Verwertungsgesellschaft mit der Wahrnehmung seiner Nutzungsrechte, kann allein die aus dem Wahrnehmungsauftrag als solchem folgende Treuhandstellung einen Kontrahierungszwang der Verwertungsgesellschaft nicht begründen. Die jeweilige Verwertungsgesellschaft, die nach § 6 Abs. 1 UrhWG auf Verlangen der Rechteinhaber zur Wahrnehmung aller Rechte und Ansprüche verpflichtet ist, die zu ihrem Tätigkeitsbereich gehören, erlangt jedoch durch die Vereinigung der Rechte zahlreicher Urheber in ihrer Hand faktisch eine Monopolstellung für eine Vielzahl gleicher Rechte und, wenn – wie in Deutschland – für eine oder mehrere Arten von Schutzrechten nur jeweils eine Verwertungsgesellschaft besteht, das tatsächliche Monopol für alle Rechte dieser Art überhaupt.[2] Die Regelung des § 11 UrhWG soll im öffentlichen Interesse verhindern, dass diese tatsächliche Monopolstellung zum Nachteil der Allgemeinheit ausgenutzt wird, indem etwa den Verwertern urheberrechtlich geschützter Werke für die Einräumung der erforderlichen Rechte unangemessen hohe Vergütungen abgefordert oder in sonstiger Weise unbillige Bedingungen gestellt werden.[3] Der Abschlusszwang nach § 11 Abs. 1 UrhWG folgt somit nicht aus den der Verwertungsgesellschaft zur Wahrnehmung übertragenen urheberrechtlichen Nutzungsrechten als solchen, sondern aus ihrer faktischen Monopolstellung. Sie konkretisiert und verstärkt die Abschlusspflicht, die die Verwertungsgesellschaft als Unternehmen mit beherrschender Stellung bereits nach den allgemeinen Vorschriften (vgl. Art. 82 EG, §§ 19, 20, 33 GWB, §§ 826, 249 BGB) treffen kann.

3. […]

a) **Die Beurteilung, ob eine sachlich gerechtfertigte Ausnahme von dem Abschlusszwang nach § 11 Abs. 1 UrhWG gegeben ist, erfordert eine Abwägung der Interessen der Be-**

1 Vgl. BT-Drucks. IV/271, S. 17.
2 Vgl. auch BT-Drucks. IV/271, S. 9.
3 BT-Drucks. IV/271, S. 9 f., 17.

teiligten unter Berücksichtigung der Zielsetzung des Urheberrechtswahrnehmungsgesetzes sowie des Zweckes der grundsätzlichen Abschlusspflicht der Verwertungsgesellschaft. [...]

b) [...]

bb) Auch der in dem Abschluss der Vereinbarung vom 23. Juli 1993 liegende Verstoß gegen die guten Sitten kann nicht bereits als solcher den Missbrauchseinwand begründen. Der Umstand, dass derjenige, der einen Antrag nach § 11 Abs. 1 UrhWG stellt, bereits früher im Zusammenhang mit den von der betreffenden Verwertungsgesellschaft wahrgenommenen Rechten einen Sitten- oder Rechtsverstoß begangen hat, kann nicht dazu führen, dass ihm die Verwertungsgesellschaft in Zukunft grundsätzlich und ausnahmslos die Einräumung von Nutzungsrechten verweigern darf.

cc) Anders verhält es sich dagegen, wenn – wie im Streitfall – trotz des Antrags nach § 11 Abs. 1 UrhWG die nicht ganz fernliegende Gefahr eines urheberrechtsverletzenden Handelns des Antragstellers besteht. Da die Klägerin den Tonträger wegen des Fehlens der Leistungsschutzrechte nicht rechtmäßig herstellen kann, an ihrem Verlangen, nach § 11 Abs. 1 UrhWG Nutzungsrechte an den von der Beklagten wahrgenommenen Rechten zu erwerben, aber festhält, besteht jedenfalls aus der Sicht der Beklagten und des Streithelfers die Gefahr, dass der Tonträger gleichwohl unter Verletzung der Rechte des Streithelfers hergestellt wird, wenn die Beklagte dem Verlangen nach § 11 Abs. 1 UrhWG nachkommt. Unter diesen Umständen ist der Beklagten unter Berücksichtigung ihrer berechtigten Interessen aus dem durch den Wahrnehmungsvertrag mit dem Streithelfer begründeten Treuhandverhältnis die Rechteeinräumung nicht zuzumuten. [...]

Kurzkommentierung

Der BGH hat in dem Urteil wegweisend Konsequenzen in verwertungsrechtlicher und lizenzrechtlicher Hinsicht aufgezeigt, die sich ergeben, wenn Lizenznehmer, insbesondere Plattenfirmen, ihre beherrschende Stellung gegenüber unerfahrenen Künstlern ausnutzen. Der BGH hat durch dieses Urteil die Rechtsstellung der Künstler erheblich gestärkt.

Die GEMA unterliegt als Verwertungsgesellschaft dem Urheberwahrnehmungsgesetz. Dadurch unterwirft sich die GEMA, wie alle Verwertungsgesellschaften, bestimmten Wahrnehmungsgrundsätzen. Der in § 11 Abs. 1 UrhWG geregelte Abschlusszwang, dessen Inhalt Gegenstand des vorliegenden Urteils ist, umschreibt einen der wesentlichen Wahrnehmungsgrundsätze. Gemäß § 11 Abs. 1 UrhWG ist die Verwertungsgesellschaft verpflichtet, jedermann auf Verlangen zu angemessenen Bedingungen Nutzungsrechte einzuräumen. Der BGH weicht den Abschlusszwang durch dieses Urteil nicht unwesentlich auf, in dem er Ausnahmen zulässt. Der BGH erreicht diese Einschränkung trotz des eindeutigen Wortlautes des § 11 UrhWG, in dem er sich auf den Sinn und Zweck der Vorschrift beruft.

Der Abschlusszwang nach § 11 UrhWG, so der BGH, ist eine notwendige Folge der faktischen Monopolstellung der Verwertungsgesellschaften. § 11 UrhWG soll im öffentlichen Interesse verhindern, dass die tatsächliche Monopolstellung zum Nachteil der Allgemeinheit ausgenutzt wird. Die faktische Monopolstellung konkretisiert und verstärkt die Abschlusspflicht. Daraus folgert der BGH, dass eine Abschlusspflicht der Verwertungsgesellschaften ausnahmsweise nicht besteht, wenn im Einzelfall eine missbräuchliche Ausnutzung der Monopolstellung ausscheidet und die Verwertungsgesellschaften dem Verlangen auf Einräumung von Nutzungsrechten vorrangig berechtigte Interessen entgegenhalten können.

Im Streitfall nahm der BGH ein berechtigtes Interesse der GEMA an:.

Dem Streitfall lag ein Künstlerexklusivvertrag zu Grunde, der wegen § 138 BGB als nichtig anzusehen war. Der BGH führt aus, dass ein vorliegender Verstoß gegen die guten Sitten nicht von vornherein einen Missbrauchseinwand der Verwertungsgesellschaft begründen kann. Aber wegen einer nicht ganz fern liegenden Gefahr der Förderung von Rechtsverletzungen durch die Verwertungsgesellschaften gegenüber ihren Treugebern, ist aus dem durch den Wahrnehmungsvertrag begründeten Treuhandverhältnis, die Rechtseinräumung der GEMA nicht zuzumuten.

Der BGH hat in zweifacher Hinsicht die Klägerin, eine Plattenfirma, für ihr ursprüngliches Verhalten gegenüber dem Künstler „bestraft". Zunächst hat der BGH die Auffassung bestätigt, dass Künstlerexklusivverträge, wie sie in der Praxis vielfach vorkommen, aufgrund eines auffälligen Missverhältnisses von Leistung und Gegenleistung nach § 138 Abs.1 BGB sittenwidrig sind: dies kann bei Künstlerexklusiverträgen bereits dann der Fall sein, wenn eine längerfristige weltweit exklusive Rechtseinräumung einer ungenügenden Vergütungsregelung gegenübersteht und keine Auswertungspflicht besteht. Dem sittenwidrig handelnden Vertragspartner bleibt es im nächsten Schritt verwehrt, die notwendigen Rechte bezüglich der zugrundeliegenden Kompositionen bei der GEMA einzuholen, da insofern der BGH eine Ausnahme vom Abschlusszwang zulässt.

Die zu unterstützende Auffassung vom BGH, insbesondere die Aufweichung des Abschlusszwanges wirft Folgefragen auf:

Wie sind Fälle zu beurteilen, in denen sich nachträglich herausstellt, dass der Künstlerexklusivvertrag wegen § 138 BGB nichtig ist, aber ein Tonträger schon veröffentlicht oder eine Fernsehsendung mit einem Musikbeitrag schon ausgestrahlt und die GEMA-Lizenzen schon gezahlt wurden? Besteht dann ein Rückforderungsanspruch der GEMA aus § 812 BGB, obwohl bei dem Fernsehen beispielsweise die Rechtseinräumung anhand von Pauschallizenzen im Wege von Rahmenverträgen vorgenommen wird? Die Herausgabe des Erlangten wäre dann wegen der bereits durchgeführten Nutzungen nicht mehr möglich. Es käme dann nur Wertersatz nach § 818 Abs. 2 BGB in Betracht. Wäre die Höhe des Wertersatzes dann die GEMA-Lizenz plus ein GEMA-Aufschlag von 100%? Zukünftige Nutzungen könnten dann nach § 97 UrhG untersagt werden.

Würde der BGH eine Ausnahme vom Abschlusszwang ebenfalls zulassen, wenn es sich bei dem ausübenden Künstler und dem Urheber der verwendeten Komposition nicht um dieselbe Person handelt? Die Urteilsbegründung des BGH spricht dagegen, da für diesen Fall kein Treueverhältnis zwischen der GEMA und dem ausübenden Künstler besteht. Ob diese Ungleichbehandlung gerechtfertigt ist, erscheint allerdings zweifelhaft.

Literatur

Wandtke/*Schunke* Urheberrecht 6. Kap. Rn. 4.

3. Verteilungsplan

BGH Urteil vom 19.5.2005, I ZR 299/02 – PRO-Verfahren
BGHZ 163, 119
GRUR 2005, 757

§ 7 S. 3 WahrnG
§ 315 BGB

Leitsätze

1. Die GEMA hat aufgrund ihrer Berechtigungsverträge mit den Wahrnehmungsberechtigten das Recht, gemäß § 315 BGB nach billigem Ermessen zu bestimmen, was an die Berechtigten jeweils als dasjenige herauszugeben ist, was aus der Auswertung der treuhänderisch wahrgenommenen Nutzungsrechte erlangt ist.
2. Die GEMA ist auch dann, wenn sie es unter Verstoß gegen Pflichten aus § 7 Satz 3 UrhWG versäumt haben sollte, die Grundsätze für die Verteilung der Erlöse in ihrer Satzung festzulegen, den Berechtigten gegenüber verpflichtet und gemäß ihrem Leistungsbe-

stimmungsrecht (§ 315 BGB) berechtigt, die Erlöse aus der Rechtswahrnehmung nach billigem Ermessen zu verteilen.
3. Zur Berechtigung der GEMA, die für die Verteilung der Erlöse maßgebliche Gesamtzahl der Aufführungen von Werken der Unterhaltungsmusik (sog. U-Musik) mit Hilfe eines statistischen Hochrechnungsverfahrens (hier des sog. PRO-Verfahrens) zu ermitteln.

Sachverhalt

Die beklagte GEMA ist die einzige in der Bundesrepublik Deutschland bestehende Wahrnehmungsgesellschaft für musikalische Aufführungsrechte und mechanische Vervielfältigungsrechte.

Der Kl. war im Geschäftsjahr 1998 außerordentliches Mitglied der Bekl. Er ist der Ansicht, das PRO-Verfahren dürfe bei der Verteilung nicht angewendet werden, da es nicht durch Beschluss der Mitgliederversammlung eingeführt worden sei. Das PRO-Verfahren gehe zudem von unzutreffenden Annahmen aus und benachteilige angeschlossene und außerordentliche Mitglieder zugunsten derjenigen, die als Urheber von Standardrepertoire bereits ordentliche Mitglieder der Bekl. seien. Der Kl. trägt vor, er habe durch das PRO-Verfahren im Jahr 1998 Einkünfte in Höhe von 15.955,86 DM eingebüßt. Mit seiner Klage begehrt er die Zahlung dieses Betrags mit Zinsen.

Entscheidungsgründe

[...] B. [...] I. [...]

1. Ein Berechtigter hat nach dem Berechtigungsvertrag einen Anspruch gegen die Beklagte, mit einem Anteil an ihren Einnahmen beteiligt zu werden, der den Erlösen entspricht, der durch die Auswertung seiner Rechte erzielt wurde. Bei der Wahrnehmung des Aufführungsrechts ist dies allerdings nicht in der Weise möglich, daß die Erlöse jeweils genau den Aufführungen der einzelnen Werke zugeordnet werden. **Angesichts der Vielzahl von Werknutzern kann das Aufführungsrecht im allgemeinen wirksam nur kollektiv für die Gesamtheit der Berechtigten und mit pauschalierenden Vergütungssätzen wahrgenommen werden.** Die Beklagte kann dementsprechend das aus der treuhänderischen Auswertung der Rechte Erlangte an die einzelnen Berechtigten nur in der Weise herausgeben, daß nach bestimmten allgemeinen Verteilungsgrundsätzen jeweils ein möglichst leistungsgerechter Anteil an den Einnahmen ausgeschüttet wird. [...]

bb) **Das PRO-Verfahren ist durch eine Verwaltungsentscheidung der Beklagten (durch Anordnung von Vorstand und Aufsichtsrat) eingeführt worden.** Solche Festlegungen werden nicht gemäß § 6 Buchst. a des Berechtigungsvertrages dessen Bestandteil. Es kann danach offenbleiben, ob Änderungen des Berechtigungsvertrages oder des Verteilungsplans, die nach Abschluß eines Berechtigungsvertrages beschlossen worden sind, ohne weiteres aufgrund der allgemeinen Verweisung in § 6 Buchst. a des Berechtigungsvertrages dessen Bestandteil werden konnten, und eine derartige Einbeziehungsklausel mit den §§ 2 ff. AGBGB (nunmehr §§ 305 ff. BGB) vereinbar war.[1]

Die sich aus dem Berechtigungsvertrag ergebenden Rechtsbeziehungen betreffend die Einräumung oder Übertragung von Nutzungsrechten an die Beklagte und die Teilhabe an den Erlösen, sind – entgegen der Ansicht der Revisionserwiderung – nicht körperschaftsrechtlicher Natur, sondern dem individualrechtlichen Bereich zuzurechnen. Sie regeln – auch im Verhältnis zu vereinsrechtlichen Mitgliedern der Beklagten – nicht das mitgliedschaftliche Verhältnis, sondern die schuldrechtliche treuhänderische Beziehung.[2] **Die entsprechenden**

---

1 Vgl. BGH Urt. v. 13.12.2001 – I ZR 41/99, GRUR 2002, 332, 333 = WRP 2002, 442 – Klausurerfordernis; *Zeisberg* in HK-UrhR, § 6 WahrnG Rn. 13; Augenstein, Rechtliche Grundlagen des Verteilungsplans urheberrechtlicher Verwertungsgesellschaften, 2004, S. 101 ff., jeweils m. w. N.

2 Vgl. BGHZ 136, 394, 396 f. zu Versicherungsbedingungen eines Versicherungsvereins auf Gegenseitigkeit; *Mauhs* Der Wahrnehmungsvertrag, 1991, S. 59; *Riesenhuber* Die Auslegung und Kontrolle des Wahrnehmungsver-

Regelungen des Berechtigungsvertrages sind bundesweit angewandte Allgemeine Geschäftsbedingungen.[3] Der Senat kann diese deshalb ohne Bindung an die Auslegung des Berufungsgerichts selbst auslegen.[4]

Nach dem Wortlaut des § 6 Buchst. a des Berechtigungsvertrages bilden nur Satzung und Verteilungsplan Bestandteile dieses Vertrages. [...]

cc) [...]

(1) [...] **Die Vertragspartei, die gemäß § 315 Abs. 1 BGB die Bestimmung zu treffen hat, hat dies nach billigem Ermessen zu tun. Dabei ist nicht nur ein einziges „richtiges" Ergebnis denkbar. Dem Bestimmungsberechtigten steht ein Ermessensspielraum zu; die Bestimmung ist erst dann durch das Gericht zu ersetzen, wenn die durch § 315 Abs. 3 BGB – mit dem Hinweis auf die Billigkeit – gezogenen Grenzen überschritten sind, nicht dagegen schon dann, wenn das Gericht eine andere Festsetzung für richtig hält.**[5]

(2) Die Beklagte ist verpflichtet, bei der Verteilung der Einkünfte, soweit dies sinnvoll ist, zu berücksichtigen, in welchem Umfang die einzelnen Werke genutzt worden sind. Als Verwertungsgesellschaft ist die Beklagte gegenüber den Berechtigten jedoch auch zu einer wirtschaftlich sinnvollen Auswertung der ihr treuhänderisch eingeräumten Nutzungsrechte verpflichtet. Der damit verbundenen Verpflichtung, ihren Verwaltungsaufwand in einem angemessenen Verhältnis zu den Einnahmen zu halten, entspricht es, daß die Beklagte bei der Verteilung der Einnahmen in gewissem Umfang typisieren und pauschalieren muß.[6]

[...]

Kurzkommentierung

Der BGH hat in dieser Entscheidung wichtige Fragen der Verteilung der gesetzlichen Vergütungen der VG aufgeworfen. So hat der BGH ausdrücklich darauf hingewiesen, dass die VG als Treuhandanstalt das Erlangte an die einzelnen Berechtigten nur in der Weise herausgeben darf, dass nach bestimmten allgemeinen Verteilungsgrundsätzen jeweils ein möglichst leistungsgerechter Anteil an den Einnahmen ausgeschüttet wird. Das ist aber nicht Gegenstand eines **Berechtigungsvertrages**, sonder erfolgt durch die entsprechenden Verteilungspläne der VG. Die Satzung und der Verteilungsplan der jeweiligen VG sind Bestandteil des Berechtigungsvertrages, der die schuldrechtliche treuhändische Beziehung zwischen der VG und dem Berechtigten regelt. Zutreffend stellt der BGH fest, dass das PRO-Verfahren zur Feststellung der Aufführungszahlen sehr wohl in der Satzung aufgenommen werden müsste. Über das Pro-Verfahren wurde mittlerweile auf der Mitgliederversammlung der GEMA abgestimmt. Trotzdem zeigt sich hier ein Grundproblem in der Struktur der GEMA. Nur die ordentlichen Mitglieder sind grundsätzlich stimmberechtigt. Damit bestimmt eine kleine Zahl von Urhebern über den wesentlichen Punkt der Verteilung der Einnahmen, der wegen § 315 BGB nach billigem Ermessen durch diese geringe Mitgliederzahl erfolgt. Der BGH lässt, was die Frage der Billigkeit angeht, einen sehr großzügigen Maßstab genügen. Es verwundert, dass der BGH bei der Prüfung von § 315 Abs. 3 BGB dass Willkürverbot nach § 7 WahrnG und die umstrittene Frage, ob auch § 6 Abs. 1 WahrnG bei der Frage der Billigkeit der Verteilung der Einnahmen berücksichtigt wer-

---

trags, 2004, S. 30 ff.; *Augenstein* aaO S. 74 f.; a. A. Loewenheim/*Melichar* Handbuch des Urheberrechts, § 47 Rn. 23.

3 Vgl. BGH GRUR 2002, 332, 333 – Klausurerfordernis.

4 Vgl. BGHZ 149, 337, 353; BGH Urt. v. 29.1.2003 – VIII ZR 300/02, NJW-RR 2003, 926, 927.

5 Vgl. BGH Urt. v. 24.6.1991 – II ZR 268/90, NJW-RR 1991, 1248, 1249; MünchKommBGB/*Gottwald* 4. Aufl., § 315 Rn. 49; Erman/*Hager* BGB, 11. Aufl., § 315 Rn. 18, jeweils m. w. N.

6 Vgl. BGH Beschl. v. 3.5.1988 – KVR 4/87, GRUR 1988, 782, 783 = WRP 1989, 85 – GEMA-Wertungsverfahren; BGH GRUR 2002, 332, 335 – Klausurerfordernis; BGH, Urt. v. 4.3.2004 – I ZR 244/01, GRUR 2004, 767, 769 = WRP 2004, 1184 – Verteilung des Vergütungsaufkommens; vgl. dazu auch BVerfG ZUM 1997, 555; Schricker/*Reinbothe* Urheberrecht, 2. Aufl., § 7 WahrnG Rn. 6; *Schulze* in Dreier/Schulze, UrhG, § 7 UrhWG Rn. 6; *Zeisberg* aaO § 7 WahrnG Rn. 9; *Vogel* GRUR 1993, 513, 522.

den sollte, nicht erwähnt. Der BGH führt lediglich aus, dass die GEMA in gewisser Hinsicht die Verteilung der Einnahmen typisieren und pauschalieren muss. Diese Typisierung und Pauschalierung, die nicht nur bei der Verteilung der Einnahmen aus dem Aufführungsrecht vorgenommen wird, sondern bspw. auch bei der Verteilung der Einnahmen aus dem gesetzlichen Vergütungsanspruch begegnet tiefgreifenden Bedenken. Diese Bedenken ergeben sich vor allem aus der Frage der Angemessenheit der Vergütung. Nach richtiger Auffassung sollte nicht nur § 6 Abs. 1 WahrnG im Verhältnis der Verwertungsgesellschaft zum Urheber gelten, der besagt, dass für die Rechtswahrnehmung das Prinzip der Angemessenheit gilt, sondern auch das in § 11 S. 2 UrhG und § 32 UrhG niedergelegte Prinzip der angemessenen Vergütung. Verpflichtet man die GEMA diese Prinzipien bei der Ausübung des billigen Ermessens und damit bei der Verteilung zu berücksichtigen, stellt sich die Frage neu, ob das Pro-Verfahren wirklich zu einer angemessenen Vergütung aller Urheber führt. Die Entwicklung zeigt, dass aufgrund neuer technischer Möglichkeiten neben der **Pauschalierung** in den Verteilungsplänen der VG zunehmend **Individualabrechnungen** berücksichtigt werden können. Das **METIS-Programm** der VG-Wort ist ein gelungenes Beispiel für Verteilungsgerechtigkeit. In einer aktuellen Entscheidung weist der BGH darauf hin, dass im Falle einer Berechnung des Schadensersatzes nach der angemessenen Lizenzgebühr die GEMA die Tarifvergütung zugrunde zu legen hat. Die im Tarif vorgesehene Vergütung kann auf ein angemessenes Maß reduziert werden. Dabei sind eine ähnliche Nutzung betreffende Tarife heranzuziehen.[7]

Literatur
Wandtke/*Schunke* Urheberrecht 6. Kap. Rn. 20.

4. Berechtigungsvertrag und Werbezwecke

BGH Urteil vom 10.6.2009, I ZR 226/06 – Nutzung von Musik für Werbezwecke
GRUR 2010, 62

§ 31 Abs. 5 UrhG

Leitsatz
Die GEMA ist aufgrund der mit den Berechtigten geschlossenen Berechtigungsverträge in der Fassung der Jahre 2002 und 2005 nicht berechtigt, deren urheberrechtliche Nutzungsrechte hinsichtlich der Verwendung von Musikwerken zu Werbezwecken wahrzunehmen.

Sachverhalt
Die Kl. ist eine Werbeagentur. Auf ihrer Internetseite wirbt sie unter anderem mit Musikwerken, die sie eigens für Werbespots hat komponieren lassen, mit deren Herstellung sie von ihren Kunden betraut wird.

Die Bekl. ist die GEMA. Sie nimmt die ihr von Komponisten, Textdichtern und Musikverlegern auf Grund von Berechtigungsverträgen eingeräumten urheberrechtlichen Nutzungsrechte an Musikwerken wahr.

Im September 2002 forderte die Bekl. die Kl. auf, die Musikwerke besagter Internetpräsenz bei der Bekl. anzumelden. Sie ist der Ansicht, dass sie auch hinsichtlich der Nutzung von Musikwerken im Internet zu Werbezwecken wahrnehmungsberechtigt sei.

Die Kl. ist dagegen der Ansicht, die Bekl. sei nicht berechtigt, von ihr wegen Benutzung von Musikwerken zur Eigenwerbung Auskunft oder Vergütung zu verlangen.

---

7 BGH I ZR 70/09 – Multimediashow.

Entscheidungsgründe

[...]

II. [...] Die Beklagte kann von der Klägerin wegen der Benutzung von Musikwerken im Internet zur Eigenwerbung weder Auskunft noch Vergütung beanspruchen. Die Beklagte ist aufgrund der mit den Berechtigten geschlossenen Berechtigungsverträge nicht berechtigt, deren urheberrechtliche Nutzungsrechte hinsichtlich der Verwendung von Musikwerken zu Werbezwecken wahrzunehmen.

Unberührt bleibt die Befugnis des Berechtigten, die Einwilligung zur Benutzung eines Werkes (mit oder ohne Text) zur Herstellung von Werbespots der Werbung betreibenden Wirtschaft, z. B. im Rundfunk (Hörfunk und Fernsehen) zu erteilen.

2. [...] b) [...]

aa) **Auch für die Auslegung von Wahrnehmungsverträgen mit Verwertungsgesellschaften ist der Übertragungszweckgedanke maßgeblich,**[1] **der durch § 31 Abs. 5 UrhG (teilweise) gesetzlich geregelt ist.**[2] Sind bei der Einräumung eines Nutzungsrechts die Nutzungsarten nicht ausdrücklich einzeln bezeichnet, so bestimmt sich gemäß § 31 Abs. 5 Satz 1 UrhG nach dem von beiden Partnern zugrunde gelegten Vertragszweck, auf welche Nutzungsarten es sich erstreckt. Entsprechendes gilt nach § 31 Abs. 5 Satz 2 UrhG unter anderem für die Frage, ob ein Nutzungsrecht eingeräumt wird.

Nach diesen Grundsätzen kann nicht angenommen werden, dass die Berechtigten der Beklagten mit den Berechtigungsverträgen das Recht zur Nutzung der Musikwerke zu Werbezwecken zur Wahrnehmung eingeräumt haben.[3] **Dabei kommt es nicht darauf an, ob die Musikwerke für Fremdwerbung oder für Eigenwerbung verwendet werden und ob der Berechtigte sich gegenüber dem Nutzer mit der Verwendung der Musikwerke zur Herstellung der Werbespots einverstanden erklärt hat.**[4]

bb) Bei der Verwendung eines Musikwerkes zu Werbezwecken handelt es sich um eine Nutzungsart im Sinne von § 31 Abs. 5 UrhG. **Unter Nutzungsart ist jede übliche, technisch und wirtschaftlich eigenständige und damit klar abgrenzbare Verwendungsform eines Werkes zu verstehen.**[5] **Die Verwendung zu Werbezwecken ist eine allgemein übliche und wirtschaftlich eigenständige Form der Nutzung von Musikwerken.**[6] [...]

c) [...]

(2) [...] Es kann – anders als das Berufungsgericht wohl gemeint hat – nicht angenommen werden, der Berechtigte habe dadurch, dass er sich ausdrücklich nur das Recht zur Einwilligung in die Verwendung der Musik zur Herstellung eines Werbespots vorbehalten habe, der Beklagten stillschweigend das Recht zur Verwertung des mit seiner Einwilligung hergestellten Werbespots zur Wahrnehmung eingeräumt. Eine solche Annahme verbietet sich bereits deshalb, weil die wirksame Einräumung eines Nutzungsrechts nach § 31 Abs. 5 Satz 1 UrhG grundsätzlich voraussetzt, dass die Nutzungsarten ausdrücklich einzeln bezeichnet sind. Darüber hinaus heißt

---

1 BGHZ 142, 388, 396 – Musical-Gala, m. w. N.

2 Vgl. Schricker/*Schricker* Urheberrecht, 3. Aufl., § 31 UrhG Rn. 36.

3 Vgl. OLG Hamburg GRUR 1991, 599, 600 f.; OLG München ZUM 1997, 275, 278 f.; LG Düsseldorf ZUM 1986, 158, 159 f.; Schricker/*v. Ungern-Sternberg* aaO Vor §§ 20 ff. UrhG Rn. 21; *Staudt* in Kreile/Becker/Riesenhuber, Recht und Praxis der GEMA, 2. Aufl., Kap. 10 Rn. 285; *Wirtz* in Bröcker/Czychowski/Schäfer, Praxishandbuch Geistiges Eigentum im Internet, 2003, § 8 Rn. 209; *Ventroni* Das Filmherstellungsrecht, 2001, S. 242 und 251; *Russ* ZUM 1995, 32, 35; *G. Schulze* in Schulze, RzU, OLGZ 315, 7 ff.; a. A. *Staats* Aufführungsrecht und kollektive Wahrnehmung bei Werken der Musik, 2004, S. 128; vgl. auch *Schulze* in Dreier/Schulze, UrhG, 3. Aufl., Vor § 31 Rn. 137; *Schunke* Das Bearbeitungsrecht in der Musik und dessen Wahrnehmung durch die GEMA, 2008, S. 217 f.; *Poll* WRP 2008, 1170 ff.

4 A.A. *Ulbricht* CR 2006, 468, 473.

5 BGHZ 95, 274, 283 f. – GEMA-Vermutung I; 145, 7, 11 – OEM-Version, jeweils m. w. N.

6 OLG Hamburg GRUR 1991, 599, 600; OLG München ZUM 1997, 275, 279; *Schulze* in Dreier/Schulze aaO § 31 Rn. 40; *Staats* aaO S. 126; *Ventroni* aaO S. 245; *Schunke* aaO S. 216 f.; a. A. *Poll* WRP 2008, 1170, 1172 f.

es in der Bestimmung des § 1 lit. k Abs. 1 der Berechtigungsverträge nicht, dass der Berechtigte sich die Befugnis „vorbehält", die Einwilligung zur Benutzung des Werkes zur Herstellung von Werbespots zu erteilen, sondern, dass diese Befugnis „unberührt bleibt".

(3) **Bei der Nutzung eines Musikwerks zu Werbezwecken verhält es sich demnach grundsätzlich anders als bei dessen Nutzung als Ruftonmelodie oder Freizeichenuntermalungsmelodie (§ 1 lit. h Abs. 4 der Berechtigungsverträge) oder zur Herstellung von Filmwerken oder Fernsehproduktionen (§ 1 lit. i Abs. 1 und 3 der Berechtigungsverträge).** [...]

Kurzkommentierung

Der BGH hatte wie schon in den Entscheidungen zu den Klingeltönen[7] zur Frage des Umfanges der Rechtseinräumung der Urheber an die GEMA im Rahmen des Berechtigungsvertrages (BV) Stellung zu nehmen. In der vorliegenden Entscheidung musste der BGH entscheiden, inwieweit die GEMA Rechte eingeräumt bekommen hat, wenn es um die Nutzung von Musik im Rahmen von Werbespots geht. Gegenstand der Entscheidung waren die Berechtigungsverträge der GEMA in der Version aus dem Jahr 2002 und dem Jahr 2005. Im Kern handelte es sich dabei um eine Frage des Urhebervertragsrechts mit weitreichenden praktischen Konsequenzen.

Ähnlich wie bei der Klingeltonnutzung verfolgten die GEMA und Verlage bei der Nutzung von GEMA-Musik im Bereich der Werbung ein **zweistufiges Lizenzsystem**. Die Verwendung von Musik zu Werbezwecken wurde explizit nur in § 1k Abs. 1 BV erwähnt. Danach soll die Befugnis, die Einwilligung zur Benutzung eines Werks zur Herstellung von Werbespots der Werbung betreibenden Wirtschaft zu erteilen, dem Berechtigten vorbehalten bleiben. Durch die Formulierung wollte die GEMA erreichen, dass die Frage, ob die Musik überhaupt zu Werbezwecken verwendet werden darf unter dem Einwilligungsvorbehalt des Urhebers steht. Die Rechte, die die weitere Verwendung des hergestellten Werbespots betreffen, wie bspw das Recht der öffentlichen Zugänglichmachung nach § 19a UrhG, sofern der Werbespot im Internet dargeboten wird, sollten bei der GEMA verbleiben. Die Folge wäre ein doppeltes Lizenzsystem. Der BGH hatte damit zu entscheiden, ob § 1k Abs. 1 BV einen Einwilligungsvorbehalt enthält, der dieses doppelte Lizenzsystem nach sich ziehen würde. Der BGH sieht aber in § 1k Abs. 1 BV keine wirksame Vereinbarung einer teilweisen Rechtseinräumung an die GEMA. Der BGH führt aus, dass aus dem Einwilligungsvorbehalt des § 1k Abs. 1 BV keine stillschweigende Rechtseinräumung an die GEMA bezüglich der Verwertung eines hergestellten Werbespots im Wege eines Umkehrschluss geschlossen werden kann.[8] Zurecht bezieht sich der BGH dabei auf die Zweckübertragungsregel des § 31 Abs. 5 UrhG, die nach ständiger Rechtsprechung auf Berechtigungsverträge anzuwenden ist. Dem BGH ist zuzustimmen, dass die Einräumung von Nutzungsrechten bezüglich der Verwendung von Musik für Werbespots ausdrücklich hätte benannt werden müssen. Damit hatte die GEMA keine Rechte erworben. Die Entscheidung ist von weitreichender praktischer Bedeutung, da dadurch die Lizenzierung der GEMA der letzten Jahre im Bereich der Werbung in vielen Fällen unzulässig war. Es können sich dadurch schwierige bereicherungsrechtliche Rückabwicklungsfragen ergeben.

Die GEMA probiert nunmehr durch den geänderten Berechtigungsvertrag 2010 die Zweistufigkeit des Lizenzsystems im Bereich der Werbung herzustellen. Fraglich ist, ob ein solcher von der GEMA vorgesehener Vorbehalt rechtlich zulässig ist. Eine zulässige ausschließliche Wirkung käme einem solchen Vorbehalt in jedem Fall zu, wenn die Herstellung von Werbespots eine von den darauffolgenden Verwertungen abgrenzbare Nutzungsart i. S. d. § 31 UrhG wäre. Dass die Herstellung eines Werbespots eine technisch und wirtschaftlich eigenständige Verwendungsform des Werkes in Abgrenzung zu der anschließenden Verwertung umfasst erscheint zweifelhaft. Gegen die Aufspaltung des einheitlichen Vorgangs der Verwer-

7 Vgl. BGH GRUR 2009, 395 – Klingeltöne für Mobiltelefone I; BGH GRUR 2010, 920 – Klingeltöne für Mobiltelefone II.

8 BGH GRUR 2010, 62, 64 – Nutzung von Musik für Werbezwecke.

tung von Musik zu Werbezwecken in zwei Nutzungsarten spricht, dass der Berechtigte bei der Einwilligung in die Herstellung des Werbespots immer auch die Verwertung gleichzeitig mit im Blick hat. Der BGH ist insoweit nicht eindeutig, geht aber wohl davon aus, dass die Verwendung von Musik in der Werbung insgesamt als eine eigenständige Nutzungsart anzusehen sei, es sich damit bei der Herstellung und der anschließenden Verwertung nicht um zwei voneinander zu trennende Nutzungsarten handelt.[9]

Dann stellt sich aber die Folgeproblematik, ob bei einer einheitlichen Nutzungsart eine Aufspaltung der von der Nutzungsart betroffenen Rechte möglich ist und diese Aufspaltung als dinglicher wirkender Vorbehalt ausgestaltet werden kann. Die Aufspaltung erscheint aus Gründen der Rechtssicherheit und der Verpflichtung der Verwertungsgesellschaft aus § 11 WahrnG äußerst zweifelhaft. Eine Rechtfertigung käme nur aus urheberpersönlichkeitsrechtlicher Sicht in Betracht. Die GEMA ist jedoch nach richtiger Auffassung befugt auch urheberpersönlichkeitsrechtliche Änderungsbefugnisse wahrzunehmen. Sie tut dieses bereits bei anderen Nutzungsarten. Im Übrigen dient § 1 k BV in erster Linie einem zusätzlichen Vergütungsinteresse des Urhebers bzw. der Verlage. Daneben stellen sich wie bei jeder Ausnahmeregelung **Grenzfragen**, die zu Rechtsunsicherheiten bei der Rechtseinräumung zwischen Verlagen und GEMA führen und letztendlich auf Kosten der Urheber und Nutzer gehen. Eine einheitliche Lizenzierung durch die GEMA wäre rechtlich eindeutig und praktisch möglich und bei Erhöhung der entsprechenden Tarife auch angemessen. Wendet man jedoch die Grundsätze der jüngsten Entscheidung der BGH-Rechtsprechung zu den Klingeltönen an,[10] dann wäre nach Auffassung des BGH eine Aufspaltung der Rechte innerhalb einer Nutzungsart und ein damit verbundener dinglicher Vorbehalt zulässig. Daraus folgt, dass der Berechtigungsvertrag 2010 der GEMA schließlich zu einem zulässigen zweistufigen System führt.

Fasst man die Ergebnisse die BGH-Rechtsprechung zu den Klingeltönen und zu dem Werbespot zusammen, ergibt sich folgendes Bild: In den Berechtigungsverträgen der Jahre 2002 und 2005 wurde der GEMA durch die Urheber das Recht zur Klingeltonnutzung vollumfänglich eingeräumt – ausschließlicher Lizenzpartner ist damit die GEMA. Das Recht zur Herstellung und Verwertung von Musik im Rahmen von Werbespots liegt dagegen ausschließlich bei den Urhebern, bzw. deren Verlagen, so dass diese die einzigen Lizenzpartner sind. Damit besteht kein zweistufiges Lizenzsystem. Der Berechtigungsvertrag vom März 2010 sieht sowohl für die Klingeltonnutzung als auch für die Nutzung von Musik im Rahmen von Werbespots ein zweistufiges Lizenzsystem vor, welches wohl von der Rechtsprechung des BGH als zulässig erachtet werden wird. Je nachdem, welcher Berechtigungsvertrag bei dem entsprechenden Musikwerk gilt, haben wir unterschiedliche Lizenzpartner.

Literatur

Wandtke/*Schunke* Urheberrecht 6. Kapitel Rn. 34.

5. Gesamtvertrag/GEMA/Kontrahierungszwang

BGH Urteil vom 14.10.2010, I ZR 11/08 – Gesamtvertrag Musikabrufdienste
GRUR 2011, 61

§ 11 Abs. 1 WahrnG
§ 12 WahrnG

---

9 BGH GRUR 2010, 62, 63 – Nutzung von Musik für Werbezwecke.

10 BGH GRUR 2009, 395 – Klingeltöne für Mobiltelefone I; BGH GRUR 2010, 920 – Klingeltöne für Mobiltelefone II.

Leitsatz

1. Eine Verwertungsgesellschaft hat die von ihr wahrgenommenen Nutzungsrechte nach § 11 Abs. 1, § 12 UrhWG nur denjenigen zu angemessenen Bedingungen einzuräumen, die diese zumindest auch für eigene Nutzungshandlungen benötigen. Sie muss die Nutzungsrechte dagegen nicht denjenigen einräumen, die diese ausschließlich auf Dritte weiterübertragen möchten.
2. Hat eine Verwertungsgesellschaft einen Tarif für einen Nutzungsvorgang aufgestellt, der mehrere Nutzungshandlungen umfasst, so ist sie gegenüber Vereinigungen, deren Mitglieder keine der von diesem Tarif erfassten Nutzungshandlungen selbst vornehmen, nicht nach § 12 UrhWG zum Abschluss eines Gesamtvertrages über diesen Tarif verpflichtet.
3. Die GEMA-Tarife VR-OD 2 und VR-OD 3 für die Musiknutzung in Musikabrufdiensten erfassen allein das Aufnehmen und Aufbereiten von Musikstücken durch Nutzer oder im Auftrag von Nutzern, die beabsichtigen, diese Musikdateien anschließend selbst öffentlich zugänglich zu machen (Rn.39). Nutzer, die nicht selbst Musikstücke in Musikabrufdiensten anbieten, können den Tarif der Beklagten für die Musiknutzung in Musikabrufdiensten daher auch dann nicht in Anspruch nehmen, wenn sie diese Musikstücke für eine Nutzung in Musikabrufdiensten aufnehmen und aufbereiten.

Sachverhalt

Der Kl. ist der Bundesverband Musikindustrie e. V. Ihm gehören 13 Musikabrufdienste und 370 Tonträgerhersteller an. Musikabrufdienste bieten im Internet Musikstücke zum Herunterladen und zum Anhören an. Die Bekl. ist die Gesellschaft für musikalische Aufführungs- und mechanische Vervielfältigungsrechte (GEMA). Sie nimmt als Verwertungsgesellschaft die Verwertungsrechte von Musikurhebern (Komponisten und Textdichtern) wahr.

Der Kl. verlangt von der Bekl. nach § 12 UrhWG den Abschluss eines Gesamtvertrages über die Nutzung dieser Tarife.

Entscheidungsgründe

[…] II. […] 1. […]

a) Die Verwertungsgesellschaft ist nach § 12 Halbs. 1 UrhWG verpflichtet, mit Vereinigungen, deren Mitglieder nach dem Urheberrechtsgesetz geschützte Werke oder Leistungen nutzen, Gesamtverträge über die von ihr wahrgenommenen Rechte oder Ansprüche zu angemessenen Bedingungen abzuschließen. **Dieser Kontrahierungszwang stellt das Gegengewicht zur Monopolstellung der Verwertungsgesellschaften dar.**[1] **Der Abschluss von Gesamtverträgen ist für die Verwertungsgesellschaften und die Nutzervereinigungen gleichermaßen vorteilhaft.** Der Vorteil für die Verwertungsgesellschaften besteht in der Verwaltungsvereinfachung. Der Vorteil für die Nutzervereinigungen und ihre Mitglieder liegt darin, dass der Gesamtvertrag regelmäßig niedrigere Vergütungssätze als die allgemein geltenden Einzelnutzungstarife enthält.[2]

Die Verpflichtung zum Abschluss eines Gesamtvertrages besteht nach § 12 Halbs. 2 UrhWG nicht, wenn der Verwertungsgesellschaft der Abschluss eines Gesamtvertrages nicht zuzumuten ist, insbesondere, weil die Vereinigung eine zu geringe Mitgliederzahl hat. **Der Abschluss eines Gesamtvertrages ist nur gerechtfertigt, wenn zahlreiche Verträge abzuschließen sind und der Verwaltungsaufwand vereinfacht wird. Ist mit einer spürbaren Erleichterung des Inkassos und der Kontrolle nicht zu rechnen, braucht die Verwertungsgesellschaft keinen Gesamtvertrag abzuschließen, weil das mehrstufige System eines Gesamtvertrages und darauf aufbauender Einzelverträge den Aufwand in einem solchen Fall**

---

1 Schricker/*Reinbothe* Urheberrecht, 4. Aufl., § 12 WahrnG Rn. 1.

2 Schricker/*Reinbothe* aaO § 12 WahrnG Rn. 4 mwN; *Schulze* in Dreier/Schulze, UrhG, 3. Aufl., § 12 UrhWG Rn. 2.

eher erhöhen als verringern würde. Bei der gebotenen Abwägung der beiderseitigen Interessen sind neben der Mitgliederzahl der Nutzervereinigung das zu erwartende Vertragsvolumen sowie die bisherige Vertragspraxis der Verwertungsgesellschaft zu berücksichtigen.[3]

b) [...]

bb) [...]Das Ausmaß der Verwaltungsvereinfachung für die Beklagte hängt in erster Linie von der Anzahl der Mitglieder der Nutzervereinigung und der Anzahl der Einzelverträge ab, die die Beklagte mit diesen Mitgliedern auf der Grundlage eines Gesamtvertrages schließen kann. **Der Marktanteil der Mitglieder der Nutzervereinigung ist für den Verwaltungsaufwand der Beklagten dagegen ohne Bedeutung.** Aus diesem Grunde kommt es auch nicht darauf an, ob die Mitglieder des Klägers – wie die Revision geltend macht – mit dem Verkauf von Musikaufnahmen über Musikabrufdienste erhebliche Umsätze erzielen. [...]

c) Der Kläger kann von der Beklagten den Abschluss eines Gesamtvertrages über die Nutzung der Tarife VR-OD 2 und VR-OD 3 für die Musiknutzung in Musikabrufdiensten auch nicht im Blick auf die ihm angehörenden 370 Tonträgerhersteller verlangen. [...]

bb) Hat eine Verwertungsgesellschaft – wie hier die Beklagte – einen Tarif für einen Verwertungsvorgang aufgestellt, der mehrere Nutzungshandlungen umfasst, so ist sie gegenüber Vereinigungen, deren Mitglieder keine der von diesem Tarif erfassten Nutzungshandlungen selbst vornehmen, nicht nach § 12 UrhWG zum Abschluss eines Gesamtvertrages über diesen Tarif verpflichtet. Eine Verwertungsgesellschaft hat die von ihr wahrgenommenen Nutzungsrechte nach § 11 Abs. 1, § 12 UrhWG nur denjenigen zu angemessenen Bedingungen einzuräumen, die diese zumindest auch für eigene Nutzungshandlungen benötigen. Sie muss die Nutzungsrechte dagegen nicht denjenigen einräumen, die diese ausschließlich auf Dritte weiterübertragen möchten.

[...]

Kurzkommentierung

Gesamtverträge spielen für die Verwertungsgesellschaften eine große Rolle. Der BGH hat in dem Rechtsstreit zur Frage des Abschlusses eines **Gesamtvertrages** Stellung genommen. Gemäß § 11 WahrnG unterliegt die GEMA als Verwertungsgesellschaft dem sogenannten Abschlusszwang. Danach ist die Verwertungsgesellschaft verpflichtet, jedermann auf Verlangen die von ihr wahrgenommenen Rechte zu angemessenen Bedingungen einzuräumen. Dazu stellt die GEMA Tarife auf. Dieser Abschlusszwang wird durch § 12 WahrnG erweitert. Danach muss die Verwertungsgesellschaft mit Vereinigungen Gesamtverträge abschließen. Dies führt zu ermäßigten Tarifen bezüglich der einzelnen Nutzungshandlungen. Der Abschlusszwang stellt ein Gegengewicht zur faktischen Monopolstellung der GEMA dar. Nach Ansicht des BGH sind die Gesamtverträge gleichermaßen vorteilhaft für die Verwertungsgesellschaft und für die Nutzervereinigungen. Während der Vorteil für die Verwertungsgesellschaft in der Vereinfachung des **Verwaltungsaufwandes** besteht, liegt dieser bei den Nutzervereinigungen in den regelmäßig niedrigen **Vergütungssätzen** in den Gesamtverträgen gegenüber den allgemein geltenden Einzelnutzungstarifen. Das Ausmaß der Verwaltungsvereinfachung für die Verwertungsgesellschaft – so der BGH – hängt in erster Linie von der Anzahl der Mitglieder der Nutzervereinigung und der Anzahl der Einzelverträge ab, die die Verwertungsgesellschaft mit diesen Mitgliedern auf der Grundlage eines Gesamtvertrages schließen kann. Zutreffend ist die Aussage des BGH, dass der Marktanteil der Mitglieder der Nutzervereinigung dagegen für den Verwaltungsaufwand ohne Bedeutung ist. Die Verwertungsgesellschaft braucht deshalb keinen Gesamtvertrag nach § 12 Halbs. 2 WahrnG abzuschließen, wenn mit einer spürbaren Erleichterung des **Inkasso** und der Kontrolle nicht gerechnet werden kann. Eine Pflicht zum Abschluss eines Gesamtvertrages besteht auch dann nicht, wenn die Verwertungsgesellschaft

3 *Schulze* in Dreier/Schulze aaO § 12 UrhWG Rn. 12; Schricker/*Reinbothe* aaO § 12 WahrnG Rn. 10 f.

einen **Tarif** für einen Verwertungsvorgang aufgestellt hat, aber die Mitglieder der Nutzervereinigungen keine der vom Tarif erfassten Nutzungshandlungen selbst vornehmen. Die Verwertungsgesellschaft muss die Nutzungsrechte, so der BGH, nicht demjenigen einräumen, der diese ausschließlich auf **Dritte** weiter übertragen möchte. Damit wäre eine Kontrolle der Verwertungsgesellschaft gegenüber dem Dritten nicht möglich. Denn die Verwertungsgesellschaft ist nach § 6 Abs. 1 WahrnG nur verpflichtet, die zu ihrem Tätigkeitsbereich gehörenden Rechte und Ansprüche auf Verlangen der Berechtigten wirksam wahrzunehmen. Die Weiterübertragung der Nutzungsrechte auf Dritte begründet die Gefahr, dass die Nutzer die von der Verwertungsgesellschaft wahrgenommenen Rechte nicht zu angemessenen Bedingungen nutzen könnten. Somit ist der Auffassung des BGH zuzustimmen. Ein Gesamtvertrag wäre letztlich vor allem für die Urheber aus wirtschaftlicher Sicht nachteilig gewesen.

Erwähnenswert ist, dass der BGH die GEMA als grundsätzlich berechtigt ansieht, es den Musikabrufdiensten zu gestatten, das Recht zur Speicherung des Werkes auf den Endnutzer weiter zu übertragen. Eine Verwertungsgesellschaft könne Nutzungsrechte zur Weiterübertragung auf Dritte einräumen, wenn dies im Interesse der Berechtigten liege. Die GEMA überträgt an die Musikabrufdienste aber nur einfache Nutzungsrechte. Fraglich ist, ob der Weiterübertragung von einfachen Nutzungsrechten an die Endnutzer dingliche Wirkung zukommen kann.

Literatur

Wandtke/Schunke Urheberrecht 6. Kap. Rn. 7.

XII. Einigungsvertrag

1. Filmwerk und Kausalprinzip

BGH Urteil vom 19.4.2001, I ZR 283/98 – Barfuß im Bett
BGHZ 147, 244
GRUR 2001, 826

§ 10 Abs. 2 UrhRG
§ 20 UrhRG
Art. 36 Abs. 1 S. 1 EinigVtr
Art. 36 Abs. 6 S. 3 EinigVtr
§ 34 Abs. 5 UrhG
§ 90 Abs. 1 UrhG
§ 242 BGB

Leitsätze

1 a. Ein Betrieb in der DDR, in dem ein Film- oder Fernsehwerk hergestellt worden war, wurde nicht kraft Gesetzes Inhaber der Rechte an diesen Werken, sondern war nach § 10 Abs. 2 URG-DDR lediglich befugt, die Rechte der Urheber im eigenen Namen wahrzunehmen.
2. Zur Frage des Umfangs des Erwerbs von Senderechten durch das Fernsehen der DDR bei Fernsehwerken, die von einem Regisseur geschaffen worden sind, der zu dem Fernsehen der DDR in einem Arbeitsverhältnis stand.
3. Ausschließlichkeitsrechte an Filmwerken, die zunächst dem Fernsehen der DDR, danach der gemeinschaftlichen Einrichtung nach Art. 36 Abs. 1 S. 1 des Einigungsvertrages zustanden, sind mit Ablauf des 31. Dezember 1991 nicht an die Urheber zurückgefallen, sondern auf die fünf neuen Bundesländer und das Bundesland Berlin übergegangen.
4. Die gesamtschuldnerische Haftung nach § 34 Abs. 5 UrhG greift auch dann ein, wenn Nutzungsrechte an Filmwerken nach Vertrag oder kraft Gesetzes ohne Zustimmung des Urhebers übertragen worden sind.
5. Zur Frage des Wegfalls der Geschäftsgrundlage im Zusammenhang mit der Wiederherstellung der deutschen Einheit bei einem Vertragsverhältnis zwischen einem Regisseur, der zu dem Fernsehen der DDR in einem Arbeitsverhältnis gestanden hat, aufgrund dessen das Fernsehen der DDR Inhaber der ausschließlichen Senderechte an einem von dem Regisseur geschaffenen Fernsehwerk geworden ist.

Sachverhalt

Bekl. ist der von den Bundesländern Sachsen, Sachsen-Anhalt und Thüringen als öffentlich-rechtliche Rundfunkanstalt geschaffene Mitteldeutsche Rundfunk.

Der Kl. war in den Jahren 1956 bis 1990 als Arbeitnehmer des Fernsehens der DDR tätig. In den achtziger Jahren wirkte u. a. als Regisseur bei den Fernsehserien „Barfuß im Bett“, „Geschichten übern Gartenzaun“, „Neues übern Gartenzaun“ und „Bereitschaft Dr. Federau“ mit.

Der Kl. schloss mit dem Fernsehen der DDR neben dem Arbeitsvertrag zusätzlich Honorarvereinbarungen, die die Vergütung für die Serien regelten.

Für diese Vertragsbeziehungen galt auch der Rahmenkollektivvertrag über die „Arbeits- und Lohnbedingungen der Mitarbeiter des Fernsehens der DDR“.

Der Bekl. strahlte die vier Fernsehserien in den Jahren 1993 bis 19696 auf seinem Fernsehsender aus.

Der Kl. ist der Ansicht, dass er Alleinurheber dieser Serien sei und der Bekl. nicht berechtigt gewesen sei, diese Sendungen auszustrahlen, da die Nutzungsrechte des Fernsehens der

DDR, die sich nicht auf Fernsehserien in den alten Bundesländern erstrecken mit Ende seines Arbeitsvertrages erloschen und nicht auf den Bekl. übergegangen seien.

Entscheidungsgründe

[…] II. […] 3. […] a) […]

(2) […] **Durch § 10 Abs. 2 URG-DDR wurde lediglich zum Zweck der Erleichterung des Rechtsverkehrs und der Verwertung der Film- und Fernsehwerke kraft Gesetzes eine Befugnis des Betriebs begründet, die Rechte der Urheber dieser Werke im eigenen Namen wahrzunehmen; ein Rechtsübergang kraft Gesetzes war damit nicht verbunden.**[1] Dies folgt bereits aus dem Wortlaut des § 10 Abs. 2 URG-DDR, der nur davon spricht, dass der Betrieb ausschließlich berechtigt und verpflichtet ist, im Rechtsverkehr die Rechte des Kollektivs der Urheber des Film- oder Fernsehwerkes im eigenen Namen wahrzunehmen. Ein gesetzlich angeordneter Rechtsübergang auf den Betrieb wäre zudem weder zur Erreichung des Gesetzeszwecks erforderlich noch mit dem – auch für das Urheberrecht an Film- und Fernsehwerken geltenden – Schöpfergrundsatz vereinbar gewesen.

b) […]

(1) Das Berufungsgericht hat seiner Beurteilung der Vertragsbeziehungen zwischen dem Kläger und dem Fernsehen der DDR zutreffend das Recht der DDR zugrunde gelegt. Für dieses vor dem Wirksamwerden des Beitritts entstandene und damals dem Recht der DDR unterliegende Schuldverhältnis bleibt gemäß Art. 232 § 1 EGBGB grundsätzlich das Recht der ehemaligen DDR maßgebend.[2] Die Beurteilung der Frage, welche Rechte das Fernsehen der DDR vom Kläger erworben hat, richtet sich deshalb maßgeblich nach § 20 URG-DDR. (2) […]

aa) […] Nach den rechtsfehlerfreien tatrichterlichen Feststellungen des Berufungsgerichts umfassten die betrieblichen Zwecke, für die das Fernsehen der DDR die vier Fernsehserien nutzen durfte, nicht nur die Ausstrahlung im Rahmen des eigenen Programms, sondern auch die Lizenzvergabe an andere Sendeunternehmen im Ausland, zu dem aus der Sicht der DDR auch die alte Bundesrepublik Deutschland gerechnet wurde. Das dem Betrieb nach § 20 Abs. 2 URG-DDR zustehende Recht war zwar in der Regel auf innerbetriebliche Nutzungen beschränkt, konnte jedoch entsprechend den besonderen Aufgaben eines Betriebes auch die Rechtsübertragung an Dritte zu weiteren Nutzungen umfassen.[3] Die Vergabe von Nutzungsrechten in das Ausland gehörte, wie sich aus den Feststellungen des Berufungsgerichts ergibt, zu den Aufgaben des Fernsehens der DDR und entsprach auch seiner Vertragspraxis.[4] Dementsprechend wurde der Kläger in den zusätzlich zu seinem Arbeitsvertrag über die Fernsehserien geschlossenen Verträgen – beginnend mit dem zweiten Vertrag vom 15. Juli 1983 – sogar ausdrücklich verpflichtet, gegebenenfalls eine „Exportfassung" herstellen zu lassen. […]

bb) Wie das Berufungsgericht zutreffend entschieden hat, folgt derselbe Umfang der Rechtsinhaberschaft des Fernsehens der DDR auch aus Abschnitt VIII Nr. 1 („Festlegungen zum Urheber- und Leistungsschutzrecht") des Rahmenkollektivvertrages Fernsehen vom 12. August 1975. Dies gilt schon deshalb, weil der Rahmenkollektivvertrag ausdrücklich auf die nach § 20 Abs. 2 URG-DDR geltende Rechtslage Bezug genommen hat.

---

1 Vgl. *Münzer* NJ 1965, 670, 674; ders., UFITA 48 <1966> S. 129, 137 f.; *Püschel* in Püschel, Urheberrecht, 2. Aufl. 1986, S. 38; *Staat* ebd. S. 97; *Wandtke* UFITA 115 <1991> S. 23, 100; *Reupert* ZUM 1994, 87, 90; a. A. *Hegemann* Nutzungs- und Verwertungsrechte an dem Filmstock der DEFA, 1996, S. 68 ff.; *Wandtke/Haupt* GRUR 1992, 21, 22.

2 Vgl. dazu auch BGHZ 137, 350, 364 f.; BGH Urt. v. 25.10.1995 – IV ZR 83/95, WM 1996, 269, 270 = ZIP 1996, 158; vgl. weiter *Katzenberger* GRUR Int. 1993, 2, 16.

3 Vgl. *Münzer* UFITA 48 <1966> S. 129, 139; *Barthel/Wandtke* in Püschel aaO S. 68; vgl. auch *Liebrecht* Die Zweckübertragungslehre im ausländischen Urheberrecht, 1983, S. 101 f.

4 Vgl. dazu auch den Rechtserwerb durch das Fernsehen der DDR für „Sende- und Lizenzzwecke" gemäß Abschnitt VIII Nr. 1 des Rahmenkollektivvertrages Fernsehen.

Der Rahmenkollektivvertrag galt nach der in ihm enthaltenen Umschreibung seines Geltungsbereichs „für die Mitarbeiter, die in einem Arbeitsrechtsverhältnis zum Fernsehen der DDR stehen". Er war Bestandteil der Arbeitsrechtsverhältnisse, ohne dass dazu eine individualvertragliche Einbeziehung in den Arbeitsvertrag notwendig war.[5] Für Regisseure, die in einem Arbeitsverhältnis zum Fernsehen der DDR standen, galt – entgegen der Ansicht der Revision – im Hinblick auf den Anwendungsbereich des Rahmenkollektivvertrages Fernsehen nichts anderes.[6] [...]

III. [...]

1. [...] Der Beklagte wurde aufgrund des Staatsvertrages zwischen dem Freistaat Sachsen, dem Land Sachsen-Anhalt und dem Land Thüringen über den Mitteldeutschen Rundfunk (MDR) vom 30. Mai 1991 als rechtsfähige Anstalt des öffentlichen Rechts errichtet.[7] Die an diesem Staatsvertrag beteiligten Bundesländer erließen jeweils Gesetze über den Übergang ihrer Anteile an der aufgelösten gemeinschaftlichen Einrichtung auf den beklagten Mitteldeutschen Rundfunk.[8] Diese Rechtsakte der Landesgesetzgeber der Bundesländer, die den Beklagten als öffentlich-rechtliche Rundfunkanstalt errichtet haben, konnten nicht bewirken, dass der Beklagte in den Vertrag mit dem Kläger eingetreten ist, zumal nicht alle Bundesländer, die Träger der gemeinschaftlichen Einrichtung gewesen waren, entsprechende Rechtsakte erlassen haben. [...]

2. [...] b) [...]

(1) Einen Vertragsanspruch auf Zahlung einer Vergütung für Wiederholungssendungen hatte der Kläger – entgegen der Ansicht der Revision – nach seinen vertraglichen Beziehungen zum Fernsehen der DDR nicht. Ein solcher Anspruch ergab sich auch nicht aus § 20 Abs. 3 URG-DDR. Diese Vorschrift galt zwar mangels gegenteiliger Abrede auch dann, wenn ein Werk ausschließlich in Erfüllung arbeitsvertraglicher Verpflichtungen entstanden war,[9] dem Kläger war aber für die Einräumung der ausschließlichen Senderechte bereits vertraglich eine Vergütung zugestanden worden. Diese sollte, wie sich aus den Bestimmungen des Rahmenkollektivvertrages Fernsehen ergab, alle Forderungen aus Urheberrecht abgelten [...].

Für die Möglichkeit, eine Vertragspflicht unter dem Gesichtspunkt des Wegfalls oder der Änderung der Geschäftsgrundlage an die veränderten Verhältnisse anzupassen, ist jedoch nur unter ganz begrenzten Voraussetzungen Raum. Der das gesamte Schuldrecht beherrschende Grundsatz der Vertragstreue muss stets, aber auch nur dann, zurücktreten, wenn anders ein untragbares, mit Recht und Gerechtigkeit schlechthin unvereinbares Ergebnis nicht zu vermeiden wäre.[10]

[...]

Kurzkommentierung

Der BGH musste zur Frage der Wirksamkeit der Einräumung von Nutzungsrechten im Rahmen von Arbeitsverhältnissen zwischen dem Fernsehfunk der DDR und Filmregisseuren nach

---

5 § 14 Arbeitsgesetzbuch-DDR; vgl. *Glücksmann* in Meyers Taschenlexikon Urheberrecht, 2. Aufl. 1980, S. 146f.; *Barthel/Wandtke* in Püschel aaO S. 67; *Wandtke* UFITA 115 <1991> S. 23, 82f., 101.

6 Vgl. *Staat* in Püschel aaO S. 100; *Wandtke/Haupt* GRUR 1992, 21, 24.

7 SächsGVBl. 1991 S. 169.

8 Gesetz über die Vermögensübertragung des dem Land Sachsen-Anhalt zustehenden Anteils an der Einrichtung bestehend aus dem „Rundfunk der DDR" und dem „Deutschen Fernsehfunk" auf den Mitteldeutschen Rundfunk, GVBl. LSA 1991 S. 508; § 4 des Sächsischen Gesetzes zur Durchführung des Staatsvertrages über den Rundfunk im vereinten Deutschland vom 19.12.1991, SächsGVBl. 1991 S. 457; Thüringer Gesetz über den Übergang von Rundfunkvermögen auf den Mitteldeutschen Rundfunk (MDR) vom 18. Dezember 1991, ThürGVBl. 1991 S. 665.

9 Vgl. Bezirksgericht Leipzig NJ 1984, 471, 472; vgl. dazu auch *Wandtke* GRUR Int. 1990, 843, 850.

10 Vgl. BGHZ 131, 209, 216; 133, 281, 295 – Klimbim; BGH Urt. v. 18.1.1996 – I ZR 65/94, GRUR 1996, 763, 764 – Salome II.

der Wiedervereinigung Stellung nehmen. Sie hat grundlegende Bedeutung, weil es einen historischen Vorgang betrifft, den es in der deutschen Geschichte bisher nicht gegeben hat.

Die Entscheidung des BGH zum Verlust der Rechte der Filmregisseure nach der Wiedervereinigung, die in der DDR individuell eingeräumt wurden, überzeugt rechtspolitisch und dogmatisch nicht.

Das Fernsehen der DDR schloss mit den Urhebern Arbeitsverträge ab, die Pflichtwerke zum Inhalt hatten. Der klagende Filmregisseur konnte sich somit auf das **Urhebervertragsrecht** berufen, das Bestandteil des Zivilrechts der DDR war. Unstreitig war der Filmregisseur Urheber des Filmwerkes. Ob aber die fünf neuen Bundesländer mit ihren Rundfunkanstalten Inhaber der ausschließlichen Nutzungsrechte wurden, ist fraglich. Es wurden Landesgesetze geschaffen, die die Rechtsnachfolge der Einrichtungen in den neuen Bundesländern betrafen. Ein Hinweis auf die Urheberrechte gibt es nicht, sondern nur ein Hinweis auf das Gesamthandsvermögen. Der Begriff des Gesamthandsvermögens gibt über den Umfang der Rechte der Urheber keine Auskunft.

Es gibt dogmatisch zwei entscheidende Aspekte, die ein anderes Bild der Rechteübertragung erscheinen lassen. Zum einen erfolgte die Rechteübertragung – auch den Rahmenkollektivvertrag (RKV) des DFF (Deutsches Fernsehen der DDR) betreffend – immer unter der Prämisse einer individuellen vertraglichen Einräumung unter den Bedingungen der Existenz der DDR. Entscheidend war der Arbeitsvertrag und nicht der RKV! Der RKV regelte die Beziehungen zwischen einer staatlichen Einrichtung und der Gewerkschaft. Mit dem Wegfall der staatlichen Einrichtung war auch der RKV obsolet. Die Berufung auf einen Vertrag zuungunsten Dritter, wie die Urheber, kann keine Grundlage für die Fortwirkung von Rechten bedeuten.

Der anschließende Wegfall eines Staates oder einer Einrichtung (wie hier der DFF) durch den Mauerfall bedeutete nicht, dass die individuelle Vereinbarung der Rechteübertragung nunmehr per Gesetz aufgehoben wurde und eine automatische Erstreckung des Senderechts auf die neuen Bundesländer erfolgen konnte.[11] Umgekehrt muss dies gleichermaßen gelten.

Zum anderen hat der BGH in seiner Entscheidung zwar das Schuldrecht der DDR bejaht, aber völlig außer Acht gelassen, dass am 1.1.1976 das ZGB (Zivilgesetzbuch der DDR) in Kraft getreten war und für die Rechtsverhältnisse nunmehr das **Kausalprinzip** galt. Mit dem Ende der Arbeitsverhältnisse fielen die Rechte kraft Gesetzes heim, zumindest aber mit dem Ende des DFF als einzige zentrale Fernsehanstalt in der DDR. Es galt nicht mehr das **Abstraktionsprinzip** des BGB. Es hätte mit den Filmregisseuren nachverhandelt werden müssen!

Selbst wenn man die gesetzlichen Rechtsnachfolge der fünf Länder und Berlin bejaht (z.B. MDR, RBB) und als Inhaber der ausschließlichen Nutzungsrechte hinsichtlich der Filmwerke unterstellt, ist mit der Nutzung der Filmwerke zumindest ein Vergütungsanspruch entstanden, der dem Art. 14 Abs. 1 GG unterliegt. Es widerspricht dem Grundsatz des Schutzes des geistigen Eigentums nach Art. 14 GG, wenn der Filmurheber nicht an der Verwertung seines Werkes wirtschaftlich beteiligt wird. Denn der Urheber hat nach dem Inhalt der **Eigentumsgarantie** grundsätzlich einen Anspruch darauf, dass ihm der wirtschaftliche Nutzen seiner Arbeit zugeordnet wird, soweit nicht Gründe des gemeinen Wohls der Vorrang vor den Belangen des Urhebers zukommt.[12] Weder Gründe des Gemeinwohls noch andere Gründe sprechen für das Versagen eines Vergütungsanspruchs für Filmurheber. Im Grunde ist in das **Selbstbestimmungsrecht** des Urhebers durch den Gesetzgeber vor dem Hintergrund eines untergegangenen Staates mit einer völlig anderen Eigentums- und Wirtschaftsordnung eingegriffen und die rechtswidrige enteignungsvergleichbare Filmpraxis der globalen Rechtseinräumung in der DDR im Nachhinein einzementiert worden. Die Entscheidung hat verheerende Folgen insofern, als auch nach der Lesart des BGH unbekannte Nutzungsarten durch die Urheber in der DDR zwischen dem 1.1.1966 und dem 31.12.2007 eingeräumt wären. Der Inhalt und Um-

---

11 So aber BGH GRUR 1997, 215, 218 – Klimbim.

12 BVerfG GRUR 2010, 332, 334 – Filmurheberrecht.

fang von Nutzungsrechten wurde letztlich durch interne und öffentliche staatliche Regelungen im Fernsehen und Filmbereich in der DDR bestimmt und nicht durch individuelle Vereinbarungen. Es gab keine Möglichkeit für den Arbeitnehmerurheber im DFF interne staatliche Regelungen gerichtlich überprüfen zu lassen, da es keine Verwaltungsgerichte in der DDR gab. Diese in der DDR gelebte Praxis wird durch die Entscheidung des BGH im Grunde bestätigt, ohne den wirklichen Willen des Filmurhebers und die Umstände zu würdigen. Die Programmverbreitung über Kabel und Satellit wird – wie bereits in einer anderen Entscheidung des BGH – nicht als unbekannte Nutzungsart betrachtet,[13] obwohl der Filmregisseur 1956 seinen Arbeitsvertrag abgeschlossen hatte. Demgegenüber hat der BGH zutreffend die Rechtsfolgen der gespaltenen Lizenzgebiete im Zusammenhang mit dem Verbreitungsrecht erörtert und festgestellt, dass es nach dem 3.10.1990 bei den **gespaltenen Lizenzgebieten** zwischen den alten und neuen Bundesländern geblieben ist. Denn weder der **Einigungsvertrag** noch das **Erstreckungsgesetz** sehen eine automatische Erstreckung auf die alten Bundesländer und West-Berlin vor, wenn vor der **Wiedervereinigung** die Einräumung von Nutzungsrechten etwas anderes vorsah.[14] Ebenso bedeutsam sind im Rahmen der Rechtseinheit in Deutschland nach der Wiedervereinigung zwei Entscheidungen des BGH, der über Altverträge, die vor 1966 abgeschlossen wurden, entscheiden musste. Nach seiner zutreffenden Auffassung sind DVDs und Videokassetten vor 1966 keine bekannten Nutzungsarten. Maßgeblich sind die zum Zeitpunkt des Vertragsabschlusses geltenden Gesetze. Eine wirksame Einräumung von Nutzungsrechten für noch nicht bekannte Nutzungsarten setzte eine eindeutige Erklärung des Berechtigten hinsichtlich solcher Nutzungsrechte oder eine angemessene Beteiligung des Berechtigten an den Erlösen aus der Verwertung voraus. Der BGH hat unmissverständlich klargestellt, dass eine eindeutige Erklärung des Berechtigten nur anzunehmen ist, wenn bei der Festlegung der Vergütung zum Zeitpunkt des Vertragsabschlusses erkennbar erörtert und berücksichtigt wurde, dass mit ihr auch die Einräumung dieser Rechte abgegolten ist. Der Übertragungszweckgedanke ist nicht anwendbar. Hinweise im Nutzungsvertrag auf Tarifordnungen und AGBs im Filmbereich vor 1966 reichen nicht aus.[15] Im Grunde sind nachträglich Vereinbarungen über den Umfang der Rechtseinräumung und über die Nutzungsvergütung abzuschließen.

Literatur

Wandtke/*Wandtke* Urheberrecht 12. Kap. Rn. 14.

2. Senderecht und Schutzlandprinzip

BGH Urteil vom 2.10.1997, I ZR 88/95 – Spielbankaffaire
BGHZ 136, 380
GRUR 1999, 152

§ 97 Abs. 1 UrhG
§ 816 Abs. 1 BGB
Art. 38 EGBGB (1986)

Leitsätze

1. Ansprüche, die der Inhaber einer ausschließlichen urheberrechtlichen Befugnis im Fall der Verletzung dieses Rechts geltend machen kann, richten sich zwingend nach dem Recht des Schutzlandes.

---

13 BGH GRUR 1997, 215, 218 – Klimbim.
14 BGH ZUM 2010, 431, 434 – Der Name der Rose; BGH GRUR 2003, 699, 702 – Eterna.
15 BGH I ZR 18/09 – Der Frosch mit der Maske; BGH ZUM 2011, 498, 500 – Drehbuchautor.

2. Das Recht des Schutzlandes entscheidet nicht nur über die Schutzwirkungen des Urheberrechts, sondern auch darüber, wer als Urheber und erster Inhaber des Urheberrechts an einem Filmwerk anzusehen ist. Es ist weiter für die Beurteilung maßgebend, ob urheberrechtliche Befugnisse übertragbar sind.
3. Ein nach dem Recht des Schutzlandes bestehender Bereicherungsanspruch wegen eines Eingriffs in das Urheberrecht ist im Inland nur insoweit gegeben, als der Eingriff den Rechtsbestand des Anspruchsberechtigten im Schutzland berührt hat.
4. Die Kabelweitersendung von Rundfunksendungen aus dem Ausland unterliegt dem Recht des Staates, in dem diese Weitersendung stattfindet.
5. Zur Frage, welches Recht auf einen Anspruch auf Auskunftserteilung wegen Eingriffs in ein ausländisches Urheberrecht anwendbar ist.

Sachverhalt

Die Kl. ist eine Schweizer Gesellschaft. Sie behauptet, durch einen zeitlich unbegrenzten Vertrag von der DEFA-Außenhandel, einem volkseigenen Außenhandelsbetrieb der DDR, die ausschließlichen Nutzungsrechte an dem Spielfilm „Spielbankaffaire" für das Lizenzgebiet Luxemburg erhalten zu haben.

Die Bekl., die behauptet an dem Spielfilm selbst Auswertungsrechte erworben zu haben, schloss 1985 mit einem privaten Fernsehsender in Luxemburg einen Vertrag, der eine Vereinbarung über die Übertragung der Fernsehauswertungsrechte vorgenannten Spielfilm betreffend enthielt. Diese Sendungen wurden zumindest teilweise in der damaligen Bundesrepublik Deutschland in Kabelnetze eingespeist. Daraufhin verlangte die Kl. die Herausgabe des durch den privaten Fernsehsender erlangte Lizenzgebühr i.H.v. € 45 000,– sowie die Unterlassung der weiteren Ausstrahlung des Films.

Entscheidungsgründe

[…] II. […] 1. […]

a) […] **Das Berufungsgericht hat nicht berücksichtigt, daß sich die Ansprüche, die der Inhaber einer ausschließlichen urheberrechtlichen Befugnis im Fall der Verletzung dieses Rechts geltend machen kann, gemäß dem deutschen internationalen Privatrecht nach dem Recht des Schutzlandes richten.**[1] Danach bestimmt sich auch, welche Handlungen als Verwertungshandlungen unter das Schutzrecht fallen. Dem Urheber steht – auch aus der Sicht der internationalen Abkommen zum Schutz der Urheber – kein einheitliches Urheberrecht zu, das einem einzigen Statut unterliegt, sondern ein Bündel nationaler Urheberrechte.

Die für das allgemeine Deliktsrecht geltende Rechtsanknüpfung an das Recht des Tatorts, d.h. des Handlungs- oder des Erfolgsorts, ist bei Verletzungen von urheberrechtlichen Befugnissen nicht anwendbar.[2] Entgegen der Ansicht der Revisionserwiderung ist bei Eingriffen in urheberrechtliche Befugnisse auch – anders als im internationalen Deliktsrecht[3] – eine Rechtswahl des Verletzten oder eine Vereinbarung über das anwendbare Recht nicht zulässig. **Die Rechtsordnung, welche die Schutzwirkung des Immaterialgüterrechts bestimmt, ist vielmehr der Disposition der Parteien entzogen.**[4]

b) […]

---

1 Vgl. BGHZ 118, 394, 397 f. – ALF; 126, 252, 255 – Folgerecht bei Auslandsbezug; *Ulmer* Die Immaterialgüterrechte im internationalen Privatrecht, 1975, S. 51; *v. Bar* Internationales Privatrecht, 2. Band, Rn. 702 ff., 710; Schricker/*Katzenberger* Urheberrecht, vor §§ 120 ff. Rn. 93; *Katzenberger* Festschrift Schricker, S. 225, 238 ff., 257; *Siehr* IPRax 1992, 29, 31 f.

2 Vgl. *v. Bar* aaO Rn. 710; Schricker/*Katzenberger* aaO vor §§ 120 ff. Rn. 81; *Kropholler* Internationales Privatrecht, 2. Aufl., S. 459; Stellungnahme des Max-Planck-Instituts für ausländisches und internationales Patent-, Urheber- und Wettbewerbsrecht, GRUR Int. 1985, 104, 106.

3 Vgl. BGHZ 98, 263, 274.

4 Vgl. BGHZ 118, 394, 397 f. – ALF.

(1) **Die Frage, wer als Urheber und erster Inhaber des Urheberrechts an einem Filmwerk anzusehen ist, entscheidet – ebenso wie die Frage der Schutzwirkung des Urheberrechts – das Recht des Schutzlandes.**[5]

(2) Ebenso bestimmt das Recht des Schutzlandes, ob urheberrechtliche Befugnisse übertragbar sind. Deshalb ist hier nach dem Recht Luxemburgs zu entscheiden, ob von den Filmurhebern des im Jahre 1956 hergestellten Spielfilms bereits damals über das Recht zur Satellitensendung verfügt werden konnte.[6] [...]

2. [...]

a) [...] Die kollisionsrechtliche Frage, ob eine bestimmte Handlung als Urheberrechtsverletzung qualifiziert werden kann mit der Folge, daß das deutsche Recht zur Anknüpfung auf das Recht des Schutzlandes verweist, ist nach deutschem Recht zu beurteilen.[7] **Ob eine kollisionsrechtlich als Urheberrechtsverletzung zu bewertende Handlung dann auch sachrechtlich als Urheberrechtsverletzung zu behandeln ist, entscheidet das Recht des Schutzlandes.**[8]

Anders als das Berufungsgericht offenbar gemeint hat, kann eine Verfügung über das Urheberrecht als solche ihrer Natur nach kollisionsrechtlich nicht als Urheberrechtsverletzung behandelt werden. Die Verfügung eines Nichtberechtigten über urheberrechtliche Befugnisse stellt keine Werknutzung dar; sie greift als solche nicht in die Beziehungen des Urhebers zu seinem Werk ein. **Als Urheberrechtsverletzung kann die Verfügung eines Nichtberechtigten über vermögensrechtliche urheberrechtliche Befugnisse nur unter dem Gesichtspunkt einer möglichen Teilnahme an einer dadurch veranlaßten unberechtigten Nutzungshandlung qualifiziert werden.**

3. [...] b) [...]

(1) [...] Die Kabelweitersendung von Rundfunksendungen aus dem Ausland unterliegt dem Recht des Staates, in dem diese Weitersendung stattfindet; auf die Frage, welches Recht auf die zugrundeliegende Rundfunksendung anzuwenden ist, kommt es dabei nicht an.[9] [...]

Kurzkommentierung

Der BGH hat ausführlich zum Recht des Schutzlandes (**lex locis protecionis**) Stellung genommen. Dieses ist das Recht des Staates, für dessen Gebiet Rechtsschutz begehrt wird, wie der BGH diesen Grundsatz auch in anderen Entscheidungen zum Ausdruck gebracht hat.[10] Da der Spielfilm aus der DDR in Luxemburg ausgestrahlt wurde, war zu entscheiden, welches Recht zur Anwendung kommt. Der BGH hat ausdrücklich darauf hingewiesen, dass das Recht des Schutzlandes auch darüber entscheidet, wer Urheber und erster Inhaber des Urheberrechts

5 H.M.; vgl. *Ulmer* RabelsZ 41 (1977) S. 479, 495 ff.; *ders.* in: Holl/Klinke (Hrsg.), Internationales Privatrecht. Internationales Wirtschaftsrecht, 1985, S. 257, 266; *v. Bar* aaO Rn. 708 f.; *Katzenberger* Festschrift Schricker, S. 225, 258; *Mäger* Der Schutz des Urhebers im internationalen Vertragsrecht, 1995, S. 33 ff., 40 f.; a. A. *Drobnig* UFITA 40 (1976) S. 195 ff.; *Schack* Zur Anknüpfung des Urheberrechts im internationalen Privatrecht, 1979, 44 ff., 66.

6 Vgl. dazu auch – zur Verfügung ausländischer Urheber über Befugnisse aus dem UrhG – BGH, Urt. v. 15.10.1987 – I ZR 96/85, GRUR 1988, 296, 298 – GEMA-Vermutung IV; vgl. weiter – zum Warenzeichenrecht – BGH, Urt. v. 21.10.1964 – Ib ZR 22/63, GRUR Int. 1965, 504, 506 – Carla; *Ulmer* Die Immaterialgüterrechte im internationalen Privatrecht, S. 51; *Katzenberger* Festschrift Schricker, S. 225, 258; Benkard/*Ullmann* Patentgesetz, 9. Aufl., § 15 Rn. 134, 136; *Hiestand* Die Anknüpfung internationaler Lizenzverträge, 1993, S. 113 f. m. w. N.

7 Vgl. – zum allgemeinen Deliktsrecht – BGHZ 132, 105, 115; Erman/*Hohloch* BGB, 9. Aufl., Art. 38 EGBGB Rn. 46, jeweils m. w. N.

8 Vgl. *Sandrock* GRUR Int. 1985, 507, 513 f.

9 Allg. M.; vgl. BGH, Urt. v. 4.6.1987 – I ZR 117/85, GRUR 1988, 206, 209 – Kabelfernsehen II; *Dreier* Kabelweiterleitung und Urheberrecht, 1991, S. 18; *Katzenberger* GRUR Int. 1983, 895, 914; *v. Ungern-Sternberg* Die Rechte der Urheber an Rundfunk- und Drahtfunksendungen, 1973, S. 110 f.

10 BGH GRUR 2004, 855, 856 – Hundefigur; BGH GRUR 2001, 1134, 1136 – Lepo Sumera.

am Werk ist, einschließlich über den Inhalt und Umfang des Schutzes. Nach Ansicht des BGH steht dem Urheber ein Bündel von nationalen Urheberrechten zu. Eingriffe in urheberrechtliche Befugnisse schließt eine Rechtswahl des Verletzten oder eine Vereinbarung über das anwendbare Recht aus. Dies mag überzeugen. Ob aber im vorliegenden Rechtsstreit die Anwendung des Schutzlandprinzips den Interessen des Urhebers entspricht, muss mehr als bezweifelt werden. Dafür gibt es mehrere Gründe: Ausgangspunkt der Beurteilung ist, dass der Vertrag zwischen dem DEFA-Außenhandel und der Schweizer Gesellschaft sowohl schuldrechtliche Elemente als auch Verfügungen über die Rechte enthielt. Der BGH geht offensichtlich von der **Einheitstheorie** aus, wonach die Übertragbarkeit urheberrechtlicher Befugnisse im Wege der Sonderanknüpfung nach dem Vertragsstatut neben dem Recht des Schutzlandes möglich ist. Der Anknüpfungspunkt wäre hier die erste Veröffentlichung des Filmwerkes im Jahre 1956 in der DDR. Die **lex publicationis** hat insofern eine Bedeutung, als klar ist, wer Urheber und Filmhersteller ist. Der Sitz des Filmherstellers ist mit der Sonderregelung des Art. 5 Abs. 4 lit. c (i) RBÜ in Verbindung zu bringen. Die Suche nach dem Ursprungsland des Filmwerkes ist auch die Suche nach der Entstehung des Urheberrechts, der ersten Inhaberschaft und der Übertragung des Urheberrechts in der DDR. Das Urheberrechtsgesetz in der DDR betraf 1956 das LUG und beim Abschluss des Vertrages 1990 das Urheberrechtsgesetz der DDR von 1965, das über die Art und Weise der Entstehung und Rechtseinräumung bzw. Übertragung der Nutzungsrechte entschied. Es ging vom Schöpferprinzip aus. Dem Filmhersteller wurde keine Rechtsposition i. S. d. US-amerikanischen Copyright-System **„work made for hire“** eingeräumt. Weder die DEFA noch der DEFA-Außenhandel hatten die unbefristete Verfügungsmacht 1990 über das Urheberrecht der Filmregisseure in der DDR. Da sie nicht Inhaber der Nutzungsrechte waren, war der Erwerber **Nichtberechtigter**. Innerhalb der Lizenzkette war der Erwerb von Nutzungsrechten ausgeschlossen. Schon aus diesem Grunde wäre der Sender in Luxemburg nicht Inhaber von Nutzungsrechten geworden. Richtig ist zwar, wie der BGH betont, dass die Verfügung über das Urheberrecht als solche ihrer Natur nach kollisionsrechtlich nicht als Urheberrechtsverletzung behandelt werden kann. Aber die DEFA und der DEFA-Außenhandel haben keine unbekannten Nutzungsarten einräumen können, die zum Zeitpunkt des Vertragsschlusses 1955 (ex ante) unbekannt waren (hier Satellitenrechte). Im Unterschied zur Auffassung des BGH hätte die Verfügung über unbekannte Nutzungsarten im Lichte des Urheberrechts der DDR geprüft werden müssen. Die Spezifizierungslast schloss eine Einräumung unbekannter Nutzungsrechte aus. Die aktuelle Rechtsprechung des BGH zu den Altverträgen, die vor Inkrafttreten des Urheberrechtsgesetzes am 1.1.1966 abgeschlossen wurden und für die die Rechtseinräumungsfiktion nach § 1371 UrhG nicht gilt, weist auf die Möglichkeit, dass diese Altverträge Nutzungsrechte für unbekannte Nutzungsarten enthalten konnten. Der BGH bringt aber unmissverständlich zum Ausdruck, dass von einer Einräumung von Nutzungsrechten für unbekannte Nutzungsarten (hier Videos und DVDs) aber nur ausgegangen werden kann, wenn der Erklärungswille des Urhebers eindeutig ist und eine Beteiligung an der wirtschaftlichen Verwertung des Werkes zum Zeitpunkt des Vertragsabschlusses (ex ante) vereinbart wurde. Hinweise auf entsprechende Tarifordnungen oder Allgemeine Geschäftsbedingungen in den Nutzungsverträgen reichen nicht aus. Der Übertragungszweckgedanke stand der grundsätzlich zulässigen Einräumung von Nutzungsrechten für noch nicht bekannte Nutzungsarten regelmäßig entgegen.[11] Diese Rechtsprechung muss im Interesse einer einheitlichen Durchsetzung des Urheberrechts in Deutschland auch für die Altverträge gelten, die vor dem 1.1.1966 in der DDR abgeschlossen wurden. Denn vor dem 1.1.1966 galt für beide deutschen Staaten eine Rechtseinheit auf dem Gebiet des Urheberrechts.

Unterstellt man die Rechtseinräumung, hätten die Filmurheber mindestens einen Anspruch auf eine angemessene Vergütung. Es ist verfassungsrechtlich i. S. d. Art.14 GG bedenklich,

---

[11] BGH I ZR 18/09 – Der Frosch mit der Maske; BGH ZUM 2011, 498 – Drehbuchautor.

wenn den Filmurhebern der DDR nach der Wiedervereinigung in diesen Fällen der Vergütungsanspruch versagt wird. Darüber hinaus sprechen gute Gründe für die Anwendung des **Ursprungslandprinzips** in dem vorliegenden Rechtsstreit. Auch Art. 8 Abs. 1 der **Rom-II Verordnung** von 2007 hindert nicht daran, das Ursprungslandprinzip hinsichtlich der Voraussetzungen des Schutzes und der ersten Inhaberschaft, anzuwenden. Diese Bestimmungen erklärt das Recht des Schutzlandes nur in Bezug auf die außervertraglichen Schuldverhältnisse aus einer Verletzung von Rechten des geistigen Eigentums für anwendbar. Die Frage der ersten Inhaberschaft bleibt davon unberührt. Im Ergebnis wäre nicht das luxemburgische Recht, sondern das Urheberrecht der DDR zu prüfen gewesen. Dies läge im Interesse der Filmurheber.

Literatur

Wandtke/*Wandtke* Urheberrecht 12. Kap. Rn. 12.

XIII. Abgrenzung zu anderen Rechtsgebieten

1. Geschmacksmusterrecht

BGH Urteil vom 15.7.2004, I ZR 142/01 – Metallbett
GRUR 2004, 941

§ 559 ZPO
§ 10c Abs. 2 Nr. 1 GeschmMG a. F.

Leitsätze

1. Die nach Verkündung des Berufungsurteils erfolgte Löschung des Geschmacksmusters im Musterregister ist vom Revisionsgericht von Amts wegen zu berücksichtigen.
2. Ist der Musterinhaber rechtskräftig zur Einwilligung in die Löschung verurteilt worden, weil das Muster am Tag der Anmeldung nicht schutzfähig war, so entfällt mit der Löschung im Register der Geschmacksmusterschutz auch für die Vergangenheit mit Wirkung für und gegen alle.

Sachverhalt

Die Parteien handeln mit Möbeln. Die Kl. betreibt unter der Bezeichnung „F." ein Metallbett, das am 1.6.1993 als Geschmacksmuster eingetragen wurde:

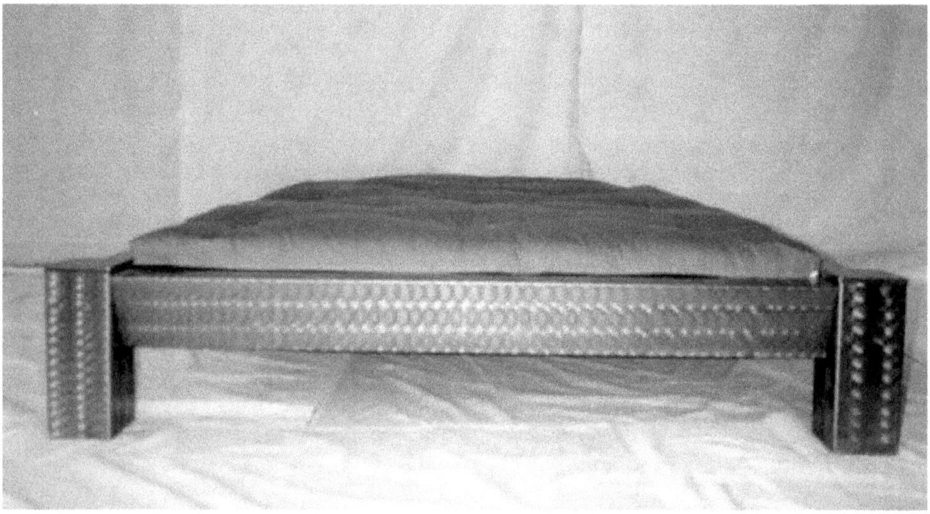

Am 27.6.1997 wurde die Kl. auf Antrag eines Dritten rechtskräftig zur Einwilligung in die Löschung verurteilt. Das Klagegeschmacksmuster ist daraufhin am 9.4.2001 im Musterregister gelöscht worden.

Ein zumindest ähnliches Bett wurde bereits im Jahre 1992 gleichfalls unter dem Namen „F" von einem in der Slowakei ansässigen Unternehmen vertrieben, wobei die Kl. vorträgt, dass es sich bei besagtem Unternehmen um eine Tochtergesellschaft der Kl. handele.

Die Bekl. bietet unter der Bezeichnung „L" ein mit dem Klagegeschmacksmuster identisches Bett an, das sie von der Firma P bezieht.

Die Kl., die vorgetragen hat, ihr Geschäftsführer habe das Bett „F" erdacht und entworfen, hat in dem Vertrieb des Bettes der Bekl. eine Geschmacksmuster- und Urheberrechtsverletzung sowie einen Verstoß gegen § 1 UWG gesehen.

Entscheidungsgründe

[…] II. […] 2. […]

b) Die Ausführungen des Berufungsgerichts halten der revisionsrechtlichen Nachprüfung stand. Das Berufungsgericht ist – wie schon das Landgericht – zutreffend davon ausgegangen, daß bei einem – hier in Rede stehenden – **Werk der angewandten Kunst an die Urheberrechtsschutzfähigkeit höhere Anforderungen zu stellen sind als bei der zweckfreien bildenden Kunst und, da sich die geschmacksmusterfähige Gestaltung von der nicht geschützten Durchschnittsgestaltung abheben muß, für die Urheberrechtsschutzfähigkeit ein noch weiterer Abstand, d.h. ein deutliches Überragen der Durchschnittsgestaltung zu fordern ist.**[1]

bb) Für die Beurteilung, ob die festgestellten Eigentümlichkeiten über einen Geschmacksmusterschutz hinausgehen und eine für die Zubilligung des Urheberrechtsschutzes genügende Gestaltungshöhe erreichen, kommt es auf den Eindruck an, den das Erzeugnis nach dem durchschnittlichen Urteil des für Kunst empfänglichen und mit Kunstdingen einigermaßen vertrauten Menschen vermittelt.[2] Es begegnet daher auch keinen rechtlichen Bedenken, daß die Vorinstanzen die für diese (rechtliche) Beurteilung erforderlichen (tatsächlichen) Feststellungen aus eigener Sachkunde getroffen haben.

[…]

Kurzkommentierung

In der Entscheidung stand u.a. im Fokus, dass die Löschung des Geschmacksmusters ebenfalls Wirkung für die Vergangenheit entfaltet (ex tunc). Dies ist nunmehr in § 33 Abs. 3 S. 1 GeschmMG normiert und gilt für alle Geschmacksmuster, die ab dem Inkrafttreten des GeschmMG vom 1.6.2004 sowie für solche, die nach dem 28.10.2001 angemeldet wurden. Letztere Regelung basiert darauf, dass die Geschmacksmuster-RL bis zu diesem Datum in nationales Recht hätte umgesetzt werden müssen, Art. 19 Abs. 1 RL 98/71/EG. Das Löschungsverfahren musste im vorliegenden Fall indes noch nach § 10c GeschmMG a.F. durchgeführt werden, da es sich um ein vor dem 28.10.2001 eingetragenes Muster handelte.

Der BGH ging ferner auf das Verhältnis von Urheber- und Geschmacksmusterrecht ein. Er hat vorliegend noch zur alten Rechtslage des Geschmacksmusterrechts Stellung genommen. Dieses ist durch die Geschmacksmusterreform durch die RL 98/71/EG, die mit Gesetz vom 12.3.2004 in nationales Recht umgesetzt wurde, hinsichtlich seiner Voraussetzungen grundlegend verändert worden. Geschmacksmusterschutz wird nunmehr dann gewährt, wenn ein Muster neu ist und Eigenart (statt früher Eigentümlichkeit) aufweist. Eigenart bedeutet, dass sich das Muster vom vorbekannten Formenschatz abheben muss. Es kommt mithin nicht mehr auf die „kreative" Leistung des Gestalters (Schöpfungshöhe), sondern auf die Unterschiedlichkeit zu anderen Gestaltungen an.

Die Abgrenzung des Geschmacksmusterrechts zum Urheberrecht wurde – wie die vorliegende Entscheidung (noch) belegt – in einer Art Stufenverhältnis vorgenommen: Das Geschmacksmuster musste sich von der Durchschnittsgestaltung nach Ansicht des BGH abheben: Um eine Anerkennung als Werk der angewandten Kunst zu erreichen, bedurfte es eines deutlichen Überragens einer Durchschnittsgestaltung. Anerkannt ist durch den EuGH, dass Schutz nach beiden Rechtsgebieten kumulativ bestehen kann.[3] Uneinigkeit herrscht indes immer noch, inwiefern die Gestaltungshöhe für Werke der angewandten Kunst auf einem höheren Niveau angesetzt werden sollte.[4] Die Rechtsprechung – wie auch vorliegend der BGH – besteht auf höheren Anforderungen an die Gestaltungshöhe für Werke der angewandten Kunst. Diese Ansicht

---

1 BGH GRUR 1995, 581, 582 – Silberdistel; BGHZ 138, 143, 147 – Les-Paul-Gitarren.
2 BGHZ 27, 351, 356 – Candida; *Erdmann* Festschrift für v. Gamm, S. 389, 400.
3 EuGH GRUR 2011, 225, 227 – Flos/Semeraro.
4 BGH GRUR 1995, 581, 582 – Silberdistel.

erscheint indes vor dem Hintergrund der Reform veraltet. Denn die nunmehr vorausgesetzte Eigenart bedingt nicht mehr eine leistungsorientierte Gestaltung, sondern verlangt eine Unterscheidung zum vorbekannten Formenschatz. Der Urheberrechtsschutz basiert folglich auf einer ganz anderen Grundlage, nämlich auf einer schöpferischen, eigenpersönlichen und individuellen Gestaltung. Die Schutzrichtungen beider Rechtsgebiete sind somit unterschiedlicher Art, weshalb das Geschmacksmusterrecht nicht mehr als „kleines Urheberrecht" bezeichnet werden kann. Es nähert sich vielmehr dem Marken- bzw. Patentrecht an.

Dieser Unterschied lässt die Diskussion über die Absenkung der Gestaltungshöhe für Werke der angewandten Kunst in den Vordergrund treten. Vorliegend kommt der BGH zu dem Ergebnis, dass er den Schutz des Bettes als Werk der angewandten Kunst verneint mit der (nicht überzeugenden) Begründung, dass eine Differenzierung von Werken der bildenden zu Werken der angewandten Kunst erforderlich sei. Die sog. kleine Münze gelte für Ersteres, sei aber aufgrund der Nähe von Geschmacksmuster- und Urheberrecht zueinander für Werke der angewandten Kunst zu verwehren, wobei ebenfalls Berücksichtigung finden müsse, dass es sich bei dem in Frage stehenden Bett um einen einem Gebrauchszweck unterfallenden Gegenstand handele.

Es ist zwar richtig, dass technische Konstruktionen – wie bei dem streitgegenständlichen Bett hervorgehoben – nicht bei der Beurteilung der urheberrechtlichen Schutzfähigkeit einbezogen werden dürfen. Nicht nachvollziehbar ist die Auffassung, dass die Eigentümlichkeit des Werkes über einen Geschmacksmusterschutz hinausgehen muss. Der BGH hätte sich vorliegend deutlich intensiver damit auseinandersetzen müssen, nach welchen Anforderungen die gesamte Gestaltung hätte beurteilt werden müssen.

Literatur

Wandtke/*Wöhrn* Urheberrecht 2. Kap. Rn. 53.

2. UWG

BGH Urteil vom 24.3.1994, I ZR 42/93 – Cartier-Armreif
BGHZ 125, 322
GRUR 1994, 630

§ 1 UWG a.F.
§ 242 BGB

Leitsätze

Wer durch den Vertrieb einer Ware ein ergänzendes wettbewerbsrechtliches Leistungsschutzrecht verletzt, ist grundsätzlich dem Berechtigten zur Nennung der Bezugsquelle verpflichtet.

Sachverhalt

Die Kl. stellen Goldschmuck her und vertreiben diesen in der Bundesrepublik Deutschland über so genannte Cartier-Boutiquen. Zu den Schmuckstücken gehört auch ein besonders gestalteter Armreif. Der Bekl. ist ein Schmuckhändler und stellte auf einer Messe im Jahre 1991 einen nicht von den Kl. vertriebenen, vorgenanntem Werkstück jedoch weitgehend entsprechenden Armreif aus und bot ihn zum Kauf an.

Die Kl. sehen in dieser Handlung eine Urheberrechtsverletzung und machen weiterhin wettbewerbsrechtlichen Leistungsschutz geltend.

Der Bekl. ist der Klage entgegen getreten und behauptet, dass vorgenanntem Werkstück weder urheberrechtlicher Schutz noch wettbewerbsrechtlicher Leistungsschutz zustehe.

Entscheidungsgründe

[…] II. […]

1. Das Berufungsgericht hat den von der Klägerin zu 1 für den streitigen Armreif der Serie „Pharao" beanspruchten urheberrechtlichen Schutz als Werk der angewandten Kunst nicht geprüft. Es hat damit dahingestellt sein lassen, ob das Auskunftsverlangen seine Grundlage in dem durch das Produktpirateriegesetz vom 7. März 1990 eingeführten § 101 a UrhG findet, dessen Schutz die französische Klägerin als Urheberrechtsberechtigte gemäß Art. 2, 5 Abs. 2 Satz 2 RBÜ (Pariser Fassung) i.V. mit § 121 Abs. 4, § 2 Abs. 1 Nr. 4 UrhG in Anspruch nehmen könnte. […]

Die Voraussetzungen des ergänzenden wettbewerbsrechtlichen Leistungsschutzes zugunsten der Klägerin zu 1 hat das Berufungsgericht – von der Revision unbeanstandet – für gegeben erachtet. Es hat hierzu rechtsfehlerfrei darauf abgestellt, daß der streitige Armreif wettbewerblich eigenartig sei und ein Erinnerungsbild bestimmter Herkunft erzeuge. Dieser zeichne sich einerseits durch besondere Schwere und Gediegenheit aus, während er andererseits mit der leichtfüßigen Geschmeidigkeit der umlaufenden Wildkatze gepaart sei. Da das Innere des nachgeahmten Armreifs stark an das Logo von Cartier erinnere, gingen die Verkehrskreise, welche sich von derart teueren Schmuckstücken angesprochen fühlten, schon aufgrund der äußeren Gestaltung des Armreifes davon aus, dieser stamme aus dem Hause Cartier.

2. […]

a) **Den Auskunftsanspruch aus § 1 UWG, § 242 BGB hat die Rechtsprechung in den Fällen des ergänzenden wettbewerbsrechtlichen Leistungsschutzes bejaht, wenn es um die Zuerkennung eines Schadensersatzanspruchs oder um die Beseitigung eines Schadens oder eines Störungszustands geht.** Der Rechtsinhaber kann vom Verletzer Auskunft über solche Tatsachen verlangen, über deren Bestehen er in entschuldbarer Weise im Ungewissen ist, deren Kenntnis aber im Wissensbereich des Verletzers liegt und von diesem mitgeteilt werden können. **Dieser aus Treu und Glauben abgeleitete Anspruch auf Auskunft dient dazu, einen gegen den Auskunftspflichtigen selbst gerichteten Hauptanspruch vorzubereiten. Er ist deshalb als Hilfsanspruch zum Schadensersatzanspruch der klassische Auskunftsfall des Wettbewerbsrechts und hat gewohnheitsrechtlichen Rang.**[1]

Die Verpflichtung des Verletzers, über den Umfang der Verletzungshandlung Auskunft zu erteilen, besteht sonach nicht nur, wenn immaterielle Sonderrechte beeinträchtigt werden, sondern auch dann, wenn in wettbewerbsrechtlich geschützte Leistungspositionen eingegriffen wird, sei es aus ergänzendem wettbewerbsrechtlichen Leistungsschutz,[2] sei es aus einem geschützten Vertriebssystem.[3] […]

III. […] 1. […]

a) Im Falle der Übernahme einer fremden Leistung ist Verletzter grundsätzlich derjenige, dessen Leistung nachgeahmt wird. Dies ist in der Regel der Hersteller und nicht der Händler. Dies folgt aus dem Wesen und der Funktion des wettbewerbsrechtlichen Leistungsschutzes, den Sonderrechtsschutz im Blick auf bestimmtes Wettbewerbsverhalten zu ergänzen.[4] Die Beeinträchtigung der geschäftlichen Interessen allein des Händlers der nachgeahmten Ware begründet die Rechte aus einem ergänzenden wettbewerbsrechtlichen Leistungsschutz nicht. Auf § 13 Abs. 2 Nr. 1 UWG vermag sich die Klägerin zu 2, soweit es um die Wahrnehmung der Rechte aus der Verletzung eines ergänzenden wettbewerbsrechtlichen Leistungsschutzes geht, nicht zu berufen. Die darin enthaltene erweiterte Klagebefugnis schließt die Geltendma-

1 Vgl. BGH Urt. v. 7.12.1979 – I ZR 157/77, GRUR 1980, 227, 232 – Monumenta Germaniae Historica.

2 Vgl. zuletzt BGHZ 122, 262 = GRUR 1993, 757 = WRP 1993, 625 – Kollektion „Holiday".

3 BGH Urt. v. 9.11.1967 – KZR 9/65, GRUR 1968, 272, 277 – Trockenrasierer III; Urt. v. 21.12.1973 – I ZR 161/71, GRUR 1974, 351, 352 – Frisiersalon; OLG Karlsruhe WRP 1988, 50, 51.

4 BGH Urt. v. 18.10.1990 – I ZR 283/88, GRUR 1991, 223, 224 – Finnischer Schmuck.

chung von (fremden) Individualansprüchen nicht ein. Diese dient der Wahrung von Allgemeininteressen. Beim wettbewerbsrechtlichen Leistungsschutz geht es aber primär nicht um den Schutz von Allgemeininteressen, sondern regelmäßig um die Wahrung der Individualinteressen desjenigen, dessen Leistung wettbewerbswidrig nachgeahmt wird.[5]

[...]

Kurzkommentierung

Der BGH hat zwar nach der alten Rechtslage des UWG entschieden. Die von ihm in dieser Entscheidung aufgestellten Grundsätze des ergänzenden wettbewerbsrechtlichen Leistungsschutzes sind nunmehr jedoch in den geltenden §§ 3, 4 Nr. 9 UWG aufgenommen worden. Das Verhältnis zwischen urheberrechtlichem und wettbewerbsrechtlichem Schutz ist für die praktische Anwendung beider Rechtsgebiete von Bedeutung. Denn der ergänzende wettbewerbsrechtliche Leistungsschutz ist gegenüber dem Urheberrecht **subsidiär**, soweit die Tatbestandsvoraussetzungen des Urheberrechts mit dem wettbewerbsrechtlichen Schutz identisch sind (**Vorrangthese**). Das geistige Eigentum bezweckt den Schutz von Ausschließlichkeitsrechten während das UWG den Schutz vor unlauteren Handlungen gewährt. Liegt keine Verletzung des Urheberrechts vor, besteht nur noch die Möglichkeit § 4 Nr. 9 UWG in Ausnahmefällen anzuwenden. Die durch das Urheberrecht geregelten Rechte können nicht durch den wettbewerbsrechtlichen Leistungsschutz umgangen oder erweitert werden. Die Wertung des Urheberrechts ist vom wettbewerbsrechtlichen Leistungsschutz hinzunehmen[6] und basiert auf den in der Regel abschließenden Regelungen der Immaterialgüterrechte. Die Vorrangthese entfaltet nämlich nicht nur für das Urheberrecht Wirkungen, sondern ist ebenfalls auf alle weiteren Immaterialgüterrecht erstreckbar. Soweit umfassender Schutz sich nicht über die Rechte des geistigen Eigentums ergibt, bleibt das UWG anwendbar wie bspw. der Verbraucherschutz vor irreführenden geschäftlichen Handlungen (§ 5 UWG).

Angesichts der Spezialität des UrhG und der **Subsidiarität** des UWG ist der BGH der Auffassung, dass das Urheberrecht Vorrang vor dem ergänzenden wettbewerbsrechtlichen Leistungsschutz hat, d.h. dass dann, wenn Urheberrechtsschutz besteht, kein ergänzender wettbewerbsrechtlicher Leistungsschutz in Betracht kommt. In dieser Absolutheit kann die **Vorrangthese** nicht aufrecht erhalten bleiben. In anderen Entscheidungen hat der BGH ausgeführt, dass es durchaus denkbar ist, dass das Bestehen von Urheberrechtsschutz die Anwendung von §§ 3, 4 Nr. 9 UWG nicht ausschließt, weil durchaus außerhalb der urheberrechtlichen Voraussetzungen Umstände vorliegen können, die die Wettbewerbswidrigkeit begründen wie etwa die Rufausbeutung.[7] Die Übernahme einer urheberrechtlich geschützten Leistung kann im Einzelfall bedeuten, dass die Urheberrechtverletzung zugleich eine Verletzung des UWG als **Handlungsunrecht** darstellt. Das ist z. B. der Fall, wenn der Verletzer eines Vervielfältigungs- und Verbreitungsrechts einen Wettbewerbsvorsprung durch **Rechtsbruch** gegenüber dem redlichen Mitbewerber erlangt. Die Vorrangthese des Sonderrechtsschutzes vor dem ergänzenden wettbewerbsrechtlichen Leistungsschutz wird durch den BGH zunehmend eingeschränkt. So ist neben dem Lauterkeitsrecht das **Geschmacksmusterrecht**[8] und das **Markenrecht**[9] anwendbar. Die Voraussetzungen des ergänzenden wettbewerbsrechtlichen Leistungsschutzes lagen in dem vorliegenden Rechtsstreit nach Auffassung des BGH vor. Der Armreif war wettbewerbsrechtlich eigenartig und die Verkehrskreise gingen aufgrund der äußeren Gestaltung des Armreifens davon aus, dieser stamme aus dem Hause Cartier. Die Nachahmungsfreiheit ist

---

5 BGH Urt. v. 14.4.1988 – I ZR 35/86, GRUR 1988, 620, 621 – Vespa-Roller; BGH – Finnischer Schmuck aaO, S. 225; GroßkommUWG/*Erdmann* § 13 Rn. 44; *Ullmann* Festschrift v. Gamm, S. 315, 322.

6 BGH GRUR 1987, 814, 816 – Die Zauberflöte.

7 BGH MMR 2011, 104, 106 – Markenheftchen; BGH GRUR 2003, 958, 962 – Paperboy; BGH GRUR 1999, 325, 326 – Elektronische Pressearchive.

8 BGH GRUR 2006, 79 – Jeans I; BGH GRUR 2006, 346 – Jeans II.

9 BGH WRP 2008, 1194 – Rillenkoffer.

grundsätzlich zulässig.[10] Sind die Ergebnisse der geistigen Arbeit nicht urheberrechtlich schutzfähig, liegt eine freie Benutzung nach § 24 UrhG vor bzw. ist die Schutzfrist abgelaufen, ist die Nachahmung nur in Ausnahmefällen unlauter, nämlich dann wenn wettbewerbswidrige Umstände hinzutreten. In § 4 Nr. 9 UWG werden drei Tatbestände (Täuschungshandlung, Rufausbeutung und unredliches Erlangen von Kenntnissen bzw. Dokumenten) der Unlauterkeit eines Verhaltens genannt, das die Nachahmungsfreiheit einschränken kann.

Die Vorrangthese kann in der Regel nach folgendem Schema geprüft werden:

- Sind die Interessen des Rechtsinhabers umfassend über das Urheberrecht geschützt, so findet das UWG keine Anwendung.
- Bezweckt das Urheberrecht nicht oder nicht umfassend Schutz, ist zu prüfen, ob der Gesetzgeber bewusst auf diese Regelung verzichtet hat, d. h. Schutz nach dem UWG verwehrt bleiben soll.
- Liegt eine gesetzliche oder richterrechtliche Regelung bzw. Ausgestaltung der betreffenden Rechtsverletzung noch nicht vor, so ist in der Regel von einer Anwendung des UWG auszugehen.

Der BGH stellt im vorliegenden Fall ebenfalls fest, dass der **selbstständige Auskunftsanspruch** (Anspruch auf Drittauskunft) dem Verletzten nicht analog den Vorschriften des geistigen Eigentums, sondern im Fall der schuldhaften rechtswidrigen Verletzung fremder wettbewerbsrechtlicher Leistungsschutzrechte aus Treu und Glauben i. S. v. § 242 BGB i. V. m. § 1 UWG a. F. (heute § 3 UWG) zusteht. Dabei stützt der BGH den Auskunftsanspruch auf das sich aus der Rechtsverletzung resultierende gesetzliche Schuldverhältnis und bezweckt damit die Quelle aufzudecken, die die wettbewerbsrechtliche Verletzung ermöglicht hat. Das BVerfG hat bestätigt, dass § 3 UWG als Generalklausel in Ausnahmefällen neben dem Sonderrechtsschutz (z. B. Markenrecht) anwendbar bleibt.[11]

Literatur

Wandtke/*Wandtke* Urheberrecht 1. Kap. Rn. 87 f.

3. Markenrecht

BGH Urteil vom 23.1.2003, I ZR 171/00 – Winnetou´s Rückkehr
BGH GRUR 2003, 440

§ 5 Abs. 1 MarkenG
§ 5 Abs. 3 MarkenG
§ 15 Abs. 2 MarkenG

Leitsatz

Der kennzeichenrechtliche Werktitelschutz nach §§ 5, 15 MarkenG hat auch dann weiterhin Bestand, wenn das mit dem Titel bezeichnete ursprünglich urheberrechtlich geschützte Werk gemeinfrei geworden ist; es kommt allein darauf an, ob der Titel weiterhin Unterscheidungskraft besitzt und benutzt wird.

Sachverhalt

Bei der Kl. handelt es sich um eine Verlagsgesellschaft, deren Aufgabe es ist, das Gesamtwerk des Schriftstellers Karl May zu betreuen und einer breiten Öffentlichkeit zugänglich zu machen. Seit 1963 verwertet die Kl. die – mittlerweile gemeinfrei gewordenen – Werke in

10 BGH GRUR 2007, 795 – Handtaschen.
11 BVerfG GRUR-RR 2011, 217, 218 – WM-Marken.

Buchform. Dazu gehören u.a. die Bände „Winnetou I", „Winnetou II", „Winnetou III" und das Buch „Winnetous Erben". Allerdings gehören diese Werke nicht ausschließlich zum Verlagsprogramm der Kl., sondern werden auch unter Beibehaltung der bisherigen Titel von anderen Verlagen herausgegeben. Daneben wurden auch zahlreich weitere Werke von anderen Autoren verfasst, deren Werktitel ebenfalls den Namen „Winnetou" enthalten und bei anderen Verlagen erscheinen.

Die Bekl. ist Filmproduzentin und hat unter dem Titel „Winnetou's Rückkehr" einen zweiteiligen Film produziert, der bei dem Fernsehsender ZDF ausgestrahlt wurde. In der Verwendung des Filmtitels „Winnetous's Rückkehr" sieht die Kl. eine Verletzung ihrer Titelrechte an den von ihr verlegten Schriftwerken.

Entscheidungsgründe

[…] II. […] 2. […]

c) Die Klagetitel sind auch nicht deshalb vom kennzeichenrechtlichen Schutz ausgeschlossen, weil die zugrundeliegenden Werke bereits im Jahre 1963 gemeinfrei geworden sind. Zwar ist früher und auch neuerdings erneut die Auffassung vertreten worden, dass mit dem Ablauf der Urheberrechte auch die Titelrechte aus §§ 5, 15 MarkenG (früher: § 16 UWG) entfallen.[1]

Diese Auffassung berücksichtigt nicht hinreichend den **Unterschied zwischen dem (seltenen) Fall eines urheberrechtlich geschützten Titels, der mit Eintritt der Gemeinfreiheit seinen urheberrechtlichen Schutz verliert, und einem kennzeichenrechtlich nach §§ 5, 15 MarkenG geschützten Titel, für dessen Schutz allein seine Unterscheidungskraft sowie die Ingebrauchnahme von Bedeutung sind (vgl. § 5 Abs. 3 MarkenG). Letzterer kann, selbst wenn er in Verbindung mit einem ursprünglich urheberrechtlich geschützten, dann aber gemeinfrei gewordenen Werk verwendet wird, weiterhin kennzeichenrechtlichen Schutz genießen.** Das ergibt sich ohne weiteres schon aus der Tatsache, dass der Werkbegriff des § 5 Abs. 3 MarkenG von demjenigen des § 2 UrhG abweicht und insbesondere eine urheberrechtliche Schutzfähigkeit nicht voraussetzt. Demgemäß bleibt mit dem Gemeinfreiwerden eines Werkes das kennzeichenrechtliche Titelrecht aus §§ 5, 15 MarkenG erhalten. Jedermann darf zwar Nachdrucke des gemeinfreien Werkes unter seinem Titel veröffentlichen und vertreiben. Es entfällt jedoch weder das Recht des ursprünglich Titelschutzberechtigten noch das eines sonstigen Verwenders des Titels im Zusammenhang mit dem Werk. Diese können Rechte aus dem Titel geltend machen, wenn dieser für ein neues, ein anderes Werk benutzt wird.[2]

3. […] Maßgeblich für die Beurteilung der Verwechslungsgefahr zwischen Werktiteln ist – entsprechend den anderen Kennzeichenrechten – die Wechselwirkung zwischen der Werknähe, der Kennzeichnungskraft der Klagetitel und der Titelähnlichkeit, die nach dem jeweiligen Gesamteindruck der einander gegenüberstehenden Titel zu bemessen ist.[3]

[…]

Die Ähnlichkeit der einander gegenüber stehenden Titel ist nur gering, weil der Verkehr Werktiteln, die einen das jeweilige Werk beschreibenden Begriffsinhalt haben, mit der gebotenen Aufmerksamkeit begegnet und schon deshalb nicht zu einer Verkürzung der Titel auf einzelne Bestandteile neigt. Der Schutz des Rechts an einem Werktitel bestimmt sich nach

---

1 *Goldbaum* GRUR 1926, 297, 303; *Seligsohn* UFITA 6 (1933), 124, 138; *Leinveber* GRUR 1956, 64 und JR 1958, 371, 372; *Baumbach/Hefermehl* Wettbewerbsrecht, 17. Aufl., § 16 UWG Rn. 128; *Hertin* WRP 2000, 889, 896.

2 RGZ 104, 88, 92 – Trotzkopf; BGHZ 26, 52, 59 f. – Sherlock Holmes; BGH, Urt. v. 7.12.1979 – I ZR 157/77, GRUR 1980, 227, 230 – Monumenta Germaniae Historica; *Deutsch/Mittas* Titelschutz, 1999, Rn. 181; *Ingerl/Rohnke* Markengesetz, § 5 Rn. 59; *Schricker* Urheberrecht, 2. Aufl., § 64 UrhG Rn. 74; vgl. auch GroßkommUWG/*Teplitzky* § 16 Rn. 138; undeutlich: *Fezer* Markenrecht, 3. Aufl., § 15 Rn. 179.

3 BGH Urt. v. 6.6.2002 – I ZR 108/00, GRUR 2002, 1083, 1084 = WRP 2002, 1279 – 1, 2, 3 im Sauseschritt, m.w.N.

dessen Funktion der bloßen Werkunterscheidung. Die gegenüberstehenden Titel stimmen hinsichtlich des Namens „Winnetou" der Hauptfigur der Romane wie des Films überein. Der Verkehr, dem der Titel eine nähere Identifikation des Werks ermöglichen soll, sieht sich deshalb veranlasst, den zusätzlichen Bezeichnungen der einzelnen Werke sein Augenmerk zu schenken, bei den Romanen der Bezifferung „I", „II" und „III" sowie dem Zusatz „Erben", beim Filmtitel dem Hinweis „Rückkehr". Diese weisen untereinander keinerlei klangliche, schriftbildliche oder begriffliche Übereinstimmung auf. Bei dieser Sachlage kann eine Gefahr der Verwechslung der einander gegenüberstehenden Titel zur Identifizierung des jeweiligen Werkes nicht angenommen werden. [...]

Kurzkommentierung

Der BGH hat zutreffend darauf hingewiesen, dass zwischen dem urheberrechtlichen Werkschutz und dem kennzeichenrechtlichen Schutz nach §§ 5, 15 MarkenG ein wesentlicher Unterschied besteht. Während das Markenrecht an die Unterscheidungskraft des Zeichens als Marke i. S. d. § 3 Abs. 1 MarkG anknüpft, schützt das Urheberrecht nur schöpferische Leistungen als Werke, die die Schutzvoraussetzungen nach § 2 Abs. 2 UrhG erfüllen. Zudem ergeben sich Unterschiede in der Entstehung der Rechte: Während das Urheberrecht mit der Schöpfung durch Realakt (ohne Veröffentlichung) entsteht, entsteht das Markenrecht in der Regel erst nach Anmeldung und Prüfung, § 4 Nr. 1 MarkenG bzw. durch Benutzung im geschäftlichen Verkehr, § 4 Nr. 2 MarkenG, welche wiederum von der bloßen Benutzungsaufnahme zu unterscheiden ist. Das EuG weist darauf hin, dass ein und dasselbe Zeichen als schöpferisches Werk und als Marke geschützt sein kann.[4] Während nach Ablauf der urheberrechtlichen Schutzfrist der Werktitel gemeinfrei wird, kann der Markenrechtsschutz weiterwirken.

In dem vorliegenden Rechtsstreit musste sich der BGH nicht mit der Frage auseinandersetzen, ob der Werktitel urheberrechtlich geschützt ist. Er betont aber, dass der urheberrechtliche Schutz eines Werktitels selten erfolgt.[5] Ein Schutz wird dann bejaht, wenn z. B. der Romantitel einen gedanklich erheblichen Teil des Werkes mit individueller Prägung wiedergibt.[6] Bereits das RG hat die Möglichkeit des Schutzes des Werktitels bejaht.[7] Zu differenzieren ist dabei zwischen dem Werktitel und dem ggf. zugrundeliegenden schutzfähigen Werk. Ein urheberrechtliches schutzfähiges Werk bedeutet nicht gleichzeitig die Erstreckung des Schutzes auf den Werktitel.

Der Werktitel ist in der Regel Bezeichnung des Werkes und hat z. T. gleichzeitig die Funktion, das Werk unter dem Titel zu vermarkten, d. h. es zu kennzeichnen und damit eine Unterscheidung zu anderen Titeln zu schaffen. Damit tritt das eigentliche Problem der Entscheidung in den Fokus: Die markenrechtliche und die urheberrechtliche Schutzfähigkeit von Werktiteln und was passiert, sobald das Werk gemeinfrei wird, d. h. seinen urheberrechtlichen Schutz durch Ablauf der Schutzfrist verliert. Dass beide Schutzrechte selbstständig nebeneinander stehen und kumulativ Schutz bieten ist unstreitig.

Was aber soll gelten, wenn es um urheberrechtlich gemeinfreie Werke geht? Die Gefahr besteht, dass die urheberrechtliche Schutzfrist von 70 Jahren p. m. a., § 64 UrhG, dadurch umgangen wird, dass das gemeinfreie Werk dem Markt durch den fortwährenden Markenschutz entzogen werden würde. Aber gerade durch Einführung einer urheberrechtlichen Schutzdauer soll eine Monopolisierung von Werken entgegen gewirkt werden. Aufgrund der unterschiedlichen Schutzrichtungen wird diese vermeindlich weiterbestehende Wirkung entschärft: Der Markenschutz entfaltet eben nur Schutz bzgl. des Werkes als Marke. Das Werk selbst bleibt nach Ablauf der urheberrechtlichen Schutzfrist gemeinfrei.

4 EuG GRUR Int. 2010, 50, 52 – Danjaq/HABM (Dr.No).

5 BGH GRUR 1990, 218, 219 – Verschenktexte I; BGH GRUR 1977, 543, 544 – Der 7. Sinn.

6 BGHZ 26, 52, 60 – Sherlock Holmes.

7 RGZ 123, 120 – Brücke zum Jenseits; RGZ 135, 209, 210 – Brand im Opernhaus.

Literatur
Wandtke/*Wandtke* Urheberrecht 1. Kap. Rn. 86.

4. KUG/Bildnisschutz

BGH Urteil vom 1.12.1999, I ZR 49/97 – Marlene Dietrich
BGHZ 143, 214
GRUR 2000, 709

§ 823 Abs. 1 BGB
§§ 22, 23 KUG

Leitsätze
1. Das allgemeine Persönlichkeitsrecht und seine besonderen Erscheinungsformen wie das Recht am eigenen Bild und das Namensrecht dienen dem Schutz nicht nur ideeller, sondern auch kommerzieller Interessen der Persönlichkeit. Werden diese vermögenswerten Bestandteile des Persönlichkeitsrechts durch eine unbefugte Verwendung des Bildnisses, des Namens oder anderer kennzeichnender Persönlichkeitsmerkmale schuldhaft verletzt, steht dem Träger des Persönlichkeitsrechts unabhängig von der Schwere des Eingriffs ein Schadensersatzanspruch zu.
2. Die vermögenswerten Bestandteile des Persönlichkeitsrechts bestehen nach dem Tode des Trägers des Persönlichkeitsrechts jedenfalls fort, solange die ideellen Interessen noch geschützt sind. Die entsprechenden Befugnisse gehen auf den Erben des Trägers des Persönlichkeitsrechts über und können von diesem entsprechend dem ausdrücklichen oder mutmaßlichen Willen des Verstorbenen ausgeübt werden.

Sachverhalt
Die Kl. ist die Erbin der am 6.5.1992 verstorbenen Schauspielerin Marlene Dietrich. Der Bekl. produzierte im Jahre 1993 ein Musical über das Leben Marlene Dietrichs. Er ist Inhaber der Marke „Marlene“, die u. a. für die Ausarbeitung, Produktion und Aufführung literarischer und/oder musikalischer unterhaltender Darbietungen für Bühne und Film eingetragen wurden.

Der Bekl. räumte in der Folgezeit der FIAT Automobil AG die Rechte ein, den Schriftzug „Marlene“, ein Bildnis von Marlene Dietrich aus dem Jahre 1930 sowie das eingetragene Warenzeichen „Marlene“ zu nutzen. Weiterhin bewarb der Bekl. das Unternehmen Ellen Betrix in seinem Musical-Programmhaft unter Verwendung einer Marlene Dietrich darstellenden Zeichnung. Ferner ließ er zahlreiche Merchandising-Artikel und Postkarten herstellen, die u.a. mit einem Bildnis von Marlene Dietrich versehen waren.

Entscheidungsgründe
[…] II.

[…] Das allgemeine Persönlichkeitsrecht und seine besonderen Erscheinungsformen dienen in erster Linie dem Schutz ideeller Interessen, insbesondere dem Schutz des Wert- und Achtungsanspruchs der Persönlichkeit. **Dieser Schutz wird dadurch verwirklicht, daß bei einer Verletzung dieser Rechte neben Abwehransprüchen auch Schadensersatzansprüche in Betracht kommen, die nicht nur auf den Ersatz materieller, sondern – wenn es sich um einen schwerwiegenden Eingriff handelt und die Beeinträchtigung nicht in anderer Weise befriedigend ausgeglichen werden kann – auch auf den Ausgleich immaterieller Schäden gerichtet sind. Dieser Ausgleich beruht allerdings nicht auf einem Schmerzensgeldanspruch nach § 847 BGB, sondern auf einem Rechtsbehelf, der unmittelbar auf den**

Schutzauftrag aus Art. 1 und 2 Abs. 1 GG zurückgeht.[1] **Die Zubilligung einer Geldentschädigung in derartigen Fällen beruht auf dem Gedanken, daß ohne einen solchen Anspruch Verletzungen der Würde und Ehre des Menschen häufig ohne Sanktion blieben mit der Folge, daß der Rechtsschutz der Persönlichkeit verkümmern würde.**[2]

Darüber hinaus schützen das allgemeine Persönlichkeitsrecht und seine besonderen Ausprägungen aber auch **vermögenswerte Interessen der Person**. Der Abbildung, dem Namen sowie sonstigen Merkmalen der Persönlichkeit wie etwa der Stimme kann ein beträchtlicher wirtschaftlicher Wert zukommen, der im allgemeinen auf der Bekanntheit und dem Ansehen der Person in der Öffentlichkeit – meist durch besondere Leistungen etwa auf sportlichem oder künstlerischem Gebiet erworben – beruht. **Die bekannte Persönlichkeit kann diese Popularität und ein damit verbundenes Image dadurch wirtschaftlich verwerten, daß sie Dritten gegen Entgelt gestattet, ihr Bildnis oder ihren Namen, aber auch andere Merkmale der Persönlichkeit, die ein Wiedererkennen ermöglichen, in der Werbung für Waren oder Dienstleistungen einzusetzen. Durch eine unerlaubte Verwertung ihrer Persönlichkeitsmerkmale etwa für Werbezwecke werden daher häufig weniger ideelle als kommerzielle Interessen der Betroffenen beeinträchtigt, weil diese sich weniger in ihrer Ehre und ihrem Ansehen verletzt fühlen, als vielmehr finanziell benachteiligt sehen.**[3]

Der Bundesgerichtshof hat die kommerziellen Interessen an der Persönlichkeit von jeher in den durch die Persönlichkeitsrechte gewährleisteten Schutz einbezogen: Die Persönlichkeitsrechte sollen danach die allein dem Berechtigten zustehende freie Entscheidung darüber schützen, ob und unter welchen Voraussetzungen sein Bildnis oder sein Name – entsprechendes gilt für andere kennzeichnende Persönlichkeitsmerkmale – den Geschäftsinteressen Dritter dienstbar gemacht wird.[4] **Im Hinblick auf die wirtschaftlichen Interessen an der Persönlichkeit hat der Bundesgerichtshof anerkannt, daß das Persönlichkeitsrecht auch vermögenswerte Bestandteile aufweist.**[5] **Dementsprechend hat er das Recht am eigenen Bild als ein vermögenswertes Ausschließlichkeitsrecht bezeichnet und generell bei der Verletzung des Persönlichkeitsrechts Ersatzansprüche für möglich erachtet.**[6]

2. Die vermögenswerten Bestandteile des Rechts von Marlene Dietrich am eigenen Bild und Namen sind auf die Klägerin als Alleinerbin übergegangen. Denn ungeachtet ihrer Übertragbarkeit unter Lebenden sind diese Bestandteile – anders als die dem Schutz ideeller Interessen dienenden höchstpersönlichen Bestandteile – vererblich.

a) Soweit die Persönlichkeitsrechte dem Schutz ideeller Interessen dienen, sind sie **unauflöslich** an die Person ihres Trägers gebunden und **als höchstpersönliche Rechte unverzichtbar und unveräußerlich, also nicht übertragbar und nicht vererblich**.[7] Niemand kann sich seines Rechts am eigenen Bild, seines Namensrechts oder eines sonstigen Persönlichkeitsrechts vollständig und abschließend entäußern; dies stünde im Widerspruch zur Garantie der Menschenwürde (Art. 1 GG) und zum Recht auf Selbstbestimmung (Art. 2 GG).[8]

c) […]

---

1 Vgl. BVerfGE 34, 269, 282 u. 292 = GRUR 1974, 44, 46, 48 u. 50 – Soraya.

2 BGHZ 128, 1, 15 – Erfundenes Exklusivinterview; BGH, Urt. v. 5.12.1995 – VI ZR 332/94, GRUR 1996, 373, 374 = NJW 1996, 984 – Caroline von Monaco I.

3 Vgl. *Schlechtriem* Festschrift Hefermehl, 1976, S. 445, 465; *Götting* Persönlichkeitsrechte als Vermögensrechte, 1995, S. 266.

4 BGHZ 20, 345, 350 f. – Paul Dahlke; 81, 75, 80 – Carrera.

5 BGHZ 50, 133, 137 – Mephisto.

6 BGHZ 20, 345, 353 u. 355 – Paul Dahlke; 30, 7, 16 – Caterina Valente; BGH, Urt. v. 17.11.1960 – I ZR 87/59, GRUR 1961, 138, 140 – Familie Schölermann; GRUR 1979, 732, 734 – Fußballtor; Urt. v. 14.4.1992 – VI ZR 285/91, GRUR 1992, 557, 558 = NJW 1992, 2084 – Joachim Fuchsberger.

7 Vgl. BGHZ 50, 133, 137 – Mephisto; *v. Gamm* Urheberrechtsgesetz, Einf. Rn. 94, 96, 102, 109; MünchKomm/*Gitter* BGB, 3. Aufl., § 1 Rn. 57.

8 Vgl. *Schricker* Festschrift Hubmann, 1985, S. 409, 413; *Götting* aaO S. 132 f.

cc) **Die Anerkennung der Vererblichkeit der vermögenswerten Bestandteile des Persönlichkeitsrechts ist geboten, um den Schutz gegenüber einer kommerziellen Nutzung von Name, Bildnis und sonstigen Persönlichkeitsmerkmalen des Verstorbenen durch Nichtberechtigte zu gewährleisten. Ein wirkungsvoller postmortaler Schutz der vermögenswerten Bestandteile des Persönlichkeitsrechts ist nur gewährleistet, wenn der Erbe in die Rolle des Trägers des Persönlichkeitsrechts treten und ebenso wie dieser unter Wahrung der mutmaßlichen Interessen des Verstorbenen gegen eine unbefugte Nutzung vorgehen kann.**

Zwar ist das fortwirkende Lebensbild der Persönlichkeit nach ständiger Rechtsprechung auch nach dem Tode weiterhin gegen schwerwiegende Entstellungen geschützt.[9] **Desgleichen wirken jedenfalls das Recht am eigenen Bild (§ 22 Satz 3 KUG) und möglicherweise auch das Namensrecht[10] über den Tod hinaus fort.** Jedoch werden dem Wahrnehmungsberechtigten bei einer postmortalen Verletzung dieser Rechte lediglich Abwehransprüche, nicht aber Schadensersatzansprüche zuerkannt, weil ein Verstorbener keinen durch eine Geldzahlung auszugleichenden Schaden erleiden könne.[11] In diesen Fällen ging es allein um die Beeinträchtigung ideeller Interessen, zu deren Schutz der höchstpersönliche Achtungsanspruch fortwirkt, der zwar nicht übertragbar und nicht vererblich ist, der aber nach dem Tode von einer hierzu ermächtigten Person zu Abwehrzwecken wahrgenommen werden kann.[12] Die zugebilligten Abwehransprüche nützen indessen nur wenig, wenn die Rechtsverletzung – wie es häufig der Fall ist – bereits beendet ist, bevor der Anspruchsberechtigte davon Kenntnis erlangt. Darüber hinaus erscheint es unbillig, den durch die Leistungen des Verstorbenen geschaffenen und in seinem Bildnis, seinem Namen oder seinen sonstigen Persönlichkeitsmerkmalen verkörperten Vermögenswert nach seinem Tode dem Zugriff eines jeden beliebigen Dritten preiszugeben, statt diesen Vermögenswert seinen Erben oder Angehörigen oder anderen Personen zukommen zu lassen, die ihm zu Lebzeiten nahestanden.[13]

[...]

d) Während die dem Schutz der ideellen Interessen des Verstorbenen dienenden Abwehransprüche von den Angehörigen (§ 22 Sätze 3 und 4 KUG) oder von einem hierzu berufenen Wahrnehmungsberechtigten[14] geltend zu machen sind, kommen als Träger der vermögenswerten Befugnisse allein die Erben in Betracht,[15] die mit den genannten Berechtigten nicht notwendig identisch sind. Es stellt jedoch kein Argument gegen die Vererblichkeit der vermögenswerten Bestandteile des Persönlichkeitsrechts dar, daß die Berechtigung hinsichtlich der ideellen und der kommerziellen Interessen auseinanderfallen kann.

Werden die vermögenswerten Bestandteile des Persönlichkeitsrechts vererbt, bleiben sie doch zur Wahrung der ideellen Interessen des Rechtsträgers untrennbar mit den unveräußerlichen höchstpersönlichen Bestandteilen des Persönlichkeitsrechts verknüpft. Denn durch die kommerzielle Verwertung werden häufig auch die Befugnisse berührt, die den Angehörigen (§ 22 Satz 2 KUG) oder sonstigen Wahrnehmungsberechtigten zustehen. Insofern stellt sich die Lage nicht anders dar als beim Urheberrecht, bei dem ebenfalls die auf den Schutz der ideellen Interessen gerichteten urheberpersönlichkeitsrechtlichen Befugnisse (§§ 11 ff. UrhG) häufig nicht in derselben Hand liegen wie die Nutzungsrechte.[16] Dies bedeutet, daß Nutzungen, durch die auch in urheberpersönlichkeitsrechtliche Befugnisse eingegriffen wird, nicht

---

9 BGHZ 50, 133, 136 ff. – Mephisto; 107, 384, 391 – Emil Nolde, m. w. N.

10 BGHZ 107, 384, 390 – Emil Nolde.

11 Vgl. BGH Urt. v. 5.3.1974 – VI ZR 89/73, GRUR 1974, 794, 795 – Todesgift; Urt. v. 4.6.1974 – VI ZR 68/73, GRUR 1974, 797, 800 = NJW 1974, 1371 – Fiete Schulze.

12 BGHZ 50, 133, 137 f. – Mephisto.

13 Vgl. *Götting* aaO S. 281; *Magold* aaO S. 493 f., 660 f.; *Schertz* aaO Rn. 388.

14 Vgl. BGHZ 50, 133, 139 f. – Mephisto.

15 A.A. *Magold* aaO S. 572 f.

16 Dazu *Forkel* GRUR 1988, 491, 493 ff.; *Götting* aaO S. 133, 279.

nur der Zustimmung des Nutzungsberechtigten, sondern auch des Inhabers des Urheberpersönlichkeitsrechts bedürfen. Nicht anders verhält es sich, wenn beispielsweise das Bildnis des Verstorbenen für kommerzielle Zwecke verwendet werden soll: Hier ist die Zustimmung sowohl des Erben als des Inhabers der vermögenswerten Bestandteile des Persönlichkeitsrechts als auch der Angehörigen erforderlich (§ 22 Satz 3 KUG). Ebenso können durch eine kommerzielle Verwendung von Persönlichkeitsmerkmalen die durch das allgemeine Persönlichkeitsrecht geschützten ideellen Interessen des Verstorbenen tangiert sein mit der Folge, daß der Wahrnehmungsberechtigte gegen eine solche Verwendung trotz Zustimmung der Erben einschreiten könnte. Im Streitfall liegen diese Berechtigungen allerdings in einer Hand, weil die Klägerin sowohl Alleinerbin als auch einzige Angehörige von Marlene Dietrich ist (vgl. § 22 Satz 4 KUG).

Entgegen der Auffassung der Revisionserwiderung setzt der geltend gemachte Antrag auf Feststellung der Schadensersatzpflicht keine besondere Eingriffsintensität der Rechtsverletzung voraus. Zwar kommen bei einer Verletzung ideeller Interessen auf Geldentschädigung gerichtete Ansprüche nur zu Lebzeiten des Trägers des Persönlichkeitsrechts (s. o. unter II.1.) und nur bei schwerwiegenden Beeinträchtigungen in Betracht. Bei einer Verletzung materieller Interessen, wie sie hier in Rede steht, gilt dies aber nicht. **Wer die vermögenswerten Bestandteile des Persönlichkeitsrechts schuldhaft verletzt, haftet ebenso wie bei der Verletzung anderer vermögenswerter Ausschließlichkeitsrechte für den eingetretenen Schaden, ohne daß es darauf ankäme, wie schwerwiegend der Eingriff war.**

3. […] a) […]

cc) […] **Auf die Ausnahmebestimmung des § 23 Abs. 1 Nr. 1 KUG kann sich jedoch derjenige nicht berufen, der mit der Veröffentlichung keinem schutzwürdigen Informationsinteresse der Allgemeinheit nachkommt, sondern durch Verwertung des Bildnisses eines anderen zu Werbezwecken allein sein Geschäftsinteresse befriedigen will.**[17] So liegt es hier. Die Verwendung des Bildnisses diente vorliegend nicht der Vermittlung von Informationen über das Leben oder das Schaffen von Marlene Dietrich, sondern ausschließlich der Werbung für Autos, Kosmetika und Merchandising-Artikel.

[…]

Kurzkommentierung

Die Marlene-Dietrich-Entscheidung ist ein bedeutender rechtspolitischer und dogmatischer Meilenstein im **Bildnisschutz** und im allgemeinen Persönlichkeitsrecht. Der Bildnisschutz, der in den §§ 23 ff. KUG geregelt ist, ist seinem Wesen nach eine besondere Erscheinungsform des allgemeinen Persönlichkeitsrechts. Im Kern der Entscheidung geht es um die Anerkennung des Schutzes der ideellen und materiellen Interessen der Persönlichkeit. Damit verbunden hat der BGH festgestellt, dass das Persönlichkeitsrecht vermögensrechtliche Bestandteile hat, die gleichsam die materiellen Interessen zum Ausdruck bringen. Der Namensträger hat also zu Lebzeiten vermögensrechtliche Befugnisse und damit die alleinige Entscheidungsgewalt, ob er seine Persönlichkeitsmerkmale kommerzialisieren lassen will.[18] Der BGH betont außerdem die Anerkennung der Vererblichkeit der vermögenswerten Bestandteile des Persönlichkeitsrechts. Damit wird nach Ansicht des BGH der Erbe in die Rechtsstellung eines Inhabers der vermögenswerten Bestandteile des Persönlichkeitsrechts gestellt, der nicht nur **Abwehransprüche** hat, sondern auch Schadensersatzansprüche, die er gegen die unberechtigte **Kommerzialisierung** der Persönlichkeitsmerkmale der verstorbenen Person (post mortem) geltend machen kann. Der Schaden kann neben der Herausgabe des **Verletzergewinns** nach der **Lizenzanalo-**

---

17 St. Rspr.; BGHZ 20, 345, 350 – Paul Dahlke; BGH Urt. v. 1.10.1996 – VI ZR 206/95, GRUR 1997, 125, 126 = NJW 1997, 1152 – Bob-Dylan-CD, m. w. N.

18 BGH GRUR 2010, 546 – Der strauchelnde Liebling; BGH NJW 2009, 3032 – Wer wird Millionär; BGH GRUR 2008, 1124 – Zerknitterte Zigarettenschachtel; BGH GRUR 2007, 139 – Rücktritt des Finanzministers.

gie berechnet werden. Dies hat das BVerfG bestätigt und die Lizenzgebühr auch für den bereicherungsrechtlichen Anspruch bejaht.[19] Während aber der BGH die Dauer des Schutzes noch mit dem Fortbestand des Schutzes der ideellen Interessen verknüpft und einen Gleichklang der ideellen und vermögenswerten Interessen favorisiert hat, ist mit der „kinski-klaus"-Entscheidung die Schutzdauer auf 10 Jahre **post mortem** in analoger Anwendung des § 22 S. 3 KUG festgelegt worden, was nicht überzeugt.[20] Es ist nicht einsichtig, eine unterschiedliche Frist für Schadensersatzansprüche und Unterlassungsansprüche post mortem festzuschreiben. Der Unterlassungsanspruch kann nach dem Tod des Verstorbenen wegen Verletzung der ideellen Interessen solange vom Wahrnehmungsberechtigten gelten gemacht werden, solange die Verletzung der ideellen Interessen vorliegt. Ein **Anspruch auf Geldentschädigung** nach dem Tod des Rechtsträgers soll nicht bestehen.[21] Inwieweit die vermögensrechtlichen Bestandteile von Art. 14 Abs.1 GG erfasst werden, hat das BVerfG offen gelassen.[22]

Literatur
Wandtke/*Wandtke* 1. Kap. Rn. 76f.

5. Allgemeines Persönlichkeitsrecht

5.1. Urheberrecht und allgemeines Persönlichkeitsrecht

BGH Urteil vom 25.5.1954, I ZR 211/53 – Leserbriefe
BGHZ 13, 334
GRUR 1955, 197

Art. 1 GG
Art. 2 GG
§ 823 Abs. 1 BGB
§ 1 LitUrhG

Leitsatz
Briefe oder sonstige private Aufzeichnungen dürfen in der Regel nicht ohne Zustimmung des noch lebenden Verfassers und nur in der vom Verfasser gebilligten Weise veröffentlicht werden. Das folgt aus dem in Art. 1 GG, Art. 2 GG verankerten Schutz der Persönlichkeit und gilt daher auch dann, wenn die Aufzeichnungen nicht die individuelle Formprägung aufweisen, die für einen Urheberrechtsschutz erforderlich ist.

Sachverhalt
Bei der Bekl. handelt es sich um die Wochenzeitung „Welt am Sonntag". In dieser Zeitung veröffentlichte sie am 29.6.1952 einen Artikel mit der Überschrift „Dr. Hjalmar Schacht & Co." und dem Untertitel „Politische Betrachtung anlässlich der Gründung des neuen Bankhauses" von Klaus Besser.

Der Kl. beantragte, die Bekl. zu verurteilen, die Behauptung, dass der Kl. einen Leserbrief zu dem Thema des Artikels „Dr. Hjalmar Schacht & Co. verfasst habe, zu widerrufen und diesen Widerruf in ihrer nächsten Ausgabe unter der Rubrik „Leserbriefe" zu veröffentlichen.

---

19 BVerfG ZUM 2009, 479, 481 – fiktive Lizenzgebühr.
20 BGH GRUR 2007, 168, 170 – kinski-klaus.de.
21 BGH GRUR 2006, 252, 254 – Postmortaler Persönlichkeitsschutz.
22 BVerfG ZUM 2009, 479, 480 – fiktive Lizenzgebühr.

Entscheidungsgründe

[...]

Es kann dahingestellt bleiben, ob das Schreiben des Klägers vom 4. Juli 1952 als Schriftwerk im Sinn des § 1 LitUrhG anzusehen ist und damit unter Urheberrechtsschutz fällt. Das Reichsgericht hat zwar in ständiger Rechtsprechung den Veröffentlichungsschutz für Briefe davon abhängig gemacht, ob diese die für den Urheberschutz erforderliche individuelle Formprägung aufweisen.[1] Demgegenüber ist mit Recht vom Schrifttum darauf hingewiesen worden, dass ein Bedürfnis nach der Anerkennung eines Persönlichkeitsschutzes hinsichtlich der Verwertung eigener Aufzeichnungen in gleicher Weise auch dann besteht, wenn dieser Schutz nicht aus dem Urheberpersönlichkeitsrecht abgeleitet werden kann, weil es an einer auf individueller geistiger Tätigkeit beruhenden Formgestaltung der fraglichen Aufzeichnungen fehlt.[2] Das Reichsgericht glaubte, einen solchen von dem Urheberrecht unabhängigen Persönlichkeitsschutz für Briefveröffentlichungen deshalb versagen zu müssen, weil die damals geltende deutsche Rechtsordnung keine positiven Gesetzesbestimmungen über ein allgemeines Persönlichkeitsrecht enthielt.[3] Das Reichsgericht hat zwar in zahlreichen Entscheidungen über § 826 BGB Persönlichkeitsrechten Schutz zugebilligt,[4] aber grundsätzlich Persönlichkeitsrechte mit der absoluten Wirkung der Ausschließlichkeitsbefugnis nur für bestimmte einzelne Persönlichkeitsgüter anerkannt. Im Schrifttum haben sich schon Gierke und Kohler für die Anerkennung eines umfassenden Persönlichkeitsrechts eingesetzt.[5]

Nachdem nunmehr das Grundgesetz das Recht des Menschen auf Achtung seiner Würde (Art. 1 GrundG) und das Recht auf freie Entfaltung seiner Persönlichkeit auch als privates, von jedermann zu achtendes Recht anerkennt, soweit dieses Recht nicht die Rechte anderer verletzt oder gegen die verfassungsmäßige Ordnung oder das Sittengesetz verstößt (Art. 2 GrundG), muß das allgemeine Persönlichkeitsrecht als ein verfassungsmäßig gewährleistetes Grundrecht angesehen werden.[6]

[...] Jede sprachliche Festlegung eines bestimmten Gedankeninhalts ist, und zwar auch dann, wenn der Festlegungsform eine Urheberschutzfähigkeit nicht zugebilligt werden kann, Ausfluss der Persönlichkeit des Verfassers. Daraus folgt, dass grundsätzlich dem Verfasser allein die Befugnis zusteht, darüber zu entscheiden, ob und in welcher Form seine Aufzeichnungen der Öffentlichkeit zugänglich gemacht werden; denn jeder unter Namensnennung erfolgenden Veröffentlichung von Aufzeichnungen eines noch lebenden Menschen wird von der Allgemeinheit mit Recht eine entsprechende Willensrichtung des Verfassers entnommen. Die Fassung der Aufzeichnungen und die Art ihrer Bekanntgabe unterliegt der Kritik und Wertung der öffentlichen Meinung, die aus diesen Umständen Rückschlüsse auf die Persönlichkeit des Verfassers zieht. Während eine ungenehmigte Veröffentlichung privater Aufzeichnungen – in der Regel – einen unzulässigen Eingriff in die jedem Menschen geschützte Geheimsphäre darstellt, verletzt eine veränderte Wiedergabe der Aufzeichnungen die persönlichkeitsrechtliche Eigensphäre des Verfassers deshalb, weil solche vom Verfasser nicht gebilligten Änderungen ein falsches Persönlichkeitsbild vermitteln können. Unzulässig sind im allgemeinen nicht nur vom Verfasser nicht genehmigte Streichungen wesentlicher Teile seiner Aufzeichnungen, sondern auch Zusätze, durch die seine nur für bestimmte Zwecke zur Veröffentlichung freigegebenen Aufzeichnungen eine andere Färbung oder Tendenz erhalten, als er

---

1 RGZ 41, 43 (48); 69, 401 (403).

2 Vgl. *Ulmer*, Urheber- und Verlagsrecht § 83 IV; *Neumann-Duesberg*, Das gesprochene Wort im Urheber- und Persönlichkeitsrecht 1949 S 158 ff; *Georg Müller*, UFITA 1929, 367 (383 ff).

3 RGZ 79, 397 (398); 82, 333 (334); 94, 1; 102, 134; 107, 277 (281); 113, 414; 123, 312 (320).

4 RGZ 72, 175; 85, 343; 115, 416; 162, 7.

5 *Otto v Gierke*, Deutsches Privatrecht, Bd. 1, 707; Bd. 3, 887; *Kohler*, „Das Recht an Briefen" in Archiv für bürgerliches Recht, Bd. 7, 94 ff (101); für das schweizerische Recht vgl. Schweizer ZivGB Art. 28.

6 Vgl. *Enneccerus-Nipperdey*, Allgemeiner Teil 14. Aufl. § 78 I 2; *Enneccerus-Lehmann*, Schuldrecht 14. Aufl. §§ 233 2 c; *Coing* SJZ 1947, 642.

sie durch die von ihm gewählte Fassung und die Art der von ihm erlaubten Veröffentlichung zum Ausdruck gebracht hat. [...]

Kurzkommentierung

Der BGH hat zwar zur alten Rechtslage entscheiden müssen, soweit es das Urheberrecht betrifft. Dessen ungeachtet sind die inhaltlichen und dogmatischen Wertungen des BGH von historischer Bedeutung, weil sie einen Einblick in das Verhältnis von urheberrechtlichem und persönlichkeitsrechtlichem Schutz geben.

Es wird zu Recht in dem Rechtsstreit darauf hingewiesen, dass ein Bedürfnis nach Anerkennung eines **Persönlichkeitsschutzes** hinsichtlich der Verwertung eigener Aufzeichnungen auch dann besteht, wenn dieser Schutz nicht aus dem **Urheberpersönlichkeitsrecht** abgeleitet werden kann, weil die Schutzfähigkeit des Werkes fehlt. Dem Verfasser steht allein die Befugnis zu, darüber zu entscheiden, ob und in welcher Form Aufzeichnungen der Öffentlichkeit zugänglich gemacht werden. Nach der zutreffenden Ansicht des BGH wird jede unter Namensnennung erfolgende Veröffentlichung von Aufzeichnungen eines noch lebenden Menschen von der Allgemeinheit mit Recht eine entsprechende Willensrichtung des Verfassers vermuten. Denn die Fassung der Aufzeichnungen und die Art ihrer Bekanntgabe unterliegen der Kritik und Wertung der öffentlichen Meinung, die aus diesen Umständen Rückschlüsse auf die Persönlichkeit des Verfassers zieht. Ob dagegen eine ungenehmigte Veröffentlichung privater Aufzeichnungen einen unzulässigen Eingriff in die jedem Menschen geschützte Geheimsphäre darstellt, ist fraglich. Private Aufzeichnungen können, müssen aber nicht mit der Geheimsphäre verbunden werden. Mit der Geheimsphäre ist ein Bereich des allgemeinen Persönlichkeitsrechts gemeint, der nicht mit dem Privatleben und der psychischen und körperlichen Integrität einer Person verbunden ist. Es spricht vieles dafür, dass die Intimsphäre verletzt wird, wenn eine veränderte Wiedergabe der Aufzeichnungen die persönlichkeitsrechtliche Eigensphäre des Verfassers erfasst und die vom Verfasser nicht gebilligten Änderungen ein falsches Persönlichkeitsbild vermitteln. Das gilt sowohl für die vom Verfasser nicht genehmigten Streichungen wesentlicher Teile seiner Aufzeichnungen als auch Zusätze, weil die nur für bestimmte Zwecke zur Veröffentlichung freigegebenen Aufzeichnungen eine andere Färbung oder Tendenz erhalten, als er sie durch die von ihm gewählte Fassung und die Art der von ihm erlaubten Veröffentlichung zum Ausdruck gebracht hat, so der BGH.

Der BGH differenziert zwar hinsichtlich der urheberrechtlich geschützten Werke und dem Urheberpersönlichkeitsrecht, lässt aber in einer Frage einen anderen Schluss zu, der nicht überzeugt. Richtig ist, dass das Urheberpersönlichkeitsrecht eine besondere Erscheinungsform des allgemeinen Persönlichkeitsrechtes ist. Daraus kann aber nicht abgeleitet werden, dass vom Blickpunkt des Persönlichkeitsschutzes aus eine im Wesentlichen gleiche Interessenlage des Autors für Aufzeichnungen, die nicht unter Urheberrechtsschutz stehen. Ein Gleichklang zwischen dem Urheberpersönlichkeitsrecht und dem allgemeinen Persönlichkeitsrecht besteht in Bezug auf den Ursprung des Persönlichkeitsrechts, nicht aber in Bezug auf seine Wirkungsrichtung. Das kann auch für **Manuskripte** und **Tagebücher** gelten. Während das Urheberpersönlichkeitsrecht auf den Schutz des Werkes in seiner ursprünglichen Form gerichtet ist, sind Verletzungen des allgemeinen Persönlichkeitsrechts mit der konkreten Person verbunden. Die Wirkung kann sowohl die Werkänderung betreffen als auch z.B. die Herabwürdigung der Person durch Textzusätze, die zugleich den Urheber betreffen. Die Rechtsfolgen sind dabei ebenso zu berücksichtigen. Für Verletzungen des allgemeinen Persönlichkeitsrechts können die Art. 1, 2 GG, §§ 823, 1004 (analog) BGB und für Urheberpersönlichkeitsrechtsverletzungen die §§ 12, 97 UrhG zur Anwendung kommen. Fehlt dem Werk die Schöpfungshöhe oder liegt ein gemeinfreies Werk vor, so ist das allgemeine Persönlichkeitsrecht die alleinige Prüfungsgrundlage, wenn die Änderung des Textes mit seiner Wirkung z.B. auf die Diskriminierung der Person zielt. Das allgemeine Persönlichkeitsrecht hat dann eine **Auffangfunktion.**

Literatur
Wandtke/*Wandtke* Urheberrecht 1. Kap. Rn. 77.

5.2. Fälschung und Urheberschaft

BGH Urteil vom 8.6.1989, I ZR 135/87 – Emil Nolde
BGHZ 107, 384
GRUR 1995, 668

Art. 1 Abs. 1 GG
§ 12 BGB
§ 823 Abs. 1 BGB
§ 1004 BGB
§ 1 UWG a.F.
§ 3 UWG a.F.

Leitsätze
1. Bildfälschungen mit der Signatur eines anderen Malers verletzen grundsätzlich dessen allgemeines Persönlichkeitsrecht, bezogen auf die Gesamtheit seines Werkschaffens (hier: Unterschieben im Stile und nach Motiven Emil Noldes gemalter und mit seinem Namenszug versehener Aquarelle).
2. Der postmortale Persönlichkeitsschutz eines bekannten Malers ist 30 Jahre nach dessen Tod noch nicht entfallen.
3. Der nach §§ 823 Abs. 1, 1004 BGB i.V.m. Art. 1 Abs. 1 GG begründete Beseitigungsanspruch rechtfertigt grundsätzlich nur eine Entfernung der Signatur und nicht auch eine durch einen Gerichtsvollzieher vorzunehmende – nicht entfernbare – Kennzeichnung der Bilder als Fälschungen.

Sachverhalt
Bekl. ist die Emil-Nolde-Stiftung. Der Kl. überließ im April 1985 der Stiftung zwei Aquarelle, um sie auf ihre Echtheit überprüfen zu lassen. Diese Echtheitsbestätigung benötigte der Kl., die beiden vermeintlichen Nolde-Auarelle bei einem Kunsthandel anbieten zu können. Der Direktor der beklagten Stiftung erstellte die Expertisen und vermerkte auf der Rückseite der beiden Bilder folgende Feststellung:

„Meine Untersuchungen haben ergeben, dass das Blatt nicht von der Hand des Malers Emil Nolde (1867 bis 1956) stammt. Es ist eine Fälschung. Die Zeichnung, Umgang mit den Farben, die Art der Darstellung stehen in Widerspruch zur Kunst Noldes. Die Signatur stimmt mit dem eigenhändigen Schriftzug des Künstlers nicht überein."

Die Fotos von Bildern und den Texten übersandte die Bekl. dem Kl. und verlangte für die beiden Expertisen jeweils DM 300,–. Die Aquarelle behielt die Bekl. jedoch mit der Begründung ein, dass sie das Namens- und Persönlichkeitsrecht des verstorbenen Malers Emil Nolde wahrnehmen würde. Der Kl. verlangt nun die beiden Gemälde von der Bekl. heraus.

Entscheidungsgründe
[…] III. […] 1. […]

b) Zutreffend hat das Berufungsgericht einen Beseitigungsanspruch aus dem Namensrecht (§ 12 BGB) Emil Noldes verneint. Es hat sich dabei auf die Rechtsprechung des Bundesgerichtshofs berufen, wonach das Namensrecht grundsätzlich mit dem Tode erlischt.[1] Dies

1 BGHZ 8, 318, 324.

schließt allerdings die Möglichkeit nicht aus, dass die Witwe des Malers aus eigenem Recht gegen den Missbrauch des Familiennamens vorgehen kann.[2] Dem braucht hier indessen nicht nachgegangen zu werden, weil es nach den rechtsfehlerfrei getroffenen Feststellungen des Berufungsgerichts bereits an einer Ermächtigung der Beklagten zur Wahrnehmung auch des eigenen Namensrechts der Witwe fehlt.

Ob an der Rechtsprechung, dass das Namensrecht mit dem Tode erlösche, festzuhalten ist oder ob – wie die Revision meint[3] – das Namensrecht des § 12 BGB als Ausschnitt aus dem allgemeinen Persönlichkeitsrecht mit seinen persönlichkeitsrechtlichen Schutzwirkungen auch über den Tod des Namensträgers hinaus fortwirken kann, kann hier dahinstehen. Denn den vom Berufungsgericht getroffenen Feststellungen lässt sich schon nicht entnehmen, dass der Kläger den Namen des Malers gebraucht hat. Seine Eigentümerstellung und sein früherer Besitz an den mit der Signatur des Malers versehenen Bildern reicht dazu nicht aus.

Darüber hinaus würde selbst eine Verletzung des Namensrechts den Beseitigungsanspruch in der beantragten Form nicht rechtfertigen. Grundsätzlich kann die Führung des Namens nur in der konkret benutzten Form untersagt werden.[4] Das würde im Streitfall für den Beseitigungsanspruch bedeuten, dass die Beklagte lediglich die Entfernung der sich rechts unten auf den Bildern befindlichen Signatur „Nolde" verlangen könnte. Einen Antrag auf Entfernung der Signatur hat die Beklagte aber nicht gestellt. Er ist auch nicht als Minus in dem Antrag auf Kennzeichnung der Bilder als Fälschung enthalten (dazu nachfolgend unter III. 1. e).

c) Entgegen der Annahme der Revision lässt sich der geltend gemachte Anspruch auch nicht aus § 13 S. 1 UrhG herleiten. Das Recht auf Anerkennung der Urheberschaft am Werk bezieht sich als urheberpersönlichkeitsrechtliche Befugnis nach § 11 UrhG allein auf die geistigen und persönlichen Beziehungen des Urhebers zu einem von ihm stammenden konkreten Werk.[5] An einem solchen konkreten Werk Noldes als Gegenstand eines Urheberpersönlichkeitsschutzes fehlt es hier. Die Anlehnung an Stilmerkmale und Motive eines anderen Malers sowie die Verwendung seiner Signatur kann im Falle von Identitätsverwirrungen allerdings zu persönlichkeitsrechtlichen und wettbewerbsrechtlichen Ansprüchen führen. Aber auch solche Ansprüche scheiden vorliegend nach den noch zur Entscheidung stehenden Anträgen aus.

d) Zu Recht hat das Berufungsgericht die Widerklage auch insoweit abgewiesen, als die Beklagte sie auf eine Verletzung des allgemeinen Persönlichkeitsrechts Noldes gestützt hat (§§ 823 Abs. 1, 1004 BGB i.V.m. Art. 1 Abs. 1 GG). Es ist dabei zutreffend davon ausgegangen, dass der rechtliche Schutz der Persönlichkeit gemäß Art. 1 Abs. 1 GG zwar nicht mit dem Tode endet. Vielmehr besteht der allgemeine Wert- und Achtungsanspruch fort, so dass das fortwirkende Lebensbild eines Verstorbenen weiterhin gegen schwerwiegende Entstellungen geschützt wird.[6] Weiter hat das Berufungsgericht zu Recht angenommen, dass eine Fälschung von Bildern grundsätzlich den geschützten Persönlichkeitsbereich des Künstlers, bezogen auf die Gesamtheit seines Werkschaffens, verletzen kann.[7] Fälschungen sind – unabhängig von ihrer Qualität – geeignet, durch Verzerrung des Gesamtwerks das als Ausstrahlung des Persönlichkeitsrechts auch nach dem Tode des Künstlers fortbestehende künstlerische Ansehen und seine künstlerische Wertschätzung zu beeinträchtigen.

[…]

---

2 BGHZ 8, 318, 320 f, 324.

3 Ebenso *v. Gamm*, Wettbewerbsrecht, 5. Aufl., Kap. 53 Rn. 20; *Schack* Anm. zu BGH JZ 1987, 774, 776.

4 Vgl. BGH, Urt. v. 24.7.1957 – I ZR 21/56, GRUR 1958, 189, 195 f – Zeiß.

5 Vgl. BGH, Urt. v. 2.2.1960 – I ZR 137/58, GRUR 1960, 346, 347 – Der Nahe Osten rückt näher; *Krüger-Nieland*, Festschrift für Hauß, 1978, S. 215, 219 f.

6 Vgl. BGHZ 50, 133, 136 ff – Mephisto; BGH, Urt. v. 4.6.1974 – VI ZR 68/73, GRUR 1974, 797, 798 – Fiete Schulze; BGH, Urt. v. 17.5.1984 – I ZR 73/82, GRUR 1984, 907, 908 – Frischzellenkosmetik; auch BVerfGE 30, 173, 194 f – Mephisto.

7 Vgl. auch BVerfGE 54, 148, 154 – *Eppler*: für das Unterschieben nicht getaner Äußerungen.

Auch die vom Berufungsgericht geäußerten Zweifel, ein Schutz könnte inzwischen wegen Zeitablaufs, nachdem mehr als 30 Jahre seit dem Tod Emil Noldes vergangen sind, entfallen sein, sind unbegründet. Die Dauer des postmortalen Persönlichkeitsschutzes lässt sich nicht generell festlegen. Sie hängt von den Umständen des Einzelfalls ab. Dabei wird es neben der Intensität der Beeinträchtigung vor allem auf die Bekanntheit und Bedeutung des durch das künstlerische Schaffen geprägten Persönlichkeitsbildes ankommen. Das Schutzbedürfnis schwindet in dem Maße, in dem die Erinnerung an den Verstorbenen verblasst und im Laufe der Zeit auch das Interesse an der Nichtverfälschung des Lebensbildes abnimmt.[8] Anders als bei einem ausübenden Künstler, der z. B. als Theaterschauspieler oder -regisseur in der Regel nur seinen Zeitgenossen in Erinnerung bleiben wird, kann das künstlerische Ansehen und die künstlerische Wertschätzung bei einem bildenden Künstler, der seiner Nachwelt ein bleibendes Werk hinterlässt, noch Jahrzehnte nach dem Tode fortbestehen, ohne dass der erforderliche Bezug zur Person des Verstorbenen verlorengeht. Bei einem Maler, der – wie Emil Nolde – zu den namhaften Vertretern des deutschen Expressionismus zählt, ist auch rd. 3 Jahrzehnte nach dem Tode noch ein fortbestehendes Schutzbedürfnis anzuerkennen. Die zur Wahrung des Persönlichkeitsschutzes berufene Beklagte ist daher auch heute noch berechtigt, sich gegen eine Verfälschung des Gesamtwerkes Emil Noldes zur Wehr zu setzen.

[...]

Kurzkommentierung

Der BGH musste sich mit der Problematik der Fälschung von Bildern beschäftigen, d. h. dass der Fälscher den Namen (hier Emil Nolde) eines berühmten Malers auf seinem gefälschten Bild signierte.

Da es sich im konkreten Streitfall um eine Stiftung handelte, musste der BGH zur Frage Stellung nehmen, ob sie bei Rechten, die höchstpersönlicher Natur und grundsätzlich nicht übertragbar sind, wie etwa das **Namensrecht**, ermächtigt sein kann den Prozess zu führen. Der BGH bejaht dies mit der Begründung, dass die Übertragung der Befugnis, ein fremdes materielles Recht im eigenen Namen gerichtlich geltend zu machen (gewillkürte Prozessstandschaft), dann zulässig ist, wenn der ursprüngliche Rechtsträger verstorben ist. Das kann auch eine Stiftung sein (hier **Nolde-Stiftung**), wenn ein eigenes schutzwürdiges Interesse besteht.

Interessant ist, dass der BGH den **Beseitigungsanspruch**, d. h. die Entfernung der Signatur „Nolde“ von dem gefälschten Bild, weder aus § 12 BGB noch aus § 13 S. 1 UrhG herleitet. Nach seiner Ansicht steht dem Verletzten grundsätzlich ein Beseitigungsanspruch gegen den Verletzer gem. §§ 823 Abs. 1, 1004 BGB i. V. m. Art. 1 Abs. 1 GG zu, sofern es sich bei den streitgegenständlichen Bildern um Fälschungen handelt und zu befürchten steht, der Kläger könne die Fälschungen als Originalwerke Noldes dem Kunstmarkt zugänglich machen. Der Beseitigungsanspruch reicht aber nach zutreffender Auffassung des BGH nicht weiter, als es zur Aufhebung oder Minderung der Beeinträchtigung erforderlich ist. Die erforderlichen Beseitigungsmaßnahmen bestimmen sich daher nach der Art und dem Umfang der Beeinträchtigung. Im Rechtsstreit war die Beeinträchtigung darin zu sehen, dass die Bilder mit der Signatur „Nolde“ versehen sind und dass diese Fälschungen – wie zu unterstellen ist – dem allgemeinen Kunstmarkt als echte Nolde-Werke zugeführt werden sollen. Auch die Feststellung des BGH findet Zustimmung, dass eine Beeinträchtigung nicht darin liegen kann, weil die Bilder im Stile und nach Motiven Noldes gemalt worden sind. Solche abstrakten Eigenschaften eines Werkes sind im Interesse der allgemeinen künstlerischen Entwicklung als gemeinfrei anzusehen. Sie können von einem Künstler grundsätzlich nicht für sich monopolisiert werden, so der BGH.

Daraus folgt, dass vorliegend zur Beseitigung der Beeinträchtigung die Entfernung der Nolde-Signatur ausreichend ist. Eine äußere – nach den Vorstellungen der Beklagten durch

---

8 Vgl. BGHZ 50, 133, 140 f – Mephisto; BVerfGE 30, 173, 196 – Mephisto.

einen Gerichtsvollzieher vorzunehmende – Kennzeichnung der Bilder als Fälschungen kann nicht verlangt werden. Es bleibt jedem Eigentümer eines Bildes, selbst wenn es in Anlehnung an Stilmerkmale und Motive eines anderen Malers geschaffen worden ist, unbenommen, mit dem Bild – ohne durch einen Fälschungsvermerk in der Werknutzung beeinträchtigt zu werden – nach Belieben zu verfahren, sofern es nicht aufgrund der Signatur fälschlich einem anderen Maler zugerechnet wird.

Dogmatisch ist die Begründung des BGH zutreffend, soweit es den § 13 S. 1 UrhG betrifft. Denn das Recht auf Anerkennung der Urheberschaft am Werk bezieht sich als urheberpersönlichkeitsrechtliche Befugnis allein auf die geistigen und persönlichen Beziehungen des Urhebers zu einem von ihm stammenden konkreten Werk. An einem solchen konkreten Werk Noldes als Gegenstand eines Urheberpersönlichkeitsschutzes fehlt es hier. Nur die Beziehung zum Werk begründet den Urheberrechtsschutz. Die Anlehnung an Stilmerkmale und Motive ist möglich. Aber ein Fälscher produziert ein eigenes Werk. Die urheberpersönlichkeitsrechtliche Befugnis bezieht sich ausschließlich auf die Beziehung zwischen dem Urheber und seinem konkreten Werk, die bei einem gefälschten Bild gerade nicht vorliegt. Es gibt kein Recht auf Anerkennung der Nichturheberschaft (**droit de non-paternité**).

Überzeugend ist ebenfalls die Auffassung, dass der Beseitigungsanspruch aus der Verletzung des allgemeinen Persönlichkeitsrecht abgeleitet werden kann, weil das Inverkehrbringen gefälschter Bilder grundsätzlich geeignet ist, das künstlerische Gesamtschaffen und die Persönlichkeit des Künstlers nachhaltig zu beeinträchtigen. In dem Streitfall spielte das postmortale Persönlichkeitsrecht eine Rolle. Der BGH begründet den Schutz mit der Verblassungstheorie. Dabei lässt sich die Dauer des postmortalen Persönlichkeitsschutzes nicht generell festlegen. Es können auch über 30 Jahre der Schutz post mortem gelten. Die Dauer hängt von den Umständen des Einzelfalls ab. Für den BGH sind neben der Intensität der Beeinträchtigung vor allem die Bekanntheit und Bedeutung des durch das künstlerische Schaffen geprägten Persönlichkeitsbild relevant. Das Schutzbedürfnis schwindet in dem Maße, in dem die Erinnerung an den Verstorbenen verblasst und im Laufe der Zeit auch das Interesse an der Nichtverfälschung des Lebensbildes abnimmt. Ob aber der Unterschied berechtigt ist, den der BGH zwischen einem bekannten ausübenden Künstler und einem bildenden Künstler hinsichtlich der Schutzdauer macht, muss bezweifelt werden. Sowohl bei einem Theaterschauspieler oder -regisseur als auch bei einem bildenden Künstler können das künstlerische Ansehen und die künstlerische Wertschätzung über ihren Tod hinaus bekannt sein. Ihrer Nachwelt ein bleibendes Werk oder eine künstlerische Leistung zu hinterlassen, kann noch Jahrzehnte nach dem Tode fortbestehen, ohne dass der erforderliche Bezug zur Person des Verstorbenen verlorengeht. Die zur Wahrung des Persönlichkeitsschutzes berufenen Künstler sollten nicht nach Werkkategorien oder künstlerischen Leistungen eingeteilt werden. Im vorliegenden Fall ist die Beklagte auch heute noch berechtigt, sich gegen eine Verfälschung des Gesamtwerkes Emil Noldes zur Wehr zu setzen. Generell ist zu überlegen, ob nicht eine Angleichung der Schutzfristen von 70 Jahren zwischen dem Urheberrecht und dem postmortalen Persönlichkeitsrecht angebracht ist.

Literatur

Wandtke/*Wandtke* Urheberrecht 1. Kap. Rn. 72.

5.3. Verbreitungsverbot

BGH Urteil vom 24.11.2009, VI ZR 219/08 – Esra
BGHZ 183, 227
GRUR 2010, 171

§ 823 BGB
§ 840 BGB

Art. 1 Abs. 1, 2 Abs. 1 GG
Art. 5 Abs. 3 GG

Leitsatz

Verletzt ein Roman schwerwiegend das Persönlichkeitsrecht und ist deshalb ein gerichtliches Verbreitungsverbot ergangen, kann der Verletzte nur ausnahmsweise zusätzlich eine Geldentschädigung beanspruchen.

Sachverhalt

Die Kl. verlangt Geldentschädigung wegen Verletzung ihres allgemeinen Persönlichkeitsrechts durch den Roman „Esra" dessen Verlegerin die Bekl. zu 1) und dessen Autor der Bekl. zu 2) ist.

Die Kl. und ihre Mutter erkennen sich in den darin verwendeten Romanfiguren „Esra" und „Lale" wieder. Sie nehmen hier insbesondere eine Verletzung ihres allgemeinen Persönlichkeitsrechts an, weil sich die Schilderung der Romanfiguren eng an ihrem Leben orientiere. Die Bekl. sind der Klage entgegen getreten.

Entscheidungsgründe

[…] II. […]

1. Nach der ständigen Rechtsprechung des erkennenden Senats begründet eine Verletzung des allgemeinen Persönlichkeitsrechts einen Anspruch auf eine Geldentschädigung, wenn es sich um einen schwerwiegenden Eingriff handelt und die Beeinträchtigung nicht in anderer Weise befriedigend aufgefangen werden kann. **Ob eine schwerwiegende Verletzung des Persönlichkeitsrechts vorliegt, die die Zahlung einer Geldentschädigung erfordert, hängt insbesondere von der Bedeutung und Tragweite des Eingriffs, ferner von Anlass und Beweggrund des Handelnden sowie von dem Grad seines Verschuldens ab.**[1] Ob ein derart schwerer Eingriff anzunehmen und die dadurch verursachte nicht vermögensmäßige Einbuße auf andere Weise nicht hinreichend ausgleichbar ist, kann nur aufgrund der gesamten Umstände des Einzelfalles beurteilt werden.[2] Bei der gebotenen Gesamtwürdigung ist ein erwirkter Unterlassungstitel zu berücksichtigen, weil dieser und die damit zusammenhängenden Ordnungsmittelandrohungen den Geldentschädigungsanspruch beeinflussen und im Zweifel sogar ausschließen können.[3] **Die Gewährung einer Geldentschädigung hängt demnach nicht nur von der Schwere des Eingriffs ab, es kommt vielmehr auf die gesamten Umstände des Einzelfalls an, nach denen zu beurteilen ist, ob ein anderweitiger befriedigender Ausgleich für die Persönlichkeitsrechtsverletzung fehlt.**[4]

2. […]

Bei einem Kunstwerk handelt es sich um eine freie schöpferische Gestaltung, in der Eindrücke, Erfahrungen und Erlebnisse des Künstlers durch das Medium einer bestimmten Formensprache, hier des Romans, zur Anschauung gebracht werden.[5] **Kunst ist mithin auf das Schaffen von neuem, auch Grenzen Überschreitendem, angelegt und eine höchst individuelle Gestaltung und Bewältigung von – nicht selten autobiographischem – Erleben.** Das Grundgesetz hat der Freiheit der Kunst einen herausgehobenen Rang verliehen.

---

1 Vgl. Senatsurteile BGHZ 128, 1, 12; 132, 13, 27; 160, 298, 306; vom 22. Januar 1985 – VI ZR 28/83 – VersR 1985, 391, 393; vom 15. Dezember 1987 – VI ZR 35/87 – VersR 1988, 405; vom 12. Dezember 1995 – VI ZR 223/94 – VersR 1996, 341; vgl. auch BVerfG NJW 2004, 591, 592.

2 Vgl. Senatsurteile BGHZ 128, 1, 13; vom 17. März 1970 – VI ZR 151/68 – VersR 1970, 675, 676; vom 25. Mai 1971 – VI ZR 26/70 – VersR 1971, 845, 846; Senatsbeschluss vom 30. Juni 2009 – VI ZR 340/08 – juris Rn. 3.

3 Vgl. Senatsurteil vom 17. März 1970 aaO, 677; Senatsbeschluss vom 30. Juni 2009 – VI ZR 340/08 – aaO.

4 Vgl. Senat, BGHZ 128, 1, 12 f.; Senatsbeschluss vom 30. Juni 2009 – VI ZR 340/08 – aaO.

5 BVerfGE 119, 1, 20.

XIII. Abgrenzung zu anderen Rechtsgebieten

Die Kunstfreiheit wird in Art. 5 Abs. 3 Satz 1 GG vorbehaltlos garantiert. Dementsprechend ist auch im Widerstreit zwischen dem allgemeinen Persönlichkeitsrecht und dem Grundrecht der Kunstfreiheit in besonderem Maße darauf zu achten, dass dem Künstler der verfassungsrechtlich garantierte Freiraum verbleibt. **Es dürfen an den Künstler keine Anforderungen gestellt werden, die die Bereitschaft zum Gebrauch des Grundrechts herabsetzen und so die schöpferische künstlerische Freiheit, die Art. 5 Abs. 3 Satz 1 GG vorbehaltlos gewährleisten will, einschnüren.**[6] Staatliche Maßnahmen dürfen nicht zu einer Einschüchterung des Künstlers und des für die Darbietung und Verbreitung des Kunstwerks Verantwortlichen führen. Das ist auch bei der Frage zu bedenken, ob im Fall eines persönlichkeitsrechtsverletzenden Kunstwerks – zusätzlich zu dem gerichtlichen Unterlassungsgebot – eine Inanspruchnahme des Künstlers auf Geldentschädigung in Betracht kommen kann. Dem Künstler darf das Risiko einer solchen Haftung jedenfalls nicht in einem Umfang zugewiesen werden, dass er sich gezwungen sähe, von künstlerischem Wirken abzusehen, den ihm von Art. 5 Abs. 3 Satz 1 GG garantierten Freiraum also nicht auszuschöpfen, wenn er bloß in die Nähe einer Persönlichkeitsrechtsverletzung gerät. Mit der Geldentschädigung wäre dann ein vom Grundrechtsgebrauch abschreckender Effekt verbunden, der aus Gründen der durch Art. 5 Abs. 3 Satz 1 GG vorbehaltlos garantierten Kunstfreiheit vermieden werden muss.[7] Dies ist von besonderer Bedeutung, weil die Grenze zwischen erlaubter Ausübung der künstlerischen Freiheit und einem verbotenen Eingriff in das Persönlichkeitsrecht – insbesondere auch bei literarischen Werken, bei denen der Autor wie im Streitfall auf Erfahrungen aus dem realen Leben zurückgreift – regelmäßig nur schwer zu bestimmen ist. Ansonsten könnte die im Hinblick auf Art. 5 Abs. 3 Satz 1 GG unerwünschte Folge eintreten, dass „schadensanfällige" Lebensbereiche in Kunstwerken weitgehend ausgeblendet werden oder die Verbreiter, etwa der Verleger, davor zurückschrecken, solche Werke herauszugeben.[8] **Im Allgemeinen wird daher eine Persönlichkeitsrechtsverletzung, die bereits zu einem gegen den Künstler ergangenen Unterlassungsgebot geführt hat, in der Abwägung mit dem Recht der Kunstfreiheit nicht zusätzlich die Zubilligung einer Geldentschädigung rechtfertigen können**.

Das hier gegebene Verbot eines Romans stellt einen besonders starken Eingriff in die Kunstfreiheit dar.[9] Dies gilt auch dann, wenn der diesbezüglich erwirkte Unterlassungstitel nur gegen den Verleger als Verbreiter ergangen ist. Denn der Titel wirkt faktisch auch gegenüber dem Künstler, weil dieser grundsätzlich darauf angewiesen ist, dass sein Verleger den Roman veröffentlicht. Den Verfasser trifft das ausgesprochene Verbot besonders, weil das Verbot eines Romans für den Autor eines literarischen Werks zugleich die Vernichtung seiner Arbeit und der Präsenz in der Öffentlichkeit bedeutet, indem er in Zukunft bei Veröffentlichungen eines neuen Werks nicht mehr an den verbotenen Roman anknüpfen kann.[10] Neben der ideellen Beeinträchtigung wird ihm durch das Verbot auch die wirtschaftliche Verwertung des künstlerischen Schöpfungsakts gänzlich genommen. Angesichts der Tatsache, dass bereits das Verbot faktisch eine schwerwiegende Sanktion gegen den Verlag und den Autor darstellt, kann auch eine schwerwiegende Verletzung des Persönlichkeitsrecht eine Geldentschädigung nur unter ganz besonderen Umständen rechtfertigen, etwa wenn die Kunstform zu einer persönlichen Abrechnung missbraucht wird und ein Kunstwerk allein darauf zielt, den Betroffenen zu beleidigen oder zu verleumden.[11]

[…]

---

6 Vgl. BVerfG Beschluss vom 25. Juni 2009 – 1 BvR 134/03 Rn. 62.
7 Vgl. BVerfG aaO.
8 Vgl. *Fornasier/Frey* AfP 2009, 110, 112.
9 BVerfGE 119, 1, 22.
10 Vgl. *Ladeur* ZUM 2008, 540, 541.
11 Vgl. *Fornasier/Frey* AfP 2009, 110, 112.

Kurzkommentierung

Der BGH hat in der Esra-Entscheidung bei der Abwägung zwischen allgemeinem Persönlichkeitsrecht und der Kunstfreiheitsgarantie zulasten des Verlages und über das gerichtliche Verbreitungsverbot des Romans „ Esra" entschieden. Das BVerfG hat diese Entscheidung bestätigt und ausgeführt, dass ein **Gesamtverbot** des Romans erforderlich ist. Denn es ist nicht Aufgabe des Gerichtes, bestimmte Streichungen oder Abänderungen vorzunehmen, um die **Persönlichkeitsrechtsverletzungen** auszuschließen, da es eine Vielzahl möglicher Varianten gäbe, wie diese Änderungen vorgenommen werden könnten, und der Charakter des Romans durch solche Eingriffe eine erhebliche Veränderung erfahren würde.[12]

Die Ausführungen des BGH zum **Verbreitungsverbot** des Romans sind nicht überzeugend, weil es nicht nur einen schwerwiegenden Eingriff in die Kunstfreiheit des Autors, sondern auch des Verlages bedeutet. Obwohl der BGH das Verbreitungsverbot des Romans als einen besonders starken Eingriff in die Kunstfreiheit ansieht und für den Autor eines literarischen Werks zugleich die Vernichtung seiner Arbeit und der Präsenz in der Öffentlichkeit bedeutet, indem er in Zukunft bei Veröffentlichungen eines neuen Werks nicht mehr an den verbotenen Roman anknüpfen kann, spricht er sich für ein Verbreitungsverbot aus. Interessant ist, dass bei der Abwägung von Grundrechten das Grundrecht zum Schutz des geistigen Eigentums nach Art. 14 Abs. 1GG keine Rolle spielte. Das Verbreitungsverbot hat nicht nur vermögensrechtliche Konsequenzen für den Verlag als Grundrechtsträger, sondern mit dem gerichtlichen Verbot ist auch ein urheberpersönlichkeitsrechtlicher und vermögensrechtlicher Eingriff in das Urheberrecht des Autors vorgenommen worden. Der Verlag wollte mit dem Verkauf des Romans seine damit verbundenen Investitionen ausgleichen. Der Autor wollte, dass sein Roman veröffentlicht wird und dafür eine angemessene Vergütung erhalten. Mit dem Verbreitungsverbot ist beides ausgeschlossen worden. Der BGH weist auf diesen Zusammenhang hin, ohne auf die Bedeutung des Art. 14 Abs. 1 GG näher einzugehen. Abgesehen davon, dass die Begründung zur schwerwiegenden Persönlichkeitsrechtsverletzung nicht überzeugt, ist auch die künstlerische Bewertung dessen, was der Romanautor als dichterische Umsetzung der Wirklichkeit geschrieben hat, nicht nachvollziehbar. Im Grunde wird mit der **Erkennbarkeit** die Schwere einer Persönlichkeitsrechtsverletzung begründet. Ebenso ist die Darstellung des Sexuallebens in einem Roman mit der Entscheidung des BGH gleichsam ausgeschlossen worden. Der Autor wird vor die Alternative gestellt, das **Sexualleben** nur mit nicht erkennbaren Personen darzustellen oder überhaupt nicht darauf einzugehen. Da die Darstellung des Intimen auch immer die Gefahr birgt, dass sich Personen der Wirklichkeit wiedererkennen, ist das Verbreitungsverbot des Romans neben den wirtschaftlichen Folgen ein nicht hinnehmbarer Eingriff in die Kunstfreiheitsgarantie und in das Urheberrecht. Mit der Anwendung der **Theorie von der Doppelwirkung** der Kunstfreiheitsgarantie und des Urheberrechts wäre ein anderes Ergebnis möglich gewesen. So wie die Kunstfreiheitsgarantie und das Urheberrecht nicht nur die Gestaltungsfreiheit des Künstlers im **Werk- und Wirkbereich** erfasst,[13] so schützt die Kunstfreiheitsgarantie und das Urheberrecht neben den ideellen vor allem die vermögensrechtlichen Interessen der Künstler. Mit dem gerichtlichen Verbreitungsverbot des Romans ist der Leitgedanke des gesamten Urheberrechts nach § 11 UrhG unberücksichtigt geblieben. Es ist eben ein Unterschied, ob über das Sexualleben in einer Zeitung berichtet wird und dies der Schwerpunkt der **Bild- und Wortberichterstattung** ist oder, ob in einem Roman mit dichterischen Stilmitteln das Intime nur ein Teil des Inhalts und des dramaturgischen Aufbaus sowie der Struktur eines Sprachwerkes ist. Der Roman ist ein **Gesamtkunstwerk** und nur in dieser Beziehung rechtlich zu bewerten. Wird bei einer Gesamtbetrachtung des literarischen Werkes offensichtlich, dass der Autor mit der **Kunstform** eine oder mehrere Personen beleidigen, verleumden oder verächtlich machen will, ist das nicht mehr

12 BVerfG NJW 2008, 39, 44 – Esra.
13 BVerfG NJW 2008, 39, 40 – Esra; BVerfG NJW 1971, 1645 – Mephisto.

von der Kunstfreiheit gedeckt.[14] Insofern ist es nicht überzeugend, wenn der BGH auf der einen Seite keine persönliche Abrechnung des Autors mit der Person im Roman erkennt, aber auf der anderen Seite den Vorwurf einer fahrlässigen Grenzziehung zwischen dem Persönlichkeitsrecht und der Kunstfreiheitsgarantie macht. Ein staatlich auferlegtes Verbreitungsverbot ist dann unverhältnismäßig, wenn es den Urheber in seiner künstlerischen Gestaltungsfreiheit einschränkt. Das Gleiche gilt für ein begrenztes Publikationsverbot, wenn es den Bürger für eine gewisse Zeit aufgrund politischer Überzeugungen von der Teilhabe am Prozess der öffentlichen Meinungsbildung ausschließt.[15]

Literatur

Wandtke/*Wandtke* Urheberrecht 1. Kap. Rn. 68 f.

14 BVerfG NJW 1971, 1645, 1652 – Mephisto.
15 BVerfG ZUM-RD 2011, 205, 207.

XIV. Internationales Urheberrecht

1. Inländerbehandlung und Diskriminierungsverbot

BGH Urteil vom 23.4.1998, I ZR 205/95 – Bruce Springsteen and his Band
RzU BGHZ Nr. 461
GRUR 1999, 49

§ 75 Abs. 1 UrhG a.F.
§ 78 UrhG a.F.
§ 80 Abs. 2 UrhG a.F.
§ 97 Abs. 1 UrhG a.F.
§ 101 a UrhG a.F.
§ 125 Abs. 5 UrhG
§ 125 Abs. 6 UrhG
Art 4 Buchst c KunstSchAbk,
Art. 6 KunstSchAbk,
Art. 6 Abs. 1 EGVtr, a.F.
Art. 177 EGVtr, a.F.
Art. 7 Abs. 1 EWGVtr a.F.

Leitsätze

1. Der ausübende Künstler, der die aus dem Leistungsschutzrecht fließenden Befugnisse an einen Dritten abgetreten hat, ist gleichwohl berechtigt, einen Verletzer auf Unterlassung und gegebenenfalls Schadensersatz in Anspruch zu nehmen.
2. Die Inländerbehandlung des ausübenden Künstlers nach Art. 4 Buchst. c des Rom-Abkommens bezieht sich auf die Weiterverwendung einer Darbietung, die in einer nach Art. 6 des Abkommens geschützten Sendung ausgestrahlt worden ist.
3. Zur Frage, ab wann der Hersteller eines Tonträgers schuldhaft handelt, der eine Darbietung im Vertrauen auf eine Schutzrechtslücke ohne Zustimmung des ausübenden Künstlers vervielfältigt und verbreitet hat, wenn das Bestehen der Schutzrechtslücke in Fachkreisen streitig geworden ist und der Bundesgerichtshof zur Klärung ein Vorabentscheidungsersuchen an den Gerichtshof der Europäischen Gemeinschaften gerichtet hat.[1]

Sachverhalt

Der Kl. zu 1) ist britischer Staatsangehöriger und war Leadgitarrist der Begleitband, die den US-amerikanischen Künstler und Sänger Bruce Springsteen während seiner Welttournee begleiteten. Im Rahmen dieser Welttournee gastierten die Künstler am 5.6.1992 in Los Angeles und gaben dort ein Konzert, welches „live" von einigen Hörfunksendern übertragen wurde. Darunter waren u.a. ein Sender aus Los Angeles, sowie Rundfunksender in Argentinien, Brasilien, Österreich, Paraguay und Uruguay.

Im November 1992 veröffentlichte die Bekl. zu 1), deren Geschäftsführer der Bekl. zu 2) ist, in Deutschland eine CD mit dem Titel „Bruce Springsteen – LIVE LOS ANGELES June 5 th, 1992". Diese CD enthielt mitgeschnittene Aufnahmen des Konzerts vom 5.6.1992.

Bei der Kl. zu 2) handelt es sich um die deutsche Tochtergesellschaft der S. International.

---

1 Ergänzung BGH 1997-12-18, I ZR 79/95, GRUR 1998, 568 – Beatles-Doppel-CD.

Entscheidungsgründe

[…] III. […] 2. […] a) […]

bb) […] **Nach dem Rom-Abkommen gelangen ausübende Künstler in erster Linie dann in den Genuss der Inländerbehandlung, wenn ihre Darbietung in einem Vertragsstaat stattgefunden hat.**[2] **Darüber hinaus ist den ausübenden Künstlern immer dann Inländerbehandlung zu gewähren, wenn die Darbietung auf einem Tonträger festgelegt oder durch eine Sendung ausgestrahlt worden ist, für die der Tonträgerhersteller Schutz nach Art. 5 bzw. das Sendeunternehmen Schutz nach Art. 6 des Abkommens beanspruchen kann (Art. 4 lit. b und c des Abkommens).** Zweck dieser Regelung ist es, ein System zu schaffen, „dem zufolge eine auf Tonträger festgelegte Darbietung immer geschützt ist, wenn der Hersteller des Tonträgers Schutz genießt, und dem zufolge eine ausgestrahlte Darbietung (mit Ausnahme der auf einen Tonträger festgelegten) immer geschützt wird, wenn das die Sendung gestaltende Sendeunternehmen Schutz genießt“.[3] Mit dieser Regelung wird erreicht, dass Tonträgerhersteller oder Sendeunternehmen, deren Leistung nach dem Rom-Abkommen geschützt ist, nicht besser gestellt sind als die ausübenden Künstler, deren Darbietungen auf den geschützten Tonträgern festgehalten oder durch die geschützte Sendung ausgestrahlt worden sind. Vielmehr genießen die ausübenden Künstler in diesem Fall auch für Darbietungen Schutz, die nicht in einem Vertragsstaat stattgefunden haben. Durch den Verweis auf die geschützte Leistung der Tonträgerhersteller oder der Sendeunternehmen wird dabei deutlich, dass es sich insoweit – anders als beispielsweise bei der Anknüpfung an den Ort der ersten Veröffentlichung eines Werkes in Art. 3 Abs. 1 lit. b RBÜ – um einen abhängigen Schutz handelt, der sich lediglich auf Nutzungen bezieht, hinsichtlich deren der Tonträgerhersteller oder das Sendeunternehmen ebenfalls Ansprüche geltend machen könnten.[4] **Durch die Inländerbehandlung der ausübenden Künstler wird in diesen Fällen vermieden, dass ein Tonträgerhersteller oder ein Sendeunternehmen Schutz beanspruchen kann, während der ausübende Künstler, dessen künstlerische Leistung auf dem Tonträger festgehalten oder in der Sendung ausgestrahlt worden ist, ohne Schutz bleibt.** Eine ähnliche Anknüpfung des Schutzes der ausübenden Künstler an den Schutz der Tonträgerhersteller und Sendeunternehmen findet sich im übrigen in der fremdenrechtlichen Bestimmung des § 125 Abs. 3 und 4 UrhG: Auch dort wird der an den Schutz der Tonträgerhersteller und Sendeunternehmen anknüpfende Schutz der ausländischen ausübenden Künstler auf die weitere Verwendung der jeweiligen Ton- oder Bildträger bzw. der jeweiligen Funksendung beschränkt.[5]

[…]

Kurzkommentierung

Der BGH hat zu einem bedeutenden Schutzprinzip des Konventionsrechts Stellung bezogen. Neben den Mindestrechten gehört der Grundsatz der Inländerbehandlung zu den tragenden Säulen des Konventionsrechts. Ausländische Urheber oder ausübende Künstler oder andere Rechteinhaber werden für ihre durch die jeweilige Konvention (z. B. RBÜ, TRIPS, WUA) geschützten urheberrechtlich relevanten Leistungen inländischen Urhebern oder ausübenden Künstlern oder andere Rechteinhaber gleichgestellt. Der Grundsatz der Inländerbehandlung für ausübende Künstler ist im Rom-Abkommen in Art. 4 geregelt.

Der BGH betont zu Recht, dass die ausübenden Künstler nach dem Rom-Abkommen in erster Linie dann in den Genuss der Inländerbehandlung gelangen, wenn ihre Darbietung in

---

2 Art. 4 lit. a; vgl. BGH Urt. v. 20.11.1986 – I ZR 188/84, GRUR 1987, 814, 815 – Die Zauberflöte; BGHZ 121, 319, 324 – The Doors.

3 Bericht des Generalberichterstatters *Kaminstein* UFITA 40 (1963), 99, 109.

4 So bereits OLG Frankfurt GRUR Int. 1993, 702; ferner *Hertin* GRUR 1991, 722, 723 f.; *Th. Braun* GRUR Int. 1996, 790, 792; aA *v. Rauscher auf Weeg*, Festschrift Kreile, 1994, S. 537, 554.

5 Vgl. Schricker/*Katzenberger* Urheberrecht, § 125 UrhG Rn. 8 f.

einem Vertragsstaat stattgefunden hat. Darüber hinaus ist den ausübenden Künstlern immer dann Inländerbehandlung zu gewähren, wenn die Darbietung auf einem Tonträger festgelegt oder durch eine Sendung ausgestrahlt worden ist, für die der Tonträgerhersteller Schutz nach Art. 5 bzw. das Sendeunternehmen Schutz nach Art. 6 des Abkommens beanspruchen kann (Art. 4 lit. b und c des Abkommens). Zweck dieser Regelung ist es, ein System zu schaffen, „dem zufolge eine auf Tonträger festgelegte Darbietung immer geschützt ist, wenn der Hersteller des Tonträgers Schutz genießt, und dem zufolge eine ausgestrahlte Darbietung (mit Ausnahme der auf einen Tonträger festgelegten) immer geschützt wird, wenn das die Sendung gestaltende Sendeunternehmen Schutz genießt". Mit dieser Regelung wird nach Auffassung des BGH erreicht, dass Tonträgerhersteller oder Sendeunternehmen, deren Leistung nach dem Rom-Abkommen geschützt ist, nicht besser gestellt sind als die ausübenden Künstler, deren Darbietungen auf den geschützten Tonträgern festgehalten oder durch die geschützte Sendung ausgestrahlt worden sind. Vielmehr genießen die ausübenden Künstler in diesem Fall auch für Darbietungen Schutz, die nicht in einem Vertragsstaat stattgefunden haben. Durch den Verweis auf die geschützte Leistung der Tonträgerhersteller oder der Sendeunternehmen wird dabei deutlich, dass es sich insoweit – anders als bspw. bei der Anknüpfung an den Ort der ersten Veröffentlichung eines Werkes in Art. 3 Abs. 1 lit. b RBÜ – um einen abhängigen Schutz handelt, der sich lediglich auf Nutzungen bezieht, hinsichtlich deren der Tonträgerhersteller oder das Sendeunternehmen ebenfalls Ansprüche geltend machen könnten.

Durch den Grundsatz der Inländerbehandlung der ausübenden Künstler wird in diesen Fällen vermieden, dass ein Tonträgerhersteller oder ein Sendeunternehmen Schutz beanspruchen kann, während der ausübende Künstler, dessen künstlerische Leistung auf dem Tonträger festgehalten oder in der Sendung ausgestrahlt worden ist, ohne Schutz bleibt. Im Urheberrechtsgesetz gibt es eine ähnliche Anknüpfung des Schutzes der ausübenden Künstler an den Schutz der Tonträgerhersteller und Sendeunternehmen. Er findet sich in der fremdenrechtlichen Vorschrift des § 125 Abs. 3 und 4 UrhG: Auch dort wird der an den Schutz der Tonträgerhersteller und Sendeunternehmen anknüpfende Schutz der ausländischen ausübenden Künstler auf die weitere Verwendung der jeweiligen Ton- oder Bildträger bzw. der jeweiligen Funksendung beschränkt.

Der Grundsatz der Inländerbehandlung in der Europäischen Union, die der englische Gitarrist in dem Rechtsstreit beanspruchen kann, ist vom BGH bestätigt worden.

So stellt es einen Verstoß gegen das **Diskriminierungsverbot** (jetzt nach Art. 18 AEUV) dar, wenn ein Mitgliedstaat einen Urheber oder einen ausübenden Künstler eines anderen Mitgliedstaates von einem Verbreitungsrecht ausschließt, das er inländischen oder ausübenden Künstlern gewährt.[6]

Literatur

Wandtke/*Dietz* Urheberrecht 13. Kap. Rn. 34.

2. Ordre public

BGH Urteil vom 29.3.2001, I ZR 182/98 – Lepo Sumera
BGHZ 147, 178
GRUR 2001, 1134

Art. 6 EGBGB 1986
§ 121 Abs. 4 UrhG
Art. 18 RBÜ (Pariser Fassung)

---

6 EuGH ZUM 2002, 631 – Schutzdauer des Urheberrechts.

Leitsätze

1. Während der Geltung des staatlichen Außenhandelsmonopols in der Sowjetunion konnte die staatliche Agentur VAAP – nach deutschem Recht wirksam – Nutzungsrechte an den Werken sowjetischer Urheber einräumen. Der Wirksamkeit eines entsprechenden Musikverlagsvertrags steht der deutsche ordre public auch nach Abschaffung des Außenhandelsmonopols in der Sowjetunion und nach der Auflösung der UdSSR nicht entgegen.
2. Ein nicht mehr vom sowjetischen Außenhandelsmonopol betroffener Urheber (hier ein estnischer Komponist nach dem Wiedererlangen der Unabhängigkeit Estlands) kann jedoch berechtigt sein, den von der Agentur über seine Werke geschlossenen Verlagsvertrag aus wichtigem Grund zu kündigen.
3. Die Werke estnischer Urheber waren während der Zugehörigkeit Estlands zur UdSSR in Deutschland nach § 121 Abs. 4 S. 1 UrhG i.V.m. Art. II Abs. 2 des Welturheberrechtsabkommens geschützt. Der durch das Ausscheiden Estlands aus der Sowjetunion und die damit verbundene Beendigung der Mitgliedschaft im Welturheberrechtsabkommen unterbrochene Schutz ist jedoch 1994 durch den Beitritt Estlands zur Revidierten Berner Übereinkunft wieder aufgelebt (Art. 18 Abs. 1 und 4 RBÜ).

Sachverhalt

Kl. sind die Erben des am 2.6.2000 verstorbenen estnischen Komponisten Lepo Sumera. Die Bekl. ist Musikverlegerin und Mitglied der GEMA.

Streit besteht zwischen den Parteien darüber, ob der Bekl. Verlagsrechte an neun Kompositionen des Kl. zustehen. Diese Kompositionen wurden von dem Komponisten noch zur Zeit der bestehenden Sowjetunion und der Zugehörigkeit der Estnischen SSR zur UdSSR geschaffen. Die Bekl. ist der Ansicht, dass ihr die Nutzungsrechte aufgrund eines am 24.11.1978 mit der „Allunion-Agentur für Urheberrechte (VAAP)“ geschlossenen Generalvertrages zustehen. Durch diese staatlich sowjetische Urheberrechtsorganisation nahm die Sowjetunion das damals bestehende Außenhandelsmonopol wahr. Nutzungsrechte für Werke von sowjetischen Urhebern konnten im Ausland nur über bzw. von der VAAP erworben werden. Die VAAP wurde im Jahre 1991 nach dem Zerfall der Sowjetunion liquidiert, wobei an ihre Stelle zunächst die Russische Agentur für Geistiges Eigentum (RAIS) trat und ab dem Jahre 1993 die Russische Urhebergesellschaft (RAO), die als Verwertungsgesellschaft aufgrund eines Vertrages, die Rechte der Angehörigen der verstorbenen Urheber wahrnimmt.

Der Kl. hat mit den Nachfolgeorganisationen der VAAP keine Verträge geschlossen.

Der Bekl. wurde in dem Generalvertrag die Option eingeräumt die Musik- und musikdramatische Werke „sowjetischer und russischer Autoren“ für die Bundesrepublik Deutschland einschließlich West-Berlin, sowie zwölf weitere Länder in Vertrag zu nehmen. Für weitere Lände behielt sich die VAAP allerdings vor, jeweils gesonderte Verlagsverträge mit dort ansässigen Verlagen abzuschließen.

Die Kl. ist der Ansicht, dass der Bekl. keine Verlagsrechte an den Kompositionen mehr zustünden, da die sowjetischen Urheber zwangsweise von der VAAP vertreten wurden und mit der Auflösung der VAAP auch der Generalvertrag entfallen sei.

Entscheidungsgründe

II. […] 1. […] d) […] bb) […]

(3) […] Der von der Revision angeführte Grundsatz, wonach bei Prüfung des ordre-public-Vorbehalts regelmäßig auf den Zeitpunkt der Entscheidung abzustellen sei,[1] kommt im Streitfall nicht zur Anwendung. **Für die Frage der Gültigkeit eines Rechtsgeschäfts sind die Vor-**

---

[1] Vgl. BGH Urt. v. 14.12.1988 – IVa ZR 231/87, NJW 1989, 2197, 2199; BGHZ 138, 331, 335, jeweils zu § 328 Abs. 1 Nr. 4 ZPO; MünchKomm/*Sonnenberger* aaO Art. 6 EGBGB Rn. 56 u. 65.

schriften maßgebend, die bei seiner Vornahme gegolten haben.[2] Diese Regel beansprucht auch im Streitfall Gültigkeit. Sie beruht auf der Erwägung, dass es im allgemeinen mit dem Gebot der Rechtssicherheit nicht vereinbar wäre, wenn ein Rechtsgeschäft, das zum Zeitpunkt seines Abschlusses den damals geltenden Vorschriften entsprochen hat, aufgrund einer Änderung der Rechtslage unwirksam würde oder die Unwirksamkeit eines Rechtsgeschäfts nachträglich durch eine Gesetzesänderung geheilt werden könnte. Dies gilt insbesondere, wenn die Gültigkeit eines Verfügungsgeschäfts in Rede steht. Darüber hinaus ist vorliegend noch folgende Besonderheit zu beachten: Solange das sowjetische Außenhandelsmonopol bestand, konnten – abgesehen von der besonderen Fallkonstellation, die der Entscheidung „August Vierzehn"[3] zugrunde lag – entsprechende Rechtsgeschäfte in wirksamer Weise nur mit den zuständigen staatlichen Agenturen geschlossen werden, weil das Abkommen vom 25. April 1958 in Verbindung mit dem Vertragsgesetz vom 17. März 1959[4] die Beachtung des Außenhandelsmonopols bei allen deutsch-sowjetischen Außenhandelsgeschäften zwingend vorschrieb.[5] Die von der Revision vertretene Ansicht hätte unter den gegebenen Umständen zur Folge, dass mit der Abschaffung des sowjetischen Außenhandelsmonopols[6] sämtliche urhebervertragsrechtlichen Beziehungen zwischen Urhebern sowjetischer Staatsangehörigkeit und ausländischen Verlagen oder sonstigen Nutzern in Ermangelung einer gültigen Vertretungs- oder Verfügungsmacht der VAAP von einem Tag auf den anderen unwirksam geworden wären und damit eine Kontinuität der Rechtseinräumung über diesen Zeitpunkt hinweg unmöglich gewesen wäre. Eine solche erzwungene Unterbrechung der Vertragsbeziehungen wäre nicht nur für die Nutzerseite nachteilig gewesen; sie hätte auch nicht im Interesse der betroffenen Urheber gelegen.

g) [...] **Ein wichtiger Grund für die Kündigung eines Dauerschuldverhältnisses liegt vor, wenn dem Schuldner die weitere Erfüllung des Vertrages unter Berücksichtigung aller Umstände und unter Abwägung der beiderseitigen Interessen nicht zugemutet werden kann.**[7] Im Streitfall stellt es durchaus einen gewichtigen Gesichtspunkt dar, dass die Arbeit der Beklagten als Verlegerin der fraglichen Kompositionen offenbar keinerlei Anlass zu Beanstandungen gegeben hat. Ferner ist zu beachten, dass die Beklagte mit einer deutlich längeren Laufzeit des Verlagsvertrags gerechnet und in gewissem Umfang Anfangsinvestitionen getätigt hat, die sich über die gesamte Laufzeit des Verlagsvertrags amortisieren sollten. Auf der anderen Seite steht das besonders gewichtige Interesse des Klägers, selbst darüber entscheiden zu können, wer seine Werke verlegt. Wird dem Urheber in dieser Situation die Möglichkeit verwehrt, sich aus dem von der staatlichen Agentur geschlossenen Verlagsvertrag zu lösen und einen Verleger eigener Wahl und eigenen Vertrauens mit der Ausübung des Verlagsrechts zu betrauen, würde die in der staatlichen Bevormundung liegende Einschränkung der Gestaltungsfreiheit perpetuiert. Schließlich ist auch zu berücksichtigen, dass die Beklagte die für eine außerordentliche Kündigung sprechenden Umstände kannte. Ohne dass ihr in irgendeiner Weise ein Vorwurf zu machen wäre, konnte sie sich darüber im klaren sein, dass es dem Urheber im Falle einer Abschaffung des staatlichen Vermittlungsmonopols nicht verwehrt werden würde, sein Wahlrecht hinsichtlich der Person seines Verlegers auszuüben.

[...]

2 RGZ 55, 36, 39 f.; BGH Urt. v. 2.2.1999 – KZR 51/97, GRUR 1999, 776, 777 = WRP 1999, 542 – Coverdisk, m. w. N.

3 BGHZ 64, 183.

4 BGBl. II S. 221.

5 *Brenscheidt* RIW 1974, 322, 324.

6 Vgl. dazu *Gavrilov* GRUR Int. 1991, 338, 341.

7 St. Rspr.; BGH Urt. v. 20.6.1958 – I ZR 132/57, GRUR 1959, 51, 53 – Subverlagsvertrag; Urt. v. 25.2.1977 – I ZR 67/75, GRUR 1977, 551, 553 – Textdichteranmeldung; Urt. v. 2.10.1981 – I ZR 81/79, GRUR 1982, 41, 43, 45 – Musikverleger III; Urt. v. 10.5.1984 – I ZR 94/82, GRUR 1984, 754, 756 – Gesamtdarstellung rheumatischer Krankheiten; Urt. v. 14.11.1996 – I ZR 201/94, GRUR 1997, 236, 238 – Verlagsverträge.

Kurzkommentierung

Der BGH hatte im Zusammenhang mit dem Ende der Sowjetunion die Frage zu klären, ob deutsches Recht Anwendung findet und welche Rolle herbei der **„ordre public“**-Grundsatz spielt. Mit dem Grundsatz „ordre public“ besteht in Einzelfällen die Möglichkeit, ein materiell ungerechtes Ergebnis, das mit wesentlichen Grundsätzen des deutschen Rechts offensichtlich unvereinbar ist, zu korrigieren. Dies kommt in Art. 6 EGBGB zum Ausdruck. Für vertragliche und außervertragliche Schuldverhältnisse gelten nunmehr die vorrangigen ordre public Regelungen in Rom I bzw. Rom II VO. Der BGH hat die zutreffende Ansicht vertreten, dass der Grundsatz, wonach bei Prüfung des ordre-public-Vorbehalts regelmäßig auf den Zeitpunkt der Entscheidung abzustellen sei, nicht in diesem Rechtsstreit zur Anwendung kommt. Richtig ist die Feststellung, dass für die Frage der Gültigkeit eines Rechtsgeschäfts die Vorschriften maßgebend sind, die bei seiner Vornahme gegolten haben. Dieser Grundsatz beruht auf der Erwägung, dass es im allgemeinen mit dem Gebot der Rechtssicherheit nicht vereinbar wäre, wenn ein Rechtsgeschäft, das zum Zeitpunkt seines Abschlusses den damals geltenden Vorschriften entsprochen hat, aufgrund einer Änderung der Rechtslage unwirksam würde oder die Unwirksamkeit eines Rechtsgeschäfts nachträglich durch eine Gesetzesänderung geheilt werden könnte. Dies gilt insbesondere, wenn die Gültigkeit eines Verfügungsgeschäfts in Rede steht, so der BGH. Hier musste aber eine Besonderheit im Rechtsstreit Berücksichtigung finden. Die Besonderheit bestand darin, dass entsprechende Rechtsgeschäfte nur mit Genehmigung der staatlichen Agentur geschlossen werden konnten. Dieses staatliche Vermittlungsmonopol fiel weg. Vergleichbar ist die Rechtslage in der DDR gewesen. Dies war im Übrigen typisch für die ehemaligen sozialistischen Staaten, dass sie sich eines Vermittlungsmonopols bedienten, z. B. das Büro für Urheberrechte in der DDR.

Der BGH hat in Abwägung der Interessen der Beteiligten zu Recht darauf hingewiesen, dass der deutsche „ordre public“ zum Zeitpunkt der Entscheidung nicht anwendbar ist. Sonst wären die abgeschlossenen Rechtsgeschäfte und Verfügungen unwirksam. Das hätte verheerende Folgen für den Rechtsfrieden. Die Rechtslage wäre unübersichtlich und die Verwerter würden ständig möglichen Schadensersatzansprüchen ausgesetzt sein.

Das Ergebnis der Entscheidung ist nachvollziehbar.

Mit der Auflösung der VAAP sind die Rechte nicht an die Erben zurückgefallen.

Ebenso hat der BGH überzeugend die Kündigung des Nutzungsvertrages aus wichtigem Grund begründet: Es muss die Möglichkeit bestehen, einen einmal wirksam abgeschlossenen Nutzungsvertrag durch die VAAP im Nachhinein aufzulösen. Der Ausschluss einer Kündigung würde die staatliche Bevormundung perpetuieren, so der BGH.

Literatur

Wandtke/Dietz Urheberrecht 13. Kap. Rn. 52.

3. Schutzfristenvergleich

BGH Urteil vom 11.7.1985, I ZR 50/83 – Puccini
BGHZ 95, 229
GRUR 1986, 69

§ 64 UrhG
§ 121 UrhG
§ 129 UrhG
Art. 3 Abs. 4 RBÜ (Pariser Fassung)
Art. 5 Abs. 1, 4 lit. a RBÜ (Pariser Fassung)
Art. 7 Abs. 8 RBÜ (Pariser Fassung)

Leitsätze

1 a. § 121 Abs. 1 UrhG ist auf die vor Inkrafttreten des UrhG 1965 im Inland erschienenen Werke ausländischer Staatsangehöriger nicht anwendbar.

2. Zum Begriff des Ursprungslandes im Sinne von Art. 5 Abs. 4 Buchst. a RBÜ (Fassung Paris).

Sachverhalt

Die Kl. ist ein Bühnen- und Musikverlag, der im Jahre 1896 die zeitlich und örtlich unbeschränkten Nutzungsrechte an der Oper „Tosca" des italienischen Komponisten Giacomo Puccini erworben hat. Sie hatte mit der Bayrischen Staatsoper des Bekl. einen Bühnenaufführungsvertrag über vorgenannte Oper geschlossen, der im Dezember 1980 endete.

Die Parteien streiten sich darüber, ob das Urheberrecht an der Oper des im Jahre 1924 verstorbenen Komponisten in der Bundesrepublik Deutschland nach Art. 7 Abs. 8 RBÜ aufgrund des Schutzfristvergleichs unter Zugrundelegung der 56-jährigen Schutzfrist nach italienischem Recht – so der Beklagte – am 31.12.1980 erloschen ist oder ob es gemäß § 121 Abs. 1 UrhG unter Heranziehung der 70-jährigen Schutzfrist nach inländischem Urheberrecht – so die Kl. – noch bis zum 31.12.1994 fortbesteht.

Entscheidungsgründe

[…] II. […]

Das Berufungsgericht ist zutreffend und von der Revision unbeanstandet davon ausgegangen, daß **sich die Schutzdauer der Werke ausländischer Staatsangehöriger in der Bundesrepublik Deutschland grundsätzlich sowohl aus dem nationalen Fremdenrecht (§ 121 Abs. 1 UrhG) als auch aus dem Konventionsrecht (RBÜ) ergeben kann. Der Schutz nach dem UrhG und der RBÜ steht regelmäßig unabhängig und selbständig nebeneinander.**[1] Dies folgt aus der systematischen Stellung und der Fassung der Absätze 1–3 des § 121 UrhG einerseits und des Absatzes 4 des § 121 UrhG, wonach ausländische Staatsangehörige „im übrigen" den urheberrechtlichen Schutz nach dem Inhalt der Staatsverträge genießen, andererseits.

1. […] b) […]

bb) Bereits der Wortlaut des § 121 Abs. 1 UrhG spricht dafür, daß ausländische Staatsangehörige Schutz nach dem UrhG 1965 nur „für ihre im Geltungsbereich dieses Gesetzes erschienenen Werke" genießen sollen; das bedeutet, daß es bei den vor Inkrafttreten des UrhG 1965 erschienenen Werken bei der früheren Rechtslage sein Bewenden hat.[2] Hätte der Gesetzgeber des UrhG 1965 auch das frühere Erscheinen – insbesondere das im Gebiet des früheren Deutschen Reiches – erfassen wollen, so hätte er dies auch zum Ausdruck gebracht. Für einen solchen gesetzgeberischen Willen lassen sich aber weder dem Gesetzeswortlaut noch den Materialien zur Reform des Urheberrechtsgesetzes Anhaltspunkte entnehmen.[3] Vielmehr ist im Regelfall davon auszugehen, daß sich ein abgeschlossener Sachverhalt – nämlich die Entstehung des Rechts – auch nach dem damals maßgebenden Rechtszustand bemißt. Eine Rückwirkung der Neuregelung der Voraussetzungen für die Entstehung des Urheberrechts im Inland scheidet für bereits erwachsene Rechte grundsätzlich aus. **Die Revision verkennt insoweit, daß es sich bei § 121 Abs. 1 UrhG nicht um eine Beweiserleichterungsregelung handelt, sondern um eine Norm des nationalen Fremdenrechts, die die Entstehung des Urheber-**

---

1 Ebenso *Flechsig* GRUR Int. 1981, 760 f. m. w. N.; *E. Ulmer* GRUR Int. 1983, 109 f; vgl. auch BGHZ 64, 183, 186 – August Vierzehn; a. A. *von Rauscher auf Weeg* Ufita 1982, Band 92, S. 1 ff.

2 Ebenso *Flechsig* GRUR Int. 1981, 760, 763; *Möhring-Nicolini* Urheberrechtsgesetz, 1970, § 121 Anm. 4 a; *E. Ulmer* GRUR Int. 1983, 109, 110.

3 Vgl. die in Ufita 1965, Band 45, S. 155 ff. und 240 ff. sowie 1966, Band 46, S. 143 ff. abgedruckte Dokumentation.

rechts (an Werken ausländischer Urheber) regelt; die Entstehung des Rechts im Inland wird vom zusätzlichen Tatbestand des gleichzeitigen Erscheinens des Werkes innerhalb von 30 Tagen im Geltungsbereich des Urheberrechtsgesetzes abhängig gemacht. Die Regelung wirkt damit rechtsbegründend. Ihre Anwendung auf Sachverhalte, die vor dem Inkrafttreten des Urheberrechtsgesetzes liegen, würde bedeuten, älteren Werken einen originären Urheberrechtsschutz aufgrund des nationalen Fremdenrechts zu verschaffen, der bis zum 1. Januar 1966 nicht bestand. Eine derartige Rückwirkung begegnet auch im Blick auf die Interessenlage inländischer Verwerter ausländischer Werke Bedenken. […]

2. […] b) […]

aa) […] **Als Ursprungsland gilt danach gemäß Art. 5 Abs. 4 lit. a RBÜ (Paris) für die zum ersten Mal in einem Verbandsland veröffentlichten Werke dieses Landes; handelt es sich jedoch um Werke, die gleichzeitig in mehreren Verbandsländern mit verschiedener Schutzdauer veröffentlicht wurden, das Land, dessen innerstaatliche Rechtsvorschriften die kürzeste Schutzdauer gewähren.** […]

bb) […] **Nach Art. 3 Abs. 4 RBÜ (Paris) gilt als gleichzeitig veröffentlicht jedes Werk, das innerhalb von 30 Tagen seit der ersten Veröffentlichung in zwei oder mehr Ländern erschienen ist.**

[…]

Kurzkommentierung

Der BGH musste entscheiden, ob das Urheberrecht an der Oper „Tosca" des am 29.11.1924 verstorbenen Komponisten Puccini am 31.12.1980 in der BRD nach Art. 7 RBÜ aufgrund des Schutzfristenvergleichs erloschen ist. Nach dem italienischen Recht bestand eine 56-jährige Schutzfrist p.m.a. Der BGH ist der Ansicht, dass sich die Schutzdauer der Werke der ausländischen Staatsangehörigen in der BRD grundsätzlich sowohl aus dem nationalen **Fremdenrecht** (§ 121 Abs. 1 UrhG) als auch aus dem **Konventionsrecht** (RBÜ) ergeben kann. Aus der systematischen Stellung und der Fassung des § 121 UrhG steht der Schutz aus dem UrhG und der RBÜ unabhängig und selbstständig nebeneinander. Da sich die Anwendung der 70-jährigen Schutzfrist (§ 64 UrhG) nicht aus dem nationalen Urheberrecht herleiten lässt, sondern aus dem Konventionsrecht, konnte ein Schutz nicht gewährt werden. Der BGH ist der zutreffenden Ansicht, dass der Schutz nach der RBÜ (Rom) zu entscheiden war. Denn nach Art. 7 Abs. 2 RBÜ (Rom) i. V. m. den §§ 29, 34 LUG endete der Schutz in Deutschland damals 50 Jahren nach dem Tode des Urhebers (p. m. a.). Im Rahmen des Schutzfristenvergleichs kommt der BGH zum Ergebnis, dass sich die Dauer des Urheberrechtsschutzes nach dem Gesetz des Landes richtet, in dem Schutz beansprucht wird. Die Schutzdauer darf aber nicht die im **Ursprungsland** des Werkes festgelegte Dauer überschreiten. Da die Oper 1900 erstmals in Italien veröffentlicht wurde, gilt Art. 5 Abs. 4 lit. a **RBÜ** (Paris). Danach war die Schutzfrist eigentlich am 31.12.1980 abgelaufen. Hinsichtlich des Schutzfristenvergleichs in Art. 7 Abs. 8 RBÜ ist eine neue Situation insofern eingetreten, als sich mit der EU-weiten Harmonisierung der **Schutzfristen** durch die RL 93/98/EWG vom 29.10.1993 zum 1.7.1995 zwischen den EU-Mitgliedstaaten der **Schutzfristenvergleich** erledigt hat. Mit der Schutzdauer-RL der EU hätte der BGH anders entschieden. Denn die Schutzdauer-RL der EU enthält eine Schutzfrist von 70 Jahren p. m. a., die für alle Mitgliedstaaten verbindlich ist, wozu auch Italien gehört. Die Schutzdauer-RL 93/98/EWG ist durch die Schutzdauer-RL 2006/116/EG geändert worden, ohne dass eine inhaltliche Änderung der Schutzfristdauer eingetreten ist. Da die der EU angehörigen Urheber und Leistungsschutzberechtigten bereits nach Art. 18 Abs. 1 AEUV völlige **Inländerbehandlung** genießen, besteht kein Druck für die Mitgliedstaaten, dass sie sich durch Staatenverträge binden, die bereits **Mindestrechte** und den Grundsatz der Inländerbehandlung geregelt haben. Im Grunde bedeutet dies, dass der Grundsatz der Inländerbehandlung der RBÜ praktisch mit dem Art. 18 Abs. 1 AEUV übereinstimmt. Die Frist von 50 Jahren p.m.a. nach Art. 7 Abs. 1 der RBÜ gilt für die Mitgliedstaaten der EU nicht.

Literatur
Wandtke/*Dietz* Urheberrecht 13. Kap. Rn. 20.

4. Tonträger aus Drittstaaten

BGH Urteil vom 7.10.2009, I ZR 80/04 – Tonträger aus Drittstaaten II
GRUR Int. 2010, 532

§ 137f UrhG
Schutzdauer-RL Art. 10 Abs. 2

Leitsätze[1]
1. Unternehmen mit Sitz in den USA können zwar grundsätzlich den Schutz gemäß § 126 Abs. 3 UrhG nach dem Genfer Tonträger-Abkommen herleiten. Das gilt aber nicht, wenn die Tonträger vor dem 1.1.1966 festgelegt worden sind. Der Schutz greift erst ab dem 1.1.1966. Denn die Rückwirkung des Genfer Tonträger-Abkommens reicht nicht weiter als der Inlandsschutz. Eine Schutzfrist über den 1.1.1966 hinaus ist aber möglich.
2. Der EuGH hat auf die Vorlagefrage des Senats entschieden, dass die in der Schutzdauer-Richtlinie vorgesehene Schutzfrist gem. Art. 10 Abs. 2 der Richtlinie auch dann Anwendung findet, wenn der betreffende Gegenstand in dem Mitgliedstaat, in dem der Schutz beansprucht wird, zu keiner Zeit geschützt war. Der Grundsatz der richtlinienkonformen Auslegung nationalen Rechts gebietet es, die Bestimmung des § 137f Abs. 2 UrhG auch dann anzuwenden, wenn der vorgesehene Schutz zwar nach dem Urheberrechtsgesetz vor dem 1.7.1995 zu keinem Zeitpunkt, aber nach dem Gesetz eines anderen Mitgliedstaates der EU zum 1.7.1995 noch bestanden hat. Das gilt auch für Tonträger aus Drittstaaten, wie den USA.

Sachverhalt
Die Bekl. vertreibt Tonträger mit Aufnahmen von Darbietungen des Künstlers Bob Dylan. Auf diesen Tonträgern befinden sich Musiktitel, die auf vor dem Jahre 1966 in den USA veröffentlichen Alben enthalten sind.

Die Kl. trägt vor, der amerikanische Tonträgerhersteller habe auch im Inland originäre Tonträgerrechte erworben. Diese Rechte seien auf sie übertragen worden. Die Bekl. verletze die Tonträgerrechte durch Vervielfältigung und Verbreitung der CDs.

Die Bekl. hat dem entgegen gehalten, an den vor 1966 aufgenommenen Alben bestünden keine Rechte eines Tonträgerherstellers.

Entscheidungsgründe
[…]

II. […] 1. […] b) […]

cc) […] **Der Grundsatz der richtlinienkonformen Auslegung nationalen Rechts gebietet es, die Bestimmung des § 137f Abs. 2 UrhG – ungeachtet ihres entgegenstehenden Wortlauts – auch dann anzuwenden, wenn der vorgesehene Schutz zwar nach dem Urheberrechtsgesetz vor dem 1. Juli 1995 zu keinem Zeitpunkt bestanden hat, aber nach dem Gesetz eines anderen Mitgliedstaates der Europäischen Union zum 1. Juli 1995 noch bestanden hat.** Nach der Begründung des Regierungsentwurfs zu § 137f UrhG lässt § 137f Abs. 2 UrhG, der auf Art. 10 Abs. 2 der Richtlinie zurückgeht, den Schutz gemeinfrei gewordener Werke und Leistungen im gesamten Geltungsbereich der Richtlinie wiederaufleben,

---
1 Verf. von Artur-Axel Wandtke.

wenn er nur in einem Mitgliedstaat aufgrund nationalen Rechts am 1. Juli 1995 noch nicht erloschen war.[2] Der Gesetzgeber hat damit in der Gesetzesbegründung ausdrücklich seine Absicht bekundet, eine richtlinienkonforme Regelung zu schaffen. Da diese Annahme fehlerhaft ist, liegt eine verdeckte Regelungslücke im Sinne einer planwidrigen Unvollständigkeit des Gesetzes vor, die im Wege einer richtlinienkonformen Rechtsfortbildung zu schließen ist.[3]

2. […]

Nach Art. 10 Abs. 2 der Schutzdauerrichtlinie finden die in Art. 3 Abs. 2 der Richtlinie vorgesehenen Fristen für den Schutz der Rechte von Tonträgerherstellern auf den betreffenden Gegenstand Anwendung, wenn dieser am 1. Juli 1995 zumindest in einem Mitgliedstaat „auf Grund der Anwendung nationaler Bestimmungen im Bereich des Urheberrechts oder der verwandten Schutzrechte" geschützt war.

Der Gerichtshof der Europäischen Gemeinschaften hat die Vorlagefrage, ob nationale Bestimmungen im Sinne des Art. 10 Abs. 2 der Schutzdauerrichtlinie auch die Bestimmungen der Mitgliedstaaten über den Schutz von Rechtsinhabern sind, die nicht Angehörige eines Mitgliedstaates der Gemeinschaft sind, bejaht. **Er hat entschieden, dass Art. 10 Abs. 2 der Schutzdauerrichtlinie dahin auszulegen ist, dass die in dieser Richtlinie vorgesehenen Schutzfristen Anwendung finden, wenn das betreffende Werk als solches oder der betreffende Gegenstand als solcher am 1. Juli 1995 in zumindest einem Mitgliedstaat gemäß den nationalen Bestimmungen dieses Mitgliedstaats über das Urheberrecht oder verwandte Schutzrechte geschützt war und der Inhaber solcher Schutzrechte an diesem Werk oder Gegenstand, der Drittstaatsangehöriger ist, zu diesem Zeitpunkt den in diesen nationalen Bestimmungen vorgesehenen Schutz genoss.**

[…]

Kurzkommentierung

Die Entscheidung des BGH hat für die Tonträgerindustrie erhebliche wirtschaftliche Bedeutung. Mit der Begründung des BGH über die Schutzbegründung von Werken und Leistungen Nicht-EU-Angehöriger hat sich der wirtschaftliche Spielraum der Tonträgerindustrie erweitert. Der Rechtsstreit betrifft das Wiederaufleben des Schutzes in Deutschland.

Im Anschluss an das Urteil des EuGH,[4] der ebenfalls Art. 10 Abs. 2 der konsolidierten Schutzdauer-RL ausgelegt hat, hat der BGH den § 137f Abs. 2 UrhG in Übereinstimmung mit Art. 10 der konsolidierten Schutzdauer-RL 2006/116/EG interpretiert, dass der Schutz von Tonträgern aus **Drittstaaten** (hier USA) auch dann gilt, wenn der Schutz der Tonträger am Stichtag 1.7.1995 in Deutschland zu keinem Zeitpunkt, aber in einem anderen Mitgliedstaat der EU nach dessen Gesetz noch bestanden hat. Zunächst hat der BGH festgestellt, dass die **Rückwirkung** des Genfer Tonträger-Abkommens nicht weiter reicht als der **Inlandsschutz**, wonach der Schutz der Tonträger erst ab dem 1.1.1966 reicht. Der BGH hat in der Entscheidung den rückwirkenden Schutz über den 1.1.1966 hinaus bejaht. Der Grundsatz der richtlinienkonformen Auslegung nationalen Rechts gebietet es aber, die Vorschrift des § 137f Abs. 2 UrhG – ungeachtet ihres entgegenstehenden Wortlauts – auch dann anzuwenden, wenn der vorgesehene Schutz nach dem deutschen Urheberrechtsgesetz vor dem 1.7.1995 zu keinem Zeitpunkt bestanden hat, aber dafür in einem anderen Mitgliedstaat.

Dem § 137f UrhG steht es auch nicht entgegen, dass der Tonträgerhersteller Angehöriger eines Drittstaates ist, d.h., dass auch Nicht-EU-Angehörige in den Schutzbereich dieser Norm fallen. Die Bedeutung der Auslegung des Art. 10 der konsolidierten **Schutzdauer-Richtlinie** durch den EuGH und den BGH besteht darin, dass die Richtlinie auch denen Schutz gewährt, die nicht Angehörige eines Mitgliedstaates der Gemeinschaft sind. Die Ansicht bezieht sich

2 BT-Drucks. 13/781, S. 117.
3 Vgl. dazu BGHZ 179, 27 Tz. 19ff.
4 EuGH GRUR 2009, 404 – Sony/Falcon.

nicht nur auf das **Leistungsschutzrecht** der Tonträgerhersteller, sondern auch auf den urheberrechtlichen **Werkschutz.**

Literatur

Wandtke/*Wandtke* Urheberrecht 7. Kap. Rn. 48.

XV. Auswahl höchstrichterlicher Entscheidungen zum Urheberrecht

Entscheidungen des Bundesverfassungsgerichts (BVerfG)

BVerfG ZUM-RD 2011, 205 – Publikationsverbot

Die Verfassungsbeschwerde betrifft eine im Rahmen der Führungsaufsicht erteilte Weisung, wonach dem Beschwerdeführer für die Dauer von fünf Jahren ein Publikationsverbot auferlegt wurde. Das BVerfG hält das vom OLG angewiesene Verbot für unverhältnismäßig.

BVerfG ZUM 2011, 236 – Sendeunternehmen

Das BVerfG hat die Entscheidung des BGH bestätigt, dass Sendeunternehmen keinen Anspruch auf eine Geräte- und Speichermedienabgabe nach § 87 Abs. 4 UrhG haben. Es ist der Auffassung, dass der BGH in vertretbarer Weise argumentiert. Ein Verstoß des deutschen Gesetzgebers gegen Art. 5 Abs. 2 lit b der RL 2001/29/EG sieht das BVerfG nicht.

BVerfG GRUR 2011, 255 – Carolines Tochter

Das BVerfG weist darauf hin, dass der Schutz des allgemeinen Persönlichkeitsrechts hinsichtlich der Veröffentlichung von Bildern und der Wortberichterstattung unterschiedlich weit reicht. So ist bei einer Veröffentlichung eines Bildnisses von einer Person eine rechtfertigungsbedürftige Beschränkung erforderlich, unabhängig davon, ob die Person in privaten oder öffentlichen Zusammenhängen und in vorteilhafter oder unvorteilhafter Weise abgebildet ist. Bei personenbezogenen Wortberichterstattungen ist dies nicht ohne Weiteres der Fall.

BVerfG GRUR 2011, 227 – Kopierstationen

Anders als in der PC-Entscheidung vertritt das BVerfG die Auffassung, dass die Urheber nicht an der angemessenen Verwertung ihres Urheberrechts gehindert werden, weil die Laufwerke und die DVDs bereits mit einer Abgabe belegt sind. § 54a UrhG a. F. ist nicht verletzt. Kopierstationen sind Geräte, mit denen ohne Verwendung eines PCs Daten von CDs, CD-ROMs oder DVDs kopiert werden können, so das BVerfG.

BVerfG GRUR 2011, 225 – PC

Das BVerfG hat die Sache an den BGH zurückverwiesen. Die Entscheidung ist von grundsätzlicher Bedeutung, weil das BVerfG auch nach der alten Rechtslage nach § 54a UrhG a. F. einen gesetzlichen Vergütungsanspruch bejaht, weil der PC ein Gerät ist, welches eine digitale Vervielfältigung auf dem Arbeitsspeicher ermöglicht. Dem BGH wird im Rahmen der Prüfung einer Vorlagepflicht nach Art. 267 Abs. 3 AEUV auferlegt, eine an Art. 14 Abs. 1 S. 1 GG orientierte Auslegung des § 54a UrhG a. F. zu erwägen.

BVerfG GRUR Int. 2011, 72 – Drucker und Plotter II; GRUR 2010, 999 – Drucker und Plotter

In beiden Entscheidungen hat das BVerfG darauf hingewiesen, dass der Vergütungspflicht nicht nur die Vervielfältigungen von analogen, sondern auch von digitalen Vorlagen unterfallen. Das BVerfG sieht im Unterschied zum BGH sehr wohl in den Druckern und Plottern vergütungspflichtige Vervielfältigungsgeräte i. S. d. § 54a Abs. 1 UrhG a. F. Bedeutsam ist die Feststellung des BVerfG, dass der Annahme des BGH erhebliche verfassungsrechtliche Bedenken begegnen, wonach die Einwilligung in die Vervielfältigung im Internet mit einem Verzicht auf den Vergütungsanspruch verbunden sein soll.

BVerfG ZUM 2010, 694 – Kartenausschnitt

Ob das Hochladen eines nicht lizenzierten Kartenausschnitts auf einem Homepage-Server unter den Begriff des öffentlichen Zugänglichmachens nach § 19a UrhG fällt oder nicht, ist nach

Auffassung des BVerfG eine entscheidungserhebliche Rechtsfrage von allgemeiner Bedeutung. Ein Grundrechtsverstoß liegt dann vor, wenn ein Instanzengericht ein Rechtsmittel nicht zulässt, um die bedeutende Rechtsfrage zu klären.

BVerfG GRUR 2010, 416 – Fotoarchiv
Die Verfassungsbeschwerde bezieht sich auf die Abmahnvorgänge in der Praxis. Das BVerfG kommt zum Ergebnis, dass die Neuregelung in § 97a Abs. 2 UrhG nach dem Grundsatz der Subsidiarität keinen Grundrechtsverstoß darstellt. Das vom Gesetzgeber verfolgte Konzept ist auf die Tauglichkeit und Angemessenheit zu beobachten.

BVerfG GRUR 2010, 332 – Filmurheberrecht
Das BVerfG hat sich mit der Neuregelung der §§ 31a, 32c, 89, 1371 UrhG auseinandergesetzt. Es hat aufgrund der Subsidiarität die Frage offen gelassen, ob die fehlende Widerrufsmöglichkeit für Filmurheber ein Verfassungsverstoß sei.

BVerfG GRUR 2010, 56 – Digitale Privatkopien
Das BVerfG hat ausdrücklich darauf hingewiesen, dass nach § 53 Abs. 1 UrhG. einzelne Vervielfältigungen eines Werkes durch eine natürliche Person auch auf digitalen Trägern zulässig sind, soweit sie nicht Erwerbszwecken dienen. Inwieweit der Gesetzgeber private Digitalkopien in einer neuen Novelle einzuschränken gedenkt, bleibt abzuwarten.

BVerfG GRUR-RR 2009, 375 – Fiktive Lizenzgebühr
Die Verfassungsbeschwerde betraf den zivilrechtlichen Schadensersatz im Zusammenhang mit dem Bildnisschutz. Das BVerfG bestätigte die Berechnungsmethode der fiktiven Lizenzgebühr im Rahmen einer Werbung. Der „Werbewert" einer prominenten Person kann für die Bemessung der fiktiven Lizenzgebühr berücksichtigt werden. Die Höhe eines Schadens liegt im Ermessen des Gerichts nach § 287 Abs. 1 S. 2 ZPO. Die fiktive Lizenzgebühr wird in Analogie zur Höhe der angemessenen Vergütung bestimmt, die im Falle eines Vertragsschlusses (ex ante) zu den üblichen Bedingungen zu zahlen gewesen wäre. Das gilt auch für die Feststellung des Wertersatzes nach § 818 Abs. 2 BGB im Wege der Lizenzanalogie.

BVerfG GRUR 2008, 539 – Caroline von Hannover
Das BVerfG nimmt zu grundlegenden Fragen des Bildnisschutzes und der Pressefreiheit Stellung. Dabei spielt das Schutzkonzept des BGH nach den §§ 22, 23 KUG und die Abwägung zwischen dem berechtigten Interesse des Abgebildeten und dem Informationsinteresse der Öffentlichkeit eine Rolle.

BVerfG GRUR-RR 2008, 377 – Lohnkopierbetrieb
Das Betreten von Geschäftsräumen zum Zwecke der Kontrolle und Erfassung der von ihr bereitgehaltenen Vervielfältungsgeräte – zu den üblichen Betriebs- und Geschäftszeiten – ist im Rahmen des § 54g UrhG erlaubt. Der Zutritt zu den Geschäfträumen verstößt nicht gegen Art. 13 Abs. 1 GG. Eine Kontrollmöglichkeit der Mitarbeiter einer Verwertungsgesellschaft zur Erfassung der Anzahl und der Typenbezeichnung der Fotokopiergräte in den Geschäftsräumen wurde bereits im Jahre 2000 durch das BVerfG bejaht (BVerfG NJW-RR 2000, 1589).

BVerfG NJW 2008, 39 – Esra
Das BVerfG kommt im Rahmen der Prüfung der Grenzen der Kunstfreiheit zum Ergebnis, dass ein Verbreitungsverbot eines Romans wegen Verletzung des allgemeinen Persönlichkeitsrechts möglich ist. Je stärker das Abbild mit dem Urbild der Wirklichkeit übereinstimmt, desto schwerer wiegt die Beeinträchtigung des Persönlichkeitsrechts. Deshalb wird eine Fiktionalität eines literarischen Textes verlangt, vor allem dann, wenn in demselben das Intimleben lebender und bekannter Personen offenbart wird.

BVerfG GRUR 2007, 1064 – Kopierschutzumgehung

Das BVerfG hat sich mit der Frage des Verhältnisses von Privatkopien und § 95a UrhG auseinandergesetzt. Zutreffend führt es aus, dass Selbsthilfemaßnahmen zur Umgehung eines etwaigen Kopierschutzes nunmehr auch dann rechtswidrig sind, wenn sie dazu dienen, von der Erlaubnis des § 53 Abs. 1 UrhG Gebrauch zu machen.

BVerfG GRUR 2006, 410 – Nachhaftung des Verlegers

Das BVerfG ist auf den haftungsrechtlichen Grundsatz eingegangen, wonach die zivilrechtliche Nachhaftung des Verlegers nach Veräußerung seines Verlages verfassungsrechtlich nicht zu beanstanden ist. Die in einem Verlagsvertrag enthaltenen Verpflichtungen bestehen nach der Veräußerung an einen Dritten unverändert fort.

BVerfG GRUR 2005, 880 – Xavier Naidoo

Das BVerfG nimmt zur Vertragsfreiheit Stellung und führt aus, dass eine einseitige Aufbürdung von vertraglichen Lasten und einer erheblichen ungleichen Verhandlungsposition eines Künstlers deren Selbstbestimmung in eine Fremdbestimmung verkehrt. Zur Wahrung der Grundrechtspositionen im Vertragsrecht sind die zivilrechtlichen Generalklauseln, vor allem die §§ 138, 242, 315 BGB, zu beachten.

BVerfG GRUR 2005, 410 – Laufendes Auge

Das BVerfG bestätigt die Auffassung des BGH, dass zwischen dem Urheberrecht und Geschmacksmusterrecht keine Wesens-, sondern graduelle Unterschiede bestehen. Für den Urheberrechtsschutz wird ein höherer schöpferischer Eigentümlichkeitsgrad verlangt.

BVerfG NJW 2003, 1655 – Lizenzgebühr

Der in § 97 UrhG geregelte Schadensersatzanspruch bei Urheberrechtsverletzungen dient auch dem Schutz des Art. 14 Abs. 1 S. 1 GG. Das BVerfG kommt zum Ergebnis, dass der Schadensersatz in Form der fiktiven Lizenzgebühr nicht davon abhängig ist, ob der Verletzer seinen wirtschaftlichen Erfolg verfehlt oder nicht. Der geringe Umsatz kann nicht zur Begrenzung der fiktiven Lizenzgebühr als Berechnung des Schadensersatzes angeführt werden.

BVerfG GRUR 2001, 499 – Beatles

Das BVerfG erklärt ausdrücklich, dass der Neufassung des § 120 Abs. 2 UrhG keine verfassungswidrige Rückwirkung zukommt. Das Diskriminierungsverbot schließt eine Ungleichbehandlung von Deutschen und EU-Ausländern aus. Das geistige Eigentum fällt in den Anwendungsbereich des EG-Vertrages (jetzt EUV)!

BVerfG GRUR 2001, 149 – Germania 3

Das BVerfG hat im Lichte des Zitatrechts nach § 51 UrhG und der Kunstfreiheit entschieden, dass die zitierenden Stellen über die bloße Belegfunktion hinaus auch als Mittel des künstlerischen Ausdrucks und künstlerischen Gestaltung anzuerkennen sind. Außerdem müssen die Verwerterinteressen im Vergleich zu den Nutzungsinteressen für eine künstlerische Auseinandersetzung zurücktreten. Das ist dann anzunehmen, wenn ein geringfügiger Eingriff in die Urheberrechte ohne Gefahr merklicher wirtschaftlicher Nachteile der künstlerischen Entfaltungsfreiheit gegenüber steht. Der Urheber hat dann Eingriffe hinzunehmen, wenn sein Werk als Anknüpfungspunkt für eine künstlerische Auseinandersetzung dienen kann.

BVerfG GRUR 2001, 48 – Gesetzliche Vermutung

Das BVerfG hat die Vorschrift des § 13b UrhWahrnG und deren Auslegung durch den BGH in Übereinstimmung mit Art. 3 Abs. 1 GG angesehen. Die Vorschrift hat in prozessualer Hinsicht die Darlegungs- und Beweislast zu Gunsten der Verwertungsgesellschaft (VG) und damit notwendigerweise zu Lasten der in Anspruch genommenen Verwerter verändert. Die Aktivlegitimation der VG, die urheberrechtliche Vergütungsansprüche geltend macht, wird vermutet. Diese Besserstellung ist vom Gesetzgeber gewollt, um auch für die VG einen effektiven Rechtsschutz bei der Durchsetzung der urheberrechtlichen Ansprüche im zivilgerichtlichen Verfahren zu gewährleisten.

BVerfG NJW 1999, 2880 – Fall Holst

Die Presse ist nicht vorbehaltlos gewährleistet, so das BVerfG. Sie findet ihre Schranken in den allgemeinen Gesetzen. Dazu gehört § 101a UrhG (a.F.), wonach die Presse auskunftspflichtig ist. Der Auskunftsanspruch hat das Ziel, dem Urheberrechtsinhaber die Aufdeckung von Quellen und Vertriebswegen von schutzrechtsverletzenden Waren zu ermöglichen und damit einer unabhängig von der Handlung des Schädigers fortbestehenden Gefährdung durch das Verhalten anderer begegnen zu können.

BVerfG GRUR 1999, 226 – DIN-Normen

§ 5 UrhG stellt eine verfassungsgemäße Vorschrift von Inhalt und Schranken des Eigentums i.S.d. Art. 14 Abs. 1 S. 1 GG dar. Werke, die im amtlichen Interesse zur allgemeinen Kenntnisnahme veröffentlicht werden, sollen keinen Urheberrechtsschutz genießen, damit eine möglichst weite Verbreitung gesichert ist. Die Regelung verfolgt ein Gemeinwohlziel.

BVerfG ZUM 1997, 555 – Bandübernahmeverträge

Berechtigte aus einem Wahrnehmungsvertrag, die teils lediglich als ausübende Künstler, teils aber auch als Produzenten arbeiten, kann nicht verwehrt werden, im Einzelnen der Verwertungsgesellschaft anzugeben und zu belegen, dass sie aus der Tätigkeit als ausübender Künstler höhere Einnahmen als den pauschal bemessenen Anteil an ihren Gesamteinnahmen erzielt haben. Dem steht nicht entgegen, dass beide Tätigkeiten aufgrund eines einheitlichen „Künstler Produzenten-Vertrages" erbracht werden.

BVerfG GRUR 1997, 123 – Kopierladen I; BVerfG GRUR 1997, 124 – Kopierladen II

Das BVerfG bestätigt die Verfassungsmäßigkeit der urheberrechtlichen Betreibervergütung. Dazu gehört auch, dass die Kopierläden verpflichtet sind, der Verwertungsgesellschaft Auskunft über die Art und Anzahl von Kopiergeräten zu geben, um die Inanspruchnahme der Betreibervergütung vorzubereiten. Zweck der Betreibervergütung ist es, den Urheber wirtschaftlich angemessen an der auch qualitativ neuen Nutzung des Fotokopierens zu beteiligen.

BVerfG ZUM 1996, 673 – Unterlassung von Urheberrechtsverstößen

Das BVerfG hat ausgeführt, dass bei Wiederholungsgefahr die gerichtliche Unterlassungsverfügung dem Unternehmen auch regelmäßig zumutbar ist, da der Rechtsverstoß aus der Risikosphäre des Unternehmens stammt (hier ein Mitarbeiter) und der Unternehmer das Risiko weiterer Rechtsverstöße verringern kann.

BVerfG NJW 1992, 1303 – Urheberrechtliche Vergütung

Das BVerfG hat zur Angemessenheit der Vergütungssätze nach der alten Rechtslage entschieden, die in der Anlage des UrhG aufgenommen wurden. Nach damaliger Rechtslage hat das BVerfG die Bemessung der Vergütungssätze durch den Gesetzgeber als angemessenen Ausgleich zwischen den widerstreitenden Interessen von Urhebern, Geräteproduzenten und Werknutzern angesehen.

BVerfG GRUR 1990, 438 – Bob Dylan

Das BVerfG hat ausdrücklich hervorgehoben, dass die verwandten Schutzrechte der ausübenden Künstler, §§ 73ff. UrhG als „Eigentum" i.S.d. Art. 14 Abs. 1 S. 1 GG anerkannt sind.

Außerdem hat es darauf hingewiesen, dass die Eigentumsgarantie und der Gleichheitsgrundsatz nicht der Tatsache widerspricht, dass ausländischen Künstlern für ihre Auslandsdarbietungen Inlandsschutz nur gewährt wird, wenn in einem Abkommen materiell die Gegenseitigkeit verbürgt ist.

BVerfG GRUR 1990, 183 – Vermietungsvorbehalt

Das in § 85 Abs. 1 S. 1 UrhG a.F. den Herstellern von Tonträgern zugeordnete ausschließliche Recht, den Tonträger zu vervielfältigen und zu verbreiten, ist Eigentum i.S.v. Art. 14 Abs. 1 GG. Der Hersteller muss die Vermietung von Tonträgern verbieten können.

BVerfG NJW 1972, 145 – Bearbeiter-Urheberrechte

Das BVerfG hat die Überleitung des fiktiven Bearbeiterurheberrechts der ausübenden Künstler nach dem LUG in das UrhG als verfassungsrechtlich unbedenklich betrachtet.

BVerfG NJW 1971, 2167 – Tonbandvervielfältigung

Nach Auffassung des BVerfG sind nur solche Geräte vergütungspflichtig, die für private Vervielfältigungen technisch geeignet sind. Deshalb wäre es verfassungsrechtlich bedenklich, wenn der Gesetzgeber alle Gerätehersteller mit der Urhebervergütung belasten würde.

BVerfG NJW 1971, 2163 – Schulbuch-Entscheidung

Das BVerfG hat ausdrücklich betont, dass Art. 14 Abs. 1 S. 1 GG die grundsätzliche Zuordnung des wirtschaftlichen Wertes eines geschützten Werkes an den Urheber gebietet. Dies gehört zu den konstituierenden Merkmalen des Urheberrechts als Eigentum im Sinne der Verfassung. Das Interesse der Allgemeinheit an einem ungehinderten Zugang zu den Kulturgütern rechtfertigt es, dass die geschützten Werke nach Ihrem Erscheinen ohne Zustimmung des Urhebers, aber mit einem Vergütungsanspruch, in Sammlungen für den Kirchen-, Schul- und Unterrichtsgebrauch aufgenommen werden dürfen.

Zum gesetzlichen Vergütungsanspruch: BVerfG NJW 1971, 2169 – Schuldfunksendungen; BVerfG GRUR 1980, 44 – Kirchenmusik; BVerfG GRUR 1989, 193 – Vollzugsanstalten; BVerfG NJW 1971, 2165 – Bibliotheksgroschen).

BVerfG NJW 1971, 1645 – Mephisto

Die Entscheidung des BVerfG ist von genereller Bedeutung, weil grundlegende Probleme der Kunstfreiheit behandelt werden. Die Kunstfreiheitsgarantie nach Art. 5 Abs. 3 S. 1 GG betrifft nicht nur die künstlerische Betätigung (Werkbereich), sondern auch die Verbreitung von Kunstwerken (Wirkbereich). Deshalb kann sich auch ein Buchverleger auf die Kunstfreiheit berufen. Der Konflikt zwischen der Kunstfreiheitsgarantie und dem verfassungsrechtlich geschützten Persönlichkeitsrecht, insbesondere Art. 1 Abs. 1 GG, ist nach Maßgabe der grundgesetzlichen Werteordnung zu lösen.

Entscheidungen des Europäischen Gerichtshofes (EuGH) bzw. Gericht erster Instanz der Europäischen Gemeinschaft (EuG)

EuGH Urt. v. 30.6.2011, Az. C-271/10 – VEWA/Belgien

Der EuGH hat in Auslegung des Art. 5 Abs. 1 der Vermiet- und Verleih-RL 92/100/EG entschieden, dass die Höhe der zu entrichtenden Vergütung für das öffentliche Ausleihen von geschützten Werken durch die Verleiheinrichtung auch von der Zahl der Öffentlichkeit zum Gebrauch überlassenen Werke abhängig ist. Größere Verleiheinrichtungen müssten dann eine höhere Vergütung zahlen als kleinere Einrichtungen. Bibliotheken müssen insofern die Urheberrechtsvergütungen nicht nur von der Anzahl der Mitglieder abhängig machen, sondern auch vom Bestand.

EuGH Urt. v. 16.6.2011, Az. C-462/09 – Stichting de Tuiskopie/ Opus Supplies

Art. 5 Abs. 2 Buchst. b und 5 der RL 2001/29 ist nach Auffassung des EuGH dahingehend auszulegen, dass der Endnutzer, der für seinen privaten Gebrauch die Vervielfältigung eines geschützten Werkes vornimmt, grundsätzlich als Schuldner des angemessenen Ausgleichs zu betrachten ist. Den Mitgliedstaaten steht es jedoch frei, eine Vergütung für Privatkopien denjenigen Personen aufzuerlegen, die dem Endnutzer Anlagen, Geräte und Medien zur Vervielfältigung zur Verfügung stellen. Diese Personen haben die Möglichkeit, den Betrag der Vergütung in den vom Endnutzer entrichteten Preis für diese Zurverfügungstellung einfließen zu lassen. Der EuGH hat ausdrücklich darauf hingewiesen, dass der gewerbliche Verkäufer von Vervielfältigungsmedien Vergütungsschuldner sein kann, selbst wenn er in einem anderen Mitgliedstaat (hier Deutschland) als demjenigen ansässig ist, in dem die Käufer wohnen (hier Niederlande). Die Bestimmungen der RL 2001/29 legen dem Mitgliedstaat eine Ergebnispflicht in dem Sinne auf, dass er eine wirksame Erhebung des gerechten Ausgleichs für die Urheber gewährleistet. Es ist Sache des nationalen Gerichts, sein nationales Recht so auszulegen, dass es die Erhebung dieses Ausgleichs bei einem gewerblich handelnden Schuldner ermöglicht.

BGH Urt. v. 1.12.2010, Az. I ZR 196/08 – Zweite Zahnarztmeinung II

Der BGH weist darauf hin, dass die Entnahme unwesentlicher Teile der Datenbank grundsätzlich erlaubt ist. Ein Anteil von 10% des Datenvolumens der gesamten Datenbank erfüllt nicht die Voraussetzungen, die an einen nach dem Umfang wesentlichen Teil der Datenbank i. S. d. § 87b Abs. 1 S. 1 UrhG gestellt werden. Das gilt aber nicht, wenn es zu einer wiederholten und systematischen Vervielfältigung, Verbreitung oder öffentlichen Wiedergabe von nach Art und Umfang unwesentlichen Teilen der Datenbank kommt. Diese Handlung wird der Verwertung eines nach Art oder Umfang wesentlichen Teils der Datenbank gleichgestellt, sofern diese Handlungen einer normalen Auswertung der Datenbank zuwiderlaufen oder die berechtigten Interessen des Datenbankherstellers unzumutbar beeinträchtigen.

EuGH GRUR 2011, 216 – Flos/Semeraro

Die Entscheidung stärkt den Designschutz in Europa. Der EuGH weist darauf hin, dass Art. 17 der RL 98/71/EG über den rechtlichen Schutz von Mustern und Modellen dahingehend auszulegen ist, dass ein kumulativer Schutz sowohl nach dem Geschmacksmusterrecht als auch nach dem Urheberrecht möglich ist. Nach Art.10 der Schutzdauer-RL kann ein Urheberrechtsschutz gemeinfreier Werke wiederaufleben, wenn eine kürzere Schutzdauer in einem Mitgliedsland zur Gemeinfreiheit eines urheberrechtlich geschütztes Musters oder Modells geführt hatte.

EuGH GRUR Int. 2011, 148 – BSA/Kulturministerium

Der EuGH musste entscheiden, ob eine grafische Benutzeroberfläche eine Ausdrucksform eines Computerprogramms i. S. d. Art. 1 Abs. 2 der Richtlinie über den Rechtsschutz von Computerprogrammen 91/250/EG darstellt. Der EuGH ist der Auffassung, dass eine grafische Benutzeroberfläche nicht den urheberrechtlichen Schutz nach der Computer-RL genießen kann. Denkbar ist, dass sie als urheberrechtliches Werk geschützt ist, soweit eine eigene geistige Schöpfung vorliegt. Damit hat sich der EuGH erstmals mit der Richtlinie über den Rechtsschutz von Computerprogrammen beschäftigt. Ebenso hat der EuGH entschieden, dass Bilder der grafischen Benutzeroberfläche, die im Fernsehen ausgestrahlt wurden, nicht als „öffentliche Wiedergabe“ eines urheberrechtlich geschützten Werkes nach der Multimedia-RL 2001/29/EG bewertet werden kann.

EuG GRUR Int. 2011, 63 – Eugehia Montero Padilla/HABM

Das EuG hat zur Frage Stellung bezogen, ob das Urheberrecht an Werken ein im geschäftlichen Verkehr benutztes Kennzeichenrecht sein kann. Das EuG hat dies verneint. Eine Nichtigkeit einer Gemeinschaftsmarke kann erklärt werden, wenn ihre Benutzung aufgrund eines „sonstigen" älteren Rechts, insbesondere eines Urheberrechts, vorliegt. Das Urheberrecht gehört nicht zu den älteren Rechten nach Art. 8 Abs. 4 der VO Nr.40/94.

EuGH GRUR 2011, 50 – Padawan/SGAE

Im Wesentlichen geht es um die Frage, inwieweit im Rahmen des Dreistufentestes ein gerechter Ausgleich nach Art. 5 Abs. 2 Buchst. b der RL 2001/29/EG für digitale Privatkopien gegeben ist. Der Begriff des „gerechten Ausgleichs" ist ein autonomer Begriff des Unionsrechts. Interessant ist, dass der „angemessene Ausgleich" auf der Grundlage des Schadens zu berechnen ist, der den Urhebern infolge der Einführung der Ausnahme für Privatkopien entstanden ist. Ausgeschlossen von der Vergütungspflicht sind solche Anlagen, Geräte und Medien, die „eindeutig zu anderen Zwecken als dem der privaten Vervielfältigung" erworben werden. Es geht in dem Urteil zwar um einen Rechtsstreit in Spanien, aber das Urteil hat auch Bedeutung für das deutsche Urheberrecht, insbesondere hinsichtlich der Träger- und Gerätevergütung in Auslegung des § 54 UrhG. Da im Urteil klargestellt wird, dass bei der Abgabe an natürliche Personen nicht nachgewiesen werden muss, dass diese tatsächlich Privatkopien anfertigen, ist auch nicht anzunehmen, dass Unternehmen von Vervielfältigungsgeräten nicht unter die Vergütungspflicht fallen.

EuGH GRUR 2010, 526 – Fund. Gala-Salvador Dalí

Der EuGH hat zur Umsetzung der Folgerechts-RL 2001/84/EG entschieden. Danach ist Art. 6 Abs. 1 der RL dahin auszulegen ist, dass er nicht einer innerstaatlichen Rechtsvorschrift wie der im Ausgangsverfahren fraglichen entgegensteht, nach der auf Folgerechtsvergütungen unter Ausschluss durch Testament eingesetzter Vermächtnisnehmer allein die gesetzlichen Erben des Künstlers Anspruch haben. Es ist Sache des vorlegenden Gerichts für die Anwendung der innerstaatlichen Rechtsvorschrift, durch die Art. 6 der RL umgesetzt wird, ordnungsgemäß alle einschlägigen Bestimmungen zu berücksichtigen, die Kollisionen von gesetzlichen Regelungen über den für das Folgerecht geltenden Erbfall lösen sollen.

EuG GRUR Int. 2010, 50 – Danjaq ./. HABM

Ein Zeichen kann sowohl eine Schöpfungshöhe i. S. d. Urheberrechts erreichen als auch als Marke die notwendige Unterscheidungskraft besitzen.

EuGH GRUR 2009, 1041 – Infopaq/DDF

Eine Handlung, die im Laufe eines Datenerfassungsverfahrens 11 Wörter eines geschützten Werkes speichert und ausdruckt, kann unter den Begriff der teilweisen Vervielfältigung i. S. d. Art. 2 der Multimedia-RL 2001/29/EG fallen. Der Hinweis auf den Schutzumfang von Teilen eines Werkes (hier 11 Wörter) ist für Geschäftsmodelle im Internet von Bedeutung (z. B. für die Werbung und Snippets).

EuGH GRUR 2009, 753 – Falco Privatstiftung/Weller Lindhorst

Nach Art. 5 Nr. 1 lit. b zweiter Gedankenstrich EuGVVO ist ein Vertrag mit dem Inhaber eines Rechts des geistigen Eigentums, der seinem Vertragspartner das Recht zur Nutzung gegen ein Entgelt einräumt, kein Dienstvertrag. Die internationale Zuständigkeit der Gerichte richtet sich nach der Rechtsprechung des Gerichtshofs, Art. 5 Nr. 1 EuGVÜ.

EuGH GRUR 2009, 579 – LSG/Tele 2

Ein Access-Provider, der den Nutzern nur den Zugang zum Internet verschafft, ist Vermittler i. S. d. Art. 8 Abs. 3 der RL 2001/29/EG. Die Datenschutz-RL 2004/48/EG hindert die Mitgliedstaaten nicht daran, eine Verpflichtung zur Weitergabe personenbezogener Verkehrsdaten an private Dritte zum Zwecke der zivilgerichtlichen Verfolgung von Urheberrechtsverletzungen aufzustellen. Die Mitgliedstaaten haben bei der Umsetzung auf die Grundrechte und auf allgemeine Grundsätze des Gemeinschaftsrechts zu achten wie etwa den Grundsatz der Verhältnismäßigkeit.

EuGH GRUR 2009, 572 – Apis/Lakorda

Der EuGH hatte erneut zur Datenbank-RL 96/9/EG entscheiden müssen (EuGH GRUR 2008, 1077 – Directmedia/Albert-Ludwigs-Universität Freiburg). Dabei ging es vor allem um den Begriff der Entnahme i. S. d. Art. 7 der Datenbank-RL. Außerdem wurde ausgeführt, worin eine Weiterverwendung eines in qualitativer Hinsicht wesentlichen Teils des Inhalts einer Datenbank besteht.

EuGH GRUR 2009, 421 – Kanal 5 u. TV 4/STIM

In dem Rechtsstreit geht es um die Auslegung des Art. 82 EG a. F. (jetzt Art. 102 AEUV). Eine Verwertungsgesellschaft (VG) hat eine beherrschende Stellung innerhalb des gemeinsamen Marktes. Die Erhebung von Gebühren als Vergütung durch die VG ist als solche kein missbräuchliches Verhalten i. S. d. Art. 82 EG a. F.

EuGH GRUR 2009, 393 – Sony/Falcon

Der EuGH ist der Auffassung, dass Art. 10 Abs. 2 der RL 2006/116/EG über die Schutzdauer auch dann Anwendung findet, wenn das Werk als solches oder der betreffende Gegenstand als solcher am 1.7.1995 in zumindest einem Mitgliedstaat über das Urheberrecht oder verwandter Schutzrechte geschützt war und der Inhaber Angehöriger aus einem Drittstaat ist.

EuGH GRUR 2008, 604 – Le Corbusier-Möbel

Die Entscheidung des EuGH zum Verbreitungsrecht nach § 17 UrhG ist von dem Gedanken geprägt, dass nur bei einer Übertragung des Eigentums von einem Verbreitungsrecht ausgegangen werden kann. Das öffentliche Zeigen oder der Besitz des Werkstücks erfasst nicht eine solche Verbreitungsform.

EuGH GRUR 2008, 241 – Promusicae/Telefonica

Der EuGH hat ausdrücklich darauf hingewiesen, dass die Musikindustrie keine Auskunftsansprüche gegen Internetprovider haben. Die RLen 2000/31/EG, 2001/29/EG, 2004/48/EG und 2002/58/EG enthalten keine Pflicht zur Mitteilung personenbezogener Daten im Rahmen eines zivilrechtlichen Verfahrens. Bei der Umsetzung der RLen haben die Mitgliedstaaten die Grundrechte der Grundrechtecharta der EU zu beachten.

EuGH GRUR Int. 2007, 237 – Laserdisken

Der EuGH hat zum Ausdruck gebracht, dass Art. 4 Abs. 2 der RL 2001/29/EG dahingehend auszulegen ist, dass eine Erschöpfung des Verbreitungsrechts nicht eintritt, wenn das Original oder das Vervielfältigungsstück außerhalb der Europäischen Gemeinschaft in Verkehr gebracht wird.

EuGH GRUR 2007, 225 – SGAE/Rafael

Die Verbreitung eines Signals mittels in Hotelzimmern und durch das Hotel für seine Gäste aufgestellten Fernsehapparaten, stellt eine öffentliche Wiedergabe i. S. d. Art. 3 Abs. 1 der RL 2001/29/EG dar.

EuGH GRUR 2006, 752 – RTD/BRUTELE

Art. 9 Abs. 2 der RL 93/83/EG ist dahingehend auszulegen, dass eine Verwertungsgesellschaft (VG) durchaus die Rechte eines Urheberrechtsinhabers oder der verwandten Schutzrechte wahrnehmen kann, selbst wenn er die Rechte nicht der VG übertragen hat. Einem Kabelunternehmen kann die VG die Erlaubnis in diesen Fällen erteilen oder verbieten.

EuGH GRUR 2006, 50 – Lagardère/SPRE und GVL

Die RL 93/83/EG über den Satellitenrundfunk und die Kabelweiterverbreitung verbietet es nicht, dass die Vergütung für die Nutzung von Tonträgern nicht nur durch das Gesetz des Mitgliedstaates geregelt wird, in dessen Gebiet das Sendeunternehmen ansässig ist, sondern auch durch die Rechtsvorschriften des Mitgliedstaates, in dem sich aus technischen Gründen ein terrestrischer Sender befindet, der diese Sendungen in Richtung des ersten Mitgliedstaats ausstrahlt. Damit bestätigt der EuGH das neben dem Sendelandprinzip auch die Empfangstheorie (Bogsch-Theorie) möglich sein kann. Art. 8 Abs. 2 der RL zum Vermiet- und Verleihrecht ist dahingehend auszulegen, dass das Sendeunternehmen bei der Bemessung der angemessenen Vergütung vom Betrag der Vergütung für die Nutzung von Tonträgern, die im Mitgliedstaat geschuldet wird, nicht den Betrag der Vergütung abziehen darf, die in dem Mitgliedstaat, auf dessen Gebiet sich der die Sendung in Richtung des ersten Mitgliedstaates ausstrahlende terrestrische Sender befindet, entrichtet oder erhoben wird.

EuGH GRUR 2005, 755 – Tod's/Heyraud

Das allgemeine Verbot der Diskriminierung aus Gründen der Staatsangehörigkeit kann bedeuten, dass die Zulässigkeit einer Forderung des Urhebers nicht an eine Bedingung geknüpft werden kann (hier durch Heranziehung eines Unterscheidungsmerkmals, das auf dem Ursprungsland des Werkes beruht). Ebenso wie die offenen sind auch die verdeckten Diskriminierungen von Art. 12 EG (jetzt Art. 18 AEUV) erfasst.

EuGH GRUR 2003, 325 – Sena/NOS

Der Begriff der angemessenen Vergütung nach Art. 8 Abs. 2 der RL 92/100/EWG ist in allen Mitgliedstaaten einheitlich auszulegen. Die Mitgliedstaaten setzen auf ihrem Gebiet die Kriterien für die angemessene Vergütung im Rahmen der RL fest.

EuGH GRUR 2002, 689 – Ricordi

Das Diskriminierungsverbot ist auch auf den Schutz von Urheberrechten in dem Fall anzuwenden, dass der Urheber bereits verstorben war, als der EWG Vertrag in dem Mitgliedstaat in Kraft getreten ist, dessen Staatsangehörigkeit er besaß. Vom Diskriminierungsverbot ist auch die Schutzfrist erfasst, d.h., dass die höhere Schutzdauer gilt, wenn das Gesetz eines anderen Mitgliedstaates den Werken eines Urhebers eine niedrigere Schutzfrist gewährt. Die Schutzdauer in Deutschland ist dann anwendbar, wenn z.B. ein Werk aus Italien mit einer geringeren Schutzfrist in Deutschland aufgeführt wird.

EuGH GRUR Int. 1995, 490 – Magill TV Guide

Der Gerichtshof ist zum Ergebnis gekommen, dass eine öffentlich-rechtliche Fernsehanstalt eine missbräuchliche Ausnutzung ihrer marktbeherrschenden Stellung vornimmt, wenn dieselbe sich weigert, Dritten Urheberrechtslizenzen an der wöchentlichen Programmaufstellung einzuräumen und die Dritten für die eigene Programmzeitschrift darauf angewiesen sind (jetzt Art. 102 AEUV).

EuGH GRUR Int. 1994, 53 – Phil Collins

Das Diskriminierungsverbot schließt ein, dass ein englischer Sänger, dessen Aufnahmen in den USA unerlaubt mitgeschnitten und auf einen Tonträger in Deutschland vertrieben wurden, zu verbieten. Er kann den Schutz verlangen, den ein inländischer Urheber oder ausübender Künstler verlangen kann. Nach ständiger Rechtsprechung des Gerichtshofes ist das Recht auf Gleichbehandlung im Gemeinschaftsrecht verankert, wonach „jede Diskriminierung aufgrund der Staatsgehörigkeit" verboten ist.

EuGH GRUR Int. 1989, 319 – Schutzfristenunterschiede

Der EWG-Vertrag a.F. (jetzt Art. 36 AEUV) ist dahingehend auszulegen, dass er der Anwendung von Rechtsvorschriften eines Mitgliedstaates nicht entgegensteht, die es einem Tonträgerhersteller in diesem Mitgliedstaat gestatten, sich auf die ihm zustehenden Rechte zur Vervielfältigung und Verbreitung bestimmter Musikwerke zu berufen, um den Vertrieb von Tonträgern der gleichen Musikwerke im Gebiet dieses Mitgliedstaates verbieten zu lassen. Das setzt voraus, dass diese Tonträger aus einem anderen Mitgliedstaat eingeführt werden, in dem sie ohne Zustimmung des Inhabers der Rechte oder seines Lizenznehmers rechtmäßig in den Verkehr gebracht worden sind und in dem eine Schutzfrist für die Hersteller dieser Tonträger zwar bestanden hat, aber inzwischen abgelaufen ist.

EuGH GRUR Int. 1971, 450 – Polydor

Ein Hersteller von Tonträgern, dem ein ausschließliches Verbreitungsrecht zusteht, hat nicht schon deshalb eine beherrschende Stellung (jetzt Art.102, 106 AEUV).

Wird ein dem Urheberrecht verwandtes Schutzrecht dazu benutzt, um in einem Mitgliedstaat den Vertrieb von Waren, die vom Rechtsinhaber oder mit seiner Zustimmung im Hoheitsgebiet eines anderen Mitgliedstaates in Verkehr gebracht worden sind, allein deshalb zu verbieten, weil dieses Inverkehrbringen nicht im Inland erfolgt ist, so verstößt ein solches die Isolierung der nationalen Märkte aufrecht erhaltenes Verbot gegen das wesentliche Ziel des Vertrages, den Zusammenschluss der nationalen Märkte zu einem einheitlichen Markt.

Sachregister

www.ingramcontent.com/pod-product-compliance
Lightning Source LLC
LaVergne TN
LVHW010551300926
849162LV00002B/300